U0009732

赤 色 浪 潮 下 的 東 歐

鐵幕降臨

IRON CURTAIN

Anne Applebaum

安愛波邦——著 張葳——譯

THE CRUSHING OF EASTERN EUROPE, 1944-1956

本書謹獻給那些拒絕活在謊言中的東歐人民。

目錄

推薦序

笑死蘇維埃人：弱勢民族的抵抗技藝

我覺得人們從來沒有講述過這個世紀。我們試著擁抱，但總是在逃避。

——切斯瓦夫．米沃什（Czesław Miłosz）

米蘭．昆德拉（Milan Kundera）曾經將從哈布斯堡帝國裂解出來的中東歐諸國稱之為「小國」，指的不是其量體，而是指一種特殊的地緣政治情勢及其相應的國家命運：小國是「存在隨時可能受到質疑的國家」，小國人民沒有那種自己國家在千秋萬代之後依然屹立的幸福感，反倒深陷於「自己國家在歷史的某一刻終將走進死神門廳」的憂忡。米蘭．昆德拉所謂的小國指的是捷克斯洛伐克、波蘭、匈牙利三國，如果加上東德、羅馬尼亞以及保加利亞，就構成了因邱吉爾知名演講而聞名的「鐵幕」國家，也即我們今天俗稱的「東歐」。

從二十世紀伊始，東歐一直就是各種現代政治理念的實驗場。一次大戰後哈布斯堡鬆散聯邦的共同體方案在民族自決的浪潮被拋棄，這裡誕生了人類歷史上首次的民族國家實驗。結果證明，在區域沒有足夠強大理念同盟的地緣政治困境下，夾縫中的東歐無力抵禦兩強的瓜分。日後兩大極權對於生存空間的野望，更將這片大地染成一片血色。直至今日，德俄默契上的密謀依然是東歐諸國的惡夢。戰後的東歐是蘇維埃全球共產革命的堡壘，然而，冷戰對峙背後更深層的緣由是俄羅斯對西方的抗拒與恐懼，東歐因此裹挾進了俄羅斯的地緣政治迷思中，正如布蘭迪斯（Kazimierz Brandys）在其《華沙日記》所說，「俄羅斯的命運並不在我們意識裡：它對我們來說是完全陌生的；我們不負任何責任，它壓在我們身上，但卻不是我們的遺產。」

「西方陣營」對於東歐一向是漠視的。國際聯盟消極應對舊哈布斯堡帝國境內犬牙交錯的民族衝突，隨後，這些夾在德俄之間的小國迅速消失，但就如米沃什所說，「在西歐，這個悲劇的發生幾乎沒人關注。」美國總統羅斯福在戰後更關切的事情是聯合國大國協調機制的建立，對於東歐唯一的要求是和平民主的選舉，這幾乎注定了東歐落入史達林鐵腕的命運。

近年來的冷戰研究，轉向關注兩極對立格局對於全球政治的影響，以及意識形態對抗對於局部區域秩序的形塑等等。然而，東歐是「國際化」冷戰研究中特別失落的一塊，例如，文安立（Odd Arne Westad）經典的兩部冷戰著作中，關於東歐的篇幅幾乎只剩下背景交代。其實原因不難設想，戰後的東歐缺乏抗衡蘇維埃的有力政治勢力，加上西方陣營默許史達林介入，關鍵的意識形態衝突在東歐並沒有如部分第三世界國家那樣，造成代理人衝突。此外，鐵幕諸國的共黨領導人即便也有抗拒蘇聯的民族意識，但既無法如中國那樣形成有力的第三方，史達林也無法容忍第二個南斯拉夫，第二個狄托。漢娜．鄂蘭本人就認為戰後東歐史相當無趣，彷彿蘇聯戰後急忙在這裡「複製了十月革命的每個步驟」，直到一個個「小史達林」站穩陣腳。人們也不妨續寫鄂蘭的觀察，接下來，在整個冷戰過程中，鐵幕東歐就是一次次被蘇聯戰車鎮壓，然後伴隨柏林圍牆的倒塌，像一組骨牌一樣一個個倒下。

如果讀者並不滿意如此「無趣」的東歐歷史，也質疑「蘇聯衛星國」的便宜統稱以及國際化冷戰研究對東歐的一筆帶過，那麼，手上這本安愛波邦（Anne Applebaum）的《鐵幕降臨：赤色浪潮下的東歐》，相信可以帶來另一種看待東歐的視野。

對於使用「極權」一詞的關注，構成了這本著作的核心線索。

在鄂蘭經典的極權主義命題中，極權政體由於其強烈依循歷史定律的特質，因而本質上是一種運動，而非穩定的體制。喬治．歐威爾也是據此認定極權體制最終必然發動戰爭以維持其意識形態神話，納粹的瘋狂自毀與後史達林時代蘇聯的收斂，都某種程度上驗證了鄂蘭與歐威爾的觀察。這個經典瘋狂極權體制命題，帶來了一個現實的負面效果：如果任何嚴格意義上的極權體制都無法持久，那麼，那些能夠存續好一陣子的「極權國家」，是否其實並不是真正的極權體制？這暗示了鐵幕東歐的體制並不那麼「邪惡」，也迂迴暗示「極權主義」可能是西方陣營「妖魔化」東方的意識形態產物。

確實，最起碼從一九四六年起，直到一九八九年曙光初露，東歐在民主化之前經歷將近五十年的共產統治，不算另一個遠在太平洋另一端的小國的話，堪稱全球最長的戒嚴。蘇聯在鐵幕東歐所打造的體制，即便方方面面依據「極權」原則打造，確實也並非典型的極權體制。它們的存在是共產全球革命的先鋒堡壘，卻不負責輸出革命的任務，整個體制的最高指導原則是對內穩定小史達林們的專政，對外抵禦西方集團以及「狄托分子」的滲透，儘管沒有任何跡象顯示美國在甘迺迪執政之前對於東歐有任何系統性的著力。

安愛波邦希望在這本著作告訴讀者的是，這並不意味著這樣的體制比之「元祖」極權體制更為仁慈。由於不承擔嚴守歷史定律的意識形態角色，毋須瘋狂動員社會，鐵幕東歐的共產體制更著力於將所有極權手段應用於對公民社會的滲透與掌控。至遲從一九四八年起，史達林已經清楚意識到不可能透過選舉來讓東歐的小史達林政權取得正當性，以暴力手段逮捕與審訊共產黨的反對者，以及大規模的強制移民，是鐵幕東歐取材自蘇聯的手段。

東歐陣營還從納粹得到啟發，著重對於媒體的控制以及對青年男女的意識形態灌輸。東歐體制對於民間團體的作法不比納粹凶猛，卻更為陰險：它並不粗暴消滅它們，某種程度上也不訴求打造永遠追隨領袖的原子化個體，而是透過黨國直接或間接的控制，諸如共產青年團、共產婦女運動或共產工會等等，消解任何民間組織的反抗能量，特別是東歐國家中根基深厚的教會組織。此即簡稱「統戰」的「統一戰線」戰術。

東歐共黨相當程度上比蘇維埃更青出於藍，可能連鄂蘭也始料未及的極權手段是作秀式公審，以及祕密警察的部署。出身匈牙利的凱蒂・馬頓（Kati Marton）在鐵幕瓦解後，獲准翻閱匈共安全部門對其一家的監控檔案。彼時她的父母活躍於布達佩斯的新聞界，是少數還能在匈牙利境內活動的「西方」媒體人，這也是他們一家成為重點監控的主因。馬頓注意到祕密警察對他們一家的描述經常以「資產階級」開頭。對於情報量極低的日常生活點滴，就強調這證明了其一家的「資產階級做派」，因而是「人民的敵人」。而為了維持這個家庭資產階級家庭設定，祕密警察還會幫忙美化他們的親子時光，例如，檔案中紀錄了一日午後老馬頓帶著兩個女兒買文具、吃冰淇淋、逛玩具店與吃午餐的監控。

馬頓由是不得不「感謝」祕密警察的費心，因為她早已忘了那個午後，也忘了她那個不苟言笑、脾氣暴躁令姊妹敬畏的父親，還有著關愛女兒的日常一面。馬頓在監控檔案發現她們一家的幫傭幾乎全是線民，貢獻最多線報的是姊妹的保母兼法文家教，而告密網絡則含括了大部分的親友。線民是祕密警察與作為客觀敵人的監控對象之間的連結。

如果說組成元祖極權主義群眾的經典形象是一個個原子化、失根因而信仰領袖，追隨其瘋狂運動的個體，那麼，在鐵幕東歐，則是以打造除了日常生活溫飽之外別無關心的冷漠個體。捷克哲人帕托什卡（Jan Patočka）將鐵幕時代稱之為「麵包時代」，一個「恐懼圍繞四周，日常生活的麵包超越了人類所有其他目標，成為唯一追求對象」的時代。

而這樣的體制，對於社會的滲透以及個人心靈摧殘更甚，元祖的極權體制教導人民信仰一個領袖，東歐的極權體制則希望他們的人民什麼都不要相信；元祖極權體制中的意識形態扮演動員群眾的作用，而在東歐，意識形態則如哈維爾（Václav Havel）所說，「無比精確、容易理解、條理清晰、本質上又極其靈活」，上至眷戀權位的黨國幹部，下至害怕失去工作被找麻煩的賣菜大叔，都可以借用它，用「全世界工人團結」或「為人民服務」等口號，收起自己的良知，掩飾自己的立場，乃至於厚顏無恥的妥協。

哈維爾將之稱為「後極權體制」，是一種將消費與獨裁，將日常生活與極權完美融合的體制。其實，更精確的說法可能是「進化的極權」，一種毋須瘋狂運動自毀，而又能達成極權後果的體制。

安愛波邦在本書中提及了一對匈牙利姊妹，她們起先是忠實的共產黨員，後來都各自心中都對黨有所疑慮，可是也都誤以為對方仍對黨保持忠誠，以致於她們在與對方交談時，仍會不斷重複使用史達林主義式的語言。波蘭詩人米沃什的《受擄的心靈》（*The Captive Mind*）對進化極權體制對人心的摧殘卓有體悟，他虛構了一個「凱特曼」（Ketman）的滑稽形象，以及一種藥物「墨提賓」（Murti-Bing）。「凱特曼」不只愛國愛黨，還要在日常生活中表現得比任何人都愛國愛黨，徹底放棄任何個體的特色。由於偽裝的比所有人都徹底，凱特曼到最後已經無法區別謊言與真實。至於服下墨提賓的人，則會感覺生命其實沒有那麼多大道理，無非就是溫飽與享樂，所有問題都有黨的一套理論可以解釋，也因此不會特別憂慮自己能為或無法為社會做點什麼。黨生我材必有用，只要肯定與歌頌黨的路線，未來就會有光明前景。這就是至今仍讓吃太多墨提賓的人緬懷，那個單純快樂的威權時代。

安愛波邦稱之為打造「蘇維埃人」，將黨徹底融入日常生活的計畫，讓東歐的異議知識分子不斷呼籲以創造異議感的方式，來抵禦進化極權對正常人心的腐蝕，哈維爾稱之為「活得磊落真誠」，帕托什卡則將超克蘇維埃人視為「歐洲文明」的首要使命，對於真理與自由的追求，而非對溫飽滿足的關切，定義了歐洲，而也只有親歷麵包時代的東歐人，而非活的天真無慮的西歐人，才能肩負重振歐洲文明的使命。

而安愛波邦筆下的東歐人民依舊是不屈的。書中提到了東歐人民在盧布林與落窟村「神蹟」事件中，半虔誠半惡搞的「朝聖」集體行動對於體制帶來的困擾。而在黨國綿密的體制控制與線人關係網絡包圍中，他們還發展出各種以笑話、侮辱和惡作劇，揭露日常生活荒謬的方式，迂迴、消極對抗極權體制。波蘭人在團體小組的選舉中提名西德總理以及捷克人的藍儂牆等等，匈牙利為了徹底控制人民的玩笑，曾經推出政治性的夜總會節目，主打「每一道大笑的聲音都是對敵人的打擊」。當然，這個節目後來成了最大的笑話。

進化的極權看似無堅不摧、無隙可趁，其實它最大的弱點是沒有幽默感，以及被迫嚴肅與大驚小怪。稍識臺灣歷史的讀者，對於安愛波邦這本著作所述及的各種情節，相信一定會有強烈的既識感。臺灣與曾經的鐵幕東歐有著極其類似的「小國」處境，更經歷過類似的「蘇維埃人」政治工程。鐵幕東歐的歷史絕不只是冷戰對峙的一段背景，它前所未有的戒嚴經驗可能透露了「真實極權體制」的現實樣貌，它對正常人際交往的破壞與人心的腐化，恐怕比鄂蘭筆下的極權主義更甚。

小國的人民看似因為地緣政治處境，不得不深懷亡國感，然而，正如米蘭・昆德拉所說，弱勢的民族因此淬煉出獨特的世界觀：不信任任何教條與歷史定律。東歐人固然是歐洲歷史的邊緣人與受害者，但也正是這種沮喪的歷史經驗，鍛鍊出他們「嘲諷偉大、嘲諷榮耀的不嚴肅精神」。

感謝安愛波邦記錄了這段不應該被遺忘的鐵幕歷史，一段米沃什視為從沒人講述過，人們總是逃避的歷史。「蘇維埃人」的極權工程顯然還沒有從這個星球絕跡，小國的人民、弱勢的民族依舊迫切需要笑死蘇維埃人的抵抗技藝。

蕭育和（國科會人社中心博士級研究員）

臺灣版作者序

二〇一四年二月，一群軍人出現在克里米亞。他們配備有精良的槍砲和戰車，穿著沒有標誌的制服。他們並未解釋自己出現在該處的原因，卻開始在克里米亞半島開枝散葉。與此同時，有組織性的團體開始在克里米亞和烏克蘭各地城市發動武裝政變，有些行動還是由當地知名的罪犯頭子領導。這些人占領了市政府和電視臺，宣稱自己已掌控大局。他們有槍。民選官員紛紛逃離。

外界倍感困惑。這是人民起義嗎？這些軍人和政變策畫者是烏克蘭人嗎？還是俄國人？他們的訴求是什麼？

由於我花了好幾年時間撰寫這本即將在臺灣出版的《鐵幕降臨》，所以我很清楚這些軍人是誰，也很清楚他們想要什麼。這些人是俄羅斯的特種部隊，他們的舉止就與一九四四年和一九四五年的俄羅斯祕密警察如出一轍——當時他們也出現在波蘭東部、匈牙利東部及其餘蘇占東歐地區。

當年也有一群蘇聯軍人，身穿波蘭或匈牙利軍隊的制服，聲稱自己是解放者。還有一些軍人開始協助當地的犯罪集團壯大勢力，建立日後會成為共產國家祕密警察的組織。蘇聯祕密警察（當時名為內務人民委員部）設立臨時監獄，大規模逮捕民眾，並將好幾千人遣送至蘇聯古拉格集中營。早在一九四一年五月，史達林就親自提出一份應該在蘇占波蘭搜捕的人物名單。對這位蘇聯獨裁者來說，任何與波蘭國家體制有關的人，無論是警察、軍官、政黨領袖、公務員，以及這些人的家人，全都是「反革命分子」、「富農」與「資產階級」，或更直接點說，是必須消滅的敵人。

二〇一四年自然不同於一九四四年，但相似之處顯而易見。二〇一四年（二〇二二年再度發生），俄軍帶著名單抵達烏克蘭。名單上有烏克蘭總統、總理等領導人，還有知名記者和倡議人士。當人們抵抗的程度超出他們預期，俄軍便逮捕、拷打與殺害赫爾松、頓巴斯和札波羅熱的市長、地方議員等官員。他們以前也曾經這麼做過。

二〇二二年，駐烏克蘭的俄國軍人接管了中小學和大學等教育機構，禁止人們閱讀烏克蘭文書籍和說烏克蘭語，強迫烏克蘭人使用俄羅斯的語言和符號。這套做法也不是什麼新發明：一九四四至一九五六年間，蘇聯軍警也曾試圖接管各類機構，改造教育和藝術，並以象徵蘇維埃帝國權力的符號來包圍帝國的新子民。當年的占領者謀求在地合作者，今日亦然。當年他們迫害異議分子，今日亦然。當年他們希望新殖民地的人民複述口號與列隊前進，今日亦然。二十一世紀抵達烏克蘭的俄國軍隊，遵循的是二十世紀所寫下的劇本。

讓《鐵幕降臨》變得意外呼應時勢的原因還不只這些。隨著共產蘇聯的年代走入歷史，隨著真正經歷過那個時代並懷抱記憶的人們逐漸離去，那個時代的複雜之處和幽微細節，痛苦和暴力都變得難以牢記。無論是右派或左派，不同類型的意識形態倡議者如今都在試圖操縱這段過往，以卡通畫面來代替真實場景。共產年代，或者說更廣義的冷戰時期，因此被描繪成一場簡單的正義對抗邪惡之戰。這樣的簡化對東歐地區的民族主義者來說相當方便，因為他們希望淡化與共產政權合作的各路人馬，包括部分當年自認是民族主義者的人。還有一些人也支持這樣的簡化，那便是想復興某種版本共產政權的人，他們誤以為共產政權比實際上的更好、更單純也更心存善念。

不過，歷史總有辦法打破迷思。只要你開始閱讀文獻，研究事實並試圖加以理解，故事一定會變得更加複雜，更加幽微，當然也更加有趣。書寫本書的這些年，我翻閱了匈牙利電影業、東德教育體系及波蘭基督教青年會的檔案，從中窺見了一般大眾如何在艱困甚或無望的政治困局中掙扎求生。

我很高興下一代的讀者能夠透過臺灣版的《鐵幕降臨》來認識這一切。不是因為那句老生常談的「別讓舊事重演」，而是因為舊事將會重演，甚至在我寫下這句話的同時，許多事情都已正在重演。

赤 色 浪 潮 下 的 東 歐

鐵幕降臨

IRON CURTAIN

「如果人們沒有被迫將不自由、暴政、虐待及飢餓稱為自由、正義及人民的利益，這些事本會比較容易忍受……謊言原為偏頗而易逝之物，能透過竭力尋求真理的語言加以揭穿。但在此地，所有揭穿的手段都被警察永久沒收了。」

——波蘭詩人瓦特（Aleksander Wat），《我的世紀》（*My Century*）

「人們不需要相信這些故弄玄虛的說法，但他們必須表現出相信的樣子，至少得默默忍受，或者是與那些在體制中工作的人融洽來往。正因如此，他們必須生活在謊言之中。」

——捷克作家哈維爾（Václav Havel），《無權勢者的力量》（*The Power of the Powerless*）

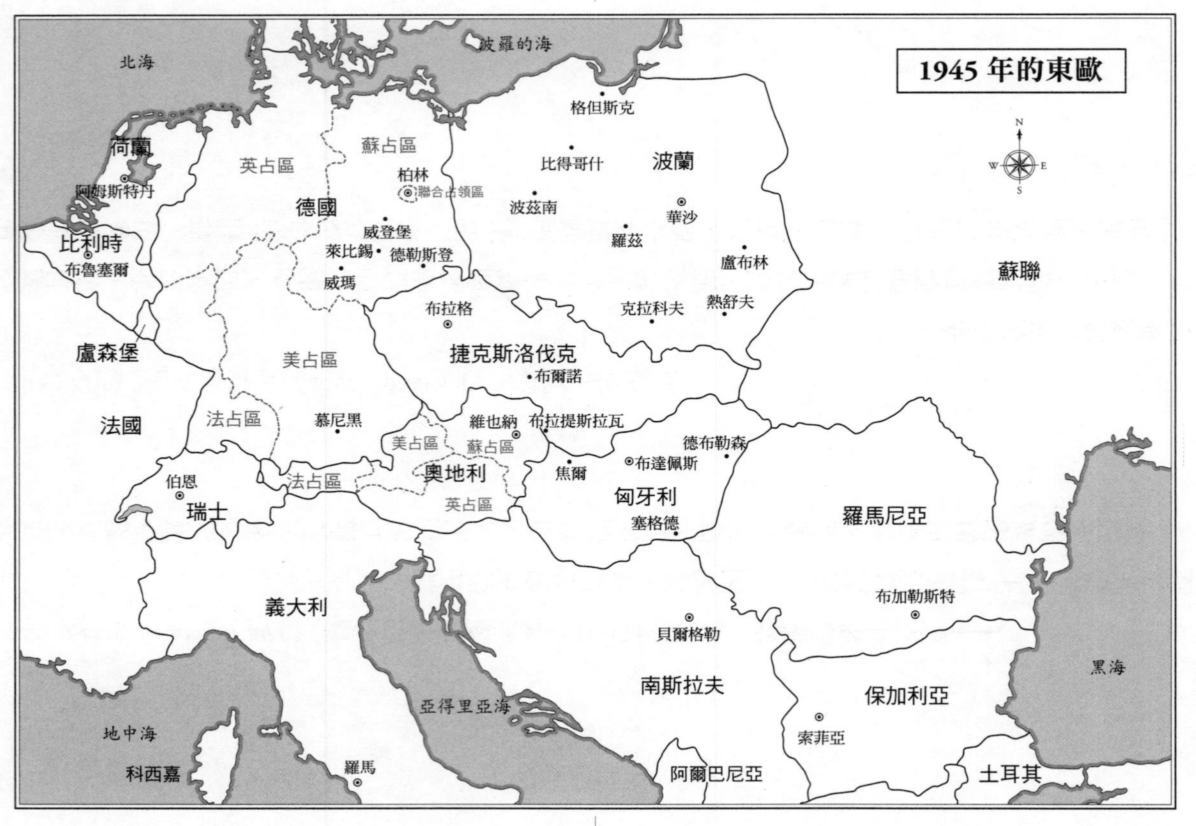

1945年的東歐
N
W
E
S
北海
波羅的海
荷蘭
阿姆斯特丹
比利時
布魯塞爾
英占區
蘇占區
德國
柏林
聯合占領區
威登堡
萊比錫
德勒斯登
威瑪
格但斯克
比得哥什
波蘭
波茲南
華沙
羅茲
盧布林
克拉科夫
熱舒夫
蘇聯
盧森堡
布拉格
美占區
捷克斯洛伐克
布爾諾
法國
法占區
慕尼黑
維也納
布拉提斯拉瓦
美占區
蘇占區
德布勒森
布達佩斯
伯恩
法占區
奧地利
焦爾
瑞士
英占區
匈牙利
塞格德
羅馬尼亞
義大利
布加勒斯特
貝爾格勒
南斯拉夫
保加利亞
黑海
亞得里亞海
地中海
索菲亞
科西嘉
羅馬
阿爾巴尼亞
土耳其

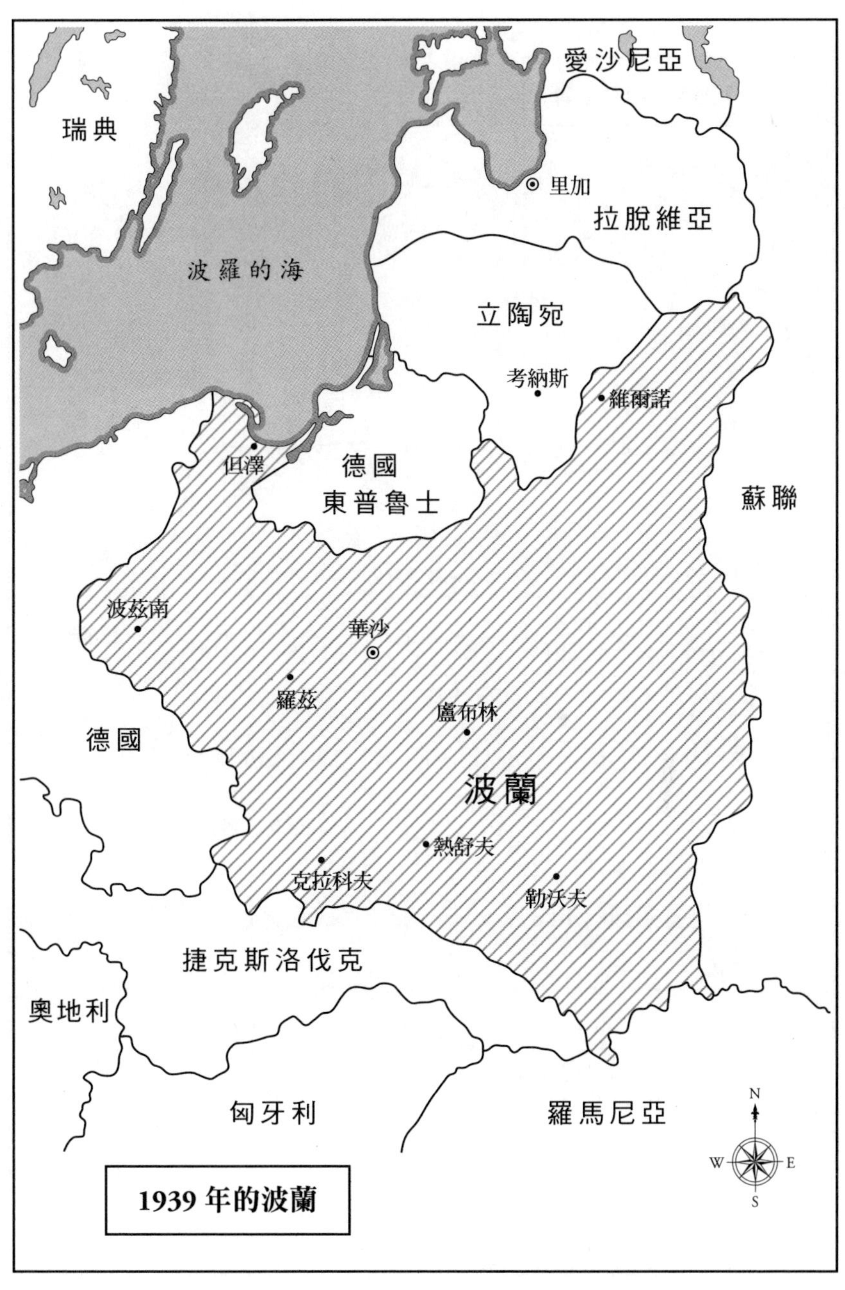
瑞典
愛沙尼亞
里加
拉脫維亞
波羅的海
立陶宛
考納斯
維爾諾
但澤
德國
東普魯士
蘇聯
波茲南
華沙
羅茲
盧布林
德國
波蘭
熱舒夫
克拉科夫
勒沃夫
捷克斯洛伐克
奧地利
匈牙利
羅馬尼亞
N
W
E
S

1939 年的波蘭

1945 年的波蘭
瑞典
N
W
E
S
波羅的海
考納斯
維爾紐斯
但澤
柏林
波蘭
蘇聯
波茲南
華沙
德國
羅茲
盧布林
熱舒夫
克拉科夫
勒維夫
捷克斯洛伐克
奧地利
匈牙利
羅馬尼亞

導論

「從波羅的海旁的斯塞新，到亞得里亞海岸邊的第里雅斯特，有道鐵幕將歐洲大陸一分為二，被這道鐵幕隔開的是中歐與東歐每一個古老國家的首都。華沙、柏林、布拉格、維也納、布達佩斯、貝爾格勒、布加勒斯特和索非亞，這些大名鼎鼎的城市和鄰近地區位於我必須稱之為蘇聯勢力範圍的地帶，這些地區都以某種形式深受蘇聯影響，也遭到莫斯科的高度控制，而且莫斯科正在加強對於各地區的控制力道。」

——溫斯頓．邱吉爾，一九四六年三月五日於密蘇里州富爾頓郡的演說

一九四五年是特別之年，歐洲史上最不尋常的人口流動便發生在這年。整個歐洲大陸上，有數十萬人從蘇聯流放地、德國的勞改營、集中營、戰俘營以及各種藏身處和避難所中返家。街道、人行道與軌道上，還有火車裡都擠滿了衣衫襤褸、飢餓而骯髒的人們。

火車站內的場景尤其令人心驚膽顫。餓肚子的母親、生病的孩子，有時甚至是整家人，連日睡在骯髒水泥地等待下一班擠得上去的火車。流行病和飢餓可能會將他們吞噬殆盡。但在波蘭中部的羅茲（Łódź），有一群女性決心阻止更多悲劇發生。在波蘭婦女聯盟（一個成立於一九一三年的愛國慈善組織）

前成員的領導下，這群女性開始行動。婦女聯盟的成員在羅茲火車站建立了一個婦幼庇護所，為女性與孩童供應熱食、藥品、毯子，也有志工和護士提供協助。

這是一九四五年春，此時這群女性的動機就跟十年前或二十年前並無不同。她們是社會急難事件的見證者，組織起來幫助他人。沒有人要求她們、命令她們或付錢要她們這麼做。我與珍妮娜（Janina Suska-Janakowska）見面時，她已年過八旬。她告訴我，就她記憶所及，羅茲人在戰後初期投入的這些努力無關政治：「沒有人因為投入慈善工作而賺到錢……只要有空的人都會幫忙。」[1] 羅茲婦女聯盟成員對陷入絕望的旅人伸出援手，她們沒有政治目的。

五年後的一九五〇年，波蘭婦女聯盟已變得相當不同。聯盟現在有一個位於華沙的聯盟總部。這是個全國性的集中管理機構，可以解散不服從命令的地方分部，也確實會出手這麼做。總部裡有一位總書記伊佐達（Izolda Kowalska-Kiryluk），他用來描述聯盟主要工作時的語言已非慈善或愛國，而是充滿了政治意識形態：「我們必須深化組織工作，動員廣大活躍的婦女群體，轉化並培育她們成為有意識的社會運動者。每一天，我們都必須持續提高婦女的社會意識程度，全力投入這項偉大任務，將『人民的波蘭』重新打造為『社會主義波蘭』。」

婦女聯盟還舉行全國大會，例如在一九五一年的大會上，時任該組織副主席的索菲亞（Zofia Wasilkowska）就公開提出一項政治議程：「聯盟主要的法定活動形式是教育及啟蒙工作……將婦女意識提高到前所未見的高度，動員婦女群眾貫徹六年計畫的目標。」[2]

也就是說，到了一九五〇年，波蘭婦女聯盟實際上已變成波蘭共產黨的婦女部。該聯盟也以這個身分持續鼓勵女性在政治事務和國際關係方面遵循黨的路線。他們鼓勵女性參加五一勞動遊行，簽下譴責西方帝國主義的連署書。他們雇人組織側翼團體，讓團體成員上課學習，學習如何進一步傳播黨的訊息。任何反對這一切的人（舉例而言，任何拒絕參加五一遊行或史達林誕辰活動的人），都有可能被踢出婦女聯盟。有些人確實被迫退出，也有些人選擇退出。留下來的不再是志工，而是官僚，服務著國家與共產黨。

五年過去，波蘭婦女聯盟和數不清的類似組織在這五年裡都出現徹頭徹尾的轉變。發生了什麼事？是誰造成這些變化？為什麼人們竟如此順從？這些問題的答案，就是本書的主題。

——

「極權」一詞最常被用來描述納粹德國和史達林時期的蘇聯，但最初其實是用來指涉法西斯義大利。這個詞彙是由墨索里尼的批評者所提出，但他本人卻選擇熱情接納。在某次演說中，墨索里尼替這個詞彙下了一個至今仍適用的最佳定義：「一切都在國家框架內，無一處在框架之外，無一處牴觸國家。」[3]嚴格來說，極權政體是一個除了國家正式批准的組織外，禁止成立任何組織的政體。因此在極權政體之下，只有一個政黨，一種教育體系，一道藝術信條，一份中央計畫經濟，一家官媒，一套道德準則。在極權國家裡，沒有獨立的學校，沒有私營企業，沒有地方自建的組織，也沒有批判思想。墨索里尼和他最愛的哲學家詹提勒（Giovanni Gentile）曾提出過一個「國家概念」：「無所不包，國家之外沒有任何人類或精神價值存在，即便存在亦無價值。」[4]

源自義大利文的「極權主義」一詞，後來擴散至歐洲與世界各地的語言裡。不過在墨索里尼下臺後，幾乎沒有人再公開提倡這個概念，該詞定義最終由其批評者所決定——其中幾個正是二十世紀最偉大的思想家。[5]海耶克（Friedrich Hayek）的《通向奴役之路》（*Road to Serfdom*）及波普（Karl Popper）的《開放社會及其敵人》（*The Open Society and Its Enemies*），便試圖從哲學角度回應極權主義的挑戰。歐威爾的《一九八四》也描繪了一個由極權政府全面統治的反烏托邦世界。

漢娜·鄂蘭可能是研究極權政治的學者中最偉大的一位。她於一九四九年發表《極權主義的起源》（*The Origins of Totalitarianism*），將極權定義為現代性所帶來的一種「新的政府形態」。鄂蘭認為，傳統社會和生活方式遭到破壞，導致極權人格逐漸出現。擁有該人格特質的男男女女將身分認同完全寄託於國家。眾所皆知，鄂蘭認為納粹德國和共產蘇聯都是極權政體，因此兩者相似多於相異。[6]政治學家弗里德里希（Carl J. Friedrich）及布里辛斯基（Zbigniew Brzezinski）在一九五六年發表了《極權獨裁與專制》（*Totalitarian Dictatorship and Autocracy*），進一步拓展了鄂蘭的論點，試圖找出更具操作性的定義。他們認為極權政體至少具有下列五項特點：占支配地位的意識形態、單一執政黨、準備使用恐怖手段的祕密警察、資訊壟斷，以及計畫經濟。根據這些標準，納粹及蘇聯並不是唯二的極權國家，毛澤東治下的中國等其他國家也符合條件。[7]

不過在一九四〇年代末至一九五〇年代初，極權並不僅是個理論概念。冷戰初期，這個詞彙也有了具體的政治涵義。美國總統杜魯門在一九四七年一場重要演講中宣布，美國人必須「願意幫助自由人民維護他們的自由體制和國家之完整，抵抗那些試圖強加極權政體於人民之上的侵略活動」。[8]這類看法後來被稱為「杜魯門主義」。艾森豪總統在一九五二年的總統選戰中，宣布他有意前往韓國、結束韓戰，當時他也使用了「極權」一詞：「我對這種極權思維很了解。當自由世界在二戰那幾年群起討伐危及全世界的暴政時，我曾扛起決策重擔。」[9]

由於美國的冷戰人士公開將自己定位為極權主義的反對者，對「冷戰」概念抱持懷疑態度的人自然開始質疑及探問極權的定義。極權真的是威脅嗎？或僅是一種誇飾法，是用來嚇唬人的妖魔鬼怪，或是麥卡錫參議員憑空發明之物？整個一九七〇與一九八〇年代裡，蘇聯的修正主義歷史學家都認為，即便是史達林時期的蘇聯政府也談不上極權。他們宣稱，並非所有的蘇聯事務都由莫斯科方面決定。地方警察也跟高層一樣能夠施加恐懼於人民，而負責中央計畫的官員並不總能成功掌控經濟，而大規模恐怖統治則為社會中的許多人創造了「機會」。[10]對當時的某些人而言，「極權」被認為是一種意識形態過重且粗略不精確的詞彙。

事實上，許多「正統」的極權主義理論家都曾提出過相同論點，當中少有人主張極權真能完全實現。「極權政體希望支配人的個性與命運，因此其目標不可能全面實現，只能以一種破碎的方式部分實現。」政治學家弗里德里希如此寫道。「這正是極權政府掌權會如此危險而壓迫的原因。因為其後果如此模糊、無可估量、難以說明……這份扭曲來自於無法實現的權力渴望，刻劃出極權政府治下人們的生活，也讓外人幾乎無法明白。」[11]

晚近有些政治理論家進一步推展這種修正主義論點。有學者指出，「極權」一詞只在理論中有用，等同於負面榜樣，用來讓自由民主陣營對照及定義自己。[12]也有人認為這個詞完全沒有意義，因為「極權」一詞缺乏實質內容，不過是「西方社會在理論中的對立面」，甚至只是用來指涉「我們討厭的對象」。另一個更為惡毒的解釋是，這個詞完全是自作多情的產物：我們使用該詞不過是為了讓西方民主陣營顯得更加正當合理。[13]

在大眾言論中，「極權」一詞與其說自作多情，不如說遭到濫用。人民選出來的政治家被冠上「極權」二字，例如美國共和黨人桑托榮（Rick Santorum）被說成具有「極權傾向」；政府和企業也是如此，經常可以讀到「美國政府向極權主義邁進」或「蘋果公司對其應用程式商店採取極權手段」[14]等句子。進步的自由派（甚或保守派）也用這個詞來形容作家艾茵．蘭德（Ayn Rand）。[15]如今有太多人和太多組織都被冠上極權一詞，導致該詞有時顯得毫無意義。

雖然「全面控制」的概念現在看來可能顯得荒謬可笑，雖然「極權」一詞可能已不再嚇人，但我們實在不該忘記，「極權」並不僅是意義不明的損人之語。歷史上，確實曾有政權想要全面控制人民。如果想了解這些政權，如果想了解二十世紀的歷史，我們就得了解極權主義如何在理論層面與實際層面發揮作用。時至今日，極權的概念其實尚未過時。例如遵循史達林路線成立的北韓政權，七十年來沒有太大改變。雖然現代新科技看似讓全面控制的理念更難成形（更別說成真），但我們無法確定手機、網路和衛星影像最終不會成為那些渴望「無所不包」的政權手中的控制工具。[16]「極權」一詞仍有必要存，而且應該是奠基於經驗的有用詞彙。沉潛多年的極權主義仍有可能東山再起。

有個政權特別懂得極權控制的方法和技巧，甚至將其輸出給其他國家，那就是蘇聯。蘇聯高層確實曾在二戰結束、紅軍進入柏林後，非常努力地在蘇聯占領下那些差異極大的歐洲國家內部強推極權制度，正如他們也曾在蘇聯內部不同地區裡強推極權制度。他們的行動是認真的，而且十分致命。一九三四年至一九四六年間，史達林本人、他麾下的軍官與祕密警察，*以及史達林政權的地方盟友在東歐打造極權主義國家時，並不是在向《阿特拉斯聳聳肩》的作者或進步自由陣營表態。套句墨索里尼的話，史達林等人確實渴望創造出「一切都在國家框架內，無一處在框架之外，無一處牴觸國家」的社會，而且他們想要早點成功。

紅軍在一九四五年或全面或部分占領的八個歐洲國家：波蘭、匈牙利、捷克斯洛伐克、東德、羅馬尼亞、保加利亞、阿爾巴尼亞和南斯拉夫，它們彼此之間在文化、政治傳統與經濟結構上確實有著極大差異。蘇聯的新領土包括原本為民主制度的捷克斯洛伐克、原本為法西斯政體的東德，以及其他君主制國家、專制國家或半封建國家。這些地區的居民信仰天主教、東正教、新教、猶太教或回教；他們的語言橫跨斯拉夫語族、羅曼語族、芬蘭—烏戈爾語族及德語。其中有人親俄，也有人仇俄；有人住在工業化的波西米亞地區，也有人住在阿爾巴尼亞鄉間；有人住在國際大都會柏林，也有人住在喀爾巴阡山上村落的小木屋裡。這些人之中，有許多人過去曾在奧匈帝國、德意志帝國、鄂圖曼帝國或俄羅斯帝國的統治下生活。

然而，當時的美國人和西歐人卻將這些由共產黨主導卻不屬於蘇聯的歐洲國家視為「同一陣營」，

* 當時統稱為內務人民委員部，原文縮寫為NKVD，後來才改名為國家安全委員會，即又稱格別烏的KGB。

後來索性將其統稱為「東歐」。這個稱呼具有政治和歷史意義，卻沒有地理上的意義。像希臘這樣位於「東邊」的國家並不包括在內，因為希臘從來不是共產國家。當年已經遭到蘇聯直接併吞的波羅的海國家和摩爾多瓦也不包括在內，儘管這幾個國家在歷史文化上與東歐相當親近。波羅的海國家與波蘭的經歷有相似之處，但也有重要差別——對波羅的海國家而言，蘇維埃化意味著他們連名義上的國家主權都喪失了。

史達林過世後，東歐八國各自走上相當不同的道路，一九八九年以後更是尤其明顯。人們一次又一次的發現，這些國家打從一開始就沒有太大的共通之處。這點絕對真確：一九四五年以前，這八國從未以任何方式統一過，除了對共產主義的共同歷史記憶外，他們在今天的共同點也少得可以。不但至少在一九四五年至一九八九年間，這八個國家確實有許多共通之處。因此，為顧及敘述簡潔、讀者熟悉感及歷史準確性，我在本書中仍將使用「東歐」一詞來指稱這些國家。[17]

一九四五年至一九五三年這段時間裡，有那麼一瞬間，蘇聯似乎成功讓差異不小的東歐各國變成一個在政治意識形態上具備同質性的地區。此時他們確實將希特勒曾經的敵國和盟國打造成一小撮看似相同的政體。[18]一九五〇年代初，此地每座灰暗無光、遭戰爭破壞的「古老國家」首都（借用邱吉爾的形容），都由同樣不苟言笑的警察巡邏街道，由同樣的寫實主義建築師設計建築，由同樣的政治宣傳海報

妝點街道。整個地區都崇拜史達林，他的大名在蘇聯被尊為「共產主義即將全面獲勝的象徵」，各地也以類似態度崇拜黨的地方領導，數百萬人參加了國家精心策畫的遊行和慶祝共產政權的活動。[19]當時「鐵幕」一詞似乎不只是個比喻而已：圍牆、柵欄和帶刺鐵絲網確確實實將東歐與西方世界區隔開來。到了一九六一年（即柏林圍牆落成那年），這道屏障看似會永恆長存。

現在回想起來，這場轉變的速度實在驚人。蘇聯本身變成極權主義國家便花了二十年，其進程斷斷續續：畢竟布爾什維克發動革命時並沒有藍圖可以遵循。俄國革命後，他們發展的路徑相當曲折，一項又一項的政策都沒能帶來承諾的經濟效益，路線因而不斷修正，有時嚴苛緊縮，有時較為自由。俄國內戰時期實施集體主義式的「戰爭共產主義」及「紅色恐怖」政策，緊接在後的則是較為自由寬鬆的列寧新經濟政策，開放部分私營企業與貿易。新經濟政策在一九二八年終止，取而代之的是五年計畫和一整套後來被稱為「史達林主義」的新政策：加速推動工業化，強制集體化，中央計畫，嚴格管控言論、文學、媒體與藝術，並且廣設古拉格（大規模的強迫勞改營）。人們常交替使用「史達林主義」和「極權主義」兩詞，兩者的意義確實也相去不遠。

可是到了一九三〇年代晚期，就連史達林主義也陷入危機。人民的生活品質並沒有像黨承諾的那樣迅速提升。不周延的投資計畫開始反噬。一九三〇年代初期在烏克蘭和南俄地區發生的大規模饑荒，雖然讓當局得到政治操作的機會，但人們的反應卻是恐懼而非支持。一九三七年，蘇聯祕密警察公開發動一系列逮捕、監禁和處決行動。起初針對那些被指控阻礙社會進步的破壞者、間諜和「滋事分子」，最後則延燒至蘇共最高層。大清洗（Great Terror）並非蘇聯第一次的逮捕行動，也不是規模最大的一次

（他們早前的恐怖行動主要是針對農民和少數民族，尤其是那些生活在蘇聯邊境的人），卻是首次針對黨內高層的行動，國內外的共產主義者對此都深感不安。若發生在別的時刻，大清洗也許會讓人們對共產政權的本質有所醒悟。但史達林主義和史達林本人都很幸運，第二次世界大戰拯救了他們。雖然出現許多混亂和錯誤，出現大規模死亡和巨大破壞，但蘇聯在二戰中的勝利，讓蘇聯體制與其領導人獲得了正當性，「證明」了他們的價值。二戰勝利後，史達林彷彿教主般的地位又更上一層樓。政治宣傳將這位蘇聯領導人描述為「人民心中英雄主義與愛國主義的化身」、「人們對社會主義祖國貢獻的化身」。[20]

與此同時，二戰也提供史達林一個前所未有的機會，得以將他對於共產主義社會的特定願景強加於鄰國。第一個機會旋即出現：那是一九三九年，蘇聯和納粹德國簽訂《德蘇互不侵犯條約》並協議在波蘭、羅馬尼亞、芬蘭和波羅的海國家內部切出蘇聯和德國的勢力範圍。九月一日，希特勒由西面入侵波蘭。九月十七日，史達林從東方入侵波蘭。不到幾個月時間，紅軍就占領了波羅的海三國、羅馬尼亞部分地區和芬蘭東部。雖然被納粹占領的歐洲地區後來遭到盟軍解放，但史達林從未歸還他在戰爭第一階段占領的地區。波蘭東部、芬蘭東部、波羅的海國家、布科維納、比薩拉比亞（今稱摩爾多瓦）都被併入蘇聯。原先波蘭東部的領土至今仍屬於烏克蘭和白俄羅斯。

在蘇聯占領區，紅軍軍官與內務人民委員部官員立刻引進自家制度。從一九三九年開始，他們動員地方勢力與國際共產主義運動成員，發起大規模暴力行動及把大批民眾送入古拉格集中營，以這些手段來令各地人民「蘇維埃化」。史達林從這次經驗中獲得珍貴的經驗與盟友：一九三九年蘇聯入侵波蘭東部和波羅的海國家時，出現了一整批願意再次發起相同行動的內務人民委員幹部。轉眼間，甚至早在一九四一年納粹入侵蘇聯之前，蘇聯當局便開始進行準備，希望以類似方式改造全東歐。

但最後這點具有爭議，因為在過去的主流歷史書寫中，戰後東歐歷史通常分為幾個階段。[21]首先是一九四四至一九四五年的真實民主，然後是英國史家休．瑟頓華森（Hugh Seton-Watson）所說的「假民主」，接著在一九四七至一九四八年間政策突然轉彎，當局全面接管——政治恐怖行動升級、媒體遭噤聲、選舉被操縱，所有民族自治的幌子都被拋到一旁。

後世有些歷史學家和政治學家將這種政治氛圍的轉變，歸咎於冷戰的開展，因為冷戰開始的時間點剛好與此轉變吻合。有時甚至有人將史達林主義全面席捲東歐一事歸咎於西方那些支持展開冷戰的人士，說是他們的挑釁言論「迫使」蘇聯高層必須加強控制該地區。外交學者威廉斯（William Appleman Williams）在一九五九年時便提出了這套「修正主義式論點」，他認為冷戰並不是由共產主義擴張引發，而是因為美國推動開放全球市場所致。最近有位知名的德國學者更主張，德國分裂的原因並不是一九四五年後蘇聯在東德推行極權主義政策，而是因為西方國家未能善加運用史達林的和平提議。[22]

只要仔細檢視該地區在一九四四至一九四七年間的實際情形，就能發現前述論點的重大缺陷——我們如今已能接觸到蘇聯和東歐的檔案，因此得以詳細了解狀況。[23]歷史學家透過新的史料，發現最初的「自由時期」實際上並不如人們所以為的那樣自由。確實，紅軍並非一踏上東歐土地就立刻把蘇聯政治制度原封不動的照搬過來，也的確沒有證據指出史達林期待立刻建立起一個「共產主義陣營」。一九四四年，史達林的外交部長麥斯基（Ivan Maiski）在備忘錄中寫道，他預測歐洲國家最終將全部變成共產主義國家，但需要三十到四十年的時間。（他也預言未來的歐洲只會有一個陸上大國和一個海上大國，也就是蘇聯和英國）。麥斯基同時認為，蘇聯不應試圖在東歐煽動「無產階級革命」，而是應該試著與西方民主國家保持良好關係。[24]

這種把目光放遠的觀點，符合史達林版本的馬列主義意識形態。史達林認為，資本家不可能永遠彼此合作，因為他們抱持的貪婪帝國主義遲早會引發衝突，蘇聯將坐收漁翁之利。他在戰爭結束幾個月後向同僚表示：「英美之間的矛盾依舊存在，而美國社會中的衝突正逐漸浮現。英國工黨已經向英國工人做出許多與社會主義相關的承諾，他們很難走回頭路。很快的，他們不只會跟資本家產生衝突，還會和美帝產生衝突。」[25]

如果說蘇聯不著急，那麼東歐的共產主義領袖也不著急——他們之中很少人預期立即掌控一切。一九三〇年代，許多共產主義者連同中間派及社會主義政黨共同投入「國民陣線」聯盟，或是看著國民陣線在許多國家取得成功，尤其是西班牙和法國。歷史學家東尼．賈德（Tony Judt）甚至描述西班牙的例子是在「預先演練一九四五年後掌控東歐」的情況。[26]這些國民陣線聯盟起初是為了抵抗希特勒而創立。戰後，許多人準備重新發起國民陣線以抵抗西方資本主義。史達林採取了一個著眼未來的觀點：無產階級革命將在適當時機發生，但在此之前，這些地方必須先發起資產階級革命。根據蘇聯對於歷史發展的解釋，必要的資產階級革命尚未發生。

不過，正如本書第一部將會詳述的，蘇聯打從一開始就在其所占領的每個國家引進蘇聯的關鍵制度。首先，國家情治單位立刻與各地方的共產黨合作，建立了蘇聯模式的祕密警察部隊，所選用的成員多半都在莫斯科受訓過。凡紅軍所到之處（即便是最後撤兵的捷克斯洛伐克亦然），新編的祕密警察部隊旋即展開選擇性地使用暴力，按照預先擬定的清單和標準，小心翼翼地朝政敵出手。在某些情況下，他們也將目標對準整個族群的人民。他們還掌控了各地的內政部門，有時甚至控制國防部門，能立即參與土地徵收和重新分配。

第二，蘇聯當局在每一個占領國都安插了信任的當地共產黨人，負責主導當時最強大的媒體形式：廣播。大部分東歐國家在戰後最初的那幾個月裡仍有可能出版非共產主義的報紙或雜誌，非共產主義者也能夠經營其他國營企業。但相較之下，唯有國家廣播電臺能夠觸及各個階層的人民，從不識字的農民到知識分子皆然，而這些電臺為共產黨牢牢控制。他們的長遠目標是透過廣播、政治宣傳和教育體系改革，拉攏更多人加入共產主義陣營。

第三，凡紅軍所到之處，蘇聯和當地的共產黨人都持續騷擾迫害、最終強迫解散許多如今會被稱為「公民團體」的獨立組織：包括波蘭婦女聯盟、德國反法西斯組織、教會組織和學校。尤其是他們自占領首日起就極為關切的青年團體：年輕的社會民主黨人、天主教或新教的青年組織、童軍和女童軍。他們甚至在禁止成立獨立政黨、教會組織和獨立工會之前，就已開始嚴格監視並管束各青年組織。

最後，蘇聯當局在所有可能的地區都與當地共產黨聯手，實施大規模的族群清洗，將數百萬德國人、波蘭人、烏克蘭人、匈牙利人和其他族群從他們已居住數個世紀的城鎮和村莊中驅逐出去。卡車和火車把這些人和他們少得可憐的個人財物運到離出生地數百英里遠的難民營和新家。迷惘而流落異鄉的難民變得更容易操縱和控制。就某種程度而言，英美兩國在蘇聯這條政策上有共謀之嫌——德國的族群清洗被寫進了《波茲坦宣言》，但當時西方很少有人理解蘇聯實施的族群清洗有多廣泛而暴力。

資本主義和自由主義的某些元素仍存在了一段時間。私人農耕、私人企業和私人貿易在一九四五年和一九四六年間持續存在，在某些地方則維繫了更久。有些獨立的報章雜誌繼續出刊，有些教堂仍然開放。有時，非共產主義政黨會被允許繼續運作，某些當局欽點的非共產主義政治家也能繼續活動。但這不是因為蘇聯共產主義者及東歐盟友想加入自由民主陣營，而是因為他們認為短期之內還有更重要的事，例如祕密警察、大眾廣播、族群清洗、控制青年團體和其他公民組織。胸懷抱負的年輕共產黨人無一例外皆投身前述領域，這並非巧合。共產主義作家華爾蕭斯基（Wiktor Woroszylski）於一九四五年加入共產黨時，黨內提供他三個選擇：青年共產運動、祕密警察或負責處理大眾媒體的政治宣傳部門。[27]

有些國家在一九四五年和一九四六年舉行了自由選舉，但這並不是共產黨寬容的展現。蘇聯和東歐的共產黨允許這些選舉存在，純粹只是因為他們認為自己會贏——他們控制了祕密警察和廣播，也對年輕世代有強大影響力。世界各地的共產黨人都相信自家政治宣傳的力量，而在戰後最初幾年裡，他們的確有足夠理由如此相信。無論是出於絕望、迷惘、實際考量、憤世嫉俗還是意識形態，人們在戰後紛紛加入共產黨，不只在東歐，在法國、義大利和英國也是如此。在南斯拉夫，狄托（Josip Tito）領導的共產黨確實受人愛戴，這是因為該黨曾是南斯拉夫重要的反抗勢力。由於西方國家的姑息，捷克斯洛伐克落入了希特勒手中——捷克斯洛伐克人只得將希望寄托在蘇聯身上，希望蘇聯會是一個更富同情心的大國。即便是波蘭和德國這兩個對蘇聯動機深感疑慮的國家，戰爭造成的心理創傷也影響很多人的認知。資本主義和自由民主路線在一九三〇年代一敗塗地，很多人相信是時候試試其他路線了。

雖然我們有時很難理解，但共產主義者也懷抱自己的信念。共產主義意識形態如今看來是錯誤的，但這並不意味著它從未激發人們的熱烈信仰。東歐大部分的共產黨領袖及他們的追隨者確實認為，大多數工人遲早會產生階級意識，理解自身的歷史命運並投票支持共產政權。

但他們錯了。儘管選民遭到恫嚇，受到政治宣傳影響，儘管某些經歷戰爭摧殘的人確實被共產主義所吸引，但德國、奧地利和匈牙利的共產黨在戰後早期的選舉中都大幅落敗。在波蘭，共產黨人發起了一次試探性公投，卻在公投結果不如預期時直接放棄了自由選舉。捷克斯洛伐克的共產黨在一九四六年的一次初選中表現不錯，斬獲了三分之一的選票。但當事態明顯指出他們會在一九四八年的後續選舉中失利時，該黨領導層便發動了一場政變。也就是說，蘇聯在一九四七和一九四八年對東歐各國採取更嚴厲的政策，不僅是對冷戰的回應，也是對選舉失敗的反應。蘇聯與其地方盟友未能和平贏得權力，未能獲得絕對掌控（甚至連充分掌控都談不上）。他們雖然握有廣播和特務機構，但共產黨卻沒能成為主流，也未受到群眾愛戴。即使捷克斯洛伐克和保加利亞等國一度有許多人真心支持共產黨，共產主義的追隨者也在迅速減少。[28]

所以，各地共產黨索性聽取盟友蘇聯的建議，改採更為冷酷的策略：這些策略曾在蘇聯大獲成功。本書的第二部將探討這套戰術：新一波搜捕，擴大勞改營，更加嚴密的控制媒體、知識分子和藝術。幾乎每個地區都遵循同一套模式：首先是消滅「右翼」或反共政黨，然後是摧毀非共產主義的左派，再來是消滅共產黨內部的反對派。在某些國家，共產當局甚至仿照蘇聯召開作秀性質的公審。最後，東歐各國的共產黨開始試圖消滅所有殘存的獨立組織，招募支持者加入由國家統一管理的大型機構，更嚴密的控制教育體系，以及顛覆天主教和新教教會。他們打造出天羅地網般的新式教育宣傳，資助公開遊行和講座，掛起布條和張貼海報，規劃連署活動及體育賽事。

但他們再度失敗。當史達林於一九五三年過世後，東歐各地隨即爆發一連串或大或小的反抗事件。一九五三年，東柏林人發起抗議運動，最終以蘇聯戰車鎮壓告終。隨後則是一九五六年波蘭和匈牙利兩場重大革命。這兩場革命後，東歐共產黨再度調整策略。他們會繼續失敗，繼續調整策略，直到最後在一九八九年完全失去權力為止。

—

一九四五至一九五三年間，蘇聯徹底改變了從波羅的海到亞得里亞海，從歐洲中心地帶到南部和東部邊境的整片大地。本書雖然也會提到捷克斯洛伐克、羅馬尼亞、保加利亞及南斯拉夫，但我最關注的還是匈牙利、波蘭及東德。之所以選擇這三個國家，不是因為它們彼此相似，而是因為它們截然不同。

最重要的不同之處在於，他們擁有很不一樣的戰爭經驗。德國當然是二戰的主要侵略國，也是最大戰敗國。波蘭是德國占領時期努力抵抗的同盟國成員之一，卻未分得勝利果實。匈牙利的角色介於兩者之間，他們嘗試走威權主義，與德國合作，後來又試圖倒戈同盟國，卻發現已經太遲。這三個國家的歷史經驗也非常不同。德國數十年來始終是歐洲中部最具政治經濟影響力的大國。波蘭是十七世紀的歐陸大國，卻在十八世紀被其他三個帝國瓜分，並在一七九五年失去獨立主權，直到一九一八年才重新成為主權國家。匈牙利的實力及影響力則在二十世紀初期達到頂峰，直到一次大戰後失去了三分之二的領土

——這一創傷經驗對匈牙利政治造成了深遠影響，至今仍有跡可循。

嚴格來說，這三個國家在二戰爆發前都不是民主國家，但它們都有過政治自由主義、憲政制度和選舉經驗。它們也都有股票市場、外國投資、有限公司和保護財產權的法律。三個國家都擁有業已存在了幾百年的公民體制，包括教會、青年團體與工會等，還有悠久的新聞、印刷和出版傳統。波蘭的第一份報紙出現在一六六一年，而德國早在希特勒於一九三三年崛起前已擁有無數家彼此競爭的媒體。三個國家在經濟和文化上都與西歐關係密切，這份關係在一九三〇年代裡遠比他們與俄羅斯的連結更加密切。三國的歷史文化中並不存在必然會走向極權獨裁國家的條件：西德與東德文化相同，但西德成了民主自由國家，奧地利也是如此，而奧地利、捷克斯洛伐克和匈牙利有很長一段歲月同樣隸屬於哈布斯堡帝國。

從後見之明的角度來看，我們有時會以為歷史發展是勢所難免。當共產主義在東歐運作了幾十年後，有些人開始試著想找出東歐共產政權崛起的根本原因。有人說，歐陸東半部的國家比西半部窮（當然，德國除外），而且東歐國家的經濟開發程度較低（但若與希臘、西班牙、葡萄牙相比，匈牙利和波蘭的開發程度並不低）。如果只看一九四五年，恐怕無人能預見與西方德語區關係密切的匈牙利、擁有深厚反布爾什維克傳統的波蘭，以及背負納粹過往的東德，竟會在蘇聯的政治掌控中度過近半個世紀。

蘇聯政治勢力控制此地的半個世紀裡，除了此地居民外少有人理解究竟發生了什麼事，或是原因何在。即使到了今天，許多人仍然只是透過冷戰的濾鏡在看待東歐。雖然有些許例外，但大部分討論戰後東歐的西方書籍都聚焦於東西方衝突、德國分裂（所謂「德國問題」），以及北大西洋公約組織的成立及簽訂《華沙公約》。[29]即便是漢娜・鄂蘭本人也認為戰後東歐史相當無趣：「彷彿俄國統治者急急忙忙地複製了十月革命的每個步驟，直到獨裁極權政體出現為止。因此，這段歷史固然非常可怕，卻不怎麼引人關注，幾乎沒有什麼變化。」[30]

但鄂蘭錯了。「俄國統治者」並沒有把十月革命的複雜步驟全部搬到東歐，他們只用上那些已知有機會成功的手段，只破壞那些他們認為絕對有必要摧毀的組織。這就是為什麼東歐的故事如此值得關注——與任何只探討蘇聯的歷史研究相比，這段故事揭露了更多關於極權思維，關於蘇聯人如何思考，關於蘇聯處事輕重緩急的細節。更重要的是，我們還能從東歐區域史的研究中發現，人們會如何因應極權主義的統治，帶來的啟發遠比聚焦單一東歐國家更多。

近年來，有愈來愈多學者開始意識到這點。自二十年前共產主義倒臺，中歐、德國及俄國的檔案對外開放以來，已有諸多學者投入東歐研究的領域。英語世界的學者尤其關注二戰所帶來的後果及其對人類的影響，以及東歐地區族群清洗的歷史——知名研究如楊·格羅斯（Jan T. Gross）、提摩希·史奈德（Timothy Snyder）和布萊利·亞柏蘭（Bradley Abrams）。[31]我們如今已更加了解東歐地區的國際政治狀況，因為大量地研究機構皆致力於研究冷戰的起源和美蘇衝突。[32]在討論這類問題時，我主要仰賴二手的史料來源。

本書在有關東歐政治史的部分同樣仰賴二手歷史研究，因為以東歐各語言史料為基礎的研究已相當清楚完備。安傑伊·帕茲科夫斯基（Andrzej Paczkowski）和克麗絲蒂娜·克斯頓（Krystyna Kersten）研究波蘭共產黨領導層和祕密警察的著作至今仍難以超越，諾曼·奈馬克（Norman Naimark）探討蘇占東德的著作是英語世界裡的權威，彼得·凱內茲（Peter Kenez）和拉茲洛·波西（László Borhi）討論匈牙利政治戰略的著作極為出色，而布萊利・亞柏蘭、瑪莉・海曼（Mary Heimann）和卡雷爾・卡普蘭（Karel Kaplan）則探討了該時期捷克斯洛伐克的情況。[33]我會在本書中引用這些優秀的歷史學家，以及其他聚焦於特定主題的優秀文章和書籍。這些傑出著作中以英文書寫者包括約翰・康納利（John Connelly）對東歐大學史達林化的研究，凱薩琳・艾普斯坦（Catherine Epstein）和瑪西・薛爾（Marci Shore）對共產主義者和左翼知識分子的研究，瑪麗亞・施密特（Mária Schmidt）對作秀式公審的研究、馬丁・梅維斯（Martin Mevius）對匈牙利民族象徵的研究，以及馬克・克萊默（Mark Kramer）對去史達林化和一九五六年匈牙利起義事件的研究。[34]

涵蓋整個東歐地區的通史相對較少見，因為光是通盤掌握便已相當困難——要找到一位歷史學家懂三到四種東歐語言並不容易，更不用說九至十種語言了。選集通常是一種解決辦法，今日至少有兩本相當好的選集：弗萊米爾・提斯曼瑙（Vladimir Tismaneau）所編的《重探史達林主義：東中歐共產政權的建立及東方陣營間的關係》（*Stalinism Revisited: The Establishment of Communist Regimes in East-Central Europe and the Dynamic of the Soviet Bloc*），以及諾曼・奈馬克和李歐尼・吉比安斯基（Leonid Gibianskii）所編的《東歐共產政權的建立：1944-1949》（*The Establishment of Communist Regimes in Eastern Europe, 1944-1949*）。這兩本選集收錄了許多優秀論文，但選集並不總能替我們找出模式或進行比較。而我想做的正是找出模式，進行比較，因此我在撰寫本書時尋求了兩位卓越研究者暨譯者的協助，這兩位皆已有著作發表的作者分別是來自柏林的蕾金・沃斯尼察（Regine Wosnitza）與來自布達佩斯的艾提拉・蒙（Attila Mong）。至於波蘭語和俄語，我仰仗的是我自身的知識。

雖然已有一些著作探討這段歷史，但仍有太多故事尚未述說。在準備撰寫這本書時，我花了許多時間在下列機構裡查閱檔案：華沙的波蘭警察總局（PN）、匈牙利的國家安全局歷史檔案館（ÁBTL）、柏林的史塔西檔案館（BsTU）等前祕密警察檔案館，以及政府部門、德國藝術學院、匈牙利電影學院、東德和波蘭廣播電臺及其他機構的檔案。我也利用了幾個新的（或相對較新的）蘇聯時期史料集，包括上下兩冊的《俄國檔案中的東歐：1944-1953》（*Vostochnaya Evropa v dokumentakh rossiskikh arkhivov, 1944-1953*）、上下兩冊的《東歐的蘇聯因素：1944-1953》（*Sovetskii faktor v vostochnoi evrope, 1944-1953*）和一套探討蘇占東德時期政策的三冊檔案集——皆出自俄國編輯之手，於莫斯科出版。除此之外，我還參考了一套由俄羅斯國家檔案館出版的七冊檔案集。[35]波蘭與烏克蘭歷史學家已經共同組成一個委員會，將雙方歷史集結成一系列壯觀的檔案，而位於華沙的波蘭軍事檔案館也擁有一大批在一九九〇年代初從俄方複製過來的史料。中歐大學出版社也出版了兩套關於一九五三年德國起義和一九五六年匈牙利起義的傑出檔案集。在波蘭、匈牙利和德國，都有各種類似的文集出版成冊。

除了查閱檔案，我也在波蘭、匈牙利和德國進行了一系列口述訪談，向實際經歷這段時期的人們求取知識，聆聽他們以自己的語言描述當年的事件和自身感受。我很清楚，若要進行這樣的訪談，此刻可能是最後的機會。在本書的寫作過程中，幾位我在早期訪談過的人已先行去世。我至今仍無比感激這些人和他們的家人，感謝他們當時願意回答我的各種問題。

我希望透過這本書來探究的問題有好幾個。首先，我試圖在當年的檔案裡找出當局刻意破壞公民社會和小型企業的證據。其次，我探討了社會寫實主義和共產主義教育的面貌。第三，我也盡可能搜集這一地區祕密警察創建和早期發展的史料。第四，通過閱讀和交談，我試著了解民眾如何學習因應新政權，如何在情願或不情願中合作，如何加入共產黨和其他黨國組織，如何選擇積極或消極抵抗，以及他們為什麼會面臨當今西方人士永遠不必面對的抉擇，然後做出可怕的決定。最後卻也最重要的是，我試著理解極權主義的真實面貌（不是理論上的極權主義，而是實際上的極權主義），以及它如何形塑了二十世紀數百萬歐洲人的人生。

第一部

PART ONE

虛假曙光

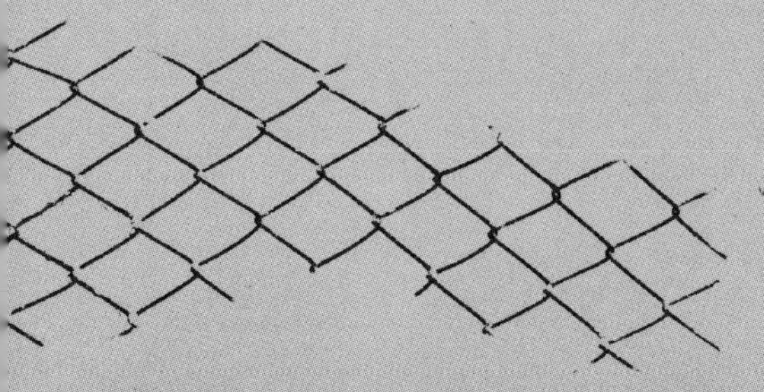
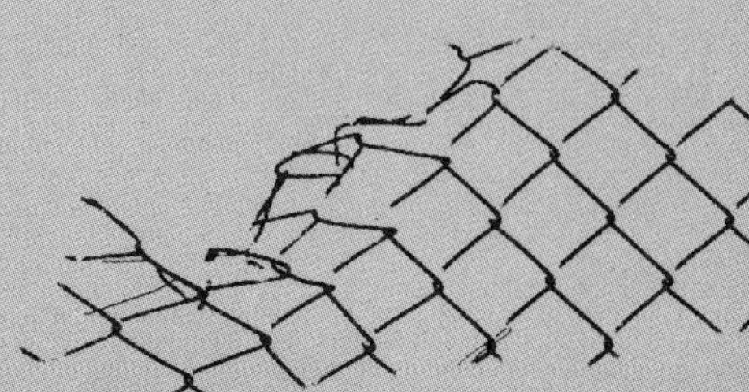

第一章 零時降臨

「凌亂不堪的廢墟，糾結纏繞的電線，扭曲的屍體，死掉的馬匹，遭轟炸而傾覆的橋樑碎塊，從馬腳上扯下來的血淋淋馬蹄，損壞的槍枝，散落的彈藥，夜壺，生鏽的洗臉盆，漂浮在帶血泥濘中的稻草碎片和馬內臟，相機，面目全非的汽車，戰車的碎片。這些事物見證了一座城市所蒙受的恐怖苦難……」

——洛松奇（Tamás Lossonczy），一九四五年於布達佩斯[1]

「偉大的首都被摧殘至面目全非；昔日強大的國家如今不復存在；原先的征服者曾如此殘忍傲慢，曾如此盲目堅信自身使命是主宰其他族類……而今他們在廢墟中翻揀著，這群破碎而茫然、發抖而飢餓的人類失去意志、沒有目標、沒有方向。如何才能找到忠實精確的語言來描述此番場景？」

——夏伊勒（William Shirer），一九四五年於柏林[2]

「我覺得自己似乎行走於屍體之上，隨時都會一腳踩進血泊裡。」

——雅妮娜（Janina Godycka-Cwirko），一九四五年於華沙[3]

爆炸聲迴盪在夜裡，白日也總能聽到砲聲隆隆。落下的炸彈、機槍的軋軋聲、向前滾壓的戰車、轟隆隆的引擎、著火的建築都發出聲響，聲音籠罩整個東歐，預示著紅軍來臨。隨著前線逼近，地面震動著，牆也在顫抖，孩子們發出尖叫。然後，一切戛然而止。

無論在何時何地，戰爭結束都會帶來一種突如其來的詭異寂靜。「夜裡太靜了，」有位不具名者如此記載著戰爭結束時的柏林。[4]她在一九四五年四月二十七日早晨走出家門，外面半個人也沒有。「目光所及處沒有任何平民，俄國人完全掌控了街道。但每棟房子裡都有人在竊竊私語或瑟瑟發抖。誰想像得到會有這樣一個世界隱藏在這裡，如此驚恐，就在這座大城市中央？」

一九四五年二月十二日上午，圍城結束那天，有位匈牙利公務員在布達佩斯街上也遇見了相同的寂靜。「我到了城堡區，四顧無人。沿著威柏奇街走，沿路只見屍體和廢墟、手推車和馬拉板車……我抵達聖三一廣場，決定進議會瞧瞧，說不定有人在裡面。但裡頭空無一人，所有東西都被掀翻了，就是半個人影也沒有。」[5]

就連華沙這座早在戰爭結束前就遭摧毀的城市（納粹占領軍在秋天那場起義後將華沙夷為平地），也在德軍全面撤退的一九四五年一月十六日那天變得更加安靜。華迪洛・史匹曼（Władysław Szpilman）是仍躲在華沙廢墟中的極少數人之一，他聽見了這個變化。史匹曼在回憶錄《戰地琴人》（*The Pianist*）中寫道：「即便是華沙這個在三個月前已成死城的地方，也從未見識過這樣的死寂。甚至聽不見外頭守衛的腳步聲，我搞不懂發生了什麼事。」翌晨，「巨大而嘹亮的聲音打破寂靜，這是完全出乎我意料之外的聲音。」紅軍來了，用波蘭語廣播著華沙已被解放的消息。[6]

這就是人們有時稱之為「零時」（Stunde Null）的一刻：戰爭結束、德軍撤退、蘇聯進駐，這是停止戰鬥、重新開始生活的時刻。大多數關於共產黨接管東歐的歷史正是由此刻開始書寫，而這也很合理。[7]對於那些經歷了此番權力更迭的人來說，零時感覺起來像是轉折點：具體而有形之事結束了，全新而未見之事開始了。許多人對自己說，從現在開始，一切都會不同。而事實也確實如此。

不過，以戰爭終結作為起點來書寫共產黨接管東歐的歷史雖然合理，但就某些方面而言也相當誤導他人。畢竟，這個地區的人民在一九四四年或一九四五年時面對的可不是一張空白畫布，而他們自己也不是從零開始。他們不是從某個地方冒出來，沒經歷過任何事且準備好過新生活的一群人。正好相反，東歐人是從自身家園的斷壁殘垣中爬出來，從游擊隊藏身的森林裡走出來，從監禁他們的勞改營中溜出來，踏上漫長困難的返鄉之旅（如果他們的身體狀況還能負擔）。有些東歐人在德國投降時甚至仍未停止戰鬥。

東歐人爬出廢墟時，看到的並不是全新的處女地，而是滿目瘡痍。捷克作家柯瓦莉（Heda Kovály）在回憶錄中寫道：「戰爭結束就像是駛向隧道的盡頭。」你從很遠的地方就能看到前頭的光，那道持續而穩定的光。你到達彼端的時間愈長，那光芒對於蜷縮在黑暗中的你而言就愈發耀眼。但當你乘坐的火車終於衝出隧道口、進入燦爛的陽光下，眼前所見卻是一片荒蕪，滿布雜草、石頭及垃圾堆。[8]

當時拍攝於東歐各地的照片中，盡是啟示錄般的場景。被夷為平地的城市，綿延數畝的瓦礫，遭到焚毀的村莊，曾是房屋但如今已焦黑冒煙的廢墟。糾結的鐵絲網，集中營、勞改營、戰俘營的遺址。荒蕪的田野，戰車碾壓的痕跡，毫無農業、畜牧業或任何生活的跡象。在剛被擊潰的城市裡，空氣中總瀰漫著屍體的味道。有位德國戰後倖存者寫道：「我讀到的敘述總是以『帶著甜味』來形容，但這模糊到完全不足以描述那股刺鼻怪味。與其說是種氣味，不如說是某種聚集在你臉孔前方的濃稠氣體，堅實厚重且帶霉，令你無法呼吸。你只能後退，像是有人出拳打你。」[9]

亂葬崗隨處可見，人們小心翼翼穿越街道，彷彿走在墓園。在適當的時刻，人們開始挖掘，將屍體從庭院和公園移到集體墓地。[10]時常有葬禮和重新安葬的儀式舉行，不過華沙卻有場著名的葬禮遭中斷事件。一九四五年夏天，一列送葬隊伍正緩慢穿越華沙，但身穿黑衣的送葬者看到了不尋常的景象：一列行駛中的紅色華沙輕軌電車。人行道上，行人停下腳步，許多人跟著電車跑了起來，大聲鼓掌歡呼。不尋常的是，送葬隊伍跟著停下腳步，正為死者哀悼的送葬者也受到身旁氣氛感染，他們轉向電車，開始一起鼓掌。[11]

這種情況並不罕見，生還者有時會陷入一種奇異的歡快感之中。能活下來令人如釋重負，悲傷與喜悅交雜，而貿易往來與重建工作轉瞬便自動開始。一九四五年夏天的華沙熱鬧有如蜂巢，作家基謝萊斯基（Stefan Kisielewski）如此寫道：「在廢墟般的街道，前所未見的騷動湧現。蓬勃發展的商業，忙進忙出的人們，隨處可聞的談笑聲，誰能想到這群人是巨大災禍的受害者，是幾乎沒能從災難中生還的人，他們如今仍生活在嚴苛而不人道的環境中……」[12]桑多．馬芮（Sándor Márai）在同時期的一部小說中如此描述布達佩斯：

無論這座城市或這個社會還剩下什麼，所剩之物都憑著一股熱情、憤怒、純粹的意志力而萌發著生機，挾著強大的力道，態度堅毅，身段靈活。看起來似乎什麼都沒發生過……大街上，通道旁冒出攤販，兜售各式美食與高檔商品：衣服、鞋子，什麼都有，甚至可見法國金幣、嗎啡和豬油。生還的猶太人從塗著黃色星號的房子內踉蹌走出，一兩個星期後，他們便開始在買賣中殺價，他們身旁甚至還躺著人和馬的死屍……瓦礫堆中，人們為了英國布料、法國香水、荷蘭的白蘭地和瑞士的手錶討價還價……[13]

這種對於工作與重建的熱情將會持續多年。英國社會學家亞瑟·馬威克（Arthur Marwick）曾推測，可能是國家失敗的經驗帶給了西德人重建的動力，他們想找回民族自豪感。他認為，德國所經歷的大規模崩潰可能促進了戰後的繁榮發展：在經濟災難與個人生活的災難之後，德國人欣然投入了重建行動。[14]但德國（東西德皆然）並不是唯一一個渴望復原與「重回正軌」的國家。在回憶錄與回顧戰後時期的談話裡，波蘭人和匈牙利人也都反覆提及自己是多麼迫切地重回學校，拾起工作，追求沒有暴力干擾的生活。而共產黨已準備好利用人們對於和平的渴望。

無論如何，財產損失都比東歐的人口損失更容易復原。東歐所承受的暴力規模遠大於西方所能想像。二戰期間，東歐經歷了史達林和希特勒意識形態中最瘋狂的部分。到了一九四五年，西起波茲南（Poznań）、東至斯摩棱斯克之間的這片土地，大多曾落入各方占領軍之手不只一兩次，有些地區甚至高達三次之多。一九三九年簽訂《德蘇互不侵犯條約》之後，希特勒便由西方入侵此地，占領波蘭西半部。史達林則由東方進犯，占領波蘭東半部、波羅的海三國與原屬羅馬尼亞的比薩拉比亞地區。一九四一年，換希特勒由西邊占領前述地區。一九四三年，局勢再度生變，紅軍從東面進軍，這片土地又一次易主。

也就是說，到了一九四五年，已有兩個極權國家的致命大軍與兇惡祕密警察在這塊土地上來回逡巡，在東歐的民族與政治層面留下深遠的影響。舉例而言，勒沃夫（Lwów）曾兩度落入蘇聯紅軍之手，一度落入德國國防軍之手。戰後，這座城市的名稱變成了勒維夫（L'viv），*此地也不再位於波蘭東部，而是位於隸屬蘇聯的烏克蘭境內。戰前定居於此的波蘭人和猶太人不是遭到謀殺，就是遭遣送出境，取而代之的是由附近鄉村移入的烏克蘭裔居民。

放眼全歐洲，出於政治動機的殺戮行動大多發生在東歐、烏克蘭與波羅的海國家。提摩希．史奈德在《血色大地》中如此寫道：「希特勒和史達林雖分別崛起於柏林與莫斯科，但兩人實現改革大業的地點主要是位於這兩者之間的區域。」[15] 對於任一東歐民族擁有國家主權這樣的概念，史達林和希特勒嗤之以鼻，他們致力於消滅東歐菁英。德國人認為斯拉夫人是低等人類，地位不比猶太人高多少。在薩克森豪森與娘子谷（Babi Yar）之間的大地上，他們毫不猶豫便下令在街頭任意殺戮、執行大規模公開處決，僅為了替一名死去的納粹士兵復仇便燒毀整個村莊。與此同時，蘇聯則認為東歐諸鄰是資本主義與反蘇根據地，其存在是對於蘇聯的挑戰。一九三九年、一九四四年與一九四五年，紅軍和內務人民委員部在這塊新占土地上逮捕的不只是納粹或與納粹通敵者，他們也逮捕所有理論上可能反對蘇維埃政權的人：社民黨人、反法西斯分子、商人、銀行家、批發商——與納粹所針對的族群大幅重疊。雖然西歐也有平民死傷，英軍與美軍也有偷竊、品行不端或暴虐事件，但大多數情況下，英美軍隊的目標是消滅納粹，而非消滅被解放國家內部的潛在領導階層。他們大都也對各地反抗軍領袖尊重以待，而非飽含疑慮。

東歐也是納粹盡情施行大屠殺之處，多數的猶太隔離區、集中營和屠殺處決地都位於東歐。史奈德指出，希特勒於一九三三年上臺時，猶太人占德國人口不到百分之一，其中有許多人設法逃亡。希特勒希望打造一個「沒有猶太人」的歐洲，若要實現此願景，德國國防軍就必須征服波蘭、捷克斯洛伐克、白俄羅斯、烏克蘭和波羅的海國家，最終直抵匈牙利和巴爾幹地區——因為歐洲大多數的猶太人都以此地為家。死於大屠殺的五百四十萬名猶太人大部分都住在東歐，而其他地方的猶太人大多也被遣送至東歐殺害。納粹對於東歐人的鄙視與他們決定以東歐為猶太人處刑場一事密切相關。低等人類的土地，適合執行低等殘忍的行動。[16]

最重要的是，東歐是納粹主義與蘇維埃共產主義交會碰撞之處。雖然兩方在戰爭初始時是盟友，但希特勒一直都想對蘇聯發動毀滅性戰爭；而在希特勒進犯後，史達林也誓言要還以顏色。所以比起西歐，紅軍和德國國防軍之間在東歐的戰鬥要來得更加激烈血腥。德軍相當害怕所謂的「布爾什維克蠻軍」，他們曾聽聞過許多關於這群人的恐怖傳說；二戰打到最後，他們更是不顧一切地和紅軍拼命。德軍特別看不起東歐平民，對當地文化和建設毫無尊重可言。某位德軍將領確實出於對巴黎的柔情與尊重而違抗希特勒的命令，保全了巴黎，但其他德國將領則毫不猶豫地將華沙夷為平地，同時摧毀大半個布

＊　譯註：波蘭人將此地稱為勒沃夫，而烏克蘭人則將此地稱為勒維夫。

達佩斯。西方空軍並不在意東歐的古建築，盟軍轟炸機也在此地殺戮破壞：不只轟炸柏林和德勒斯登，也轟炸了但澤和柯尼斯堡（即今日的格但斯克和加里寧格勒）等其他許多地方。

隨著東線戰場延燒至德國本土，戰爭也愈趨激烈。紅軍像是著了魔似的不斷向柏林推進。蘇聯士兵自戰爭初期便習慣在告別時高呼：「柏林見！」史達林拼了命想在「其他盟國」抵達柏林前搶先攻下此地，他麾下將領明白這點，美軍也心知肚明。艾森豪將軍知道柏林的德軍寧死不屈，他不願美軍平白喪命，決定把柏林留給史達林。邱吉爾則反對這麼做：「如果俄國人拿下柏林，他們會認為自己對盟國共享的這場勝利做出了巨大貢獻，讓這種想法留在他們腦中不會不太恰當嗎？此事在他們心中催生出來的氛圍，難道不會導致未來出現重大問題嗎？」[17]但艾森豪的謹慎獲得了最終勝利，英美聯軍緩慢向東推進——美國的馬歇爾將軍（George C. Marshall）曾表示他「不願為了純粹的政治目的而令美軍身陷險境」，而英國陸軍元帥艾倫．布魯克（Alan Brooke）爵士也認為「向德國內部推進的距離在一定程度上必須吻合我們的最終邊界」。[18]與此同時，紅軍則直直開向德國首都，所經之處寸草不生。

從統計數字便可得知事態有多嚴重。英國有三十六萬人死於二戰，法國有五十九萬人死於二戰——這樣的傷亡數字相當可怕，但仍不到兩國人口的百分之一點五。相較之下，波蘭國家記憶研究院則推估波蘭大約有五百五十萬人死於二戰，其中約三百萬是猶太人。也就是說，波蘭失去了約百分之二十的人口，每五個波蘭人就有一個沒能活下來。即便在戰爭不那麼慘烈的東歐國家，死亡人口的比例也比西歐國家還高。南斯拉夫死了一百五十萬人，占總人口的十分之一；匈牙利的死亡人數是總人口的百分之六點二，捷克的死亡人數則是戰前總人口的百分之三點七。[19]至於德國本土，死亡人數介於六百萬至九百萬之間（差異取決於「德國人」的定義為何，因當時的德國國界常有變化），大約是德國總人口數的十分之一。[20]在一九四五年的東歐，幾乎找不到哪個沒受重創的家庭。

戰後的塵埃逐漸落定，我們開始看見許多人即便生還也早已遠離家園。許多東歐國家在一九四五年的人口統計、人口分布與民族構成，已與一九三八年大不相同。納粹占領東歐後有好幾波遣送和重新安置的行動，導致東歐人口分布出現劇烈變化，其影響之重大，西歐人至今未能充分理解。德國的「外來居民」被遷入德占波蘭和捷克斯洛伐克境內，目的是為了改變特定地區的族群分布，至於該地原本的居民則遭驅趕或謀殺。早在一九三九年十二月，住在羅茲較好區域的波蘭人和猶太人就被趕出家園，好讓德國官員進駐。之後的幾年，納粹將二十萬左右的波蘭人從羅茲遣送到德國，強迫他們在該地勞動。猶太人則被趕到羅茲的猶太隔離區，大多數人都死在裡頭。[21]德占政權把這些人的房子分配給德國人，包括來自波羅的海和羅馬尼亞的德裔民眾，有些人還以為自己分到的是遭人遺棄或無人關照的房屋。[22]

戰後，人們開始將事情恢復原狀或遂行報復。一九四五、一九四六與一九四七年是難民流徙之年。德國人向西遷移，德國勞改營和集中營內的波蘭人和捷克人返回在東方的故鄉，被遣送至蘇聯的人回來了，戰場上的軍人也開始返家，流亡者紛紛從英國、法國或摩洛哥返國。但許多難民回到家鄉後，卻發現家鄉已經面目全非，只得移居他處。楊·格羅斯估計，在一九三九至一九四三年間，約有三千萬名歐洲人遭到驅趕、重新安置或遣送他處。一九四三年至一九四八年間，又有兩千萬歐洲人移居別地。[23]克麗絲蒂娜·克斯頓指出，一九三九至一九五〇年間，每四個波蘭人就有一個不住在戰前的家。[24]

他們之中的大部分人一無所有地返回家園，不得不向其他人（教會、慈善機構或國家）尋求幫助，無論是什麼樣的幫助。許多在戰前不需仰賴他人的家庭，如今卻得在政府單位門前排隊，等著政府分配房屋或公寓。曾憑雙手工作掙得薪水的人，如今卻必須從別人手中求得物資配給卡，或是一份政府機關的工作。被強行趕出自家門口的難民，心情自然不同於為了賺錢而移居他方的移民，前者的處境帶來了他們以前也許從未經歷過的依賴感與無助感。

更糟的是，東歐不僅是地貌受到嚴重摧殘，經濟上也承受了慘痛破壞，其規模之龐大同樣令人難以理解。並非每個東歐國家在戰前都很富裕，但此地原本在一九三九年時並不像一九四五年時那樣遠遠落後於西歐國家。確實有些東歐人從戰時的槍枝、戰車生產需求中獲利（許多經濟史家討論了當時產業工人階級的成長，在波西米亞與摩拉維亞地區尤甚），但二戰的下半場對所有東歐人來說都是場大災難。[25]一九四五年和一九四六年，匈牙利的國民生產總值只有一九三九年的一半。統計指出，在二戰最後幾個月裡，匈牙利有四成的經濟基礎建設被毀，[26]首都布達佩斯更有四分之三的建築遭到破壞，其中百分之四被夷為平地、百分之二十二變得無法居住。該國人口只剩戰前的三分之二。[27]德軍在撤離此地時，帶走了該國大部分的鐵路車輛，剩下的車輛則被後來的紅軍以賠償為名徵收。[28]

至於波蘭，一般估計其經濟損失亦在四成左右，但有些地區承受的損失甚至更高。波蘭的交通基礎建設被破壞的程度格外嚴重：全國有一半以上的橋樑被毀，港口、航運設施和四成鐵路設備也面目全非。多數的大城市遭到嚴重破壞，也就是說有許多房舍、古代建築遺跡、藝術品、大學和校園都永遠消失。華沙市中心有高達九成的建築受到部分或全面性的破壞，因為德國人在撤退時對此地進行了系統性轟炸。[29]

其他德占城市也一樣悽慘，這得歸責於盟軍那些引發大火的空中轟炸，也得怪罪希特勒命令德軍在巷戰中堅持到最後一兵一卒。即便是在破壞範圍沒那麼廣泛、也沒遭到廣泛轟炸的捷克斯洛伐克、保加利亞和羅馬尼亞，人民的損失同樣慘重。舉例而言，羅馬尼亞失去了他們的油田：那是原本在一九三八年之前，羅馬尼亞三分之一國民總收入的來源。[30]

戰爭還以其他難以量化的方式影響了東歐經濟。楊．格羅斯和布萊利．亞柏蘭在兩篇頗負盛名且實至名歸的文章中探討了二戰造成的社會後果，文中指出東歐大部分地區（當然包括匈牙利、捷克斯洛伐克、波蘭、羅馬尼亞及德國本土），大規模徵收私人財產的其實是二戰期間的納粹與法西斯政權，而不是戰後的共產政權。在中歐地區，當地政權和德占政權大規模徵收了猶太人的財產與企業，占領後期則進行了更廣泛的德國化行動。這類事情有時在暗中進行，例如在捷克，德國的銀行控制了捷克的銀行，因此常由德國銀行來裁定捷克某銀行或企業是否有還款能力——當捷克銀行或企業無力還款時，就由德國銀行或企業出手相救，從而取得控制權。[31]這類情事有時也明目張膽地進行，例如在波蘭，許多工廠和企業雖然名義上仍屬波蘭人，卻常被安插德國籍的經理或董事。

占領期間，地區經濟的方向也遭到改變。一九三九至一九四五年間，東歐各國對德國的出口額增加了兩至三倍，而德國對於當地產業的投資亦然。從一九三〇年代初起，德國經濟學家便不斷主張在東歐建立經濟殖民地，而德國企業在占領期間確實也據此進行：通常是透過私占猶太人的工廠與企業，有時甚至也私占非猶太人的企業。[32]整個地區成了自給自足的封閉市場，這在過去也是前所未見。[33]這代表當德國崩盤時，該地區的國際貿易關係也會隨之崩潰，最終導致蘇聯輕易取代德國的地位。

出於同樣原因，德國戰敗也導致了一場所有權風暴。戰爭結束時，德國的企業家、經理和投資者不是逃離當地就是被殺害，許多工廠遭棄置、失去主人。這些工廠有的被工廠委員會接管，有的則由地方當局接手。遭到遺棄的產業最後大半都收歸國有——如果廠內財產沒被整套打包運到蘇聯的話。蘇聯認為所有「原屬於德國」的東西都是對於戰爭的正當賠償，而對此表示抗議的人是出奇地少。[34]一九四五年時，政府當局已經可以直接沒收私人財產而不提供任何補償，這成了東歐的既定原則。所以當政府開始將一切大規模收歸國有時，也沒有人真的感到訝異。

—

在二戰所造成的各式損傷之中，最難以量化的便是心理和情感創傷。第一次世界大戰的殘酷造就出一整代的法西斯領袖、理想主義知識分子及表現主義藝術家，後者將人的形象扭曲成非人的形狀與顏色，試圖表達心中的迷惘。但第二次世界大戰更是從方方面面深深滲進了人們的日常生活之中，因為有更多地區被占領、更多人被遣送、大群平民或參戰或流離失所。長年持續的日常暴力，以各種幽微且時常難以描述的方式形塑人心。

這點也與西方國家（英美兩國尤甚）的情況相當不同。波蘭詩人米沃什（Czesław Miłosz）曾試圖解釋戰後歐洲人與美國人在心理上的差異，他寫到戰爭如何打破一個人對於事物的自然秩序感：「曾幾何時，如果他在街上發現屍體，他會打電話給警察；民眾會在旁聚集，隨之而來的是議論紛紛。但現在他學會如何避開躺在水溝裡發黑的屍體，管好自己，別問不必要的問題。」

米沃什寫道，在占領期間，即便是誠實可敬之人也不再視搶劫為犯罪行為——至少，如果是為地下反抗組織而搶便不算犯罪。出身於可敬守法的中產階級家庭的年輕男孩，紛紛成了冷酷的罪犯：「殺人對他們來說不是什麼太大的道德問題。」捏造自己的姓名與職業，用假證件旅行，背誦虛構的身分背景，看著手上金錢一夜之間貶值成廢紙，看到有人在街上像是圍捕牛群般地圍捕民眾，這些事在占領期間都變得司空見慣。[35]

私人財物的禁忌被打破了，偷竊稀鬆平常，甚至成了愛國之舉。人們透過偷竊來幫助自身所屬的游擊隊維生、提供反抗組織糧食或餵飽自己的孩子。他們帶著怨恨看其他人伸手偷竊，無論是納粹、罪犯或游擊隊。戰爭末期，偷竊現象變得更加猖獗。在桑多．馬芮的小說《偽裝成獨白的愛情》（*Portraits of a Marriage*），有個角色對於那些在廢墟中搜索的小偷表示讚嘆，認為這群人深具創業精神：「他們覺得如果自己手腳夠快，就有足夠時間搶救那些尚未被納粹、當地法西斯分子、俄國人或那些設法溜回國的共產黨人偷走的物品。他們認為自己對國家的責任是盡可能搜刮一切，所以才開始他們的『搶救』行動。」[36]

正如波蘭歷史學家馬爾欽．薩倫巴（Marcin Zaremba）所寫，在納粹撤退後至紅軍抵達前的這段時間裡，盧布林（Lublin）、拉當（Radom）、克拉科夫和熱舒夫（Rzeszów）都出現了一波又一波的打劫事件。波蘭人闖入空無一人的德國商店與德國住宅，有人為此解釋道：「甚至不是為了找些什麼或得到什麼，只是為了搶劫德國人，為了在德國人奪走我們的一切後拿回點什麼。」[37]

二戰結束後的那幾個月裡，更有組織的搜刮行動席捲了西里西亞和東普魯士等曾為德國領土、後來卻成為波蘭國土的地區。成群結隊的打劫者開著汽車、卡車和其他車輛在半空的城市裡搜索家具、衣物、機器和其他貴重物品。「專業」的打劫者在樂斯拉夫（Wrocław）和格但斯克四處搜刮，替華沙的餐館和咖啡館尋找濃縮咖啡機和烹飪設備。有位作者在回憶錄中提到：「一開始，打劫者對珍稀書籍所知不多，但該領域的專家很快就出現了。」全國各地曾屬於猶太人的財物如今都遭到劫收，猶太人的墓地也被洗劫，人們期望在這些墳墓裡找到『埋藏的珍寶』或金牙。但大多數打劫者不分青紅皂白地對猶太人和非猶太人的財物下手。華沙起義後，這座破碎而潰敗的波蘭首都裡處處都有人在打劫，每個人「鄰居、路人、軍人」，在波蘭反抗勢力那場慘烈的終局之戰後一湧而出，洗劫半毀的公寓樓房和空無一人的商店。一九四六年，尋寶者挖開特雷布林卡（Treblinka）四周的田野。同年九月，羅茲附近發生了火車失事事件，現場旁觀者紛紛聚集過來，卻不是為了幫助傷者，而是為了搜刮貴重物品。[38]

波蘭等地的打劫熱潮最終消退，但此事很可能也提升了人們的容忍度，能夠忍受後來政府腐敗與盜竊公共財產。暴力也成了日常風景，在後來的許多年裡一直如此。幾個月前還會引起大眾憤慨的事，如今已不再令人感到困擾。七十多年後，有位匈牙利人告訴我，他直到今日仍清楚記得在布達佩斯街頭上演的一幕可怕場景：有位帶著兩個孩子的男子突然被逮捕。「那位父親拉著小拖車走在街上，車上載著兩個孩子。但蘇聯士兵毫不在乎地把他帶走，兩個孩子就這樣被留在街頭。」而路旁的行人臉上不見任何訝異。[39]當官方正式宣布停戰後，更多暴力事件也跟著發生——德國人與德裔人口遭到殘酷手段驅逐，回國的猶太人遭到攻擊，曾起身反抗希特勒的男男女女遭到逮補，波蘭與波羅的海國家仍有游擊隊在作戰——沒有人對這些事感到訝異。

暴力事件不必然都帶有族群或政治色彩。有位波蘭鄉下的教師回憶：「村裡無論有什麼活動，最後都以打鬥收場。」[40]許多武裝團體在東歐各個鄉間遊蕩，靠著偷盜與殺人謀生，他們有時自稱反抗軍，但與反抗組織並無關聯。東歐每座城市裡都有迷失的退役士兵結夥行動，罪犯暴力擴大成政治暴力，官方紀錄再也分不清兩者差異。一九四五年夏末，波蘭某省的警察在兩個星期內便記錄了二十起謀殺案、八十六件搶案、一千零八十四件闖空門案、四百四十件「政治犯罪」（未有明確定義），以及一百二十五件「反抗當局」的案件、二十九件「其他的」反當局罪行、九十二起縱火案及四十五件性犯罪。據警方報告解釋：「人們最在意安全問題，如果這邊能平靜些，不要總是發生攻擊與竊盜案就好了。」[41]

道德崩潰後，隨之而來的是體制崩潰。波蘭的政治和社會體制在一九三九年便已停止運作。匈牙利在一九四四年，德國則在一九四五年。這場災難令人對於自身成長的社會及社會所教導的價值觀抱持深沉的懷疑。這也難怪，自己的社會向來並不強盛，社會倡導的價值觀又是如此輕易就被推翻。無論是一九三九年的納粹入侵占領或是一九四五年的盟軍入侵占領（或許兩者皆然），國家戰敗對那些身在其中的人來說是異常艱難的經歷。

許多人從那時起便試著描述，看著自身所屬文明解體是什麼感覺——看著童年熟悉的建築與景觀崩毀，了解到父母師長所建構起的道德世界已不復存在，而曾經尊敬的國家領袖更是兵敗如山倒。但對於那些不曾親身經歷的人而言，這樣的事仍不容易理解。「真空」和「空洞」等詞彙根本不足以形容這場宛若外星人占領般的國家級災難，因為這兩個詞彙無法表達出人們對於戰前領袖、戰時領袖、失敗的政治制度、自身「天真」的愛國主義，或是對於父母師長心中一廂情願的想法有多麼憤怒。家園、家庭、學校等範圍廣大的破壞崩毀，令數百萬人陷入一種全然的孤絕境地。東歐各國在不同時期經歷了這場崩壞，各地經歷不完全相同，但無論何時何地，國家失敗一事都造成了深刻的影響，在年輕世代身上尤其如此。許多年輕人驟下結論：他們曾視為真確的一切都是錯誤的。戰爭還令他們失去了社會網路，更摧毀了歷史脈絡。許多人的處境確實像是漢娜・鄂蘭所說的「極權主義人格」養成環境：全然孤立，與家人、朋友、同袍甚或點頭之交都沒有任何社會聯繫，能使這些人感到自己在世間仍有立足之地的只剩下黨員身分，也就是他對政治運動的歸屬感。[42]

康維斯基（Tadeusz Konwicki）的經歷便是如此。康維斯基是波蘭小說家，在戰時加入了游擊隊。他生於當時位於波蘭東部的維爾紐斯（Vilnius）的一個愛國家庭裡，他在戰時滿懷熱誠的加入波蘭反抗組織的武裝單位——波蘭救國軍（Home Army）。一開始他與納粹戰鬥，接著有段時間他的部隊與紅軍作戰。但從某個時間點開始，戰鬥逐漸淪為武裝搶劫和無端暴力，他開始納悶自己為什麼還在戰鬥。最後他離開森林，搬到波蘭境內，因為他的家鄉不再座落於戰後波蘭的新疆界之內。抵達波蘭後，他意識到自己一無所有。十九歲的他只有一件大衣、一個小背包和幾張假證件。沒有家人、沒有朋友、沒有受過高等教育。這樣的事並不罕見。在比亞維斯托克（Białystok）作戰的年輕救國軍成員格拉博夫斯基（Lucjan Grabowski）也在同一時期交出了自己的武器，同樣發現自身一無所有。「我沒有衣服，戰前的衣服已經穿不下。皮夾近乎全空，只有一張從別人那拿來的美鈔，還有我爸跟鄰居借的幾千茲羅提（zlotys，波蘭貨幣）。這就是我花了四年與占領軍作戰後剩下來的所有。」[43]

對於過去曾相信的許多事，康維斯基失去了信心。「我在戰爭期間看了太多殺戮，看到思想、人道主義與道德世界的全面崩潰。我在這個被摧毀的國家裡孤身一人。該做些什麼？該去向何方？」[44] 他如此對我說。康維斯基流浪了好幾個月，考慮要逃往西邊，也試著做粗工以重新找回他的「無產階級」根基。最後他幾乎是純屬意外地陷入了共產文學與共產黨的世界裡——這是一九三九年之前他做夢也沒想過的事。他甚至在短時間內成了一位「史達林主義」作家，遵循黨所規定的風格與體裁來寫作。

他的命運相當戲劇化，卻沒有那麼罕見。波蘭社會學家漢娜·史威達－齊姆巴（Hanna Świda-Ziemba）也試著重建她那一代人（生於一九二〇年代末至一九三〇年代初的人）在戰前的道德觀，並描繪出一幅極為相似的畫面。她那一代人在成長過程中建立起對於波蘭的深刻信仰，深信這個國家有著特殊的命運。她說，「波蘭」的概念對於她那代人特別重要，因為波蘭作為現代國家遲至一九一八年才出現，而他們正是這個國家裡第一批受教育的學生。他們學到將國家人格化，渴望「服務」波蘭，也學到將信仰與背叛等各種價值判斷連結到波蘭之上。因此當波蘭瓦解時，他們變得一無所有。[45] 許多人的失望之情發洩在戰前政治家身上，包括威權右派及那些沒替波蘭做好戰爭準備的將領，因為是他們失職才導致災難性的後果。另一位波蘭作家博羅夫斯基（Tadeusz Borowski）以戰前政客甜膩的愛國主義為題，寫下了諷刺的文字：「你的祖國是和平之地，以及在火中溫順燃燒的木柴。我的祖國是遭到焚毀的樓房，以及內務人民委員部的傳票。」[46]

對於年輕的納粹分子而言，失敗經驗甚至更具毀滅性，因為他們所受的教育不只教導他們愛國，還教會他們深信德國人在生理條件與心理素質上都優於他人。後來成為東德共產主義領袖的莫德羅（Hans

Modrow）與康維斯基年紀相仿，在當年也經歷了同樣的迷惘。莫德羅是希特勒青年團的忠實成員，還加入了國民突擊隊，也就是在二戰尾聲對紅軍進行最後抵抗的平民兵。他當時對於布爾什維克充滿強烈的仇恨，認為他們是次等人類，在生理及心理上都不如德國人。但他卻在一九四五年五月時成了紅軍俘虜，隨之而來的是深深幻滅。他和其他德國戰俘被押上卡車，運往農場工作：

> 我當時還很年輕，樂於助人。我站在卡車上，幫忙傳遞其他人的背包，也把我的背包給別人拿，方便自己跳下卡車。我落地時，背包就被偷走了，我再也沒能拿回來。小偷不是蘇聯士兵，而是我們之中的某個人，是德國人。直到第二天，紅軍才讓我們變得人人平等：他們收走所有背包，我們什麼也不剩，只拿到吃飯的湯匙和杯子。這起事件之後，我開始對德國人所謂的同袍情誼有了不同看法。[47]

幾天後，他被指派為某位蘇聯上尉的司機，上尉向他問起德國詩人海涅（Heinrich Heine），但他從未聽過海涅的大名。被他視為次等人類的人卻比他更了解德國文化，這令他十分尷尬。最後，莫德羅被送到莫斯科附近的戰俘營，在當地被選中送進「反法西斯」學校，並接受馬克思列寧主義的訓練——當時他極度渴望接受這套訓練。他深深體會過德國的失敗，因此很快便接受了這套他在整個童年裡都被教導要痛恨的意識形態。隨著時間過去，他開始感受到近似感激的心情。共產黨提供他一個彌補過往錯誤的機會——那是德國的錯誤，也是他自身的錯誤。他因曾經身為狂熱的納粹而感到羞恥，而這份羞恥如今終能被抹消。

但戰爭的記憶無法抹消，過往的歷史也無法輕易向局外人解釋明白，因為他們並未經歷過同樣程度的破滅，也不曾目睹人類對其他受苦之人所表現出來的冷漠。米沃什寫道：「東歐人無法信任美國人（或其他西方人），因為他們不曾經歷過這些事，因而缺乏想像力，欠缺的程度令人吃驚。」[48]米沃什沒提到的是反之亦然：東歐人對於西方鄰居也懷抱著不切實際的期待。

無論是戰前或戰後，西歐與美國向來關心蘇維埃共產主義的發展。早在一九四五年之前，大多數西方國家首都的人們早已開始對新興布爾什維克政權之性質與共產主義展開激辯。美國的報紙在一九一八年時便已生動描繪出這場「赤色危機」。共產主義對於自由民主的威脅，早在一九二〇年代與一九三〇年代的華盛頓、倫敦和巴黎就成了公開論戰的題目。

即便是在戰時與史達林結盟期間，多數曾直接與俄國打交道的英美政治家都對史達林在戰後的計畫頗有疑慮，也都對其政權性質有非常清楚的了解。納粹偶然在卡廷森林裡挖掘出數千名被蘇聯祕密警察殺害的波蘭軍官屍體後，邱吉爾對波蘭流亡領袖表示：「唉，德國人揭露的事大概是真的。布爾什維克有時相當殘酷。」[49]擬定戰後美國對蘇政策的美國外交官喬治・凱南（George Kennan）二戰期間就待在莫斯科，當時他「不斷向華盛頓的基層官員送出對於共產黨邪惡計謀的大量分析報告」。[50]時任助理國務卿的艾奇遜（Dean Acheson），也將一九四四年夏天與蘇聯代表的談判比喻為「與老式一分錢吃角子老虎機打交道」。「……有時候你可以搖晃機器來加快速度，但跟它對話是沒有用的。」[51]

而這也不真的重要了。艾奇遜在回憶錄中總結他對於這些談判的看法：「然而，對於我國而言，與俄國這段令人挫敗的插曲在當時即將發生的重大事件中很快就被遺忘了。」[52]事實上，英美兩國在戰時幾乎總有「更重大的事件」要操心，至少在一九四五年之前如此。在二戰結束前，俄國在東歐的舉止始終不是他們最關心的事。

這一點在一九四三年十一月的德黑蘭會議和一九四五年二月的雅爾達會議中最為明顯，無論是官方或非官方發言皆然。在這兩場會議上，史達林、羅斯福和邱吉爾以驚人的漫不經心態度決定了整個歐洲的命運。三大盟國第一次於德黑蘭聚首時，就商談到了波蘭的疆界問題。當時邱吉爾告訴史達林，他可以保留他在一九三九年併吞的波蘭東部的土地，而作為補償，波蘭很可能會整個「向西移動，就像士兵一樣向左移動兩步」。邱吉爾接著「就在三根火柴的輔助下展演了這個將波蘭向西移動的概念」。會議記錄寫著，「史達林對此感到滿意」。[53]在雅爾達會議上，羅斯福不怎麼熱衷地建議將波蘭國界東緣延伸至利沃夫與其周圍的油田。史達林似乎接受了，但沒有人催促他落實此計畫，這件事最後就不了了之。幾十萬人的國籍身分就這樣定案了。

這些事並不代表西方對東歐懷抱惡意，他們只是有其他事項得優先處理。羅斯福在雅爾達會議上關心的主要是新聯合國的形式，在他的設想中，這是一個能夠防止未來戰爭的國際組織，而他需要蘇聯的合作才能建立。他還希望蘇聯在美國向滿洲進攻時能助美軍一臂之力，也想使用俄國在遠東地區的軍事基地。還有從義大利皇室到中東石油，各個都是利害攸關的議題。對羅斯福來說，這些問題顯然比波蘭或捷克斯洛伐克的命運更重要。雖然東歐是史達林戰後計畫的重心，但美國總統對此地的興趣實在是微乎其微。[54]

與此同時，邱吉爾清楚意識到英國的極限。他知道紅軍一旦進入波蘭、匈牙利或捷克斯洛伐克，英國就絕無可能迫使他們離開。邱吉爾在回憶錄中寫到，他在雅爾達會議前便告訴羅斯福：「我們應該盡可能多占領奧地利國土，因為我們『不會希望俄國人在不必要的情況下拿走更多西歐土地』。」我們不清楚邱吉爾是根據什麼標準，但比起匈牙利或捷克斯洛伐克，對他來說當時的奧地利更屬於「西歐」一部分。邱吉爾抱持著相當明確的宿命論：一旦紅軍抵達，便不會再離開。[55]

英美兩國的領導人也知道，隨著戰爭告一段落，選民就會急著要丈夫、兄弟與兒子回家，屆時將難以說服人民接受美蘇間將開啟一場新衝突。戰時的政治宣傳將史達林描繪成好脾氣的「喬叔」，帶著草莽氣息，與勞動階級為友。邱吉爾和羅斯福都曾在公開聲明中稱讚史達林。滿懷同情的倫敦人為蘇聯舉辦了募款音樂會，並在這位布爾什維克領導人昔日的倫敦小居外樹立了一座列寧雕像。[56]在美國，商會主席也曾宣布：「戰爭結束後，俄國即便不是我們最大的客戶，也會是最熱衷與我們往來的客戶。」[57]要突然轉過頭來告訴厭戰的英國人和美國人，說他們得留在歐洲與蘇聯作戰，這在政治上會極為困難，幾乎是不可能的。

後勤方面更是困難重重。邱吉爾對於俄國占領柏林一事向來感冒：他曾於一九四五年春天命令軍事計畫人員調查盟軍對中歐蘇軍發動攻擊的可能性，也許調動波蘭部隊甚至德國部隊。調查結果將這場軍事行動命名為「難以想像的任務」，英國旋即因為該計畫不切實際而放棄。調查人員警告英國首相，紅軍人數比英軍多三倍，發動攻擊可能導致一場「漫長而昂貴」的軍事行動，甚至會導致「全面戰爭」。

邱吉爾則在調查報告的頁緣寫道，要對紅軍發動攻擊是「極為不可能」之事——儘管「難以想像的任務」中的許多內容後來被納入蘇聯可能對英國發動攻擊的反制計畫中。[58]

正如米沃什所抱怨的那樣，西方確實有太過天真之處：羅斯福常說他確信史達林的意圖是良善的，在其生命最末幾年更是反覆如此表示。「別擔心，」一九四四年時他對波蘭流亡政府總理米科瓦伊奇克（Stanisław Mikołajczyk）說：「史達林並不打算奪走波蘭人的自由。他不敢這麼做，因為他知道你有美國政府的堅定支持。」[59]一年多後，英美兩國的談判代表同意將布達佩斯盟國管制委員會的指揮權交給蘇聯（該委員會的成立目的是為了在戰後管理匈牙利），條件是蘇聯在指揮匈牙利政府做任何事之前都必須與盟國協商——但蘇聯甚至連喬裝協商的樣子都沒有。[60]

後來有些人主張，美國政府中同情共產黨的人士和華盛頓的「親俄分子」影響了美國在戰後的政策。[61]然而，就算希斯（Alger Hiss）這位史上最惡名昭彰的蘇聯間諜曾以美國談判小組成員的身分出席雅爾達會議，他也無需試圖影響談判結果。會議記錄清楚顯示出，邱吉爾和羅斯福關心的事項非常明確，而將蘇聯趕出東歐並不是其中之一。[62]與會者都是務實取向。有位美國將軍就回憶道：「人們在雅爾達會議中所做的，基本上無異於承認既存事實與正要發生的事實。就我看來，沒有什麼選擇可言。」[63]

這也許令人感到困惑，但整個冷戰期間情況都是如此。即便西方在言論上開始積極反蘇，他們總是小心翼翼地避免觸發另一場歐陸衝突。英美兩國都不希望與蘇聯開戰，無論是在當下或未來。一九五三年史達林過世後，東柏林爆發動亂與罷工潮，當時西柏林的盟軍仍十分克制，甚至警告西德人不要越界支持罷工。[64]當年的美國國務卿杜勒斯（John Foster Dulles）是著名的冷戰支持者，但當一九五六年匈牙利爆發革命時，就連他也極力否認美國與該事件有關。杜勒斯甚至告訴蘇聯：「我們不把這些國家視為可能的軍事盟友。」[65]

事實是，東歐人天真的程度更甚西方盟國。匈牙利國內親英的政治家堅信英國會解放他們的國家。若引述歷史學家拉茲洛．波西之言，許多人「深信匈牙利具備所謂的地緣政治重要性，並被這種不理性的信念所推動」。[66]他們直到一九四四年都還預期英國會進軍巴爾幹半島。有鑑於匈牙利當年在與鄂圖曼帝國的鬥爭中始終是西方基督教的堅固堡壘，因此匈牙利人也認為自己將在二十世紀中繼續扮演此一角色。匈牙利一位外交官滿懷信心地宣布：「西方大國無法忍受俄國接手統治這塊重要地理區域（匈牙利）。」至於波蘭，該國政治的未來確實是盟國領袖熱切討論的事。波蘭同樣相信英國不會放棄這個他們最初以其為名向德國宣戰的國家，而美國也不可能會放棄他們，因為他們在美國的遊說團體會阻止此事：如果放棄波蘭，就會發生第三次世界大戰。東德人後來始終很難相信西方國家竟然會同意加固東西德邊界，難道西方人有辦法承受德國分裂的代價嗎？

西方人其實可以承受，也願意接受，正如他們已開始接受歐洲分裂的事實。無論是在華盛頓、倫敦或巴黎，西方國家沒有任何人曾預見紅軍將會為其所占領的國家帶來多大的物質、心理與政治變化，即便有，他們也幾乎沒有付出什麼努力去阻止這些變化降臨。

第二章 勝軍入城

「在納粹占領的最後幾個月裡，幾乎所有人都支持俄國。我們等待著來自東方的曙光。但那道光芒灼傷了太多人。發生了太多令人無法理解的事。黑暗的街道上至今仍夜夜迴盪著女子哭喊尖叫的聲音。」

——柏林市議員露絲（Ruth Andreas-Friedrich）[1]

「俄國人正以一種自亞洲蠻族年代以來未有所聞的手法清洗本地人口。」

——喬治・凱南[2]

「一整片灰綠色的俄國人，成群從東邊湧入。」[3]這是住在匈牙利首都布達佩斯的約翰・盧卡斯（John Lukacs）所見到的景象。住在柏林東邊郊區的盧茲・雷考（Lutz Rackow）看到的則是「戰車、戰車、戰車、戰車」，[4]還有隨行在旁的步兵，其中有些還是金髮紮成辮子的女兵。這就是紅軍：飢餓、憤怒、疲憊不堪、飽經戰鬥而變得冷酷的男女戰士，其中有些人仍穿著兩年前在史達林格勒或庫斯克戰場上穿著的同一件制服。恐怖暴力迴盪在所有人的記憶裡，他們因為曾看到、曾聽聞、曾做過的一切而變得殘酷無情。

一九四五年一月，蘇聯發動最後一波進攻，紅軍跨越流經波蘭國土正中央的維斯瓦河。這些通稱「伊凡」的士兵們迅速穿越已成焦土的波蘭西部和波羅的海國家，在二月中旬攻下了布達佩斯，在三月攻下了西里西亞，進攻東普魯士柯尼斯堡的行動也於四月告一段落。此時，白俄羅斯第一方面軍和烏克蘭第一方面軍這兩個大型軍團已抵達柏林城外，準備發動最後攻擊。希特勒於四月三十日自殺。一週後的五月七日，約德爾將軍（Alfred Jodl）代表德國國防軍最高統帥部向盟軍無條件投降。

即便到了今日，要釐清二戰期間在東歐發生的事件仍然不易，因為並非每個人都以相同方式記得那段血腥歲月。蘇聯官方所撰寫的歷史中，二戰的最後階段總被描述成一連串解放。在蘇聯敘事底下，華沙、布達佩斯、布拉格、維也納和柏林都被從納粹德國的束縛中解放出來，一場接一場的勝利，被殲滅的法西斯分子，歡欣鼓舞的人民，重新獲得的自由。

其他人記得的故事則有所不同。有好幾十年的時間，德國人（尤其是柏林人）很少談論一九四五年五月及隨後的事件。但他們至今仍清晰記得那些劫掠及無端暴力，尤其是蘇聯入侵後出現的大規模性侵事件。東歐其他地區的人也記得，蘇聯是如何攻擊那些曾奮力抵抗德國人的非共產主義者，記得後來一波波有目的或無目的的暴力行動。在波蘭、匈牙利、德國、捷克斯洛伐克、羅馬尼亞和保加利亞人的記憶中，紅軍的到來很少意味著純粹解放，而是象徵另一個殖民政權進駐的殘酷開場。

不過對許多人來說，這兩個截然不同的觀點都沒能道盡故事的全貌。首先，紅軍的到來確實讓數百萬人得以自由：是蘇聯士兵打開了奧許維茲（Auschwitz-Birkenau）、馬伊達內克（Majdanek）、施圖特霍夫（Stutthof）、薩克森豪森（Sachsenhausen）和拉文斯布呂克（Ravensbrück）等集中營的大門，是他們釋放了被蓋世太保關進監獄裡的人，是他們讓猶太人得以走出藏身已久的穀倉和地窖，讓生活緩慢回到勉強可稱之為正常的狀態。被拘留在集中營裡的猶太人珍妮雅．佐納班（Genia Zonabend）走出位於德國東部的小型勞改營，走進她目光所及的第一間房屋，向屋裡的德國人討食物吃，但他們拒絕了。是一位路過的俄國人停下來聽她訴說自身遭遇，並確保她有東西可吃。珍妮雅班表示她甚至得到了可供梳洗的溫水。[5]

蘇聯伸出援手的對象並不僅限猶太人。紅軍的到來讓波蘭西部多年來被禁止公開說波蘭語的波蘭民眾，終於可以自由使用母語。在那些被改成德國名字的波蘭城市裡，各商店、輕軌電車和餐廳門口不再掛著「僅限德國人進入」的標誌。在德國本土，反對希特勒的民眾因為蘇聯士兵的到來而歡欣鼓舞；捷克和匈牙利也有數百萬民眾懷抱著相同心情。有位匈牙利人告訴我：「我衝到中庭，擁抱我第一個見到的蘇聯軍人。」[6]她並不孤單，另一位匈牙利人向我描述紅軍的到來對他和他妻子而言代表著什麼：

我們覺得自己被解放了。我知道這是陳腔濫調，這類詞彙早已失去真正的意義，但我絞盡腦汁也找不到比「解放」更好的詞來形容我們當時的感受。不只是坐在地下室裡握著彼此的手痛哭的我們這麼覺得，大家都這麼覺得——世界終將煥然一新，而我們的人生將會值得一活。[7]

有位波蘭人也這麼認為：「我們對他們的感受並不存在矛盾，他們解放了我們。」[8]不過，即便是那些最大聲叫好的人也並未否認紅軍在此之後留下的大規模破壞痕跡。許多人講述當年事件時，都使用了充滿排外色彩的語言來描繪前所未有的大規模暴力，稱之為「蒙古人再次入侵歐洲」。喬治・凱南稱之為「亞洲蠻族」，[9]桑多・馬芮則表示「他們就像一個完全不同的人種，反射動作和回應都毫無道理可言」。[10]約翰・盧卡斯則回想起那些「膚色黝黑而渾圓的蒙古面孔，狹長的眼睛，充滿冷漠與敵意」。[11]

蘇聯軍人在東歐人眼裡似乎是格格不入的存在，因為他們對東歐人飽含疑慮，也對東歐物質富足的程度感到震驚。自俄國革命以來，俄國人就不斷聽說資本主義所帶來的貧困、失業和痛苦，以及共產主義體制數不清的優點。但當他們踏上當年歐洲最貧窮的波蘭東部時，才發現即便是境遇一般的農民也能擁有一群雞、幾頭牛和幾套衣服。他們發現即便是偏鄉小鎮也有石砌的教堂、鵝卵石街道和騎著自行車的人們，這些事物在當年俄國的多數地區可是無從得見。他們發現東歐的農場有著堅固的穀倉，田裡有著排列整齊的農作物。比起俄國農村的貧窮、泥巴路和小木屋，這裡的景象堪稱豐饒。

當他們看到柯尼斯堡的教堂、布達佩斯的公寓大樓、柏林市區擺滿古董家具的住宅，看到過著難以想像奢華生活的「女性法西斯分子」，看到神奇的抽水馬桶和電器用品時，紛紛大感震驚：「我們的士兵見識到有著電力、瓦斯及浴室的兩層樓郊區住宅，還有細心維護的花園。我們的人民見識到柏林富裕資產階級的別墅，極為奢華的城堡、莊園和豪宅。數以千計來到德國的紅軍士兵環顧四周，在憤怒中重複問著同樣的問題：『他們為何要入侵俄國？他們到底還缺什麼？』」[12]

他們需要一個解釋。有位幹部回信給莫斯科解釋道：「這是以勞動剝削為基礎的富農階級農業，所以一切看起來都很富足美好。當我們的紅軍士兵，特別是政治意識較不成熟、抱持著小資產階級財產私有制看法的那些，他們不自覺地拿這些德國農場來與國內集體農場比較時，往往出言稱讚德國的農場。

甚至有些軍官也欣賞德國的東西……」[13]或許這些都是偷來的：「這一切再明顯不過，希特勒為了取悅那些雙手染血的德國佬而在歐洲到處搜刮，他們的羊是最好的俄羅斯美麗諾羊，他們的商店裡堆滿了來自歐洲各地商店和工廠的商品。不久之後，這些商品就會出現在俄國商店裡，成為我們的戰利品。」[14]

於是他們開始順手牽羊，要把德國搶來的東西拿回來。他們拿走了來自波蘭、匈牙利、捷克斯洛伐克、波羅的海國家、巴爾幹半島國家及德國的酒精飲料、女用內衣、家具、餐具、自行車和亞麻布料。俄國軍人對於手錶有種近乎神祕的癡迷，如果可以的話，他們會一口氣戴著六支手錶四處走動。有張相當經典照片，照片裡的俄國軍人在柏林國會大廈的頂端升起蘇聯國旗，但他們不得不修改這張照片以便拿掉這位年輕英雄手腕上的手錶。[15]在布達佩斯，俄國士兵熱愛手錶一事成了當地傳說，可能也影響了當地人對紅軍的印象。戰爭結束後幾個月，布達佩斯的某間電影院播放了一段介紹雅爾達會議的短片。當羅斯福總統在影片中與史達林談話並舉起手臂時，有幾名觀眾跟著大喊：「小心你的手錶！」[16]同樣的事也發生在波蘭。多年來，波蘭的孩子們都會高喊「Davai chasyi」（把你的手錶給我）來模仿蘇聯士兵。[17]一九六〇年代末波蘭有齣廣受歡迎的兒童電視劇，劇中描繪戰時情景的一幕裡，俄國和波蘭士兵搜刮了一大批鐘錶，並在德國的廢棄建築中紮營。[18]

這類竊盜事件預示著許多喜迎蘇軍的人即將面臨的痛苦幻滅。桑多．馬芮講述了一位年老男性的故事，這位「可敬的大家長」慎重接待了他家第一位蘇聯訪客，並帶著敬意向對方透露自己的猶太身分：

俄國軍人露出了笑容，把掛在脖子上的衝鋒槍拿下來，走向老人，按俄國人「先右後左」的習慣輕吻他的臉頰。他說自己也是猶太人，有那麼片刻他沉默而真摯地握著老人的手。接著，他把衝鋒槍掛回脖子上，命令老人和他全部家人面向牆壁、雙手舉高……然後慢條斯理、悠悠哉哉地洗劫了這家人。[19]

有些蘇聯軍人也對這類事件深感不安。作家瓦西里・格羅斯曼（Vasily Grossman）在許多年後向女兒表示，紅軍在越過蘇聯邊境後「變壞了」。格羅斯曼回憶，有個晚上他和其他幾名俄國軍人在一間德國民房裡過夜，其中包括一位「相貌堂堂」、有著「英俊俄羅斯臉孔」的上校。這位上校看起來非常疲憊、好像隨時會昏過去：「整個晚上，這位神色疲憊的上校住的房間裡不斷傳來噪音。他早晨離開時沒有說再見。我們查看他的房間，只見一片混亂——他就像個掠劫者一樣翻箱倒櫃。」[20]

他們沒偷走的東西也常常被摧殘得面目全非。柏林和布達佩斯的巷戰造成了許多我們現在所謂的「附帶損害」，但紅軍也常隨自己高興而無端破壞許多東西。在基督教傳入波蘭的重要地點格涅茲諾（Gniezno），蘇聯故意以戰車摧毀了一座完全不具軍事意義的千年大教堂。從當時拍攝的照片（這張照片被藏了七十年）裡可以看見，這輛戰車就停在空無一人的城鎮廣場上，毫無來由地向這座古老建築開火。[21]蘇聯占領布雷斯勞（Breslau）後，紅軍也刻意在這座古城的市中心放火，燒毀了大學圖書館的無價藏書，以及市立博物館和幾座教堂。[22]

掠奪和破壞持續了好幾個月，隨著時間過去變得更加洗練，最終演變為檯面上的「賠償」，可是檯面下的掠奪仍持續數月。一直到一九四六年，都還有東德官員在抱怨蘇聯軍官占據私人住所，且命人從當地的城堡把薩克森系列的家具、畫作和瓷器送到他們家裡：「他們離開該地時會把這些物品順道帶走。」萊辛巴赫（Reichenbach）附近一座弗里森城堡的屋主抱怨，他有一張價值四千馬克的桌子、三張價值一萬一千五百馬克的地毯、一座價值一萬八千馬克的洛可可抽屜櫃和一張價值五千馬克的紅木書桌被拿走。沒有記錄指出任何一項物品曾物歸原主。[23]

更令人恐懼且政治意義也更加深刻的，是對平民的暴力攻擊，甚至早在蘇聯進入柏林之前就已開始。紅軍穿越波蘭時開始針對平民進行攻擊，在匈牙利時愈演愈烈，踏入德國境內時則演變成驚人的暴行。在遇上紅軍的人眼裡，這些冷酷的憤怒軍人似乎滿懷復仇的欲望。他們對好友、配偶或孩子的死亡感到憤怒，對德國人在俄羅斯燒毀的村莊和因他們而生的亂葬崗感到憤怒。有一次，格羅斯曼看到由數百名蘇聯兒童組成的隊伍，他們沿路往東走，離開德國的囚牢。蘇聯士兵和軍官就沉默地站在路旁，「仔細端詳孩子的臉」。他們都是某人的父親，正在尋找被遣送到德國的失蹤孩童：「一位上校在那裡站了好幾個小時，神色陰沉地可怕。黃昏時才回到自己車上，沒能找到他兒子。」[24]當然，紅軍憤怒的對象可能是他們的上級領導——那些使用冷酷戰術、不斷恐嚇他人、派出政治間諜的指揮官，也可能是出於自身蒙受的巨大損失而怒氣沖天。歷史學家梅里杜爾（Catherine Merridale）訪問了數百名老兵，她認為這群人常展現出政治憤怒：「不管他們是有意識還是無意識……紅軍軍人開始談話沒多久就會向你傾訴數十年來在國家壓迫和廣泛暴力下所累積的憤怒。」[25]

面對這份憤怒，首當其衝的就是蘇軍新近占領地區的女性。各個年齡層的女性都遭到性侵，有的還慘遭殺害。俄羅斯作家索忍尼辛以書寫古拉格經歷而聞名於世，但他也曾於一九四五年隨著紅軍前往曾為東普魯士的區域，見到了恐怖場面，並將其記錄成詩：

牆邊發出悶聲呻吟
母親受了傷　還活著
小女兒躺在床上
沒了氣息　有多少人上了這床
一個排　還是一個連？
他們把女孩變成女人
女人變成屍體
歸根究底是兩句話
絕不遺忘！絕不原諒！
以牙還牙！血債血償！[26]

這些報復行動通常不具政治意味，受害者甚至不一定是德國人或與納粹合作的人。正如格羅斯曼所說：「從集中營被解放的蘇聯女孩如今都過得很慘。今晚有幾個蘇聯女孩躲在我們記者的房間裡。夜裡，我們被尖叫聲驚醒：原來有位記者抗拒不了誘惑。」在他的回憶錄裡，當年的紅軍幹部科佩列夫（Lev Kopelev）講述了一個被遣送至德國強迫勞動的俄國女孩，以及她的最終命運：她被紅軍誤認為敵人。「女孩美麗、年輕、開朗，金色的頭髮垂落在背後——有幾個喝醉的軍人走在街上看到她，向她喊道：『喂，死德國佬！喂，你這賤貨！』——然後他們拿機關槍朝著她的背掃射。女孩不到一小時就死了，死前不斷哭喊：『為什麼？』她才剛寫信給母親，告訴她自己就要回家了。」[27]

有時候受害者則是被迫勞動的波蘭人，不幸遇上紅軍：「突然傳來驚慌的尖叫，一名長髮披肩的金髮女子跑進倉庫，頭髮糾結散亂、胸前的衣服被扯破，她尖叫道：『我是波蘭人！耶穌瑪利亞，我是波蘭人！』兩名戰車兵在追她，兩個都戴著黑色頭盔，其中一個喝得爛醉。」[28]當科佩列夫試圖干涉時（理論上，性侵是要當場處死的罪行），他同伴卻一面阻止他一面咕噥道：「有些指揮官……會為了一個德國婊子槍殺自己人的。」科佩列夫的戰友曾把一名弱智老婦人視為「間諜」而加以射殺，科佩列夫出言反對時也受到指責：「你要因為一個討厭的德國老太婆就背叛自己人嗎？」[29]

性侵及暴力事件令各地的共產黨人大為震驚，他們立即意識到這些事件在政治上可能造成的衝擊。檯面上，性侵事件被歸咎於「穿著蘇聯制服的破壞分子」。檯面下，各地共產黨人請求蘇聯當局幫忙控制局面。有位波蘭保安官在一九四五年二月寫信給波蘭軍方主管政治宣傳的負責人，抱怨紅軍「對待波蘭人的方式有損波蘇友誼，削弱了波茲南市民對於解放者的感激之情……婦女被強暴極為常見，有時甚至就發生在她們父母或丈夫面前。更常見的情況是，軍人，通常是年輕軍官，會強迫女性進他們的營房（有時則假裝要幫助傷患），然後在房裡性侵。」[30]

有的人則試圖否認周遭發生的事，例如某位當年加入共產黨的匈牙利年輕人就解釋說，他對這些性侵事件一無所知：「在我的親友圈裡，大家都說這是納粹的胡說八道……當時我們仍然相信俄國人是新蘇維埃人。」但隨著時間過去，他們發現這些「新蘇維埃人」與期待中有點出入。有一次，他負責照看一群俄國年輕人:「他們常在晚上從窗戶跳出去,去喝酒、找妓女或其他什麼,這讓我們覺得非常尷尬。我們沒有譴責他們,但我們知道這些事……」[31]

有的人則直接受到波及。當年住在德屬布雷斯勞的地下共產黨活躍分子比亞雷克(Robert Bialek)首次與占領該市的蘇聯指揮官會晤慶祝,會後他回到家中,卻發現妻子遭到性侵。對他來說,故事就此步入尾聲:「兩名普通俄羅斯軍人的野蠻本能摧毀了我的世界,其力道比納粹酷刑或技巧高超的說客都還要大。」他寫道:「我但願自己就像身邊的許多朋友一樣,葬身在城市的廢墟之下。」[32]

常有人指出,這波發生在德國等地的性暴力並非預謀,也沒有任何官方文件「下令」這類攻擊行動。[33]這項觀察是正確的,但身在俄軍陣營中的科佩列夫和索忍尼辛等人也發現,上級對於這類事件缺乏阻止的意願,甚至明顯容忍性侵與任意殺戮的行為,至少在占領初期的幾週是如此。儘管決策權握在地方指揮官手中,但這種容忍的態度則來自最高層。南斯拉夫的共產黨人麥洛文(Milovan Djilas)曾向史達林投訴紅軍的惡行,而這位蘇聯領袖給出了惡名昭彰的回答:他反問麥洛文,身為一個作家,怎麼可能不理解「軍人在經過數千公里血戰、兵火與死亡後想玩玩女人或開開槍的衝動」呢?[34]

蘇聯針對德國和德國人的政治宣傳,更強化了這份「容忍」。這類行為在紅軍對柏林的最後一波攻擊中變得更加兇殘,因為他們想要羞辱德國男性。有位戰地記者寫道:「別算天數,別算路程,只要算你殺死了幾個德國人。」這篇文章在一九四五年二月之後常被拿出來重讀與重新印刷:「殺死德國人,這是你母親的祈禱。殺死德國人,這是祖國大地的呼聲。」[35]

搶劫、暴力和性侵雖不在政治藍圖裡,但這些事對於紅軍占領的所有領土都產生了深遠且持久的政治影響。一方面，暴力令人對蘇聯政權產生疑慮，對共產主義政治宣傳和馬克思主義思想深感懷疑。另一方面，暴力（尤其是性暴力）也讓男男女女深感恐懼。紅軍殘暴無情，強大而難以阻止。男人保護不了女人，女人保護不了自己，男女都保護不了家裡的孩子或財產。暴力所喚起的恐怖無法公開討論，而官方反應通常模稜兩可。在匈牙利，布達佩斯國家委員會在一九四五年二月暫時中止墮胎禁令，但並未說明原因。一九四六年一月，匈牙利社會福利部長頒布了一條語意模糊的法令：「由於戰爭前線的影響和戰後混亂，許多家庭都生下他們不想照顧的孩子……我在此要求孤兒院部，把所有誕生日期在解放後九到十八個月間的嬰兒都視為被遺棄的孤兒。」[36]

即使是個別民眾的回應也常顯得呆板而草率，而且時至今日仍是如此——他們還能說什麼呢？許多年後，有位在蘇聯入侵時還是孩子的東德牧師，雖然能言善道，卻在試圖描述當年情景時支支吾吾起來：「俄國人來了，然後發生了那些強暴事件，實在難以想像。那種經驗你忘不了，我當時只有十五歲……有些女人躲了起來，但他們抓住其他人，像是我母親，那真的很痛苦……很可怕，然而同時也有種生還的解脫感。我內心充滿一股奇怪的張力。」[37]

在蘇聯占領的歐洲地區，只發生過一次對於大規模性侵事件的公開討論。一九四八年十一月，東德當局在柏林的「蘇維埃文化之家」舉辦了一場公開辯論會。這場辯論會的發起者是媒體人赫恩斯塔（Rudolf Herrnstadt），他曾寫過一篇頗具煽動性的文章，名為〈關於俄羅斯人，關於我們〉。赫恩斯塔是柏林市報紙《柏林日報》（*Berliner Zeitung*）編輯，後來成了官方黨報《新德國報》（*Neues Deutschland*）編輯。這場辯論會吸引了很多人到場，人數多到《新德意志報》事後抱怨「場地太小，令人無法好好討論這次的主題」。

赫恩斯塔帶著挑釁意味重申他文中的觀點，為辯論拉開序幕——他的文章幾天前已在《新德意志報》上刊出。他聲稱德國「無法在沒有蘇聯全力支持的情況下克服當前困難」，並輕描淡寫帶過大眾對紅軍的憤怒和怨恨。對於那些發言表示「自家姐夫的自行車就這樣在路邊被偷，而他這輩子都投票支持共產黨」的現場聽眾，赫恩斯塔輕蔑以對。蘇軍怎麼會知道這人是共產黨？為什麼這人不和紅軍一起對抗納粹？為什麼整個德國工人階級要像是站在路邊等待救援？

討論持續了四個小時，而且延續到隔天晚上。不過，隨著夜晚流逝，討論的焦點逐漸偏離失竊的自行車。就在這關鍵的時刻，有位女士站起來表示：「我們許多人都經歷過某種事情，導致我們後來遇到蘇聯軍人時都會特別留意。」她以委婉的修辭提及「那份恐懼和不信任，我們對所有穿著特定制服的人都會有這樣的反應」。在閱讀辯論會文字稿時，有件事出奇明顯：在場所有人都立即明白，當時討論的主題已不是竊盜，而是性侵。

與會者提出一個又一個理由，來為俄國人的行為辯護：例如德國人必須學會用理性克服情感，必須繼續進行階級鬥爭，而且是德國開始了這場戰爭，是德國人教會俄羅斯人如何殘忍。儘管如此，仍有人提出反對論點。有些女性出言反駁，想知道俄國女性在家中的待遇。但在第二天晚上，一位俄國軍官站起身來，迅速為這場爭論劃上句點。他宣稱「沒有人像我們一樣受了這麼多苦：七百萬人死去，兩千五百萬人失去家園」。「一九四五年抵達柏林的士兵是什麼樣子？他是遊客嗎？他是受邀前來此地嗎？不，這是一名踏過數千公里焦土的蘇聯士兵……他或許在這找到了當年新婚的妻子，被擄來此地當奴工……」

這位軍官發言後，公開討論基本上已告結束：要說點什麼來實質回應他的論點是不可能的。他的話提醒了房間裡的每個人，提醒他們德國於對戰爭的責任，以及紅軍對復仇的深刻渴望，同時也提醒了人們，無論說什麼或做什麼都已毫無意義。[38]

隨之而來的是官方的沉默以對。但大規模性侵、搶劫和暴力的記憶並未在德國、匈牙利、波蘭或其他任何地方消失。借用柏林研討會上那位女性的說法，這份記憶只是徒增人們對於「穿著特定制服之人的恐懼和不信任」，而這份恐懼在暴力行為停止後依然存續。[39]隨著時間過去，人們開始明白這種極端強大的情感，也就是恐懼、羞恥、憤怒、沉默，其實有助於為新政權運作奠定心理基礎。

———

暴力並不是引發民怨的唯一因素。蘇聯在戰後幾年鼓勵東歐各地快速工業化，但與此同時，史達林又想要獲得戰爭賠償。實情是，東歐地區的工業全面瓦解了，在許多地方都留下相當深遠的影響。就像大規模性侵事件，對德國工廠大舉掠奪的行為似乎也是出於報復。對蘇聯不可能有任何用處的設備和物品、奇怪的管子或故障的機器，以及藝術品、私人住家裡的財物，甚至是大量對蘇聯學者來說沒什麼用途的檔案文件（從古代到現代都有，例如列支敦斯登大公國的檔案、羅斯柴爾德家族的檔案、荷蘭共濟會的檔案）。從街上隨意召集來的人，被迫搬運需要專業處理的工業設備，結果肯定是設備受損。

與偷竊手錶和腳踏車不同，蘇聯當局早在一九四三年便已精心策畫這場大規模賠償計畫——儘管他們知道此事可能引發反彈。正當戰況變化之際，蘇聯世界經濟與政治研究院的院長尤金・瓦爾加（Eugene Vargas，出生於匈牙利的蘇聯經濟學家，以匈牙利名傑諾為人所知）發表了一篇論文，預測大規模賠償可能會「異化德國和其他地方的工人階級」；如果執行不當，可能還會引起反效果。瓦爾加認為實物賠償優於現金賠償，因為後者可能涉及銀行家和資本主義。他還認為，任何願意遵循蘇聯式共產主義路線的前軸心國，都應該被免除賠償責任。[40]瓦爾加和蘇聯外交部長莫洛托夫（Vyacheslav Molotov）最後提出了一種混合的賠償方式：沒收德國於他國的財產，在德國本土進行激進的農業改革，瓦解德國工業及其勞動力（他們可以被帶到蘇聯進行強制勞動），以及將德國的生活品質降低至與蘇聯同級。這些政策後來在德國的蘇占區都實現了，大致上如瓦爾加所述。[41]

其餘同盟國成員對於這些計畫都心知肚明。史達林在德黑蘭會議上首次提及這些計畫，蘇聯代表團成員在雅爾達會議上甚至直接提議瓜分德國，包括讓萊茵蘭和巴伐利亞成為獨立國家，同時拆除德國四分之三的工業設備，其中八成歸蘇聯所有。史達林隨意提出一個數字（一百億美元），並說這是蘇聯「應得」的補償。英美領袖雖不完全同意，卻也無意激烈反對。邱吉爾指出第一次世界大戰後對於德國的嚴厲制裁並未替歐洲帶來和平，羅斯福則不太想提出異議——他自己的財政部長小亨利・摩根索（Henry Morgenthau Jr.）也支持分割德國並將其去工業化，希望讓德國成為一個純粹的農業社會。[42]波茲坦會議也沒能解決此事，賠款之事一直到一九四七年都還在商議，雖然蘇聯提出一份關於納粹在蘇聯破壞總額的帳單（確切數字為一千兩百八十億美元），但各方並未簽署任何條約。

此事後來也不再重要，因為沒有一個盟國能干涉蘇聯紅軍在德國蘇占區或其他地方的行動。到了一九四五年三月，蘇聯委員會已提出一份德國工業的資產清單。那天夏天，約有七萬名蘇聯「專家」開始監督工業移除程序。[43]史家奈馬克所蒐集的蘇聯外交部數據則指出，從入侵之始到八月初之間，蘇聯已從東德運走了一百二十八萬噸「材料」和三百六十萬噸「設備」。[44]這些數字可能是信手捻來的，就像史達林曾提出的一千兩百八十億美元一樣。不過我們可以確定的是，蘇聯在德國蘇占區所找到的一萬七千零二十四間中大型工廠內，超過四千五百間確實被拆毀或移除了。另有五十到六十間大型企業保持完整，卻變成蘇聯企業。一九四五年至一九四七年間，東德的工業生產力減少了三分之一至二分之一。[45]某種程度上來說，這是德國實質分裂的起點。西方盟國當然也「徵召」了德國科學家或其他領域的專家，但在德國內部由西方國家占領的區域，並沒有類似的工業移除行動發生。在蘇聯拿取賠償之後，德國東半部與西半部的經濟狀況就此走上不同的道路。

但即便是上列數字也無法清楚描繪全局。我們可以計算工廠數量，但無法追溯從東德地區被拿走的現金、黃金甚或糧食總數。蘇占區的德國官員曾試著記錄。賠償部的檔案裡有六十五張卡片，每張上面約有二十至三十條賠償項目，為當年情形留下了部分紀錄。賠償物品從「六十八桶油漆」到蔡司光學工廠的測量儀器和鏡片都有。根據這份紀錄，紅軍在一九四五年十月間甚至拿走了萊比錫動物園的動物飼料。幾週後，他們連動物都帶走了，顯然是帶到俄國去。[46]

除了交出資產，有些公司還被迫支付運輸成本。部分企業則被迫以低於市價的金額出售商品，例如巴貝爾斯貝格（Babelsberg）一家地毯工廠的老闆就怒氣沖沖地抱怨，他在和紅軍做生意時被要求壓低價格。許多農民也埋怨，他們被要求以低於市價的金額將商品賣給俄國人，否則出貨後會連一毛錢都拿不到。[47]蘇聯拆除工廠時，有時甚至會把工人強制遣送出境：他們把工人直接關進火車，然後告訴他們火車抵達蘇聯後就能簽訂新的工作合約。[48]工廠老闆（以及萊比錫動物園飼育員）要求柏林當局補償，但並未獲得回應。聽眾寫信給德意志國家廣播電臺（同時也是當時少數找得到的當局機構之一），提出相同的問題：德國政府如何賠償俄國人拿走的東西？那些曾為俄國人工作的人何時能拿到報酬？[49]

私人財產也被拿走。俄國人有時候宣稱這些都是納粹所有物，真相則不得而知。他們還徵收了市區的房子、度假小屋、公寓和城堡。德國的共產黨人很快也有樣學樣，因為他們需要「黨部」和度假屋，新幹部也需要地方住。[50]沒有哪輛私家轎車是安全的，私人家具也是。據說朱可夫元帥親自提供他的私人戰利品，好好妝點了幾間莫斯科的公寓。

有些德國工人拼了命想拯救自己的工廠，因而呼籲當地共產黨出手干預，希望地方共產黨人能阻止蘇聯。一九四五年，薩克森邦的共黨領袖寫信給黨中央，抗議蘇聯解散唯一一家向地方企業供應工業玻璃的公司：「如果解散這間公司，將會影響到更多公司。」該公司向當地蘇聯指揮官、地方和省級黨幹部求助，卻都沒有效果，最後只得寫信給柏林的共產黨，希望他們能做點什麼。一九四五年和一九四六年間，該黨的經濟部門收到了幾十封這樣的信件，但在大多數情況下，他們其實也無能為力。[51]

雖然德國是賠償規模最大的國家，但做出賠償的並不是只有德國。曾為納粹盟友的匈牙利、羅馬尼亞和芬蘭也必須拿出鉅額賠償，以石油、船舶、工業設備、食品和燃料等形式來支付。[42]匈牙利的賠償金額必須不斷修正，因為匈牙利的高通膨讓人很難計算物品的價格。目前估計，匈牙利支付了三億美元（一九三八年的美元）給蘇聯，付了七千萬美元給南斯拉夫，付了三千萬美元給捷克斯洛伐克。換句話說，匈牙利在一九四五至一九四六年間的國內生產毛額約有百分之十七被拿去賠償他國，一九四六至一九四七年時也有百分之十的國內生產毛額用於對外賠償。此後直到一九五二年賠償告終，賠款每年都占掉了匈牙利國內生產毛額百分之七左右。[53]

蘇聯在各地的占領軍也會製造出各式花費。對匈牙利而言，供養紅軍並提供住處是一個巨大的負擔。到了一九四五年夏天，匈牙利人開始抱怨這筆費用已占去政府預算的十分之一，並導致「存糧完全耗盡」。匈牙利人還提供住所和糧食給約一千六百名盟國的非軍事部門官員（包括蘇聯、美國、英國和法國等國官員），而他們的花費可同樣不低。英美官員一絲不苟地要求東道主匈牙利支付各種費用，包括「汽車、馬匹、俱樂部、假期、別墅、高爾夫球和網球場」。一九四六年，有一批花店帳單成了巨大醜聞，這批費用的細節被刊登在當年的共產黨報《自由人民報》（*Szabad Nép*）——英美代表團成員向他們的匈牙利新女友大量送花，並且希望匈牙利政府買單。[54]

蘇聯代表團沒有傳出任何醜聞，因為他們的官員根本無須提交發票單據。他們把身邊一切都當作戰利品，直接拿走食物、衣服、教堂財物和博物館展品。他們經常破壞辦公室保險箱和上鎖的儲物箱，拿走一捆捆帕戈幣，也就是一種如今已毫無價值匈牙利貨幣。某個著名的案例是，蘇聯官員不顧匈牙利人抗議，硬是拆掉了一間英美燈泡廠，並把廠內物品運到蘇聯。在這段「瘋狂」賠償期間，匈牙利約有一百間工廠遭到拆除。

在匈牙利境內的德國財產是個更複雜的問題，根據《波茲坦宣言》，這些財產必須移交給蘇聯。雖然他們起初草擬了一份清單：首先是二十間大型工廠和礦場，後來又增加了五十間企業，但仍舊很難準確判定哪間是「德國企業」，哪間則不是。實務上，奧地利企業、捷克企業及某些擁有德國股東（但德國股東不一定占多數）的企業都被充公了。以前被德國人拿走的猶太人財產，如今則落入俄國人手中。俄國人爭辯道，因為「這些公司隸屬於德國戰爭機器，曾致力於摧毀蘇聯」，所以他們擁有道德上的所有權。[45]直到一九四六年，失控的通貨膨脹使匈牙利的經濟岌岌可危，對於該國賠款的要求才逐漸緩和，最終完全停止。

不過，因為蘇聯占領而付出高昂代價的並不只有軸心國。當年很少人知道的是，蘇聯曾經不顧國際協議而直接強迫波蘭賠償。蘇聯軍隊的檔案記載著，他們從波茲南附近的拖拉機工廠、比得哥什（Bydgoszcz）的金屬加工廠和托倫（Toruń）的一間印刷廠拆卸設備財產並運送出境，但這些波蘭地區即便在戰前也不屬於德國領土，因此蘇聯提出的理由（這些都是「德國」財產）並不合理——波蘭境內的「德國」財產大部分都是德國人早前從波蘭人或猶太人手裡奪走的（這點與匈牙利的情況相同）。[56]

根據新近公開的檔案，我們現在知道蘇聯也精心策畫了從上西里西亞地區拆除和運送「德國」財產的行動（上西里西亞在戰前屬於波蘭，而位處北方的下西里西亞在戰前則座落於德國境內）。一九四五年二月，史達林下令成立一個特別委員會，調查並列出在二戰中「獲得」的財產清單，以便將其全數運至蘇聯。該年三月，該委員會已下令拆卸並運走鋼鐵廠和鋼管工廠設備，以及戰前位於波蘭格利維采（Gliwice）的工廠爐床和機械工具。光是一間烏克蘭的鋼鐵廠，就收到了三十二列火車共一千五百九十一車的設備。

之後的幾個月裡，紅軍開始把手伸向各地工廠設備。連遠至德國邊境、位於波蘭東南隅的熱舒夫也不放過。當地有好幾座發電廠都被拆除，波蘭當局大多毫不知情。當年的波蘭副工業部長羅札恩斯基（Henryk Różański）日後憶起，俄國人拆走了波蘭的鐵軌和火車：「一場競賽就此展開，雙方競相重新粉刷火車上的標誌，演變成波蘭和俄羅斯鐵路工人間的嚴重衝突。」當時羅札恩斯基曾前往卡托維治（Katowice），當地人告訴他紅軍正在拆除一座氧化鋅工廠。於是他私下前往該工廠，發現廠內的機器和爐子都被丟在雪地裡。

他向當地蘇聯官員抗議：這畢竟是一家波蘭工廠啊，卡托維治在戰前曾是波蘭領土，德國從未入主此地，此地也從不曾出現在任何賠償條約清單裡。但他的抗議石沉大海。波蘭也許是同盟國的一員，但蘇聯仍視其為敵人。[57]

——

紅軍在一九四四和一九四五年踏上東歐，背後並沒有縝密計畫，隨之而來的暴力、搶劫、賠款和性侵都不是長期藍圖的一部分。蘇聯進駐該地區一事純屬偶然，由希特勒入侵蘇聯、紅軍在史達林格勒和庫斯克等地勝出及西方盟國決定不再向東推進等諸多事件促成。不過，若因此假定蘇聯領導層從未考慮過派軍入侵東歐或對此漠不關心，那可就大錯特錯。相反的，此前蘇聯已多次試圖推翻東歐的政治秩序。

如果說紅軍士兵對東歐的相對富庶感到震驚，蘇聯的創建者則對此毫不意外，因為他們對於這個區域非常熟悉。列寧曾在克拉科夫和波蘭鄉間住了好幾個月，托洛斯基（Leon Trotsky）則在維也納待上許多年。[58]他們全都密切關注德國政治，並認為德國和東歐政治對於俄國政治至關重要。

若想探討箇中原由，我們可以多讀一些哲學和歷史：畢竟當時布爾什維克黨人閱讀馬列著作時，並不是像如今大學課堂那樣視之為眾多歷史理論之一，而是將其視為「科學事實」。列寧的著作中寫出了一套明確且相當「科學」的國際關係理論（並由托洛斯基進一步擴充），其大意如下：俄國革命是世間許多共產革命的先鋒，未來東歐、德國、西歐等地的國家很快也會爆發共產革命。而當全世界都由共產政權掌控時，共產烏托邦的理想便能實現。

列寧對這幅充滿希望的願景相當有信心，甚至有種魯莽的漫不經心。他在一九二〇年七月寫了一張信箋給史達林：「季諾維也夫（Grigori Zinoviev）、布哈林（Nikolai Bukharin）和我都認為，應該立刻鼓吹義大利發起革命。為此，我個人的意見是匈牙利應該要蘇維埃化，捷克和羅馬尼亞可能也該如此。我們必須仔細思考此事。」[59]列寧還曾在一九一九年把「全球資產階級民主制度和資產階級議會制的崩潰」形容得像是即將發生的事件。[60]

對於這些醞釀中的革命，布爾什維克黨人並不打算袖手旁觀。作為革命先鋒，他們期望透過政治宣傳、詭詐計謀甚至是戰爭手段來促成即將來到的混亂局面。[61]一九一九年春天，他們成立了以「第三國際」之名為人所知的共產國際。該組織按照列寧所提出的藍圖，致力推翻資本主義政權，正如列寧在《怎麼辦？》（*What is to be done?*）中所述——在這本於一九〇二年發表的作品中，列寧憤怒抨擊了社會民主主義和左派多元主義。[62]正如史家派普斯（Richard Pipes）所言，共產國際實質上是在「向每個國家的政府宣戰」。[63]

第一次世界大戰後，歐洲仍處於混亂之中，若說每個國家的政府都可能會崩潰，也不算太誇張。在最初幾年裡，人們甚至覺得馬克思的預言將會率先在他自己的國家（德國）實現。《凡爾賽條約》及其懲罰性的制裁在德國立刻引發民怨。德國共產黨身為當時世上最大且最老資格的共產組織，立刻試圖利用這一局面。一九一九年，德國共產黨人在柏林發起了一連串暴動。幾週後，兩位曾參與俄國革命的資深幹部在慕尼黑協助發動叛亂、自行建國，建立了一個短暫而異想天開的巴伐利亞社會主義共和國。列寧熱切歡迎這些事件。蘇聯官方派遣使節前往拜訪該國的代表大會，正好在該國分崩離析之前抵達。

德國的叛亂事件並非偶然。第一次世界大戰後的混亂局面，同樣曾於匈牙利催生出短暫的共產政權，而當年的匈牙利同樣遭到戰後條約的嚴厲懲罰，最終導致它們失去三分之二的領土。就像德國的共產起義一樣，匈牙利短暫的馬克思主義革命也與蘇聯有著深厚關聯。該國領袖庫恩（Béla Kun）曾積極參與俄國革命，在蘇聯共產黨內成立了第一個外國代表團，他甚至成了列寧及其家人的好友。一九一九年，莫斯科方面派遣庫恩前往布達佩斯，發起一場短暫但引人注目的血腥叛亂，各方面都仿效布爾什維克革命。在這個存在僅一百三十三天的匈牙利蘇維埃共和國裡，有一群身穿皮夾克、自稱為「列寧男孩」的暴徒。該國國內沒有警察，只有「紅衛兵」，而學校和工廠都收歸國有。事實證明，庫恩是個不怎麼高明的政治領袖，就像他曾是個不怎麼高明的密謀者一樣（他曾經把一個裝滿共產黨祕密文件的手提箱忘在維也納的一輛計程車上）。匈牙利蘇維埃共和國的結局相當狼狽：先是遭到羅馬尼亞侵略，最後則被霍爾蒂（Miklós Horthy）上將領導的獨裁政府所取代。[64]

在莫斯科的布爾什維克黨人眼中，這些挫敗只是暫時的。他們認為，在工人階級的力量不斷增長的同時，反動力量當然也會變大，帝國主義者與資本家當然也會拼命挽救自己免於毀滅的命運。根據極度有彈性的馬列理論，日漸增強的反革命勢力不過是反映出革命浪潮有多強大而已。反革命的力道愈大，就表示資本主義愈有可能瓦解——一定是這樣沒錯，畢竟馬克思是這麼說的。第三國際的首任領導季諾維也夫對於即將爆發的革命浪潮信心十足，他曾於一九一九年預言：「一年之內，我們將會忘記歐洲人曾經必須為了共產主義而戰，因為一年以後，全歐洲國家都會變成共產國家。」[65]

列寧本人也信心滿滿。一九二〇年一月，正當俄國內戰即將結束之際，列寧批准了一項向「充斥資產階級和資本主義的波蘭」發動進攻的計畫。雖然這場戰爭背後有政治、歷史和帝國主義的考量（因為波蘭和俄羅斯之間的新疆界把沙皇時期的部分俄羅斯土地劃給了波蘭，而波蘭也派出軍隊，希望占領更多的烏克蘭土地），但真正的原因則是意識形態。列寧相信這場戰爭會引發波蘭的共產革命，最終導致德國、義大利和其他國家也爆發共產革命，因此他下令成立波蘭革命委員會，準備接管共產波蘭。那年夏天，莫斯科舉行了第二次共產國際大會，與會代表聽取了布爾什維克獲勝的日常報告並為此歡呼，並於一張掛在廢棄羅曼諾夫王朝寶座旁的地圖上標出這些勝利。[66]當時，人在倫敦擔任新任內閣成員的邱吉爾悲觀預測：「波蘭將成為附屬於蘇聯勢力的共產國家。」[67]

結果讓所有人驚訝的是，布爾什維克在這場戰爭中慘敗。轉捩點是一九二〇年八月的華沙戰役，波蘭人至今仍稱這場戰役為「維斯瓦河的奇蹟」。波蘭不僅擊退紅軍，還俘虜約九萬五千名紅軍士兵。剩餘紅軍很快便全面潰敗、向東撤退。年輕的史達林也在這場敗仗中扮演了一個小角色：他是當時西南前線的政委，在波蘭發動反擊時傳遞了錯誤的訊息。所有史料都顯示，史達林此後的人生中始終懷恨在心，對於那些痛擊紅軍的「波蘭領主」和「白人貴族」心懷不滿。[68]

在這場令人尷尬的失敗之後，布爾什維克黨人終於意識到革命的時機尚未成熟。列寧悻悻地發現，波蘭的工人和農民並沒有起身反抗他們的剝削者，反而「讓我們勇敢的紅軍士兵挨餓，伏擊他們，活活打死他們」。[69]列寧的接班人史達林很快為這場敗仗提出解釋，那是一個對於馬克思主義理論的全新詮釋。一九二四年，史達林大張旗鼓地宣布如今已有可能實現「一國社會主義」。雖然這對今天的我們來說顯得稀鬆平常，但在當時卻是革命思想的重大轉變，也是史達林與他信奉國際主義的對手托洛斯基決裂的開端。

這也標誌著蘇聯與外界關係轉變的起點。史達林如此宣布後，西方國家開始與莫斯科建立關係。英國於一九二四年承認蘇聯的外交地位；九年後，美國新上任的總統羅斯福也與蘇聯建立了外交關係。某種程度上，羅斯福可以說是被熱烈支持蘇聯的駐莫斯科媒體人杜蘭提（Walter Duranty）給說服。杜蘭提最臭名昭著的事蹟是，他刻意不報導烏克蘭於前一年才爆發的大規模饑荒。杜蘭提向羅斯福保證，就像他在《紐約時報》上寫的那樣：「『布爾什維克』一詞在當地已大致失去了以往那種神祕恐怖的氣氛。」[70]蘇聯正在變得「正常」，更重要的是，蘇聯似乎已在自己的國界內安定下來。

事實證明，蘇聯並未放棄世界革命，只是把時程延後而已。一九四四年時，蘇聯已準備再次發動世界革命。

第三章　共黨領袖

「誰侮辱您就是侮辱我們，就是侮辱黨和工人階級……

那些愚昧盲目至無法理解此事的人，將會葬送於敵人之手……

您在我們黨內的地位崇高無匹。」

——向東德領導人烏布利希（Walter Ulbricht）致敬之詩[1]

曾經，這些人的名字會出現在紅色掛旗上，他們的肖像會出現在遊行隊伍之中。沒有他們的照片掛在牆上就不算是政府機構，沒有他們出席就不算是國慶典禮。人人對他們又敬又怕，即使是他們最親密的朋友，在他們走進房裡時也得謹言慎行。然而，這幾位有時被稱為「小史達林」的人物，包括東德的烏布利希、波蘭的貝魯特（Bolesław Bierut）和匈牙利的拉科西（Mátyás Rákosi），如今在這些國家裡已不再受到任何崇拜。即使是在他們的權力鼎盛期，他們也從未完全掌握權力。圍繞著這幾人所打造的狂熱崇拜，其實不過是史達林狂熱崇拜的稀釋版本。史達林身旁的同志們經常稱他為「偉大的天才，列寧不朽大業的繼承者」，但卻沒什麼人如此稱讚這些模仿史達林的東歐政客。[2]與此同時，若想要完整回顧戰後的東歐史，卻又不得不提及這幾個人，因為他們的姓名與臉孔在這幾個國家裡曾是如此無所不在。

在這三人之中，烏布利希可能是青年時期最不被看好的一位。他是窮裁縫師的兒子，從學校輟學並成為了一名家具工。他加入了青年工人教育協會，這是那種倡導禁酒禁賭、認真討論各種事務且週日會一起出遊的組織。成員會在拐杖綁上紅色手帕，在徒步旅行時唱共產歌曲。這段早期的經驗，似乎讓這位未來的共產黨總書記成為了在性倫理學上宛若清教徒般極度嚴謹之人，而且高度尊重冗長厚書。[3]

就和他那一代人一樣，烏布利希在一九一五年受徵召加入德國國軍。但他在一九一八年成了逃兵，他痛恨軍隊，並對他當年在萊比錫所目睹的短暫工人革命大感欽佩。大約在同一時間，他認識了馬克思主義。正如他一位傳記作者所寫：「出現了一道令人信服的簡單公式，使他能夠歸納和解釋他所學到、聽到及看到的一切。他看見了『真相』，也就是統治階級企圖壓迫人民，使人民無法得見真相。」[4]

烏布利希一生都堅持著這套非常簡單明確的信仰。一九三〇年代末，莫斯科開始召開作秀性質的公審時，他便大力支持史達林出手處理「納粹法西斯的托洛斯基主義間諜」。他的德國同胞中有那麼多人進了古拉格集中營，他卻從未對此感到不安，這也許並非偶然。有好幾十名比他受過更多教育、更有經驗的共產領袖被逮捕，而烏布利希成了此事的受益人——他們的消失使他得以崛起。一九三八年，在一連串格外殘暴的逮捕事件後，他成了德國共產黨在第三國際的代表，也搬到莫斯科居住。

即便史達林和希特勒在一九三九年簽下了《德蘇互不侵犯條約》，烏布利希仍堅定支持史達林。這是德國共產黨出現巨大危機的時刻，因為多數德國共產黨人都強烈且真心地反對與納粹簽約。烏布利希是少數並未懷疑此事的人。即便史達林應希特勒要求將數百名德國共產黨人送回希特勒的集中營，烏布利希仍繼續鼓吹人們反對「原始的反法西斯立場」，意指無法接受與納粹簽訂條約的「粗糙」反法西斯態度。他也許就是在此時贏得蘇聯獨裁者的信任。

讓烏布利希得以上位的，絕不是他的個人魅力。有位曾在蘇聯營區遇上他的納粹軍官表示：「有些共產黨人和納粹軍官相處時言行合宜……但像烏布利希這種黨內幹部簡直令人無法忍受，淨是發表一些死板的『辯證』獨白。」[5]共產作家布如寧（Elfriede Brüning）也曾在戰前見過烏布利希，場合是她父母在自家店內密室裡舉辦的黨內會議。「他總是來去匆匆，從沒跟我們聊過自己的事，」布如寧在回憶錄裡如此寫道。「我母親說，光是看著這個人就會讓你感到一陣寒意。」[6]烏布利希不跟人閒聊，卻在多年後愛上發表「青年人的幸福」這類冗長獨白（但這也許還比他日後出版成書的長篇演說有趣些，這類演說題目包括《機械與拖拉機站點的政府部門任務》和《工會成員在民主建設經濟中的任務》）。[7]不過大家都心知肚明，烏布利希就是蘇聯在德國欽點的人，所以在史達林去世前，他的權威從未受到質疑。

多年來，烏布利希不曾辜負蘇聯領導層對他的信任。蘇占德國初期，他不容許黨內出現任何關於人民遭紅軍性侵或搶劫的討論。他有位同僚表示：「即便是敵人也對烏布利希的工作量感到驚訝。我們不斷自問，他是怎麼做到的？他每天都工作十二到十四小時，有時甚至長達十六小時……」直到後來他們才開始意識到，「這其實也沒有那麼令人印象深刻」，因為「他顯然從蘇聯得到了各種教導及指示，而他的長處則在於將這些指示運用於特定領域」。[8]烏布利希晚年時，連個人風格也開始模仿史達林，他以隆重盛大的派對和歌功頌德的詩句替自己慶生。如果模仿是最真誠的恭維，那麼烏布利希無疑是恭維界的佼佼者。

相較於烏布利希，波蘭的貝魯特是位更神祕的人物——我們甚至連他出生在哪都無法確定。他似乎來自波蘭東部，此地在一九一七年前是俄羅斯帝國的領土，他大概曾就讀於俄語學校。與史達林的父母一樣，貝魯特的父母希望他成為一名神父。但他卻在一九〇五年參與俄羅斯各地爆發的罷工運動，被開除學籍，因此不得不投入職場。有些人認為他可能加入了共濟會，但也有人不這麼認為。可以確定的是，他很早就加入共產黨，並在一九二〇年代參加共產國際舉辦的國際列寧學院。戰前，他在波蘭共產黨中的職位並不高，也沒有多少波蘭人認識。與烏布利希一樣，他成了共產國際所信任的代理人，曾代表蘇聯共產黨出訪奧地利、捷克斯洛伐克和保加利亞。他甚至曾經成為保加利亞共產黨的領導階層。就像他在其他地方的任務一樣，他在保加利亞首都索非亞的任務大概是確保當地共產領袖遵循史達林主義路線。貝魯特是領薪水的蘇聯代理人，這點毫無疑問。[9]

不過，貝魯特真正神祕之處是他在第二次世界大戰期間的活動。已知他一九三九年人在華沙，德國入侵後逃往蘇聯，然後在基輔待到一九四一年五月。對波蘭的共產黨人而言，這段時期仍待在基輔並不尋常：大多數波蘭共產黨員皆已前往蘇聯新入主的烏克蘭西部和白俄羅斯西部地區，並在當地得到重要的政治或文化職位，或是前往蘇聯內部其他地區。一九四一年後，情況變得更加晦澀不明。蘇聯共產黨國際部在一九四四年編撰的貝魯特生平祕密文件中寫道，從希特勒入侵蘇聯開始「就沒有關於貝魯特的資訊」。[10]一位在戰時華沙遇見他的波蘭共產主義者也表示：「我對他的過去一無所知，他就這樣憑空出現。」[11]

希特勒在一九四一年六月入侵蘇聯，貝魯特當時大概人在比亞維斯托克，可能由該地啟程前往明斯克，但這條線索就斷在這裡。他在明斯克有位女友、生了個孩子——就像許多革命家一樣，他在很久以前就離開第一任妻子和他們的孩子。他還在納粹時期的市政府工作過，可能是以蘇聯特務的身分，但也可能不是。有謠言暗指貝魯特曾與蓋世太保合作，甚至說他二戰時曾在柏林待過一段時間。[12]也有人說貝魯特從頭到尾都是蘇聯祕密警察的一員。[13]

這兩種說法有可能都是真的：貝魯特可能曾經改投敵方陣營。我們知道史達林喜歡提拔有深刻性格缺陷或懷抱祕密的人，據說是因為他喜歡握有下屬把柄，以便加以控制。史達林對波蘭共產黨人普遍缺乏信心，所以他有可能會更喜歡任用像貝魯特這種通敵者，而非像烏布利希那種真正的信徒。任何人都可能失去對於共產主義的信仰，但以把柄要脅的伎倆卻永遠有用。

無論原因為何，貝魯特與蘇聯領導人的關係確實是良好得非比尋常，也擁有其他黨人找不到也搆不著的溝通管道。從蘇聯的角度看來，貝魯特一直都是可靠而順從。英國政治家安東尼・艾登（Anthony Eden）曾目睹貝魯特和史達林之間的一次會面，並以「卑躬屈膝」一詞來描述貝魯特。哥穆爾卡（Władysław Gomułka）是貝魯特在波蘭共產黨內最大的競爭對手，所以他的陳述也許並非完全可信。但據稱，哥穆爾卡曾看到史達林對貝魯特大吼「你他媽算什麼共產主義者？」或類似的話——當時是一九四四年十月，貝魯特顯然是鼓起勇氣對史達林提出了建言：全力攻擊波蘭反納粹地下組織可能不是個好主意。當時有些波蘭共產黨人甚至希望與非共產黨的波蘭游擊隊一起行動，但史達林對於這個點子毫無好感，所以貝魯特也不喜歡這個主意。他按史達林的要求清算了戰時地下組織，又於一九四九年進行黨內清洗，清算波蘭軍官階層，還強迫波蘭藝術家和建築師遵循社會寫實主義。到頭來，沒有記錄顯示貝魯特在任何問題上曾挑戰過史達林的權威。

——

拉科西是第三位享有「小史達林」稱號的領袖，卻與其他兩人有些不同。烏布利希是工人，貝魯特（大概）是農民，拉科西則是一位三流猶太商人的兒子，受過相對較好的教育。據拉科西的自傳所述，他出生於說匈牙利語的鄉下地區（此地現位於塞爾維亞境內），是家中十二個孩子中的第四位。他六歲時父親破產，此後經常搬家。同學常笑拉科西家裡窮，他因此從年幼時便受極左派思想吸引。十幾歲時，他被校長禁止發表政治言論。他以自己的「糟糕態度」為傲，刻意使用粗魯的語言來冒犯他人，特別是來自上層階級的人。[14]

一九一八年，拉科西服完短暫的兵役，在俄國當了幾年政治犯，接著與人共同創立了匈牙利共產黨。一九一九年，他成為短命的匈牙利蘇維埃共和國的領導人之一。在該政權存在的三個月裡，他設法當上了紅衛兵總司令暨生產部委員及商業部副委員。匈牙利蘇維埃共和國垮臺後，他又設法從奧地利監獄脫身，前往莫斯科，在一九二一年與列寧短暫會面。這次會面後來被拿來當作素材，建構出「拉科西是列寧朋友兼拍檔」的神話。[15]

就像貝魯特和烏布利希一樣，拉科西在一九二〇年代裡與共產國際密切合作，並代表該組織與蘇聯祕密警察在歐洲各地活動。一九二四年，他偽裝成來自威尼斯的商人重返布達佩斯，在該地協助重組了自一九一九年那場慘劇後便被視為非法組織的共產黨。他在一九二五年被捕，受審過程備受關注且廣受宣傳。雖然國際上有人發起運動要求釋放拉科西，但他仍在監獄度過了十五年歲月。他在獄中學了俄語，並向其他囚犯傳授馬克思主義。

希特勒和史達林簽訂互不侵犯協議後，匈牙利獨裁政府開始允許一些被監禁的共產主義者前往蘇聯，拉科西終於能夠去蘇聯了。他在一九四〇年抵達蘇聯，受到了英雄般的歡迎，甚至與史達林並肩出席當年的十月革命慶典。他很快便成了科蘇特廣播電臺的高層（該電臺一直在向匈牙利播送蘇聯的政治宣傳），也與國際共產主義運動的各領袖再次密切來往。[16]拉科西在蘇聯感到相當自在，甚至和一位蘇聯檢察官結婚，這位雅庫特族女性曾與一名紅軍軍官結過婚。[17]

身為匈牙利的「小史達林」，拉科西與另外兩位小史達林還有另外一個雷同之處。拉科西很早就意識到，如果想要脫穎而出並保持領先，唯一的做法就是盲目遵從史達林的命令。在戰後時期，匈牙利共產黨的每一道重要決策都得經過蘇聯批准，拉科西也毫不猶豫地大方承認。他在回憶錄中坦白表示，史達林叫他不要參與一九四五年那場決定第一屆戰後政府樣貌的協商會議，原因是拉科西與一九一九年的政府關係太過密切（換句話說，他「太共產」了），而且還是猶太人，政敵可能會拿此來大作文章。對於這兩點，拉科西都沒有反對。[18]

毫無疑問，這三個人在性格和個人風格上截然不同。拉科西健談多話，始終是匈牙利相當知名的公眾人物，儘管未必廣受愛戴；貝魯特並不為大多數波蘭人（包括大多數波蘭共產黨人）所知；而烏布利希是德國共產黨所熟悉但在黨內並不特別受歡迎的人物，在共產圈子外更沒有太多人認識。

這三個人的傳記揭示出他們的共同之處：都曾與共產國際密切合作，不是逃往莫斯科就是獲得莫斯科的幫助，並因此在二戰中倖存。套句後來變得流行的說法：這三個人都是「莫斯科共產主義者」——也就是接受過蘇聯訓練的共產主義者，而不是在自己國內白手起家的共產主義者，也不是在西歐或北美度過二戰時期的共產主義者。從蘇聯的角度來看，後兩者不太可靠，他們在非蘇聯地區度過的歲月可能會發展出可疑觀點、認識可疑人物。

「莫斯科共產主義者」在戰後歐洲各國首任政府成形的過程中扮演關鍵角色。捷克斯洛伐克的「小史達林」是哥特瓦爾德（Klement Gottwald），曾擔任共產國際領袖；同為共產國際領袖的狄托，後來成為南斯拉夫游擊隊領袖和南斯拉夫獨裁者；保加利亞的「小史達林」是迪米特洛夫（Georgi Dimitrov），他有將近十年的時間是共產國際實質上的掌控者。法國共產黨的領導多列士（Maurice Thorez）和戰後義大利共產黨的領導陶里亞蒂（Palmiro Togliatti）也都是「莫斯科共產主義者」。這兩人都參與了共產國際事務，如果有機會的話，他們本會成為史達林指定的西歐傀儡。當然總有一兩個例外，例如羅馬尼亞戰後的共產黨便是由當地的共產黨人格奧爾基（Gheorghe Gheorghiu-Dej）所掌控——但他只要一有機會仍竭力展現自己對史達林的忠誠。

雖然當年的標語和海報上充斥著這些小史達林的名號和臉孔，但他們之中大多數人身邊仍圍繞著其他莫斯科共產主義者，這群人強化了他們原本就抱持的觀點，可能也代表莫斯科進行監督。貝魯特最重要的兩位跟班分別是伯曼（Jakub Berman）及明克（Hilary Minc），前者負責意識形態和政治宣傳，後者掌控經濟，而最終都和他同聲一氣地反對像哥穆爾卡這樣的「華沙共產黨人」或「本地共產黨人」。在匈牙利，拉科西也領導著一個由莫斯科共產主義者組成的三人小組，其他兩名成員雷瓦伊（József Révai）和格羅（Gerő Ernő）分別負責意識形態和經濟。他們另一個重要同黨是一九四八年至一九五三年間擔任匈牙利國防部長的法卡斯（Mihály Farkas）。這些人最終都背叛了布達佩斯「本地的」共產黨人。

在德國，烏布利希最重要的同志威廉・皮克（Wilhelm Pieck）與共產國際淵源深厚，他是共產國際從一九三八年到一九四三年的祕書長。蘇聯占領德國之後，所有早期從莫斯科直接飛往柏林或與紅軍部隊同行的德國共產黨人，都獲得了比那些避居法國（許多人遭到法國當局騷擾）、摩洛哥（電影《北非諜影》中可看到他們的身影）、瑞典（劇作家布萊希特〔Bertolt Brecht〕曾在該處生活一段時間）、墨西哥（當年對共產黨人極為友善）和美國的德國共產黨人更高的地位。蘇聯高層甚至認為，這些人比留在德國與納粹作戰的德國共產黨人更值得信任。即便是那些進過希特勒集中營受苦的德國政治犯，也沒能像這些蘇聯代理人般對自己的地位如此有把握：彷彿是他們曾身處納粹德國一事使他們在蘇聯眼中失去價值。

讓東歐的莫斯科共產主義者團結起來的，並不僅是共同的意識形態，還有他們共同投身的第三國際長期目標，也就是世界革命與接下來的無產階級全球專政。儘管史達林發表了「一國社會主義」聲明，結束了蘇聯與西歐國家之間檯面上的戰爭，但這並沒有阻止他及手下的蘇聯代理人繼續策畫暴力變革，只不過是改以間諜和陰謀取代紅軍而已。事實上，一九三〇年代既是詩人奧登（W. H. Auden）口中「卑鄙虛偽的十年」，也是蘇聯在外交上不斷推出創意詭計的時期。在英國，蘇聯特務吸收了伯吉斯（Guy Burgess）、費爾比（Kim Philby）、麥克林（Donald Maclean）、布朗特（Anthony Blunt），（很可能）還有凱倫克羅斯（John Cairncross），這幾人以「劍橋五人組」的惡名為人所知。在美國，蘇聯則吸收了希斯、懷特（Harry Dexter White）和錢伯斯（Whittaker Chambers）。

這些在英美的蘇聯代理人與東歐莫斯科共產主義者有至少一個共同點：他們願意且樂意與蘇聯祕密警察密切合作。當年歐洲的共產主義者大多如此，此事並不特別。雖然今日人們認為他們與蘇聯祕密警察的聯繫傷害了美國共產黨和歐洲共產黨，但當年美國和歐洲共產黨的高層對此並不在意。但凡西方世界裡相信有必要發起世界革命的人，都認為這場革命將由蘇共來帶領，並經由蘇聯祕密警察的幫助而實現。即使是美國共產黨也會拿蘇聯的錢，有時是透過共產國際。[19]當時許多左翼知識分子會固定與蘇聯祕密警察碰面，並視其為理所當然之事。[20]在當年，「拿莫斯科的錢」、幫蘇聯情報單位（即內務人民委員部，後來改以KGB之名為人所知）的當地臥底特務一點小忙，並不像後來歲月那樣是有辱名聲之事。對於忠實信徒而言，蘇聯的目標，共產國際的目標，蘇聯特務的目標，以及他們本國共產黨的目標，彼此之間似乎完全是可以互換的。

不過，這些後來成為戰後東歐領袖的男男女女不僅受到國際共產運動的意識形態影響，也受到共產黨獨特文化和僵硬結構的影響。無論他們出身自哪個國家，到了一九四〇年代，大多數歐洲共產黨都仿照布爾什維克建立了層級嚴明的組織，並沿用他們的術語。多數共產黨都由一位總書記和一個稱為「中央政治局」的單位來領導。中央政治局控制中央委員會，該委員會由一大群黨內官員組成，當中許多人最後都成了特定議題的專家。中央委員會監督著地區委員會，地區委員會則監督地方基層組織。每位下級人員都向上頭匯報，理論上上頭的每個人都知道底下發生的事。

居住在蘇聯的人對這種等級制度的規則尤其敏感。對於那些受惠者來說，好處實在很大。來自他國的政治流亡者，即布爾什維克口中的「政治移民」，在一九二〇年代和一九三〇年代裡被視為「特權階級」：

> 我們生活在自己的世界裡，是一國之內的特殊公民。我們享有免費的旅館住宿、每月的豐厚津貼和免費的衣物。我們在工廠俱樂部和學校會議中發言，之後獲人宴請，也能免費參加戲劇派對和娛樂活動。那些在法西斯監獄和資本主義監獄中受苦而生病的政治移民，會被送到黑海的專屬醫院和療養院。為了想過上更好的生活，俄羅斯女孩對於擁有特權地位的政治移民是青睞有加。[21]

級別最高的國外共產主義者（包括共產國際高階官員和各國共產黨高層領袖）都住在設施完善的麗仕酒店，該酒店距克里姆林宮不遠。他們的孩子就讀特殊學校。日後成為東德最著名情報頭子的沃夫（Markus Wolf），以及後來成了東德級別最高的叛逃者的萊昂哈德（Wolfgang Leonhard），都曾在莫斯科就讀於同一所為德國共產黨人子女所建立的高中。地位稍低的人則在外語報紙或國際紅十字會工作，為西方監獄中的共產主義者發聲。也有一些人在蘇聯各地的工廠裡工作。

即便層級最高且好處眾多，這些特權階級的外國人仍完全仰賴蘇聯東道主的善意，特別是仰賴史達林的專斷隨意。保加利亞共產國際的頭號人物迪米特洛夫的日記以一種幾乎滑稽的方式，反覆指出這種危險的依存關係。有超過十年的時間，迪米特洛夫一絲不苟地記下他和史達林的每次會面和交談，提到有一次他打電話給史達林，但史達林一認出他的聲音就把電話掛斷。[22]

就像其他人一樣，迪米特洛夫知道他可能無法一直保有特權地位，也確實有人就這樣從自己的位置上跌落。一九三〇年代末，史達林集中火力清算蘇共高層，住在莫斯科的「外國」共產黨人也遭到波及。在內務人民委員部最偏執多疑的那段時間，在蘇聯的外國人成了直接目標。波蘭共產黨從未真正得到史達林的信任（他特別指派祕密警察來管理莫斯科的波蘭人事務），該黨在這段期間幾乎被完全摧毀。波蘭共產黨的中央委員會共有三十七位成員，至少有三十位在莫斯科被捕，多數人不是遭槍決就是死在古拉格集中營，黨本身則因「遭間諜滲透且充滿煽動者」而被解散。[23]

許多國外知名共產主義者都在莫斯科被捕，包括萊昂哈德的母親，每個人都害怕自己會是下一個。就連沃夫在他句句斟酌的自傳中也寫道，這些逮捕行動讓他的父母「痛苦不堪」：「有天晚上門鈴突然響起，原本個性沉著的父親跳起來咒罵一聲。當他發現門外只是想借東西的鄰居時，迅速恢復平日的沉著冷靜，但他的手整整半個小時後才停止顫抖。」[24]一波波逮捕行動像浪潮一樣襲擊外國人居住的酒店和宿舍，「波蘭之夜」、「德國之夜」、「義大利之夜」接連出現。德國共產主義者瑪格麗特（Margarete

Buber-Neumann）回憶，逮捕潮出現後，酒店走廊裡的氣氛「令人窒息」。「以前政治圈的朋友再也不敢互相拜訪，每個人都需要特別通行證才能出入酒店，出入者的姓名和詳細資訊都會被仔細記錄下來。酒店所有電話都由祕密警察從中央總機控制，我們每次都會聽見監聽者切進頻道的聲響……」[25]瑪格麗特本人在一九三八年被捕，進了古拉格，她丈夫則在一年前就遭到逮捕與處決。

這些為黨犧牲奉獻的共產黨人若待在蘇聯，就只能過著風聲鶴唳的生活，但到了一九三〇年代，就連待在自己國家也不一定安全了。整個戰前時期，歐洲共產主義者經常被當地政府視為外國勢力的傀儡（有些人也確實是）。一九二〇年布爾什維克入侵波蘭後，波蘭共產黨成了非法組織，許多波蘭共產黨員在波蘭監獄裡待了很長時間——他們當時還不知道這其實是件好事，因為史達林無法迫害待在波蘭監獄裡的人。同樣的事情也發生在匈牙利，由於匈牙利共產黨與蘇聯特務的聯繫、一九一八年共產政變失敗的回憶，以及庫恩短暫獨裁期間實施的災難政策原因，戰間期由霍爾蒂上將所主導的威權政權也選擇迫害共產黨。轉入地下非法活動的匈牙利共產黨為了不被法辦，發展出某位資深黨員所謂的「堅實嚴格且等級分明的組織」，而且這種運作方式還受到「人們的美化及崇拜」，內部民主或異議聲音在該組織中幾乎沒有容身空間。[26]

與此相比，德國共產黨則在一九一八年後成為德國內部合法且強大的政治勢力：在該黨最具影響力的時期一度獲得全國百分之十的選票。一九三三年希特勒上臺後，德國共產黨人遭到逮捕與迫害、財產被沒收，就像其他地方的共產黨人一樣。許多人在集中營裡度過二戰，有許多人沒能生還。深具魅力的德國共黨領袖台爾曼（Ernst Thälmann）於一九三三年被捕、一九四四年八月在布亨瓦德（Buchenwald）

集中營被槍決。如果台爾曼當年有幸生還，「莫斯科共產主義者」肯定也會對他抱持懷疑。史達林在一九四一年時向迪米特洛夫表示，台爾曼「受多方力量影響……從他的信裡可以看出法西斯意識形態的影響」——但這種批評沒能阻止德國人在戰後視台爾曼為英雄烈士。[27]

雖然有著前述阻礙，國際共產主義運動於一九三〇年代裡仍在歐洲大部分地區蓬勃發展。正是在這段期間，東歐知識分子開始大量加入共產黨，這主要是因為他們的選擇實在不多。對東歐人民而言，歐洲西部並不令人嚮往。希特勒和墨索里尼的崛起讓他們感到害怕，自己國家的領袖對於此兩者的無力抵抗也令他們恐懼。他們受夠了軟弱不堪、氣量狹小的英法兩國，此二國的經濟陷入蕭條，其領袖則寧願姑息法西斯。一九三三年後，國際共產主義運動也持續推動合法的共產黨加入「人民陣線」：該陣線召集共產黨、社會民主黨和其他左翼力量來共同對抗正於歐洲各地風起雲湧的右翼運動，其努力看似頗有成果。法國的人民陣線曾於一九三六年至一九三八年期間成為執政黨，西班牙的人民陣線則參與了一九三六年西班牙的選戰。法國與西班牙的人民陣線就像東歐的人民陣線一樣，背後都由蘇聯支持。

與此同時，許多人對自己國家的政治、傳統和文學愈來愈失望。歷史學家瑪西・薛爾回顧了許多波蘭詩人的轉變，他們由前衛藝術轉向政治左派，或由「上帝已死」和「寫實主義已終結」轉而相信蘇聯共產主義將填補由此而生的空白。一九二九年，曾為愛國溫和左派的詩人杜維姆（Julian Tuwim）對於統治階層權貴將愛國主義作為利己之用一事感到極度失望。他敦促同胞：

把你的機關槍扔到街邊

他們手上是油漬　你手上的是血漬
遍地的首都皆喊著
「高貴的爺們啊　我們不會受騙」

這並不是馬克思主義的激情口號，因為杜維姆的詩想表達和平主義。不過，其方向確實正朝馬克思主義前進，這有助於解釋為什麼戰後杜維姆在某種程度上曾與共產政權合作。[28]在波蘭戰時的共產領袖汪達（Wanda Wasilewska）身上也可看見類似的轉向。汪達的父親在戰間期曾任波蘭政府官員，而她本人非常年輕時便已活躍於主流社會主義團體。後來波蘭脆弱的民主體制崩壞成半調子的獨裁政權，她才成了真正的激進分子。對中間派與民主政治失望的她熱烈響應教師罷工，接著丟了工作，最後投入共產運動。[29]

瑪西．薛爾描述此景時主要是在談波蘭，但同樣的轉變在也出現在許多歐洲國家，東西歐皆然。一九三〇年代，許多歐洲人對於資本主義和民主制度感到挫敗，因而轉向極左派。他們之中有許多人開始覺得自己只能在希特勒和馬克思主義之間二選一，而法西斯陣營和共產陣營雙方都不斷鼓吹這種只能二選一的極端想法。共產主義在虛無主義者、存在主義者和其他非主流知識分子陣營中成了某種前衛標誌。當年，重量級知識分子沙特（Jean-Paul Sartre）便曾熱切替共產主義辯護——但就連他也無法直視蘇聯政權的殘暴作為。「我跟你一樣，都覺得這些集中營令人無法忍受」，他對卡繆（Albert Camus）說道，「但我認為，資產階級的媒體日日對此大作文章同樣令人難以忍受。」[30]

一九三九年之前，每一位立場稍微偏左者都能不假思索地支持蘇聯，更不用說堅決反法西斯的人。但蘇聯的外交政策卻在一九三九年時出現大轉彎，讓人們難以輕易視蘇聯為盟友。八月時，史達林與希特勒簽署了互不侵犯條約。正如本書導論中所提到的，這兩位獨裁者在該條約的祕密協定中約好瓜分東歐。史達林分到波羅的海國家、波蘭東部及羅馬尼亞北部的比薩拉比亞和布科維納；希特勒則分得波蘭西部，還能向匈牙利、羅馬尼亞等國出手而不受蘇聯干預。此協議簽訂後的一九三九年九月一日，希特勒入侵波蘭，英法向德國宣戰。不到三週之後的一九三九年九月十七日，史達林也入侵了波蘭。德軍和紅軍在新的邊界上相遇，握手達成和平協議。一夜之間，全世界的共產黨都接獲指示，必須減少批評法西斯。如今對共產黨員來說，希特勒不是盟友，但也不是敵人。相反的，黨內同志應將戰爭描述為「兩個資本主義國家集團」之間的戰爭，他們是「為了自身帝國主義利益而開戰」。黨內還應該揚棄人民陣線，因為該陣線的唯一目的便是「緩和資本主義政權下的奴隸處境」。

這項策略轉變大大打擊了共產黨人的團結。德國共產黨激烈反對法西斯，許多成員根本無法接受與希特勒妥協。波蘭共產黨分裂為兩派：一派樂見蘇聯入侵波蘭東部，因為這為他們帶來工作和機會，另一派則對自己國家如今已不復存在一事感到震驚。歐洲各地的共產黨人都被描述這些事件應該要用的新語言弄得混亂不堪。共產國際本身在發布聲明時也猶疑不決，它不停反覆草擬新的「論點」，導致有位中央政治局成員不禁出言諷刺：「與此同時，史達林同志都已經寫好一本書了！」[31] 莫斯科的共黨高層用盡全力來維持黨內士氣。有證據顯示，烏布利希於一九四一年二月在莫斯科麗仕酒店舉辦了一場德國共產黨會議，他預言列寧主義的革命浪潮將會終結這場戰爭，並鼓舞黨員為此事做好準備。[32]

然而，就在接下來的二十二個月之間，共產蘇聯和納粹德國成了真正的盟友。蘇聯向德國出售石油和穀物，而德國則向蘇聯販賣武器。蘇聯還讓德國使用他們在摩爾曼斯克（Murmansk）的潛艇基地。希特勒和史達林簽訂的協議甚至導致一次囚犯交換事件。一九四〇年，幾百名德國共產黨人從古拉格營區被釋放並被帶到德蘇邊境，德國共產主義者瑪格麗特是其中之一。她寫道，這些堅定的德國共產主義者在邊境試圖討好舊日的敵人：「黨衛軍和蓋世太保舉起手高唱《德意志高於一切》，而我們的人在遲疑中跟著做了，只有極少數人沒有跟著舉手唱歌——其中包括來自匈牙利的猶太人。」[33]真正忠誠的共產主義者最後大都被關進納粹監獄和集中營，瑪格麗特本人則直接從邊境被送進拉文斯布呂克集中營，並在該處度過二戰時期。她成了雙重受害者：既被蘇聯關進古拉格也被納粹關進集中營。這些故事很快便被西歐人所遺忘。對西歐來說，「二戰」就是與德國作戰；但對東歐而言，這類故事被牢記在心。

——

弔詭的是，希特勒於一九四一年六月入侵蘇聯一事，反而讓國際共產主義運動重獲新生。史達林如今成了希特勒的死敵，東歐（及西歐）的共產黨再次跟蘇聯擁有共同目標。蘇聯內部重新燃起對外國共產黨人的興趣，因為他們現在成為可能的盟友，或是能夠在納粹控制的歐陸地區擔任第五縱隊。史達林的政策也隨著新情勢而改變。國際共產主義運動再度被指示與社會民主派、中間派甚至是布爾喬亞資本家合作，改建立起「國民陣線」來對抗希特勒。

蘇聯計畫讓忠心的共產主義者回到各自的祖國，但早期的行動並不算成功。一九四一年底，紅軍協助第一批「莫斯科共產黨人」進入納粹占領的波蘭，他們在該處使用蘇聯祕密警察所提供的無線電設備和聯繫網，於一九四二年一月成立了新的波蘭工人黨。[34]但黨內很快便出現爭執，與其他反抗勢力間也產生紛爭。該黨與波蘭救國軍（波蘭反抗勢力的武裝部隊）敵對，甚至很有可能曾經不只一次與德國祕密警察合作。在一次著名的複雜事件裡，一名波蘭工人黨員還殺害另一名黨員。最後，該黨與莫斯科失去聯繫。[35]在失聯期間，該黨選出新任領袖哥穆爾卡，但哥穆爾卡無論是在當時或之後都未能獲得莫斯科的信任。為此，蘇聯派了另一位領袖前往波蘭，但他跳傘入境時受傷，最終自殺身亡。因此，哥穆爾卡成為波蘭工人黨在戰時的實質領袖，直到貝魯特於一九四三年底抵達波蘭為止。

如今蘇聯亟需培養新幹部，共產國際轉瞬間再次成為重要機構。出於安全考慮，其總部遷至遙遠的烏法（Ufa），也就是位於中亞巴什科爾托斯坦（Bashkortostan）的首府，希望在不受轟炸或入侵威脅的情況下培訓出新一代共產國際代理人。在遠離前線之地，蘇聯開始訓練這些代理人主掌戰後的世界。這不是共產國際第一次執行這種任務：早在一九二五年，在史達林本人亦列席其中的中央政治局特派委員會的監督下，第一間共產國際培訓學校成立於莫斯科。他們對於第一批學員的要求很嚴格，學員必須熟悉英語、德語或法語，得讀過馬克思、恩格斯和普列漢諾夫（Plekhanov）的重要著作，還得通過共產國際的測驗及嚴密的背景調查。共產國際當年的幹部曾表示：「這非常重要，因為如果沒能挑選到合適的人選，學校的價值就會消失。」[36]

培訓課程打從一開始便非常著重馬克思主義，包括辯證唯物主義、政治經濟學、俄國共產黨歷史，但也試圖加入實務訓練——其成果有時相當荒謬。好比他們想讓學員了解蘇聯工廠的生活（「讓他們從內部瞭解無產階級專政」），但分派的工廠卻以冶金為主，沒有適合的工作能分配給未受過訓練且大多數不懂俄語的學員，學員們於是成為讓工人分心的「笑料」。[37]更糟的是，幾乎每個國家的共產黨內部都存在著分歧與派系，總是有人主張蘇聯路線不可能直接套用於當地。共產國際一九三〇年代的內部記錄裡，充滿了指控與反控，有的學員擁有「不為人知的過往」或是「資產階級背景」，導致他們「不適合領導工人運動」。合乎標準的革命家數量之少實在令人失望。[38]

到了一九四一年，共產國際已是一個經驗較為豐富的組織。而在德國入侵後，招募新學員的流程已有了明確模式。住在莫斯科的外國共黨領袖隨即投身一系列複雜的行動：從戰時的藏身處、難民營、監獄（包括蘇聯的集中營與監獄）裡找出同志。曾被逮捕或在古拉格裡待過幾年的人大都未受刁難而立刻恢復名譽（如果他們還活著的話）。

德共領袖烏布利希和威廉·皮克兩人，特別勤於追蹤分散在蘇聯境內與境外的老戰友，無論這些人是在古拉格裡還是古拉格外。他們發現了年輕的萊昂哈德，他和其他住在莫斯科的德國人在戰爭初期就被遣送到哈薩克的卡拉干達（Karaganda），並在該處挨餓受苦。一九四二年七月，一封突如其來的信件指示萊昂哈德前往烏法，信中並未說明原因。那是他首次接觸到二戰時期的共產國際，但在這次接觸與其後接觸中，一切幾乎都籠罩神祕的陰影。共產國際總部的入口兩側矗立著巨大柱子，但門上沒有標誌，「沒有任何蛛絲馬跡顯示這裡是共產國際總部所在。」進入總部後，飯食立刻送上（彷彿許多抵達該處的同志都已多日未進食）。萊昂哈德他狼吞虎嚥地默默吃完飯。然後他與幹部主管短暫談話，對方告訴他，他得繼續前往另一個地方，但依舊未解釋原因：「我會再告知你目的地。」

隨後幾天裡，萊昂哈德遇到了許多老朋友，大多數都像他一樣是德國共產黨員的孩子，在莫斯科學校和共青團（共產黨青少年組織）的活動中結識多年。這些人都不提自己這陣子是如何度過，也不提未來計畫，甚至不使用他所知道的真實姓名。「慢慢的，我開始了解這裡有不同的準則。顯然有非常多事情是人們避而不談的。」幾天後，突然又有人告知他是時候動身。他上了一艘船，沿河前進，再坐上一輛卡車，最後被告知得下車步行，一路上仍舊沒有一句解釋。最後，他置身古老的農舍建築間，才得知該處是共產國際培訓學校。他在極機密的情況下開始受訓。[39]

接下來的幾個月裡，萊昂哈德和同學們聽了標準課程，包括馬克思主義、辯證法和歷史唯物主義，課程特別強調各國共產黨的地方歷史和共產國際的歷史。學員可以查閱蘇聯內部其他人無法看到的機密報告和檔案。由於學員們未來將擔任要職，他們還拿到了以前從未見過或聽過的納粹和法西斯主義著作。萊昂哈德曾表示：「他們經常要求學員在團體面前講述納粹意識形態的各種教導，其他人的任務則是抨擊和駁斥納粹的論點。講述納粹論點的人被告知必須盡可能清晰而具說服力，而這位學員把納粹觀點講得愈好，他獲得的評價就愈高。」[40]

雖然允許學員閱讀納粹文學，但學校並不願讓人讀到黨內異議分子與反史達林者的著作：「儘管其他討論課的程度通常都相當高，但在托洛斯基主義的討論課上，學員發言僅限於激烈譴責而已。」[41]

戰時有幾所這樣的學校，招收的不僅是共產黨員，還有被招募進第一步兵師（說波蘭語的紅軍部隊）的波蘭軍官，以及曾接受「再教育」的德國軍官戰俘。許多在戰後共產國家擔任要職的政治家都曾在這些學校學習，或是把他們的孩子送進這些學校。例如，狄托的兒子扎爾科（Žarko Broz）就是萊昂哈德的同學，西班牙共產黨員桃樂絲（Dolores Ibárruri）的女兒阿瑪亞（Amaya Ibárruri）也是。桃樂絲以「熱情之花」而為人所知，她是西班牙內戰時一位著名演說家的女兒。

學校裡的許多老師同樣是前途光明。伯曼自一九四二年起便於烏法擔任波蘭共產黨員的老師，後來則成了波蘭安全、意識形態及政治宣傳部門的領袖。伯曼在當年已經非常認真遵循黨的路線，還與祕密警察組織創始人捷爾任斯基（Feliks Dzerzhinskii）的波蘭妻子索菲雅（Zofia Dzerzhinskaia）保持密切聯繫。在蘇聯內部，索菲雅就像是波蘭共產黨員的教母，伯曼將自己寫給她的信件副本仔細保存下來。雖然這些信件內容一板一眼、記載的資訊也不特別有價值，但它們確實透露了二戰時期在烏法生活的情況。伯曼告訴索菲雅，他經常去聽其他老師上課，包括來自德國的皮克、來自義大利的陶里亞蒂和來自西班牙的桃樂絲。他十分關注華沙發生的事件（「我們熱切關注這個國家裡英勇戰役的消息」）。蘇聯成立二十五週年之際，伯曼鄭重地向索菲雅表示，蘇聯是「未來在我們國家建立這種生活方式的最佳典範」。[42]

伯曼還告訴索菲雅，他如何教授學生「波蘭歷史和波蘭工人運動史」，也教授年輕的波蘭共產黨員當代政治學。史達林在一九三八年解散了波蘭共產黨並殺害許多波共領袖，所以教導這類主題並不怎麼容易。（日後的官方黨史會解釋說，波蘭共產黨「基於馬克思列寧主義而創建，但未能改掉派系主義的傾向。」）[43]繼承波蘭共產黨位置的是哥穆爾卡的波蘭工人黨，但該黨甫於一九四二成立，仍十分幼小。在另一批寫給黨內同志卡斯曼（Leon Kasman）的信件中，伯曼更直言教授波蘭共產史在碰上這些史實時所面臨的「困難」：例如討論到一九三〇年代時必須非常小心謹慎，絕不能提到史達林在解散波共時扮演的角色，更不能提到他對波蘭的敵意。[44]

這一切都沒能阻止伯曼盡其所能地向波蘭年輕人灌輸共產思想，並教導他們如何保衛蘇聯。他甚至告訴索菲雅，自己曾要求學生收聽反共且反納粹的波蘭反抗勢力（波蘭救國軍）的廣播，以便練習「如何反駁」他們的論點。當沃夫和萊昂哈德等德國共產黨員正在學習如何反駁納粹的政治宣傳，波蘭的共產黨員也在為即將到來的意識形態鬥爭做準備，以對抗波蘭主流反抗勢力的領導人。伯曼在一張寫給索菲雅的便條中提到，他在想是否有可能在農民領袖甚至極右翼的民族民主黨人之中找到「健康的元素」——即有可能於日後合作者。「出於這個原因，我認為絕對有必要繼續遵循統一戰線的策略。」他如此向索菲雅解釋。波蘭共產黨不應過早揭露自身的真面貌，他們必須先尋找盟友和合作者，然後才能推動蘇聯式的改革。

遵循這套路線規劃未來的人不只伯曼。大約在同一時間，蘇聯領導人也再次準備推動「統一陣線」，意指在解放後可以立即接掌統治整個東歐的聯合政府。蘇聯外交部長麥斯基於一九四四年時寫下一篇長長的備忘錄給莫洛托夫，文中推測三十到四十年內可能會爆發無產階級革命。但與此同時，他也主張應讓波蘭和匈牙利保持積弱無力的狀態，甚或讓維持德國分裂，因為「長遠來看，這有助於削弱德國」，同時確保各地共產黨員投入共同行動。他的結論是，戰後政府必須「奠基於廣義民主原則，並符合國民陣線理念。」[45]

在此當然必須對「民主」一詞持保留態度，因為麥斯基同時也明確表示，那些「真按照國民陣線精神創立」的政府，勢必無法容許反對社會主義的右派政黨存在。因此在實務上，這意味著在某些國家（他提到德國、匈牙利和波蘭）必須使用「各種方法」由外部施加影響，以阻止這些右派政黨掌權。他並沒有解釋是什麼方法。

——

無論派系為何，在東西歐皆遭到迫害的共產黨人都生活在祕密陰謀的排他文化裡。在自己的國家裡，他們以小團體為行動單位，使用密碼和暗號聯絡，只知道彼此的假名。在蘇聯，他們不敢發表真實意見、不批評黨，並暗自尋找住處是否藏有竊聽器。[46]無論身在何處，他們都遵守著「嚴格的規矩」，作家亞瑟・柯斯勒（Arthur Koestler）曾在其小說和回憶錄中精準描繪出此點。柯斯勒大部分的虛構和非虛構作品都在寫他與共產主義的關係，他本人曾在一九三〇年代加入德國共產黨，部分原因是受其祕密共謀的神祕氛圍吸引：「即使只有粗淺接觸，不諳內情的外人也會感到黨員在社會之外過著祕密生活，充滿神祕、危險和犧牲奉獻的特色。即便是性格算不上浪漫的成年人也能充分感受到接觸這個祕密世界有多刺激。在某種程度上被視為值得信任之人，能對那些持續生活在危險中的疲憊之人稍微伸出援手，這也讓人感覺良好。」[47]

高人一等的優越感，包括享有特權，能接觸到祕密資訊等，是共產黨數十年來總能吸引人們的主要原因之一。在特殊的共產國際學校，萊昂哈德首次讀到共黨高層才能接觸到的高機密電報，意識到裡頭的資訊比大眾接收到的政治宣傳要多上許多：「我非常清楚記得第一次拿到這些祕密通訊資料時的感覺。我對於自己被寄予的信任心存感激，也十分驕傲自己是個在政治上成熟到能夠接觸其他觀點的人。」[48]

他們共同經歷的恐怖經驗，包括大規模拘捕和清洗，以及高層戰略的迅速轉變，對歐洲所有共產黨員都產生了深刻影響。在烏法的共產國際培訓學校，萊昂哈德被迫公開做出荒謬的自我批鬥，這使他深感受辱。當他回想起這個經驗，以及他部分黨內同志，特別是一位名叫艾米的德國女子（後來成了沃夫的妻子）的傲慢行為時，他突然浮現這樣的念頭：「我們在學校的人際關係是共產黨員的常態嗎？我腦海中又浮現出其他批判性想法，這些想法早在大清洗期間就曾出現過。這些思辨再次浮現，使我深感恐懼。如果我曾公開發表這類想法，可能會遭到什麼下場？我決定未來要更加謹言慎行、惜字如金。」[49]

這類經歷讓萊昂哈德後來決定逃離東德，最終完全離開共產黨。但有些人即便受到類似羞辱，也並未逃跑或離開。他們的創傷經歷沒能讓他們變得更柔軟或更富同情心：這些留在黨內的共產黨人並沒有因為戰時在希特勒的集中營或西方監獄裡所吃的苦而變得謙卑，反而是更加全心投入共產大業。

戰後，許多在蘇聯大清洗期間有幸生還、且頭腦靈光到能在政策轉彎中生存的人，對於共產黨這個團體都變得更加忠誠，也更加依賴蘇聯。那些在一九三〇年代的逮捕行動、戰略瘋狂轉變和混亂局勢下仍保持忠貞黨員身分的人，大都成了真正的狂熱分子：對史達林完全忠誠，願意追隨蘇聯至天涯海角，服從一切有益於共產大業的命令。[50]

第四章 祕密警察

「國安人員之間多少流動著這樣的氣氛：我們是通過特別審查的人，是格外優秀的黨內同志，可說是一流的同志。」

——蔡塞爾（Wilhelm Zaisser），東德國安部長[1]

隨著二戰邁向血色尾聲，史達林終於給了他的東歐追隨者一個證明自己的機會。當紅軍陸續解放東歐國家時，他派遣各國的莫斯科共產黨人與紅軍一同返國。這群人非常清楚自己人丁單薄，也都公開宣布有意與其他非共產主義政黨成立聯合政府或加入聯合政府。一九四三年十二月，貝魯特即時抵達首都華沙，坐上新成立的國家委員會主席之位。這是他們第一次嘗試建立人民陣線，但除了哥穆爾卡的波蘭工人黨及一些邊緣的社民黨人之外，沒有其他人有興趣。幾個月後，國家委員會協助成立了一個更大團體——波蘭國家解放委員會，其名由史達林親自批准，刻意模仿戴高樂的法國國家解放委員會。[2]儘管組織地點位於盧布林，委員中確實也有幾位與共產黨無關的政治家，但大家都知道波蘭國家解放委員會的背後是誰在撐腰。該委員會在七月二十二日發布宣言，內容聽起來相當自由，承諾「所有公民不論種族、宗教和國籍，都將全面恢復民主自由。包括政治與職業領域的結社自由，出版和資訊流通的自由，以及信仰的自由。」[3]但這份宣言發布的地點不是波蘭而是莫斯科，其內容也隨即在蘇聯廣播節目中播出。

對於二戰期間逃往倫敦、與波蘭救國軍和波蘭主要反抗勢力都保持密切聯繫的波蘭流亡政府而言，國家解放委員會的出現立刻使他們陷入兩難。雖然他們奮力維護自己在國際上為波蘭發言的地位，但他們一敗塗地。不久後，國家解放委員會改制成「波蘭民族團結臨時政府」，人稱「盧布林波蘭」——而所有同盟國成員最後都承認該政府而非人稱「倫敦波蘭」的流亡政府為波蘭的合法政權。臨時政府於一九四五年初接手國政，目標是規劃選舉、選出永久政府。史達林急於突顯該政權的正當性，因此同意讓實際上屬社會黨而非共產黨的莫拉夫斯基（Edward Osóbka-Morawski）成為戰後臨時政府的第一任總理（要到一九四七年時，貝魯特才會要求正式更改職銜為總統）。更重要的是，他還允許流亡總理米科瓦伊奇克回國擔任臨時政府的農業部長和副總理。有段短短的時間裡，米科瓦伊奇克的波蘭人民黨確實被允許以反共反對黨的身分存在。名義上，波蘭內部不存在合法的蘇聯勢力或盟軍勢力；但實際上，卻有一位內務人民委員部的將軍塞洛夫（Ivan Serov）在波蘭新成立的政府和安全部門裡擔任資深蘇聯顧問。眾人很快就明白，此人的影響力無遠弗屆。[4]

貝魯特於不久後返抵波蘭，事態開始迅速發展。此時匈牙利也成立了新政府：一九四四年十一月初，法卡斯、格羅和伊姆雷（Imre Nagy）這三名「莫斯科共產主義領袖」被蘇聯空運至解放後的東歐城市塞格德（Szeged）。他們隨即舉辦了一次大型集會來紀念十月革命，格羅更呼籲「匈牙利應當復興」。[5]紅軍於一九四五年一月解放德布勒森市（Debrecen）後，拉科西也由莫斯科坐飛機抵達該市。他接獲命令要在當地建立匈牙利臨時政府，並為紅軍攻陷布達佩斯做準備。在這項行動上，他與其他剛從藏身之處現身或由國外回來的匈牙利政治家共同合作。在他們的磋商之下，一個臨時的國家議會出現了，而該議會選出了匈牙利的臨時政府。與波蘭相同，這個臨時政府的功能是治理匈牙利直至舉行選舉為止。

還有一點也與波蘭相同：匈牙利第一個臨時政府是聯合政府，由四個合法政黨共組：共產黨、社民黨、農民黨和獨立小農黨。獨立小農黨在戰前是由小企業主和農夫所組成的政黨，如今迅速發展成一個反共的反對黨，並獲得廣泛支持。然而，該黨在新的臨時國民大會與臨時政府中的席次並不多。雖然匈牙利共產黨當時只有幾百名黨員，卻在臨時國民大會中擁有超過三分之一的席位，並得到幾個關鍵的內閣職位，包括實質上的內政部長。就連格羅本人也承認比例失衡：「共產黨員的比例有點過高。這有部分是由於匆忙，有部分是由於當地同志過於熱心。」[6]根據一九四五年一月簽署的匈牙利停戰協議規定，匈牙利政府在此過渡期間也必須受到盟國管制委員會監督。盟國管制委員會名義上包含美國和英國代表，實際上卻由紅軍高階將領伏羅希洛夫元帥（Kliment Voroshilov）所掌控，而他總是不徵詢英美意見便逕自行動。[7]

最後是德國。一九四五年四月二十七日，紅軍軍機載著由烏布利希為首的數十名共產黨人所組成的「烏布利希小組」，飛往柏林郊區與白俄羅斯第一方面軍會合，由該處進入柏林。與他們同行的還有黨員萊昂哈德。幾天後，另外幾十名共產黨人組成的「艾克曼小組」也準備隨著烏克蘭第一方面軍從南方進入柏林。與波蘭和匈牙利不同的是，此地沒有臨時政府，而是由蘇聯軍事管理局掌控一切，直至德意志民主共和國（即東德）於一九四九年成立為止。不過，蘇聯管理者慢慢建立起一個官僚機構，在蘇聯監督下處理德國政務。[8] 一九四七年六月，這個受蘇聯控制的魁儡官僚機構獲得一個平淡無奇的新名稱：德國經濟委員會。許多德國共產黨員，特別是「莫斯科共產黨員」，都立刻坐上該委員會的重要職位。德意志民主共和國最終在一九四九年正式建國時，新政府的基礎正是奠基在該經濟委員會之上。

蘇聯也監督著德國各地的市政選舉和地方選舉，積極鼓勵人們在蘇占德國重新成立社會民主黨、基督教民主黨和自由民主黨，但仍安排共產黨人坐上工會、文化機構等新組織的關鍵位置。[9] 如果有可能，他們會安排非共產黨人出任公開職位，而共產黨人則在幕後扮演重要角色。其他東歐國家也重新出現了政治和半政治性組織，像是波蘭和匈牙利的錫安主義和邦得主義（Bundism，猶太工人聯盟）組織，部分組織最初也擁有一定程度的獨立性。

與此同時，東歐各地共產黨的內部結構仍維持不變，忠實遵循蘇聯模式。他們維持蘇聯式的層級結構：最高層為中央政治局，其下是中央委員會，然後是區域和地方組織。在一九八九年之前，這套結構一直平行獨立於政府結構之外。中央政治局成員有時兼任政府部長，有時則否。中央委員會成員有時在國家機器中擔任官員，有時則否。就連身處高位的人也不總是清楚，在一切問題上擁有最終決定權的究竟是黨或政府。

如果這一切聽起來很複雜，那是因為它真的很複雜：歐洲蘇占地區的政治情勢本來就被刻意營造成朦朧不清的複雜局面。隨著戰爭結束，東歐共產黨顯然成為這個地區最有影響力的政治團體，不是因為他們人數眾多，而是因為他們擁有來自內務人民委員部和紅軍的蘇聯「顧問」。但他們也接到嚴格指示，必須掩飾或否認他們與蘇聯有聯繫。他們必須表現得像正常的民主政黨，建立聯合政府，並在非共產黨派系中尋找可能的夥伴。在德國以外的所有蘇占地區，蘇聯的影響力都被小心翼翼地掩藏起來。

一九四五至一九四六年間，東歐各個臨時聯合政府都曾試圖與其他政界人士合作制定經濟政策。有段時間，他們多少試著容忍教會、一些獨立報紙和私營企業的存在，這些團體被允許各自發展及決策。不過，這份容忍有個明顯的例外。有一種機構是蘇聯無論在哪個國家都必定會建立的，且其形式和性質總是遵循蘇聯模式，那就是祕密警察。直白點說，蘇聯從來不曾讓機緣情勢或各地政界人士的力量來決定祕密警察的組織結構。儘管在成立時間和風格上有些差異，但東歐各地祕密警察組織的創建都遵循著極為相似的模式：就組織、方法和思維而言，每個東歐祕密警察組織都是老大哥蘇聯的完美複製品。波蘭的祕密警察（Urzad Bezpieczeństwa，UB）、匈牙利的國家安全局（Államvédelmi Osztály，ÁVO）和後來以史塔西（Stasi）之名為人所知的東德國家安全部（Ministerium für Stęaatssicherheit），另外還有捷克斯洛伐克國家安全局（Státní bezpečnost，StB）。[10] 捷克共黨領袖哥特瓦爾德曾表示，成立國家安全局是「為了將蘇聯經驗發揮到淋漓盡致」。這話其實也適用於每個東歐國家的祕密警察組織。[11]

正如東歐共產黨一樣，東歐這些「小ＫＧＢ」的身影早在二戰落幕前便已在歷史中登場。蘇聯入侵波蘭東部後，波蘭便出現了祕密警察組織。蘇聯軍官踏上如今為西烏克蘭和西白俄羅斯的土地，受命鎮壓該區，但他們在當地很難找到可靠的合作者。他們於是發現自己需要更專業、更可靠的合作夥伴，所

以蘇聯內務人民委員部於一九四〇年秋天在斯摩棱斯克附近成立了一間特殊培訓學校。來自蘇聯新占領土的波蘭人、烏克蘭人和白俄羅斯人，共兩百人受邀在此接受培訓。第一批學生在一九四一年三月完成培訓課程，此後一些新兵被派往高爾基市（Gorky）接受進一步訓練。在第一批畢業生之中，至少有三個人成了一九五〇和一九六〇年代波蘭安全部門中的重要領袖人物——施維特里克（Konrad Świetlik）、查普利斯基（Józef Czaplicki）和莫查（Mieczysław Moczar）。[12]

一九四一年六月，德蘇戰爭爆發，這個培訓計畫戛然而止。幾個月後，蘇聯從納粹入侵的震驚中恢復過來，又重啟了培訓課程。史達林格勒一役後，戰況開始對蘇聯有利，培訓招募的對象也開始擴大。起初，他們從說波蘭語的紅軍第一步兵師中挑選受訓者（多數人曾住在波蘭東部）。遴選過程在入選者眼中相當神祕：一九四四年一月的一個「寒冷午後」，洛巴提克（Józef Lobatiuk）被指揮官請到總部填寫一些表格，沒有一句解釋。一個月後，他被通知要帶著「兩星期的食物」前往古比雪夫（Kuibyshev）接受特殊培訓，那是個遠離前線的俄國城市。仍然沒有一句解釋。[13]

直到抵達古比雪夫後，洛巴提克才發現自己來到一間祕密警察訓練學校，他非常高興。幾年後，他在波蘭祕密警察組織內部的歷史學家面前描述自己的經歷時，回憶當時的待遇就像「到別人家做客」一樣。在經歷戰爭磨難後，他覺得這所學校舒適無比。「學員」可以在週末外出，不需要值班。他們有足夠的食物，受到禮貌的對待。用餐區的服務生會像在餐廳裡一樣送上食物，他們甚至是從真正的有蓋湯碗中舀湯。[14]

真正的課程並未立刻開始。在透露任何資訊之前，由內務人民委員部官員組成的委員會花了幾天時間盤問這批新招募成員，包括成長過程、家庭背景和政治觀點。成員被要求反覆講述自己的人生故事。有些人沒有通過測試，被送回部隊，但他們從不知道為什麼。最後大約有兩百名男性留下來，成了「古比雪夫幫」——蘇聯培訓下第一批畢業的波蘭祕密警官。他們在內務人民委員部的直接督導下準備「開始運作」。

在二戰的這個時間點上，也就是一九四四年春天，波蘭政府還不存在。除了和倫敦流亡政府保有聯繫的「波蘭地下政權」外，納粹占領下的波蘭地區在檯面上並沒有波蘭的行政機構。關於波蘭在戰後的命運，國際上也尚未達成任何協議：德黑蘭會議並未對波蘭國境做出結論，而雅爾達會議還要好幾個月才會發生（羅斯福和邱吉爾在這場會議中讓蘇聯得以實質控制波蘭）。不過，內務人民委員部已經開始在古比雪夫訓練波蘭軍官，讓他們以蘇聯視角思考，以便在時機成熟時執行蘇聯的命令。

第一批學員接受了充實的培訓課程，既有馬列主義、布爾什維克史、波蘭「工人」運動史等理論課程，也有情報和反情報技巧、偵查工作、審問技術等實務課程。天氣好的時候，他們還會開車到伏爾加的射擊場練習。所有內容都以俄語教授，只有一位講師會講波蘭語——這是個問題，因為大多數學員只受過相當基礎的教育。沒有教科書，所以學員經常在課後碰面參考彼此的筆記。只要有機會，懂俄語的學員會為其他不懂俄語的人翻譯課程內容。他們平日要上滿十小時的講課和討論課，週六也有六小時的課程。

他們沒有多少時間去消化自己獲得的新知識。第一梯培訓在一九四四年七月戛然而止，此時紅軍剛越過波蘭東邊的新疆界布格河。這批新科保安官立即被派往前線。兩百名男性中大多數人都先被派往盧布林，波蘭國家解放委員會剛於該地成立，而臨時政府也即將在此誕生。當地的生活條件相當克難，只能席地而睡，以行囊為枕，但他們受到熱烈歡迎。波蘭首任國安部長拉德奇維茲（Stanisław Radkiewicz）為他們舉辦了一場慶祝晚宴，蘇聯顧問也一起出席。兩人為這批新上任的軍官頒發星章，讓他們縫在制服上。

隨著紅軍向前推進，古比雪夫幫（及蘇聯顧問）也跟著一路前行，先是抵達熱舒夫和比亞維斯托克，然後是克拉科夫和華沙。在某些地區，他們會以游擊隊員的身分與紅軍並肩作戰。在這場戰爭中，波蘭東部和蘇聯西部共有數十個不同的游擊隊，有些隸屬波蘭反抗組織救國軍，有些隸屬烏克蘭獨立運動，有些則由逃過大屠殺的猶太人組成，也有些成員是罪犯。[15]至於古比雪夫幫，無論成員國籍為何，他們都為蘇聯而戰。在抵達每個新解放地區時，他們總是按照預定計畫開始組織當地警力，以找出敵人或將資訊回報給內務人民委員部，並招募在地合作者。「我們古比雪夫幫應該成為新勢力的中堅力量和未來幹部的導師。」有位成員在回憶此事時自豪表示。[16]

這批成員並非所有人都功成名就。有些人因為偷竊和能力不足被開除，有些人被送回蘇聯，可能在家鄉白俄羅斯或烏克蘭繼續從事類似的工作。至少有一人叛變並加入了反共組織。但多數人都在祕密情報部門中步步高升，也有些人負責培養新一代的幹部。

洛巴提克有段時間曾參與戰後的「打擊盜匪行動」，這其實是委婉說法，意思是他參與了一場有組織的軍事行動，打擊對象則是盧布林郊區森林裡剩下的波蘭救國軍及烏克蘭游擊隊。一九四五年四月，他被派往羅茲。再次令他感到驚訝的是，他被告知自己將成為新成立的波蘭保安警察學校的教官。他和其他被選中的古比雪夫幫老班底共同負責這項任務，根據誰最記得哪項科目來進行分工。儘管離開蘇聯時曾被迫繳回自己在古比雪夫的受訓筆記，但他們憑著記憶重建了課程內容。最後，他們還根據自身在內務人民委員部裡所學到的一切編寫一本教科書。這本教科書在隨後幾年裡持續被使用，一整代以蘇聯方法培訓的波蘭祕密警察於焉而生。[17]

未來的幾個月、幾年裡，培訓人數不斷攀升。一九四四年十二月時，波蘭約有兩千五百名安全部門官員。一九四五年十一月時，安全部門官員的人數為兩萬三千七百人，一九五三年這個數字上升至三萬三千兩百人。[18]新加入的成員之中，幾乎沒有人符合日後在共產波蘭被視為典型安全部門官員的刻板形象——受過精良訓練的狂熱信徒、教育程度高、大多是猶太裔。事實上，戰後初期的安全部門官員幾乎全都是波蘭裔，而且幾乎全都是天主教徒。到了一九四七年，仍有百分之九十九點五的安全部門官員是信仰天主教的波蘭人。猶太人實際上只占總人數的百分之一不到，甚至比白俄羅斯人還少。[19]盧布林區祕密警察組織的十八名創始成員之中，只有一名猶太人，其他都是波蘭人、烏克蘭人和白俄羅斯人。[20]

這些新兵遠遠稱不上訓練精良，反而可說是教育程度低落。一九四五年時，只有不到兩成的人教育程度超過小學基礎教育。即使到了一九五三年，也只有半數新人的教育程度超過小學六年級程度。在這些年裡，他們招募進來的新人大多是波蘭農民與工人的子女，只有少數家庭被歸類為「資產階級」，且幾乎沒有人稱得上是知識分子。[21]儘管多數人在一九四七年前都已加入共產黨，但只有極少數人擁有政治參與經驗。

促使這些新成員加入的因素的大概不是意識形態，而是社會快速進步的可能性——我們能從波蘭最惡名昭彰的祕密警察基什恰克（Czesław Kiszczak）的故事中看到這點。基什恰克日後會成為波蘭的內政部長，並在一九八一年策畫實施戒嚴。他於一九二五年出生在波蘭南部一個窮困地區的貧寒家庭，他父親是工廠工人，在一九三〇年代丟了工作。當時波蘭仍受納粹占領，身為青少年的他被抓進勞改營，然後經過一系列驚險際遇，最後在奧地利成了奴工。根據他本人的說詞，他在一九四三年至一九四五年間住在維也納的工人宿舍，宿舍內充滿克羅埃西亞人、塞爾維亞人和其他外國人（許多都是共產主義者），他是唯一的波蘭人。他在奧地利的鐵路公司工作，直到一九四五年四月七日蘇聯解放了東維也納為止。同樣根據他本人的說詞，不久後「紅軍將我帶走，讓我坐在戰車上，我帶他們參觀維也納，那裡的街道我很熟」。他的俄語程度和德語程度足夠充當翻譯。二十歲那年，教育程度僅有小學的基什恰克宛若某種吉祥物般高高坐在蘇聯戰車上，遊覽著陷落的維也納。[22]

基什恰克最後還是回到波蘭，手裡握著一份文件，文件上載明他曾是奧地利共產黨的一員。他立刻加入波蘭共產黨，並被派往位於羅茲的祕密警察培訓學校。據他所說，他隨後被送往華沙接受進一步訓練，並加入波蘭新國軍和波蘭軍事情報單位，該單位最初全由俄國人主導，後來才引進幾名波蘭人。許多人推測他也與蘇聯軍事情報部門發展出某種關係，但他本人從未提及此事。

很快的，基什恰克在一九四六年被派往倫敦。對於一個只有二十一歲的年輕人而言，這是非常難得的機會。在他的描述中，這段經歷顯得溫和無害。「我們想讓當時仍在外流亡的波蘭部隊返回波蘭，把武器和士兵都帶回來。這對共產波蘭來說是個友好表示……一開始，大家都很有團結精神，政府支持教會，教會支持政府……波蘭政府對所有人都很友善，贈予農民土地、承諾提供高等教育及新學校。」除此之外，他說自己在倫敦的工作就是「正常的情報工作」，也就是蒐集有關英國軍隊、在倫敦波蘭人的情報，尤其是數千名曾於戰爭中與皇家空軍或其他英國武裝部隊並肩作戰的波蘭人。

基什恰克的前述經歷中有許多資訊無法證實，因為他顯然在擔任內政部長期間翻遍了檔案庫與他有關的文件，並將之全數移除或銷毀。不過，仍有一兩份漏網之魚，其中一份是他於一九四七年七月寄回波蘭的一份倫敦報告摘要，這份報告被夾在別人的檔案裡。該報告以文法錯誤的波蘭文描述大使館如何登記並監控英國軍隊中表示自己想要回國的波蘭裔成員。基什恰克顯然已經學到如何輕視這些早在一九三九年便已投身戰鬥的波蘭軍人，他的態度在報告裡相當明顯：

> 登記手續是在一個大約四乘三公尺的小房間裡進行，有五張桌子和五把椅子，還有放著領事館藏書的兩個櫃子。手續通常在上午十點或十一點開始，有時會拖到下午兩點半才開始，因為英國人特意為難，故意推遲登記時間……他們之中的大多數人會聽從任何指示、同意任何條件，只要有人能保證他們在波蘭能擁有良好的生活品質。那些不回國、為錢留在英國的波蘭人可能會為了錢而提供某些服務，因為他們是戰前波蘭的典型產物，這些人情感單薄，沒有抱負，毫無榮譽……[23]

在這份報告剩下的篇幅裡，時年二十二歲的基什恰克也對當時駐大使館的幾位老外交官嗤之以鼻，認為他們的武官對蒐集反間諜情報不夠感興趣，而中校則試圖打擊他和其他人的士氣。在另一份倖存至今的報告中，他以更直白的方式舉報同事：舉報一位經常能從「不明來源」得到有關波蘭政治暴力資訊的領事館員工，以及動輒針對國家政策激烈辯論並互相威脅的其他同事。

對於年輕人來說，這是一份令人興奮的好工作，但基什恰克很快就離職了。在二次訪問中，他表示這是因為他很想家而感到孤單：「我受不了英國的香腸。」也許他曾被告知，家鄉有更好的機會等著，而他決定把握機會。在混亂而貧困的戰後波蘭，祕密警察，無論其出身多麼寒微，都擁有相對多的財富和相對大的權力。而且當他們濫用權力的時候，也不會遭受任何政府單位逮捕。

打從一開始，每個希望當上祕密警察的東歐人就都知道，如果想坐上高位，你在蘇聯得有門路。但找到正確門路並不總是那麼容易。在匈牙利，祕密情報部門的前身組織並不只有一個，而是有兩個，各自擁有不同的匈牙利領袖，而他們又各自擁有自己的蘇聯人脈和導師。

一九四四年十二月，匈牙利臨時政府於德布勒森成立，與此同時也出現了一個祕密警察部門。臨時政府理論上是跨黨派的聯合政府，但新上任的內政部長埃爾代（Ferenc Erdei）卻暗中效忠共產黨（即便他並非共產黨員）。根據檔案，他對於新祕密情報部門所發表的第一道評論顯示出他對於事態走向心知肚明。當時他正在向同僚報告他與掌管匈牙利蘇聯軍情局的庫茲涅佐夫將軍（F. I. Kuznetsov）的會面是如何「富有成效」。埃爾代於十二月二十八日時宣稱他們無須擔心安全問題，因為「在我們找到足夠可信的警察和適合的警察制服之前，俄國人會幫助我們」。[24] 儘管如此，埃爾代也擔心庫茲涅佐夫將軍似乎無意阻止匈牙利境內（至少在蘇聯解放的這半邊）飆升的犯罪行為：「我們談論的主要是政治警察，他對於此事倒是有很多建議和提案。」[25]

庫茲涅佐夫的其中一項提案，便是任命坦佩（András Tömpe）為新安全部門的負責人。坦佩曾打過西班牙內戰，長期與國際共產主義運動有聯繫，他深信只有自己夠格領導新匈牙利的祕密警察。他立即開始組織自己的人馬，要求紅軍提供武器並由紅軍處接收武器。做好準備後，他從德布勒森出發前往布達佩斯，於一月二十八日抵達城市東邊，此時城市西郊仍沐浴在戰火之中。

對坦佩而言相當不幸的是，他的競爭對手就在此時出現。幾天之前，匈牙利共產黨布達佩斯分部也成立了一個政治警察部門。其領導者是加博（Gábor Péter），他自一九三一年起就是匈牙利地下共產黨的成員，並在往後幾年內經常往返莫斯科。整個一九三〇年代裡，加博與庫恩等一九一九年革命的老班底在莫斯科保持著密切聯繫，也與匈牙利共黨領袖拉科西持續來往。加博的妻子約蘭（Jolán Simon）最後還成了拉科西的私人祕書。

加博長期與蘇聯祕密警察密切來往。戰前，他專門從事地下後勤工作，其中一項任務是協助在維也納和布達佩斯遭到監禁的共產黨人與家屬聯絡。根據他本人的自吹自擂，他向來都計畫要領導戰後的政治警察，顯然他假定這項任務非他莫屬。他的想法也許並非空穴來風。因為儘管駐德布勒森蘇聯軍事情報人員明顯支持坦佩，但他們的蘇聯頭子卻似乎更屬意加博。早在一月中旬，早在坦佩抵達德布勒森及布達佩斯圍城戰結束之前，加博便曾前往布達佩斯東郊的蘇軍總部和昔日故友敘舊。[26]該年二月，他向匈牙利共黨高層發表一份報告，試圖給人一種他已掌控全局的印象。他談到自己的九十八名員工

（「八十七名工人和十一位知識分子」），並聲稱他們已逮捕許多「法西斯主義者」。在匈牙利共產黨的檔案庫裡，這份報告還附上了俄文版，也許他希望該報告的讀者是俄語人士。[27]

二戰結束的幾週內，坦佩和加博就發生了衝突。坦佩質疑加博對於意識形態的掌握不夠精準老練，加博則指責坦佩提供給他的辦公室家具根本不夠。坦佩未獲邀請參加某個有媒體出席的活動，這讓他很生氣。[28]即便該事蹟到頭來對匈牙利共產黨成了困擾，雙方日後仍都宣稱是自己率先在安德拉西街六十號那棟陰鬱的建築裡設立了祕密警察總部——此處也是匈牙利法西斯警察在二戰後期的總部。（令人不安的是，法西斯警察和共產黨祕密警察使用同一個地下室作為牢房，此事突顯出納粹和蘇聯這兩個政權的連續性）。[29]這場鬧劇般的鬥爭在兩年內劃下句點，贏家是加博。一九四五年十一月的選舉之後，共產黨正式控制匈牙利內務人民委員部，祕密警察拿下了中立的假面具。一九四六年，坦佩「退休」到外交部門服務，他的職業生涯大半都在拉丁美洲度過。[30]

事後看來，這場鬥爭似乎微不足道，但加博成功上位一事在早期階段嚴重打擊了匈牙利政治的多元性。特別是有關新警察部隊性質的重要辯論完全在共黨內部進行，而且強烈受到駐布達佩斯蘇聯官員的影響。當時仍合法存在的黨外政治家從未對祕密警察的內部運作產生任何影響，此後亦然。另一項重要問題是，從鬥爭中勝出的加博方和他的「布達佩斯警察」的真正本質究竟為何？因為布達佩斯警察部隊實際上是一個超越法律的單位，完全由共黨控制，而非由匈牙利內務部或政府控制。換句話說，從一九四五年開始，祕密警察直接彙報的對象便是共黨高層，公然繞過了臨時聯合政府。

祕密警察的特殊地位對於那些身在其中的人而言再清楚不過。儘管加博擁有來自社民黨和獨立小農黨的副手，但他從未假裝聽取他們的建議，而這兩位副手的存在也騙不過部門裡的任何人。一位地位較低的官員後來表示，來自黨外的副手「完全被孤立」：「大家都知道他們的房子被竊聽，所以在接觸他們的時候講話得格外小心。」[31]國防部長法卡斯的兒子弗拉米爾（Vladimir Farkas）於一九四六年進入匈牙利國家安全局工作時，曾接獲明確指示不要與加博的兩位黨外副手交談：「即便他們兩人直接命令我，我也不能向他們提供任何工作內容的資訊。」[32]

即使黨外政界人士投訴警察部門的行事作風，他們也充耳不聞。一九四五年八月，司法部副部長寫信給內務部，投訴警察「未經我事先同意便逕行逮捕檢察官、法官……這種做法讓司法制度的威信掃地」。但國家安全局毫無回應。一年後，有位議員也提出類似的意見，但當議會開始討論他的投訴信時，此人早已被迫逃離匈牙利。到了一九四六年，人們已認定提出這類批評根本不安全。就像波蘭一樣，匈牙利祕密警察除了他們自己以外無需對任何人負責。[33]也像波蘭一樣，這個單位成長速度極快。一九四六年二月，加博在布達佩斯的組織共有八百四十八名成員。到了一九五三年，他們換上了國家安全部的新名字，此時總部已有五千七百五十一名成員，線民人數則遠不止此。[34]

蘇聯顧問打從一開始就確保自己在組織裡的地位。有位「歐洛夫顧問」曾被匈牙利內務人民委員部官員形容為「假扮成平民的蘇聯祕密警察」，此人於一九四五年二月便已進駐安德拉西街六十號，還有其他三名全副武裝、身穿內務人民委員部制服的警察也在場幫忙。[35]三月時，完整的指揮系統儼然成形。坐鎮系統頂端的是比爾金將軍（General Fyodor Byelkin），他是盟國管制委員會的正式委員，但實際上他還有另一個身分：他掌管著位於維也納郊區巴登市的蘇聯內務人民委員部東歐情報指揮部門。自一九四七年起，內務人民委員部便派出一位代表常駐布達佩斯，此人以「克雷門諾夫」或「卡門諾維克中尉」之名為人所知，而他所提供的「友善協助」對於匈牙利後來舉辦的作秀式公審至關重要。部門人員是一大批半永久性的顧問。即便到了一九五二年十一月，仍有三十三名蘇聯祕密警察及十三名家屬在匈牙利國家安全部的正式薪資名單上。除了相對高的薪水，他們也享有附家具的公寓、旅行津貼、免費的運動休閒設備（包括游泳池、西洋棋、骨牌和乒乓球桌）及家庭幫傭，週末時還能去打獵。據某位前內政部長所述，這些蘇聯「顧問」每天都會收到情報報告，並頻繁與匈牙利同僚會面（匈牙利人總是接受這些顧問的建議，但這些人從未信任過這個他們選擇服務的國家。一九五六年十月二十九日夜裡，匈牙利革命的情勢一度看來可能導致蘇聯撤軍，害怕遭暴民報復的蘇聯顧問該晚全體登機飛返莫斯科）。[36]

匈牙利的祕密情報頭子，總是與他們的蘇聯顧問保持密切聯絡。根據法卡斯的說法，加博每天都與「歐洛夫」聯繫。[37]除此之外，蘇聯還透過一小撮不為人知但深具影響力的俄國人或受蘇聯控制的匈牙利人，在布達佩斯持續發揮影響力。其中之一是匈牙利裔的內務人民委員部上校科瓦奇（János Kovács），此人從一九四五年一月開始擔任加博的副手，直到他於一九四八年去世為止。還有一位更重要的角色是加拉辛（Rudolf Garasin），加拉辛的公開傳記似乎無法未充分反映出他日後有多重要，而他的生平經歷則說明了匈牙利人也擁有能夠掌握祕密警察權力的祕密途徑。

加拉辛出生於匈牙利，一次大戰後，還是少年的他淪為政治犯而在俄羅斯待了許多年。他因為這段經歷而變得激進，先後加入布爾什維克及紅軍，積極參與俄國革命，接著又投身俄國內戰。內戰結束後並未返回匈牙利（因為庫恩那場短暫的革命已經告終），反而定居在蘇聯。[38]根據他寫給匈牙利共黨史學家的一份便條，他後來在蘇聯的職業生涯乏善可陳。加拉辛在流亡蘇聯的匈牙利人社群中相當活躍，修讀了工程學然後在蘇聯的輕工業部門工作。在戰爭期間，他重回紅軍行列並擔任軍官，但因傷被調至後方工作。他寫道，一九四四年春天，他突然被召回莫斯科，被帶去見紅軍的一名政治官員：「我在喝茶時，有位戴著藍色帽子的內務人民委員部中尉出現，他不發一語地護送我走到一輛車旁，車子接著開到了馬克思恩格斯廣場。廣場上有另一位中尉等著我，帶我到一扇門前，我走進去後他便離開。大廳裡空無一人。」最後，兩個人影從暗處現身，一切終於真相大白：拉科西和法卡斯張開手歡迎他。

據加拉辛所述，拉科西同志當時開玩笑地責備加拉辛，怪他失蹤了這麼長時間（「他們花了半年時間才找到我」），然後表示需要他幫忙，需要加拉辛從蘇聯的一所「反法西斯學校」中挑選志願者組成游擊隊，與紅軍一起進入匈牙利，就像古比雪夫幫和紅軍一起進入波蘭那樣。「反法西斯學校」是一個幌子，他指的其實是戰俘再教育營，被俘的匈牙利官兵在該處學習成為共產主義者。加拉辛服從了，他們隨後把加拉辛介紹給「一〇一學院」（共產國際的新名稱）的匈牙利人。加拉辛隨後造訪了位於克拉斯諾戈爾斯克（Krasnogorsk）的「反法西斯學校」，該處戰俘熱切響應的程度令他印象深刻。他在紀錄中表示，大多數人都急於返回匈牙利對抗昔日盟友德國，毫不猶豫地自願投入行動。加拉辛還見了學校的「老師」，許多人後來成為匈牙利共產政府中的領袖人物。

但加拉辛組建游擊隊的進度並不順利，因為在一九四四年夏天，匈牙利和該國游擊隊尚未成為蘇聯紅軍優先處理的重點事項。志願隊伍發現他們很難抵達位處戰線後方的烏克蘭，也就是他們的第一個受訓地點。他們的火車誤點、服裝和裝備都出現問題，甚至烏克蘭當地的指揮官根本就沒預料到他們會出現。但最後他們還是開始受訓，學習使用炸彈，並在模擬戰鬥中彼此對戰。有時候他們會收到通知，說高層人士想了解他們的受訓狀況。有天，他們看到一架蘇聯飛機在頭上盤旋、試圖降落，於是他們趕走了牛群，清出跑道讓飛機降落。在飛機引擎的轟鳴聲中，著名的匈牙利共產主義思想家法思（Zoltán Vas）從駕駛艙走了出來，然後在一陣混亂中弄丟了眼鏡。法思發表了極度詳盡的冗長演講，描述前線的大好局勢並鼓勵士兵奮勇作戰。當他準備飛回莫斯科時，加拉辛開玩笑表示，法思下次想造訪時應該事先通知，「這樣我們就可以練習向飛機開槍！」這大概是烏克蘭前線專屬的幽默。

游擊隊隨著前線位置變動而多次轉移陣地，出現了各種驚險事態。在未發表的回憶錄中，加拉辛坦承他與一位名為安娜的女性有染。他記得糧食供應方面經常出現問題，後來部隊乾脆占領了當地一棟磨坊並沒收了他們的產品，這讓當地農民極為不滿。另一樁糟糕事件發生在與拉科西會面時，拉科西指責加拉辛召集了一隊「純種猶太部隊」。加拉辛「非常震驚」，他「站在原地，完全不敢相信」。他暗自思索拉科西所發的這場怪異脾氣（正如前文提到過的，拉科西是猶太人），並在後來向拉科西表示是他真的搞錯了，因為清點後確認部隊裡只有六個猶太人。

他們終於迎來解放之日。一九四五年二月初，加拉辛和他的部隊越過喀爾巴阡山，於三十年來首次踏進匈牙利。二月十二日時，他們已抵達德布勒森，這個匈牙利東部的城市如今是臨時首都。他們的驚險之旅於此告終。具蘇聯公民身分的加拉辛立刻被派去和盟國管制委員會一起工作。他與游擊隊失去聯繫，一頭栽進宣傳和印刷工作中，然後（根據官方說法）返回蘇聯。[39]

加拉辛在敘述他的人生故事時，無意間以幽默但真實的方式描繪出匈牙利共產游擊隊的形象。日後的共黨領袖褒揚這些人、視其為戰爭英雄，但在當時，蘇聯紅軍顯然沒把他們認真看待。加拉辛的故事還有一項重點，那就是其中的空白。事實上，我們並不知道他在一九二〇年代和一九三〇年代裡做了什麼，也不知道他在戰後那幾年裡人在何方——許多人老早就開始懷疑他是蘇聯內務人民委員部的高階官員。[40]加拉辛日後會因為「將蘇聯的古拉格技術引進匈牙利」而聞名。

加拉辛的人生故事同時也告訴我們，某類型的祕密情報人員在東歐（特別是匈牙利）所扮演的重要角色——相較於大多由本地合作者或受招募者所組成的古比雪夫幫，加拉辛打從一開始就是蘇聯公民，甚至很可能是蘇聯的祕密警察。加拉辛出生在匈牙利，然而據他自述他已完全融入蘇聯生活。他娶了俄國妻子、接受俄國教育，於一九一五至一九四五年間住在俄羅斯。加拉辛不只是親蘇而已，他就是蘇聯人。不令人意外，他在一九五〇年代初接手管理匈牙利勞改營時，會非常明確地按照蘇聯方式重新規劃這些勞改營。[41]

正如我們所見，蘇聯祕密警察早在踏進柏林之前便已在德國共產黨裡安插了可靠的自己人，也挑選了最有經驗的幹部來進行領導。一九四五年四月，塞洛夫將軍離開華沙前往德國，他一抵達便將蘇占柏林和其他蘇占地區劃分為幾個「作戰區域」。但他並未立即給予德國警察任何實權。蘇聯軍官認為德國

人比其他東歐國家的人更需要監督與指導——就算是德國共產黨人也一樣。要到一九四六年一月，一般德國警察才被允許攜帶武器。即使在德國當局控制民事警察後，所有人事任命仍需經由蘇聯軍事管理機構批准。[42]直到一九四八年三月，掌管蘇占德國內務人民委員部的俄國高層才同意提供德國共黨高層他們計畫逮捕的對象名單。

蘇聯統治者自一九四七年開始，謹慎地建立了一支初始規模甚小的德國政治警察部隊。但並不是每個人都贊同這項做法。莫斯科的蘇聯內政部長阿巴庫莫夫（Viktor Abakumov）認為，新的警察部隊將成為西方政治宣傳的素材，可能會被看成「新蓋世太保」。更重要的是，他仍然不信任德國人，曾抱怨有「太多德國人沒有經過徹底審查」。儘管出現反對聲音，招募工作還是開始進行，或許正如史家諾曼·奈馬克所懷疑的那樣，這是因為內務人民委員部終於意識到蘇聯官員對德國和德國人了解極少，而此事引發了極大的不滿。但即便如此，這個被稱為「K5」或「K部門」的新單位仍花了一些時間才獲得實權。該部門起初是為了監督警察部門的工作而成立，K5的員工直接受命於內務人民委員部的蘇聯官員，繞過了剛成立的地方政府和中央政府。[43]當時倖存下來的少數文件中（大多數已被KGB移除，或在一九八九年之前就已遭銷毀），有份文件提到了該部門的培訓會議，並列下出席者名單，名單最上方是一群蘇聯顧問。[44]

就這方面而言，K5確實與其他東歐國家的政治警察很像：在匈牙利、波蘭和蘇聯，新組建的祕密警察勢力打從一開始就在法律規範之外運作，超越政府之上。直到一九五〇年，新的東德政府才通過了一部完整的《國家部門組建法》，創建了國家安全部。[45]但即便在那之前，史塔西的蘇聯主子已相當謹慎。他們放棄了K5的第一任情報頭子米爾克（Erich Mielke），因為他的人生裡有幾段可疑的空白歲月，二戰期間更有段時間待在法國。蘇聯很快指派他們屬意的人選蔡塞爾，負責管理新的祕密情報機構。[46]

就像波蘭的祕密警察或匈牙利的國家安全部一樣，史塔西的組織也與內務人民委員部相仿（後者於戰後改了名，最終以KGB之名為人所知），這三者都模仿KGB來規劃組織結構。史塔西與KGB更是特別相像：德國祕密警察在一九五四年之前都使用蘇聯編碼和加密方法，甚至學莫斯科的KGB文書人員那樣用線把警察檔案縫在一起。[47]他們也就祕密墨水和微距攝影等問題請教過蘇聯同志。[48]更重要的是，史塔西成員自稱為「契卡人」，契卡（Cheka）是一九一八年成立的第一個布爾什維克祕密情報部門。史塔西使用的「劍與盾牌」符號與KGB非常類似，也常在內部文獻中向「蘇聯友人」致意。[49]史塔西內部的歷史手冊解釋道：「在列寧的領導下，蘇聯的契卡和共產黨奠定起社會主義國家安全機構的基礎。」手冊裡還說，所有東德人都明白「學習蘇聯意味著學習如何取得勝利」。此外，安全部門的成員也都知道「學習蘇聯契卡人就是在學習如何令最難纏的敵人繳械」。[50]

史塔西最初只從K5的現職人員和共黨幹部中招募新人。但即便如此，仍有百分之八十八的應徵者因為有親人住在西方國家，自己曾在國外居住，或擁有史塔西無法接受的政治經歷而遭到拒絕。就像其他東歐國家，史塔西的招聘人員也在蘇聯建議下，更喜歡錄用教育程度低、宛若一張白紙的年輕人選，而非擁有戰前經歷的老共產黨人。[51]獲錄用者有些是蘇聯戰俘營的「畢業生」，在裡面受過訓練和教化，但也有些是在二戰落幕時還是青少年的新人。一位在早期被國家安全部招募進去的成員說他的同僚

（「我們這一代人」）是「並未參與第三帝國但受到戰爭形塑的人」。[52]有許多人出身貧困或來自「無產階級」家庭，如果他們曾受過任何訓練，那大概是意識形態的灌輸。一九五三年，有百分之九十二的人是東德共產黨成員。事實上，多年以來他們都仰賴蘇聯的指導和管理。[53]

一九五一年，年輕的法律系畢業生施瓦尼茲（Wolfgang Schwanitz）進入史塔西工作，他是典型的受招募人員。他在五十多年後回憶道：「我對安全部門一無所知，沒有聽過或讀過任何相關簡介，我很好奇他們期望我做什麼……我就像是即將打破童貞的處女。」他會接受這份工作，是因為他認為「保護德意志民主共和國是必要的」。[54]施瓦尼茲在接下來的幾個月接受密集的培訓，培訓講師幾乎全都是蘇聯祕密警察：「他們真的是手把手地教導我們，顧問會告訴我在一天內需要做什麼，然後在晚上聽我回報我做了什麼。他會提醒我哪裡做錯，也會告訴我哪裡做對了。」他們學習實務技能，包括如何招募線民，如何設置安全的藏身處，如何觀察嫌疑人，如何進行調查，也學習馬列主義理論和共產黨歷史。其他人接受的訓練較少：另一位早期入職者記得被「丟進工作現場」。他被帶到一個房間裡，房裡還有其他兩三個人，然後接獲指令到不同城市建立史塔西分部——他們有十五個人得共用一輛摩托車。這些分部被期待往後應該要能夠「自動繁殖」。[55]

施瓦尼茲對於自己獲得的高度關注感到受寵若驚，但他不是唯一獲得這種待遇的人。君特（Günter Tschirschwitz）是一位年輕的警察，他的家人在二戰結束時離開了西里西亞。一九五一年，只有二十一歲的他接獲通知，通知只說希望他「到柏林來」參加面試。抵達柏林後，他發現自己碰面的對象來自史塔西。招募他的人年紀不輕，在戰前就是共產黨人。「他們說了一些自己反法西斯的往事給我聽」，他告訴我。他也感到受寵若驚，因為當地的黨支部推薦了他，幾十年來他一直留著那封推薦信。信中所描述的年輕人聽起來前途十分光明：「他的政治知識在平均之上，在業餘時間認真學習。他致力於了解德國共產黨，是一個有階級意識的人。他對蘇聯和德意志民主共和國的態度始終正面。他是第五黨支部的委員，積極為黨工作，也替壁報寫稿。」[56]

推薦信接著表示君特「可靠」且「具同志情誼」，他最後獲得錄用。據他所述，史塔西曾經考慮讓他擔任審問官，但他後來成了隨扈，這也許是祕密警察工作中最無害的一種。他說自己很高興，「因為我不想待在室內工作。」

多年後，君特對於史塔西如何形塑東德一事依舊了解有限，對自己在蘇聯接受的訓練依舊抱持著正面感受。在一次關於自己在祕密情報部門服務那些年的長長談話中，他提起的大多是旅行中的趣事。例如他在布拉格品嚐到美味的波西米亞菜，在維也納獲得兩百先令的開銷補貼，在布達佩斯受到匈牙利保安人員的熱情款待。他語帶懷念地談起他與葛羅特渥（Otto Grotewohl，一九四九年後任東德總理）和威廉・皮克一同搭車前往莫斯科的故事，以及他在一九七〇年代前往波昂時曾與西德保安人員合作無間。在史塔西的職業生涯帶給他社會晉升，一定程度的物質舒適和教育，而這一切都得歸功於友善的蘇聯同志。[57]

東歐祕密情報組織招募進來的新成員，從內務人民委員部和KGB學到了間諜技藝、戰鬥技巧和監視技術。他們還從俄國導師那裡學會了如何以蘇聯祕密警察的方式思考。他們學會了在看似沒有敵人時辨識出敵人，蘇聯祕密警察知道敵人是用什麼方法來隱藏自己。他們學會質疑任何自稱政治中立的人或團體的獨立性，因為蘇聯祕密警察從不相信中立。

他們也被訓練要把目光放遠，辨識出潛在的敵人和共黨政權的真正對手。這種偏執深具布爾什維克風格。列寧本人就曾在一九二二年三月表示：「我們成功處決反動神職人員代表和反動資產階級代表的人數愈多……愈好。我們現在就必須替這些人好好上一課，讓他們此後幾十年都不敢再想抵抗。」[58]在一篇寫給未來幹部的文章中，國家安全部的歷史學家說：「從一開始，這個組織就無法只是防禦敵人的攻擊，而是一個必須運用所有手段進攻以對抗社會主義敵人的組織。」[59]

與此同時，他們還教導東歐的祕密警察去細細體會蘇聯對其所敵視者的輕蔑和仇恨。自一九三〇年代末開始，史達林便開始在公眾場合以一位歷史學家稱之為「生物衛生術語」的語言來指涉蘇聯的敵人。他將敵人貶為害蟲、汙染物、髒東西，稱他們是「有毒雜草」，必須「持續淨化」。[60]這種惡意在前文引述過的基什恰克年輕時所寫的倫敦報告中也能看到：「那些不回國、為錢留在英國的波蘭人可能會為了錢而提供某些服務，因為他們是戰前波蘭的典型產物，這些人情感單薄，沒有抱負，毫無榮譽。」[61]

最後，蘇聯同志還教導他們的門下弟子，任何非共產主義者都有可能是外國間諜。冷戰全面開展後，這種看法在整個東歐地區會成為一股強大力量，背後則由蘇聯政治宣傳所支撐，涇渭分明的劃分出愛好和平的東方世界和好戰滋事的西方世界。至於在東德，這種信念很快就成為一種執念。由於位置靠近西德及柏林在一九四〇年代和一九五〇年代相對開放的緣故，作為新國家的東德被大量的西方人士環繞及滲透。那個年代的經歷，永久影響了東德國家安全部的思考模式，以至於史塔西成員日後發現自己再難區分間諜和普通的異議人士。有位史塔西內部的歷史學家將戰後時期描述為對抗西德政黨、對抗當時在西柏林亦被稱為「自由律師委員會」的「反抗非人道主義游擊隊」、對抗其他人權組織的鬥爭時期。在史塔西的集體記憶裡，前述組織的功能並不是促進言論自由或民主，而是「在國際上孤立東德」並削弱東德的力量。這些組織之所以能夠「在東德擁有強大的社會基礎」，全是因為陰魂不散的資本主義生產形式和法西斯思考模式，因此必須極力與這些組織和他們的「誹謗文宣」作戰。[62]

他們以各種不同的形式與這些力量強大、身分不明、隱身暗處的外國代理人戰鬥。從一開始就密切監視任何與外國人接觸、有親人住在國外或曾出國旅行的人。東德將所有與西方媒體聯繫的人列入名單——特別是美占區廣播電臺，他們特別安排了線民和間諜進駐這個由美國占領當局主管的電臺。[63]

匈牙利的情況也相同，所有與外界有聯繫的匈牙利人都被認為是間諜。一九四八年，伊洛娜（Ilona Marton）和丈夫馬頓（Endre Marton）這兩位匈牙利本地人被任命為美聯社及合眾國際社的通訊記者，隨後被警察和線民日夜跟蹤，他們的女兒凱蒂（Kati Marton）把這一切都記錄下來。泡咖啡館，和同事調情，滑雪場的下午——一切都被匈牙利國安局記錄在一份文件中，該文件在一九五〇年時已長達一千六百頁。雖然他們不是間諜（反而部分美國外交官對他們相當警戒），但馬頓夫婦仍在一九五五年被逮捕。「馬頓夫人審訊計畫」的內容包含「自一九四五年來她所認識的人及他們之間的關係」、「她與美國人的關係和她的間諜活動」及「她對西方生活方式的熱愛」。[64]

若要對抗敵人，新的祕密警察從一開始就必須精通培養朋友和線民的幽微技巧。因為敵人隱身暗處，只有透過詭計、透過與敵我雙方陣營中的祕密盟友謹慎合作，才能揭露敵人的身分。一份早期的史塔西培訓資料非常明確地指出吸收線民的重要性：

> 由於國家安全部的任務是利用陰謀手段揭露和摧毀敵人在各領域的特定任務，我們有必要和我國公民和敵方陣營中的友好者進行非官方合作。進行此類合作的公民表現出對史塔西的高度信任。由於這類合作對我們的工作至關要緊，因此國家安全部的所有成員都必須接受相應的培訓，熱愛此一重要任務，尊重和欣賞隱形前線的戰士和愛國者。[65]

在實務上，這意味著祕密警察必須接受訓練，學習說服、賄賂、勒索和威脅等技能。他們得說服妻子監視丈夫，孩子告發父母。舉例而言，他們必須學會如何監視和辨識出化名為「馬克斯．昆茲」（Max Kunz）的布魯諾．昆克爾（Bruno Kunkel）。昆克爾從一九五〇年開始暗中為史塔西工作，他的檔案十分完整，我們從中可以看出祕密警察對於身邊最親近的合作者（在暗中為他們工作的人）得有多少了解。昆克爾的檔案列出他在政治上與在業界的經歷（共黨青年團、汽修學徒），以及他所有親戚家屬與他們的政治與職業經歷。[66]此外，檔案中還包含了好幾篇他的同僚和上級所寫的心理分析，其中並非全是讚美之語（例如「K意志薄弱、性情輕浮……他的階級意識仍相當淡薄，但他對蘇聯及反法西斯民主秩序抱持友好態度」）。當史塔西雇用昆克爾時，已對他做過徹底的背景調查，但即使如此，昆克爾還是必須發下重誓：

> 我，布魯諾．昆克爾，明確聲明履行自己的職責，為德意志民主共和國國家安全機構工作。我承諾找出那些以行動對抗德意志民主共和國或蘇聯的人，並立即呈報。我發誓準確執行上級交辦的事項。我已了解在為國家安全機構工作一事上我有保密義務，我承諾不向第二人透露此事，包括我的家庭成員在內。為了保密，我在報告上的簽署代號為昆茲。如果我洩漏自己所簽署的這份聲明，將受嚴厲懲罰。67

他簽下了「布魯諾．昆克爾」和「馬克斯．昆茲」兩個名字。昆克爾顯然是一位忠誠的祕密工作者，因為他很快就不再從事暗中的陰謀活動，轉而全職為國家安全部工作。

此後的數十年裡，東歐有數萬人被說服簽下類似的文件。一旦他們簽了名，就會有人仔細監控他們，以確保他們真的有保守祕密，確保他們提供的資訊可靠。與警察合作的線民監視著大眾，而祕密警察則得學會監視他們的線民。到頭來，東歐祕密警察用盡全力提防身分未知且常常難以辨識的敵人，無論在黨派內外或自己的組織內外，都努力維持著一種不可能維持的提防與警戒。這種思考模式自然無助於任何形式的民主合作。

第五章 暴力橫行

「這事很明顯——外表得看起來很民主，但我們得控制一切。」

——烏布利希，一九四五年[1]

打從一開始，蘇聯和東歐共產黨就用暴力來達成目標。他們會控制每個國家的內務與國防單位等「權力機構」，藉此利用警察和當地新建的軍隊。二戰結束後，我們看見的不再是紅軍進攻柏林般那種不分青紅皂白的大規模軍事暴力，而是更精挑細選、鎖定目標的政治暴力，包括逮捕、毆打、處決與集中營。這些暴力是針對人數相對較少的敵人，也就是蘇聯與共產黨的敵人（無論是真實存在、聽說存在、還未存在或根本憑空想像）。他們不僅打算在物理上摧毀敵人，也要摧毀人們進行武裝抵抗的意願。[2]

共產黨官方當然不是這樣說。內務人民委員部和新祕密警察部門聲討的對象是法西斯主義餘孽，蘇聯官員和當地共產黨也發動最猛烈的政治宣傳，矛頭指向曾與納粹合作者和叛國者——至少在一開始是這樣。從這個角度來看，他們和法國、荷蘭等曾被占領的歐洲國家的新政府沒有什麼不同。[3]然而，在紅軍占領的每個國家，「法西斯主義者」的定義到頭來卻變得極為廣泛，不只囊括與納粹合作者，還包含蘇聯及其本地盟友不喜歡的任何人。久而久之，「法西斯主義者」一詞就經歷了歐威爾式的轉化，最終被拿來指稱那些反共的反法西斯主義者。每次只要定義一擴張，就會有人被逮捕。

有些「法西斯主義者」早在蘇聯占領當地前就已被標記出來。歷史學家阿米爾・韋納（Amir Weiner）指出，蘇聯內務人民委員部多年來都在波蘭和波羅的海國家等中東歐地區蒐集「潛在敵人」名單（韋納也指出，儘管內務人民委員部蒐集到大量有關波蘭的「知識」，但他們對於當地歷史文化的「理解」卻相當欠缺）。[4]他們從報紙、間諜和外交官那裡蒐集名單。蒐集不到名單時，內務人民委員部就會提供一份「應受逮捕者類型表」。一九四一年五月，史達林本人便為新占領的波蘭東部地區擬定這樣的名單。他要求逮捕並流放「波蘭反革命組織成員」，還有他們的家人，以及前波蘭軍官、前警察和前公務員的家屬。[5]

並非所有逮捕行動都在戰後立刻發生執行。史達林多次命令東歐共產黨人，建立新社會秩序時必須謹慎行事。一九四四年春，波蘭共產黨收到莫斯科指示，要求其領導人與所有民主陣營合作（「所有」二字被劃線強調），把政治宣傳的目標指向其他「更反動」的政黨成員。[6]史達林起初的策略是小心推進，不要激怒盟國，藉由說服或暗中布局的方式贏得民心。這就是為什麼匈牙利舉辦了自由選舉，為什麼某些國家容忍某些獨立政黨存在，為什麼到了一九四八年時史達林仍告訴東德共產黨人要遵循「機會主義政策」，這樣的政策需要「以迂迴而非直截了當的方式向社會主義前進」。令東德共產黨大感震驚的是，史達林甚至建議他們考慮允許前納粹分子加入。[7]如今，無論是由莫斯科飛抵東歐的共產主義者，或是步行跟隨紅軍進入東歐的共產主義者，都已深諳「人民陣線」的招數：不要使用共產口號，不要談論無產階級專政，多談論聯合陣線、盟友和民主。

就算有溫和節制的意願，但暴力鎮壓的程度仍舊迅速加劇，有時也並非出於故意。緩慢推進的命令往往無法落實，因為蘇聯士兵及官員在智識上和心理上都對這種政策缺乏準備。對於在布爾什維克學校受教育、並在紅軍或內務人民委員部受訓的蘇聯軍官而言，任何積極參與政治性團體的人都有可能是可疑人物，甚至是破壞分子或間諜。莫斯科的政治局成員或許可以就理論層面談及「社會主義民主國家」，但各地的蘇聯行政官往往無法容忍當地發展成極權國家以外的樣貌。當新解放的人民開始行使新政府曾巧言承諾的言論、新聞和社團自由時，他們直覺上感到震驚並做出暴力回應。

暴力行動進一步加劇的另一個原因，源自於各地新上任的蘇聯軍事長官和共產主義者的期待幻滅。共產黨人以為各地的工人階級會在目睹紅軍橫越歐洲的勝利行軍後，揭竿起義投身革命的行列。結果此事並未發生，導致許多共產黨人都因為同胞「難以理解的抗拒和全然無知」而大感憤怒，某位華沙共產官員曾如此表示。[8]他們的挫折感，加上蘇聯和東歐嚴重的文化衝突，都加深政治暴力的程度。

——

某些被蘇聯占領的國家，甚至不曾出現比較「開明統治」的時期。好比波蘭，蘇聯早在二戰結束前便對波蘭救國軍及其在該國東部的游擊隊抱持強烈敵意。蘇聯在一九三九年首次入侵和占領波蘭東部，當時便大規模逮捕並遣送走許多波蘭商人、政治家、公務員和神職人員。蘇占波蘭政治暴力的巔峰，就是人稱「卡廷大屠殺」的悲劇——在俄羅斯西部的森林裡，至少有兩萬一千名波蘭軍官被大規模屠殺，此事件得名於事件中第一座大型亂葬崗的發現地卡廷村。卡廷大屠殺的罹難者有許多後備軍官，他們在民間的身分是醫生、律師和大學講師，也就是又一批波蘭的愛國人士和知識菁英。波蘭救國軍、流亡者和地下組織的領導人都知道，當德國人於一九四一年在卡廷村發現數座大規模亂葬崗時，波蘭流亡政府便全面中斷了與蘇聯之間的外交關係。

當一九四四年蘇聯第二次入侵波蘭時，此時的波蘭救國軍大致上並非反共組織，而是作為波蘭地下政權的武裝單位而於一九四二年成立的。救國軍本身既反納粹也反法西斯，實際上則囊括社會主義者、社民黨人、民族主義者和農民黨人，因為反法西斯是唯一能團結這些人的政治立場。全盛時期的波蘭救國軍約有三十萬名武裝游擊隊員——直到一九四四年被諾曼第登陸後的法國反抗軍超過之前，都是歐洲繼南斯拉夫游擊隊之後的第二大反抗軍。救國軍在法律上隸屬於流亡倫敦的波蘭憲政政府，這讓它既擁有合法地位，也與戰前波蘭有所連結，這是國內其他小型反抗運動難以相比之處。[9]

救國軍的運作前提，是認為其軍事領袖日後將在戰後臨時政府中扮演重要角色，就像追隨戴高樂的法國軍人一樣。救國軍士兵自視為盟軍成員，與英國、法國和蘇聯並肩作戰，而他們也很有理由這麼想。隨著紅軍逐漸靠近波蘭，救國軍決心對抗正在撤退的德軍，與紅軍進行戰術合作。救國軍指揮官要求倫敦流亡政府對是否與紅軍合作一事做出「清楚透明的歷史性」決定，並在一九四三年十月後收到不得對抗紅軍的直接指令。[10]救國軍游擊隊領袖接獲指示，要向紅軍表明身分，同時盡可能協助蘇聯士兵對抗德軍。[11]此時的救國軍正努力解放波蘭各地，希望能藉此累積日後的政治優勢。[12]

雙方的最初接觸堪稱順利。一九四四年三月，紅軍前哨偵察部隊的軍官與救國軍第二十七沃里尼亞步兵師的指揮官會面，商定合力解放位於波蘭境內的科維爾（Kovel，今位於烏克蘭西部）。波軍同意在戰鬥期間服從蘇聯指揮，蘇聯則同意出借彈藥並承認波蘭政治獨立。在這三週裡，波蘭和蘇聯士兵並肩作戰，攻下了幾座村落，也折損許多兵力。[13]

這套合作模式本可以成為未來的範本，只可惜蘇聯有別的政治目標。雙方合作終究沒能有好結果。七月，波軍將領重申與紅軍並肩作戰的意願，卻也表明自己不會和剛於盧布林成立、由共產黨領導的波蘭國家解放委員會合作。這場合作於焉告終，救國軍第二十七師旋即被蘇軍包圍並解除武裝。部分成員進了勞改營，其他人則遭到逮捕。[14]合作、背叛、繳械、逮捕，此後紅軍和救國軍大多數的互動都遵循這套模式。[15]

一九四四年春夏之交，紅軍第二次入侵波蘭。蘇聯高層非常重視紅軍與救國軍的互動。殘忍且欺詐成性的蘇聯祕密警察頭子貝利亞（Lavrentii Beria），每天都會向史達林提交詳細波蘭局勢的報告，當中部份強烈的措辭可能是想讓蘇聯領導人提高警覺。例如在一九四四年六月二十九日，貝利亞向史達林提交了一份名為「波蘭民團」的清單（「民團」一詞帶著輕微罪犯意味），這些民團當時正在「白俄羅斯西部」籌劃行動（該區在戰前為波蘭東部領土，一九三九年後被蘇聯強占）。貝利亞寫道，這些人「依循著與戰前波蘭相同的原則組成集團」（戰前波蘭是敵視蘇聯的「權貴」資本主義集團）。他陰沉地在筆記中指出，這些人與「波蘭在倫敦流亡政府的軍事圈」有直接聯繫，有時甚至會和來自倫敦的代表碰面（這意味著西方一定在透過這些人發揮影響力）。貝利亞估計該地區有一萬至兩萬名武裝人員，而且認為這些人全都無法信任。[16]

貝利亞還指出，這些「民團」似乎正在籌劃一次針對德國的大規模進攻，這點確實為真。六月底時，前波蘭領土上的救國軍確實正在準備發起「暴風雨行動」（Operation Tempest）。這是一系列起義行動，旨在於紅軍到達前解放波蘭城市，擺脫納粹占領。最著名的行動便是華沙起義，除此之外救國軍也計畫在維爾紐斯和勒維夫*發動小規模起義。貝利亞正確推斷出救國軍的領袖和倫敦有聯繫——儘管救國軍與外界的通訊方式相當原始且時常中斷，但這些在波蘭東部森林裡的游擊隊確實認為自己是在（流亡倫敦的）波蘭政府指揮下行動的正規軍。他們還假設戰爭結束後，蘇聯將會把於一九三九年占領的波蘭領土歸還波蘭，波蘭也將恢復到戰前的國界。

貝利亞不僅在報告中暗示救國軍是權貴資本主義勢力，還宣稱其領袖正與德國人合作。他在寫給史達林的報告中從情報術語借用了一個詞，聲稱華沙和維爾紐斯的救國軍「總部」都在「服務納粹德國，以德國資金購買武器，持續煽動不利於布爾什維克、共產游擊隊和集體農場的聲浪，甚至殺害留在白俄羅斯西部的共產主義者」。[17] 貝利亞尤其懷疑波蘭東部的指揮官克日扎諾夫斯基將軍（Alexander Krzyzanowski），這位將軍在當時和往後都以代號「威爾克」（Wilk，為狼之意）為人所知。貝利亞在七月時寫道，這位「威爾克將軍」是一名可疑人物，曾在德占期間從華沙「非法」進入波蘭東部。更糟的是，威爾克其中一名部下在向紅軍表露身分後，居然要求蘇聯將領協助解放維爾紐斯。貝利亞認為此事荒謬至極（「波蘭人竟認為他們有權得到維爾紐斯！」更抱怨這支波蘭軍隊「混淆了當地居民」——因為該地人民應該要感謝蘇聯的解放，而非感謝波蘭。[18]

貝利亞對於威爾克將軍的抱怨之詞有部分屬實。在維爾紐斯周邊地區、白俄羅斯和烏克蘭西部地區，許多波蘭游擊隊都對共產黨人極為猜忌——他們完全有理由如此猜忌，因為蘇聯就在一九三九年至一九四一年間占領這些地區並實施恐怖統治，導致五十萬波蘭人淪落至蘇聯流放營或集中營。倖存者心懷怨懟，他們知道卡廷大屠殺，也理所當然認為有權取回維爾紐斯，因為該城在好幾個世紀以來都位於波蘭境內，大多數居民也都是波蘭人。如果使用納粹留下的軍火有助於在紅軍到來前解放自己的國家，他們會理直氣壯地這麼做。

說波蘭救國軍「服務納粹德國」其實很荒謬。威爾克將軍本人與法西斯毫無關聯，他從一九三九年起就投身對抗德國的戰爭。他和其他軍隊高層都從未命令部隊抵抗紅軍。貝利亞對於威爾克這種人的厭惡純粹是出於意識形態，或許也帶有一點傲慢的成分，因為他痛恨「某些叛逆的非共產黨波蘭人居然敢於挑戰蘇聯軍官」的這種可能性。

蘇軍指揮鏈由上到下都瀰漫這種態度。七月，白俄羅斯第一方面軍的一位蘇聯將領向總部報告他遇到了一位波蘭「游擊隊員」（他也跟貝利亞一樣在該詞加上引號），而且訝異於這位波蘭游擊隊員試圖與他平起平坐。他記錄這位波蘭人自稱是「師級指揮官」，並向他要求武器和援助。幾天後，另一份來自前線的報告記載紅軍與另一群波蘭游擊隊員的互動：紅軍命令波蘭人將被擊落的美國飛行員交給紅軍，但波蘭人拒絕從命。蘇聯戰地指揮官抱怨道：「這些人才不是游擊隊，而是忠於流亡倫敦的波蘭政府的波蘭軍隊！」[19]實情是他們兩者皆是，只是這位將領的思考邏輯無法接受不隸屬於蘇聯的游擊隊。

＊　即他們仍稱之為維爾諾（Wilno）和勒沃夫之地。

時節進入盛夏，蘇聯不再假裝與波蘭人合作，開始公開將救國軍視為敵對勢力。貝利亞於一九四四年七月中旬告訴史達林自己調派了一萬兩千名蘇聯祕密警察以採取「必要的契卡式措施」，意即以祕密警察手法來殲滅森林裡殘存的救國軍游擊隊，並且「平定」那些一直在提供游擊隊食宿的居民。[20] 根據這份報告，貝利亞派出塞洛夫將軍來指揮這隊人馬。塞洛夫曾在一九三九至一九四一年間監管將波蘭東部和波羅的海國家的「危險分子」遣送出境，也在一九四四年時規劃出將韃靼人口全數遣送出境的殘忍措施。「平定」弱小民族顯然是塞洛夫將軍的專長。[21]

塞洛夫迅速採取行動。七月十七日，幾位紅軍軍官奉命邀請威爾克將軍開會，並在威爾克抵達後將其繳械及逮捕。接下來兩天，威爾克手下的大批人馬也被召集、繳械及逮捕。到了七月二十日，紅軍已繳械及逮捕六千名救國軍游擊隊，包括六百五十名波蘭軍官。[22] 紅軍承諾要提供更好的武器和支援，幾乎所有人都因此受騙上當。舉例而言，年輕的游擊隊員薩瓦爾（Henryk Sawala）在七月十四日時被告知，他的部隊將加入一個由波蘭與蘇聯混編的新師團。他的上級表示他們將接受為期六週的培訓，此後便會與紅軍一起推進，擁有蘇聯火砲和戰車的加持。薩瓦爾十分雀躍，於是在七月十八日向他以為會領導這個新師團的蘇聯軍官報到。他立即遭到逮補。

薩瓦爾日後回憶此事時表示：「我們遇到五十名內務人民委員部軍人，他們解除了我們的武裝。」部份同袍拒捕，寧願「光榮戰死」。但對方人數實在太多，大多數波蘭人都決定放下武器，避免不必要的屠殺。包括薩瓦爾在內，所有人都在武裝警衛的監視下餓著肚子行軍到離維爾紐斯約四十公里的臨時營區。戰爭還在西邊繼續進行，但這些受過訓練的游擊隊員，這些願意與敗退德軍交戰的男丁，卻被迫在狹窄的營地裡呆坐好幾天：「我們就像沙丁魚一樣擠在一起睡覺，」他回憶道，「只吃了點麵包和鯡魚。」[23]

最後，終於有人將他們召集起來，並提出一項交易。一名身穿波蘭軍裝的士兵慫恿他們加入紅軍中的波蘭單位，不要加入「叛國」的倫敦波蘭政府。薩瓦爾記得這人講話「很難理解」，「因為他話中的俄語詞彙比波蘭語還多。」波蘭共產黨作家普特拉門特（Jerzy Putrament）只得起身，幫那人把同樣的話複述一遍。游擊隊的反應並不怎麼正面，他們朝普特拉門特臉上扔泥巴，要求紅軍釋放波蘭指揮官。說著一口彆腳波蘭語的煽動者立即拋棄彬彬有禮的舉止，他大聲咆哮，表示若不立即加入紅軍，就會流落某處「挖石頭」。結果此舉卻激怒了游擊隊員，大多數人都拒絕了這項提議。他們被遣送到東邊的戰俘勞改營，有些甚至被送到更東邊的古拉格營區。薩瓦爾本人則淪落莫斯科西南部卡盧加（Kaluga）營區。[24]除了攻擊救國軍，紅軍也使用暴力攻擊每個可能同情救國軍困境的人及其家人。一九四四年至一九四七年間，內務人民委員部在波蘭昔日的東部領土上總共逮捕了約三萬五千至四萬五千人。[25]

當紅軍踏上連蘇聯自己也承認屬於波蘭的領土時，紅軍指揮官依舊沒有放鬆對救國軍的戒心及疑慮。事實上，隨著俄國人深入波蘭領土，他們也變得更加殘酷，更加果斷，更有效率。當他們抵達波蘭西部的波茲南，只花了一個星期就逮捕數十名救國軍成員——這些人遭到關押並承受殘忍的審問和折磨。內務人民委員部後來集體槍斃了數千人，而這一切都發生在城外的森林。[26]與此同時，救國軍也不再將推進中的紅軍視為潛在盟友，游擊隊也不再向這些新入侵者表露自己的身分。有些人放下武器，混入平民之中。其他人則保持低調，留在森林裡觀察事態發展。

波蘭東部發生的事很快就傳到華沙。雖然華沙的救國軍領袖只能不定期與倫敦聯絡，而且對戰爭的整體進展所知甚少，但他們知道紅軍正在不斷逮捕他們的同志並拿走他們的武器。在困惑和恐慌的氛圍下，救國軍於八月一日發動了英勇慘烈的華沙起義，試圖在紅軍進入市中心前推翻納粹並解放華沙。德國人殘酷反擊。儘管波蘭和南非飛行員駕駛的英美軍機勇敢地向救國軍投放食物和彈藥，但數量太少而起不了作用。當時紅軍已經來到河對岸，駐紮在東部城郊，他們卻未採取任何行動。史達林拒絕讓載運援助物資的盟軍飛機在蘇聯領土上降落。[27]

史達林日後會假裝對華沙起義毫不知情，但事實上紅軍間諜始終在仔細監視華沙戰況，並密切關注社會氣氛。十月初，這場起義迎來悲慘結局，當時有位紅軍將領將詳細情況回報給莫斯科，其中一份報告描述了華沙的慘況：城市已然消失，數十萬人喪失性命。德軍沒有因救國軍起義失敗而停手，反而持續炸毀剩下建築，把倖存者趕進勞改營。這位紅軍將領的報告特別關注救國軍和小型共產黨武裝組織「人民近衛軍」之間的關係。他抱怨救國軍並沒有把武器分給人民近衛軍，而且救國軍領袖還散播貶低蘇聯的負面宣傳：

波蘭人在布告欄上強調蘇聯空投對於叛軍的幫助微不足道，同時稱許英美的行動。因此這個組織顯然正準備對抗紅軍……還有謠言在流傳，說波蘭軍隊（在蘇聯指揮下的波蘭部隊）是蘇聯間諜，與波蘭的國家利益毫無關聯。[28]

華沙成了一片焦土，波蘭地下反抗領袖不是死了就是被關進德國集中營，還有約二十萬人喪命。華沙起義失敗後，無論是波蘭臨時指揮官向倫敦總部的報告，還是貝利亞向史達林的報告，雙方的語氣都變得更加冷酷無情。十一月一日，貝利亞向史達林提交了一份報告，提到「白俄羅斯與波蘭民族主義者匪黨革命組織的反蘇活動」，意指救國軍領袖。[29]該月底，蘇聯戰地指揮官建議對所有武裝救國軍成員「加強鎮壓措施」。紅軍開始被調往別處前線，而更多的祕密警察則被調至波蘭，蘇聯最後更派來新成立的波蘭祕密警察來打擊波蘭反抗組織。[30]到了一九四四年十一月的第三週，由於蘇聯祕密警察部隊的大量增援，總共有三千六百九十二名救國軍成員被捕。十二月一日，這個數字已上升到五千零六十九人。[31]

激烈的首都之戰導致波蘭群情激動。許多人本來希望這場戰爭能以浪漫勝利告終，如今心中卻只剩下虛無。許多年後，大多數波蘭人會把華沙起義視為波蘭獨立的英勇終戰，將其領導者視為英雄——先是反共的地下組織英雄，共產政權倒臺後則成為國家英雄。今日的華沙到處都是紀念這場起義的紀念碑，街道和廣場也以其領導者或戰士的名字命名。但在一九四四年至一九四五年冬天，人們卻不得不直面華沙遭毀的現實與紅軍愈演愈烈的暴行。在當時大多數人眼中，這場起義簡直是一場錯得可怕的災難。深愛祖國的音樂家帕努夫尼克（Andrzej Panufnik）事發當時正在照顧生病的母親，不在城裡。當他父親終於從城裡回來，開始描述「男女孩童的英勇犧牲」時，帕努夫尼克卻「開始認為這場起義是恐怖的錯誤，奠基於俄國人會前來支援這個虛假希望之上」。[32]博科（Szymon Bojko）曾服役於說波蘭語的紅軍第一步兵師，他在起義的最後幾天抵達戰場，在河對岸看著華沙燃燒。「我的內心有種災難之感，」他後來回憶道。「與政治無關，單純是黑暗的不祥預感。」[33]歷史學家安德烈·弗里茲克（Andrzej

Friszke）曾說，這場敗仗創造出「一種深層的絕望，使波蘭人開始失去對西方的信念，突然意識到自己的國家有多依賴俄國」。[34]

幾個月後，這股絕望感隨著《雅爾達協定》的消息傳回波蘭而更加深化。波蘭人細細研讀協定中模稜兩可的用語，尤其是那根本無法監督也無法強制執行的「選舉自由」呼籲。從此之後，人們就將雅爾達會議視為西方的背叛。現實終究降臨：西方盟國無法幫助波蘭，紅軍將繼續在東邊掌權。[35]

雅爾達會議後，救國軍領導層就此失去威信。華沙起義失敗後，救國軍一度在奧庫利斯基將軍（Leopold Okulicki）領導下重組。但他們失去了西方盟友，也失去數以萬計命喪華沙的年輕戰士，許多波蘭人不再認為有辦法對抗蘇聯。奧庫利斯基意識到自己失去正當性，於是在一月時正式解散救國軍。在一段情感豐沛的最後演說中，他要士兵們保持信念：

> 試著成為獨立國家波蘭的引導者和創造者，並藉此讓每個人都成為自己的指揮官。我相信你們會遵守這道命令：忠於波蘭。為了讓你們未來能輕鬆執行任務，我在波蘭共和國總統的授權下宣布你們已不再受誓言束縛，我在此解散救國軍。[36]

奧庫利斯基呼籲同胞退出反抗組織，隨後便退至更隱密處策畫謀反。剩下的救國軍領袖也紛紛藏身暗處，靜待未來事態好轉。可是這樣的未來沒能到來。二月底，內務人民委員部成功與奧庫利斯基及其手下軍官取得聯繫，邀請他們前往華沙市區與塞洛夫將軍會面。他們自知身分已被蘇聯祕密警察識破，卻仍相信蘇聯會受到《雅爾達協定》的牽制，願意讓非共產黨人共組新政府。懷抱著事情能有轉機的希望，他們前往赴約。

沒有人平安脫身。他們步上威爾克將軍的後塵，共有十六名男性被逮捕，被以飛機運往莫斯科，關押在蘇聯最惡名昭彰的監獄「盧比揚卡」(Lubyanka)，並根據蘇聯法律被起訴，罪名是「與德國人合作準備對蘇聯發動武裝叛變」。換句話說，他們因同情「法西斯分子」而獲罪。大多數人被判處漫長的勞改營刑期。包括奧庫利斯基在內的三名軍官最後都死在監獄裡。

蘇聯逮捕這些人是為了恫嚇波蘭地下組織，讓外界知道蘇聯意圖，同時也向波蘭共產黨內的某些同志表態——這些人曾希望藉由合法手段來贏得救國軍擁護者的支持。伯曼日後會在他的備忘錄提到，這次逮捕事件讓他的同志們「相當震驚且憂心」。黨內同志原本計畫以「分而治之」的策略削弱救國軍領袖，迫使他們彼此鬥爭，削弱奧庫利斯基等人的支持度——結果蘇聯逮捕這十六人卻讓大多數人團結起來反對共產黨人。[37]

波蘭地下組織領袖突然全數身陷囹圄，此事導致蘇聯和英美勢力之間首度出現重大裂痕。邱吉爾寫信給羅斯福，將這次逮捕事件描述為重大轉捩點：「這是我們和俄羅斯之間的一次測試，測試民主、主權、獨立、具代表性的政府、自由和不受限制的選舉等詞彙所應俱備的意義。」[38]正如後續事件表明，邱吉爾確實有理由懷疑俄羅斯對《雅爾達協定》的文字詮釋，因為這些文字很快就失去任何意義。

救國軍領導層被捕後，部分波蘭人認為如今已別無選擇，只能學著在蘇聯式政權下生活。但也有人得出相反結論，認為自己只剩下戰鬥一途。到了一九四五年春天，一個龐大的反共反納粹游擊隊組織「國民武裝部隊」出現了。該組織代表地下主流右派的民族主義勢力，他們決心戰鬥到底。國民武裝部隊的領袖決定不按照救國軍的命令停止反抗，而是要繼續拼搏。隨著紅軍主力西移、朝德國前進，這群人也在波蘭東部的森林裡重新集結，投入新的反抗活動，主要集中在盧布林和熱舒夫附近。[39]正如波蘭祕密警察在一份文件中大致準確指出的，反抗目標是使用「祕密失蹤（溺斃、綁架、酷刑）或公開射殺」的方式來「消滅公安人員」。[40]

許多新組織紛紛在救國軍解散後的權力真空狀態下出現，其中又以「自由獨立聯盟」最為著名。聯盟領袖澤佩斯基（Jan Rzepecki）曾是救國軍軍官。與多數救國軍不同，他和同袍在華沙起義失敗後決定繼續藏身地下。他們隱藏身分，遵守保密規則，使用密碼和暗語溝通。他們打算維持民間組織的身分，與各路武裝游擊隊保持聯繫。自由獨立聯盟在一九四六年十月前持續資助《獨立波蘭報》（*Polska Niezawisła*），該報編輯認為波蘭人民不該動搖而屈服於他稱之為「蘇聯恐怖」的現狀。[41]一九四五年十一月，蘇聯祕密警察發現並逮捕了澤佩斯基。他遭到審訊，被迫透露或被說服透露同袍姓名。他後來獲釋，條件是必須呼籲其他藏身地下的人揭露自己的身分，有些人照做了。

自由獨立聯盟於是從零開始重建。第二任執行委員會於一九四五年十二月開始運作，持續了將近一年。他們透過一長串傳訊人依序傳遞的謎樣訊息，以此勉強與外界保持聯繫。最後，一名替該聯盟工作的女性在邊境被捕，被發現攜帶著一份加密訊息，聯盟通訊方式因而被破解，聯盟領袖又一次遭到逮捕、承受酷刑、交出同志名單。後來還有第三和第四任執行委員會——這很可能是蘇聯刻意為之，因為兩者都從一開始就被波蘭祕密警察滲透（布爾什維克曾在一九二〇年代的某個時間點創建了一個假的俄羅斯「反對派」，以吸引外國間諜）。第四任執行委員會解散後，祕密警察創立一個假的自由獨立聯盟，讓那些不知情的外國人或不知道該「地下組織」背後其實是祕密警察的波蘭人繼續聯繫。自由獨立聯盟便以這種悲哀的狀態存續至一九五二年。即使如此，仍有部分成員成功隱姓埋名生活了很長一段時間。

自由獨立聯盟的故事常被拿來當作負面案例，說明戰後反共抵抗運動毫無意義——當時的人們確實如此相信。然而，我們也可以把該聯盟的悲傷歷史視為波蘭人渴望反抗的明證。該組織約有一萬名成員被逮捕、拷打、監禁，數百人被處決。雖然承受巨大壓力、被當局瘋狂追捕，但該聯盟在全盛時期仍然擁有兩萬到三萬名成員。[42]

與戰後波蘭其他的反抗組織相比，自由獨立聯盟的特殊之處就在於規模，以及被認為跟昔日救國軍領導層保持某種程度的聯繫。其他反抗組織大部分規模很小，成員通常全都相當年輕，模仿著因為年紀太輕而無法加入的救國軍；也有人自稱是「國民武裝部隊」的一分子，卻不真的了解這個組織或其背後意義。一九四五年後就有一支由十三名成員組成的「青年救國軍」游擊隊，在克拉科夫南部森林裡蒐集武器、祕密練軍，但他們也在一九五〇年全數落網。[43]

隨著蘇軍西進，準備對柏林發動最後一波攻勢，情況也變得更加複雜。當紅軍離開一個地區時，各種政治派別的游擊隊都會回來：包括國民武裝部隊、前救國軍士兵、為烏克蘭獨立而戰的烏克蘭游擊隊等。他們都想對抗紅軍及他們在波蘭的盟友，但有時候也會互相攻擊。儘管一切混亂不堪，許多人仍然堅持著傳統地下組織的信念。有些人仰賴偷竊為生，逐漸墮落為帶有罪犯性質的幫派。這些團體之間經常發生惡鬥，尤其是波蘭人和烏克蘭人之間。

蘇聯宣稱在一九四四年夏季「平定」波蘭東部，但到了隔年春天，該地區又因為一次堪稱「波蘭內戰」的事件而陷入動盪。對於共產黨人及其盟友而言，盧布林周圍的村莊和森林已經不再安全，有段時間甚至連盧布林市區也成了危險區域。根據一九四五年五月的一份報告，該地區「所有黨內和政府機關的工作都宣告停擺；多達四個地方行政區已經沒有警察存在，因為全都被游擊隊解除武裝或直接殺害。」[44] 不久，仍在慶祝德國投降的史達林終於得知「反國家的地下組織仍在波蘭各處活躍」，[45] 於是再度派出五個團的蘇聯祕密警察部隊及一營機械化單位前去協助命運多舛的波蘭祕密警察。[46]

一九四五年八月，共產波蘭的國安部部長拉德奇維茲參加了安全部門在盧布林舉辦的地方會議，進而得知許多難堪的真相。某位當地官員估計，轄區內僅有不到五分之一的人支持新政權。另一名官員則試圖解釋道自己為何無法成功將己方探員安插進武裝反共游擊組織，因為「對方不想合作」。其他人則表示情況將會改善，因為農民已厭倦支持反共游擊隊，而且有些游擊隊員常常偷食物。無論如何，與會者一致同意「民團」仍舊是重大問題。有些人躲在森林中，也有人白天在農場裡工作，卻會在收到「約定的暗號」時「集結進行犯罪攻擊」。[47] 他們經常襲擊保安警察、共產官員及其在地協力者。

即便仍在奮戰，武裝反抗組織也意識到自己的處境極不樂觀。組織成員早就因為長期對抗德國人而筋疲力盡，許多人更是在森林中生活了五六年。他們大都很年輕，錯過了好幾個月甚至好幾年的學校教育。他們知道投降意味著國家獨立之夢就此破滅，卻也開始發現自己正在對抗一個面目更加模糊的新敵人。在執行游擊任務時，他們不再只是殺死德國占領者，還得消滅波蘭共產黨人和波蘭警察。有些人認為是兄弟相殘，因而萌生退意，其他人則對那些退出的人心懷不滿。一九四六年，一派武裝分子出手毆打兩個曾是救國軍成員的學校老師，指控他們「與蘇聯合作」，因為他們如今過著普通人的生活。[48]最終，有數以萬計的人接受政府的「特赦」，交出武器回歸平民生活。

許多人為此心中憂憤難平。來自比亞維斯托克地區的年輕人格拉博夫斯基（Lucjan Grabowski），長期跟他的救國軍同袍一起行動，直到他被要求殺害隊上遭控叛變的成員。他認為此人可能是無辜的，因此拒絕執行命令。「那是個可怕年代，兄弟出於各種原因互相殘殺。」他說，「後來我開始注意到一些之前不曾注意也不曾多想的事，例如我有許多曾待過游擊隊的朋友都去了西方，其他人則進入大學唸書，或正半工半讀完成高中學業。而我仍在戰鬥，已經五年了。」格拉博夫斯基和其他四十個人（大多數來自國民武裝部隊）一起交出了武器，每個人的眼裡都含著淚。「我們赤手空拳離開祕密警察大樓，與幾小時前的我們再不相同。」[49]

也有人繼續戰鬥。有十幾二十支迷你隊伍在森林中持續躲藏多年。其中一支小規模國民武裝游擊隊直到貝魯特在一九五六年去世後才出面投降，還有一名單打獨鬥的軍人克魯帕（Michał Krupa）持續藏匿，直到一九五九年才被追蹤到及逮捕。[50]即使如此，大多數繼續戰鬥的人心裡也明白一切都是徒勞。

有位地下組織的領袖以化名「梅瓦」（Mewa，意為海鷗）為人所知。持續追蹤他動向的波蘭祕密警察指出，梅瓦在戰爭期間曾加入救國軍，後來則出於絕望和幻滅而在一九四五年再次投身武裝戰鬥。梅瓦的心理分析報告指出他有自殺傾向：「他想死。」他手下約有三百名成員，其中一些曾是救國軍成員，一些是從紅軍波蘭師逃亡的士兵。他們有許多人來自波蘭東南部，士氣相當低落。一九四五年五月，他們舉行了一場戶外彌撒，宣誓效忠流亡倫敦的波蘭政府——在場的所有人都很清楚，這個政府在其盟友眼中已不再具備正當性。

在那之後，梅瓦的團隊逐漸萎縮。接下來的幾個月裡，許多成員先後返回家族農場，或決定離開該地，前往如今位於波蘭西部的前德國領土展開新生活。有些人留了下來，開始偷竊當地烏克蘭人的財物，當時烏克蘭人仍是波蘭東南部人口的大宗。他們不只一次燒毀烏克蘭村莊。記載這些事蹟的史料告訴我們這群人有多絕望。一九四五年一月，他們攻擊一名工廠負責人並偷走一百波蘭茲羅提幣，這位負責人是波蘭共產黨員。四月，他們偷走兩匹馬。七月，他們殺死一名烏克蘭農民並將屍體扔進河裡。一九四五年底，當地警方想方設法要擊潰梅瓦的團隊卻不得要領：他們派出兩名特務滲透進該團隊，卻發現其中一人遭到策反，另一人則被揭穿身分而遇害，屍體也被扔進河裡。在這個團體存續的那一年半裡，總計發動兩百零五次攻擊並殺害許多當地的共黨官員。梅瓦本人後來在一九四七年七月被捕。正如他本人已預料到的，他被判了死刑。[51]

十年後，華依達（Andrzej Wajda）的經典電影《灰燼與鑽石》完美捕捉了那個晦暗難明的時代。電影中描述一名游擊隊員面臨的兩難抉擇：他必須在剛認識的女孩和他受命執行的政治暗殺行動之間做出抉擇。他選擇了暗殺行動，卻在執行任務時中槍。電影終幕，他奔跑、跌倒，最後在垃圾場嚥下最後一口氣。這個隱喻對波蘭觀眾來說已足夠清晰：那些投身反抗運動的年輕生命就這樣被拋棄在歷史的垃圾堆之中。

雖然很難得到精確數字，但根據內務人民委員部的估計，他們光是在一九四五年一月至四月間就在波蘭逮捕約二十一萬五千五百四十人，其中有十三萬八千人是德國人或「德裔人口」——也就是主張自己是德國後裔的當地居民。在這四個月內，被捕的波蘭人有三萬八千名，全都被送往蘇聯集中營，其中約有五千人「在調查過程中死亡」。[52]這裡面一定有成千上萬像梅瓦那樣的人，即便心知自己終將一敗塗地，卻仍戰鬥到最後一口氣。

——

二戰結束後的東德，並未對蘇占政權展開武裝反抗。這出乎希特勒的預料，因為他在自殺前呼籲德國人戰鬥至死，將城市燒成灰燼，最後一搏並犧牲所有。他也命令德國武裝部隊成立青年軍團，在他死後對紅軍發起游擊戰。

這批青年軍團被稱為「狼人部隊」（Werewolves），他們在納粹和盟軍的政治宣傳中扮演著重要角色，卻和名字一樣純屬神話。隨著希特勒死去及德國戰敗，這批軍團也就此消失，咒語轉瞬失效。洛斯特（Erich Loest）二十五歲時曾是一名希特勒青年軍團領袖和初階國防軍軍官，並被招募進「狼人部隊」。他在戰爭最後幾週裡得知自己的新任務，甚至接受了一些游擊訓練，以準備應付蘇聯占領。然而，當蘇聯真的攻入他位於薩克森邦米特魏達（Mittweida）的家鄉時，他早已無暇顧及地下反抗。他在家人幫助下逃到他阿姨位於西邊的農場，以便能安全向美國人投降。

洛斯特在戰後幾年從未提起自己曾於狼人部隊受訓。「我可不傻，」他對我說，他從不曾被捕。其他人就沒那麼幸運了。戰爭最後幾天，黨衛軍命令米特魏達所有的青少年參加狼人部隊講習，那天並未進行任何訓練，也沒有任何人起誓，軍人只是拿一張單子要大家傳下去簽名。戰後蘇聯當局找到了這份名單。「那就只是場講習，什麼也沒發生，但所有人都被逮捕，關了一年。」洛斯特如此解釋。[53]

這次逮捕行動的法源是蘇聯軍事行政命令〇〇三一五號，該命令於一九四五年四月十八日發布，允許不經調查立即拘捕「間諜、破壞分子、恐怖分子、活躍納粹分子」、持有「非法」印刷和廣播設備的人、持械人員和前德國民政機關人員。這道命令與其他盟軍占領區所執行的法規類似，這些地區都大規模審訊了「活躍納粹分子」。[54]但蘇占地區與其他地區之間的差別在於執行程度：實務上，蘇聯這道命令讓他們幾乎可以逮捕任何曾擁有一點權力地位的人，無論是否真是納粹。警察、市長、商人和富裕農民都符合條件，因為他們必定曾和納粹合作才能取得地位。

到了八月初舉行波茲坦會議時，蘇聯再度擴大拘捕範圍的定義。在曾屬霍亨索倫王朝的、有綠地環繞而其貌不揚的塞琪琳霍夫宮裡，盟軍領導人史達林、杜魯門（羅斯福逝世）及艾德禮（邱吉爾落選）發表了新聲明：「納粹高層、有影響力的納粹支持者、納粹相關組織機構的高階人員與任何危及占領政權及其目標者都應受到拘捕。」[55]對於蘇聯來說，這樣的措辭相當理想：「任何危及占領政權及其目標者」確實是相當廣泛的範圍，足以囊括所有不受內務人民委員部歡迎的人。

紅軍隨即成立軍事法庭，這些法庭沒有律師、沒有證人，而這樣的做法持續了好幾年。這些軍事法庭不同於盟國聯合設立以審判納粹最高層官員的紐倫堡法庭，絲毫未將國際法納入考量。這類法庭偶爾會使用蘇聯刑法第五十八條作為判決基礎——這是蘇聯本土用來逮捕政治犯的法條，與德國法律毫無關係。判決書有時會被翻譯成德語，但仍以西里爾字母書寫，被告根本無法閱讀。有時候，囚犯在遭到暴力毆打和其他類型的折磨後會被迫簽署自己看不懂的文件。十五歲的萊曼（Wolfgang Lehmann）就簽下一份聲明，承認他炸了兩輛卡車，當時他根本不知道自己簽了什麼。有些審判在莫斯科舉行，蘇聯當地的法官會在囚犯缺席的情況下做出判決。往往要到幾週之後，當事人才會知道發生了什麼事。[56]

部分被捕的人確實是納粹，但不一定是納粹高層。蘇聯很少試圖分辨誰是真正的罪犯、誰又是無足輕重的官僚或機會主義者。除了納粹分子，逮捕行動轉瞬波及成千上萬年輕到根本沒能加入納粹黨的人。帕普斯多（Manfred Papsdorf）就在十三歲那年被捕，也有人就像米特魏達的青少年那樣，只是在錯誤的時間出現在錯誤地點便獲罪。[57]有些人被捕只因他們過於認真看待「解放」一事。一九四五年，十五歲少女格妮斯（Gisela Gneist）深深著迷於民主理念，因為她常在美國武裝部隊電臺裡聽到這個詞。格妮斯住在威登堡（Wittenberg），她對當地的蘇聯軍人極為不滿，其中一些軍人在她公寓頂樓開了一間妓院。她希望能幫忙改善情況，於是和其他青少年共組一個「政黨」，使用自己一套業餘密碼。他們不知道這樣做可能有危險，他們也沒有懷抱強烈意識形態。「我對自由的理解是，人們應該要能夠自由發言。我不知道什麼是共產主義，我其實並不真的聽過這個詞。」她如此回憶。[58]

一九四五年十二月，格妮斯和二十多位「黨員」都遭到逮捕，他們全都是十幾歲的孩子。她和其他二十多名女性被關在一個「沒有窗戶」的牢房，其中有些是她的同學。她們只能共用一個牛奶瓶如廁，到處都是蝨子和虱子。一名蘇聯官員以俄語連續審問她好幾天，並有一位難勝此任的翻譯員陪同。官員還拿棍子毆打她的背部和腿部，直至流血不止。未滿十六歲的格妮斯最後認罪：她承認自己是「反革命組織」成員。軍事法庭於一九四六年一月宣判她有罪，判處她必須像真正的戰犯一樣被關進薩克森豪森集中營。[59]

不熟悉這段歷史的人可能會對這番轉折感到驚訝，畢竟薩克森豪森不久前還是一座惡名昭彰的納粹集中營。戰後事情有了變化，薩克森豪森集中營和同樣惡名昭彰的布亨瓦德集中營一起重獲新生。一九四五年四月，解放布亨瓦德的美軍強迫威瑪市領導人繞著集中營營房走了一圈，見證饑餓的倖存者、大型亂葬崗和堆在一旁如柴火般的屍體。四個月後，接管威瑪地區的蘇軍再次使用同樣的營房安置囚犯，最後也將他們葬在類似的大型亂葬崗。蘇聯在許多地方都實施這種做法，奧許維茲也是戰後被蘇聯重新利用的波蘭勞改營之一。[60]

俄國人將布亨瓦德更名為二號特別營，薩克森豪森則成了七號特別營。[61]他們在德國蘇占區打造或重建了十座這樣的營區，以及幾座監獄和較不正式的囚禁場所。這類營區的並非由德國共產黨控制，而是由蘇聯直接掌握。莫斯科的內務人民委員部直接掌管所有營區，有時連最小細節也不放過。舉例而言，內務人民委員部會從莫斯科發出命令，指導大家如何在德國蘇占區營地慶祝五一勞動節，並密切監控營區衛兵的「政治道德」。[62]營區所有高階指揮官都來自蘇聯軍方，雖然有些指揮官有德裔手下，但營區的設計仿照蘇聯本地，能讓來自科力馬（Kolyma）或沃爾庫塔（Vorkuta）等蘇聯勞改營的人們宛如回到家般自在。

這些位於德國境內的特別營區，還有一處與蘇聯國內由祕密警察掌管的勞改營不同。這些特別營並非某家工廠或建設工程的附設組織，蘇聯通常也不會讓這些囚犯工作。相反的，許多生還者表示自己被禁止工作，並因無法離開營房或移動而感到痛苦無聊。在克岑朵夫（Ketschendorf）的營區，囚犯會哀求園方讓自己到廚房工作，只為了能擁有某種形式的活動（當然也因為可以多得到一些食物）。[63]薩克森豪森的營區則分為兩區，只有其中一區域允許囚犯工作，而囚犯全都比較喜歡這區。[64]

特別營也不是納粹建造的那種死亡營，營區沒有毒氣室，被送到薩克森豪森的囚犯也不會立刻被殺。但這些營區仍然相當致命。一九四五年至一九五三年間在德東遭關押的約十五萬人當中（其中十二萬人為德國人，三萬人為蘇聯公民），有三分之一死於飢餓和疾病。[65]囚犯只有濕掉的黑麵包和包心菜湯可以吃，伙食糟糕到連後來被送進古拉格的萊曼都說「西伯利亞的食物比較好，送餐頻率更固定」。[66]沒有任何藥物和醫生，虱子和蟲子迅速傳播疾病。一九四五至一九四六年的那個冬天，薩克森豪森女囚區的囚犯不得不燃燒床板以抵禦天寒地凍。[67]就和蘇聯其他刑事機構的情況一樣，囚犯死亡的原因不是因為被殺，而是因為被忽略漠視，有時甚至就這樣被遺忘。

蘇聯在東德建造特別營的明確目標並非勞動或殺人，而是孤立：特別營旨在將可疑人士與社會隔離開來，至少在新的蘇占政權適應環境前將這些人暫時與外界隔離。這是預防性而非懲罰性措施，主要設計來隔離有可能會對抗體制的人，而非關押已開始對抗體制的人。蘇聯古拉格的囚犯還有可能與外界接觸，有時甚至能與訪客會面。相較之下，戰後德國營區成立的頭三年，囚犯不能寄信也不能收信，完全與外界失去聯繫。許多囚犯的家人根本不知道他們發生了什麼事，也不知道他們身在何處。他們就這樣從世間消失了。

隨著時間過去，狀況確實有所改善，這有一部分得歸功於外部壓力。大批年輕人突然失蹤，家人瘋狂尋找他們，並不斷要求政府官員提供更多資訊。德國當局大多數時候並未提供幫助。一九四七年，當地官員告訴圖林根地區的家屬，他們「也許能從威瑪的蘇聯檢察官那裡得到更多資訊」，[68]然後蘇聯官員再將這些請求傳遞給上級指揮官。人們在這片混亂中往往難有所獲。有位德國學生在一九四五年失蹤，他的父母直到一九五二年才「找到」他，[69]但蘇占德國的軍事管理部門已於四年前就允許囚犯通知親人自己身在何方。[70]為了降低高居不下的死亡率並安撫要求蘇聯當局改善情況的東德領導人，內務人民委員部也於同年增加營區的伙食費。[71]

蘇聯的逮捕行動及長年拘留德國國防軍士兵（有些士兵直到一九五〇年代才獲釋）一事成了大眾與新政權之間出現摩擦的主要原因，但此事也協助創造出一套新的公共行為準則。剛解放時，大多數德國人並不是共產黨員，也不確定該對蘇占政權抱持什麼樣的期待。結果該政權僅因某些活動有輕微「反蘇」嫌疑便逮捕監禁成千上萬的年輕人，這立刻讓其他人明白了占領當局的行事風格。對許多人來說，這是他們首次理解到自己得自我審查在公眾場合的言行。如果像格妮斯這樣的青少女僅因討論民主就被逮捕，那麼參與更認真政治活動的代價顯然只會更高。

獲釋囚犯及其家屬往往心懷恐懼。他們獲釋後很少談論自己碰上的事情。曾待過德國克岑朵夫營區和蘇聯古拉格的萊曼，直到一九八九年才把自己的經歷告訴他的妻子。[72]選擇性的使用暴力，把有可能成為政敵的人關進集中營，這些都是蘇聯政策的一部分。紅軍和內務人民委員部深知，在動盪不安且充滿未知的戰後東歐社會裡，大規模逮捕行動雖然有可能會適得其反，但鎖定及逮捕敢言之人確實能起到殺雞儆猴的效果：逮捕一人，便能震懾十人。

——

俄國人在一九四五年一月抵達匈牙利布達佩斯，但他們並不了解這個自己剛征服的國家。大多數俄國人都以為這個國家充滿了納粹盟友，因為匈牙利曾與德國結盟共同入侵蘇聯。於是俄國人有時會在難以置信中發現自己被視為解放者。與東德的情形相同，占領當局下令逮捕所有可辨識的法西斯分子。俄國人在東德以狼人部隊為目標，在波蘭則以救國軍成員為目標。但在匈牙利，他們卻不確定該如何辨識法西斯分子。

結果，匈牙利的第一波逮捕行動多半是隨機逮捕。俄國人在街上攔下男性路人，告訴他們「有點事要你做」，俄語為「malenkaya rabota」，匈牙利化後則為「málenkij robot」——接著就用車隊把人載走。這些人會消失在蘇聯國境深處，多年後才得以回到故鄉。蘇聯最初似乎覺得任何人都可以是目標。來自匈牙利東部小鎮的一位民眾曾目擊，士兵在踏進小鎮的幾天後開始抓人：「不僅是男性，還有十六七歲的孩子，甚至連十三歲的小孩都抓。無論我們如何哭泣哀求都沒用，他們只是拿槍叫每個人走出房子，有時甚至連衣服都不讓人穿。沒衣服，也沒讓拿食物，就把人直接帶走……我們不知道他們被帶去哪裡，這些人只說有點事要你做，有點事要你做。」[73]

有的人被貼上可疑標籤是因為他們看起來很富有，或是因為家裡有書。十六歲的比恩（George

Bien）和他父親只因擁有一台短波收音機便遭到逮捕。他們被當作間諜來審訊，被迫招供並簽署一份三十頁的俄語文件，這份文件他連一個字都看不懂。比恩最後被送去科力馬集中營，直到一九五五年才得以返回家鄉。[74]

蘇軍似乎也受命找出德國人，因為上頭告訴他們這裡有很多德國人。實務上這導致了所有擁有德文名字（這在前哈布斯堡王朝領土的地方相當常見）的人都直接被視為罪犯。雷瓦伊是匈牙利最重要的共產黨員之一，他在一月初時向拉科西抱怨，說蘇聯士兵似乎有「固定的業績壓力」，把「完全不懂德語的人，已證明是反法西斯主義者，或早就被拘捕過的人」都當成德國人。[75]這套政策的成果是，一九四五年後，約有十四萬到二十萬匈牙利人遭到逮捕並遣送至蘇聯，其中大多數人最後都被送往古拉格集中營。[76]

也有些人留在匈牙利本土。囚禁（未經審判的囚禁）在一九三〇年代末的匈牙利本就相當普遍，但如今狀況進一步惡化。當局建立「人民法庭」來審判及定罪（並在某些案例中處決）曾與納粹合作的人。部分案件被刻意塑造成重大公共事件，希望藉此讓匈牙利人了解過往的罪行。但即便在當時，就已有許多人觀察到匈牙利民眾大多將其視為「勝利者的正義」。幾年後，部分判決結果會遭推翻，理由是應該要放棄「報復性懲罰」。[77]

大眾普遍不認為這些審判是公平的，雖然名義上仍由匈牙利本國人來做出監禁和審判的決定，但人們普遍認為蘇聯內務人民委員部能夠影響法庭。被派往匈牙利負責監管安全部門的蘇聯官員貝里亞諾夫（A. M. Belyanov）曾出言訓斥匈牙利政治家，指審判過程太過冗長：「他催促人民法庭加快審理進度，批評他們花太多時間談判和交談。他希望法官在聽取檢方陳述後就立刻宣判。我告訴他，我們曾研究過蘇聯司法體系，在蘇聯的政治案件中，證人是可以公開出庭作證的。他不情願地笑了，露出他如老虎般的大黃牙……」[78]紅軍自己也主持審判，地點就在維也納附近的度假小鎮巴登（Baden）的一棟優雅別墅。匈牙利主權在該處完全失效，蘇聯軍事法庭只憑蘇聯刑法第五十八條便宣判匈牙利人犯下政治罪行，與他們在東德的做法相同。[79]

被告者眾多，遭控罪名更是五花八門。一連串祕密法令要新成立的匈牙利警察部隊逮捕各種人，尤其是曾參與極右翼運動者，包括曾於二戰末期的一九四四年十月至一九四五年三月間統治匈牙利的「法西斯箭十字運動」（Arrow Cross movement）成員，曾在一九二〇年至箭十字政權接掌匈牙利之間於獨裁者霍爾蒂麾下服役的軍官，還有酒吧老闆、菸草商、理髮師及所有「頻繁接觸大眾而成為法西斯政治宣傳的主要傳播管道」的人。結果就是任何先前曾為政府、政黨或政治家工作或曾出言稱讚他們的人都有危險。內務人民委員部和新的祕密警察部隊還得到了青年組織萊文特（Levente）的成員名單，這是隸屬匈牙利前領導人霍爾蒂的準軍事單位。他們開始追捕名單上的成員，就像他們在東德追捕希特勒青年團和狼人部隊一樣。一九四五年至一九四九年間，匈牙利和蘇聯的祕密警察關押了約四萬名匈牙利人。新政權光是在布達佩斯周邊地區就建造了十六座集中營，共可容納多達兩萬三千名囚犯。[80]

不是所有被捕的人都曾與納粹合作，事實正好相反。打從紅軍踏上匈牙利土地的那一刻起，匈牙利新建祕密警察部隊就在匈牙利共產黨及其蘇聯顧問撐腰的情況下，開始尋找另一種截然不同的「法西斯分子」——也就是在戰時對抗法西斯的地下反抗組織。儘管戰時的匈牙利地下組織從未發展得像波蘭地下組織那樣規模龐大而架構明確，但其反德抗爭小組仍舊滲透進社會的各個階級。二戰一結束，蘇聯和匈牙利祕密警察便立刻將這些反法西斯主義者視為目標（比匈牙利史界普遍提出的年份還早得多）。理由是這些人太過獨立，這些人相信國家主權，這些人知道如何建立祕密組織。許多反抗人士都支持獨立小農黨，該黨在臨時政府裡扮演重要角色，也曾於一九四五年贏得選舉。

這些人本該像波蘭救國軍成員那樣成為政界菁英，前提是戰後匈牙利是一個真正民主的國家。早在共產黨全面控制匈牙利政府之前，這些曾加入反德組織的人就發現自己被監視。祕密組織成員米克洛西（István Szent-Miklósy）後來寫道，他和朋友們在戰爭結束後「無來由地感到自己被跟蹤」。這些人和波蘭反抗組織不同，並非武裝游擊隊。米克洛西的小組「沒有正式結構，沒有名單，沒有承諾、徽章或身分證，沒有明確守則，甚至沒有信奉一致的思想」。[81]其中有些人曾參與更早期的組織，例如反法西斯（同時也反猶）的祕密組織「匈牙利社區」，或是二戰時期的匈牙利獨立運動——這項運動更像是反德論述圈子而非成熟的反抗組織。有些反德運動的成員成了戰後獨立小農黨的創始成員，他們也確實可能會與民主政府合作。但說到底，這些人不過就是一個輕微反蘇的交友圈，成員會在彼此家中聚會並交換意見，如此而已。

結果，他們受到當局特別關注並不是因為他們的作為，而是因為祕密警察得到了他們在戰時參與反抗運動的書面摘要。他們於是遭到更嚴密的監視，就像米克洛西所描述的那樣：

一九四六年初秋，我的鄰居將與我家客廳相鄰的一個房間轉租給政軍單位。他們穿過牆壁鑿了一個洞，裝了竊聽器。由於這個洞鑿在我笨重的荷蘭殖民地風格沙發後面，竊聽器無法清晰接收到房內聲音。接著，我的電話被改裝成傳聲設備，還有另一個竊聽器裝在大廳，鄰居家的一位少女和她的追求者會坐在大廳裡一張畢德麥雅風格的沙發上，而那名追求者其實是偽裝成大學生的軍警特務。[82]

米克洛西於一九四六年十二月被捕。他被帶到安德拉西街的祕密警察總部，遭受酷刑。他們強迫他連續幾小時頸部後仰至以額抵牆、雙臂向外攤開，並強迫他大喊「我殘殺自己的妻子和母親」——他們告訴他，他的妻子和母親也被逮捕。當局將他交付法庭，與大批「同謀」一起受審。所有人都被指控煽動推翻「民主國家」並被判處十年刑期。在審判期間，米克洛西「認罪」並細述他從未犯下的罪行。逮捕米克洛西是當年典型的「先發制人」：他和朋友們實際上並沒有做過什麼重要的事，但當局擔心他們可能會有所作為，所以先發制人。

隨後，當局對那些具備獨立意識的神職人員採取了同樣先發制人的策略。這一輪行動最大的受害者是一位富有魅力且充滿活力的方濟各會修士，基斯神父（Szaléz Kiss）。基斯神父帶領著一個龐大的基督教青年團契凱丁青年團（Kedim），其活動範圍在布達佩斯東邊五十英里的珍珠市（Gyöngyös）及周邊地區。一九四五年，新成立的匈牙利祕密警察部隊開始對珍珠市產生興趣，因為當年共產黨在該市的選舉中表現差勁，而以農民為基礎的獨立小農黨則表現出色。

一九四五年九月，身分不明的槍手殺害了數名駐紮該地的紅軍士兵，蘇聯顧問對於此地的興趣因此更加濃厚。壓力使然，新成立的匈牙利祕密警察部隊開展首次大型調查任務，逮捕、關押及長時間審問了大約六十個人，包括凱丁青年團的高中生成員。祕密警察的目標是揭露出一個縝密的聯絡網：凱丁青年團和獨立小農黨之間的聯繫，獨立小農黨和「英美強權」之間的聯繫，美國大使館和基斯神父之間的聯繫，基斯神父和那些據說槍殺紅軍士兵的年輕男子之間的聯繫。他們說這些聯繫構成了一個「法西斯恐怖行動密謀集團」聯絡網。至少在祕密警察的想像中，該集團試圖協助舊政權復辟。

如今，審訊記錄都整齊保存在布達佩斯的史料中，但這些史料並不容易判讀。有位名叫安塔爾（József Antal）的年輕法律系學生是主要嫌疑犯之一，起初他否認一切，後來卻給出了冗長而含混不清的供詞，大概是遭到刑求所致。根據安塔爾一位友人的供詞，安塔爾「曾參加反抗德占政權的組織」，是聯絡網中的關鍵人物，因為他在當地的獨立小農黨部工作，同時也認識基斯神父。在安塔爾雜亂無章的供詞中，他回想起自己曾與一位獨立小農黨的政治家談起俄國和英美強權間「即將到來的戰爭」，他的陳述讓人覺得他已經開始與基斯神父合作，為這場「武裝衝突」做準備。供詞中提到槍枝和手榴彈就存放在獨立小農黨辦，另有一批武器存放在基斯神父知道的「一座城堡」。[83]

安塔爾後來撤銷了這份自白，但我們從齊茲曼（Otto Kizmann）口中也能聽到同樣不知所云的供詞。時年十七歲的齊茲曼是凱丁青年團的成員，他承認自己刺殺了一名紅軍士兵。齊茲曼很可能也遭到刑求，他說基斯神父「向我們展示了大人物的名片，這些人會提供武器」。神父告訴眾人，「在外國貨抵達之前，我們應該自己取得軍火」，還說「殺害俄國人不算是罪行」。齊茲曼的好友，十七歲的波納爾（László Bodnár）也說了同樣荒誕的故事，他表示基斯神父曾承諾幫助他們搭機逃離匈牙利。[84]

基斯神父並未承認自己犯下這些不太可能為真的罪行。相反的，神父告訴審訊者：「我盡力說服年輕人把武器收起來，不要犯下謀殺罪，因為那是最醜惡的罪行。」他有次確實曾與美國大使館的代表碰面，但這位代表只給了他幾份美國報紙。他從未收到也從未要求任何人提供美國武器。然而，基斯神父仍被判處死刑，相同的命運也降臨在齊茲曼、波納爾和另一位十六歲男孩身上。這幾道判決在一九四六年十二月執行。其他「密謀集團」的成員同樣被判入獄，或被送進蘇聯本土的營區。

「基斯神父叛亂案」就像格妮斯在德國被捕、十六名救國軍領袖在波蘭被捕一樣，預示著未來的發展。調查基斯神父一事顯然是蘇聯軍方的主意，就像後來許多的調查一樣。這是蘇聯辦案的慣例，將不同組織（如凱丁青年團、獨立小農黨、教會和美國大使館）之間出於人們偶然相遇、點頭交情或者純粹基於調查人員的想像，解釋成彼此有關的陰謀現象。「法西斯」的陰影籠罩著落入網中的所有人。受害者多半只有十幾至二十幾歲。未來幾年，東歐共產集團的祕密警察都會對這個年齡層的人繼續懷抱著濃厚興趣。

一九四六年春，基斯神父案在宣判時引發大眾關注。五月四日，匈牙利共產黨報《自由人民報》（*Szabad Nép*）刊出了一張基斯神父被手銬銬著的照片，標題為「法西斯密謀者招供並承認犯下謀殺罪行」，一旁則是簡潔的社論標題：「吊死這些人。」[85]非共產黨的報紙也報導了此事，但態度謹慎得多。當時匈牙利國會最大黨獨立小農黨的黨報《小報》（*Kis Újság*）最初僅刊登了官方警察新聞稿。翌日，他們刊出了獨立小農黨領袖暨匈牙利總理納吉（Ferenc Nagy）的發言：「如果警方公報中刊登的訊息能被證明部分為真，那麼我們要求罪犯接受最嚴格的調查和最嚴厲的懲罰。」[86]幾天後，納吉總理更明確將此事稱為「法西斯分子的陰謀」。要到許多年後，才有人敢公開表示這整起故事可能根本就是炮製而成。

匈牙利隨後還出現了幾樁案件，每樁都伴隨著同樣嚇人的政治宣傳，也都只有同樣不清不楚的證據。一九四五年開始，當局如同不停歇的浪潮般一波波地把人送進監獄。先是被視為戰犯、法西斯分子和疑似法西斯分子的人，然後是曾為霍爾蒂服務的軍事和民政人員，接著是合法的政黨（尤其是獨立小農黨）成員，再來是社民黨人，最後則是共產黨內的自己人。雖然「國家敵人」的定義隨著時間而改變，但對付敵人的機制打從一開始就已建立好了。[87]

理論上來說，一九四六年的匈牙利就和當年的捷克斯洛伐克或東德一樣是民主國家。匈牙利政府由國會多數黨獨立小農黨統治，該黨並不是共產主義政黨，而是與共產黨、社民黨等組成聯合政府。不過，匈牙利政府並未掌控安全部門，該部門完全由匈牙利共產黨一手控制，正如控制捷克安全部門的是捷克斯洛伐克共產黨，控制東德安全部門的是德國共產黨，控制波蘭安全部門的是波蘭共產黨。在東歐各地，握有祕密警察控制權至關重要，令身為少數派的共產黨得以在政治事件中發揮不成比例的影響力。透過選擇性的暴力行動，他們能向政敵和大眾傳遞明確訊息，宣布哪些行為和哪些人在新政權統治下不再受到歡迎。

第六章　族群清洗

「布爾什維克真是國際工人階級政黨的楷模。自成立之初便持續抵抗各種形式的民族主義。」

——莫斯科出版的教育手冊，一九五〇年

「一九六五年，我首次回到家鄉。我曾對此地的每條小徑、每棵彎曲的樹木瞭若指掌。最初的幾分鐘裡我不確定自己看到了什麼。淚水湧出我的眼眶，有好長一段時間，我都說不出任何話來。他們犁平了我美麗的涅特列巴村，在上面種植了一片森林……」

——一九四六年遭到遣送的烏克蘭人畢許克（Ivan Bishko）[1]

國際共產主義運動致力宣傳一項神話，那就是他們毫不在乎民族或族群差異。理論上，共產主義者也是國際主義者，是「國際隊伍的戰士」，沒有民族或國籍分別。山繆（Raphael Samuel）的父親是激進的英國共產黨員，他自己後來也入黨。山繆曾以「普世」一詞來形容自己童年時期的共產主義：

儘管允許各民族獨特之處存在（是否有獨特之處值得懷疑），我們認為普世從資本主義到社會主義

的轉變皆「完全相同」。共產黨就像中世紀的基督教世界一樣，是統一而不可分割的國際性信仰團體……[2]

但在實際上，沒有哪位戰時領袖比史達林更熱衷於操縱及鼓動民族之間的衝突（當然，希特勒除外）。一九一七年，列寧任命史達林為「民族事務政委」，這位未來的大元帥因此獲得了對民族議題的專業知識和歷久不衰的興趣。自一九三〇年代以來，史達林就對生活在蘇聯的少數民族發起一系列恐怖行動，包括波蘭人、車臣人、克里米亞韃靼人及沃爾加德國人，在他過世前那幾年更針對起猶太人。一九四一年納粹入侵蘇聯後，史達林還大量使用俄羅斯國家和民族主義符號，包括俄羅斯傳統軍裝、東正教教堂，以激勵「國際主義」的蘇聯公民對抗德國人。他很了解民族主義的政治用途：呼喚士兵保衛祖國的情感，比馬克思主義或國際主義語言都更能激勵紅軍。

三位同盟國領袖在一九四五年七月的《波茲坦宣言》也直接導致族群衝突。「族群清洗」的概念會讓下一代歐洲領導人驚恐萬分，但史達林、杜魯門和艾德禮卻都曾明確鼓勵大規模人口遷移。他們的《波茲坦宣言》以平淡語氣要求將留在波蘭、捷克斯洛伐克和匈牙利的德裔人口「遷移到德國」，影響了數百萬人的人生。[3]盟國領袖還同意將波蘭與蘇聯的邊界向西移動，也默許了將數百萬波蘭人從烏克蘭移至波蘭、數百萬烏克蘭人從波蘭移至烏克蘭。雖然《波茲坦宣言》並未提及要把在捷克斯洛伐克的匈牙利人和在匈牙利的斯洛伐克人移走，但當此事真的發生時，國際社會也沒有出現太多反彈。至於蘇聯，他們早在《波茲坦宣言》六個月前的一九四五年一月便主導了將約七萬名德裔人口逐出羅馬尼亞的大規模遣返行動。[4]

《波茲坦宣言》只加了一道條款：「所有遷移行動應以有秩序且人道的方式進行。」然而，等到條約正式簽署時，這些「有秩序且人道」的人口遷移行動早已演變成混亂殘忍的大規模人口強迫遷徙。族群衝突正是希特勒對東歐留下最真實的影響之一，這些東歐各國各種群體之間的族群衝突是如此激烈、暴力且深刻，使得任何對一九四五年後波蘭西部、蘇台德地區、匈牙利和羅馬尼亞德裔人口強迫遷徙的討論，都必須先回顧此前五年發生的事。我在此簡單重述：德國占領波蘭旨在破壞波蘭文明社會，消滅波蘭知識分子，把波蘭人變成文盲奴工。波蘭人被驅逐出向來屬於波蘭的城市，如波茲南和羅茲，以及波蘭政府於一九二〇年代打造的新港都格丁尼亞（Gdynia）。德國殖民者占據波蘭人的城市，波蘭人則淪為次等公民。在某些地區，波蘭人甚至失去在街上講波蘭話或送孩子去波蘭學校的權利。成千上萬的波蘭人被送往德國當奴工，也有人成了囚犯，被關押在德國於波蘭領土上興建的數十個奴工營。

納粹占領捷克地區的行動相對溫和，但同樣使人深感屈辱。德占當局對於捷克作為國家的概念嗤之以鼻，動手拆除捷克各地的歷史古跡和雕像，殺害捷克地方領袖。德國也於二戰末期占領匈牙利，雖然時間較短，但手段同樣極為殘酷。即便是原本匈牙利及羅馬尼亞兩國還在與德國勉強合作的時期，當地民族仍無可避免地感到屈辱，因為與德國人合作很快就變成受德國人支配。遍地都是大屠殺所留下的罪惡，以及仇恨的恐怖遺緒，對猶太人和非猶太人皆然。

戰後局勢仍舊緊張，特別是在當地德裔人口曾協助納粹維持政權的地區。納粹黨曾祕密資助蘇台德地區的法西斯德國黨，該黨於一九三八年的捷克選舉中獲得了八成五德裔人口的支持。按《慕尼黑協定》劃出國界後，滿懷感激的蘇台德德裔人口熱烈歡迎新的納粹統治者，該地的捷克人對於此事則是深痛惡絕。[5]波蘭的比得哥什市也有部分德裔居民（德裔人口在戰前約占該地總人口的五分之一），他們在一九三九年時同樣積極協助納粹屠殺該市重要成員，包括牧師、老師，甚至是童軍團。想當然耳，這些德裔居民在戰後並不受到歡迎。[6]

這類戰時經歷使東歐人想要報復身邊的德裔人口，此事不難理解，甚至也有些道理，卻不見得公平。並非所有德裔人口都是納粹，也不是每個人都背叛他們的鄰居。許多德裔人口與捷克或匈牙利人和平共處，幾世紀以來都是捷克斯洛伐克或匈牙利的好公民。而在下西里西亞或東普魯士這兩個戰前屬於德國、戰後卻屬於波蘭的地區，當地居民更是好幾世紀來都生活在屬於德國的小鎮與村莊。

許多人都經歷了痛失家園、家具、牲口和傳家寶的悲劇，他們承受的傷害永遠無法平復。然而，這些德裔居民並未被視為「特別的個人」，而是被視為德國人。西里西亞有一位德裔的年輕男孩格魯西卡（Gerhard Gruschka），他拒絕加入希特勒青年團，認為那會干擾到他身為教會輔祭的工作。結果他在戰後卻被送進卡托維治附近的勞改營，營區的波蘭軍官強迫他唱納粹黨歌並大肆嘲笑他。[7]有些匈牙利德裔居民被強行徵召至德意志國防軍，戰候卻跟那些在一九四三年自願加入的納粹黨衛軍一樣被當局任意驅逐出境。[8]蘇台德地區有位德國共產黨人，他的女兒赫塔（Herta Kuhrig）就跟其他德國法西斯分子的女兒一樣遭到驅逐出境。[9]無論是自願與納粹合作者，或是堅定的反法西斯主義者，只要是德裔就會遭受相同的待遇，哪怕部分反法西斯者曾與當地居民一同遭受納粹歧視。

早在驅逐行動開始前，第一批德裔人口就已匆匆離開東歐，他們心知自己有多遭人痛恨。這場數百萬人的大規模移動沒有任何組織可言，許多人驚慌失措地離家，卻發現自己立刻陷入戰爭、寒冷和飢餓的威脅。成千上萬的民眾試圖逃往波羅的海彼岸，卻因船隻遭盟軍軍機擊沉而溺斃。一九四五年一月十六日上午，住在羅茲的十萬名德國人（其中大部分人是新來的殖民者）開始或步行或騎馬逃離該市，穿越被雪覆蓋的道路和田野。結果許多人受困於同樣在該日發動的蘇聯轟炸。[10]幾天後，瑪麗詠夫人（Marion Dönhoff）也準備離開家族位於東普魯士的古老莊園。她的大部分鄰居尚未離開，仍舊在等待納粹的撤離命令，但一直都沒有等到。紅軍以意料之外的速度逼近，東普魯士人開始將財物扔上馬車，並湧入普魯士荷蘭區的街道。*正如瑪麗詠所記載的：「鎮上看起來就像堵住的轉盤。馬車從兩旁開進來，塞滿整座城鎮，現在既無法前進也無法後退了。」她自己只收拾了一個「裝有化妝品、繃帶和我的西班牙老十字架的手提包」。她用完最後一餐，站起身來，把食物和碗盤留在桌上。她走出屋外，也沒打算鎖門。她再也沒回去過。[11]

驅逐德裔居民的行動在幾個月後正式展開，但那仍稱不上是多有條理的行動。捷克人稱一九四五年的春天為「大力驅逐時期」，但該詞卻無法充分描述這些大規模驅逐所引發的劇烈情緒。捷克斯洛伐克前總統貝奈斯（Edvard Beneš）在一九三八年逃亡倫敦，此後就一直主張將德裔人口從他的國家驅逐出境。七年來他持續拜訪莫斯科、倫敦和華盛頓，試著推銷這個想法。他也鼓勵匈牙利驅逐德裔居民（這有部分是為了騰出空間，因為貝奈斯也想把捷克的匈裔人口趕回匈牙利）。即便高層曾事先討論、預作

---

* 譯註：普魯士荷蘭區（Preußisch Holland）得名於此地早期的荷蘭移民，波蘭人則稱此地為帕斯文克（Pasłęk）。

準備，但在「有秩序且人道」的指令自波茲坦傳出之前，蘇台德地區早已出現第一波驅逐浪潮，那是激憤、報復、民族主義和大眾怒火的狂瀾。

就在納粹投降後的一九四五年五月十二日，貝奈斯就在布爾諾市（Brno）以廣播宣布，德國人在戰時的非人行為使其民族「必須受到嚴厲懲罰，以彌補一切罪行……我們必須明確解決德國問題」。貝奈斯聲明後，捷克人在布爾諾市中心發起暴動，要求將與納粹合作的德裔居民交給警方。幾天後，新成立的布爾諾民族委員會強制驅逐了超過兩萬名男女和兒童，迫使他們離開家園，帶著能帶在身上的所有物品徒步前往奧地利邊境。[12] 其中數百人在抵達目的地前就已死去。根據捷克統計，光是一九四六年就有五千五百五十八名德裔民眾自殺。[13]

大約在同一時期，靠近波茲南的波蘭西部地區也出現地方自發的驅逐行動，背後原因是住房短缺及群眾報復。該地仍有許多德國人居住，也有愈來愈多波蘭人返回家鄉，但建築物已成廢墟。在波茲南周遭的大波蘭區（Wielkopolskie），共黨祕密警察成了第一批出面處理行政事務的官員。他們挑出該遣送出境的德國人，把他們送上卡車，運往匆忙搭建的轉運營區，德國人得留在該處直到當局安排好將他們送回德國為止。那不是什麼見證高尚情操的時刻。波蘭士兵和保安警察接到的命令是要好好慶祝「把下等德意志人從波蘭土地上趕出去……每位軍官、每位士兵都應該意識到，今天自己完成了一項歷史性任務，這是世世代代引頸期盼的一天」。[14]

此時人們的情緒仍相當激動，地方民眾常會把德國人當年施加的法律限制回敬給德國人作為報復。一九四五年夏，捷克人強迫德國人戴上印有字母「N」的白色臂章，代表著捷克文中的「Nemec」（德國佬），或在他們背上畫納粹卍字符，並禁止他們坐在公園長椅、走在人行道或進入電影院及餐廳。[15]在布達佩斯，倖存的猶太群眾在前往或離開戰爭罪法庭的路上時常毆打前法西斯官員，這些官員有幾次幾乎遭私刑處決。[16]

正如波蘭人在納粹占領期間曾被迫勞動一樣，如今波蘭人也強迫德國人勞動——地點有時就在先前的納粹集中營。在某些營區，曾經的囚犯如今統治著曾經的衛兵，毆打和折磨對方，以其人之道還治其人之身。正如一位波蘭歷史學家寫道，這些戰時營區在戰後的使用方式也許會令現在的人大感震驚，但在當時有其道理：戰後幾乎遍地廢墟，唯有這些營區保存完好。事實上，許多集中營區在短期之內連續被拿來做為多種用途。[17]例如，在波蘭比得哥什附近的博圖里策村（Potulice）有一座小型納粹勞工營，一九四五年一月以前該營區關押著超過一萬一千名囚犯，大多數是波蘭人，也有些蘇聯囚犯，還包括數百名兒童。解放後，營區被俄國士兵占領，他們利用兵舍及二戰期間囚犯在製革廠工作時剩餘的皮革來修理靴子。幾週後的二月，該營區第一任戰後波蘭指揮官瓦西列夫斯基（Eugeniusz Wasilewski）接管該處，發現還有幾名蘇聯士兵住在裡頭。他請這些人離開，好騰出空間來關押德國人和與納粹合作者，包括博圖里策營區先前的德國衛兵和指揮官，這些人才剛被逮捕。

瓦西列夫斯基在戰前是商船人員，也是一位不怎麼熱衷的共產黨員，他在七月前持續管理這座營區。他大部分下屬都是前任囚犯，很多人都想復仇。據眾人所言，瓦西列夫斯基試圖阻止博圖里策營區裡發生嚴重的虐囚事件。有位曾為囚犯的守衛便抱怨他過於仁慈：「我被關的時候情況可比現在糟糕多了。」然而，在瓦西列夫斯基管理此地期間，營區囚犯人數從一百八十一人上升到三千三百八十七人，情況不可避免地開始惡化。[18]當他於該年十一月離任後，營區便爆發了傷寒疫情。此後幾年裡，營地員工陸續被指控詐騙、怠職和酗酒。[19]在該營區持續運作的五年間，將近三千名德國囚犯因飢餓和疾病而死去。

歷史檔案並未提及博圖里策營區裡有過虐囚，但前守衛和前囚犯都在訪談及回憶錄中描述過該地和其他德國流放營的酷刑虐待。德國人飽嚐飢餓和毆打，頭上被潑排泄物，金牙被暴力拔除，頭髮遭到火燒。他們被迫重複說著「我是德國豬」，也被迫挖出不久前才被殺的波蘭和蘇聯囚犯屍體。格利維采監獄的指揮官洛拉（Lola Potok）是一位猶太女性，也是奧許維茲集中營的生還者，她大部分家人都死在奧許維茲，包括母親、兄弟姐妹和仍在襁褓中的兒子。洛拉審問德國囚犯，想找出他們與納粹黨的聯繫。而無論他們是否招供都予以毒打一頓，理由是如果他們不承認曾與納粹合作，就是在撒謊。洛拉曾經表示，自己在幾個月後終於「恢復正常」，她冷靜下來，開始把德國人當人看。她說，這並不是因為自己原諒了他們，而是因為不想變得和他們一樣。[20]

隨著時間過去，波蘭、匈牙利和捷克斯洛伐克的德裔人口都遭到驅逐出境，最終連在捷克斯洛伐克的匈牙利人都被逐出當地，而驅逐過程確實也變得更加井然有序。捷克斯洛伐克總統發布了《貝奈斯法令》，讓這些地方自發的驅逐行動獲得合法的表象。這套法令授權地方徵收在捷德國人和在捷匈牙利人的財產，驅逐德裔和匈裔居民，將捷克人和斯洛伐克人重新安置在德國和匈牙利土地上，以及取消德裔和匈裔人口的捷克公民身分。隨著這些法令正式成為法律，遣送行動變得更加井然有序，他們會提供食物，被遣送者也能帶走家具和衣服。當局成立委員會來處理財產與身分等棘手問題。身分問題在波蘭的多民族地區尤其嚴重，那些地區有許多娶了波蘭妻子的「波蘭化」德國人，他們多半想留在當地。有些在納粹分類中被視為「德國人」的少數民族群體也想留在波蘭，例如卡舒比人（Kaszubians）和馬祖爾人（Mazurians）。

最難解的問題是那些在戰爭期間宣稱自己是「德意志裔人」（Volksdeutsche）的居民。德意志裔人是特別為納粹占領歐洲地區的日耳曼族裔（但並不一定是德裔）而新創造出來的分類。德意志裔人有可能是羅馬尼亞人、匈牙利人、捷克人、波蘭人或其他擁有德國姓氏（或許也擁有德國血統）的人。這些人不一定會說德語，大多數人從未去過德國。當納粹要求他們在「德意志裔」的名單上簽名時，他們照做的原因可能是出於民族自豪感，但也可能是出於恐懼，或只是為了獲得更好的待遇。還有些人是在恐嚇下簽名。一九四六年十一月，波蘭有個委員會決定「恢復」德意志裔人的地位，讓他們重新成為「波蘭人」，但有兩個前提：一是他們能夠證明自己是在受威脅的情況下簽署納粹的德意志裔名單，二是他們在戰爭期間的舉止「與他們的波蘭出身相符」。即便如此，安全部門有時還是允許手下圍捕德意志裔人，強迫他們與真正的德國人一起在勞改營勞動。[21]

在匈牙利，許多人的姓氏都帶點德國色彩，卻只有一個真正機構知道誰簽署了德意志裔名單，那就是人口普查局。該局局長一開始拒絕交出這份名單，即便在一九四五年四月匈牙利祕密警察來訪，人口普查局的員工仍拒絕從命：無論是為了戰後刑事調查，還是在二戰期間，甚至是一九四四年德占政權試圖查明猶太人身分時，人口普查局都從未交出資料。但祕密警察還是逮捕了該局十名員工，讓該局明白當地的蘇聯政權支持逮捕行動，很樂意逮捕更多人。人口普查局最後屈服了。[22]

整場行動落幕時，這場東歐德裔人口的重新安置已化為一場驚人的大規模行動，在歐洲歷史上堪稱空前絕後。一九四七年底時，包括德裔人口、德意志裔人和新進定居者在內，已有約七百六十萬「德國人」被遣送或自行逃亡離開波蘭。當中約有四十萬人因飢餓、疾病或捲入戰火而在前往德國的路上喪命。[23]兩百萬人離開了捷克斯洛伐克，還有另外二十萬人被逐出匈牙利國境。[24]德國人也在遭驅逐或自願離境的情況下離開了烏克蘭、波羅的海國家、羅馬尼亞和南斯拉夫。最後，總計約有一千兩百萬德國人在戰後離開了東歐地區並重新定居於東德或西德。

即便踏上德國國土，這些德裔難民依舊不受歡迎。無論在東德或西德，他們在所有地方都立刻成為底層階級。這些人說著東歐方言，舉止和習慣都跟新住地不同，身上當然也沒有任何財物或資本。一九四五年時，德國當局仍然來不及為他們準備收容設施，許多人漫無目的遊蕩或尋找食物。難民中爆發了傷寒和痢疾，疫情擴散到其他人身上。事態在蘇占地區變得相當嚴重，以至蘇占當局不得不呼籲各地領導人至少將難民留置在同一個地方，「防止他們遊蕩的更遠。」英美占領區的代表也呼籲暫停或至少減緩驅逐的速度。[25]

事後回顧這段歷史時，人們常指責驅逐德國人出境的各國政府，認為是他們造成初期混亂和上萬人死亡。然而，這份責任應由更廣泛的對象共同承擔。實情是，如果不曾發生戰爭，德國不曾侵略東歐，也不曾殘酷對待東歐人民，便不會出現這些驅逐行動。而遭驅逐人口會這麼龐大也是因為二戰期間有很多德國「殖民者」移居東歐。一九四五年遭驅逐的德國人有許多在當地根本沒有家族，也與當地毫無淵源。那些被驅逐出波蘭的人，部分德裔居民（有的來自德國，有的則來自歐洲其他地區）之所以能夠住進波蘭住家或農場，正是因為波蘭或猶太裔前屋主遭到謀殺或驅逐。那些被迫離開的德國軍官、德國商人及其家人中，許多都曾享受過納粹占領歐洲而來的特權。即便這些人在道德上根本無權享用波蘭土地或財產，但有些人後來仍自認是「被驅逐者」，因此也是「受害者」。艾芮卡（Erika Steinbach）是一位德國政治家，後來成為影響力和聲量俱足的德國流放者組織「被逐者聯邦」領袖。她父親是來自赫塞（Hesse）的德國低階下士，在戰爭期間被派駐在波蘭的魯米亞鎮（Rumia）。他們一家會「遭到驅逐」（或說逃離）是因為他們本來就是占領者，他們後來也確實回到了家鄉赫塞，也就是艾芮卡長大的地方。[26]

西方盟國全體熱烈贊成驅逐政策，而且是早在波茲坦會議之前就已經深思熟慮過。邱吉爾曾於一九四四年告訴下議院，若想擁有和平的未來，「驅逐（德國人）是迄今最令人滿意的持久方案。」羅斯福也同意族群清洗政策，並訴諸一九二一至一九二二年間土耳其和希臘的人口互換作為先例。[27]

驅逐行動也得到了蘇聯官方的全力支持。史達林在戰時一次私下對話中就建議捷克斯洛伐克高層，「把他們（蘇台德德意志人）趕出去，讓他們嚐嚐被統治的滋味。」他還建議波蘭人「把事態弄得讓德國人自己想逃跑」。[28]更重要的是，負責規劃遣送德國人出境的波蘭、捷克斯洛伐克、羅馬尼亞和匈牙利警察背後都有蘇聯撐腰，而他們也是在實際由紅軍控制的領土上執行任務。史達林知道波蘭和捷克斯洛伐克在戰爭結束前就已在討論驅逐德國人，也出手協助了羅馬尼亞的驅逐行動。然而，真正讓波蘭人別無選擇只能驅逐德裔人口的，其實是蘇聯的「重新劃定波蘭國境，以西邊曾屬德國的領土取代蘇聯占領的東部領土」這道政治決策。這場驅逐行動的規模比任何人所能想像的都還要巨大，波蘭不得不仰賴蘇聯協助才能完成。

在羅馬尼亞和匈牙利，紅軍也直接掌管了驅逐德裔人口的行動。針對在匈德國人的驅逐行動在蘇聯於一九四四年十二月二十二日發布命令後隨即展開，這道命令要求所有在匈德人前往前線強制勞動。全面遣送的準備工作始於一九四五年二月，盟國管制委員會裡的蘇聯代表團命令匈牙利內政部「交出在匈德國人的完整名單」（就是這道命令導致他們與人口普查局之間出現爭端並導致該局人員被逮捕）。[29]此時，內務人民委員部已開始主掌驅逐羅馬尼亞德裔人口的行動。[30]

無可否認的是，驅逐德裔人口的政策在每個執行的國家都深得民心，以至於各地共產黨都盡力取得主導權，再把功勞歸給自己。波蘭共產黨在驅逐行動中扮演主導角色，因此獲得了亟需的可信度，甚至還贏得了一些來自保守右翼政界的支持，因為後者向來主張建立一個「波蘭人的波蘭國」——同化政策在當年的歐洲各地仍被視為一項可接受的政治目標。[31]歷史學家史特凡諾·博托尼（Stefano Bottoni）認為，羅馬尼亞共產黨對羅馬尼亞少數民族的差別策略（對德裔人口毫不留情，同時努力融合匈牙利、斯拉夫和猶太人口）有助於他們獲得統治正當性。[32]

驅逐行動更是讓捷克斯洛伐克共產黨深得民心，此舉對他們而言之所以重要，因為這讓他們看起來像是獲得主流民意支持的政黨。畢竟共產黨警察正在執行一項人民支持的政府政策，只不過執行的幹勁特別驚人罷了。捷克斯洛伐克共產黨總書記哥特瓦爾德甚至告訴全國民眾，他們不僅要為最近這場戰爭討回公道，也要為一六二〇年的白山之役討回公道（波希米亞於該役中被神聖羅馬帝國及其主要由日耳曼人組成的盟軍所擊敗）：「你們必須為白山之役的最終復仇做好準備，屬於捷克的土地終將回到捷克人手中。我們會把所有外來德國貴族後代永遠趕走……」[33]斯洛伐克共產黨的地方報紙也用類似的民族主義修辭來對付匈牙利少數民族，偶爾加上一點馬克思主義色彩：「匈牙利封建地主把斯洛伐克農民逼退至山區，把豐饒沃土留給自己，這塊土地應該還給斯洛伐克人民。」[34]

當局很快就發現，那些為了驅逐德裔人口而設立的臨時場所還有其他用途。在波蘭，許多建造或改裝成收容遭逐德國人的遣送營，最後都變成了關押異議分子的營區或監獄。在捷克斯洛伐克，共產黨成立了一個準軍事單位來協助驅逐行動，而該單位會在一九四八年時協助共產黨發動政變。[35]這些驅逐行動其實是在替即將於一兩年後的恐怖統治奠定制度基礎。

驅逐行動由警察負責，而負責重新分配德國人財產的任務往往就落在各地幸運的共產黨人頭上。這些人手中突然就握有了公寓、家具和其他財物，這些都很有用，可以分配給黨的支持者。德國人還留下許多農場和工廠，可以就地國有化（大眾對此鼓掌叫好）並由波蘭或捷克官員負責掌管。這場大規模的財產扣押行動讓大眾更容易接受國有化措施，該措施也在不久後開始實施。許多人看著德國人失去他們的房屋和企業而感到心滿意足，覺得拿走國家之敵的財產堪稱「公平」之舉。既然如此，拿走工人階級之敵的財產又有何不「公平」呢？

——

近幾年，在幾個具備聲量與影響力的德國流放者組織努力之下，德裔人口驅逐事件成了戰後歐洲族群清洗最常被討論的著名案例。不過，德裔人口所經歷的族群清洗只是戰後許多大規模族群清洗事件的其中之一。

幾乎就在德國人被趕出西里西亞和蘇台德地區的同一時間，波蘭與烏克蘭的邊境正進行另一場人口轉移行動。奇怪的是，促成這場行動（戰後第二大的人口遣送行動）的協議並非由波蘭和蘇聯簽署，而是由波蘭和烏克蘭蘇維埃社會主義共和國所簽署——當時後者並無主權，尤其是在國際外交事務。一位烏克蘭歷史學家認為這是有意為之，因為如果其他盟國反對人口轉移，或如果隨之而來的暴力失控，史達林就能規避法律責任：「不是我們做的，是烏克蘭人。」[36]

史達林很清楚，當時有場族群戰爭正在波蘭東南部和烏克蘭西部全面爆發。我們在此無法全面探討這場衝突的對錯，但我們知道這場衝突根植於長年的經濟、宗教和政治鬥爭，而納粹占領和兩次蘇聯入侵（一九三九年、一九四三至一九四四年）則推波助瀾，煽動並扭曲了這場鬥爭。由於波蘭人、猶太人、烏克蘭人和蘇聯等不同民族組成的游擊隊在當年跟政治信仰不同的各路勢力共同競逐權力，進一步惡化了東波蘭和西烏克蘭地區的和平或民族和諧。一九四三年，在曾為波蘭國土、今為烏克蘭領土的沃里尼亞（Volhynia）地區，這類暴力行動譜出最為恐怖悲哀的一章。當時與烏克蘭反抗軍（Ukrayins'ka Povstans'ka Armiya，UPA）合作的烏克蘭游擊隊得知德國節節敗退，紅軍正逐漸推進，於是認為建國的時機將近。民族主義領袖雷貝德（Mykola Lebed）於是呼籲追隨者「清洗整個革命區域的波蘭人口」，而他的手下（許多曾參與或目擊一九三九年蘇聯驅逐波蘭人、屠殺猶太人）在一九四三年夏天屠殺了約五萬名波蘭人，死者幾乎全是平民，並把數以萬計的波蘭人趕出了沃里尼亞。[37]

那年夏天的屠殺者記取了納粹和蘇聯的過往教訓，我們可以從一位波蘭少女對村裡大規模行刑事件的描述看出這點。她本人、她姊姊、兩個弟弟和鄰居都被趕到他們位於沃里尼亞村莊外的一片森林，並被告知不准妄動。接下來出現的場景與幾個月前在同一地區發生大規模處決事件非常相似：

我像是準備睡覺那樣躺下來，用我的大圍巾把頭蓋住，這樣就什麼都看不見。槍聲愈來愈近，我等待死亡降臨。但後來我聽到槍聲愈來愈遠，子彈沒有擊中我……（我和姊姊）站了起來，看著年僅九歲和十三歲的弟弟，他們頭部中彈。直到今天，我心裡依舊不得安寧，因為是我叫他們把帽子拿下來的，如果他們戴著帽子也許就能倖免於難……（但我們當時）該去哪呢？我們朝留波姆（Lubomal）的方向，走過灌木地，遇到了一位年老烏克蘭女性，她帶著一個小女孩。我姊姊開口問她能否帶我們回家，但她不想……幸運的是，最近的房子是空的且鎖著門，我們從牲口槽裡喝了水後繼續往前走。我的流浪生活就此開始。[38]

波蘭人發動報復。波蘭游擊隊員洛特尼克（Waldemar Lotnik）憶起那年夏天發生的一次報復攻擊：「他們兩天前殺了七個人，那晚我們就殺掉十六個人，包括一個八歲男孩……我們總共有三百人，沒有遇上任何阻力，也沒有任何傷亡。我們大都認識莫德林村（Modryn）的人，所以知道誰支持納粹、誰又是烏克蘭民族主義者，我們把這些人揪出來。」一個星期後，烏克蘭人也發起報復，他們燒毀了一座村莊，性侵村裡所有女性，殺光沒能逃走的人。波蘭人再次報復，這次「集結了在烏克蘭攻擊行動中失去一整代家人而滿懷仇恨的男性，他們發誓要以牙還牙、以眼還眼，他們言出必行」。[39]

因為這段新的歷史，再加上人們需要時間來適應新的國界變化，波蘭人和烏克蘭人自然對於搬遷相當抗拒。起初，蘇聯和波蘭雙方同意只有在人民完全自願的情況下進行人口交換，而確實也有些自願者在一九四四年秋天搭乘火車穿越國界。但到了該年冬天，紅軍主力向西移動為柏林戰役做準備，自願離境者開始變少。波蘭救國軍相信，蘇聯很快就得把曾為波蘭領土的地區歸還給波蘭，因為肯定會爆發另一次世界大戰，所以人們選擇繼續留在西烏克蘭做打算。有位波蘭民眾告訴蘇聯祕密警察的線民：「西烏克蘭的領土不會留在蘇聯手裡，因為那是波蘭領土，而美國也不會讓蘇聯這樣做，因為美國曾在二戰爆發時宣稱要維護波蘭一九三九年的國界。所以根本沒必要搬到波蘭。」[40]

面對著拒絕搬遷的民眾，也意識到持續的族群衝突，史達林針對蘇屬烏克蘭境內曾為波蘭國土的地區擬定了更加苛刻的政策，以對付該地的波蘭人口。時任烏克蘭共產黨書記的赫魯雪夫在一九四四年九月寫信給史達林，建議關閉西烏克蘭所有波蘭學校和大學，禁止使用波蘭文教科書，並開始抓捕波蘭人，移送至蘇聯各地投入工業計畫。[41]由於這些政策（以及美國未能出手救援和第三次世界大戰沒有爆發），波蘭人最終開始登上各種交通工具前往西邊。雖然一直到一九四六年二月，祕密警察還在蘇聯領土上發現並逮捕了「白波蘭」組織成員，但這似乎已經是最後一批公開抵抗當局的人。[42]根據蘇聯文獻，到了一九四六年十月，已有八十一萬兩千六百六十八名波蘭裔人口離開蘇屬烏克蘭並前往波蘭。[43]最後，共有一百四十九萬六千名波蘭人離開蘇聯領土，從立陶宛、白俄羅斯和烏克蘭遷徙至波蘭。[44]

這是一場重大的文化變遷：原居於立陶宛、白俄羅斯和烏克蘭西部的波蘭人離開了幾個世紀以來都說波蘭語的小鎮和城市，移居到數世紀來都操德語的小鎮和城市。位於昔日的勒維夫（如今稱為勒沃夫）

之地的古老學院揚卡齊米日大學，就放棄了整座校園，把剩下的藏書和教授都移到如今稱為樂斯拉夫的布雷斯勞，並搬進該城一座同樣古老的大學校園。曾耕耘過烏克蘭著名肥沃「黑土」的農民，發現自己如今身在有著更多砂質土壤的西里西亞地區，需要複雜的農業機械和不同的耕種方式。有時候，抵達新地區的波蘭人走進德國屋內會發現屋主的茶壺還放在爐子上，或是前屋主就像瑪麗詠夫人一樣，吃完最後一餐後沒有收拾碗盤。

日後的波蘭政府會針對這塊所謂的「復返之地」（該詞在波蘭語中聽起來非常像「應許之地」）及在中世紀統治該地的斯拉夫領主，建構出一套完整的民族神話。但事實上，許多抵達這塊「復返之地」的人都感到格格不入。他們無法適應新環境，第一次收成以失敗告終。他們不願投入當地，因為害怕德國人會再回來。一九四五年和一九四六年，來自波蘭各地的民眾都會到曾屬德國人的城裡偷拿德國人留下的財物，這說明了一切：會這樣做的人，肯定對這個地方沒有家一般的歸屬感。

至於原本住在波蘭境內的烏克蘭人，往往更憤怒也更不願搬去蘇屬烏克蘭。烏克蘭都知道一九三二至一九三三年間史達林為了弭平烏克蘭民族主義浪潮而策動烏克蘭大饑荒，因此大部分人對蘇聯政權不抱任何幻想。他們不想搬到蘇屬烏克蘭，即便前往者很快也都試圖返回波蘭。整個一九四五至一九四六年間，烏克蘭反抗軍及烏克蘭民族主義組織的游擊隊都會出手攻擊負責遣返行動的辦事處，破壞運送遣返者的道路和鐵路，甚至燒毀由波蘭遭遣返的波蘭人村莊。[45]

波蘭共產黨人很快反擊。一九四五年四月，由民兵、警察、祕密警察和波蘭軍人所組成的熱舒夫特別行動小組開始實施強制驅逐計畫，意圖「清理」波蘭五個省內的烏克蘭人。他們的努力以令人尷尬的失敗告終。當地人民對烏克蘭反抗軍和烏克蘭民族主義組織的支持極其堅定，以至於熱舒夫當地的領袖不得不要求祕密警察上級提供「額外的偵察飛機」。因為他們在地面上根本捉不到烏克蘭人，所以他們認為從空中搜索可能更有效。[46]

到了一九四七年時，波蘭政府已不再試圖對該地區進行族群清洗。他們如今面臨更根本的危機：必須維持自己在波蘭東南部的權力。當地政府完全不願配合，某些地區的烏克蘭游擊隊已與波蘭獨立運動組織自由獨立聯盟的剩餘成員合流。[47]三月份，烏克蘭游擊隊派出一百五十名隊員以火砲和機關槍進行戰鬥，還殺死了波蘭的副國防部長希維切夫斯基將軍（Karol Świerczewski），引發一場政治危機。事後，波蘭的共產黨報裡充斥著非國際主義式的族群憤怒，指責烏克蘭人是「行刑者」、「歹徒」、「屠夫」和「外國傭兵」，並指控他們以「法西斯的子彈」殺害波蘭民族的英勇後裔。[48]（雖然希維切夫斯基一直都是紅軍軍官，有份關於他逝世的內部文件提到「得通知他在莫斯科的家人」。）[49]

這起謀殺案發生之後，波蘭政府終於動員起來，將烏克蘭人驅逐出境，不是送到蘇聯（因為他們在蘇聯可能也會造成麻煩），而是送到曾為德國領土的波蘭北部和西部地區。政府宣布目標是「讓該國東部成為安全之地」（大多數波蘭人肯定贊成），並於四月底發動了「維斯瓦行動」。這是一場大規模軍事行動，動員了五個步兵師、一萬七千名士兵、五百民兵、工兵、飛行員和內務人民委員部的軍隊。武裝後的蘇聯祕密警察和捷克斯洛伐克軍隊則在邊境提供支援。[50]七月底，這支龐大部隊終於成功將約十四萬名烏克蘭人驅離家園，以骯髒的貨運車廂把他們運到波蘭北部和西部地區定居。其過程殘酷而血腥，充滿憤怒情緒，宛若三年前的沃里尼亞屠殺。有位當年還是小孩的烏克蘭人記得波蘭士兵如何打斷了他表哥的婚禮：

突然間，士兵包圍正在舉行婚禮的屋子，投擲炸彈讓房子著火。他們殺了新郎，還有幾個沒來得及逃掉的賓客。他們把沾滿鮮血的屍體扔進一輛卡車，車上早已載滿他們在薩格羅（Zagrod）屠殺的屍體。他們準備離開時，一身白衣、頭戴面紗的新娘突然出現。她懇求士兵留下她丈夫伊凡的屍體。士兵笑了起來，用繩子把她的雙手綁在一起，另一端則綁在卡車上，接著就開車出發。女孩先是試圖逃跑、接著跌倒，最後在泥土路上被拖行。士兵朝她開槍，子彈最後射斷了繩子，她的屍體就這樣被留在路上。[51]

失去烏克蘭農民的支持網路後，烏克蘭游擊隊便無法再繼續反抗。還活著的人遭到俘虜及審問，許多人被送到亞沃日諾（Jaworzno）承受折磨，那是另一個曾被納粹用來關押德國人的營地（就像許多納粹營地一樣，此地擁有漫長歷史，也曾發揮多種用途）。烏克蘭人如今分散至波蘭各地。一九九〇年代裡，我曾在馬祖爾湖區的埃烏克（Ełk）附近遇到一群他們的後代，他們已經不怎麼說烏克蘭語了。波蘭當局規定波蘭境內每個城鎮裡的烏克蘭裔人口都不得超過百分之十，於是他們逐漸失去了自己的語言、文化和特色。

維斯瓦行動落幕數週後，蘇聯也對蘇屬烏克蘭周邊的外國領土發起類似的殘酷行動。一九四七年十月，蘇聯祕密警察在短短幾天之內便於西烏克蘭逮捕了七萬六千一百九十二名烏克蘭人，並把他們送進古拉格集中營。[52]有幾位歷史學家推測，維斯瓦行動和這次行動彼此相關，兩者目標都是永遠消滅極為自傲團結的西烏克蘭社群，這個社群在面對波蘭和俄羅斯時都強烈抵抗。維斯瓦行動確保蘇屬烏克蘭境內所有沒被逮捕的烏克蘭人都無法再把波蘭當作避難所。[53]這兩次行動深得人心，被烏克蘭游擊隊折磨已久的波蘭農民很高興看到這些人被驅逐，他們對於趕走烏克蘭人的蘇聯和波蘭軍隊抱持感激。

維斯瓦行動是單一國家內部人口轉移行動中特別殘酷的一例，但並非唯一一例。盟國在波茲坦會議及日後的巴黎和會上，都沒有允許捷克斯洛伐克政府將匈牙利人逐出斯洛伐克，但該國政府還是想出了類似蘇聯的解決方案。檯面上，不會有匈牙利人從斯洛伐克被驅逐，只會有「自願」的人口轉移。為了鼓勵這些人「自願」離開，他們剝奪了斯洛伐克匈牙利人的公民身分，也禁止他們在官方場所使用匈牙利語及前往匈牙利教堂做禮拜。一九四五年至一九四八年間，約有八萬九千名匈裔人口「被說服」離開斯洛伐克前往蘇台德地區，以取代離開的德國人，或是越過邊界進入匈牙利境內。另一方面，約有七萬名斯洛伐克人由匈牙利移居斯洛伐克。[54]

這個地區的抗議聲浪，幾乎都沒有傳到外界耳中。有位匈牙利歷史學家曾表示，這是因為「身為少數民族的匈牙利人命運無人關注。」[55]但實情是所有少數民族的命運都無人關注。世人幾乎不曾注意到波蘭和烏克蘭之間的族群戰爭，更不用說維斯瓦行動了。外界也沒有注意到逃離或被逐出羅馬尼亞的十萬名匈牙利人，從捷克斯洛伐克返回烏克蘭的十萬烏克蘭人，或戰後從烏克蘭返回捷克斯洛伐克的四萬兩千名捷克人與斯洛伐克人。[56]

到了一九五〇年，原本族群多元的東歐已不復存在，只剩下懷舊之情——懷舊的烏克蘭人、懷舊的波蘭人、懷舊的匈牙利人及懷舊的德國人。一九九一年，我曾造訪位於烏克蘭西部薩柏茲柯鎮（Zabłocko）附近的小村莊。當時村裡住著一對夫妻，他們在一九四五年時常在夜晚遭到各路游擊隊襲擊，飽嘗動亂驚擾，受夠了戰爭。他們渴望和平，因此同意放棄他們在波蘭東部桑河畔的心愛村莊。他們把所有家當裝進四輪車，開始向東長途跋涉。最後，他們搬進坐落於山頂上一棟曾屬於波蘭人的木屋，就此定居下來。半個世紀後，他們從未見過波蘭的孫女仍渴望造訪波蘭。女孩想知道，波蘭是否真的「像人們說的那樣富庶美麗」？

—

最後，大多數德國人被遣送至德國，波蘭人被遣送至波蘭，而烏克蘭人則被遣送回蘇屬烏克蘭。但早前或被迫藏身各處，或被關進集中營，或被迫流亡的東歐猶太人，到了一九四五年時並不存在一個明確能回去的地方。那些回到戰前家園的猶太人只看見滿目瘡痍，心中殘破不堪，或是更糟。要真正理解猶太族群在戰後的命運，我們唯有先認知到猶太人所返回的城鎮和村莊早已籠罩著族群、政治和犯罪暴力的陰影。

西歐人習慣認為，和平隨著解放而來，因此少有人能理解這一點。另一項困難是，要不受迷思與情緒影響地直面東歐猶太人在二戰後的經歷，其實並不是一件容易的事。當代政治人物不時就會拿二戰後的族群爭議來煽風點火，藉此利用過往來影響現在。好比流放者組織就在一九七〇年代和一九八〇年代的西德政治中扮演舉足輕重且時常令人尷尬的角色，他們有時（包括一九八九年的關鍵時刻）大力鼓吹要變更波蘭與德國國界，收回曾為他們家園的土地。波蘭人和烏克蘭人偶爾會因烏克蘭反抗軍發生爭執，波蘭人視他們為殺人犯，烏克蘭人則尊他們為自由鬥士。二〇〇八年，斯洛伐克與匈牙利陷入緊張局勢，起因是斯洛伐克逮捕匈牙利倡議人士，匈牙利因此封鎖了多條邊境通道以示抗議。

無論如何，戰後東歐猶太人的歷史，尤其是波蘭猶太人的歷史，都是一項極易激起眾人情緒的敏感話題。東歐猶太人和東歐共產黨間錯綜複雜的關係是其中一個原因：有些猶太人在戰後幾個東歐共產黨裡扮演要角，因此被認為是新政權的受益者，但也有猶太人也在相同的政權底下受苦受難。東歐人和猶太人偶爾也會爭相競逐受難者寶座。東歐人對於世人只知猶太大屠殺而不知東歐人在納粹和蘇聯治下的苦難極為不滿。猶太人有時則認為，去討論任何非猶族群在二戰時所受的苦難，都是在貶低猶太人特殊的悲慘遭遇。不僅如此，這兩大族群間還有許多攸關金錢財產、罪行及責任的爭議。

我們可由一九九〇年代的一樁案例，看出群眾情感是如何發揮作用。當年，波蘭國家記憶研究院的前身機構有一名檢察官開始調查一宗特殊案件：莫瑞爾案（Salomon Morel）。莫瑞爾是波蘭猶太人兼共產黨游擊隊員，此點並無爭議。一九四五年二月到九月間，莫瑞爾同時也被指派管理上西里西亞希維托赫洛維采（Świętochłowice）鎮上的茲高達（Zgoda）勞改營，那是奧許維茲的附屬營區。他後來還加入波蘭祕密警察的行列，最終官拜上校，負責管理卡托維治的一座監獄。莫瑞爾在一九九〇年代初移民以色列。

除了前述事實，莫瑞爾的其他事蹟幾乎都是眾說紛紜。根據波蘭調查人員和檢察官的說法，莫瑞爾在戰後立即加入波蘭祕密警察。他最初在盧布林城堡的監獄工作，協助審訊波蘭救國軍領袖，後來被轉調到茲高達勞改營。他在茲高達任職期間因為殘酷對待大多數德國囚犯（包括婦孺）而聞名。他不讓囚犯吃飯，默許衛生條件惡化，任意折磨他們取樂，有時甚至毆打囚犯致死。營區的情況實在太慘，夏天時終於爆發傷寒疫情，奪走約一千八百名囚犯的性命。根據檔案資料，內務人民委員部認為莫瑞爾應對這場疫情負責，於是關押他三天，並且扣除部分薪水。

二〇〇五年，一名波蘭檢察官認定莫瑞爾曾犯下戰爭罪，於是請求將當時居住在以色列的莫瑞爾引渡回國。他得到的回覆是一封來自以色列司法部的憤怒信函，表示莫瑞爾不是戰犯，而是戰爭受害者。根據該信所述，莫瑞爾在戰爭期間目睹波蘭警察殺害他父母、兄弟和大嫂，而他哥哥則遭到「波蘭法西斯分子」謀殺。以色列官員表示，莫瑞爾當時負責管理的希維托赫洛維采勞改營最多只關了六百名囚犯，都是前納粹分子，而且營地衛生條件良好。這位以色列官員的判斷並非基於事實，而是出於情感。他表示莫瑞爾是「納粹及其波蘭黨羽所犯下的族群滅絕罪」的受害者，而波蘭人是因為自身的反猶情緒才出言指控他，所以以色列不會把他引渡回波蘭。[57]

這次信件往來讓雙方都深感不滿。波蘭認為以色列藏匿這位典型共產黨罪犯，以色列則認為波蘭在攻擊這位典型猶太裔受害者。然而，莫瑞爾的故事並不典型，他的生命經歷並未「象徵」波蘭人或猶太人所承受的不正義。我們應當將他的故事視為特例。

首先，莫瑞爾的故事與大部分東歐猶太人不同，他是猶太大屠殺的生還者。我們很難知道此事有多罕見，因為倖存者的確切人數已不可考。在戰後東歐，並不是每一位曾遭迫害的猶太人都確實登記自己的猶太身分，也不是每個人都想與猶太組織取得聯繫。許多人為了偽裝成「雅利安人」而改名換姓，戰後也並未改回原名。但根據當前最好的估計，二戰前波蘭境內生活過的三百五十萬猶太人口中，似乎只有不到十分之一生還。納粹占領下的波蘭境內約有八萬名猶太生還者，其他人則在蘇聯地區度過二戰，多數人在戰後返回家鄉。到了一九四六年六月，戰後波蘭國界內僅剩約二十二萬猶太人，占波蘭總人口不到百分之一（波蘭當時總人口約兩千四百萬人）。[58]

在匈牙利，猶太裔生還者的人數更是難以估計，因該地的猶太人歷經長期同化、通婚和改教。也因為這點，一九四五年時匈牙利猶太人口的估計數字差異極大，從十四萬三千人至二十六萬人不等，但也只占匈牙利當年總人口九百萬人的一小部分而已。由於納粹德國在二戰後期占領匈牙利，其對匈牙利猶太人的遣送計畫（包括著名的奧許維茲大規模遣送計畫）主要針對住在鄉間的猶太人，因此匈牙利猶太裔生還者幾乎都住在首都布達佩斯。[59]在當時市民人口約九十萬人的布達佩斯，猶太族群是能見度相對高也相對善於表達自己的少數族群。由於匈牙利猶太人的家族網路和業界人脈完好無缺，他們很快就開始在公共領域中扮演重要角色。匈牙利的狀況顯然與波蘭及德國的狀況不同。二戰結束時，德國蘇占區內的猶太裔生還者只有四千五百人左右，在一千八百萬總人口中占比極小。他們的存在感極其薄弱，日後也一直如此。[60]

莫瑞爾還有另一點很不典型：他在戰後選擇留在東歐。大多數返鄉的猶太人都只在家鄉短暫停留，確定親人是否存活及整理剩下的財物。大多數人在看到家中幾乎片瓦無存之後都深受打擊。波蘭猶太當局在一九四六年的一份文件中解釋，許多猶太人之所以離開波蘭，主要是因為他們不可能繼續生活在「家人、親族和朋友埋骨的城鎮或村莊」。[61]也有些人離開是因為他們有親戚住在國外，那是他們世上僅餘的親人了。還有些人離開是因為他們痛恨共產主義（特別是那些在二戰期間待過蘇聯者），他們擔心猶太企業家和猶太生意人在共產國家裡沒有未來，而這份擔心相當有道理。

更多人離開的原因是出於恐懼。正如東歐其他地方一樣，波蘭、匈牙利、捷克斯洛伐克和東德在戰後都成了危險的暴力之地。有危險的不僅是共產黨官員、反共主義者、德國人、烏克蘭村落裡的波蘭人、波蘭村落裡的烏克蘭人，自然也包括猶太人。有些猶太人確實在戰後受到家鄉人的歡迎，也獲得公正的友善對待。有位曾加入紅軍的波蘭猶太人回到家鄉，他的鄰居友善接待，給了他食物並幫他躲過當地正在追捕共產黨人的救國軍。其他與共產黨有聯繫的波蘭猶太人也協助非猶太裔的救國軍游擊隊員逃離蘇聯祕密警察之手。索默斯坦（Emil Sommerstein）是一位在一九四四年從蘇聯古拉格勞改營裡被放出來的錫安主義者，當年的釋放條件是他得加入波蘭臨時政府、出任猶太事務部部長，他曾祕密策畫把假扮成正統派猶太人的救國軍信差送往倫敦。[62]

與此同時，坊間傳聞和史料證據都指出在戰後的頭幾個月甚至幾年內，匈牙利和波蘭的猶太人都遭受殘酷致命的攻擊（捷克斯洛伐克和羅馬尼亞亦然），只是攻擊的規模大小眾說紛紜。波蘭在這段期間裡的「猶太死亡人數」從四百人到兩千五百人都有可能。[63]考量到人們連生還者人數都不確定，這種統計數字上的爭議不足為奇，但這也反映出更深層次的不確定性。除了某些重大例外，這些攻擊行動都地方自發，並非官方政策的一部分（與針對波蘭德裔人口或斯洛伐克匈裔人口的攻擊行動不同）。有些攻擊行動是因猶太人返回被占據的居所而引發，有些則是因政治爭議而起，而這兩者之間的界線並不總是清楚。返回原居所並要求取回房屋的猶太人是因為房產而遭到謀殺，還是因為他們是猶太人而遭到謀殺？加入警察部門的猶太人是因為共產黨人的身分而遭到謀殺，還是因為猶太人的身分而遭到謀殺？搶劫猶太人是出於反猶心態，或者只是普通的犯罪行為？

面貌比較清晰的（至少就動機而言），則是這段時期大量出現的「反猶暴亂」（或稱反猶屠殺）。自一九四五年起，波蘭的熱舒夫、克拉科夫、塔爾努夫（Tarnów）、卡利什（Kalisz）、盧布林、考布蕭瓦（Kolbuszowa）和梅萊茲（Mielec），斯洛伐克的柯巴索夫（Kolbasov）、斯維納（Svinna）、克瑪諾（Komarno）和特普里策尼（Tepličany），匈牙利的歐茲德（Ózd）和昆馬達拉斯（Kunmadaras），這些地方都出現了反猶暴力。[64]最惡名昭彰的兩場暴亂發生在一九四六年七月四日的波蘭凱爾采（Kielce），以及幾個星期後七月三十日至八月一日間的匈牙利米什科爾茲（Miskolc）。

凱爾采反猶事件爆發的表面原因，是一起謠言，該謠言指控猶太人以孩童作為血腥獻祭對象（雖然我們很難相信二十世紀仍有這樣的事）。有個波蘭男孩大概是晚歸卻不想被處罰，於是告訴父母自己被猶太人綁架，說猶太人打算把他當作祭品獻祭。他說自己被關在凱爾采猶太委員會大樓的地下室，那裡是一個像宿舍和社區活動中心的地方，有幾十個猶太裔生還者住在該處。男孩那喝得醉醺醺的父親向當地警方報案，警方展開慎重調查。雖然該大樓的居民已向警方說明大樓並沒有地下室，因此不可能把男孩關在那裡，但謠言仍在整個城裡傳開。

群眾開始在大樓外面集結，一支軍隊也抵達現場（來自內務安全部隊的四十名士兵）。讓大樓裡的猶太領袖感到無比震驚的是，士兵開火的對象不是威脅施暴的群眾，而是猶太人。士兵並未驅散群眾，而是加入他們的行列，警察和市民自衛隊成員也一樣。當地工廠工人在下班後也參與了暴亂。那一天，凱爾采的猶太人在市區內不同地點和郊區被謀殺，就連不幸停靠在凱爾采的火車的猶太乘客也慘遭殺害。夜幕降臨時，至少已有四十二人死亡、數十人受傷。直到今天，此事都被視為戰後東歐最糟糕的反猶暴力事件。[65]

至於匈牙利的米什科爾茲事件，儘管暴亂發生前幾天確實出現了猶太人的血腥獻祭謠言（昆馬達拉斯和特普里策尼兩地的反猶暴亂也確實是因猶太人以基督徒小孩為祭品的謠言而起），但引發米什科爾茲暴亂的實際原因卻是因為三名黑市商販遭到逮捕，其中兩人是猶太人。三人遭逮的事情很快在鎮上傳開，散播消息者可能就是警察。七月三十一日早晨，當他們要從當地的拘留所被移送拘禁營時，人群已經等著他們。群眾手裡拿著標語：「猶太人去死」和「黑市販子去死」。犯人出現時，暴民對他們發動攻擊，殺害了其中一人，另一人被打到重傷送醫。並非猶太人的第三人則設法逃脫。

雖然群眾暴動的當下絲毫不見警察蹤影，但警方還是在那天下午以公開動用私刑的罪名逮補了十六名民眾。逮捕事件又引發另一波憤怒浪潮，導致另一群暴怒的民眾在隔天攻擊並占領警局。這次遭到殺害的是一名猶太裔警察。

這些令人震驚憤怒的事件引起全國關注，凱爾采事件更惹來國際關注。這幾場暴亂引發了新一波的移民潮。當時住在羅茲的一位猶太人解釋道：「我們原本就已感覺自身存在彷彿建立在流沙之上，但我們當時並未意識到究竟有多嚴重。我們只希望能重新活得像人，凱爾采事件則讓我們從幻夢中覺醒。沒有人應該在這裡逗留分毫。」[66]

就連非猶太人也深感不安。波蘭和匈牙利的知識分子和各黨派政治人物都痛心疾首地譴責這股反猶情緒，對於猶太大屠殺記憶猶新的國家對於這類事件自然是格外厭惡。波蘭政府展開司法調查程序，起訴了部分行兇者，最終有九人被判處死刑。在匈牙利，共產黨中央委員會對於反猶主義作出公開討論，這可能是自米什科爾茲事件後的頭一次，也是最後一次。[67]然而，隨後警方調查和內部調查的結果卻令所有人都相當失望。

關於這兩起事件，兩國政府都得負起部分責任。凱爾采的警方和安全部隊不僅未能阻止暴民，甚至連軍人都加入了暴動行列——正是警方的加入，才導致群眾暴力失控。在米什科爾茲，當地警察很可能事先透露了黑市商販會在市中心出現的消息，而群眾開始使用暴力時，他們卻消失無蹤。更重要的是，出身猶太裔的匈牙利共黨領袖拉科西在事發一週前的七月二十三日曾於米什科爾茲發表演說，譴責投機商販：「那些用匈牙利福林幣從事投機行為、意圖破壞我們民主制度經濟基礎的人都該被吊死。」同時，匈牙利共產黨也張貼海報並發放漫畫小冊，小冊裡描繪的「投機分子」看起來就像在暗諷猶太人。[68]據說共產黨希望將通貨膨脹和低靡經濟引起的憤怒民意導向「猶太投機分子」身上，以轉移民間對共產黨的批評。[69]

目前沒有文獻能夠證明這兩起事件有過縝密的事先規劃，某些人推測的跨國介入更是不太可能。雖然凱爾采和米什科爾茲事件發生時都有蘇聯人員和顧問駐守當地（有位蘇聯祕密警官甚至出現在凱爾采暴亂現場），雖然這兩場暴亂事件發生的時間點很近，但到目前為止並未出現蘇聯直接策動暴亂的證據，[70]也不清楚俄國人或地方共產黨人是否認為暴亂事件對他們有益。儘管匈牙利和波蘭當局都把責任推給反共運動和教會（當年的大眾似乎認為這種抹黑有其道理），但政府內部都認知到暴亂事件暴露出己方弱點。凱爾采的各安全部門之間出現爭執，未能確實遵從命令，在七月四日時沒能控制好群眾，徒顯當局無能。暴亂發生後，幾個地方共黨領袖丟了工作。[71]匈牙利共產黨人對米什科爾茲事件也深感不安，拉科西譴責暴亂事件是「法西斯主義滲透黨內的結果」，並誓言阻止暴亂擴散。[72]

儘管如此，這兩次事件無疑都得到許多民眾支持。猶太人殺害基督徒小孩或猶太投機分子搶劫基督徒農民的謠言彷彿自中世紀的深淵中浮現，在東歐鄉間的幾個鎮上突然流行起來（雖然他們的國人同胞對此驚恐萬分）。有些人認為是經濟因素導致這種瘋狂場面。波蘭歷史學家楊．格羅斯就曾指出，二戰期間的猶太大屠殺創造出「一個社會真空地帶，該地帶很快被波蘭本地的小資產階級補滿」。[73]根據格羅斯的看法，這個小資產社會階層對自己的地位感到困惑，害怕失去他們新獲得的財物，新的共產政權又令他們感受到威脅，於是該階層將憤怒集中在返鄉的猶太人身上。這樣的看法確實有道理，其他國家的人也曾目睹相同情況。一九四五年，猶太集中營的生還者暨作家柯瓦莉重返她家族在捷克鄉間的房子：「我按了門鈴，過了一會有個滿臉鬍渣的肥胖男人開門，盯著我看了一會兒，然後大喊：『所以你回來了！不！那是我們最不需要的！』於是我轉身走進樹林裡，在滿布青苔的衫樹下漫步，在鳥鳴聲中度過了三個小時，直到下一班返回布拉格的火車抵達。」[74]匈牙利共產黨擔心引起民眾負面反應，根本拒絕宣導歸還猶太財產。一九四五年三月，《自由人民報》勸告猶太人對於占據他們住所的非猶太人「多點理解」，即便其中許多人曾與法西斯政權合作。布達佩斯的共黨官員還建議，返家的猶太人應與屋內居民「達成協議」，這在當時情況下當然是不可能的事。[75]

也有人認為，這份敵意的背後必定有著比經濟競爭更深刻的原因。正如波蘭歷史學家達魯思．史托拉（Dariusz Stola）指出，波蘭人就跟捷克人、匈牙利人、羅馬尼亞人和立陶宛人一樣，曾經見識過猶太大屠殺的場面，聽過大屠殺的聲響，甚至聞過大屠殺的氣味，其經歷之深刻是包括德國人在內的西歐人民無法想像的：

> 這種經歷所引起的心理反應相當複雜且不合乎常理。猶太大屠殺的回憶彷若某種痙攣，相關感受強烈而難以控制，最重要的是，這些感受不一定是憐憫或同情……我不是心理學家，但我傾向認同前述理論，因為我沒看到其他理論能解釋某些可怕的行為，例如向收容猶太孩子的孤兒院投擲手榴彈。[76]

史托拉所提到的是一起惡名昭彰的事件：一九四五年八月十二日晚間，有位不知名攻擊者向拉布卡（Rabka）鎮上一間猶太孤兒院投擲手榴彈，然後持槍射擊長達兩個小時。令人驚訝的是沒有任何人喪命，但孤兒院很快就關門，孩子被送到其他地方。[77]

史托拉在二〇〇五年所做出的解釋，其實與當年許多波蘭知識分子的觀點相差不遠。一九四七年，著名哲學家暨社會學家奧索夫斯基（Stanisław Ossowski）得出相同結論。他寫道：「回應他人不幸的方式，並不是只有同情……那些命中注定被消滅的人，在其他人眼中也很容易顯得可厭，並被排除在人類關係的範圍之外。」他也和其他人一樣觀察到相同現象，那些從毀滅猶太人獲得某種物質利益的人經常感到不安或內疚，因此試圖正當化自己的行為：「如果一個人從他人蒙受的災難中受益，就會有一種強烈渴望，希望讓自己和他人相信這場災難在道德上具有正當理由。」[78]

無論這份揮之不去的敵意成因為何，確實都有助於說服猶太人離開東歐，移民至美國或西歐，更多人則前往巴勒斯坦。在凱爾采暴亂之後的三個月內，波蘭大約有七萬名猶太人前往巴勒斯坦。幾個由巴勒斯坦及美國團體提供支持或因此成立的錫安主義組織幫助並鼓勵他們這麼做。波蘭的猶太人依照安排，由約定好的西里西亞邊境離開，然後步行或乘坐卡車橫跨捷克斯洛伐克，最終抵達某個地中海港口，啟程前往巴勒斯坦（其中一些人在途中脫隊並前往其他國家）。[79]

猶太人的大規模離開，很快就開始讓波蘭政府感到尷尬（因為已有英國媒體報導此事，且當時移民到英國託管的巴勒斯坦仍屬非法），因此短暫喊停。但以色列建國後，波蘭政府再度允許猶太人離開，因為當局開始實施經濟集中化，急於擺脫猶太社群的中小商人。為了鼓勵移民，新的以色列政府與波蘭達成了一項對波蘭有利的貿易協議，有效保障波蘭幣的強勢地位。羅馬尼亞政府也與以色列達成類似協議，而蘇聯很可能積極批准了這兩項協議。[80]重要的錫安主義慈善機構「美猶聯合救濟委員會」此時也支付匈牙利政府一百萬美元，好讓匈牙利政府批准三千名匈牙利猶太人立即前往以色列。[81]

至少在檯面下，許多東歐國家遠比他們的領袖後來所願意承認的更支持以色列。除了南斯拉夫以外，所有東歐國家都在一九四七年投票支持分割巴勒斯坦：當時蘇聯支持以色列建國，主要是因為史達林相信以色列會立刻加入共產陣營。東歐人也熱烈支持以色列，波蘭、捷克斯洛伐克和匈牙利政府都在一九四七年末為哈加納（Haganah）開設訓練營——哈加納是猶太民兵組織，也是以色列國防軍的前身。匈牙利軍隊和祕密警察培訓了約一千五百名匈牙利猶太人，同時有約七千名波蘭猶太人前往西里西亞的一處小鎮博爾庫夫（Bolków），由紅軍、波蘭軍及哈加納戰士加以訓練。這項計畫在當時受到國家和當地人民支持。一九四八年六月，波蘭共產黨中央委員會提供這些人「一定數量的武器」和「軍事演習場地」。在博爾庫夫，演習就在公開場所舉行，志願隊伍一面唱歌一面穿越市區。當這批新兵行經布拉格和馬賽前往巴勒斯坦時，「民眾都拿出鮮花和旗幟，甚至連波蘭人對他們爭取自由之路也多有同情」，有位曾接受培訓者如此表示。該計畫持續運作至一九四九年初，希望創造出長遠之益：波蘭祕密警察記下了受訓人員名單，並要求共產黨員合作充當線民，「即便他們前往以色列後也要繼續合作。」[82]

隨著以色列建國，移民不再需要暗中進行。一九四八年，波蘭國營旅行社奧比斯（Orbis）規劃了首輛定期的移民火車，路線同樣經過捷克斯洛伐克、奧地利和義大利。在一兩次成功經驗後（猶太人終於相信他們「真的要去以色列，而不是被送往西伯利亞」），申請移民的人數開始上升。[83]這些數字到了一九五〇年代初再度下降，我們幾乎可以肯定是因為蘇聯施加壓力：史達林起初對以色列的支持如今已轉變成猜疑和偏執。到了一九五五年，波蘭境內只剩下不到八萬名猶太人：超過三分之二的生還者已然離開。東歐其他地區的統計數字也差不多。一九四五至一九五七年期間，羅馬尼亞有百分之五十的猶太人離開該國，捷克斯洛伐克的數字是百分之五十八，保加利亞則高達百分之九十。匈牙利則有四分之一到三分之一的猶太人選擇離開。[84]

在那些選擇留下的猶太人之中，有非常大一部分是因為他們是共產黨員，或者他們對共產政權有很高的期待，或是在共產國家機器中工作。在那個所有反共派系都被逮捕或殺害的時期，反共的猶太人選擇離開東歐自然是再合理不過的事情。但這也是莫瑞爾最不尋常之處：身為猶太裔的他不僅留了下來，還加入祕密警察。大多數波蘭猶太人並未加入祕密警察（儘管此事與東歐盛行的迷思相反），他們怎麼可能加入呢？畢竟大多數猶太人早已離開或正計畫離開該國。

波蘭的共產黨和安全部門裡確實有少數猶太人出任相當高階的重要職位。伯曼和明克都是猶太人，也是貝魯特的高階顧問，前者負責意識形態，後者負責經濟。布里斯提格（Julia Brystiger）管理負責滲透天主教會的祕密警察部門。盧詹斯基（Józef Różański）是兇惡的祕密警察審訊官，他跟副手修默（Adam Humer）都是猶太人。盧詹斯基的哥哥波雷薩（Jerzy Borejsza）是猶太作家，最終掌控了戰後出版業的大半版圖。史維特沃（Józef Światło）曾是高階祕密警官，後來叛變到西方。即便有這些人，這個負有惡名的群體始終是少數族群。最佳的估計數字來自歷史學家安傑伊．帕茲科夫斯基，他認為在戰後初期的祕密警察領導層中，猶太人占約百分之三十。一九四八年後人數進一步減少。他們無疑激起了不成比例的反共情緒。[85]

匈牙利的情況有所不同，因為匈牙利所有的共黨領袖，包括拉科西、格羅和雷瓦伊，都是猶太人，政治警察和內務人民委員部的創建者也有許多是猶太人，包括加博。但即便是在匈牙利，我們也無法清楚觀察出猶太人是否因此偏愛共產黨。在一九四五年的大選裡，只有四分之一的猶太裔人口投票給共產黨。雖然猶太裔領袖在戰後初期的共產黨內占有相當多的人數，但在一九四八年之後，猶太人在國家機構中任職的比例卻開始下降，因為匈牙利共產黨積極招募前政權的低階成員，特別是警察（東德共產黨和羅馬尼亞共產黨亦然）。共產政府希望在這個族群中更得人心，並且扭轉共產黨人皆為「菁英」、「外國人」或「猶太人」的刻板印象。（「他們其實不是壞人，」拉科西在談論前法西斯成員時向一位美國記者表示。「他們根本不是活躍成員，現在他們只要簽署承諾書就可以加入共產黨。」）[86]

更重要的是，就算猶太人在東歐共產黨裡擔任領袖，黨也不曾擬定任何能夠稱之為「親猶」的政策。相反的，共產黨人（包括猶太裔共產黨人）對猶太歷史和猶太身分感到極其矛盾，即便在猶太大屠殺的年代也是如此。一九四二年，伯曼在莫斯科開始聽聞華沙猶太人的恐怖遭遇，而他其中一位親生兄弟將會死在特雷布林卡集中營的毒氣室。但他堅定克制自己的同情心，因為真正的共產主義者不會讓納粹定義他們的政治觀點。在他寫給同為猶太人的卡斯曼的信中，他建議這位朋友不要分心於現正發生的悲劇。「波蘭猶太人的狀況非常糟糕，」他寫道，「但就我看來，你不能過度關注這個問題……就算動員波蘭猶太人對抗占領者一事真的相當重要……但我們應該把關注焦點放在其他更重要的事情上。」[87]

這種矛盾心情在戰後有增無減。一九四五年和一九四六年，拉科西擔心反法西斯審訊案過於集中在「曾對猶太人下手的人」身上，可能造成民意反彈。[88] 拉科西過去就曾以愛在談話中拋出反猶言論而出名，有次更為此冒犯國會議長貝拉（Béla Varga），令貝拉厲聲指責道：「你母親也是猶太人，不要不認你母親。」拉科西曾經否認自己的出身。當出身獨立小農黨的總理納吉在內閣會議上提到戰後匈牙利政界出現了眾多猶太面孔時，拉科西冷靜地指出共產黨並沒有這個問題：「幸運的是，我們黨內所有領導人都是天主教徒。」[89] 即便是猶太社群已近乎絕跡的東德，也早早就刻意區分出「反法西斯鬥士」和「法西斯主義受害者」，前者主要指共產黨人，後者則指吉普賽人及猶太人。正如歷史學家赫夫（Jeffrey

Herf）指出：「猶太人等同於資本主義者和無力軟弱者的古老反猶刻板印象，會繼續潛藏在東德反法西斯領域的陽剛共產論述裡。」[90]

東歐共產黨和東歐猶太人之間的這種不穩定關係，部分也許能歸因於個人的反猶傾向，甚至是個別猶太人的反猶傾向。但有部分其實反映出史達林本人的反猶傾向，他這份傾向隨著時間推移而愈來愈明確，最終在去世前對蘇聯高層的猶太人發動了一波清洗。然而，若就最深層的意義來看，共產黨人對於猶太人和猶太特色的不安全感，或許反映出他們對於自身是否受歡迎的不安全感。各地共產黨人知道許多民眾不認為他們具有正當性（更準確的說，大家認為他們是蘇聯代理人），於是他們試圖利用民族、宗教和族群傳統象徵贏得民心。這在一九四五年和一九四六年時尤其明顯，那時他們仍然認為自己有機會透過選舉贏得政權。拉科西口裡不停吐出反黑市和反猶言論，但匈牙利共產黨也支持每年慶祝一八四八年的「資產階級革命」，並堅持他們的追隨者除了紅色黨旗外也要高舉匈牙利國旗（一些老黨員對此深感不安）。拉科西解釋：「我們的愛國心仍然有點問題，很多同志擔心我們正偏離馬克思主義的正軌。我們必須明確強調，我們選擇了紅旗和國旗……國旗是匈牙利民主的旗幟。」[91]

德國共產黨人也是一樣。即便二戰仍未結束，他們就已重新揚起第二帝國旗幟，以吸引退伍軍人加入。他們還竭力向傳統的德國英雄致敬，例如一九四九年在威瑪舉辦歌德紀念年，以及在萊比錫舉辦四年一度的巴赫大賽。波蘭則是以一九四九年為蕭邦紀念年。一九四四年八月，盧布林臨時政府首長莫拉夫斯基甚至公開舉行彌撒，以紀念「維斯瓦河的奇蹟」，也就是波蘭軍隊在華沙城外擊敗布爾什維克的戰役——這個明顯帶有反俄色彩的日子也是波蘭的國定假日。而時任蘇聯人民委員會代表、日後會成為蘇聯總理的布爾加寧將軍（Nikolai Bulganin）也出席了這項活動，更讓此事顯得怪異。[92]

共產黨對反猶態度的放任也是這種思考模式的一部分。許多人希望藉由忽略甚至隱約討好反猶主義來令自己的黨更具「民族精神」或更加「愛國」，更不像蘇聯及外來勢力，也因此更具正當性。在波蘭，「共產黨不受歡迎是因為黨內猶太人太多」這項說法正是出自共黨內部。一九四八年，波蘭在二戰時期的共產領袖哥穆爾卡（也是貝魯特的死對頭）在失勢後寫了一封長信給史達林，表示黨內的猶太黨員導致黨很難擴大群眾基礎：「某些猶太同志對波蘭民族或波蘭工人階級沒有任何認同……也有些人抱著『民族虛無主義』的態度。」他因此宣布：「我認為不只有必要阻止國家及黨機構中的猶太人比例進一步上升，更要慢慢降低比例，最高階職位尤其如此。」[93]

正如蘇台德地區的反德情緒，波蘭的反烏克蘭情緒及斯洛伐克的反匈牙利情緒一樣，反猶情緒最終淪為共產黨手中的另一項武器。就此意義而言，戰後的猶太歷史與其他更激烈的族群清洗應該要被寫進歷史的同一篇章。為獲民眾支持，共產黨可以鼓動人民對德國人的恨意，對匈牙利人的恨意，對烏克蘭人的恨意，甚至在受猶太大屠殺影響最深的地區煽動人民對猶太人的恨意。波蘭共產黨後來又故技重施，在一九六八年時開除了大多數猶太黨員。

至於莫瑞爾，他在某種意義上確實是那個時代的「典型」：就像許多經歷恐怖的二戰和戰後混亂歲月的人一樣，他在不同的民族敘事中扮演了不同角色。他是大屠殺的受害者，是共產罪犯，是失去所有家人之人，也是對德國人和波蘭人抱持著虐待狂般憤怒的人——這種憤怒可能與他經歷猶太大屠殺一事有關，也可能無關；可能與他的共產立場有關，也可能無關。總之他懷抱著濃厚的復仇心，深具暴力傾向。他曾獲得波蘭共產政府頒發的勳章，曾遭戰後的波蘭政府起訴，也曾讓以色列政府為他辯護——儘管他直到戰爭結束半個世紀後才開始想移居以色列，而且他不過是因為害怕被起訴才想移居該處。直到最後，他的人生故事都未能證明有關猶太人或波蘭人的任何事情。這個故事只證明了，想要對這群在二十世紀最糟糕的幾十年生活在歐洲最受戰火蹂躪之地的人們做出評判，是一件多麼困難的事。

第七章　青年男女

「你們的反法西斯行動小組必須立刻解散……！你們應該要等待中央委員會的指示才對！」

——烏布利希，一九四五年[1]

「凡受少年擁戴者必掌握未來。」

——德國少年先鋒隊口號

一九四七年，波蘭政治局成員和政府部長揚德里霍夫斯基（Stefan Jędrychowski）寫了一備忘錄給同事，內容是這位老共產黨人相當關心的一個主題。此文標題有些自負，叫做《記盎格魯撒克遜政治宣傳》，文中抱怨英美媒體比蘇聯和波蘭媒體更具影響力，美國電影被過度吹捧，美國時尚商品也太過容易取得。他以堅定的語氣，建議用更顯眼的方式展示及宣傳蘇聯時尚商品，並對英國文化協會等波蘭境內的英語教學機構設立嚴格限制，更要密切監視西方大使館的活動。

但沒有事情比波蘭基督教青年會更讓揚德里霍夫斯基操心。該組織於一九二三年成立於華沙，曾遭希特勒政權取締。一九四五年四月，波蘭基督教青年會在基督教青年會國際總部的協助下再次重建，獲得當地民眾熱烈響應。基督教青年會宣稱自己是與政治無涉的組織，在波蘭的主要任務是分送外援物資（衣服、書籍及食物）並為年輕人提供活動課程。然而，揚德里霍夫斯基懷疑該組織動機不純。他寫道，基督教青年會的政治宣傳「相當謹慎……避開直接的政治語言」，這使得它更加危險。他建議國安部長拉德奇維茲對該組織進行財務審計，並仔細監控其出版物和課程。[2]

為此煩惱的人不只他一個。大約在同一時間，波蘭教育部也收到來自共產青年組織領袖的報告，該組織當時被稱為戰鬥青年聯盟。這個聯盟痛恨基督教青年會的程度更勝於揚德里霍夫斯基，因為這些年輕的共產主義者極為厭惡基督教青年會提供的英語課程、俱樂部和撞球遊戲。他們抱怨基督教青年會在格但斯克提供公寓和餐廳，贈送舊衣服，還在克拉科夫則租下一棟建築，租期七十五年。這些舉動都遠遠超出共黨青年組織的能耐，雖然他們沒把這句話說出口。[3]

他們的擔心背後或有更深層的原因：一九一七年布爾什維克革命後曾有一段時期，一名叫杜克斯（Paul Dukes）的英國特務確實曾以莫斯科基督教青年會為掩護來從事間諜活動，只不過他的行動並沒有特別成功。[4]就算波蘭共產黨人對這段歷史並不熟悉，也有其他理由對華沙基督教青年會感到惱火。共產黨討厭基督教青年會，是因為他們時髦（如果戰後華沙有時髦可言的話）。舉例而言，喜愛四處漫遊的迪爾曼（Leopold Tyrmand）就住在華沙基督教青年會，他是作家，也是記者，更是波蘭第一位爵士樂評論家（或許也是最偉大的一位）。迪爾曼在戰後在這座半毀建築租了一個房間，如他後來所寫，「長兩公尺半，寬三公尺半，簡直就是兔子洞，但很舒適」。建物四周盡是泥濘、塵土和如今已成廢墟的華沙——讓這座單身男子宿舍有種「豪華飯店」的氛圍。「其實不算什麼，但就是乾淨也安靜。」[5]

到了晚上，迪爾曼會穿著顏色鮮艷的襪子和合身長褲（由一位同住基督教青年會的裁縫為他量身訂製），前往樓下的爵士音樂會。「在自助餐廳、閱覽室和游泳池之間，當地最酷的女孩子皆以當時流行的搖擺舞風格慢悠悠閒晃。」無論是基督教青年會的華沙分部還是羅茲分部，都以這些音樂會聞名。一位熱愛這些聚會的民眾回憶，得到基督教青年會音樂會的入場券宛若「美夢成真……文明優雅，極其愉快，即便沒有酒精也是如此」。最重要的是，這項活動純屬娛樂。「我們對卡廷慘案或者自由國家的生活一無所知，我們沒有護照，沒有新書或電影，但我們自然需要娛樂和有趣之事……爵士音樂帶給我們的正是這些。」迪爾曼後來寫道，「在遭到摧毀且僅剩穴居生活的華沙，基督教青年會代表真正的文明。我們最珍惜的是類似大學社團般的氣氛與運動精神，還有良好的幽默感。」[6]

然而，揚德里霍夫斯基和戰鬥青年聯盟這樣的敵人卻讓基督教青年會無法繼續存在。一九四九年，共產當局宣布基督教青年會是「資產階級法西斯分子」的工具，將其強制解散。接著，年輕的共產倡議團體帶著某種歐威爾式的奇異憤怒，手持錘子襲擊該會，摧毀了所有爵士樂唱片。該建物被移交給一個名為「士兵之友聯盟」的組織。原本的住民受到騷擾，先是清晨出現噪音，再來是斷水斷電，想方設法逼他們搬走。最後，共產青年把每個人的財物從大樓窗戶丟了出去，還拆掉了他們的床。

還是有人留了下來，主因是沒有其他地方可去。迪爾曼就留下了。也有新的居民入住，有的人還帶著妻小。到了一九五四年，這個地方已變得吵鬧而骯髒，大廳裡掛著洗好的衣服，空氣中瀰漫著烹飪的氣味。整家人擠在狹小的房間裡。這棟建築已成「巴黎式的貧民窟」，迪爾曼如此寫道，「舊基督教青年會愉快舒適的氛圍如今已成遙遠回憶，只屬於恬靜的史前時代。」[7]

波蘭基督教青年會在戰後初期的重建活動，可以視為當今所謂「公民社會」的標準例子，同樣的現象在過去曾有其他不同的名稱。[8] 十八世紀的柏克（Edmund Burke）便曾撰文稱許「小單位」（little platoons），他認為這是公眾精神所催生的小型社會單位（而法國大革命威脅了這種單位的存在）。十九世紀的托克維爾也曾熱切寫道：「各種年齡，各種處境和各種性格的美國人正不斷組織結社。」托克維爾的結論是，這樣的結社有助於抵禦獨裁：「如果人類要保持文明或變得文明，就必須不斷增進並改善彼此聯合的技巧。」晚近的政治學家羅伯．普特南（Robert Putnam）則替此一現象取了「社會資本」的新名字。普特南的結論是，自願結社正是所謂的「社群」核心。

到了一九四五年，布爾什維克黨人也發展出了自己一套民間社會理論，只不過是一套完全負面的理論。與柏克、托克維爾及其他俄國知識分子不同，共產黨人對民間社會的想法可用歷史學家史都華．芬克爾（Stuart Finkel）的話來總結：「在社會主義社會中，公共領域應保持單一一致。」他們拋棄了公眾討論的概念，認為其屬於「資產階級」；他們也痛恨獨立協會、工會和各種同業公會，稱其為社會內部的「分離主義」或「種姓制度」。至於資產階級政黨更是毫無存在必要。（列寧曾寫過：「歐洲和俄羅斯的政黨名稱往往源自於廣告目的，政黨提出的「方案」往往是為了欺騙公眾而寫。」）[9] 只有共產黨的附隨組織被允許合法存在，即使是與政治全然無關的組織也遭禁止——因為在革命成功之前，沒有哪個組織與政治無關。在共產黨人眼中，一切都具政治性。如果哪個組織在檯面上毫無政治性，那麼私底下肯定也具有政治性。

所以，每個組織都很可疑。聲稱是為了足球或國際象棋而成立的協會，有可能只是某些險惡組織的「掩護」。來自聖彼得堡的學者利哈喬夫（Dmitri Likhachev）在一九二八年被捕，只因他加入了一個會用古希臘語向彼此致意的哲學討論小組。利哈喬夫在監獄裡碰到許多人，包括聖彼得堡童軍團負責人——該組織後來在東歐也被視為高度可疑的組織。[10]

對公民社會抱持高度懷疑，正是布爾什維克思想的核心所在，其重要程度比人們通常願意承認的還高出許多。歷史學家芬克爾指出，雖然蘇聯領導階層在一九二〇年代期間（列寧新經濟政策時期）對於自由經濟做出許多嘗試，但他們仍不斷有系統地瓦解文學、哲學和宗教社群。[11]即便是正統的馬克思主義者也認為，寧願接受自由貿易也不樂見文化或體育團體的自由結社。這點在列寧、史達林、赫魯雪夫和勃列日涅夫掌權時期都是如此。雖然許多事物都出現變化，但對於公民社會的壓迫在史達林死後仍舊持續，一直延續到一九七〇和一九八〇年代。

東歐共產黨人也承襲了這種偏執，不僅是因為共產黨員在蘇聯做客時觀察並學習到此事，更是因為他們的祕密警察同夥在培訓期間皆受過相關訓練。在某些情況下，則是因為二戰結束時駐在東歐的蘇聯將領和大使都曾明確指示祕密警察必須多疑而偏執。也有幾個案例是蘇聯當局直接命令東歐的共產黨查禁特定組織，或是特定類型的組織。

這段期間就像俄國革命後的情況，對於東歐民運人士的政治迫害不僅早於對於政治家的迫害，其重要性也優先於蘇聯和東歐共產黨的其他目標。雖然匈牙利理論上仍有選舉自由，也有一個合法的反對黨，特定類型的市民團體已然面臨威脅。在東德，蘇聯指揮官在占領的頭幾個月裡並沒有試圖禁止宗教聚會或宗教儀式，但他們經常強烈反對教會團體舉辦聚會或晚禱會，甚至也反對有組織的宗教和慈善團體在餐廳等公共空間聚會。[12]雖然馬克思相信「下層結構決定上層建築」（即經濟基礎決定政治和文化），但共產黨早在東歐出現最激烈經濟變革之前便已開始攻擊該地的公民社會。雖然蘇聯占領歐洲各國的時間點並未完全重疊，但模式都非常相似。在許多地區，就算私人貿易仍然合法，參加天主教青年團體也已屬非法情事。

在新成立的共產黨眼中，最能體現公民社會重要性的，莫過於該地區的青年運動史，而這可能是因為共產黨看重年輕族群勝過其他社會團體。有部分其實是因為他們的法西斯對手也很看重年輕人，也在青年組織上取得巨大成功。早在一九三二年時，德國共產領袖台爾曼便曾呼籲黨內同志要像納粹那樣「使用體育、紀律、同志情誼、童軍遊戲和遊行等手段」。「為什麼我們不利用藍領青年的浪漫革命情懷？為什麼我們的戰術如此乏味？……我們必須吸引無產階級年輕人的注意力……」[13]

共產黨人對年輕族群的癡迷，有部分也出自一九四〇年代共產主義者（及整個歐洲左翼圈子）所風行的一套概念，即堅定相信人類的可塑性。史達林本人就是出了名的對遺傳學抱持懷疑態度，這正是因為他深信政治宣傳和共產主義教育可以永久改變人的性格。他贊同李森科（Trofim Lysenko）等反遺傳學的江湖郎中，李森科認為後天習得的特質可以繼承，並篡改實驗結果來證明這一點。史達林仍在世時，任何駁斥李森科理論的科學家在蘇聯境內都可能遭到迫害。[14]史達林的邏輯很清楚：如果可以透過教育和政治宣傳來影響年輕人，如果他們能將這些後天習得的行為傳給後代，那麼就有可能創造出共產主義的新人種，也就是「蘇維埃人」（Homo Sovieticus）——我們後文會再談到此事。

——

許多青年組織在二戰後的廢墟中重新現身，波蘭基督教青年會只是其中之一。在電視和社群媒體尚未普及，人們家中也沒有收音機、報紙、書籍、音樂和放映設備的年代裡，青年組織對少年和青年人的重要性是今日很難想像的。這些組織會舉辦派對、音樂會、營會、俱樂部、運動比賽和討論小組，這些都是在其他地方找不到的。

尤其是在德國，希特勒青年團及其女性支部德國少女聯盟在戰後的消失，確實製造出某種需求空缺。直到戰爭最末，都還有近半德國年輕人會參加希特勒青年團和德國少女聯盟舉辦的晚會，許多人在夏天和週末也會參加營隊活動。雖然這兩個組織如今已徹底名譽掃地，但它們填補的是一份真實需求。戰火平息後，納粹青年團體的前成員及曾與這些團體為敵的人們，在東西德的城市和小鎮裡自動自發地組織起反法西斯團體。

初期團體都是德國組織，而非蘇聯組織，而且是由年輕人自己創立，因為他們周遭的成年人正活在絕望之中。五分之一的德國學童失去了父親，十分之一學童的父親淪為戰俘。總得有人開始重建社會。由於缺乏成人權威，重建社會的任務便落在一小群充滿活力的年輕人肩上。在柏林西部的新克爾恩（Neukölln），一個反法西斯青年組織於停戰前一天（五月八日）成立。到了五月二十日，該組織已有六百名成員，安排設立了五家孤兒院，並清出兩座運動場的瓦礫。五月二十日，該組織在新克爾恩的一家劇院舉辦演出，觀眾席上有蘇聯軍官也有一般大眾。[15]

當時甫乘烏布利希飛機抵達柏林的萊昂哈德，也認識了新克爾恩青年組織的成員。那是他遇到的第一批非蘇聯的政治倡議者：「你可以感受到真摯的熱情和合理的現實感。成員並未等待指示，而是立即意識到最重要的是安排供應食物和水，以舒緩大眾的迫切需求。」他對於該組織有效率且有條理的討論驚嘆不已：「他們在半小時內完成的事，比我在俄羅斯每場無止無盡的會議所完成的事還要多。」[16]類似的團體開始在柏林各地發送食物，清理瓦礫，而柏林在停戰後的頭幾個月裡完全處於蘇聯控制之下。西方盟軍於七月抵達，直到那時柏林才被劃分為不同的占領區。此時柏林市政官員估計全城已有一萬名青少年加入自發組建的反法西斯團體。[17]

然而，這些團體開始活動後不久就引起了蘇聯占領當局的注意和懷疑。七月三十一日，駐德蘇聯軍事管理委員會發布了一份聲明，「允許」在市長領導下成立反法西斯團體，但「必須涉及正式請求」。換句話說，所有青年組織、工會和運動俱樂部，甚至社會主義團體，在沒有明確許可的情況下都屬違法。另一份聲明則命令所有青年團體都必須增進與蘇聯間的「友誼」。在團體成立僅三個月後，國家已開始控制這些由人民自發的組織。

萊昂哈德人生中第一次遇到自然成形的公民社會，卻得負責破壞它。在他們抵達柏林不久後，烏布利希便提醒他得留意「反法西斯組織、反納粹團體、社會主義辦事處、民族組織或類似團體」等未經授權而自行成立的組織。萊昂哈德寫道，他起初十分樂見烏布利希對這些團體的關注，他所接觸到的新克爾恩反法西斯團體成員讓他大為感動，他以為「烏布利希交給他的任務是與這些團體聯繫並支持他們的工作」。他錯了。烏布利希告訴他，這些團體大多是由納粹成立的掩護性組織，目標是阻礙真正民主的發展。烏布利希最後下令要他把這些團體「解散，而且是立即解散……」。萊昂哈德「心情沉重地」同意這項任務。直到後來他才明白背後原因：

史達林主義者不可能允許基層人民獨立創建反法西斯、社會主義或共產主義的組織運動，因為這類組織總有可能脫離控制並試圖反抗上級指令。這是官僚體制面對德國反法西斯的獨立組織與左派圈子的首次勝利。[18]

雖然烏布利希和他的蘇聯同夥不希望任何自發性團體存在，他們倒是非常希望年輕人加入已在蘇聯當局底下登記的組織。由於德國被視為「資產階級」民主國家，而且當時非共產政黨仍被允許存在，所以他們確實核准了少數非共產黨的青年組織登記立案，前提是組織同意接受全面控管。七月，他們批准中間偏右的基督教民主黨官方「青年部」的登記立案。蘇聯官方會在一九四六年發布指示，允許成立某些藝術和文化團體。[19]

共產黨也成立自己的青年組織，並且樂觀認為會有許多德國年輕人加入。結果沒有人想加入——或者說人數沒有預期多。一九四五年十月，青年（或說還算年輕，當年他三十三歲）何內克（Erich Honecker）向上級表示事情進展很慢——他是受黨信任的內部人士，也隨著烏布利希一起從莫斯科乘坐首班飛機抵達柏林。他深恐德國年輕人「誤以為納粹黨先前的活動就是政治」，並擔心許多人「只是在替私人問題尋找解方」或是「沉迷於享樂和黑市交易」。[20]

不是只有何內克認為德國年輕人缺乏政治意識。共產黨員比亞雷克現已離開布雷斯勞，暫且從妻子遭紅軍士兵性侵的幻滅悲劇中恢復過來——他也曾抱怨德國年輕人思考和交談時仍用納粹語言。比亞雷克被任命為薩克森共產黨青年部領袖，他主張讓前希特勒青年團成員加入他們的新組織，從而擴大組織吸引力，畢竟這群人本來就引領德國前行。比亞雷克宣稱：「我們可以排斥前希特勒青年團的領袖人物，但我們不能抹除他們擁有的領袖權威，即使是朱可夫元帥下令也一樣。」[21]

雖然共產黨青年組織欲振乏力，其他組織（尤其是基督教組織）的影響力和吸引力卻明顯上升。在納粹德國消逝後的道德荒漠，教會似乎成了精神道德上的綠洲。後來成為法學家、法官，最終當上西德憲法法院院長的班達（Ernst Benda），當時便加入了基督教民主黨的青年部，因為他相信該黨的信條奠基於「簡明真理」之上：「完全誠實，沒有謊言，真實且公平地對待政治對手，保持公正——這意味著社會正義。」[22]

年輕的克萊因（Manfred Klein）在蘇聯監禁營中就受到共產黨的強力招攬，卻還是在一九四五年秋天時回到教會。他在戰後重返柏林，最初協助何內克規劃共產青年活動，但很快便對此感到不安。「我們只有二十歲，面對這個封閉系統那看似完整而不容置疑的邏輯，只感受到無力。」他在回憶錄中這麼說：「我雖然從小在天主教信仰中長大，成長過程接觸許多天主教會的青年事工，但我仍保有許多質疑空間。」最終他加入基督教民主黨的青年部。昔日的黨內同志對他相當惱火，後來卻意識到克萊因可為他們所用。何內克堆起笑容告訴克萊因：「你比我想的更精明。」蘇聯同志也贊同，希望他成為黨在基督教民主黨內的臥底。[23]

到了一九四五年十二月，共產黨青年組織意識到必須改變策略。既然無法像其他政黨的青年部那樣吸引到大批年輕人，那就乾脆改變遊戲規則。何內克於是要求比亞雷克暗中策畫一個「人民自發」的德國青年組織「統一運動」。從薩克森邦開始，各地屆時將會出現許多請願、集會和演講活動，呼籲黨將德國所有青年組織集結在單一團體之下。青年領袖們也會寫信給蘇聯當局，呼籲成立一個不分黨派的單一青年團體。一旦蘇聯軍方領導人同意這項計畫，那麼「資產階級」的年輕領袖將別無選擇，所有年輕人都將隸屬此一新團體，掩蓋掉共產青年團體相對拙劣的吸引力。[24]

這項構想源於共產黨的失敗，因為他們爭取不到年輕族群的支持，所以黨內領導決定消滅競爭對手。雖然這個想法源自德國（似乎是何內克的主意），但該計畫很快便得到蘇聯上級支持。一九四六年一月，時任該德國共產黨中央委員會主席的威廉．皮克寫下一段筆記，內容是針對蘇聯在柏林總部卡爾霍斯特區（Karlshorst）的一場討論：「我同意建立統一的反法西斯青年組織，但這事得由莫斯科決定。」烏布利希會在下次前往莫斯科時提起這項議題，並在二月初時帶著莫斯科的許可返德。「自由德國青年組織」於焉誕生。

出乎其他青年團體領袖的意料，比亞雷克也在這時「出自內心地」呼籲眾青年團結。在為此召開的會議上，何內克表示有「許多」團體都希望有一場一致性的自由青年運動。當基督教民主黨和社會民主黨的青年領袖表示他們沒有聽到這樣的聲音時，有人向他們展示了幾簍裝滿數百封信的籃子。「這個驚喜效果絕佳，」克萊因回憶道，「當時我們沒人想過會有這樣的提議。」自由德國青年組織正式成立代表大會，基督教民主派、社會民主派、共產主義等各路青年都同意參加。天主教和路德宗的青年領袖也加入，雖然他們態度相對謹慎。克萊因和當年柏林基督教民主黨的領袖人物凱瑟（Jakob Kaiser）討論過這次大會，凱瑟也認為應該參加，但建議他保持審慎：「沒有人知道事情能維持多久。」[25]

自由德國青年組織的首次大會在一九四六年四月於布蘭登堡舉行，場面起初看來頗為欣欣向榮。大會以《自由青年之歌》一曲開場，選出包括克萊因、何內克和比亞雷克在內的常務委員團，隨後還有幾個人發表歡迎致詞。蘇占政權的文化委員屠帕諾夫上校（Sergei Tulpanov）向眾青年表示：「希特勒的意識形態在德國青年的意識深處留下了深深烙印」，並以些許傲慢的語氣稱讚在場年輕人已擺脫了這種意識形態：「我知道你們為了清除這一切竭盡全力。」[26]歡迎致詞後是更多致詞：青年成就、強調包容女性加入、工業國有化之必要性，以及背信棄義的西方世界。許多講者都稱呼在場者為「同志」。有一兩位天主教代表發言，其中一位表示：「沒錯，我們也想要團結，出於對德國的愛而團結。」[27]

雖然會場裡充滿和解氛圍，場外氣氛卻沒那麼和諧——到了第三天更是變得相當不愉快。那天早上，幾位共產激進派代表在小房間開會，其中一人抱怨教會代表，認為應將他們除名。比雷亞克告訴他不用擔心，說能夠控制教會的年輕人：「我們會每天揍教會十拳，直至他們倒地。當我們需要他們時再輕輕安撫一下，直到傷口癒合。」[28]

不幸的是，有位天主教青年代表無意間聽到了這段發言，記下了對話內容，並把這件事告訴同伴。克萊因和幾位天主教領袖皆宣布拒絕加入新組織，接著雙方來回爭吵，直到蘇聯長官出面調停。貝林

（Beylin）少校承諾天主教代表在組織內能享有一定自治權，他們才同意留下。那是一九四六年，蘇聯仍急於讓蘇占地區看起來民主多元。

這份急切沒能持續多久。大會最後選出六十二名成員擔任中央委員會委員，超過五十人是共產黨人或社會主義者。共產黨人一個個選走所有重要職位，盲目獻身共產主義的何內克成為自由德國青年組織的領袖——在他已稱不上是青年後仍占據該職好一陣子（他在一九五五年才從自由德國青年辭職，那年他四十三歲）。委員們旋即在博根湖畔成立了一所自由德國青年培訓學校。在該處，「何內克與其同志的真正意圖很快就變得十分明顯……年輕男女在此接受馬列主義和史達林主義的意識形態訓練，並獲得明確指示，告訴他們如何幫助社會主義在企業和國家取得勝利。」克萊因如此回憶道。[29]

蘇聯同志的意圖也變得更加明顯。一九四六年八月，薩克森當局向上級示警，因為當地教會自行舉辦了青年退休會和夏令營。當時提交的報告記載著，蘇聯軍隊於是前往「救援」，士兵走進森林裡「把孩子們帶回家」。[30]十月，基督教民主青年在西柏林舉辦了一次大型集會，會上卻發生令人不安的停電事件，當時在場每個人都知道，供應柏林電力的電廠就位於蘇聯控制的區域。眾人出於反抗精神，在燭光之中繼續集會。[31]

有些團體則是直接被解散。一九四六年春天，蘇聯當局發現一個未獲登記的福音派青年團體正活躍於薩克森邦——基督教奮進青年協會，他們會舉辦聖經討論聚會和禱告會。薩克森當局表示：「這證明我們對德國組織活動的控制力相當薄弱。」他們立即查禁該會。[32]另一群在萊比錫成立自由德國青年「獨立小組」的人也遭逢類似命運。儘管該小組領導人表示成員比自由德國青年組織的主流「工作者」更加知性，因此才需要自己的小組，但他們仍被迫解散。[33]有份蘇聯報告抱怨，許多宗教團體的行為「遠超出宗教框架」，並且正「從事與青年相關的文化政治工作」——這當然是教會青年團體向來在做的事。

一九四六年冬天，位於卡爾霍斯特的蘇聯占領當局告知剛成立的德國文化部（為實施蘇聯政策而成立的德國官方機構），無論是兒童、青年還是成人團體，除非隸屬自由德國青年組織、官方工會組織或官方文化聯盟等「群眾組織」，否則任何形式的藝術文化團體皆屬非法。「若不這樣做，這些團體就會脫離掌控。」當德國文化部派遣一位督察專員去評估各團體的「聯繫情況」時，驚訝地發現許多團體和中央的群眾組織並沒有聯繫。這位專員似乎對獨立棋社的數量之多格外驚訝，她籲請蘇聯和德國文化部門剷除這些團體（棋社、運動社團、歌唱社團等），而這項工作直到一九四八至一九四九年才完成。其他與政治無關的組織也立刻被查禁，例如登山健行社團就被嚴格禁止，這可能是因為希特勒青年團特別喜歡登山健行活動——但也有可能是源於德國著名的自然環境與登山健行漂鳥團體（Wandervogel），該組織在十九世紀末創立時曾同時受到左派和早期納粹分子的喜愛。[34]

克萊因繼續待在體制內做事。他雖然不滿於自己在自由德國青年組織裡的「官方基督徒代表」身分，仍舊花了很多時間想把其他基督徒代表團結起來，試圖遊說自由德國青年組織對更多不同類型的年輕族群保持開放，只可惜成效不彰。最終，這個超越黨派的蘇占德國青年政治實驗，只創立不到一年就劃下了句點。一九四七年三月十三日，克萊因等十六名年輕基督教民主派領袖被蘇聯安全部門逮捕。克萊因被蘇聯軍事法庭關進蘇聯勞改營，並在裡頭待了九年。

一九四六年六月十九日，匈牙利共產黨報《自由人民報》刊出了一則令人震驚的消息：一名俄國軍官在布達佩斯市中心繁忙的八角形交通要道「八角廣場」前遭謀殺。在這場槍戰中，另有一名俄國士兵和一名據稱是「匈牙利工人階級女孩」的女性喪命。《自由人民報》進一步說明，兇手是一位名叫潘澤斯（István Pénzes）的年輕人，隸屬於「全國天主教農村青年組織」，是「我們經濟復甦和政治自由的敵人」。調查人員在一間能俯瞰廣場的閣樓找到他燒得面目全非的焦黑屍體，並認為此事背後必有更大的陰謀：「這些失去土地的叛徒是寄居在匈牙利勤懇人民身上的寄生蟲，他們看到和平條約和貨幣改革，於是盡一切手段讓國人的生活變得難過。」[35]

這起事件以「八角廣場謀殺案」之名迅速流傳開來，共產黨也很快得出進一步結論。翌日，《自由人民報》刊出一篇占據整個頭版的社論，文張名為〈青年和民主〉：「是時候從誤入歧途的年輕人手中拿走武器和榴彈……在星期一的攻擊事件後，我們得讓我國的民主右派知道，與法西斯主義者之間戰鬥是整個國家的鬥爭，是整個國家的責任。」[36]兩名紅軍軍人的葬禮於隔天舉行，也獲得同樣盛大的媒體報導。根據《自由人民報》，「數十萬人」出席了這場葬禮。悼念的人群舉著標語，上面寫著「叛徒該死」和「消滅法西斯兇手」。社論作者再度重申，應該要嚴辨這些迷途青年：「我們得停止所有反動批評……我們得阻止特定教會圈子教導我們的青年如何殺人。」[37]

在這場葬禮的致詞場合上，新近抵達匈牙利的盟國管制委員會主委斯維里多夫將軍（Vladimir

Sviridov）也特別表示：「是紅軍讓匈牙利人民有機會在民主原則之下重建新人生」，但「反動勢力卻如野狗般攻擊了紅軍，攻擊匈牙利人民的最大保護者」。斯維里多夫更進一步譴責匈牙利政界：「你們自稱蘇聯之友，但你們的國家裡卻有法西斯犯罪分子埋伏襲擊蘇聯人。這個國家居然是以子彈來回報紅軍所流的鮮血。」[38]

檯面下，所有人都承認八角廣場真正的行兇動機依舊成謎（如果真有這麼一個兇手的話）。當年獨立小農黨出身的總理納吉，就在回憶錄表示潘澤斯根本不是天主教農村青年組織成員，而是社民黨青年組織的成員，而且他行兇是出於嫉妒：據說那位遇害的蘇聯士兵曾和潘澤斯的女友打情罵俏。[39]當年的另一位政治人物則認為此事是「很單純的三角戀情」，也解釋為什麼窮學生潘澤斯事後選擇自殺，因為他謀殺所愛的女子而痛苦萬分。其他版本的故事則認為根本不存在兇手，而是兩名俄國軍人朝彼此開槍，潘澤斯則是死於祕密警察之手，是他們為掩蓋犯罪痕跡而放火燒黑屍體。無論如何，幾乎所有人都認為調查過程拖沓無能，而且遭到政治化。[40]

到頭來，事情的真相已不再重要。被控預謀殺害俄國士兵的基斯神父才剛被判刑，緊接著發生的八角廣場謀殺案則被歸咎於全國天主教農村青年組織——因為該組織不只受歡迎，而且還比共產黨的匈牙利民主青年聯盟更受歡迎（該聯盟在過去一年半裡與全國天主教農村青年組織有著劇烈衝突）。全國天主教農村青年組織的成立時間比匈牙利民主青年聯盟還早十年，是由兩位充滿活力的耶穌會神父德荷頓（Töhötöm Nagy）和克凱（János Kerkai）於一九三五年創立，並在戰爭期間持續運作。他們支持土地改革、農民教育和溫和社會主義，以此實踐天主教精神，也深得鄉間民眾信任。全國天主教農村青年組織不像波蘭基督教青年會具有時髦都會感，也不像德國第一批反法西斯團體充滿憤怒能量。該組織的戰時領導人中，有幾位被控為反猶主義者。[41]但全國天主教農村青年組織的情感真摯，致力改善農民生活，同時在歷來獨裁政權和法西斯政權底下保持了一定的獨立性，因而不受政權崩潰影響。最重要的是，人們喜歡這個組織。一九四四年末，全國天主教農村青年組織共有四千五百個地方分部，成員加起來共有五十萬人。

相較之下，匈牙利民主青年聯盟則是全新組織，由共產黨高層拉科西的密友格羅下令成立。格羅的目標與德國的何內克差不多：他想成立一個組織，以便在「全體」與「無黨派」大旗下「統一勞工、農民和學生」；他也想要預防其他政黨成立青年團體。[42]但格羅的如意算盤幾乎是立即宣告失敗。一九四五年一月於布達佩斯舉辦的首次會議上，已有一位領袖這麼抱怨：「每個人都認為匈牙利民主青年聯盟是共產黨的附隨組織。」這位領袖要同志努力消滅這種印象：「我們必須告訴民眾，我們目前看似共產組織，其實只是因為還沒有非共產主義者加入。我們必須從教會團體、童軍團和社會民主派中招募成員……」如果能讓年輕人理解眼前抉擇的嚴重程度，那麼他們一定會願意加入：「不支持我們就是反對者……而反對者就是法西斯。」[43]

赫格居斯（András Hegedüs）是另一位年輕領袖，他希望民主青年聯盟採取更細緻手段來吸引年輕人。他認為「大眾需要文化，我們必須透過文化來吸引大眾。現在有一個絕佳機會，因為我們目前沒有電影院，也沒有其他人能向大眾提供文化上的不同可能性。我們應當把握機會，因為這種做法遲早會變得更加困難」。赫格居斯（他日後會於一九五六年短暫擔任匈牙利總理）對文化的興趣並不在於文化本身，「而是為了吸引民眾加入……光是要他們清理廢墟並不夠，因為那毫無樂趣可言。」[44]

起初，匈牙利民主青年聯盟確實取得了一些成果，尤其是在首都布達佩斯。這主要是因為該組織與紅軍關係融洽，因而能夠獲得食物和身分證明，不用被遣送出境。但他們所規劃的大型集會幾乎總是失敗：一月份的聚會只有四十人參加，高層將此歸咎於「政治宣傳太糟」。[45]六個月後，他們依舊難以吸引年輕人參加聚會，此時高層也跟隨著拉科西的腳步，開始懷疑組織裡是否「猶太人太多」，特別是在某些地區。部分高層認為，日前五一勞動節遊行時「允許錫安主義猶太人和我們一起遊行」顯然是個錯誤，因此在人們心中留下錯誤印象。[46]

出了布達佩斯，就沒有多少人認同民主青年聯盟的領導。天主教農村青年組織顯然更受農村年輕人歡迎。民主青年聯盟於是試圖協商：讓民主青年聯盟管理天主教農村青年組織的文化和運動事務，而天主教農村青年組織則能繼續掌控教會和宗教活動。不出所料，天主教農村青年組織的領袖們回絕了這項提議。

隨著天主教農村青年組織和其他既有青年組織未能成功整合進匈牙利民主青年聯盟，匈牙利其餘合法政黨（尤其是社會民主派和獨立小農黨）也開始成立自己的青年團體。大學和中學學生也成立了自己的學生組織，匈牙利高等院校聯盟。這類團體如雨後春筍般冒出，清楚表明沒有任何政治宣傳能說服他們加入民主青年聯盟旗下。民主青年聯盟只得採取更具侵略性的戰術，包括愈來愈常使用的威脅手段。一九四五年六月，民主青年聯盟寫了一封信給獨立小農黨的青年部領袖，要求他們在成立新的文化組織之前得先申請許可。信中寫道：「請尊重這項規訂，否則我們將採取最激烈的手段。」（信末的問候語是

「懷著對民主的尊重敬啟」。）[47]

全國各地的民主青年聯盟成員都試圖沒收天主教農村青年組織的財產，阻止後者舉辦集會，有時還會獲得地方共產黨領袖和警察的幫助。根據天主教會的記錄，各地官方機構曾查禁過天主教農村青年組織二十七次，還有數十起騷擾事件。面對著這樣的威脅，天主教農村青年組織向組織內部的青年領袖發布了一份指導方針，提醒他們不要太積極招募成員，或對現有成員施加過多壓力：「想退出的會員就讓他們退出，讓他們自由離開，不要發表評論，想加入的人應該受到歡迎，但不要評論別的組織找不到成員之事。」[48]

敵對情緒仍是有增無減。一九四五年八月，民主青年聯盟的領袖開始私下商討「清算天主教農村青年組織」的大計。他們在自己的報紙上發表了一系列文章，攻擊天主教農村青年組織，質疑其在戰爭時期的活動，特別是與戰間期成立的準軍事青年組織萊文特合作。萊文特組織並沒有特定的意識形態，但該組織在二戰末期曾受匈牙利徵召對抗紅軍。當時萊文特的領袖才剛被共產黨判處死刑。為了回應這項指控，天主教農村青年組織出版了一本小冊子，說明天主教會並不支持萊文特，農村青年組織也不支持萊文特。但這批小冊卻被祕密警察冠上「反蘇聯政治宣傳品」之名而遭到沒收。[49]

天主教農村青年組織裡的一些人開始擔心成員安危，試圖因應情勢做出調整。一九四六年一月，天主教農村青年組織的創辦人之一克凱神父，籲請蘇聯官員安排天主教農村青年組織的領袖訪問蘇聯，以便「熟悉」蘇聯制度。三個月後，天主教農村青年組織在教會高層的反對下加入另一個新組織——匈牙利國家青年理事會。這個組織也是由年輕共產黨人創立，正努力將自身形象塑造成人人皆能接受的包容組織。

日後將以反共之名而聞名於世的主教敏真諦（Jozsef Mindszenty），當時剛就任為匈牙利總主教。敏真諦反對天主教農村青年組織加入這個匈牙利國家青年理事會。「你正在把一場非政治性的運動帶進日常政治的泥沼。」他向克凱神父如此抱怨。克凱神父則指出當前匈牙利勢必將長期處在「蘇聯伸手可及之處」，因此無論如何都得找到生存之道。[50]天主教農村青年組織的另一位領袖德荷頓神父甚至前往羅馬，試圖取得梵蒂岡的支持以反駁敏真諦。[51]

八角廣場謀殺案後，局勢立刻變得清晰起來：生存之道根本不存在。七月二日，斯維里多夫將軍在盟國管制委員會的一場會議上公開呼籲解散「反動青年組織」，理由是這些組織「抱持法西斯精神在教育成員」。他私下向莫斯科抱怨匈牙利的「反動圈子正在茁壯」，也直截了當地告訴匈牙利政府，必須對那些藏身合法政黨和青年組織背後的「地下法西斯組織」採取行動。

出身共產黨的內政部長拉伊克（László Rajk）並未等待政府一致同意，便直接以行動響應斯維里多夫將軍地呼籲。七月十八日到二十三日間，拉伊克查禁超過一千五百個組織，甚至不僅查禁青年團體。在第一波行動裡，他查禁了匈牙利運動員協會（《自由人民報》稱其為「最強烈反民主的運動協會」）、普羅哈斯卡工作社群（普羅哈斯卡主教所成立的社區服務組織）、大專學生協會、幾個基督教民主黨公會（「這些公會以破壞罷工運動聞名」），以及一個名為美國大會社的組織，據稱該會曾按三K黨方式舉行神祕儀式。在第二波行動中，拉伊克查禁了匈牙利海軍協會、幾個地方上的狩獵俱樂部、塞陳尼伯爵退伍軍人協會，以及基督教民主煙草工人協會。被查禁的組織有職業協會也有同業公會，都被說成是

「替資本主義利益服務」的「反動」社會團體。除此之外，天主教和聖公會團體及非共產黨工會也遭查禁。內政部表示，許多團體都在暗中替「法西斯」或「他國」利益服務。最後，拉伊克也查禁了天主教農村青年組織所有的地方分部。[52]

部分天主教農村青年組織的成員轉而尋求共產黨庇蔭，藉此試圖重建組織，但終究是徒勞無功。一九四七年，德荷頓神父逃離匈牙利前往阿根廷。一九四九年，匈牙利保安警察逮捕了克凱神父，把他關進勞改營。克凱神父在十年後的一九五九年獲釋，因為當時他已半盲，病得無法再鼓動年輕人成為「反動分子」。[53]一九五〇年，匈牙利所有的青年團體被迫聯合成立單一組織——勞動青年聯盟。那個眾多青年團體擁有各種花式縮寫的多元年代就此結束。

隨著時間推移，共產黨攻擊公民社會的手法變得更加老練。為了替真實公民社會製造競爭對手，共產政權會創立虛假的「官方」公民團體。這類團體有時表面上看來獨立，實際上則由國家控制。

共產黨也開始打擊公民社會幾個力量最大的團體，不是直接禁止，而是使用詐欺或破壞手段：例如讓忠於政權者坐上重要位置，在鬆散團體裡則安插忠誠的共產小組。他們還會使用這套手法對付整個地區的教會和牧師，並會在多年以後的一九七〇和一九八〇年代裡將目標轉往政治異議人士。但首先，共產黨是先對頑強抵抗的青年團體試用這套手法，特別是波蘭童軍運動和匈牙利人民學院。

一般人或許沒有想過，童軍運動在東歐各國的紮根有多深，特別是一戰後曾經歷疆界變更的國家。波蘭、捷克斯洛伐克、匈牙利等「新」國家都非常希望年輕人能參與當時的國家復興和重建計畫。貝登堡勳爵（Baden-Powell）的現代童軍運動強調健康、勞動和社區服務，似乎指引著一條明路。熱烈支持童軍運動的波蘭人在一本一九二四年的小冊子中提到，童軍運動不僅替波蘭年輕人定義出「品格」的概念，也提供了鍛造品格的具體途徑。[54]

二戰期間，波蘭的童軍運動又鑄上一層額外情感和政治意義。一九三九年九月波蘭遭到入侵，童軍領袖做出重大決定：轉往地下加入反抗運動。他們組成了「灰色陣線」，童軍成了信使、聯絡員、無線電操作員、護士，最終加入救國軍成了游擊隊員。甚至有十歲或十二歲的幼童軍參與華沙起義，在戰鬥中犧牲性命。起義失敗與救國軍戰敗後，這些年輕男女出現在蘇聯的集中營裡，有些人身上仍穿著破爛的灰色制服。[55]「那場童軍運動與今日不同，我們是在波蘭精神中長大成人，」有位童軍如此寫著。[56]

二戰落幕時，灰色陣線這個地下組織已與剩餘的救國軍一起宣告解散。但在比亞維斯托克等波蘭東部城鎮，童軍團甚至早在戰事平息之前就已在解放區重新組織起來。幾乎就在克拉科夫被解放時，幾個戰前知名的童軍領袖便在那裡組織起新單位。他們並未通知盧布林的臨時政府：為什麼要通知政府？他們在戰前從不需要通知任何人。一九四六年底，這場運動已擁有二十三萬七千七百四十九名成員，年輕男女都有。他們心志火熱，正如一位童軍所說的：「剛獨立的頭幾個月，童軍運動就像一顆強力炸彈一樣爆發開來。童軍成員和童軍領袖不知從哪一個個冒出來。每天晚上，無數個庭院都燃起營火，唱起童軍歌謠。年輕人極具熱情，充滿活力。」[57]另一個人則憶起他在一九四六年七月參加的童軍夏令營：

我仍記得那個營區裡傳統營火的美好和特殊氛圍——在自然而然、生氣蓬勃的討論中，我們用簡單的話語談論自己這幾年經歷過的事情，對於未來的計畫，生命的意義及眾人的友誼……我們在緩緩悶燃的火炭旁雙手合十，進行傳統的童軍祈禱。我們的面孔深思而嚴肅，散發幸福的光輝……[58]

首先必須提的是，波蘭童軍早期致力於不涉入政治。他們只是希望能在國家重建時有所作為。有位前任女童軍表示，當時她週間在孤兒院工作，週末則跟隨童軍團前往馬祖爾湖附近的德國區當志工，協助建造學校圖書館，替歷史古蹟列冊，甚至參與「語言變更委員會」（當時該委員會正將德國地名和街道翻譯為波蘭文）。[59]但官方幾乎是立刻就對童軍反感。一九四四年末至一九四五年初，盧布林的波蘭當局成立一個臨時的「童軍委員會」來監管童軍活動。部分戰前的童軍領袖也加入了該委員會，只不過他們對童軍諾言做出一些微妙的調整——新版諾言提到童軍服務於「民主波蘭」，刪去了「服務上帝」的部分。他們還成立了一個大型整合組織「波蘭童軍聯盟」，所有的童軍理論上都應該要隸屬於這個組織。這些人的目標，是把各地自發成立的童軍收編至共產政權之下，但此法並未奏效。[60]

到了一九四五年底，負責管控和督導青年童軍運動和草根童軍團體的政府官員肩上的壓力變得更為明顯（他們寫出另一版本的諾言，表示青年童軍誓言打造「更好的世界」）——因為不是所有童軍團都確實向華沙政府主導的童軍聯盟回報活動。好幾位灰色陣線的著名領袖已開始領導這場童軍運動，雖然他們都公開宣稱自己不帶政治意圖，但還是發生了幾件具有政治意味的事件。一九四五年，童軍隊伍在比得哥什的一場遊行中行經當地的祕密警察總部，窗內突然傳出兩聲令人錯愕的槍響，導致兩名童軍死亡，卻無人被判處殺人罪。[61]一九四六年於斯塞新舉辦的一場「青年集會」上，童軍和年輕共產黨人激烈爭吵，最後演變成集體鬥毆。至少有兩名女童軍被打得頭破血流。[62]波蘭各地在憲法紀念日五月三日當天舉辦了遊行，參加遊行的青年在事後都遭到逮捕。

一九四七年，波蘭當局考慮全面禁止童軍運動，但他們擔心這道禁令會把成千上萬的年輕人推向地下組織，或者推向森林中的游擊隊，所以最後選擇按兵不動。[63]波蘭當局最終採取了日後會成為東歐共產黨招牌伎倆的策略：從內部摧毀童軍運動。匈牙利共產黨也在差不多同一時間做出類似的決定，來對付他們國內問題重重的童軍運動。

與匈牙利及德國相同，波蘭當局於一九四八年二月把所有具政治性的青年團體整合為單一組織，即波蘭青年聯盟，接著便輪到童軍。教育部開始「重組」全國童軍運動，統一男女童軍，換掉較老的領導人，以經驗較少且意識形態較具可塑性的年輕領導人取而代之。這些變化逐漸出現：首先是上頭的某個人被撤換，接著任命了一位新副手，這位副手又任命一位新的區域領導人，依此類推。不知不覺下，新的全國童軍領袖開始更動童軍活動的內容。除了傳統的童軍活動（徒步健行、露營、生存技能）之外，童軍現在還得「參與國民日常生活」。他們被派去種樹，協助鋪設電話線路，也在幼稚園照護。正如一位政府官員所說，上頭安排他們成為青年版本的「波蘭服務隊」，也就是毫無專業技能的工作隊伍，出沒於各個施工現場。有些人甚至被派到工廠學習特定技術。[64]

童軍團不再是各年紀人們齊聚一堂的團體。過去波蘭童軍團的主要成員是二十五歲以上的年輕男女，如今年滿十六歲的童軍就得「晉級」為波蘭青年聯盟的成員——導致童軍成了兒童活動。就組織和財務層面而言，童軍最後淪為波蘭青年聯盟的一支，而非獨立組織。作為附隨組織，他們主要的任務是對兒童進行政治教育。在實務上來說，童軍的樣貌和行動都開始有點蘇聯少年組織「蘇聯先鋒隊」的影子，他們甚至穿上類似的白襯衫和紅領帶。[65]一九五〇年，童軍諾言第三次改版，新版如今要求童軍宣誓效忠波蘭人民，承諾促進「和平與各民族自由」。

童軍團內部也明白正在發生的事情。有位童軍領袖在事後回想起那段歲月：「每個月都有新面孔，他們逐漸滲透童軍運動。一個叫柯辛斯基（Kosiński）的傢伙聲稱自己是童軍領袖，但他如果是童軍領袖，我就是芭蕾舞伶。他根本是祕密警察，是個可怕的人。」[66]那些抱有關懷的人慢慢離開童軍，轉而投身其他活動。至於那些年紀輕到不記得組織原本樣貌的成員則往往不會抱怨，而且他們的父母都希望孩子能守規矩，不惹麻煩，因此也不會多說什麼。

另尋出路的人可能得付出高昂代價。[67]有幾支童軍團轉入地下，甚至取得當時仍極為常見的槍支，並開始自主訓練戰鬥。一九四七年，祕密警察在克羅托辛鎮（Krotoszyn）發現一支自稱為「薩維沙」（Zawisza）的地下團隊（一個帶有騎士精神的名字）。他們年僅十八歲的領袖在被捕時自殺，最年輕的成員不過十五歲，他們都遭到逮補判刑。一九四七年，另一群前童軍則在拉濟明鎮（Radzymінsk）被「清算」。祕密警察把被清算者的波蘭童軍會員卡交給教育部長，以示警告：如果再不嚴格謹慎且強力地控制年輕人，就有可能發生這種事。[68]但就算不談武裝組織，手無寸鐵的抗議者也可能面臨嚴厲懲罰。一九五〇年，有位來自盧布林的十七歲波蘭女孩決定邀請她昔日的童軍夥伴私下碰面，她只是想聊聊那些在學校裡不會討論的事。她和她的七位朋友在一九五一年被逮捕，所有人都被判了兩到五年的刑期。當局的意思再清楚不過：任何像是童軍團的組織都必須摧毀，以便仿冒的童軍團體取而代之。[69]

比起童軍運動對波蘭共產黨的挑戰，匈牙利人民學院運動對匈牙利共產黨的挑戰則更為複雜。在匈牙利，童軍運動被認為與戰前愛國主義有關，在政治光譜上屬「反動派」（即中間派），而人民學院運動則是明確的群眾左派運動。人民學院起初是由一群浪漫派、改革派詩人和作家於戰前創立。學院旨在教育農民的孩子，既是學校也是俱樂部和鄉下學生在城裡的居住空間。這些學校不是普通的教育場所，而是具有類似基布茲*精神的地方，強調共同生活、民主集體決策、民俗舞蹈和歌謠。儘管人民學院具有強烈的社會主義傾向，在戰爭期間也有許多領袖成員加入共產黨，但仍舊不是蘇聯機構或共產黨機構。

戰爭結束後，第一所重啟課程的人民學院「約爾非學院」於一九四五年六月開始授課，其創辦者深信他們能以相同精神持續發展。一九四四年十二月，部分戰前的師生開始在布達佩斯解放區的一所舊德國學校定期聚會，著手規劃新課程。臨時政府鼓勵這份熱誠，並盡力提供約爾非學院一棟新建築、一座果園和巴拉頓湖畔的度假屋。不過，約爾非學院的領導層決定保持獨立。該學院戰前的領導人霍拉瓦（Lajos Horváth）在一場開學典禮上呼籲會眾（許多人是共產黨員）「要為學校自治而奮鬥，保護它免受黨和國家的侵擾」。在接下來的幾個月裡，他和其他人協助創辦了全國人民學院協會，該協會最終在匈牙利各地設立了數十所類似學院。[70]

實際上，全國人民學院協會的「自治」打從一開始就注定失敗，因為這類學院並沒有獨立的財務來源，校舍也都由政府提供（城堡、舊日兵營、被沒收的別墅），其學生也靠政府補助生活。[71]國家的影響力體現在資金之上，而共產黨領導人的目標與人民學院領導人的目標並不相同。雙方衝突在一開始隱而未顯，黨內領袖公開支持人民學院。內政部長拉伊克和文化部長雷瓦伊都固定在學院裡授課，拉伊克還協助創立布達佩斯的佩特菲學院，第一批學生全都因為得以入學而欣喜若狂。後來成為導演的楊索（Miklós Jancsó）便畢業於人民學院（許多人民學院的校友都進入電影業），他在一九六八年的電影作品《閃耀之風》（*Fényes Szelek*）中描繪熱情洋溢的人民學院運動（電影名稱便來自人民學院校歌）：[72]

「嘿，我們的旗幟在閃耀之風中飄揚！嘿，上頭寫著，『自由永存』！」

「嘿，風啊，吹吧！閃耀之風，吹吧！因為明天我們將改變整個世界！」

後來有大學生問楊索，為何要在劇中放進這麼多音樂，尤其是電影前半段的歌曲比對白還多。楊索表示這純粹是寫實：「當年，戰後年輕人在街上一起唱歌是很普遍的。」另一位人民學院校友維塔尼（Iván Vitányi）也表示：「身為農民子女的我們整天都在唱歌。」[73]

人民學院的熱潮背後，部分是源自於第一批學生所感受到的嶄新機會，因為從未受過教育的人因此得以就學。有些學生是家中第一個能正確閱讀和書寫的人。一九四八年三月，已有八千兩百九十八名學生就讀於總數一百五十八所的人民大學，其中三成五至四成來自鄉下或農家，也有百分之十八至百分之

---

* 譯註：基布茲（kibbutz）是以色列的集體農場，農場成員共同勞動、資產共享，在生產、教育、消費等方面皆遵循平等與合作原則。

二十五是工人階級。學生以男性占多數，但也有一些女性畢業生後來成為知名人物，包括幾位女演員。有些學院提供高中教育，有些學院的學生則在畢業後獲得教師證書，還有些學院提供高等教育。課程內容通常偏向左派，但不一定是馬克思主義。約爾非學院在第一年開辦過一八四八年革命和音樂史的研討課，英語、法語和德語及俄語課，以及匈牙利寫實主義和匈牙利工業史的課程。學生獲得免費的劇院門票，並被鼓勵多加使用；他們也拿到一張書單，被鼓勵要利用空閒時間讀完書單上的書。[74]另一所瓦思瓦里學院則鼓勵學生到國外留學半年。[75]

如果放任人民學院繼續自由發展，可能就會持續產出新一代的進步知識分子。但匈牙利共產黨的目標並沒有這麼遠大，只希望人民學院可以替他們解決最迫切的兩個問題：共產黨在鄉下地區的不得人心，以及黨內缺乏來自農村的黨員。一九四五年二月，格羅寫了一張便條給拉科西，指出匈牙利「缺乏幹部，特別是領袖人物」，「最大的問題是許多匈牙利黨員是猶太人。」雖然如前所述，格羅和拉科西都是猶太人，但他們卻擔心共產黨內有「太多猶太人」會導致匈牙利農民反對共產黨。人民學院似乎提供了解方：他們可以培育農民成為「一般民間」的共產黨員（「一般民間」是委婉用語，指非猶族群），進而讓共產黨「匈牙利化」。[76]

轉型始於領導階層：學院領導層本來就有共產黨員，如今他們開始控制一切。匈牙利民主青年聯盟是共產黨支持的青年組織，其創辦人赫格居斯就畢業於人民學院。他在多年後的一次訪談中承認，約爾非學院內部的共黨小組「相當激進」，並在「一定程度上令其他群體感到畏懼」。另一位具黨員身分的學生也同意，這在當時「是相當普遍的法則」，「有組織的小團體往往可以控制較具異質性的大團體。」[77]

共產黨人逐漸接管了學院的民主自治機制。他們站上具有影響力的位置，在學生生活中注入更多政治元素。他們動員學生為鄉村土地改革和合作生產宣傳，讓他們參加一九四五年和一九四七年選舉前夕的大規模共產黨集會。他們也影響了學校課程，使其更貼近黨的路線。一九四六年，約爾菲學院的問卷要求申請入學者回答一些明顯帶有偏見的問題：「在你的村子裡，教會信徒的為人有比非信徒好嗎？你能說明何謂反動派牧師嗎？你村裡的年輕人有宗教信仰嗎？」[78]晚間集會和講座開始充斥著各種批鬥和自我批鬥。熱愛使用共產黨陳詞濫調的約爾菲學院領袖卡多斯（László Kardos），開始主導原本近乎無政府主義與無階級之分的鬆散學院。卡多斯希望「與世界民主青年建立友好關係」。[79]對於懷念學院的畢業生而言，最令人痛苦的變化是報章雜誌開始攻擊人民學院，且攻擊力道愈來愈強——他們指控學院學生忠誠度不足、不夠專業且懷抱反猶主義（可說是相當諷刺）。同樣令人痛苦的還有內部學生的「法庭」，該法庭開始開除那些未能達到政治正確標準的人，而該標準的嚴苛程度與日俱增。每位學生都被告知必須注意自己和他人的思想錯誤，並留意「農村浪漫主義」的跡象（這在當時被認為是一件壞事）及「小資產階級的腐敗」。當時在其中一所人民學院擔任教師的科瓦克（Alajos Kovács）回憶：「我們感到震驚，甚至不知道他們為什麼攻擊我們，我們無法理解發生了什麼事。正是因為不理解，我們開始以一種自我批判的自虐方式嘗試理解問題所在，理解自己到底做錯了什麼。」[80]《閃耀之風》戲劇化的結局正是出自當年的一場「審判」。

理想主義者開始反抗，全國人民學院協會內部也出現權力鬥爭。但到了一九四九年，共產政權已耗盡了耐心。政府突然將人民學院收歸國有，理由是他們必須變得「更專業」。人民學院被納入國立大學體制，校園建物則交由其他機構使用，特別書單和劇院門票都被取消，理想主義式的自治機制正式退場（事實上這套機制早已停止運作）。這項決定甚至有馬克思主義理論作為依據。正如拉科西所說：「我從著名的舊日書籍中學到關於社會主義的一切。我學到群眾組織、青年團體、婦女團體、工會等……但書裡沒有一個字提到人民學院，我想人民學院沒有必要存在。」[81]

換句話說，人民學院是馬克思、列寧和史達林所不知道的機構，在蘇聯也沒有類似的機構存在。因此，它們與其他馬克思、列寧和史達林從未提到的其他組織一起被摧毀了。最後，波蘭童軍、匈牙利人民學院、德國基督教民主青年等各種機構，無論是主流或特立獨行，無論具政治性或無關政治，無論是射擊俱樂部、擊劍隊、民俗舞蹈團或天主教慈善機構，全部都迎來相同的命運。初萌芽的極權國家無法忍受任何團體與他們爭奪人民的熱情、才華和空閒時間。

第八章　廣播電臺

「某個冬日，我愚蠢地在腳本寫下『有一股冷高壓由俄羅斯逼近』，然後廣播員大聲讀出了這個句子……早上他們打了電話給我：『領導要見你。』我前往與領導碰面，馬上被帶進房間。『札列夫斯基，』他告訴我，『我以為你是聰明人。從現在起，請記得從東方來的都是溫暖的，都是好的。』這話當年聽起來可不怎麼好笑……」

——札列夫斯基（Andrzej Zalewski），前波蘭廣播公司員工[1]

「這是來自柏林的訊息。」

話音響起，柏林的電臺線路重新恢復生氣。那是一九四五年五月十三日，自鄧尼茲上將在五月一日宣布希特勒逝世以來，電臺線路已沉寂了兩週左右。現在德國已經投降，蘇聯軍事管理單位接管了座落於西柏林馬蘇亨大街上的國家廣播大廈。該大廈是為了廣播而量身打造，擁有歐洲最現代化的錄音室。由於位置不在市中心，且受到紅軍刻意保護，所以得以留存至戰後。即使整個柏林遭到摧毀，大德意志廣播電臺的大部分設備仍完好無損，許多電臺工作人員也得以生還。[2]就這一點來說，該廣播電臺幾乎是柏林各機構中獨一無二的存在。

首次廣播的長度僅有一個小時。開頭播放了蘇聯、美國、英國和法國國歌，然後是史達林大元帥的談話。接著，廣播宣讀了德國無條件投降書，以及邱吉爾、羅斯福和史達林的聲明。接下來是來自世界各地的新聞，包括希姆萊被捕和戰爭罪審判計畫，並穿插蘇聯軍歌。廣播最後報導了莫斯科慶祝勝利的活動：

> ……百萬莫斯科市民屏住呼吸、蜂擁至廣播喇叭前方。優美的樂音於廣播中響起，愈來愈多人湧向紅場和克里姆林宮，在列寧的墓前等待重大消息。當他們終於聽到納粹德國無條件投降的消息時，慶祝就開始了……有歡快悅耳的聲音大喊：「為偉大的史達林歡呼三聲！」喊話聲傳遍整個廣場……[3]

對於在昏暗公寓裡側耳傾聽的莫斯科市民來說，廣播是至關重要的存在。紅軍據此推測，廣播對於待在昏暗公寓裡的德國人也一樣重要，事實也的確如此。蘇占政權一抵達柏林，便全力投資新電臺的節目和設備。首播後的幾天內，新柏林電臺以驚人速度擴充了節目內容。五月十八日，德國歌劇院樂團在電臺錄音室裡演出了貝多芬（代表德國）和柴可夫斯基（代表俄國）的作品。兩天後，德國國家廣播公司再次播出貝多芬和柴可夫斯基，以及史特勞斯和鮑羅定的音樂。[4]五月二十三日，兒童節目於該電臺首播，聽眾也能收聽定期的新聞快報。[5]

所有的廣播活動都由蘇聯官員監管，他們管理著新電臺，也兼任第一批審查官。他們底下有一群德國人任憑差遣，包括至少三名烏布利希小組的成員：日後創辦東德電視臺的老共產黨員馬勒（Hans

Mahle）、曾任德國國防軍軍官並在蘇聯再教育營裡「接受共產信仰」的馬特烏斯（Matthäus Klein），以及當時年僅二十四歲並擔任初階職位的萊昂哈德。二十二歲的沃夫也隨即加入他們的行列，沃夫是萊昂哈德在共產國際培訓學校時的同學，日後則成了東德的間諜頭子。

和東歐的祕密警察一樣，「新」德國廣播電臺的歷史也可回溯至一九四五年之前。即便俄國人沒有預料到會有這麼棒的設施可立即使用，但肯定想過要預先培訓一批新的電臺播音員。馬特烏斯和馬勒多年來一直與紅軍中負責政治宣傳的軍官協力合作，許多軍官後來都成為德國第一批來自蘇聯的文化官員。早在一九四一年，精通德語的蘇聯軍官和德國共產黨人就曾共同編寫傳單，從飛機上向德軍投放。同年十一月，他們開始發行幾份以德國戰俘為目標讀者的報紙。

一九四三年七月史達林格勒一役後，德國共產黨人在莫斯科成立了自由德國國家委員會，一群已轉投蘇聯的德國戰俘也加入他們的行列。這兩群人共同發行了一份報紙，由日後成為東德知名編輯的赫恩斯塔主編，並將報紙發派至紅軍已征服的德國領土和戰俘營。他們也開始積極播送廣播。各個德語廣播電臺在不同的時間播送莫斯科的新聞，並持續邀請德軍放下武器、推翻希特勒。馬勒曾在電臺工作，包括那種偽裝成納粹電臺以散布假資訊的電臺。[6]沃夫則成了播音員和評論員，這份工作讓他與烏布利希密切來往。沃夫的妻子艾米（她曾迫使萊昂哈德公開作出具羞辱意味的自我批鬥）則是拿著擴音器在戰場上來回走動，對德國士兵大喊放下武器。[7]

雖然自由德國國家委員會背後是蘇聯掌控，但高層竭力避免讓該組織的形象「太過共產」，尤其是一九四三年和一九四四年上半年（因為當時他們仍希望德國內部能有政變來推翻希特勒）。因此，委員會採用了德意志帝國的黑、白、紅三色旗幟，而非威瑪共和國或蘇聯國旗的配色。他們還成立了一個獨立的「德國軍官聯盟」與委員會合作，以鼓勵可能不想直接與德國共產黨合作的前國防軍軍官參與。[8]

一九四五年春天，新的柏林廣播電臺也感染了這種謹慎盤算的氛圍。馬特烏斯和馬勒曾與許多戰俘見面，知道大多數德國人排斥看似過於激進或蘇聯的內容。因此他們在表面上保留許多德國廣播電臺的元素，包括有點沉悶的風格，以及對於正經文化和古典音樂的熱愛。他們也留下納粹時期的製作人員，甚至包括許多播音員，只淘汰那些與納粹最激進政治宣傳有關的人。正如沃夫在六月寫給父母的信中所說：「這裡有六個我們自己人和一位軍官，還有六百個『其他人』……能去蕪存菁的部分很有限，因為我們需要很多人。」[9]雖然如此，該電臺的基本政治傾向毫無疑問，電臺高層也毫不懷疑自己的政治觀點會獲得最終勝利。馬勒明白他的工作是在過渡期間為大眾提供一面「鏡子」，幫助他們發展「民主的自我認識」，過程中可能會出現「分歧的聲音」和公開討論——媒體當然必須「藉由公開討論來發聲」，「群眾的意識由此形成，進而加強他們的民主自我認知」。[10]

但在早期，並非所有媒體都遵循如此明確的規則，在報上尤其可以看到許多不同觀點。一九四五年九月，經濟方面偏向自由派的《每日鏡報》（*Der Tagesspiegel*）在美國資助下於柏林首次出刊，該報得以自由在整個柏林市內發行，直到一九四八年為止。還有保守派的《世界報》（*Die Welt*），該報一九四六年時於西德的英國占領區首度出刊。即便是在蘇聯占領區，社會民主黨、基督教民主黨和自由民主黨等合法政黨起初都獲准發行自己的報紙，條件是必須刊出一定數量的蘇聯素材。[11]這類報紙將會與另外兩份由蘇聯出資的重要報紙競爭：代表紅軍在柏林發聲的《每日環球報》（*Tägliche Rundschau*），以及由赫恩斯塔和一位蘇聯上校共同經營的《柏林報》（*Berliner Zeitung*）。[12]日後這些獨立運作的報社陸續遇上麻煩，好比基督教民主黨黨報《新時代》（*Neue Zeit*）因政治不正確而被罰降低發行量（當局控制所有報紙）；社會民主黨黨報《人民報》（*Das Volk*）被併入共產黨報《德意志人民報》（*Deutsche Volkszeitung*）並改名為《新德國報》（*Neues Deutschland*）——此報成了東德共產黨自一九四六年至瓦解為止的官方報紙，在初期亦由赫恩斯塔特主編。

廣播電臺的狀況向來就與報紙不同。雖然廣播的偏見比較隱微，對「異議」的態度也比後來更為寬容，但東德的廣播電臺打從一開始就是徹底親共與親蘇聯的組織。馬勒在多年後回憶道，「中央委員會認為，廣播必須在德國生活轉型的過程中發揮直接有效的組織性作用」。在一九四五和一九四六年，收音機廣播肯定是人們最容易接觸到的媒體形式。[13]工人、農民和各個族群都會聽廣播，在那個紙張短缺和物流管道不暢通的時期更是如此。共產黨人打算利用廣播搶占先機。

他們起初相當成功。在柏林，廣播電臺立刻成了地位特殊的存在，因為他們似乎是城裡唯一的「德國」當局——畢竟廣播電臺是全德國境內唯一明確使用德語的公共之聲。廣播電臺在大眾心目中的地位如此之高，以至於德國人在頭幾年裡寫了成千上萬封信給電臺詢問各種事情，從俄國外交政策到馬鈴薯價格。有些人想要聽更多古典樂，也有些人要求別放那麼多古典樂。電臺收到讚賞（有位作家喜歡介紹荷爾德林的節目，另一位則喜歡童話節目），但也有許多抱怨。確實，這些常以「親愛的電臺」開頭的信件有時可是相當直話直說。多達數十人寫信要求知道兒子、丈夫和兄弟什麼時候會從蘇聯營區回來。當一個談及此主題的節目撥出之後，有幾十個人抱怨該節目過度美化蘇聯營區，因為大多數囚犯「從俄羅斯回來時根本奄奄一息，渾身是病」。[14]

按照蘇聯慣例，廣播電臺密切追蹤所有信件，計算各特定主題相關的信件數量（例如一九四七年七月有兩百三十二封關注食物短缺的信件），並仔細記錄負面信件的數量是增加或減少。[15]在其存在的前兩年裡，廣播電臺盡力試著回答聽眾最迫切想知道的問題，並說服他們共產黨領導的未來將會更好。

溫和推銷共產主義的節目中，最著名的便是沃夫的招牌節目《你問我答》。自一九四五年起，沃夫一連好幾個月回應著德國聽眾寄來的信件。他收到的問題五花八門，而且通常需要實際的答案（例如「柏林動物園將如何發展？」）但他幾乎總會補充一些意識形態觀點，就像他在烏法的共產國際學校學到的那樣。例如在六月七日的廣播中，他熱烈回應了一位觀眾來信，該名觀眾稱讚紅軍的活力和氣魄：「我們的教育一向告訴我們，那些有所成就的人在俄羅斯並不受重視。」沃夫則回應：「所有相信蘇聯衰退說的人都是戈培爾政治宣傳的受害者。」他大力讚揚蘇聯體制，說該體制重視「工人的創造力」。

還有位聽眾想知道除了配給的食物外，德國還會有什麼食物供應。沃夫首先提醒她，「我們不會挨餓」（德國人應明白自己已經很幸運），然後指出人們「正在紅軍幫助下克服困難」，最後向她保證「市議會的營養部門正在盡最大努力進口蔬菜、沙拉等食材到柏林」。他甚至在回答動物園問題時把握機會提醒聽眾，希特勒掌權的最後日子裡情況有多麼惡劣，接著承諾更好的日子即將到來：動物園還有九十二隻動物，包括一頭大象、十八隻猴子、兩隻鬣狗、兩隻幼獅、一頭犀牛、四隻外國牛和七隻浣熊。[16]

沃夫的回答很少直接歌頌共產黨，也不訴諸馬克思主義語言。但他在幾乎所有的回答中都稱許紅軍或蘇聯制度，並將其與德國對比。而且他所有的回答都明確承諾，納粹統治和二戰末期那段令人難以忍受的日子，如今將迅速獲得改善。

其他節目也採取類似的路線。一九四五年底，有位播音員前往薩克森邦調查該地的「青年狀況」，發現許多令人振奮的發展。幾位前納粹青年組織成員告訴他，他們「很高興自己不必再向領袖敬禮」，也都很感激戰爭結束了。儘管學校還沒有重新開放、眼前困難重重，但該播報員預測「我們的青年將迎來自由而美好的未來」，節目中不曾出現「共產主義」一詞。[17]另一位記者則參觀了薩克森豪森集中營，對於該營區最後一段日子的描述令人心痛。節目最後向紅軍表示感謝，但這個節目同樣沒有特定的意識形態。[18]

然而，廣播電臺的態度開始逐漸出現變化。一九四六年柏林市選舉後（東德共產黨首次受到重大打擊），政治宣傳變得更加強硬刺耳，廣播員的共產黨背景也更加明顯。聽眾立即注意到這種變化，並反映在他們的信件裡。有位聽眾在一九四七年時寫道：「親愛的電臺，你開始變得乏味，你的晚間節目總是千篇一律」。另一位聽眾則抱怨電臺的語言太過強硬：「聽眾會以為自己在收聽莫斯科電臺。」

廣播電臺的新風格在某種程度上受到與廣播部門共事的蘇聯官員影響。一九四九年以前，這些官員經常閱讀（和審查）預先準備好的節目文稿，並高度涉入電臺財務，電臺早期的資金主要也來自蘇聯。在一九四五年和一九四六年，廣播電臺在人事任命、開支決策和與報社協調新聞政策等方面都會諮詢蘇聯官員的意見。[19]蘇聯官員涉入電臺事務並非祕密，馬勒也曾在節慶場合正式表達他對蘇聯同僚的敬意。他在一場替廣播電臺舉辦的招待會上表示：「這是為了感謝他們，特別感謝朱可夫元帥。」同時他也提醒東道主，廣播電臺是「蘇聯占領區規模最大的文化機構」，並敦促他們盡可能密切參與電臺事務，因為廣播電臺「需要常與朋友和有權勢的贊助者來往」。[20]

然而，共產黨在德國民眾（特別是柏林民眾）不受歡迎的程度之高，還是讓馬勒及其德國同僚相當憂心。一九四六年，廣播電臺發現自己正面臨一位對手競爭，那就是美國占領區廣播電臺。這位對手擁有更生動活潑的新聞節目，更重要的是，他們播的音樂更好。東德廣播電臺感覺到自己在與西方電臺的競爭中處於下風。此外，隨著東德共產黨人開始意識到西德的生活條件正在快速改善，電臺的管理階層也發起了一場將會持續多年的內部爭論：如何贏得群眾支持？

有些人擔心廣播電臺太過菁英導向，與黨失去連結，以致於不夠理解「大眾」真正想聽的內容。一位黨員在內部討論中表示：「我們要求大眾聆聽，但我們曾聆聽大眾嗎？」電臺應該要是「人民的傳聲筒」。許多人認為節目中應該出現更多「普通老百姓」的聲音，少一點黨的演說。他們知道來信的民眾認為他們很無聊，也擔心自己真的很無聊。在一九四八年一場有關如何推廣共黨首波「兩年計畫」的討論中，有些播報員認為單純播出烏布利希對於該計畫的演講並不夠：「為了不讓聽眾感到無聊，電臺必須找到生動的方式讓聽眾了解計畫。」他們應該委託最好的記者，實地採訪計畫實施的情況。後來還有一次關於戲劇表演的討論，電臺特派員一致認為「寫手必須從通常很枯燥的素材中創造出生動真實的場景」，也必須學會將藝術技巧與意識形態結合，而且「訓練出這樣的寫手是電臺的特殊任務」。[21]

其他人則有不同看法。隨著共產黨不受歡迎的程度持續增加，有些人開始在電臺或黨內，或者特別是在蘇聯總部卡爾霍斯特提出另一種觀點。俄國文化官員觀察到，結合意識形態和文化的做法並不總是奏效：某次事先規劃好的「文化週」活動上，民眾前來聽音樂，卻略過了講座。[22]官員開始懷疑，以輕鬆的方式植入意識形態最終是否只會淡化意識形態？更多人則開始認為，長篇演講雖然無趣，卻必須保留在廣播節目之中，否則民眾該如何了解領袖？這些人的結論是，廣播節目應該要放入更多的意識形態，而非減少。

——

蘇聯並未占領波蘭的廣播電臺，因為波蘭根本沒有廣播電臺了。戰爭結束時，全波蘭幾乎沒有剩下任何廣播設備，因為大部分早就被納粹占領者充公。一九三九年九月，波蘭廣播電臺在《戰地琴人》作者史匹曼所演奏的蕭邦升C小調夜曲中宣告停播。一九四四年八月八日波蘭起義爆發後，廣播再次開始播送。在那兩個月的短暫時間裡，救國軍的閃電電臺相當英勇地每天播送四個廣播快報，內容包括軍事消息、文學和文化，但電臺在救國軍投降的第一週便再度恢復沉默。

有了蘇聯的支持和紅軍士兵的協助，波蘭的廣播電臺正式回歸。一九四四年八月十一日，蜜蜂電臺在盧布林附近一列火車車廂裡開始用蘇聯設備發送廣播，並隨著紅軍入城。進入盧布林後，廣播電臺便設立於蕭邦街的一所私人公寓裡。播音室設在客廳，另一個房間則是接待室，晚上則供播音員作為寢室使用。初期的廣播節目全部都是現場直播，內容包括軍事公報和最新情勢，主要是為了播送給可能擁有收音機的野戰指揮官和游擊隊員收聽。盧布林、熱舒夫和比亞維斯托克解放後，城裡的廣播電臺職員還設立了戶外廣播系統，讓人們可以在城市廣場和公共場所聚集起來，聆聽每天播出數次的廣播。此時，收音機也開始播出由許多才華洋溢的難民所演奏的現場音樂，這些難民在華沙起義失敗後流徙至城裡。[23]

如同德國，最早一批波蘭播音員之中也有共產黨人。他們沒有像新柏林電臺那樣受到俄國人的關注和認可，當時值得信賴的優秀波蘭共產黨人非常少。波蘭廣播電臺的第一任負責人比利格（Wilhelm Billig）在戰前便是共產黨員，也是一名工程師。他後來成為波蘭核能研究機構的負責人（多年後還加入了反共團結工聯）。[24]最初，所有新聞廣播都是由盧布林臨時政府的政治宣傳官撰寫文稿，再交給播音員宣讀。

許多初期的員工都是在因緣際會下開始替廣播電臺工作。一九四四年九月二日，日後會成為知名演員和作家的葛洛珍絲卡（Stefania Grodzieńska）第一次見到麥克風；次日，她便開始主持波蘭廣播的節目。她在回憶錄中描述盧布林廣播電臺剛成立頭幾週的日子，當時的電臺顯然是臨時拼湊而成：

> 在蕭邦街，除了播音員外還有幾名技術人員。最受歡迎的是尼羅比克（Nierobiec）先生，他住在盧布林市外的村莊裡，通勤到市區工作。他的名聲來自於隨身攜帶的大酒壺，裡面裝滿了私釀烈酒。酒壺的頸子上掛著記事本和筆，還有一個杯子。想喝酒的人就在記事本寫上自己的名字和飲用量，例如「西基里奇，半杯」。發工資的時候，尼羅比克就會站在出納員旁邊收取酒錢。[25]

根據共產黨時期的記載，接下來幾個月是波蘭電臺的光榮年代。「隨著國家解放，」一份較晚的報告宣稱，「波蘭的廣播技師緊跟前線推進，試圖挽救盡可能多的無線電器材，英勇地重新架設起電波發射器，並與紅軍合作愉快。」一九四五年末，比利格公開表示，都是因為「蘇聯高尚而無私的幫助」，廣播電臺才能順利成立。

就重建速度而言，比利格的描述並沒有錯。波蘭無線電技師在三年內便架設起十二個電臺和十個發射器。而在某種程度上，他也確實有理由感謝蘇聯。一九四五年間，是蘇聯的資金架設了第一個涵蓋全國範圍的發射器，地點就位於華沙郊區的拉申（Raszyn），協助架設者也包括蘇聯技師。根據比利格的說法，史達林親自批准架設拉申的發射器，顯示領導人跟蘇聯確實都想要重建波蘭的廣播電臺。儘管如此，現場的紅軍往往給出更加曖昧的施作指令。理論上，蘇聯確實想藉此鼓勵「共產黨」廣播電臺發展，但蘇聯祕密警察卻也擔心波蘭人可能藉此設立與其競爭的「救國軍」廣播電臺，或者操縱設備收聽來自倫敦的「敵方」訊息。

蘇聯官員原則上全力支持波蘭廣播電臺的重建，但實務上，他們對任何試圖建立或取回電波發射設備的人都抱持懷疑。一九四五年六月，有位來自西里西亞地區札布熱市（Zabrze）的民眾寫信給中央廣播辦公室，抱怨當地蘇聯指揮官禁止該廣播電臺的老員工發送廣播。這位民眾的用詞相當婉轉：「我們認為這結果是誤會所致，問題一定會在波蘇友誼的基礎上獲得解決。」同一時期，格利維采的地方當局也試圖設立廣播電臺，結果當地蘇軍的反應是拿槍威脅他們。下西里西亞地區的地方政府在說服蘇聯指揮官交出廣播和傳輸設備時也遇上麻煩——他們是取得了一些廣播設備，但很快就遭到波蘭祕密警察的沒收。[26]

最初，蘇聯當局就連在重新發配被納粹充公的收音機時都相當謹慎。蜜蜂電臺開始運作的一九四四年八月，紅軍指揮官下令解放區域裡所有持有廣播收發設備的波蘭人，「無論設備類型與用途為何」，都必須把設備移交給波蘭國家解放委員會，違反命令者將被視為「敵軍特務」而受懲罰。[27]幾個月後，該委員會發布更嚴厲的命令。貝魯特宣布，自一九四四年十月三十日起，沒有許可證卻持有廣播收發設備的人都有可能被判處死刑。官方至少執行了一次這樣的判決：一九四五年五月一日，來自波茲南的馬林申科（Stanisław Marinczenko）因非法持有一台飛利浦收音機而遭到處決。[28]

蘇聯在這個時期裡對波蘭報紙、雜誌和出版業的態度並不一致。檯面上，臨時政府支持新聞自由，所有合法政黨都可以發行自己的報紙。共產黨於一九四四年開始發行黨報，後來被叫做《人民論壇報》（*Trybuna Ludu*）。一九四四年間，救國軍和其他反抗組織發行了數十份小報和雜誌，也出現了一兩份由記者自行發起的報紙，最著名的便是《華沙生活報》（*Życie Warszawy*）。然而，紙張嚴重短缺，因為紙漿廠有七成已成廢墟，產量只剩戰前的五分之一，剩下的紙漿廠也都遭國家收為國有。到了一九四四年十二月，大部分新聞用紙都受到政府控制，大部分出版用紙則全由一家名為「讀者」的公司掌控。[29]一九四五年六月，一項限制私人擁有印刷企業的法案獲得通過。一九四六年，不得政府喜愛的報紙在取得新聞用紙時開始遇上麻煩。然而，最敢言的合法報紙《人民報》（*People's Paper*）繼續勇敢公然批評政府，因為其背後是最直言不諱的政黨波蘭農民黨。負責政治宣傳的官員也不一定能控制共黨官媒，因為某些黨內記者認為自己在黨內的地位更高，不必聽從政治宣傳官僚的意見。也就是說，即便是共產黨黨報，也不總是按照黨的路線走。[30]

波蘭電臺初期的作風不算大膽，但也不算很專業。整個一九四五年裡，不只是新聞節目充斥戰爭相關內容，其他節目也是如此。廣播員談起自己的戰時經歷，也讓其他人上節目談戰時回憶，並在節目中宣讀失蹤家屬的長長名單；另有些節目會講戰爭故事給孩子聽。二月二日的某個廣播節目就警告華沙居民遵守戰時宵禁，因為前線雖已向西推進，但「希特勒的野蠻黨羽」尚未投降。其他常見的節目主題包括重建工廠和學校，以及歡迎海外士兵返國。[31]

廣播電臺和波蘭當年新成立的所有國家機構一樣，除了發揮著該有功能外，也發揮其他作用。例如在一九四五年六月，比得哥什的播音室幾乎沒有任何設備，也很少播送節目，但這裡每天都會有一位廚師做午餐供一百多人飽腹。[32]全國各地的電臺負責人經常到處籌措資金，尤其是替音樂家募資，這些音樂家有許多人連飯都吃不飽。從他們寫給華沙當局的信件可以得知，廣播電臺員工所罹患的疾病清單包括肺結核、風濕、眼疾和皮膚病。[33]

當華沙輕軌電車首度登場，人們的歡呼聲響徹雲霄；而波蘭廣播電臺的回歸，則被視為國家復興的象徵而受到歡呼，並很快吸引各路人才。在史匹曼的首場現場演出中，他帶著強烈情感演奏了蕭邦的升C小調夜曲，這正是他在一九三九年電臺停播前演奏的同一首樂曲。儘管所有親人都死於特雷布林卡集中營和華沙猶太區，史匹曼仍繼續創作音樂。他一直在波蘭廣播電臺工作，直到一九六三年為止。[34]

雖然廣播電臺自詡為代表全國民眾的聲音，但電臺內部的壓力不斷攀升，要求他們符合華沙當局更嚴苛狹隘的政治觀點。比得哥什廣播電臺沒能播報蘇聯勝利的慶祝活動，因此該電臺負責人感到有必要替自己辯護。他在一封寫給比利格的信中解釋，他的設備是「原始的二手設備」，當天不知為何就是無法運作。但當地的蘇聯軍事指揮官和祕密警察並不相信這個故事，聲稱當天沒有播送節目是因為「技術人員不忠誠」，並派了一名拉中的蘇聯技師前往調查。[35]這樣的壓力再加上相當普遍的暴力威脅，解釋了為什麼一年過後，波蘭廣播電臺的態度明顯變得更加迎合新政權。合作者可以獲得物質利益，例如食堂用餐和醫療健保，而那些違逆華沙主子的人則失去工作和相應的物資配給卡。

愈來愈多播音員在一年之後學會使用共產主義的語言，即便他們一開始並不是共產主義者。那位在五月九日時曾為自己辯解、試圖擺脫不忠指控的比得哥什電臺負責人，一個月後寫信解釋他現在與當地政府的新宣傳部門每週至少會面三次。九月份，他要求（並獲准）一輛汽車和一個擴音器，因為這能讓廣播工作者把消息傳播至廣播訊號未及之處：他們可以通過擴音器大喊口號。[36]卡托維治的廣播電臺在那年秋天向華沙保證，他們正在製作更多以「勞工界」和工人階級為聽眾的節目。大約在同一時間，華沙的播音員則是著手規劃節目，內容是慶祝十月革命與吹捧中央計畫經濟的優點。十一月份，當廣播電臺的中央高層開會討論未來廣播節目內容時，有位高層指出應該製作更多讚揚政治警察和民兵組織的節目：「我們從新聞媒體中得知，『民團』製造出愈來愈多的竊盜和謀殺案件……受害者通常是民主陣營的活動者，是波蘭最需要的人才。」

在同一場會議上，廣播電臺內部也討論了即將到來的農民黨黨員大會，這是當年波蘭政界最後一股獨立力量。大多數人認為應該播報有關黨員大會的消息，但也有些人認為「我們對於農民黨的態度必須謹慎」，因為還不清楚該黨是否「已擺脫負面因素並加入民主陣營」。當時農民黨仍是合法政黨，但在廣播電臺看來，這並不代表該黨自動獲得在廣播媒體上傳播訊息的權利。

到了年底，電臺的任務已經相當明確，至少對電臺高層來說是如此。一九四五年十二月，比利格向員工發表談話，提到蘇聯「高尚而無私」的幫助，也談到了電臺未來的發展願景。他強調他們需要更多的收音機，因為「我們希望農民、工人、知識分子員工都能聽到廣播」，並表示有兩家新工廠會在來年生產出約一萬五千台收音機。他不再抱怨波蘭廣播節目裡有太多「演說」。戰前的電臺只能娛樂菁英階級，如今新的廣播電臺已能「在政治宣傳方面扮演關鍵要角」，「是一項了不起的武器」，他如此告訴同事。而且這項武器還能夠接觸到所有人。

廣播可以協助「打造正在波蘭出現的新人類……廣播旨在動員社會大眾完成歷史交付予我們的任務：國家重建，推動民主，國家統一」，比利格這麼解釋。[37]在他做出這段演說後的幾年內，波蘭廣播電臺便致力於確保國民對於「重建」、「民主」和「統一」等詞的詮釋方式與共產黨一致。

東德廣播電臺的重建，有賴莫斯科培訓出身的共產黨人；波蘭廣播電臺的重建，有賴蘇聯的設備；匈牙利廣播電臺的重建，則有賴一九四五年一月二十日匈牙利臨時政府在成立第二天所發布的一道俄文法令。這道法令下令重建匈牙利國家通訊社和匈牙利廣播電臺（即國家廣播電臺），並任命俄圖泰（Gyula Ortutay）為兩者的負責人。俄圖泰首先造訪了廣播電臺位於布達佩斯的總部，該總部在二戰末期被作為馬廄使用。如今馬廄設備已遭砸壞、腐爛的馬屍仍留在側廊，而庭院裡則有坑坑疤疤的炸彈坑。俄圖泰在殘破建築物入口貼了一張告示：「電臺同仁：二十一日時，我們會在電梯對面的庇護所等待那些仍然

活著的人。」[38]

在蘇聯眼裡，俄圖泰是這項任務的理想人選。他是知名的民族誌學家、文學評論家和社會主義知識分子，曾於戰前的匈牙利國家廣播電臺工作。而且他剛好也是共產黨的祕密黨員，是當時活躍於匈牙利政壇的幾位祕密黨員之一。在公開場合，俄圖泰自稱是獨立小農黨黨員（獨立小農黨是戰後被允許合法存在的四個政黨之一），並在一九四五年和一九四六年間與該黨領袖密切來往。與此同時，他卻私下接受匈牙利共黨高層的命令，在一九四五年三月的一次祕密儀式上還得到一張上有假名的黨證。

蘇聯在匈牙利的當局很清楚俄圖泰祕密效忠共產黨一事。按照停戰協定，掌控匈牙利媒體的責任落在盟國管制委員會手上，戰後該委員會允許各合法政黨發行報紙。匈牙利共產黨發行了主力刊物《自由人民報》，社會民主黨、獨立小農黨和農民黨也發行自己的報紙。獨立小農黨的黨報《小報》很快就成了最受全國民眾歡迎的報紙。[39]不過，匈牙利共產黨就像東歐其他地方的共產黨一樣，對於廣播更感興趣，而俄圖泰的存在正好確保他們對於廣播電臺的特殊影響力。匈牙利廣播電臺逐漸完全依賴蘇聯設備、蘇聯發射器、蘇聯技師及蘇聯顧問，不久後也會開始播送蘇聯式的世界觀。

對於一般大眾或看到俄圖泰告示而重返工作崗位的播音員來說，前述一切在當下並沒有那麼顯而易見。在遍地廢墟的布達佩斯，人們積極籌劃重啟匈牙利廣播電臺。當時的情況並不容易。匈牙利廣播電臺的每日記錄顯示，五月時，「鋼琴家赫納迪（Lajos Hernádi）要求休息七分鐘，因播音室嚴寒難耐。」[40]廣播人員最初只有每天一碗湯的「工資」，但可以拿到印有俄文和匈牙利文的身分證，這有助他們避開街頭圍捕和驅逐行動。[41]即便如此，在這個沒有大眾交通工具的城裡，要順利抵達上班地點並非易事。有一則關於廣播電臺的都市傳說是，某個早晨已經到了節目播出時間，卻還沒有半個人抵達電臺，於是清潔女工把唱片放上留聲機，讓樂音播放，直到其他人出現為止。[42]

和波蘭和德國一樣，許多匈牙利的電臺技術人員戰前就已在電臺工作，其他人則是各種因緣際會而進入電臺。托比亞（Áron Tóbiás）於一九四六年高中畢業後的夏天進入廣播電臺，希望能賺到大學學費。他的工作包括選出「著名匈牙利作家的短篇故事，由演員於星期日下午朗讀」，這樣的工作對十八歲青年來說似乎相當吸引人。托比亞後來沒上大學，而是當了廣播記者，直到一九五五年為止。[43] 蕭福林（Gyula Schöpflin）則是應招募而來，一九三〇年代加入共產黨的他後來成為廣播電臺第一任節目製作人。蕭福林在回憶錄中提到（他於一九四九年叛逃離開匈牙利），雖然匈牙利在一九四五年時理論上仍是多黨制的民主國家，俄圖泰的人事決策卻已經受其祕密共產黨員身分影響：「人事聘用和解雇都有強烈政治色彩。」俄圖泰也為節目制定了政治指導方針：「避免任何可能擾亂列強和諧與協議的言行，注意黨派政治，宣傳推廣反法西斯國際政治，推廣重建計畫及土地改革計畫等民主政府的計畫，始終強調匈牙利和國際進步傳統……」蕭福林本人每週至少會拜會匈牙利共產黨部一趟，希望黨部替他的廣播節目提供「指導與詳盡的黨派路線」。他沒有獲得太多幫助，主要是因為廣播電臺已經在盟國管制委員會的直接控制下，因此也在蘇聯控制之下。匈牙利共產黨人不再關心電臺，因為他們認為電臺已經為蘇聯所控制。[44]

不過，即便匈牙利同志一開始未能明白廣播電臺的重要性，蘇聯同志也肯定明白。蘇聯在戰爭結束前都禁止民眾私營無線電臺，但他們還是發出許可證給新的匈牙利廣播電臺，並指定一位蘇聯長官作為

「永久顧問」(兼主要審查人員),也允許電臺開始為播送訊號做準備。[45]一九四五年五月一日,廣播電臺已經準備就緒。當日正午,布達佩斯周圍事先設置的喇叭開始播放新電臺的訊息——一首十九世紀反哈布斯堡王朝的革命歌曲的一小段,接著廣播節目便開始了。四個合法政黨的黨魁分別發表演說,播音員播報新聞,然後播放音樂。音樂家演出了幾首重要的匈牙利音樂作品,包括巴爾托克及一部匈牙利歌劇,接著輪到俄羅斯歌劇《鮑里斯·戈杜諾夫》(*Boris Godunov*)。最後,喇叭播放了一個小時的俄語廣播,以供蘇聯士兵收聽。[46]

從節目主題來看,廣播電臺在一九四五年大部分的時間裡都遵循俄圖泰所設定的主題範圍,包括土地改革、匈蘇友好協會、新貿易工會成立、戰爭罪審判和共產黨游擊隊史。不過,這個時期的播音員仍會朗讀「資產階級作家」(即非共產主義作家)的著作,並播放民眾熟悉的音樂。[47]電臺也播送大量俄語節目(例如《我們學習用俄語唱歌》),這背後大概有蘇聯直接干預,反映出紅軍在占領這個說著「不可能學會的語言」的國家時所面臨的挫折。到了年底,剛成立的匈牙利祕密警察部隊也在廣播電臺裡建立起自己的存在感:他們會固定要求電臺提供「政治色彩值得仔細觀察」的節目逐字稿。祕密警察也監視著廣播電臺辦公室、留意進出者的身分(這是廣播電臺具備政治重要性的另一個跡象)。最後,還有一個獨立祕密警察小組就駐守在電臺技術部門,他們聲稱這是因為許多曾經在廣播電臺工作的工程師在政治上並不可信。[48]

但在大部分時間裡,監督匈牙利廣播電臺的蘇聯官員都讓電臺內部的共產黨員工自行編排節目。即使這些員工沒有經過國際共產主義的培訓,許多人也已內化了黨的路線,並按此做出判斷。舉例來說,拉科西一度命令蕭福林直播匈牙利戰時總理巴德西（László Bárdossy）的審判：巴德西當年做出致命的錯誤決定，選擇與德國結盟並對蘇聯宣戰。開庭之日就在匈牙利首次大選前幾天，蕭福林回憶那天的廣播簡直是場災難：「巴德西表現得像位紳士，勇敢回答問題，有尊嚴而不流露情緒地回應法官時而激動的叫嚷……我確信他有罪，但我們試圖扭轉輿論的做法造成了反效果。」蕭福林並不是布達佩斯共產黨人中最嚴守教條的，是以他當機立斷，在審判進行到一半時停止現場直播。蕭福林明白巴德西太有魅力，而他的言論對共產大業傷害太深。那次之後，蕭福林只播放錄音剪輯過的審判內容。[49]

曾有一段時間，俄圖泰成功維持表面上的政治多樣性。在一九四五年之前，匈牙利廣播電臺一直是由一家私人控股公司所有，由該公司代表政府製作新聞。這間公司旗下還有國家通訊社、廣告代理公司、印刷設備和幾間小型銀行。在大眾印象中，這間公司的所有者在戰間期與霍爾蒂政權關係密切。戰後，該公司努力爭取拿回自己的財產。他們得到了獨立小農黨的支持，後者想為他們爭取補償，但同時也主張新電臺的多數股份應歸政府所有。

這兩個想法都遭到俄圖泰的反對，而他獲得了勝利。到了夏末，該公司的所有者被褫奪公權，財產被充公，廣播電臺的完整所有權交給了一間名為ＭＫＨ公眾有限公司的國營企業。[50]管理該公司的不是當時仍囊括各路政治人物的政府，而是各匈牙利主要政治勢力所組成的董事會。董事會成員來自四個合法政黨——共產黨、社會黨、農民黨和獨立小農黨，每黨各占兩名席次，另有兩名席次留給職業工會成員。

表面上看起來相當公平，但職業工會的兩名代表實際上效忠共產黨，所以共產黨其實占據了四席董事會席位。其他席次代表中，有許多人在所屬政黨內部都屬於極左派人物，所以他們也會選擇與共產黨人站在同一陣線。還有一些人就像俄圖泰一樣，暗中為共產黨效力。在二戰落幕僅一年後的一九四六年初，匈牙利共產黨便實質控制了廣播公司的員工和董事會，因此也控制著廣播節目的內容——儘管大眾和政界都被矇在鼓裡。一年之後，共產黨決定加強對廣播媒體意識形態的控制，此時已沒有人能夠阻止。

第九章 政治動盪

「必須透過適當程序來建立歐洲秩序及重建各國經濟，這樣的程序必須要幫助解放後的人民徹底消滅納粹和法西斯餘黨，並建立他們自己所選擇的民主制度……所有民主政黨和反納粹政黨都有權參與選舉，提名自己的候選人。」

——《雅爾達協定》，一九四五年二月十三日

「一道陰影籠罩著前不久才被盟軍勝利所照亮的地區……東歐國家內原本非常弱小的共產黨，如今已獲得超越人數比例的驚人地位和權力，他們希望全面掌控東歐。」

——邱吉爾，一九四六年三月五日於密蘇里州富爾頓郡的演說

自同盟國於一九四五年簽訂《雅爾達協定》承諾東歐自由選舉，到邱吉爾於一九四六年發表「鐵幕演說」預言極權主義崛起的這一年間，歐洲局勢發生了許多變化。紅軍派遣莫斯科培訓的祕密警察進駐每個被占領國家，將國家廣播電臺交由各地共產黨人控治，並且開始解散青年組織和其他公民組織。他們逮捕、謀殺及驅逐那些被認定反對蘇聯的人，並殘忍實施族群清洗政策。

這些變化並非祕密，也並未隱瞞外界。事實上，英國首相邱吉爾最早使用「鐵幕」一詞並不是在一九四六年那場著名的富爾頓演說，而是在戰爭落幕的一九四五年五月，也就是雅爾達會議的三個月後。在一封給杜魯門的信中，邱吉爾寫道：「一道鐵幕降臨，我們無從得知鐵幕背後的真相。」[1]邱吉爾偏好浮華辭藻，導致真相淹沒其中——他其實知道「鐵幕背後」的真相，因為他的波蘭消息來源持續回報當地狀況，令他非常苦惱。

其實，英美強權和蘇聯之間的友好關係早已出現裂痕。「我們與資本民主陣營之間的結盟之所以成功，是因為他們有意阻止希特勒擴張，」史達林在二戰末期如此對保加利亞的共產黨人迪米特洛夫說。「但未來我們將會反對資本家的陣營。」隨著戰爭接近尾聲，局勢變得愈來愈緊張。雖然美軍和紅軍一九四五年四月在易北河上首次會師時見證了相互握手慶祝的場景，但隨後就出現了關於德國應向誰投降、在哪裡投降等瑣碎問題（盟軍後來安排了兩場投降儀式）。美國也突然中止了戰時資助蘇聯購買美國產品的租借法案。[2]美國在八月份首次使用原子彈，也引發另一波對蘇聯的疑懼。到了該月底，美軍和俄軍已頻繁在柏林爆發夜間駁火。[3]

然而，導致雙方無法互信、演變成人稱「冷戰」的真正原因，其實是發生在東歐（尤其是波蘭）的事件。一九四四年秋天，美國外交官喬治・凱南已經得出結論：那些繼續爭取民主的波蘭流亡政府成員「在我看來是注定失敗政權的注定失敗代表」，「但沒有人能如此殘酷地對他們說出口。」[4]半年後的一九四五年五月，羅斯福前總統的親近顧問霍普金斯（Harry Hopkins）前往莫斯科會見史達林，向他傳達繼任總統杜魯門「相當關切蘇聯未能落實雅爾達協定中關於波蘭的部分」。作為回應，史達林憤怒指責美方決定終止租借法案一事，並宣布蘇聯需要一個「友好的波蘭」（即親蘇波蘭）來保護其邊境。[5]

儘管如此，史達林畢竟簽下了《雅爾達協定》，因此即便情勢詭譎，選舉也預計會在東歐國家舉行。在蘇聯占領東歐之初（大約是一九四五年至一九四七年間），某些非共產政黨仍能合法存在。部分非共產黨的報紙可以出版，政治競選活動可以進行。儘管各國政治自由的程度不同，選舉遭到操縱或直接造假的程度也因國家而異，但至少在最一開始，蘇聯顯然打算維持民主表象，也接受某種程度的民主存在。

因為蘇聯期待這會對自己有益。正如前述，此時的蘇聯及其東歐盟友認為民主對他們有利。這點相當重要，卻常被忽視，因此值得一再強調：雖然這份期待是否真誠也因國家而異，但東歐大部分共產黨都在戰後不久確實舉行了大選，因為他們自認會贏，而且也有理由這麼認為。以今天的標準來看，戰後初期幾乎所有歐洲政黨都支持偏左政策。一九四〇年代後期，即使是中間偏右的德國基督教民主聯盟和英國的保守黨也願意接受政府強勢主導經濟，甚至是將某些產業收歸國有。整個歐洲大陸上，幾乎所有人都主張建立涵蓋廣泛的福利國家。歐洲共產黨在過去的選舉中曾經表現出色，似乎也有可能在未來再次獲勝。畢竟法國共產黨曾在一九四五年的國會選舉中獲得第一高票，那麼東歐當然也可能出現相同情況，不是嗎？

歐洲共產黨人自認能贏得選舉，還有意識形態的原因。根據馬克思理論，工人階級遲早會意識到自己的命運，遲早會相信共產黨。一旦此事發生，共產黨自然就會被工人階級選為執政黨。正如波蘭共產黨人卡斯曼在日後的一場訪談中解釋道：

我們很清楚，黨在戰前只獲得少數人支持，但我們相信這是一群受到啟蒙的少數人，他們將引領國家走向進步。我們也知道，如果我們獲得權力並以正確的方式執政，就能說服那些不信任、不相信我們或反對我們的人。[6]

一九四六年初，黨魁烏布利希在一次黨內談話中也表達出類似的樂觀信念：

有人問我們：德國的蘇聯占領區是否會有選舉？我們回答：會的，您將會看到我們如何規劃選舉！我們將抱持全副責任感來規劃選舉，並以確保每個城鎮和村莊中的工人階級為多數的方式來規劃選舉。[7]

至少在公開場合，烏布利希從沒想過選舉有可能不會導致工人階級成為多數。

史達林本人的態度則比較不以為然，或許是因為他從未完全理解歐洲人所謂的「民主」和「自由選舉」。他曾在二戰期間告訴流亡中的波蘭政府領導人米科瓦伊奇克及其所帶領的倫敦波蘭代表團：「無論左翼或右翼，有些人是我們不能允許進入波蘭政界的。」米科瓦伊奇克回應，民主國家無法決定誰能或不能參與政治。根據米科瓦伊奇克的回憶，史達林聞言後「直盯著我，彷彿我瘋了，接著會議便告結束」。[8]

一九四四年八月，史達林漫不經心地告訴一群波蘭流亡政治家，蘇聯期待波蘭成立「民主黨派」的

「大選聯盟」，但當然是「由波蘭人民自己決定」。只不過，史達林所說的「大選聯盟」其實是指選舉前便成立的聯合團隊，成員之間並不互相競爭。而他所謂的「民主黨派」，則是僅限於親蘇政黨。[9] 顯然史達林喜歡的「選舉」是沒有競爭的選舉，如此一來，即便是波蘭共產黨也有獲勝的機會。正如他在一九四五年告訴哥穆爾卡：「只要適當煽動並保持正確態度，你就能贏得相當多的選票。」[10]

有幾個國家按照史達林的建議舉行了「沒有競爭」的選舉。南斯拉夫在一九四五年十一月時便是如此——狄托無需蘇聯遊說便已出手迫害反對者。南斯拉夫官方宣布高達九成選民投票支持南斯拉夫人民陣線，而他們是唯一出現在選票上的政黨。駐首都貝爾格勒的蘇聯大使熱烈盛讚這次選舉，他告訴外交部長莫洛托夫，這次選舉「鞏固」了這個國家，因此他認為選舉很成功。[11] 保加利亞的共產黨也在一九四五年十一月舉行大選，幾個左翼政黨也共組聯盟，稱為「祖國陣線」。[12] 這兩個國家內部真正的反對派是拒絕加入聯盟的中間和中間偏右政黨，雙雙呼籲同胞抵制選舉。有許多國民確實沒有投票，但共產黨仍自行宣布勝選。

祕密警察和各地共產黨人使盡全力，但並非所有東歐政治人物都願意加入統一的選舉聯盟，也不是所有工人階級都迅速意識到自己的命運。到了一九四五和一九四六年，東歐地區的經濟仍然混亂不堪，加上頻繁出現的政治暴力，都導致民眾開始恨惡蘇聯，最終導致東歐共產黨人在首輪的自由選舉或半自由選舉中碰上災難性的敗選。馬克思的預言並沒有實現。選舉結果出爐後，共產黨的政治方針開始變得更加嚴酷。

史達林在波蘭的行事起初相當謹慎，至少在選舉上如此。他或底下的人並沒有立即逼迫波蘭政界舉行南斯拉夫或保加利亞那樣的一黨選舉。共產黨逮捕並驅逐十六名救國軍領袖之後，西方列強更加密切關注波蘭政治，或許讓史達林感到有必要維持聯合臨時政府的表象。史達林大概是考量到這些因素，因此允許最後一位非共產黨的波蘭領袖米科瓦伊奇克，也就是那位曾經試圖與他談論民主的政治家，在一九四五年春天以合法方式返回波蘭。

與米科瓦伊奇克不同，波蘭共產黨內沒有人曾投身過戰前波蘭的選舉。米科瓦伊奇克則深受大眾認識。一九三九年之前，他曾是波蘭人民黨主席，該黨走社會民主路線，在農村地區有一定基礎，是具有政治正當性的政黨。一九四一年德蘇聯手入侵波蘭後，米科瓦伊奇克逃往倫敦，於該處加入流亡政府。一九四三年，原流亡總理希科爾斯基將軍（Władysław Sikorski）在直布羅陀意外墜機身亡，米科瓦伊奇克就此成為流亡政府總理。他以總理身分與史達林、羅斯福和邱吉爾進行談判，討論波蘭在二戰後的地位。談判並不順利，米科瓦伊奇克也變得愈來愈暴躁易怒。一九四四年十月，他同史達林與邱吉爾在莫斯科開會，他在這次場面格外難看的會議上意外得知，雖然羅斯福本人曾向他一再保證，但同盟國其實已在德黑蘭會議上把波蘭東部割讓給蘇聯（邱吉爾曾建議讓波蘭「像士兵一樣向左移動兩步」）。米科瓦伊奇克對邱吉爾大吼大叫，要他改變政策。英國首相的回應則是：「如果你繼續吵鬧，我們會對你感到厭煩！」[13]

一九四五年三月，十六位救國軍領袖遭到當局逮補，米科瓦伊奇克已不怎麼相信波蘭能夠實現民主，但還是決定返國。正如歷史學家克麗絲蒂娜．克斯頓指出，米科瓦伊奇克「錯信了史達林，後者曾宣稱他的目標不是共產波蘭，而是親蘇的民主波蘭」。[14]米科瓦伊奇克為此遭到許多在倫敦的波蘭人和波蘭國內人士批評，他們認為米科瓦伊奇克決定回國一事讓實際上已落入蘇聯手中的波蘭政府獲得虛假的正當性。一份流亡波蘭人的報紙陰鬱的預測：「歷史告訴我們，即便窮盡一切去妥協，也無法讓獨裁極權者停下腳步……獲得救贖的唯一可能，便是及時逆轉國際輿論，令其對我們有利。」[15]米科瓦伊奇克認為《雅爾達協定》承諾要「盡快舉辦以普選和祕密投票為原則的自由選舉」，而他決定相信這項承諾會按其字面意義實現。[16]

一九四五年六月，米科瓦伊奇克前往莫斯科會談，那場會談決定波蘭將會成立臨時政府。與會者包括「盧布林波蘭」的人馬，也就是貝魯特、哥穆爾卡和其他加入國家解放委員會的親蘇政治家，以及波蘭人民黨的領袖。正如前述，最終協議是建立全國統一臨時政府，該政府的任務是在舉行大選前治理波蘭。這個臨時政府有三分之一的代表效忠波蘭人民黨。波蘭人民黨還獲得了幾個內閣職位及一定數量的紙張，能開始印刷報紙。米科瓦伊奇克在他寫於流亡期間的苦澀回憶錄回憶道，雖然這項協議「讓大多數波蘭人經歷另一場幻滅……但在未來的某一天，我們會寧願自己能獲得該協議所描述的權利。因為到頭來，波蘭人民黨甚至沒能保住它應得的三分之一席次，而是落得一無所有。」[17]

有那麼短暫的一瞬間，支持米科瓦伊奇克的人確實有理由期待更多。他一開始確實是以凱旋之姿踏入波蘭民間。一九四五年六月，當飛機降落在華沙時，有數千人到場接機，人潮尾隨他的車隊穿越市區，集結在臨時政府位於南方郊區的新總部外替他歡呼。當米科瓦伊奇克在幾天後造訪克拉科夫時，他的支持者甚至將他連人帶車舉起，扛著車穿越街道，後來更是將他本人扛在肩頭。然而，這些歡欣場景背後也潛伏著威脅。米科瓦伊奇克首度於克拉科夫與黨內領袖會面的那天晚上，當他走出會面場地時，等待他的卻是機關槍的猛烈砲火。兇手不打算殺死他，而是要嚇唬他，而效果也確實非常顯著。米科瓦伊奇克後來更發現在自己離開之後，與他碰面的所有人都遭到逮捕。[18]

隨後的幾個月裡，米科瓦伊奇克和其忠實追隨者發起了一場如今看來極為勇敢直白的政治運動。他和他的政黨奮力爭取反對黨公開活動的政治權利，也期待能在首場公投中獲勝，更努力在戰後首次國會選舉中爭取席次。但到了一九四七年，這三場戰役已是全盤皆輸。不過，至少在此之前，其支持者的力量和規模已讓波蘭共產黨和其蘇聯顧問感到害怕。

打從一開始，波蘭共產黨便盡其所能地孤立米科瓦伊奇克和波蘭人民黨。史達林曾隨意向米科瓦伊奇克提及的「大選聯盟」很快便成形。這個親蘇聯盟成員有共產黨、勉強加入的社會民主黨，以及用來混淆視聽的兩個假政黨：由共產黨控制且旨在造成選民混亂的假「農民黨」，以及作用相同的「民主黨」。波蘭人民黨拒絕加入這個有意混淆視聽的聯盟，因此成為唯一未加入聯盟的合法政黨。結果，米科瓦伊奇克獲得了全波蘭所有反共人士的支持，從最溫和的社會主義者到最激進的民族主義者都有。

在幾個月內，共產黨高層就意識到自己的錯誤，於是決定改變策略。一九四六年冬天，在共產黨中央委員會的一次會議上，哥穆爾卡首度公開批評波蘭人民黨。他把該黨領導層描述為與西方帝國主義勾結的新「反動敵人」。他暗示人民黨可能比仍藏身森林中的反共游擊隊更加危險。[19]年輕的布魯斯

（Włodzimierz Brus）當時還是共產黨的經濟學家，他也出席了那場會議：

> 許多黨人對於這番激烈言論感到驚訝，一是因為自覺在國內獲得的支持並不夠多，所以寧願停戰而非繼續戰鬥。而是因為人們經歷了漫長的二戰及不斷的犧牲、損失和傷亡……我想我自己也對這番攻擊的激烈程度感到有些驚訝。

但正如布魯斯觀察到的，會議上有些人對於哥穆爾卡的發言「還算滿意」——看來黨終究會「消滅反動分子」。[20]

米科瓦伊奇克本人持續記錄著波蘭人民黨所面對的言論攻擊和人身攻擊。名義上合法的波蘭人民黨自始至終都遭受致命騷擾——包括警察暴力、酷刑和謀殺。早在一九四五年十一月，米科瓦伊奇克便向波蘭祕密警察總部提交第一份投訴書，抱怨他們「在塔諾布吉（Tarnobrzeg）逮捕人民黨員並沒收其財物」。同月，警察部門官員和共產黨官員阻擋民眾參加波蘭人民黨在特爾別尼茲（Trzebenice）舉辦的大會，還警告奧萊西尼查（Oleśnica）周邊的民眾說參加類似活動都有可能被捕。警方甚至從沃維奇（Łowicz）附近的人民黨辦事處偷了一些文件。一九四六年一月九日，米科瓦伊奇克列出在樂斯拉夫被捕的十八名活動者名單。同月稍晚，他也列出了八十名在羅茲被捕的名單。[21]

人民黨成員常因地下武裝組織的行動而被捕。例如在一九四六年三月，地方的共產黨人在克拉科夫東南方的拉帕諾夫（Łapanów）舉行了一場政界會議，但並未邀請波蘭人民黨參加。在與會者回家途中，有幾位共產黨政客和祕密警察被持機關槍的游擊隊伏擊。這場交火導致七人死亡、三人受傷。次日，警方開始隨機逮捕當地的人民黨員，理由是他們人不在會議上，因此必須對這場事件負責。警察還放火燒毀當地人民黨領袖的房子，將其房屋和穀倉燒成灰燼。米科瓦伊奇克抱怨，這些官員「從最容易的地方下手，既不調查也不試圖找出罪犯……無疑是濫用權力」。[22]

在這片混亂中，人民黨開始發行《人民報》（*Gazeta Ludowa*），以當時條件來看可說是非凡的成就。報社能取得的紙張數量非常有限，也沒有能力郵寄報紙給訂閱者。他們定期出刊，並要求讀者克制自己只拿一份報紙，不許替朋友多買一份，因為這份報紙總是供不應求。米科瓦伊奇克還記得：「要求訂報紙的人數足以讓我們每日發行五十萬份《人民報》，但我們不曾得到超過七萬份的新聞用紙。我們有好幾百份報紙會在派報工廠和運送過程中遭共產黨人蹂躪……個別訂戶也收到警告，說如果不取消訂閱就會丟工作。」[23]與廣播不同的是，《人民報》顯然無法接觸到波蘭大多數民眾。但報紙上那些標題直率的文章（例如〈他們的面具正在鬆脫〉和〈特務虐待波蘭人〉）生動描述了現實，讓那些成功拿到報紙的人得以閱讀。《人民報》也會刊出遭逮補民眾的姓名、逮捕日期和事件描述，該報記者也報導了米科瓦伊奇克在國會裡受到的待遇。雖然他所屬的政黨據稱控制了三分之一的國會席位，但每當輪到他（或任何代表他的人）發言時，整個議場就會爆發噓聲和嘲笑聲，根本不可能聽清楚他所說的任何一個字。[24]

攻擊波蘭人民黨的行動並未成功消滅這個政黨。相反的，慘遭謀殺的人民黨員葬禮開始吸引大批心懷不平的民眾。當時還能自由發表意見的神職人員也開始公開反對政府。據說某個教區教堂的神父曾如此表示：「如果有人問，誰是所謂的反動勢力，我們就該清楚宣告，我們基督徒就是反動勢力，我們將在這場與馬克思主義的鬥爭中取得勝利。」一名共產黨中央委員會委員小心翼翼地向同事指出：「左翼聯盟的概念在群眾中尚未普及。」即便是向來軟弱膽怯的社民黨也開始抱怨祕密警察對人民黨下手太重。[25]

波蘭共產黨知道自己正逐漸失去人心，於是試圖採取拖延策略。該黨頂尖的意識形態專家伯曼說服貝魯特在一九四六年初夏舉辦公投，而不是像匈牙利、保加利亞和南斯拉夫那樣在一九四五年秋天舉行大選。他後來表示，公投的目的是「調查」公眾意見、「區分出有用的人和沒用的人」、並強迫人民在支持米科瓦伊奇克和反對米科瓦伊奇克之間二選一。[26]公投有三項，每項問題都試圖誘導大眾做出肯定的回應：您同意廢除參議院嗎（一個沒有太多功能的戰前機構）？您同意土地改革和大型工業國有化，同時保留私有財產制嗎？您同意波蘭的新領土和新的西邊國界維持不變嗎？

這三項問題的正確答案都是「同意」，因此共產黨的選舉競選口號很簡單：「三個同意！」米科瓦伊奇克正面迎戰，呼籲支持者在後面兩題投下同意票。伯曼知道人民黨難以反對新的西邊國界，而國有化和土地改革政策在當時相當受歡迎，尤其該題還加上了實際上有所矛盾的後半句——「同時保留私有財產制」。[27]但除了後兩題，米科瓦伊奇還呼籲支持者在關於參議院的無意義問題上投下「不同意」。

事實上，沒人在乎波蘭是否應該要保有下議院。相反的，公投成為了共產黨和米科瓦伊奇克的人民黨之間的代理競賽，而共產黨竭盡全力想要獲得勝利。無論是此前或此後，波蘭可能都不曾出現過這樣的選舉活動：共產黨印了八千四百萬份海報、傳單和宣傳手冊。在那個紙張仍短缺的時期，這個數字相當驚人。共產黨還下達命令，要在全國每道牆上和圍欄上都漆上「三個同意！」的標語。廣播節目和公共活動都不斷提出呼籲，目標受眾遍及社會各群體：婦女、農民、工人、知識分子。他們有時訴諸粗暴的民族主義，例如「德國人反對你投下三個同意」或「以三個同意證明你是波蘭人」，有時則訴諸民粹主義和個人情感，例如「想永遠擺脫地主，請投三個同意」，還有「為了孩子的幸福快樂，請投三個同意」。[28]

隨著選戰進入高潮，各式威脅也開始伴隨著政治宣傳出現。羅茲的祕密警察頭子莫查出身古比雪夫幫，他告訴當地的波蘭人民黨領袖，他會逮捕所有膽敢公開呼籲投「一個不同意」的人。共產政權還認為，公投期間可能會是公開審判救國軍領袖並大肆宣傳的好時機，當時共黨檢察官甚至不懷好意地暗示地下游擊隊和波蘭人民黨之間有所聯繫。當然，所有反對共產政權的人，無論是武裝分子或非武裝平民，確實都支持波蘭人民黨（儘管波蘭人民黨和殘存的游擊隊保持距離），其中有些支持者甚至暗中更進一步，呼籲投下「兩個不同意」甚或「三個不同意」。隨著投票日逼近，當權者也開始戒備，各軍事和準軍事組織，包括軍隊、邊境防衛隊、民兵和祕密警察，全都被派去集會和示威活動。任何被懷疑支持「錯誤選項」的人都有可能被逮捕，遭到審問或遇上其他更糟的情況。

結果政治宣傳造成了反效果。公投前夜，約有兩萬名足球迷聚集至華沙，觀看波蘭對上南斯拉夫的足球賽事——這可是戰後早期的一大國際賽事。中場休息時，幾位共產黨政客走到場邊，想鼓勵在場民眾投票。大家意識到又有一個中性場合即將染上政治色彩，更對其中一位講者生硬無聊的發言感到憤怒，於是紛紛開始鼓掌和吹哨（這是波蘭人表達不滿的方式）。有人開始謠傳米科瓦伊奇克本人也在球賽現場，於是人群高呼他的名字。南斯拉夫隊一頭霧水（有位觀眾形容他們簡直是「目瞪口呆」），但球賽仍繼續比下去（最後波蘭輸了）。比賽接近尾聲時，體育場外突然出現兩輛卡車載來的戰鬥青年聯合會成員（也就是年輕的共產社運人士）。他們在散場時大喊「波蘭人民共和國萬歲！國軍萬歲！」卻只惹來訕笑。[29]

隔天早晨，一九四六年六月三十日，超過一千一百萬人出門投票，占了投票人口的百分之八十五點三，這是非常驚人的數字。共產黨政府起初相當高興，認為這樣的數字意味著他們已獲得全國民眾的支持。當時，年輕的經濟學家布魯斯正在值班，接收各地傳來的投票結果。他清楚記得黨內同志得知投票人數後，其態度從「謹慎」轉變為「極為熱切」。共產黨擔心民眾會抵制投票，但這顯然沒有發生。如果工人階級和農民都參與了公投，這必定是好事，於是黨內領袖開始商討要立刻舉行國會選舉。[30]

這份狂喜迅速消退。確實有上千萬人出門投票，但大多數卻遵循了米科瓦伊奇克的建議。公投的結果令人大吃一驚。根據現存的檔案文獻，只有四分之一民眾投下「三個同意」。絕大多數人至少投下一個不同意。[31]面對這個令人心煩意亂的結果，共產黨人花了十天時間進行思考。最後，他們公布了一組全然偽造的數據，把得票比例顛倒過來。波蘭人民黨對於明顯的假數據提出抗議。他們並未拿到真實數字，但他們從投票所出口私下進行的民調中得知，大多數人肯定沒有投下「三個同意」票。共產黨人毫不動搖，堅定捍衛他們提出的造假數據。就這樣，他們接著舉行了更加骯髒的國會選舉，只是不是立刻，而是延後六個月。

怎麼會這樣？在公投失敗的戰後檢討中，共產黨咬牙切齒地得出結論：大量印製的傳單造成了反效果，大量的塗鴉標語也惹惱了民眾。政治宣傳令人喘不過氣且太過粗糙，正如新成立的政治宣傳部某位督察在內部報告中所說：

公投選項公布後，應該要在支持三個肯定答案的同時，保持節制與謹慎，畢竟這三個選項的答案已像天空中的太陽一樣明白易懂。過度強調「同意」兩字會令人開始懷疑可能有其他事情正在發生。[32]

督察告訴內部人員，未來的議題策動者必須接受更優良的培訓，以便回答兩個民眾最常抱怨的問題——為什麼波蘭要失去東部領土？為什麼蘇軍還留在波蘭境內？能力不足的議題策動者會立即被解雇。從現在開始不准再用海報和傳單，而是要和群眾對話。[33]

即使考慮到政治宣傳人員所犯下的「錯誤」，共產黨還是難以理解為什麼會有這麼多工人和農民拒絕他們。他們深愛且深信一個應當要帶領他們走向勝利的意識形態（畢竟，工人應該會支持工人國家才對），以至於他們難以理解自己同胞的選擇。就連生活在西部新領土的波蘭人也投下了反對票。[34] 華沙黨委會的一名成員得出結論，他認為同胞是受到「混亂思維」的影響，其規模之大難以想像：

這似乎涉及某種令人費解的抵抗精神和全然無知，即便是那些能從民主統治中獲得好處的人也是如此。舉例來說，為什麼拉當地區工人最多的地方投了三個不同意？為什麼伊烏札（Iłża）和延杰尤夫（Jędrzejów）的農民大多數投下不同意？該如何解釋就連某些軍人和警察也投下不同意票呢？[35]

這場公投成為重要的轉捩點，重要性甚至勝過接下來的國會選舉。這件事讓共產黨人開始認知到一件事（他們還需要多年時間才能完全理解）：政治宣傳的效果有限。不僅是波蘭共產黨人，所有共產黨人最終都會得出這個結論，那就是「多」不代表「好」。更重要的是，波蘭共產黨如今也明白自己在「乾淨選舉」中沒有獲勝的機會。若要獲勝，就得恐嚇米科瓦伊奇克的支持者，或是大幅篡改選舉結果。

最終他們兩件事都做了。在公投大敗和一九四七年一月的國會選舉之間的這六個月裡，祕密警察逮捕了克拉科夫所有人民黨領袖，搜查該黨的華沙總部並將其洗劫一空，審問並逮捕了整個人民黨媒體部。美國駐華沙大使在外交電報中表示：「即使人民黨安排了希望促進波蘇友誼的會談，最終也都破局。」[36]所有公開的選舉會議都直接由軍隊規劃執行，因為正如布魯斯所說，「穿制服的軍人比便服的政治宣傳者更有效。」[37]軍隊以維護治安為名，把名為「政治宣傳安全小組」的部隊派至全國各地，「保護」民眾不受武裝游擊隊襲擊。

隨著選舉的日子逼近，共產黨的策略也變得更加無所顧忌。選前一週，五十二個選區中有十個選區的人民黨候選人遭到除名，這些選區大多數位於東南部鄉村地帶，也就是波蘭人民黨的大本營。選前最後一晚，共產黨向人民黨幹部發送成千上萬封假電報，電報的內容全都相同：「米科瓦伊奇克昨晚死於飛機事故。」米科瓦伊奇克在回憶錄中將一九四七年一月十七日的選舉日描述為「波蘭歷史上最黑暗的日子」：

> 被命令要公開投票的數百萬人聚集在自己的工廠、辦公室等指定場所，伴隨著樂隊音樂，由武裝警

衛護送到投票所……他們被命令把所有選票高舉過頭，而上面都寫著三號（共產陣營的號碼）。人群排成長長的隊伍，以便警衛一覽無遺。

然而，米科瓦伊奇克還說，並不是每個人都願意服從：「幾十萬名英勇民眾將寫有波蘭人民黨號碼的選票藏起來，靠近投票箱時再設法把寫著三號的選票揉掉，並把有著自己選擇的號碼的選票塞進信封……」[38]其他人則是躲在一旁，等警衛離開再回來投票。但這些努力都是徒勞。根據官方結果，百分之八十的波蘭選民投給「民主聯盟」，只有百分之十投給人民黨。米科瓦伊奇克辭去內閣職務以示抗議，國會則選舉出貝魯特擔任波蘭總統，並由社民黨的西倫凱維茲（Józef Cyrankiewicz）擔任波蘭總理——西倫凱維茲的主張是社民黨與共產黨合併。英美大使正式提出抗議並抵制國會開幕典禮，但無濟於事。[39]

九個月後的一九四七年十月，米科瓦伊奇克悄悄逃離波蘭，前往德國的英國占領區，再飛抵英國。他說自己接獲祕密警告，隨時有可能被逮捕。雖然英國人認為他多少有點歇斯底里，但他有可能是對的。處境和他相似的保加利亞農民黨（保加利亞反對黨）領袖佩特科夫（Nikola Petkov）就是在一九四七年夏天遭到逮捕、審判及處決。另一位處境相似的匈牙利反對黨小農黨領袖納吉，大約也是在同一時期遭恐嚇而流亡他國。波蘭人民黨成了虛假的「影子政黨」，名義上繼續存在，以服務一九四七年的大選，但在政治實務中並未再發揮任何作用。人民黨消亡後，波蘭有三十多年不曾擁有真正合法的反對黨來對抗共產黨。[40]

事實上，莫斯科對波蘭共產黨在選舉中的失敗表現並不真的感到意外，因為史達林對波蘭人的政治忠誠度本來就不抱任何幻想。相較之下，蘇聯對其他國家的共產黨的選舉表現更有信心。好比在仍有紅軍駐紮的奧地利東部，史達林就認為共產黨可能會在秋季大選中有很好的表現；與此同時，他也對羅馬尼亞有很高的期望。但史達林最期待的，還是匈牙利的選舉結果。

確實，匈牙利共產黨在戰後首次全國大選前是信心十足，那是匈牙利歷史上第一次真正自由公正的選舉。[41]全國女性、農民和未受教育者首度獲得投票權。競選活動公開舉行，在報紙和公共場所都能自由討論。六個政黨分別推出候選人，各黨都提出各自名單：獨立小農黨（該黨在社會學和哲學傾向上都與波蘭人民黨很相似）、社民黨、共產黨，還有其他三個小黨。

匈牙利共產黨領袖拉科西本人就預期能大獲全勝。失業率和不滿情緒高漲，要鼓吹易怒而激進的人群走上街頭並不困難，而共產黨也常常這麼做。匈牙利共黨策畫了大規模示威遊行，四處高喊口號、張貼標語。共產黨在布達佩斯街頭成了一股巨大力量，讓拉科西自信滿滿地預測由共產黨和社民黨組成的左翼聯盟將會在全國大選前幾週舉行的布達佩斯首都選舉中獲勝。「也許會大贏百分之七十以上。」他如此告知中央委員會。當年身兼匈牙利最高階蘇聯軍官與盟國管制委員會主席的伏羅希洛夫將軍，就認為拉科西過於誇大。他向莫洛托夫抱怨，說匈牙利共黨領袖太喜歡舉辦大規模遊行。[42]伏羅希洛夫認為，就算拉科西能夠號召三十萬人上街，但他「根本還沒開始對黨員進行縝密的教育工作」，也認為拉科西「不夠聚焦」於經濟層面（這是在委婉表示其經濟政策已經顯出敗象）。[43]

在匈牙利共黨內部，少有人敢和拉科西唱反調。當時在共黨政治宣傳部門工作的詹諾（Jenő Széll，他後來在一九五六年起身反抗共產政權），被任命負責匈牙利西部小鎮帕帕（Pápa）的選舉宣傳。投票前夕，詹諾受邀參加一場地區會議以匯報工作進度。他聽著一份又一份熱情洋溢的報告指出共黨獲得大批群眾支持，心中不禁開始擔憂：「每個人都報告共產黨遙遙領先，兩個工人政黨的結盟將取得絕對多數。我對自己說，『可憐的詹諾，你要麼跟著大家說謊，要麼講實話自找麻煩。』」[44]

詹諾鼓起勇氣，老實告訴與會的共產黨人，左翼聯盟在帕帕幾乎沒有支持者，反觀獨立小農黨在帕帕實力堅強，甚至有可能贏得絕對多數（最終結果確實如此）。拉科西駁斥他的說法，宣稱詹諾同志遭人誤導，說他身邊的人都是反動派。共產黨會在帕帕加強宣傳力道，導正大眾視聽，而詹諾同志將會發現一切都能按計畫進行。

但一切並沒有按照計畫進行。第一次震撼發生在布達佩斯市選舉之夜，即一九四五年十月七日。選舉結果公布，共產黨人得知獨立小農黨得票率超過五成。拉科西「臉色變得有如屍體般蒼白」，「跌坐在椅子上不發一語」。十一月四日的全國大選也一樣悽慘。隨著選舉結果傳至黨部，詹諾注意到有位共黨高層的臉色「一陣青一陣白，嘴唇則轉為灰色」。「反革命要來了，隨後而至的會是白色恐怖。」[45]那位高層宣布，並踉蹌著走出房間。這次，也許是做好了充裕準備，拉科西的反應比較有自信。詹諾形容他帶著微笑進入房間，問周遭的人說：「有什麼消息，同志們？」

> 我們沮喪地把消息告訴他，並給他看選舉結果。「好了，同志們，」他說：「這只是幾個地區，幾個墮落的反動地區，不要被這些數字給騙了。」……我現在才意識到他是一個徹頭徹尾的政客……他明明意識到這是場慘敗，但他的演出無懈可擊。他說他會回家睡覺，「各位同志在明天早上六點之前準備好一份完整報告。」幹得好，他說，然後轉身離開，心情看來很是愉快……我確信高層立即召開會議，想方設法糾正失敗。[46]

獨立小農黨輕鬆贏得了選舉，獲得百分之五十七的選票。社會黨排名第二，獲得百分之十七點四的選票。而共產黨則以第三名之姿遠遠落後，只獲得百分之十六點九的選票。

雖然布達佩斯的蘇聯當局原本就認為拉科西樂觀得有點誇張，但他們仍對這次慘敗的程度感到驚慌，並開始尋找代罪羔羊。在他向莫斯科的報告中，紅軍政治部的圖格瑞夫（Tugarev）少校怪罪「國家的經濟情況」，也就是通貨膨脹及煤炭短缺，還有試圖讓共產黨替經濟失敗背黑鍋的「右翼領袖」。他指責獨立小農黨訴諸反蘇口號和暴力，並詳述匈牙利天主教會總主教敏真諦的不忠之舉。顯然，圖格瑞夫擔心紅軍會成為被指責的對象（畢竟竊盜、性侵和遣送行動都已造成傷害），也擔心他本人可能也得為此負責。他宣稱是匈牙利人「挑釁」蘇聯士兵導致後者做出不當行為，是匈牙利人給蘇軍酒喝才讓士兵去洗劫民宅，以便拿掠奪品換取更多食物和酒。匈牙利共產黨與蘇聯關係密切，因此被要求負責。[47]

伏羅希洛夫更直白地指責自己的同志。他告訴史達林，匈牙利共產黨已被「罪犯、野心家、冒險家、曾支持法西斯者，甚至曾是法西斯組織成員的人」滲透。伏羅希洛夫不失委婉地解釋道，更重要的是,「黨的領導層不是匈牙利人,這點對黨有害」。他的意思其實是黨內有太多猶太人。[48]未來幾年之內,拉科西會對伏羅希洛夫指出的這些代罪羔羊展開恐怖行動:獨立小農黨、敏真諦主教、天主教會、猶太裔共產黨人——他至少會對其中一些人出手。

獨立小農黨一度想把握這次勝選的局面。黨魁蒂爾迪(Zoltán Tildy)和時任國會議長納吉都告訴拉科西,小農黨想要新內閣一半的席位,再把另一半分配給其他政黨——這項要求十分合理,畢竟他們贏得超過一半的選票。獨立小農黨也試圖從共產黨手中拿回內政部的控制權,將部分職位置於自己掌握。這兩項努力都宣告失敗。伏羅希洛夫在蘇聯外長莫洛托夫的指示下,要拉科西告訴蒂爾迪和納吉,儘管共產黨人得票只有百分之十七,但這百分之十七卻是代表工人階級,是「全國最活躍的力量」。他還解釋「復甦經濟的沉重負擔正落在工人階級肩上」,因此工人階級應該在政府中扮演更重要的角色。「匈牙利狀況特殊,我們雖是戰敗國,但因為有偉大慷慨的蘇聯,我們才有機會在民主基礎上快速復興。」所以,新國會裡必須存在更多的工人階級,才能「確保匈牙利會兌現對於蘇聯的承諾」。[49]

正常情況下,沒有任何民主選舉所選出的政黨會理睬這種胡言亂語的威脅。但一九四五年十一月,當局已逮捕了基斯神父,紅軍大規模逮捕的記憶仍近在眼前。警察已開始試圖消滅青年團體,共產主義宣傳已滲入廣播節目中。蘇聯顧問氣得冒煙,而蒂爾迪最終屈服。共產黨人控制了內政部,拉伊克成了內政部長,拉科西則當上副總理。蒂爾迪成為總理,但只執政到二月便被納吉取代。

獨立小農黨隨後開始以驚人速度解體。沒完沒了的壓力讓黨內領袖犯下一個個錯誤。接下來的幾個月裡,共產黨與其他政黨組成臨時聯盟,先是抨擊獨立小農黨的政治家和派系,再來是舉行大規模示威，並在報紙和廣播中對他們大肆撻伐。三月初，左翼聯盟發動了媒體宣傳和一場大規模示威，呼籲把「反動分子」從獨立小農黨中趕出去。兩天後納吉屈服，趕走了一批「反動分子」以取悅民眾。這導致一個由蘇略克（Dezső Sulyok）領導的黨內派系脫離小農黨，另創「匈牙利獨立黨」。蘇略克希望黨人與蒂爾第和納吉保持距離，於是這兩人不但成為左翼媒體鼓動仇恨的對象，也被自己的同黨視為軟弱無用者。整個一九四六年裡，當局以愈來愈快的速度逮捕同情獨立小農黨的民眾，包括前反法西斯反抗運動成員和青年團體領袖。

那年秋天，一則曖昧不明的謠言蔓延，說警方正在展開調查。一開始只是暗示，後來則擺明著講——報紙上寫，政客也講，最後就連匈牙利的蘇聯當局都把矛頭指向獨立小農黨的祕書長兼納吉密友柯瓦克思（Béla Kovács），說他密謀政變。在蘇聯大使公開稱柯瓦克思為「陰謀家」後，拉科西建議納吉將此人解雇。但柯瓦克思本人當時離開城裡去「度假」，而匈牙利警察則慢悠悠地不急著逮人。因此，紅軍當局於一九四七年二月二十六日介入，逮捕了柯瓦克思本人：「他們在柯瓦克思家中宣讀軍事指揮官的逮捕令，搜查他的住所，沒收他的文件，帶走他本人。」[50]柯瓦克思將會在蘇聯監獄裡度過八年歲月。

就這樣，獨立小農黨在薩拉米戰術*的攻擊下逐漸被削弱。柯瓦克思被捕後，其他人開始自願離開。獨立小農黨和其他兩個合法非共產政黨的領袖開始陸續逃往國外。一九四七年五月，納吉本人也離

* 譯註：Salami tactics，亦稱「切香腸戰術」或「漸進戰術」。拉科西本人曾以此詞來描述匈牙利共產黨的戰略，指共產黨一步一步分化、消滅非共產黨的行動宛如切薩拉米香腸一般。納粹也曾使用此詞（Salamitaktik）。

開匈牙利，雖然人們始終不清楚他是否真的離去。令人大感不解的是，他選擇政治上緊張的時刻出國度假——當時他的政黨正在解體，他的黨人接連流亡。同樣令人困惑的是，他帶著妻子同行，卻留下年幼的兒子。拉科西給了納吉一個可信度不明的承諾：說納吉不在的這段期間，自己不會制定任何國有化法案。納吉便驅車前往瑞士，說是要研究瑞士的農業方法（「我沒有打算在時髦的渡假勝地閒晃」，他在回憶錄中解釋）。

納吉一離開匈牙利，立刻就接到數通由布達佩斯打來的電話。首先是有人命令他回國，然後是有人警告他不要回國。他的祕書被逮捕，當局正在調查他是否涉入陰謀。他可能回不了布達佩斯，就算他試圖這麼做，「就有可能在半途或邊境遭遇不幸。」納吉憤怒表示指控他涉入陰謀一說是「骯髒的謊言」，但拉科西警告他「不要輕忽當前局面」。經過幾天煎熬，納吉最終選擇流亡。他寫了一封辭職信，以此交換自己的兒子：「最後，我抱著我的孩子，把辭職信交給了共黨特使，他們非常想要得到這封信，因為這能合法化他們的政變。」[51]

納吉離開匈牙利，許多政治家也跟隨他的腳步逃離該國，於是一九四七年的選舉大局已定。雖然如此，共產黨人仍不想冒任何風險，因此在投票前把數千人從選民名冊上刪除——包括共產黨的「敵人」、敵人的朋友和親戚，還有剛從戰俘營回來的匈牙利人。七月的一次競選會議上，一位黨內領袖明白說出了共產黨的意圖：他希望排除大約七十至八十萬選民。「同志們，」他解釋，「我們不該過於守法……我們必須使用『耳語造謠策略』來散播社民黨在選後會與共產黨合併的謠言。我們也必須散布另一個謠言：把多數選票投給共產黨的鄉村地區，將獲得政府額外的經濟援助。」[52]

有人建議他們黨應該「忘記」提供某些選民選舉文件。好比在會諾負責的選區，他得確保共產黨在選票上的位置排在第一位，他還請一位「可信賴的女士」用假裝公平的方式從帽中拿出寫著共產黨的卡片（這張卡片對折的方式有點不同）。另有人動員幫派分子來干擾其他黨舉辦的會議。時任匈牙利獨立黨領袖的蘇略克還記得，當他試著在公開會議上發言時的情況：

有人開始大喊：「把他扔出窗口！打死他！吊死他！叛徒！」……終於輪到我發言時，人群的抨擊有增無減。在這片嘈雜中我連一個字都說不了……我們站起身來唱教宗進行曲時，有些人開始罵髒話，其他人則唱起國際歌。* 這是我們脫身的機會——當人們站起來唱國際歌時，我們迅速離開講臺……但他們注意到了，又開始大喊：「不要讓他們出去，攔住他們，把他們扔出窗外……」

他後來向內政部長拉伊克投訴此事，但拉伊克毫不同情他。拉伊克告訴他：「身為共產黨人的我可以告訴你，如果由我來決定的話，你們全都會被殺掉。」[53]很快的，蘇略克也逃離了匈牙利。

到了一九四七年八月三十一日投票當日，已有大約五十萬人從選民名冊中被刪除，占了整體選民的百分之八點五。還有三十萬人沒有出門投票，可能是因為受到恐嚇。為了確保諸事順利，共產黨還祭出了最後一招：他們向特殊選民發放了數萬張額外的藍色選票——據說這些人是「出國度假」或人不在自

* 譯註：國際歌（The Internationale）是著名的國際共產主義運動歌，得名自馬克思協助創立的第一國際。

家選區的選民，而這些特殊選民從一區趕往下一區，多次投下選票。這群人從未隱瞞自己的行為。他們乘著匈牙利軍用卡車（甚至是蘇聯卡車），大聲談笑唱歌，從一地趕往另一地，顯然十分樂意參與這齣荒唐鬧劇。[54]

國內有人出面抗議，卡莉格（Sára Karig）便是其中之一。她在一九四三年時加入社民黨，一九四四年時開始抵抗納粹。她透過朋友兼同事瑞典外交官瓦倫伯格（Raoul Wallenberg），幫助數百名匈牙利猶太人逃離猶太隔離區，弄到假證件，把孩子藏在孤兒院裡，最後離開匈牙利。她也幫助匈牙利共產黨人製造假文件。（她曾憶起，自己的布達佩斯公寓是一間「製造出生證明的工廠」）。戰後她仍積極參與政治活動，並在一九四七年以社民黨人的身分被任命為布達佩斯市中心某區域的選舉辦公室負責人。她藉機私下拉了一條電話線，希望與全區投票站保持聯繫，以便追蹤有多少人出來投票。投票日當晚，她便知道有人舞弊造假。她向警方回報好幾起雙重投票的案件。儘管舞弊者（全都是共產黨員）遭到逮捕，但幾乎是立刻就被放走。

隔天，輪到卡莉格遭到逮捕。她在街上毫無預警地被捕，被拖進一輛蘇聯的黑色豪華轎車裡，直接送往位於維也納近郊巴登市的紅軍總部。她被關押三個月，遭到審問和酷刑折磨，被指控為間諜，最後當局說不會對她提告，只會把她驅逐出境，因為她「阻礙匈牙利民主進程」。最後，她被送往沃爾庫塔（Vorkuta），蘇聯最偏遠的一座古拉格勞改營。她在布達佩斯的朋友、家人和黨內同僚都不曾獲得任何關於她的消息。拉科西和拉伊克都推說不知道她的下落，在布達佩斯的蘇聯當局也裝作無辜地宣稱一無所知：也許她移民到西方國家了？

卡莉格一直到史達林死後的一九五三年才回到家鄉。[55]在這些年裡，當局成功鎮壓了抗議卡莉格失蹤的所有活動。不到一年之內，匈牙利政府就脫下了議會民主的逼真面具，露出如今獨攬大權的匈牙利共產黨。

與東歐各國的共產領袖一樣，烏布利希和其手下深信左派能在東德贏得多數選票。一九四五年九月，威廉・皮克自信滿滿地寫道，德國工人不僅「清楚希特勒帶來的災難」，也明白蘇聯會確保「為德國來帶來穩定成長和美好前景」。因此，德國工人會支持親蘇政治家。幾個月後，皮克也表示選舉必定會導致「無產階級政權」獲得勝利。[56]

德國共產黨在一件事上仍保持謹慎。正如匈牙利共產黨和波蘭共產黨一樣，他們比較希望能在大選中和社民黨結盟。如果他們能模糊溫和左派和激進左派的界線，就能輕易贏得德國工人的支持。最終，匈牙利和波蘭的社民黨都被迫解散或與共產黨合併，但左派首次的「合意合併」（也就是不將社會民主主義和共產主義視為兩個清楚有別的路線），卻發生在東德。

這件事並不容易。社會民主主義在德國和東歐擁有備受尊崇的悠久歷史，而許多社會民主主義者都強烈反對蘇聯和共產主義。德國共產黨人也長期蔑視社民黨人。[57]二十世紀初，列寧本人就曾與德國社會民主主義先驅考斯基（Karl Kautsky）展開一場著名辯論，因為考斯基竟然主張透過選舉而非革命來獲得權力。在著名的一九一八年宣傳小冊《無產階級革命和叛徒考斯基》裡，列寧將考斯基貶為「誇誇其談者」，淨說些「傻話」，只會發表有關資產階級民主制度的「荒謬」胡言。[58]在東歐各地，社會民主黨提倡的路線通常比共產黨溫和，他們支持現代福利國家而非無產階級獨裁，提倡改革而非革命。但最重要的是，共產黨人痛恨社民黨人，因為社會民主主義無論是在戰前或戰後都比共產主義更受歡迎。

然而，在納粹手下歷經政治失敗和打擊的經驗讓可敬的德國社民黨士氣低落。左派曾在威瑪共和國時期分裂，導致右派獲益。戰後有許多人認為，都是因為左派沒能統一才讓希特勒有機會崛起。資深社民黨員布赫維茲（Otto Buchwitz）在一九四六年三月表態支持社民黨和共產黨合併，宣稱「改革主義」已經失敗，是時候讓社民黨與共產黨攜手擁抱「革命式社會主義」。

蘇聯也發揮了影響力。東德社民黨領袖葛羅特渥原本在一九四五年八月時表示，他的政黨有獨立的權利，不會與共產黨聯合提出候選人名單。十月，他對西德社民黨領袖舒馬赫（Kurt Schumacher）重申同樣的意見。兩個月後，他在一次社民黨和共產黨聯合大會上發表演講，列舉十個反對兩黨合併的理由。他宣稱最重要的原因是「社民黨員早已不信任我們的兄弟共產黨」。[59]

結果他的態度很快就轉變了。一九四六年二月，他把自己的擔憂告訴一位英國官員。他說他個人目前面臨巨大壓力，提到自己「被玩弄於俄國刺刀的刀尖」，而社民黨也陷入麻煩，地方組織完全被破壞，已經沒有必要再反對與共產黨合併。[60]葛羅特渥的看法改變了，因為共產黨的策略改變了，而蘇聯執政當局也有所改變。一九四五年秋，共產黨在匈牙利大選中落敗，在奧地利的表現也乏善可陳（儘管事前期望很高，但共產黨在十一月的奧地利大選中只贏得國會四席），而社民黨在西德的支持度也開始提升。於是東德共產黨人和他們的蘇聯主子開始相信，左派統一的時機已然來到。一九四六年初，他們告知紅軍指揮官要開始讓地方上的兩個左派政黨合併。接下來的幾個月裡，約有兩萬名反對兩黨合併的社民黨人被「騷擾、監禁，甚至殺害」。[61]柏林市議員露絲是堅定的社民黨人，她在日記中表示「我們哪來的力量去反抗強權壓力？在東邊，兩黨合併的計畫堅定不移且毫不留情地向前推進著」。[62]

就像是波蘭社民黨的西倫凱維茲一樣，葛羅特渥可能也意識到自己如果乖乖合作，就很有可能坐上高位（他最後確實當上東德總理，從一九四九年當到他於一九六四年去世為止）。無論是出於恐懼、機會主義或兩者兼具，葛羅特渥同意了兩黨合併。一九四六年四月二十一至二十二日的合併特別大會上，「德國統一社會黨」就此誕生。「這不是一黨專政，而是團結反法西斯主義者民主陣線的鞏固，」共產黨報《新德國報》如此表示：「這個黨代表著數百萬人，長遠來看，不會再有空間容納任何分裂的小團體。」露絲則在自己的日記中尖刻地評論這項說法：「這不是一黨專政，但其他政黨也沒有生存空間。」[63]

雖然葛羅特渥在壓力之下屈服，但不是全部黨人都願意跟進。在柏林社民黨人所舉辦的一次會議上，人們在現場的混亂氛圍下喊著「走狗！」「我們不想要強制統一！我們不會被強行合併」等意見，淹沒了葛羅特渥的發言。

抗議愈演愈烈，人們的情緒愈來愈憤怒高昂。演講者的話語中淹沒在激烈的抗議聲中，像在春日的潮水中消失無蹤。「叛徒……騙子……下臺……住手……」有人開始唱：「向前吧，兄弟們，邁向光明與自由……」他的嘴唇不由自主的迎合歌詞，同伴們也自動自發的加入合唱。每個人的臉上都滿布驕傲和激動的神色。「這次我們沒有吃虧，十三年來，我們第一次捍衛了自己的自由。」[64]

在柏林，有超過八成的社民黨人投票反對與共產黨統一，這次投票讓這兩個政黨的處境變得相當尷尬。雖然社民黨已停止在德國東半部的大部分地區活動，但他們在柏林市的勢力仍十分強大。不只如此，柏林社民黨已經變得極端反共，也與同樣反共的西德社民黨保持密切聯繫。舒馬赫設立了一個「東區辦事處」，以幫助活在蘇聯壓力之下的東德社民黨人。烏布利希在冗長的演講中抨擊舒馬赫，說他是推動「分裂政策」的「反動分子」。[65]

就在這樣的背景之下，德國戰後的首次選舉活動於一九四六年九月展開，那確實是場奇觀。打從一開始，蘇軍執政當局及其由屠帕諾夫上校領導的政治宣傳部門便精心規劃了這場競選活動。「所有德國統一社會黨的決策，都必須獲得蘇軍當局的領導階層同意。」屠帕諾夫如此宣布。他說服高層暫緩賠款事宜，增加供應各地原物料，甚至提高兒童、嬰兒和孕婦的食物配給。[66]

蘇聯最初對於德國盟友的政治才能有些懷疑，但夏天結束時，蘇聯當局開始更有信心能旗開得勝。就像波蘭共產黨人，德國共產黨人也擁有無上限的紙張供應，印了數十萬張海報和超過一百萬份傳單，其他黨則必須努力爭取紙張。德國統一社會黨刻意採用溫和平淡的口號，例如「團結、和平、社會主義！」或「統一的德國：保障我們的未來！」避開「共產」一詞及任何蘇聯相關詞彙。蘇聯官員也在蘇占區的五個區域內公開為德國統一社會黨助選。在某些地區，當地指揮官有權推廣或禁止特定候選人的競選活動，也有權批准或禁止舉辦選舉集會。[67]

然而，大選結果依舊不妙。在地方選舉上，德國統一社會黨沒能贏得大多數人支持，必須與「資產階級」的基督教民主黨和自由民主黨分享權力。在首都選舉上，社民黨與號稱統一的德國統一社會黨分裂競選，競選同時在東柏林和西柏林舉行，結果慘不忍睹——社民黨在蘇占區的得票率是百分之四十三，在柏林全區的得票率則是百分之四十九，贏得壓倒性勝利。德國統一社會黨在柏林全區的得票率只有百分之十九點八，甚至落後得票率百分之二十二點二的基督教民主黨。[68]

共產黨試著以正面角度來詮釋選舉結果。《新德國報》的標題宣稱「德國統一社會黨在蘇占區贏得重大勝利」。但在檯面下，黨內領導階層感到失望，蘇聯主子則是感到震怒。莫斯科的蘇聯領導層爭論是否該改變政策，並考慮換掉屠帕諾夫。在紅軍位於卡爾霍斯特的總部裡，甚至有人質疑他們是否真能「僅透過刺刀來創建民主」，並主張採取更自由的政策。[69]

執政的蘇聯當局並沒有採取更自由的政策，反而開始打壓異己。班達對此有著深刻的體驗。一九四六年，班達是東柏林洪堡大學的法學生，也是基督教民主聯盟的學生會主席。當時的基督教民主黨對他來說是一個顯而易見的選擇：「在經歷納粹統治之後，我們有必要積極投身政治，並將個人信仰帶入其中，試著根據自身信仰來實踐政治。」[70]

基督教民主聯盟撥出一間小辦公室給班達，地點位於大學附近的耶格街中央黨部，讓他能夠旁聽黨內領袖的辯論。當時德國基督教民主聯盟分裂成「親西方」的反蘇派，由西德的康拉德．艾德諾（Konrad Adenauer）率領，以及由東德的凱瑟率領的另一個派系，此派系相信仍有可能在東西兩方之間找到妥協餘地，從而避免德國永久分裂。這個黨不帶有任何我們今日會稱為「保守」的元素。「如果你今天讀讀東柏林基督教民主聯盟的黨綱，你會發現它是左派中的左派。」班達在二〇〇八年時這麼說。

雖然隸屬左派基督教民主陣營的班達當時主張建立福利國家，經濟上也支持某種程度的中央集權與私人企業並行，但他仍因政治立場而與大學裡的共產黨人發生衝突。德國共產黨在一九四七年召開一場大會，大學因此掛起紅旗布置。班達反對這種做法，並聯合其他倡議者發起傳單，質問他們讀的到底是什麼學校：「是洪堡大學還是高級黨校？」學生會成員的政治傾向大致與整個柏林地區的政黨分布相符，多數成員都站在班達和基民盟的一方。班達在當年某場大學選舉集會上表示：「你投給哪個黨並不重要，重要的是你沒投給哪個黨。」「大家都懂我的意思……你要不是支持就是反對共產黨。如果你反對共產黨，那麼無論你支持社民黨、基督教民主黨還是其他黨，那都是其次。」

時序進入一九四八年，抗議活動變得更加頻繁，也遭到愈來愈嚴重的打壓。曾試圖與自由德國青年領袖合作的基督教民主聯盟領袖克萊因，已於一九四七年春季被逮捕，而羅斯托克、耶拿和萊比錫大學裡的抗議活動導致更多人被逮捕。學生領袖埃施（Arno Esch）最後被蘇聯軍事法庭判處死刑。[71] 由於東柏林一直受到西方的密切監視，這類鎮壓行動出現的時間相對較晚，但最終還是發生了。洪堡大學的校長萬德爾（Paul Wandel）是老共產黨員，他開除了三名帶頭的倡議學生。當時共產黨員在學生會裡仍屬少數，學生會於是投票決定罷課。

班達和東邊的基督教民主黨人很快就迎來了終局：

一九四八年三月的某一天裡，我聽說一位也是基督教民主黨人的同學，在通往西柏林的腓特烈大街車站裡被捕……我記得很清楚，當時我立刻前往中央黨部，打電話給另一個也在我們學生組織裡工作的朋友，他當時人在美國占領區的達勒姆。我打電話過去，告訴他我聽說的事，並問他：「我們能做什麼？」就在我說完這句話時，有人從外部加入了我們的通話……這人只說了四個字：「小心一點。」我立刻就懂了：某個負責監聽電話的人利用這個機會警告我注意自己的人身安全。

班達掛掉電話，離開黨部，直奔車站——不是去腓特烈大街站，他同學才在那裡被捕，而是去另一個邊境車站科赫街站。幾分鐘後他便踏上了美國占領區，此後有長達四十年的時間不曾返回東柏林。72 一九四七年底，米科瓦伊奇克已逃離波蘭，移居英國。納吉流亡海外，最後前往美國。凱瑟已辭去蘇聯占領區德國基督教民主黨的黨魁職務，就像班達及他許多同僚一樣，凱瑟不久後也會前往西柏林。二戰落幕還不到三年，幾乎所有組織完整且合法的反共政治勢力都已遭到肅清。一般都認為一九四八年，也就是柏林封鎖的那年，標誌著冷戰的開始及「史達林主義」席捲東歐。但東歐的史達林化、蘇聯化與極權化，其實早在一九四八年之前便已開展。

一九四七年秋天，史達林不再對外界假裝自己會遵守《雅爾達協定》。他曾在二戰期間宣布解散共產國際，來向西方盟國表達善意。如今他卻成立了一個新組織共產黨情報局，有部分也是為了向西方盟國表達挑釁之意。

雖然蘇聯內部也曾討論過要重新成立國際共產的「革命」組織，但促成共產黨情報局成立的原因，卻是出於蘇聯得知美國總統杜魯門和國務卿馬歇爾將軍正開始一項計畫，要大舉投資並提供高額貸款以重建歐洲經濟。杜魯門在一九四七年的演講中提出「杜魯門主義」，並表示「貧窮和匱乏是孕育極權政權的土壤」。這個想法最終促使他們啟動馬歇爾計畫，投入大筆資金援助歐洲復甦。美國於一九四七年六月提出馬歇爾計畫，目標是重建歐洲經濟，以及「協助抵禦共產革命的威脅」或「鞏固西方資本主義」（看你從哪個角度看）。當時有位支持該計畫的美國人這樣寫道：「馬歇爾計畫將在歐洲創造出一個有利於民主進程和經濟繁榮的經濟環境。」更重要的是，該計畫可以「阻止歐洲政治經濟結構崩潰」，進而降低當年看似相當真實的西歐共產革命威脅。[73]

蘇聯最初對馬歇爾計畫感到困惑。美國宣布這項計畫後，波蘭政府急切要求加入，並立即向莫斯科請求指導，莫洛托夫的回應是他並未獲得相關資訊。[74]南斯拉夫政府則是本能地想要拒絕，但也向莫斯科請求建議。[75]捷克斯洛伐克政府誤以為自己有得選擇，投票決定接受這一提議，並宣布出席在巴黎舉辦的馬歇爾計畫會議。史達林於是把捷克共產黨黨魁哥特瓦爾德和非共產黨的捷克外交部長馬薩里克（Jan Masaryk）召來莫斯科，告訴他們美國人正「試圖建立一個西方集團並孤立蘇聯」，並命令他們不得參與其中。史達林當下要他們退出會議：「你們必須取消今天（一九四七年六月十日）參加巴黎會議的行程。」兩人遵從了這道命令。[76]

面對杜魯門的挑戰，史達林的回應是成立共產黨情報局。就象徵性意義而言，共產黨情報局能鞏固「他的」陣營，讓陣營成員在未來能夠更清楚如何應對來自西方的「政治宣傳」。隨著共產黨情報局的出現，獨具「波蘭特色」（或「德國特色」、「捷克特色」、「匈牙利特色」）的共產路線之概念也即將消失。世上所有重要的共產黨都應該路線一致，東歐和西歐皆然。保加利亞、捷克斯洛伐克、匈牙利、波蘭、羅馬尼亞、蘇聯和南斯拉夫等地有十個共產黨受邀加入情報局，來自法國、義大利及第里雅斯特自由區（此地在當時是爭議領土，後來劃分給義大利和南斯拉夫）的西歐共產黨也參加了。

一九四七年九月，共產黨情報局在波蘭山區的度假勝地什克拉爾斯卡波倫巴（Szklarska Poręba）舉辦首屆會議，但似乎不是每個出席國都確實了解該組織成立的目的。會議由波蘭的哥穆爾卡主持，他在一開始的致詞中強調了「該會議的非正式性質」，還一派天真地表示「共產黨之間需要經驗交流」。但到頭來並沒有什麼經驗交流，而是蘇聯代表團接管了會議、強制推行他們的議程。史達林的文化政策首腦日丹諾夫（Andrei Zhdanov）發表了激昂演說，提到「各勢力重新結盟」、「兩大陣營成形」和「美國計畫奴役歐洲」。他最後提出了會議決議草案，鮮明描繪出分裂成兩個陣營的歐洲，一方是「蘇聯和其盟友們的政策，旨在削弱帝國主義並鞏固民主」；另一方則是「英美的政策，旨在鞏固帝國主義並扼殺民主」。[77]

人們有時會把共產黨情報局的創立比喻為一場奇襲，蘇聯透過這場奇襲展現出人意料的力量，決定了當時東歐各國的命運。也有人稱這場奇襲為轉捩點，蘇聯決定不再容忍東歐各國的多元性。部分修正主義歷史學家在解讀冷戰歷史時，有時會說這場會議是蘇聯在西方侵略嚇得驚慌反應，尤其是針對馬歇爾計畫背後赤裸裸的帝國主義。

然而，只要細讀蘇聯代表團在會議上提出的報告，便能看出事情並非如此。根據報告，幾乎每個出席該會的共產黨都已獨掌該國政權。哥穆爾卡吹噓「儘管波蘭政府名義上是聯合政府」，但「安全和國防單位的所有職位，從最高領導到最基層的安全工作」都是由共產黨員負責。他還長篇大論談到共產黨如何根除波蘭社會主義，吹噓他們如何打敗米科瓦伊奇克的波蘭人民黨，更歡欣鼓舞地談到軟弱而親共的「新人民黨」如今已取而代之。[78]

匈牙利代表雷瓦伊聽起來也一樣心滿意足。他告訴其他代表：「二十五年來我們都是小型地下組織，但經過上次大選，如今已是執政黨了。」他提到「清算納吉」，談到「英美帝國主義者寄予厚望」的獨立小農黨已然分崩離析。羅馬尼亞代表提到他們成功創立了「民主黨派聯盟」，令他們得以「強化民主發展進程」並消滅對手。就連捷克的共黨高層斯蘭斯基（Rudolf Slánsky）都誇口說捷克共產黨雖然尚未完全掌控局面（此事在幾個月後便會實現），但已在捷克斯洛伐克建立了「人民民主政權」。[79]

共產黨情報局的壽命並不算長，也不是特別有影響力。它在協調東歐共產各國方面取得的成果也不大，最終於一九五六年時解散。相較之下，蘇聯於一九四九年成立的「經濟互助委員會」更為長壽，造成的破壞也更大——在接下來的幾十年裡，該組織扭曲了東歐各國的內部貿易。不過，共產黨情報局的出現確實標誌著一個時代的結束。在什克拉爾斯卡波倫巴會議之後，東歐共產黨不再假裝他們能容忍反對聲音。

實務上，這意味著社會民主黨的徹底消失：德國社民黨早已敗下陣來，波蘭社民黨在一九四八年被迫與波蘭共產黨合併，統一後的黨名是波蘭統一工人黨（但此後大多數人都通稱該黨為共產黨）。匈牙利共產黨也在一九四八年併吞了匈牙利社民黨，新黨黨名為匈牙利工人黨，而且還是由莫斯科決定的——匈牙利人希望稱其為「匈牙利工人農民黨」，但俄國人反對納入「農民」一詞。很自然的，匈牙利工人黨接管了社會黨的所有財產（包括報紙）並開除了所有不夠熱心投入的黨員。[80]而在民眾的日常談話中，會把該黨黨員稱為「共產黨人」。

這些變化也為其他機構帶來了影響。匈牙利共產黨併吞社民黨前，兩黨領袖拉科西和阿爾帕德（Árpád Szakasits）前往匈牙利廣播電臺接受一場直播訪談。兩人抵達後，在小房間裡待了一個小時。他們在節目預計開始前的兩分鐘出現，把一張清單交給電臺播音員，上面不只列出他應該問的問題，還寫上了標準答案。「不要搞砸，」播音員的上級悄聲說：「你會得到五百福林的獎金。」[81]當民主競爭的假象被丟在一旁，新聞自由的假象也隨之瓦解。

東歐陣營裡其他國家的政治發展與此類似。捷克斯洛伐克共產黨也意識到自己的支持率正在下降，該黨在一九四六年國會大選的得票率是百分之三十八，自知到了一九四七年仍有百分之二十的選票已屬非常幸運（部分是因為大眾對於他們不參與馬歇爾計畫感到不滿）。正如其他國家的「小史達林」，哥特瓦爾德也遵循著非民主的路徑來獲得權力。他在一九四八年二月發動了一次憲法政變，然後剷除剩下的反對派。[82]

同樣的事也發生在保加利亞：在左派結盟組成的祖國陣線獲勝之後，保加利亞共產黨人便解散該陣線中的非共產政黨（「選舉結束了，你的反對派可以去死了。」史達林這麼告訴迪米特洛夫），並殺害了唯一真正的反對派佩特科夫——佩特科夫在一九四六年保加利亞大選的恐嚇和舞弊事件中突破重圍，贏得三分之一的選票。[83]

某幾個國家的政府仍允許「黨派集團」或「聯合政黨」存在，用以製造民主假象。波蘭留著疲軟無力的獨立小農黨，東德也留著官方核准存在的「基督教民主黨」和「自由民主黨」，但這些政黨早已與民主自由無關。各黨領袖也明白，自己就算不全是橡皮圖章，作用也極其有限。他們發行友共的報章雜誌，獲得庇護和政治特權，從來不危及共產黨的霸權。到了一九四八年底，這些「人民民主國家」內部確實仍有政治活動，但政治已成為一黨內部之事，而不是發生在多個政黨之間。這種情況將會持續。

第十章 計畫經濟

「新一代社會主義者應像列寧一樣思考，像史達林一樣行動，像斯達漢諾夫（Alexei Stakhanov）一樣努力工作。」

——烏布利希

「社會主義的定義：持續與在其他制度中根本不存在的困境進行鬥爭。」

——一九五〇年代的匈牙利笑話

傳統馬克思主義認為，下層結構決定上層建築。換句話說，傳統馬克思主義者認為一個社會的經濟形態，包括勞動分工、生產手段和資本分配，將會決定其政治、文化、藝術和宗教的樣貌。若遵循這條思路，想要改變政治制度的國家，勢必都得先改變其經濟制度。

以上純屬理論。實務上，新上任的東歐共產黨領導面對著「先有雞還是先有蛋」的矛盾難題。他們認為必須改變經濟體制才能建立共產社會，但同時也知道在大眾的抗拒之下無法推動經濟轉型。戰後最初的幾個月裡，共產黨優先執行政治任務：他們安排好警察部隊、壓制公民社會、控制大眾媒體。因此，一九四五年的東歐並未出現經濟變革，而是先是出現了政治制度上的變革，然後中央才逐漸掌控經濟。新政權從他們認為最容易被接受的改革措施開始著手。

最簡單的改革是土地改革，也是新政權推動的第一項改革。整個東歐地區都有大片閒置的無主地：被納粹沒收的猶太土地和因德國地主去世或逃亡而遭到棄置的荒蕪土地。在德國東部，絕大多數大地主早在蘇軍抵達之前就都逃往西邊。當時有許多這樣看似無主的土地，所以當政府接管這些土地時，並沒有遭遇太大的反對聲浪。

一九四五年時，並不是每個人都認為「土地改革」是專屬於共產黨的政策，也不是每個人聽到土地改革都會聯想到蘇聯。在匈牙利，重新分配土地在戰前就是許多自由改革派的重要目標，人們認為此事與強制設立的集體農場完全不同。在波蘭，無論是共產主義者或非共產主義者都認為「土地改革」的口號會大受歡迎，這就是為什麼共產黨人在公投時選擇使用該口號，儘管他們幾乎沒提「集體化」這個禁忌字眼。共產黨發起第一波土地改革，並不是為了推動更遠大的經濟變革，而是孤注一擲地試圖爭取貧困農民的支持。他們在蘇聯有過經驗，布爾什維克革命的首句口號就是「和平！土地！麵包！」紅軍從踏上東歐土地的那一刻，便積極嘗試實施同樣的措施，從較富有的地主沒收土地，重新分配給較貧困的農民。[1]但在東歐，這道簡單的公式並沒有創造出蘇聯官員預期的效果，也沒有帶來共產黨人所期待的影響。

在德國，土地改革起初只針對容克地主（Junkers，也就是普魯士的貴族地主）所擁有的大型莊園，但其影響最終遍及所有人。「把貴族土地交還農民」（Junkerland im Bauerhand）是威廉．皮克所提出的押韻口號。蘇聯占領當局於一九四五年九月三日頒布法令，強制徵收原屬普魯士薩克森邦每位地產超過一百英畝的地主其名下的土地，也徵收了任何明確與納粹黨有關者的財產，約有七千座大型莊園受到影響。土地隨後被重新分配成小塊，三分之二分配給五十萬名無地農民、失業市民和來自東邊的難民，剩餘部分則由國家掌控。[2]

該措施的受益者當然相當高興，也很感謝俄國官員。有人在禮堂裡掛起旗幟和鮮花，歌聲響起，民眾讚頌共產主義。但這樣的場景並不多見，更常見的是隨後衍生的不公平與紛爭。有些為了協助分配土地而成立的委員會，反而遭到前納粹分子控制。也有些委員會想利用程序來解決問題，甚至為了成員利益而操縱土地分配。某些地區在土地改革後，個人地產的面積不僅沒有減少，反而增加了。有些「新科農民」分得了土地，卻沒有農具、牲畜或種子，於是很快就開始挨餓。

那些失去土地的人，並不全符合傲慢貴族的刻板印象（即便是那些來自容克貴族領地的人亦然）。有很多家庭的一家之主都已過世，或被關押在集中營，所以土地分配委員會最後沒收的通常是婦女和孩子的土地，從而使他們陷入赤貧。當年在薩克森農場做工的洛斯特，後來曾提到某座薩克森莊園是如何從一對待人和善的貴族老姐妹手中被奪走。兩人遭到驅逐一事讓很多人深感同情，特別是取代兩人的是一群根本對剛到手的美麗房子毫無興趣的西里西亞難民。「沒有詩班唱歌，沒有銅管演奏。」洛斯特寫道，「沒有人想掛起花環，完全不是受委託畫家後來以畫筆描繪的狀況，也不是書吏所記載的情況。」西里西亞難民思念家鄉，只想回到自己的農場。[3] 由於這類矛盾曾出不窮，共產黨員在鄉村地區的增加速度不如預期。[4]

在波蘭，土地改革則引起了更大猜忌，因為波蘭人對於「集體化」一詞的感受格外負面。在波蘭東部，許多人都有親友居住在蘇屬烏克蘭境內，該地農民先後經歷了土地改革、集體化與饑荒。人們相當害怕情況重演，所以許多波蘭農民即便知道自己可能從中受益，也反對土地再分配，因為土地改革可能是土地集體化的前奏（在許多地區確實也是如此）。即便只是理論，土地改革的概念在波蘭也不像在其他國家那樣受歡迎。一九二〇和一九三〇年代裡，波蘭幾次土地改革的嘗試都以失敗收場，這有部分是因為大型農場的管理通常較好，而且許多改革派人士認為小型農場的產量較少。[5]無論如何，波蘭最大型的農場大部分都位於東部，而波蘭東部如今已成為蘇聯的一部分。

波蘭共產黨人清楚此事，因此決定謹慎行動，暫時不徵收中小規模的土地。但他們仍在一九四四年的土地改革法中宣布即刻徵收「非波蘭民族的帝國公民」土地、「德意志裔的波蘭公民」土地、「叛徒」（一個方便行事的模糊指稱）的土地，以及所有超過一百公頃的農場。[6]他們總共沒收了大約一萬座莊園，另有一萬三千座莊園面積遭到縮減。[7]全國大概有兩成的農業用地受到影響。

然而，即便這項政策直接針對富人、德國人和親納粹者，它仍不如某些人所期待的那麼受歡迎。一九四五年五月，哥穆爾卡在莫斯科一場會議承認這點。「我們在這件事情上沒有進行足夠的政治宣傳。」他輕巧地解釋道。理論上，土地改革應該要讓農民對政府心懷感激，但哥穆爾卡卻發現農民仍抱持警戒並傾向聽取「反動勢力」的言論。為了解決這個問題，波蘭共產黨決定公開反對集體化。「在這個階段沒有必要去想如何在波蘭建立集體農場，我們就直接告訴農民，黨反對集體農場，告訴他們黨不會違背人民意願。」他如此宣布。共產國際的領導迪米特洛夫對此相當惱火。如果有些農民想要集體化怎麼辦？迪米特洛夫怒氣沖沖地問。「波蘭沒有這樣的情況。」哥穆爾卡回答。[8]

在匈牙利，土地改革政策比較有可能被大眾接受，因為當時匈牙利的農村經濟仍很近似於封建制度。一九三九年，大約千分之一的地主控制著匈牙利百分之三十的農地，許多地主住在遼闊莊園的古老城堡裡。與此同時，大多數農民的農場都很小，生活多半極度貧窮。到了戰間期，匈牙利已有非常多人提倡更面向大眾的土地改革，呼籲成立私人合作農場以取代幅員遼闊的貴族莊園——但他們通常也反對蘇聯式的集體化。[9]

戰後，多數匈牙利政治家勉強達成共識：土地改革確有必要，推行改革的規模或時間點則意見紛紜。但這兩個問題很快就都不再是問題，因為蘇占當局強迫臨時政府立即在一九四五年春季進行土地改革，理由是重新分配地產能鼓勵所有仍與紅軍敵對的匈牙利農民放下武器、返回家鄉。蘇占當局也迅速決定了改革規模，那是場影響廣泛且雷厲風行的改革。一九四五年三月頒布的土地改革法，宣布沒收所有超過五百七十公頃的地產（包括土地和其上的牲畜和機具），以及「德國人、叛徒和勾結分子」所擁有的全部地產。就連教會地產也無法倖免。[10]

這些土地被重新分配給約七十五萬名沒有土地的匈牙利農民和農場工人。為了防止農民或其他人重新建立大型莊園，土地交易暫停了十年。一九四八年，當局進一步擴張改革手段：較有錢的農民甚至失去了向其他農民租賃土地的權利。相反的，現在任何閒置農地都必須以非常低的租金租給農場工人和集體農場。[11]

許多得到新土地的農民都很感謝共產黨，但他們也因為自己接收「別人的財產」而感到不安，尤其是因為教會神父經常在講道中反對此事。匈牙利鄉下的民眾仍對庫恩在一九一九年發起的共產革命有著糟糕的回憶，他們也跟波蘭人一樣知道烏克蘭發生了什麼事。年輕有為的民主青年聯盟領袖赫格居斯，被派去農村地區推廣改革，結果碰上各式各樣的反應：有人心懷感激，有人充滿敵意。有些村莊的人告訴他，沒有人想得到土地，使人「確信該村必有一位反動神父」。有時他不得不來硬的。某個地方居民經常誤把赫格居斯介紹為「坐飛機抵達德布勒森的同志」（實際上他並沒有和拉科西同乘那架由莫斯科出發的飛機），另一位貴族出身的當地官員則告訴他，自己不會跟他合作。「我只能向蘇聯指揮官回報此事，」赫格居斯回憶道，「指揮官隨我重返該地，告訴那人如果二十四小時內不履行要求，就會在牆邊將他槍斃。」赫格居斯偶爾會受到威脅，有次人們還說要吊死他。即使在當時，赫格居斯也明白「黨中央高估了土地重新分配對於農村的政治影響力」。[12] 在匈牙利大部分地區，土地改革反而使得人民更支持獨立小農黨而非共產黨，因為新的獨立小農階級更喜歡前者的草根氣質。一旦有了自己的土地，農民反而與「自己人」的政黨和教會走得更靠近，而不是朝「都市感」較重的共產黨人靠攏——即便共產黨才是推動土地改革的人。[13]

一九四五和一九四六年間，沒人敢提起集體化三字，但匈牙利和德國共產黨分別於一九四八和一九五六年再度重拾這個想法——除了波蘭外，其他東歐國家也隨後跟進。匈牙利趁著農村破產期間推行自願集體化政策，並在一九五〇至一九五三年間帶著報復心態追捕富農，要求富農支付高額土地稅和保險費，強迫他們低價購買農產品。「富農」（kulak）一詞取自俄語，用匈牙利語發音聽起來尷尬而不自然。但就像「托洛斯基主義者」或「法西斯主義者」一樣，這個詞迅速成為政治術語，用來指稱「任何共產黨不喜歡的人」。一九五六年，德國人也推動了「自願」集體化政策，這無疑導致數千東德農民逃往西邊。那時早已有許多經濟難民往西遷移。[14]

二戰落幕時，費斯特（Ulrich Fest）才十歲。他父親於戰爭中失蹤，而他家族在好幾代以前便定居威登堡經營雜貨店。此地如今位於蘇聯占領區內。費斯特如此回憶這段經歷：

> 這裡全毀了。商店櫥窗被砸個稀巴爛，店裡所有食品都被洗劫一空，什麼都沒剩下……雖然店門鎖著，但人們還是爬窗進到店裡。我們用木板把店門口釘起來，再拿一塊玻璃板弄成類似門面的東西……基本上是一個窺視孔，大小是兩公尺乘以一公尺半左右。那就是店的櫥窗……[15]

面對這場災難，他母親和祖父毫不猶豫地重新開張，繼續營業。而他們不是唯一這樣做的人。

戰間期的東歐並不像西歐那樣富裕和工業化。人們的生意規模較小，貿易活動有限，基礎設施也不足。[16]該地區的許多國家（尤其是納粹德國）都是採行某種程度的「社團主義」（corporatism，又譯統合主義），也就是國家在商業活動中扮演重要角色，特別是在大企業。儘管如此，至少在從基礎層面來看，波蘭，匈牙利，捷克斯洛伐克等東歐國家都屬於資本主義社會。小型作坊、小型工廠和零售商店都是私人所有。就像西歐和美國，有些批發分銷是透過合作社進行的，但通常都是商人出於自身利益而成立的私人合作社。各國都有各自的商業、公司和契約制度，有著運作良好的股票市場，以及私有產權。

戰爭結束後，像費斯特家這樣的小商家最初被允許繼續營業。這不是因為新執政當局喜歡小企業，列寧本人曾正確意識到小企業對自由市場經濟健康的重要性，而他寫道：「不幸的是，小規模生產活動在世界上仍普遍存在，正是小規模生產活動催生了資本主義和資產階級。」[17]大多數共黨領導都對小企業深感厭惡，雖然他們不一定會公開表示。舉例而言，在一九四六年十月的一場中央委員會會議上，德國共產黨高層討論的不是國家是否該出手控制私人企業，而是何時該出手。在場其中一人認為不該太快行動，因為過快解散私人企業會導致社會混亂，從而將人民推向反動者的懷抱。另一個人則主張加快速度，因為危險的自由主義經濟思想正在小商人中間蔓延：「我們必須向零售業者證明，計畫經濟是進階版的人民經濟。」[18]

所有與會者明顯都對私人企業抱持敵意，但又急於掩飾此事，因為若一夕間全面實施國有化，大眾可能會有很糟糕的反應。更重要的是，所有與會者都知道私人貿易仍有其必要，因為除此之外也沒有其他選擇。在宛若廢墟的東歐各城裡，他們無法阻止挨餓的人們進行交易，而實際上也沒有其他方式來分配食物。在東歐那些最殘破不堪的地區，甚至連有計畫的配給都很難實施。義大利作家普利摩．李維（Primo Levi）從奧許維茲集中營裡被放出來後，步行前往最近的城市：

前線軍隊離開後，克拉科夫的市場自然而然地熱鬧起來，幾天之內，整個郊區都成了交易市場，所有買賣都在此進行，整個城市繞著它轉。居民賣起家具、書籍、繪畫、衣服和銀器；身上口袋塞得滿滿的農家婦人賣著肉、家禽、雞蛋和起司；鼻子被冷風吹得發紅的年輕男女四處搜尋癮君子，以便兜售菸草配給……[19]

然而，隨著東歐各地的蘇聯占領當局開始實施糧食配給、頒布稅法和法規，這類市場也逐漸變得聲名狼藉，人們開始稱其為「黑市」。在這類市場裡販售商品的人不再是一般商人，而是黑市販子。為了掃蕩廣場和市場中混亂而失序的資本主義（在當局眼中如此），東歐幾乎每個地區的共產政權都決定立即將零售和批發業收歸國有。舉例而言，東德蘇占當局讓戰前的消費合作社重新開張，並以與國營企業完全相同的方式運作。消費合作社不再像納粹政權令其停業前那樣只服務會員，而是能優先取得批發商品，並自行選擇出售對象。[20]

小規模資本家的生意，在一九四五年和一九四六年時的東歐仍然合法，但他們也打從一開始就明白環境對並不友善。在費斯特講述的家族故事中，當時重新開張店鋪的祖父有著奮鬥不懈的英雄氣質。戰爭結束不久之後，費斯特家族就必須想盡辦法才能從政府的貿易與供應部拿到配給的麵粉和糖——該部迅速接管了基本必須品的配給，最終所有商品都透過配給卡來分配。「我們的進貨量根本無法滿足人們的消費量。」費斯特如此回憶道。所以他和家人蒐集客戶的物資配給卡，再拿到消費合作社，用配給卡購買他們自己買不到的商品。他們並未從中獲利，只認為這是在幫助客人。他們希望這能建立顧客忠誠度，有助店鋪持續營業。[21]

烏里希（Ulrich Schneider）家在費斯特雜貨店附近開設一家布料暨服飾店，他們也經歷過類似的轉變。烏里希家的店同樣是傳承數代的家族生意，整個家族的希望都寄託於此，恐懼也因其而生。二戰最後的那些日子裡，烏里希的父親把店內庫存（外套、裙子和一些布料）藏在朋友的房子和穀倉裡。店裡剩下的東西在一九四五年五月時被俄國人洗劫一空。紅軍隨後把烏里希家當作臨時司令部，把死去士兵的棺材放在店內櫥窗裡。烏里希和父母搬到店面樓上的公寓。烏里希的父親並未加入納粹，也驚險避開蘇聯地拘捕和驅逐。他們一家在八月時得到蘇占政權發下來的許可證，店舖可以重新開張。

他們也像費斯特家一樣，用木板封起商店櫥窗，只留下幾個小開口，展示並銷售一些從當地閣樓和地下室中搶救出來的物品。他們挖出幾台縫紉機，開始改裝和製作布娃娃。「因為沒有其他事可做。」烏里希回憶道。

幾週後，烏里希的父親開始定期前往厄爾士山區（Erzgebirge），這是位於德國和捷克邊境的傳統紡織業重鎮。該地遠在數百公里外，他卻得靠馬匹拉車前往：「旅程很辛苦，因為到處都有檢查哨，只要有俄國人就會被攔住。」但他別無選擇，因為沒有其他貨源。不過，他帶回來的貨肯定都賣得出去。[22]

費斯特家、烏里希家和其他小企業主在一九四五年和一九四六年間繼續努力營業，期待情況會有所改善。但到了一九四七年，他們都看出事態顯然不會好轉。那年，萊比錫博覽會於戰後首次重新舉辦，然而烏里希家及其他紡織貿易業者都對該博覽會相當失望。這個博覽會自中世紀以來一直都是德國商界的焦點活動，那年也依舊受到政府大力宣傳，進而熱鬧登場。但實際上，你卻無法在博覽會上買到任何紡織品或布料。烏里希解釋道，以前「你可以在會場裡遇到其他業主，了解最新產品資訊」，但如今該博覽會已成了政治宣傳活動，而不是交流真實商業資訊的場所。

一九四七年對波蘭來說也是一個轉捩點。一月份的國會大選後，「大獲全勝」的共產黨開始實施一連串改革，希望提升產業工人的人數（認為這些人未來可能會支持共產黨），並限縮私人工業和零售業（這些人完全不支持共產黨）。這就是頗負惡名的「向貿易宣戰」，由經濟部長明克所發起。明克在戰前就是史達林欽點的共產黨人，他運用馬克思經濟學術語的天賦相當傑出。「為了戰勝市場而發起鬥爭，並不代表我們必須淘汰市場資本主義的元素，」他在四月份中央委員會全體會議上如此表示。「這只代表我們的人民民主國必須設法控制這些元素。」[23] 換句話說，他們自認市場是「自由市場」，只是必須受到政府牢牢控制。這當然不是真正的自由。

實際上，明克試圖暗中消滅所有私人企業。「向貿易宣戰」的手段包括嚴格的價格管制，高昂的稅金，對未正確填寫表格的業主收取罰款，以及龐大的執照和許可證制度。所有業主都需要營業許可證，而想拿到證照就得證明自己是「專業合格」的廠商——無論該詞在戰後的一片混亂中究竟意味著什麼。當局也限制了業主雇用的員工人數，以及能夠進出國界（甚至是華沙市區）的商品數量。波蘭也像德國一樣，相當有效率地將批發產業國有化。他們禁止私人商行以批發價格購買和銷售特定商品，包括食品在內。

檯面上，共產黨黨報高調慶祝「向貿易宣戰」大獲成功，波蘭的官方史料直到一九八〇年代都仍如此宣傳。但經濟學家安德斯．艾斯倫德（Anders Åslund）指出，這種成功轉瞬即逝：「你很難加入慶祝行列，因為向貿易宣戰會對整個商業環境造成嚴重打擊。」一九四七年至一九四九年間，私人貿易和批發公司的數量減少一半，而國營部門無法彌補其損失。如今批發業壽終正寢，剩下的私人商號和店家失去了所有能合法取得貨品的管道，在小城鎮尤其如此。[24]人們難以預料政府何時會頒布新規則。有位經濟學家回憶道：「不過是一天時間，特定的經濟活動便失去了正當法律基礎。」[25]但後果則是完全可以預料：黑市迅速發展（如今轉入地下），混亂的商品分配，所有東西都陷入慢性缺貨。有位鄉間合作社（這是國營批發單位的美稱）的前審計員說，很難確定她的單位之所以物資短缺，究竟是因為竊盜事件或是因為政府無能。她的工作包括負責檢核地方分部的帳冊，這些帳冊錯誤百出：「我並不總能找出錢不見的原因……銷售員都沒受過教育，她們不懂算術或測量。」到了一九五〇年，合作社已將戰前留下來的「血統純正」的管理階層全數拔除，以可靠的工人階級取而代之——其中包括一位理髮師。不出所料，惡劣的事態並沒能獲得改善。[26]

一夜之間，法治蕩然無存，因為許多人賴以為生的商業活動如今都成了違法情事。小商人不再受人尊敬，反而成了私掠者或遊走法律邊緣的人物。當年有位厲害工程師的女兒回憶，她當時感到羞愧，不敢告訴朋友自己父親的職業。[27]有些企業主會雇用家人，以避開限制員工人數的法規，也會將家人登記為「業主」以繞過限制公司規模的法規。私人企業主也學會避免大型投資（因為會引起稅務單位的密切關注），並把重心放在那些可以隨時開始、隨時喊停的業務，因為法律朝令夕改，根本無法實施長期的商業計畫。

隨著時間過去，商人們也學會了如何合作。許多商人改稱自己為「工匠」，這個稱謂讓他們能夠在不用背負「資本家」汙名的情況下繼續經營小生意和作坊。他們成立了同業公會，這類官方單位有時便能以成員利益為考量。同業公會嘗試讓私人商號能以國家控制的官方價格取得原物料。他們更改登記規則，以便汽車修理工、水管工和其他人都能成為「工匠」。有位前公會負責人（技術上來說是公務員）回憶道，他曾多次「扭曲法規」，希望整個體制遲早能有所進步：「我以為人們學習與了解更多後會隨之改變，而體制也會變得更聰明點。」不幸的是，他期待的情況並未發生。[28]

匈牙利零售業的國有化發展得更慢，尤其是因為共產黨在一九四五和一九四六年間尚未掌握國會多數，無法控制各個層面的經濟政策，也無法實施嚴厲的法規和稅收政策。但匈牙利共產黨仍發起了「向貿易宣戰」——他們這次的手段不是法律規範，而是政治宣傳和警察。一九四五年夏天，共產黨對小商人、小販和非正規市場的攻擊力道愈來愈猛烈，幾乎媲美他們對於法西斯主義者的做法。七月，布達佩斯警察局長宣布他打算「從黑市豺狼手中拯救布達佩斯的工人階級」。九月，他們出動了大約六百名警察、六百名蘇聯士兵和三百名警探，總共逮捕了一千五百名「黑市商販」，這些人大多是在布達佩斯兩次大規模街頭市場突襲中被捕。

反商政治宣傳很快就在街頭市場以外的地方蔓延開來。七月上旬，《自由人民報》刊登了一系列照片，畫面中的工人正在鋪設電車軌道，人們則坐在附近的咖啡館喝著咖啡——換句話說，享受工人階級的勞動成果。旋即，布達佩斯的咖啡館、酒吧和餐廳都遭到警察突擊搜查。警方甚至關閉了戰前深受民眾喜愛的紐約咖啡館，沒收貯藏室的食物，並炫耀式地分配給返國的戰俘。[29]

有些餐廳透過行賄或關係仍持續營業，但這導致一年後出現了另一場政治宣傳和另一系列的突擊行動。一九四六年六月，《自由人民報》表示政府已關閉了十家「過度奢華」的餐廳，因為這些餐廳「提供最昂貴的肉類違禁品來滿足少數人的需求，危及社會和平及公共安寧」。此言或許有其真實性——共產黨政治宣傳的目的是贏得民心，許多人確實也很吃這套。在物資短缺、通貨膨脹、人人挨餓的時期，那些吃得好的人肯定會招致深深的怨恨。[30]

其他報導則試圖讓私人餐廳看起來既不道德也荒謬可笑。有些人嘲笑「資產階級」的小費文化，還有一篇文章取笑布達佩斯服務生的燕尾服這一傳統服裝：

> 這種過時服裝仍然相當普遍，服務生穿著燕尾服，彷彿在展現舊時代的僕人精神……不久的將來，工會將禁止服務生穿燕尾服……希望這種不健康又不舒適的衣服能消失，讓更好、更合適、更舒服、更高雅的服裝取而代之。

祕密警察展開調查，調查私人商號的各種詐欺和不正當行為。有位在城裡高雅區域工作的麵包師傅被警察拘留，只因為他的麵包裡「連一克鹽都沒有加」，但政府該月明明發配了四百公斤的鹽給他。[31]他們懷疑此人把鹽拿到黑市裡販賣。巴格達咖啡館的老闆也被拘留，他們認為這位老闆的美學有道德問題。「進入餐廳後，迎接客人的是一個有鏡子的衣帽間，旁邊則是一幅畫作，畫裡穿著晚禮服的女士以色情姿態露出大腿。」警察在報告中如此抱怨。更糟的是，「該餐廳還有兩名黑人員工。」此言不僅反映了種族主義，也反映出他們極度不信任這間選擇雇用異國員工的店家。[32]

希望繼續經營的餐廳老闆們使用各種策略維持生計。有位咖啡館老闆轉型成街頭小販，其他人則加入共產黨，希望在政治上不用受到懷疑。最後，許多咖啡館老闆都自願「國有化」，以確保自己能夠成為自家昔日事業的「經理」。有份由哥特勒（Lászlóné Göttler）太太於一九四九年提交的請願書，看起來就像是一則出售餐廳的廣告：

> 本人在此請求國營企業管理部門，接管本人自一九二三年起在薩沙洛姆（Sashalom）的柏尼基街十九號經營的餐廳，並讓本人留任餐廳經理。該餐廳是邊間建築，內有小酒吧、一個獨立房間、開放式陽臺、一座露臺、一間餐廳和花園裡的小亭子。直到今日，這間餐廳的收益都相當良好，靠近罐頭工廠，沒有欠稅……[33]

部分業主得償所願。克拉拉（Klára Rothschild）自一九三四年開始經營的「克拉拉沙龍」就位於布達佩斯最高級的商圈街道瓦采街上。這間沙龍即便在收歸國有後仍深受共黨領袖夫人的歡迎，克拉拉也繼續經營著這間沙龍。她跟隨巴黎時尚，並調整使其符合布達佩斯的風格。她的地位崇高，甚至獲准前往巴黎，以便跟上法國時尚風潮。[34]

布達佩斯幾乎所有的私人餐廳都逐漸變成「人民」餐廳或國有的「無產階級」酒館。店名也有所改變：他們不再是「紐約咖啡館」，而是改用簡短的匈牙利式名稱，例如「亞當餐館」或「快速咖啡」，又或者僅以數字代稱。不再有服務生和小費文化，優良的服務被長長的隊伍所取代。在一個近幾十年來不能沒有濃縮咖啡和奶油蛋糕的城市裡，這些確實是革命性的變化。

共產黨優先推行土地改革，是因為認為此事會受人民歡迎。他們比較晚才對零售業下手，是因為知道此事不受人們歡迎。但他們真正的目標，其實是工業，尤其是重工業。比起農業這種「落後」的產業和零售業這種「不重要」的產業，工業一直都更吸引共產黨人的興趣。在馬克思主義的世界觀裡，製造業才是人類的未來。煉鋼廠、工廠和機臺工廠能帶領國家走向現代化，消滅過時的舊思維。工業化的最終目標也是政治目標：一旦每個人都成為工人，那麼每個人都會支持共產黨，至少在理論上如此。與此同時，消滅資產階級能讓反對派失去強大的盟友。

影響最深遠的變化，得要等到蘇聯賠款和竊案猖獗的時期結束後才會出現。由於選舉成果不佳，蘇聯同意在一九四六年放緩向匈牙利收取賠款的腳步，並在一九四八年取消了百分之五十的賠款。[35]德國的大規模賠款也在一九四八年告終，這在很大程度上要歸功於烏布利希等人向黨中央極力呼籲，他們知道賠款一事對共產黨的聲譽造成多大傷害。[36]波蘭和捷克斯洛伐克官方從未正式承認賠款存在，所以也無法正式宣布賠款一事告終。到了一九四七至一九四八年，紅軍也停止了其最明目張膽的打劫行為。

但傷害已經造成。在戰後那段日子裡，沒有什麼東西是不能占為己有的，沒有哪個人的財產是神聖不可侵犯的。在這樣的氛圍中，許多人接受了第一波大規模國有化，因為人們不再對大規模收歸國有的景象感到震驚，甚至有人認為只有國有化才能讓混亂的經濟恢復秩序。例如在一九四五年十月，波蘭臨時政府突然將華沙市區內的所有土地收歸國有，住宅和工廠皆然。這樣的法令在一九三九年之前肯定令人難以接受，在現代更是不可想像。[37]但在一九四五年，許多波蘭人似乎都認為政府將市區土地（有大半淹沒在瓦礫中）收歸國有合情合理。[38]臨時政府於一九四六年一月頒布法令，全國境內所有擁有五十名以上工人的工廠都要收歸國有。政府並未遭遇太大阻力，因為這類工廠中有許多根本是無主工廠，先前負責人不是死了就是逃了。這些企業成為國家財產後，混亂的情況開始減少，至少財產所有權的歸屬如今十分明確。[39]

在德國，新近統一的共產黨一開始並未將重要工業國有化定調為經濟政策，而是定調為反法西斯的政治行動。就像容克地主一樣，德國工業的業主也被指控與納粹合謀——如果他們在戰前擁有重要財產，那他們就活該失去這些財產。作為預防措施，共產黨頒布法令規定「反法西斯陣營」應遵循工業國有化政策，任何合法政黨都不准反對。起初，東德基督教民主黨領袖凱瑟猶豫不決——他原則上贊成國有化（後來也支持西德的國有化政策），但他擔心如果蘇占區單獨推行國有化，將會導致德國分裂成兩個不同的經濟體制（最後事情確實也如此發展）。然而，在蘇聯軍政府施加的壓力下，凱瑟最終同意了。作為最後一波政治宣傳，共產黨在一九四六年舉行了國有化政策的全民公投。為了不再重蹈波蘭人搞砸公投的覆轍，投票地區限定在薩克森邦，選票上也只有一個問題：選民是否希望把「戰爭罪犯和納粹罪犯的工廠交給人民？」公投順利通過。[40]

與此同時，匈牙利的國有化行動正按部就班進行。從煤礦產業開始，接著是最大的工業集團，最後則是銀行。一九四八年三月，政府接管了國內所有員工人數超過一百人的工廠，掌握了九成重工業和七成五輕工業。到了一九四八年時，匈牙利幾乎沒有剩下任何重要的私人工廠。[41]

就像其他國家的情況，工業國有化的「成功」有其政治上的代價。在現實生活中，國有化對普通工人的生活幾乎沒有影響：薪資不變、工作內容不變，委屈之處也沒有改變。無論他們的頂頭上司是資本家或政府工業部，又有什麼分別呢？國有企業的主管懷抱著「自己是為人民服務」的理念自認正當，其傲慢程度甚至可能超越私人企業老闆。國有化政策並沒有讓共產黨更受歡迎，反而讓工人更加警惕，某些地區甚至出現罷工事件。歷史學家帕德拉克．肯尼（Padraic Kenney）曾記載當時在波蘭紡織重鎮羅茲發生的事件：

> 在賈里希製造廠，罷工工人合理主張廠長的行為不僅對工人造成傷害，也對國家造成傷害。廠長草率設下過高的目標，並未考慮工人或機器的能力，導致許多工人賺不到獎金（獎金通常占了薪水大半）。他還要求人力代替馬匹拉車，踐踏了工人的尊嚴。[42]

一九四七年九月，羅茲的罷工衝突達到高峰，城裡約有四成工人參與罷工。但並不是每間波蘭工廠都遵循相同模式。史家肯尼也指出，曾位於德國境內的樂斯拉夫市內幾乎全都是難民，此地的罷工事件就很少，因為居民間的社會連結並不緊密。不過，羅茲市並非單一案例。一九四六年的西里西亞曾出現礦工和工廠工人的罷工事件。同年，格但斯克和格丁尼亞港的罷工事件也以兩人死亡告終。[43]

這種情況並不罕見，因為國有化政策讓幾乎每一個工作場所的普通衝突都帶有政治意味。當工廠工人對於薪資或工作條件不滿，就會直接把抗議矛頭指向國家。一九四七年，匈牙利布達佩斯的一處工人區塞佩爾（Csepel）爆發罷工，工人們劫持二十輛卡車衝進市中心，要求政府提高工資。當天下午，內政部長拉伊克和官方工會領導一起前往塞佩爾。工人對著他們起哄叫罵，他們也很快進行報復：祕密警察立即進入罷工工廠，逮捕了三百五十人。此後，警察加強部署線民，並開始「清洗」其他工廠。他們蒐集工人不滿的證據（「在反動的舊年代裡，我們獲得的待遇比現在所謂的民主時代好得多」，警方檔案中有名工人如此抱怨道），然後開始指認和開除工人中的「麻煩製造者」。一九四八年，迪歐斯捷爾（Diósgyőr）鋼鐵廠光是五六月間就有一百一十三件送交「政治」懲戒程序的事件。一九四九年起，任何與罷工相關的討論都可被視為反民主的犯罪行為，任何提議罷工的工人都可能被開除黨籍。[44]

——

長期而言，經濟國有化延長了戰爭造成的物資短缺和經濟扭曲。中央計畫和固定價格扭曲了市場，讓個人和企業之間的交易變得困難。而貨幣疲軟、貨幣競爭或是根本沒有貨幣等問題，更是加劇了前述困難。一九四四年和一九四五年，波蘭貨幣茲羅提、蘇聯貨幣盧布和納粹貨幣帝國馬克都在波蘭「占領區」流通。在某些地方，酵母和酒精也被當作貨幣來使用。[45]一九四五年八月，德國蘇聯占領區的蘇聯官員關閉所有銀行，並且徵收了所有戶頭裡的錢，只放過那些不足三千馬克的戶頭。透過這些措施，蘇聯清算了蘇占區內最富有的德國人，沒收私人經濟資本，加速各個產業的破產。

正如英國、法國和美國一樣，柏林的蘇聯軍政府也在德國蘇聯占領區發行一種新貨幣，稱之為「東德馬克」，規定可以一比一兌換帝國馬克，並以此來支付軍餉和購買貨物。雖然當局從未公開承認，但他們立即開始以最快速度印製東德馬克——從二月至四月間就發行了一百七十五億東德馬克。最後，為了避免通貨膨脹，其餘盟國也被迫在一九四六年進行貨幣改革。[46]

在匈牙利，新的浮動匯率，近在眼前的國有化，高昂的賠償成本，經濟普遍不穩等因素，共同創造出堪稱全球有史以來最極端的通貨膨脹，歷時約一年半。一九四六年夏天狀況最為嚴重，當年的商品以千億元帕戈計價。帕戈的價值每天貶值一半，價格則是每小時變化一次。布達佩斯的藝術家洛松奇當時在日記裡如此記載：

昨天上午十點，我去文化部領錢，他們買了一幅我的畫，要掛在博物館裡，畫作價格是十克黃金。途中我問一位珠寶商，時下金價是多少。當時每克黃金是一千九百億至兩千億帕戈，一美元則是一千七百億帕戈。

洛松奇拿到了兩千億帕戈的酬勞，但等他完成這筆交易時，已經是當天下午了：

下午兩點，金價已上升至兩千八百億帕戈，美元價格則上升至兩千六百億帕戈。我打算用這筆錢來替畫室窗戶安裝玻璃，費用是十一美元，根據昨天中午的匯率，這是兩千八百六十億帕戈，所以我一天損失了八百六十億。[47]

無可避免，以物易物開始取代現金交易。洛松奇在幾天後記載自己賣出另一幅畫，價格是「二十公斤的小麥麵粉」。八月，政府終於實施貨幣改革。新貨幣是「福林」（forint），一福林等同於四億兆帕戈。[48]

經濟扭曲的現象並不只反映在通貨膨脹。雖然政治宣傳、警方查緝和政治壓力來勢洶洶，半合法的黑市仍不斷擴張，不只是普利摩·李維在克拉科夫看到的那種原始街頭叫賣，也有各種複雜的走私活動。在戰後那幾個月裡，大多數東德人每天都得花上幾個小時在黑市裡「工作」或「購物」。柏林人週末時也會到鄉間找食物，以金錢購買或以物品交換這些食物。[49]政府在幾乎每個地方都有配給主食類食品。人們雖然得以勉強度日，不致餓死，但這也意味著黑市（或可稱為自由市場）的物價將會持續飆升，加深民眾不滿。有位波蘭的政治宣傳官員如此回報：「物品短缺和分配效率低落，創造出大批不滿的民眾。羅茲的工人無法接受自己的孩子只能遠遠看著蛋糕流口水，像他這樣辛苦工作的人賺那麼少，不勞而獲者卻在自由市場上大賺特賺，國家對這些人則是分文不取，這也讓他很不滿。」[50]

隨著國有化繼續推進，物資短缺的情況不斷加劇，工廠和消費者都面臨困難。東德的勒納化工廠在絕望驅使下開始用肥料換食物：

有人打算把十四節車廂的馬鈴薯和蔬菜違法運出哈爾登斯萊本區，車輛因此被遣返。勒納工廠派出一整列的肥料車，想和諾格默斯萊本（Nordgermersleben）和大桑特斯萊本（Groß Santersleben）的農民進行交易，政府官員則對此則見怪不怪——雖然這兩座村莊的農民都還沒繳清馬鈴薯和蔬菜的強制訂單。[51]

這則故事發生在一九四七年，但它也可能發生在一九六七年，甚至一九八七年。從政權創建到終結，物資短缺及失衡持續困擾著這些人民民主國家。戰後東歐的經濟是有成長，因為他們從零開始（確實是從一無所有開始），但東歐很快就落後他們的西歐對手，從來也不曾追上過。

——

聽來可能有點奇怪，但共產黨內的經濟專家對於問題癥結常常是心知肚明。波蘭的貿易工業部由明克掌管，該部檔案中留有許多波蘭地方官員的信件，顯示他們的頭腦其實相當清楚：這些官員一再耐心解釋擴展國家控制會帶來的負面影響。許多官員都認為，私人企業比國營企業更具生產力，因此快速推行大型與小型企業國有化只會導致經濟惡化。一九四七年春天，中央技術輸入局寫了一封信向部長表示：私人企業「比國營企業更靈活……因此能更快速有效地執行訂單，而且價格通常更低。這是由於私人企業和合作社的利潤和快速轉化資本的能力與其切身相關」。[52]

這封信實際上是在為私人企業請命，同時也列出私人企業當時正在生產的商品清單，包括幫浦、溫度計、機械零件、磅秤、建材等。中央技術輸入局得出結論：「總之，私人企業和合作社能提供我們各種產品，使我們得以更迅速更清楚地了解如何以最具成本效益的方式來生產。」

私人企業反對國有化，也試著在政府內部爭取支持。一九四六年六月，位於克拉科夫的安奇茲印刷廠（這是間專門製作高品質圖文書的印刷廠，已由同一個家族經營了七十年）的經理寫信給教育部，表示該企業的「民主特質」與優待員工的做法，以及其獨特的平面設計專業知識，應使其豁免於國有化政策之外：「如今我們正在重建波蘭的文化和藝術……如果移除業主個人的影響，科學和藝術的圖文出版品都將面臨風險。」[53]印刷廠業主附上了來自各機構的支持信件，包括克拉科夫的書迷協會和亞捷隆大學。印刷廠自家工人也寫了信，表明他們「原則上」支持國有化，但他們相信「私有財產制不會危害工人的物質生活」。大量的支持說服了教育部，他們願意把印刷廠的要求提交給其他各機關參考。然而，獲得各方支持的印刷廠最終仍以失敗告終。資訊與宣傳部的一位官員表示：「該企業拿印刷業的整體利益與其產品的優良品質為藉口……想要繼續以盈利企業的形式存在，繼續剝削技術工和員工的剩餘勞動力。」安奇茲印刷廠於一九四九年被收歸國有，業主財產則被充公。[54]

任何能證明私人企業可以同時盈利又受工人歡迎的證據，同樣也深深困擾著德國共產黨。一九五〇年，他們針對私營企業進行了一項調查，並將調查結果呈報給中央委員會的經濟部門。委員會成員在讀這份報告時想必不太愉快，因為調查員發現私人企業的生產力更高，他們的工人更開心，而且私人企業主仍受人歡迎。有家公司的老闆「發放一萬兩千五百馬克的聖誕節禮金」，另一家企業則多發了兩週工資，還有一個內含奶油和糖的假期食物包。

雖然部分工廠內也有共產黨小組存在，但報告卻也指出私人工廠裡「幾乎沒人討論階級鬥爭的問題」，工人也缺乏革命的覺悟。一名工人更是語出驚人地表示，工廠老闆「不是剝削者而是企業家」。另一名工人則認為，如果公司被收歸國有，「我們只會賺得更少，也沒有聖誕節慶祝活動。」對此，官員們的回應明顯出於意識形態：中央委員會成員決定必須「系統性加強對於私人企業的教育和宣傳工作」，同時強化工會經營。[55]

對於相對成功的私人零售業，政府的回應也一樣。一位經濟學家在一九四八年抱怨，德國蘇聯占領區內沒有「貿易」，只有「分配」。政府沒有創造出更好的貿易條件，不願放鬆價格管制，不允許私人零售批發業成長，反而是決定創造出一個替代品：一系列國營的「自由商店」(Handelsorganization)。在這些自由商店裡，民眾無需糧票便能以所謂的市場價格購買在其他地方無法取得的商品和食品。

黨中央的調查顯示，大眾對自由商店的反應有褒有貶。一位女士很喜歡自由商店，因為「我們現在能買到重要的日常物品了。」其他人則抱怨「自由商店什麼都好，就是價格太高」、「工人根本買不起店裡的東西」、「只有有錢人才會去。」[56]

事情很快便顯而易見，這些自由商店無法與私人企業競爭，這個問題始終困擾黨內的經濟專家。幾年後，在中央委員會經濟部門的另一次會議上，經濟學家針對數據進行分析。他們發現私營企業的員工人數急遽減少，這並不令人驚訝，因為私人企業業主面臨著財政和政治壓力。但私營企業的營業額卻增加了。官員推測，私人零售業仍保有與業界的「商業聯繫」，這可能有助於零售商店從國營企業獲得「不受控制的商品」。私營企業似乎更靈活，客戶基礎也更穩定。

這些經濟學者的結論是：應該成立委員會，減少發放私人批發商的創業許可，利潤稅必須提高，商業空間不應租賃給私人業主。委員會推斷，私人零售業必須「減少百分之十的營業額」。如果現實不服從意識形態，那麼就設法令其服從。[57]東德政治局甚至在一九四九年下令，每間國營企業除了經濟層面的負責人之外，都必須再設置一名負責政治事務的副總監。這位副總監必須成為「紀律和不懈警惕的榜樣」，讓工人了解國家大事和蘇聯情況：「員工必須相信，只有在蘇聯的支持下，進步民主勢力才能夠在德國取得勝利。」[58]

在其他產業，或在其他東歐國家，共黨政府的回應都一樣。罷工者的訴求，大眾的不滿和積弱不振的經濟都沒能說服共產黨放軟手段。他們在意識形態上一步不退，堅定加強政治宣傳，加快「改革」步伐，尋找能讓同胞能遵守新體制的新方式。結果也就跟政治情勢一樣，經濟失敗反而導致更激進及更強硬的回應。

東歐的共產黨認為，若要杜絕罷工，解決物資短缺，提高生活品質以趕上西方，就必須加強控制，而非放鬆控制。東歐各國政府因此制定了為期多年的蘇聯式複雜中央計畫，從道路建設到製鞋等所有事物，當局都制定了目標。匈牙利於一九四七年八月啟動三年計畫，並於一九五〇年宣布推出五年計畫。波蘭也於一九四七年推出三年計畫，並於一九五〇年推出六年計畫。德國於一九四九年一月推出兩年計畫，隨後在一九五一年至一九五五年時執行五年計畫。

第一波計畫所設定的目標往往是信口開河，對於價格機制的理解也非常不成熟。有位波蘭經濟部官員試圖在第一波計畫實施前的幾個月，追蹤煤炭和麵包的波動價格，希望這能幫他訂定所有商品的「正確價格」。他還認為共產主義經濟體制不會有通膨，所以這些價格只需設定一次即可。波蘭也一度考慮直接挪用蘇聯日用品的價格來替波蘭日用品訂價，因為蘇聯可能已經「發現了」正確的定價方式。[59]

在微觀的層面上，各種數字也是同樣隨意產生。一九四八年時，一名斯洛伐克知名共產黨人蘭格的妻子喬伊（Jo Langer），就在布拉提斯拉瓦一家出口商工作。而她記錄下基層是如何提出計畫的：

當時已是十二月份，計畫部門的主管要求我製作一張表格，準確提出我在明年上半年計畫運送多少牙刷至瑞士、英格蘭、馬爾他及馬達加斯加等地（還有哪種刷毛、哪種顏色等）。我說我不可能知道，因為我們在各地的代理商都是普通人，因此也有生病死亡等情況……他們對我的反對置之不理，只叫我立即給出數字。

喬伊寫道，她「帶著罪惡感提交編造的數字」。她的主管相當滿意：

他的工作人員隨後忙著繪製整齊的圖表，整理公司裡其他部門提交的類似數據。在布拉格，這張圖表被整合進另一張更精心杜撰的表格，最終啟程前往更高層級的部門。在層層上爬的過程中，這張表格與來自其他經濟部門的相似創作結合，最終誕生了國家計畫，這就是國家經濟的終極基礎。[60]

計畫源頭純粹是信手捻來，但共產黨人對於這些計畫卻相當有信心，國家計畫也成為國內政治宣傳的重點。建築物和工廠掛出巨大橫幅，呼籲人們「履行計畫」、「為計畫工作」或「以計畫來取得社會主義勝利」。「Aufbau」一詞也經常出現在海報、橫幅和小冊子上，意即建設或建造。廣播電臺以幾近偏執的態度不斷談論國家計畫。一九四八年，東德有位廣播編劇被告知要「重複」提及四個數字：生產增長百分之三十五，生產率上升百分之三十，工資增加百分之十五，預算降低百分之七。

為了不讓聽眾感到無聊（廣播電臺的委婉說法是「為了不讓人們產生無所謂的感覺」），當局指示節目寫手必須加上採訪和現場報導，讓這四個重複出現的重要數字更加多采多姿。他們建議廣播員介紹那些超額完成生產計畫的企業，並對延誤者進行「有正面意義的批評」。有失敗（當然是可以挽回的失敗）與成功作為對比，節目會更加有趣。[61]一九五〇年到一九五六年間，波蘭廣播電臺每個節目的政治優先事項都是「討論六年計畫」，無論是體育、文化或政治節目。

與此同時，這些計畫還被視為無數問題的解答。一九四八年，東德廣播電臺告訴聽眾無需擔心當年令東德人相當不安的西德貨幣改革：「實現計畫，超額達標」將會「幫助我們跨越這個艱難但必要的貨幣困境」。[62]這些計畫的目標不只影響業界。一家東德報紙寫道：「我們需要藝術家，創作出能幫我們在日常困境中履行五年計畫的作品。」[63]德國文化官員按年與季的單位制定計畫，並針對實行狀況發表年度報告和季度報告。報告中有整體性目標，例如「宣傳蘇聯的經濟和文化發展」，也有更具體的目標。一項一九四八年的計畫就要求全國每個博物館迅速設立展覽，好描述並解說兩年計畫。[64]

一九五〇年一月，波蘭啟動六年計畫，該計畫將重建華沙市列為重要計劃。為了紀念這則事件，官方發表了一本內容豐富達三百五十頁的相簿，由黨魁貝魯特親自編排創作。相簿裡包含昔日華沙的照片（成堆的瓦礫、蹲在廢墟裡的孩子、在殘破陽臺上晾衣服的婦女），以及描繪明日華沙的畫作（簡樸的社會寫實主義大樓、宏偉的政府建築和廣闊的大道）。屆時將會有場地舉行「群眾大會和示威遊行」，也會有新的體育場館和公園。[65]

但波蘭的六年計畫還不到六年就動力盡失。史達林於一九五三年去世後，計畫開始停滯，計畫大半事項從未完成。雖然官方仍繼續重建華沙，相簿中的許多建築卻從未出現，有出現的建築其面貌也與原訂計畫中的大相徑庭。對此，後代華沙人倒是相當感激。

★零時降臨

1. 抵達波蘭西部的紅軍，距離柏林 142 公里。1945 年 3 月。

2. 德國國會大厦。1945 年 4 月。

3. 蘇聯士兵分送食物給德國民眾。1945 年 5 月。

4. 布達佩斯的塞切尼鍊子橋。1945 年夏天。

5. 波蘭家庭在已成廢墟的華沙城吃午餐。

6. 在華沙街角兜售麵包的婦女。

★族群清洗

7. 被從蘇台德地區驅逐的德國人，正在等送遣返。

8. 德國施瓦本農民正從匈牙利離開。

★武裝抵抗

9. 來自地下反抗軍的波蘭游擊隊，曾經對抗過納粹，如今已準備好對抗紅軍。這些人會在拍下這張照片後的數週內於波蘭中南部陣亡。1944 年春天。

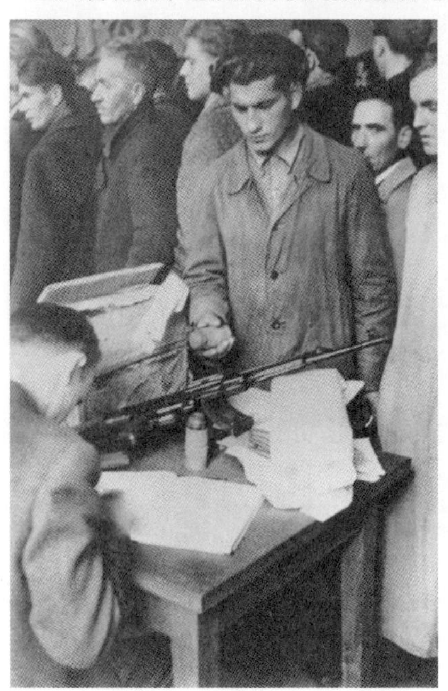

10. 一名波蘭游擊隊接受招降，並交出自己的武器。

★選舉投票

11. 正向布達佩斯群眾發表演說的拉科西。1946 年。

12. 位於波蘭羅茲的共產黨，正在示威遊行中抗議西方帝國主義與邱吉爾。1946 年。

13. 布達佩斯街頭的選舉塗鴉，上頭寫著：把黑市商人抓去關！共產黨勝選就會有更多麵包與食物！

14. 波蘭鄉間的投票情況。1947 年。

15. 共產黨的勝利：匈牙利菁英聚集在列寧、史達林及拉科西的肖像之下。

★莫斯科共產黨人

16. 由左至右分別是匈牙利的伊斯特萬、拉科西、格羅、法卡斯、雷瓦伊。

17. 由左至右分別是東德的威廉・皮克、烏布利希、葛羅特渥。

18. 波蘭的貝魯特（照片中央）正接受其六十大壽祝壽典禮。

★教會組織

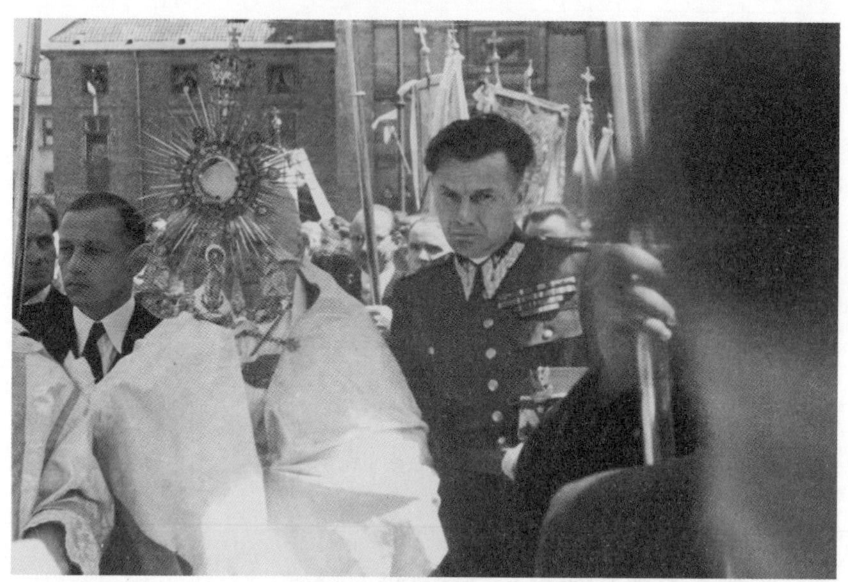

19. 共產黨最初對教會採取退讓姿態：國防部副部長亞羅斯維奇（Jaroszewicz）在聖體遊行中與主教賀龍德並肩遊行。1947 年。

20. 匈牙利開始鎮壓教會：敏真諦大主教在軍隊戒護下於布達佩斯被捕。1947 年。

★媒體廣播

21. 蘇軍士兵在德國東部發送報紙。1945 年。

22. 匈牙利農民一起聽著村中的收音機。1951 年。

★青年運動

23. 自由德國青年的成員正在教育孩童。

24. 自由德國青年時常舉辦夏令營活動。

25. 波蘭青年聯盟正協助重建華沙。

26. 波蘭青年聯盟正在進行體操表演。

★辛勤勞動

27. 波蘭格但斯克的「突擊工人」正在記錄他們工作的日產量。

Beszélgetés a történelemről

KOLLÁR JULIANNÁVAL

Horváth Elekné Kollár Julianna történetét hallgatva nem találok más szót erre, mint sikeres életút, a szó legjobb értelmében. Mert mi másnak is nevezhetnénk azt, hogy egy hat elemit végzett vidéki lány kőműves lesz, aztán művezető, majd egy szövetkezet egyetemet végzett elnöke? És hol is játszódhatna ez a történet, ha nem hazánkban, 1945 és 1979 között?

— Mohácson születtem. Apám kubikos volt, korán meghalt. Anyám ottmaradt három gyerekkel, özvegyen. Nem volt iskolázott asszony, de rendkívül sokat tanultunk tőle. A világon semmije nem volt, csak a két dolgos keze, elég korán munkára is fogott bennünket a testvéreimmel. Úgy tervezték, Mohácsra kerül a Dunai Vasmű, ott volt munkaalkalom, én a hat elemi után oda kerültem kőműves átképzősnek. Onnan küldtek fel 1950-ben Budapestre, művezető iskolába. Végzés után Dunapentelére irányítottak, 1951. május 1-én jelentkeztem ott munkára, a női építkezésen.

— Mit jelentett a női építkezésen dolgozni, Dunapentele hőskorában?

— Nehéz volt elfogadtatni magunkat, mint nőket, teljes értékű munkaerőként. Az ország minden részéből érkeztünk, fiatalok voltunk, lelkesek, lehet, ma már nem is tudnám végigcsinálni, amit akkor vállaltam.

Körülményeink sem voltak a maiakhoz hasonlók. Melegíteni kellett a vizet, ha mosakodni akartunk. Ennek ellenére szép, fényes az az idő az emlékezetben. Lelkesek voltunk. Az építésvezetőnk, Tevan Zsófia, maga is fiatal volt, szerette a fiatalokat, felkarolt minket, törődött velünk. Az a fajta nő volt, aki meg akarta mutatni, mit tud.

— Milyenek voltak a munkakörülmények?

— Ma már egészen más a technológia. Fárasztó volt a munka. De hogy tudtunk dolgozni! Volt ott egy délszláv brigád, a Matulákék. Égett a kezük alatt a munka, ki is emelték őket. Sajnos, egy idő után a fejükbe is szállt a dicsőség.

A dunapentelei építkezésen oldalt Kollár Júlia, mellette Tevan Zsófia építésvezető.

16

28. 一張指在教育大眾的精心擺拍照。蘇菲亞・特凡與茱莉亞・柯拉爾於匈牙利史達林城的合照。

29. 東德的礦工亨內克曾經完成287% 的產量配額。照片中他本人就坐在自己拿鑽頭的畫像下方。

30. 匈牙利工廠工人皮歐克達成了 1470% 的產量配額，提早四年完成了他的「五年計畫」預定產量。

31. 史達林給華沙的禮物：文化宮。

★史達林主義全盛期

23. 1952 年的華沙五一勞動節遊行，群眾高舉著史達林與貝魯特的肖像，以及寫有「工人階級的旗手，國家的領導，波蘭統一工人黨永垂不朽」的標語。

33. 1949 年布達佩斯五一勞動節遊行上的紙糊列寧像。

★社會寫實主義

34. 共產畫家林納的《共和國的建設》。1952 年。

35. 柯奇斯（András Kocsis）正在創作雕刻作品《農業工作隊》。1954年。

★社會主義城市

36. 匈牙利史達林城的女性建設小組。

37. 匈牙利史達林城的年輕勞工正在休息。

★柏林青年節，1951 年

38. 代表們步入烏布利希體育場。

39. 正在表演的自由德國青年團。

★華沙青年節，1955 年

40. 人們自發性起舞。

41. 精心策畫的表演。

★革命再起

42. 柏林街頭的示威者對蘇聯戰車丟石塊。1953 年 6 月 17 日。

43. 柏林民眾將傷者帶離現場。1953 年 6 月 17 日。

44. 匈牙利起義者在布達佩斯街頭奪取戰車。1956 年 10 月。

45. 對貝魯特的肖像開槍。
波茲南。1956 年 10 月。

46. 蘇聯戰車重返布達佩斯街頭。1956 年 11 月 4 日。

第二部

PART TWO

史達林主義全盛期

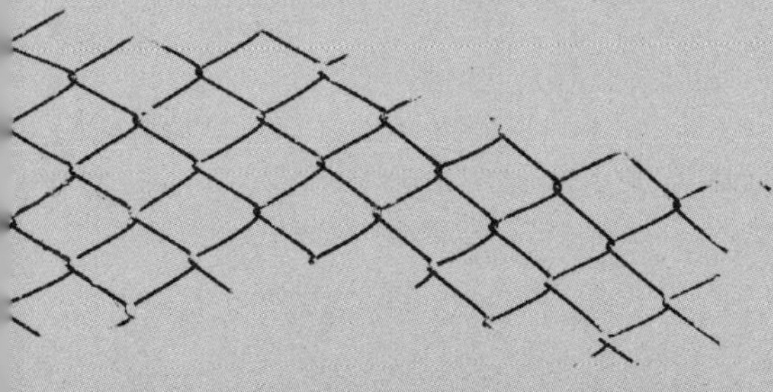
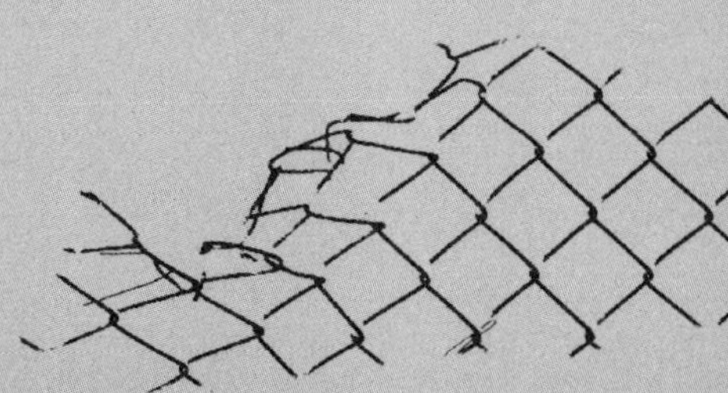

第十一章 反動勢力

「我們教導會眾要將凱撒的歸凱撒、上帝的歸上帝。但當凱撒自己坐上聖壇時，我們卻只說了一句：他不能這樣做。」

——主教維辛斯基（Stefan Wyszynski），一九五三年

一九四八年底，東歐共產黨和其蘇聯盟友已在新成立的各個人民民主共和國製造出巨大的改變。他們剷除了最有力的潛在對手，掌控了最重要的機構，並從零開始打造了政治警察。在波蘭，武裝反對派被徹底消滅，合法反對派則是分崩離析。在匈牙利和東德，不再有人民自發的「反法西斯」運動，真正的反對黨也不復存在。在捷克，一場成功政變讓共產黨人得以手握絕對權力。忠實而親蘇的共產黨如今還統治著保加利亞、羅馬尼亞和阿爾巴尼亞。社會民主主義曾這些地區深深紮根，如今卻已從政治舞臺上消聲匿跡，隨之消失的還有許多獨立組織和大型私營企業。

然而，社會主義的天堂尚未降臨。擁有大量合作者和部分真正信徒的共產政權，正在努力吸收更多人。成千上萬人加入共產黨及其附隨的群眾組織，包括青年團體、婦女團體或官方工會。即便如此，共產黨仍舊不得人心，就連在最信任的組織裡也沒有獲得十拿九穩的支持。數百萬東歐人仍視共產主義意

識形態為外來之物，仍視共產黨為外來勢力。東歐共產黨沒能透過選舉獲得正當性，也沒能藉由經濟政策成為富有正當性的政黨。東歐的經濟狀況已落後西方，東德人（特別是東柏林人）在一九四八年西德貨幣改革後已能清楚看見這點。事實上，任何有親戚住在西方或能夠收聽西方廣播的人也都知道這點。

史達林本人也沒有真心信任他的東歐信眾，他甚至得出結論：為了維護政權，現在需要使用更嚴厲的手段。在接下來五年的時間裡，東歐各國內政和外交政策將直接師法蘇聯，希望徹底消滅反對者，提高經濟成長率，並透過政治宣傳和公共教育培育出新一代的堅定支持者。直到史達林於一九五三年過世之前，東歐所有共產黨都使用這套策略去追求相同的目標。這就是「史達林主義全盛期」（High Stalinism）。

儘管共產黨在史達林主義全盛期所使用的語言聽來總是無比自信，但這段時期其實始於危機。一九四九年三月，貝魯特已成為權威無可挑戰的波共領袖，他寫了一封信給莫洛托夫，信中概述了自己的問題，該信隨後被轉交給史達林。貝魯特首先盛讚在一九四五年和一九四六年時「擊退敵人」的波蘭祕密警察。這些受過蘇聯訓練的波蘭安全單位不但擊潰了地下組織，「摧毀米科瓦伊奇克的人民黨」，還成為「人民在與階級敵人和外國間諜作戰時的利器」。但貝魯特並不滿意。雖然波蘭祕密警察戰功彪炳，但他們未能「果斷調整方向以對抗敵人活動」。哪些敵人？貝魯特不僅列出地下組織，名單上還包括神職人員、波蘭社民黨、前救國軍成員，甚至是「被開除黨籍的前共產黨員」。[1]

貝魯特接著列舉波蘭祕密警察的許多「不足之處」，並提出解決方案。方案包括完全封鎖西部邊境和北部海域，滲透潛在的「敵人」團體，加強工廠和黨部維安，以及對神職人員發動謹慎的「戰術」工作——也就是對部分人採用「強迫方法」，同時設法讓另一些人「失去作用」。貝魯特在信中顯得疑神疑鬼，多次提到間諜、英美特務和各種敵人：

> 過去幾個月裡，我們可以察覺到自滿的跡象，低估敵人重建組織網的能力，對敵人活動監視不足，傾向機械式採用舊有且明顯不足以應對當前情況的戰鬥方法。[2]

貝魯特的多疑在某種程度上是合理的。波蘭確實有許多神職人員、前救國軍成員、前共產黨員和前社會民主黨人都對共黨當局極為不滿。比起親蘇，波蘭社會中大部分人肯定更親美，很多人都堅定認同已解散的救國軍理念，反而不認同明顯受蘇聯軍官操控的新波蘭國軍理念。

貝魯特的多疑加上史達林的多疑，顯然產生了放大效果——出於類似原因，史達林在一九四八年和一九四九年間也是出了名的疑心病重。數百萬蘇聯公民在二戰期間首次經歷西歐的富足和自由，如今卻又回到物質財富匱乏的世界。蘇聯詩人布羅斯基（Joseph Brodsky）憶起他在戰後蘇聯度過的童年時代：「腳踏車是戰前製造的舊款，只要你擁有一顆足球就會被認為是小資產階級。」[3]即便是真心信仰共產主義的黨員也對此不滿。史達林知道此事，蘇聯祕密警察也知道。在一通被KGB錄下的私人電話裡，一名從前線返家的蘇聯將領告訴他的同僚：「大家幾乎都公開表示對生活不滿意。在火車上或任何地方，所有人都這麼說。」[4]

蘇聯在戰時占領了許多地區、對反抗運動展開血腥鎮壓，也因此獲得一整群對當局來說高度可疑的新居民。由於蘇聯國界向西移動了幾百公里，許多住在戰前波蘭、羅馬尼亞、捷克斯洛伐克和波羅的海國家的居民如今都成了蘇聯公民。很多人自然不喜歡蘇聯，因為他們認為蘇聯就是新俄羅斯帝國，而祕密警察也很清楚這點。從一九四五年開始，KGB便將位於蘇聯西部新領土上的所有公民視為外國勢力、破壞分子和間諜的潛在代理人。史達林過世後，大多數政治犯都從古拉格集中營釋放，但波羅的海和烏克蘭等國的民族主義倡議者仍被關在蘇聯監獄裡，直到一九六〇年代才獲釋。[5]為了鎮壓普遍不滿的民眾，或許也是為了讓這批新蘇聯公民順從，史達林在一九四八至一九四九年間下令展開一場大規模逮捕行動，規模相當於一九三七至一九三八年間的大清洗。戰後沉寂一段時間的古拉格集中營又開始人滿為患。一九五〇年至一九五二年間，古拉格的數量和經濟貢獻臻至高峰。[6]

史達林的重度疑心病也成了冷戰起因之一，而冷戰又回過頭來讓他的焦慮加劇。當邱吉爾在一九四六年演說提及「鐵幕」時，西方各國早已懷疑蘇聯在歐洲的企圖。杜魯門總統在一九四七年宣布，美國「支持那些正在抵抗少數族群武裝部隊或外部壓力的自由人民」，當時這份懷疑就已成為美國的政策方針（後來被稱為「杜魯門主義」）。[7]「支持自由人民」的方式陸續出現，有的還相當異想天開（例如用氣球在邊境上空散發政治傳單），有的確實可行。[8]迄今為止最有效的冷戰「武器」是設立在慕尼黑的自由歐洲電臺，這是美國出資、由移民和流亡者所組成的電臺，以各國移民自己的語言播出。而自由歐洲電臺之所以有效，並不是因為它提供了反向的政治宣傳，而是因為它能可靠地報導當日新聞。[9]

西方對於蘇聯野心的恐懼，以及史達林的多疑，最終導致了更深遠的軍事和外交變化，這點歷來已有許多傑出的冷戰史論述充分討論過。一九四九年四月，西方國家通過了《北大西洋公約》，成立了北大西洋公約組織。[10]同年十月，史達林不再假裝有意促成兩德統一，於是被稱為「東德」的德意志民主共和國成了獨立國家。人們幾年前還不敢想像德國會這麼快重整軍備，但隨著西德成立聯邦國防軍，東德也建立國家人民軍，邊境兩側重整武裝的步伐也跟著逐漸加快。東歐其他國家的軍隊也採取額外措施以確保軍隊忠誠。一九四九年十一月，蘇聯高階將領羅科索夫斯基（Konstantin Rokossovskii）被任命為波蘭國防部長。儘管他出身波蘭（他家人至今仍極力主張他在華沙出生），但羅科索夫斯基的職業生涯都是在紅軍中度過，他也從未放棄過蘇聯護照。就象徵意義和實際意義而言，他在波蘭政府裡的地位都代表蘇聯掌控波蘭的軍事和外交政策。[11]同一時期內，其他只會說俄語的蘇聯官員也陸續出任波蘭和匈牙利軍隊的高階將領。在這兩國的軍隊中，工人階級和農民背景的年輕軍官連年高升，較年長的軍官則被逐步淘汰。[12]

然而，蘇聯在東歐的威信卻在一九四八年裡受到三次打擊。第一次是馬歇爾計畫的第一筆援助資金抵達歐洲，其中又大約有四十億美元會在接下來兩年內分發出去。馬歇爾計畫的資金並不是西歐經濟復甦的唯一原因（西歐經濟復甦的步調原本就已在逐漸加快），但這筆錢確實是重要的金援，對士氣也大有幫助。東歐和西歐的物質差距正持續拉大，而「馬歇爾計畫的資金」成了一種常見的解釋。[13]

蘇聯對西方的挑釁引發了第二次打擊。一九四八年六月，西方盟國宣布實施貨幣改革，並在各自占領區裡推行西德馬克（最終成為德國馬克），蘇聯的回應則是封鎖柏林。蘇占當局切斷了西柏林的電力，封鎖公路、鐵路和船舶通道，停止運輸糧食和燃料。貨幣改革確實加快了東德和西德的經濟分歧，但封鎖的目的卻不僅是為了抗議西德馬克。此舉明顯是希望促使美國人離開柏林，可能也希望他們離開德國。紅軍對此信心十足。有位蘇聯官員日後回憶道，當局宣布封鎖時，蘇聯位於卡爾霍斯特的軍事總部裡人人大聲歡呼，認為大事底定：西方盟國終於要離開柏林了！[14]

眾所皆知的是，這事並沒有發生。相反的，從一九四八年六月二十四日到一九四九年五月十二日間，西方盟軍進行了一次大規模空運，每天將數以千噸計的食物和燃料運進西柏林，數量多到足以維持兩百萬人的生計。盟軍堅持空運物資進入柏林、堅定保全在德的西方勢力，這讓莫斯科的蘇聯高層相當訝異。蘇聯的情報部門大大低估了空運成功的可能性，並自信滿滿地預測盟軍很快就會撤退。不過幾週時間，情報分析人員便被迫改變想法。西方優異的物資運送能力令柏林的俄國人深感震驚。一名蘇聯軍官認為這些飛機「似乎刻意飛得很低，以便給人留下印象」。「一架出現在頭頂上，另一架消失在地平線上，第三架相繼出現，就像一條輸送帶！」[15]空運行動的成功，最終迫使蘇聯高層解除封鎖。接下來的幾個月裡，西柏林開始積極爭取正式成為西德的一部分。該地區的蘇聯情報人員開始向史達林回報可能即將發生戰爭，而史達林也相信戰爭近在眼前。[16]

對於史達林聲望的第三次重大打擊，來自東歐共產陣營內部。南斯拉夫的「小史達林」狄托，是唯一一位對自己深受民眾厭惡一事泰然以對的東歐共產領袖。雖然他擁有許多敵人，對付敵人的手段也確實殘忍，但南斯拉夫共產黨自有其統治正當性。狄托是反納粹反抗軍的領袖，擁有忠於他本人的軍隊和祕密警察，因而無需依賴蘇聯的軍事支持便能持續掌權——這點在東歐堪稱獨一無二。狄托不希望蘇聯干涉太多，於是雙方維持了一陣子的緊張局勢。直到一九四八年六月共產國際成員國同意開除南斯拉夫，南斯拉夫才正式脫離東歐共產陣營。

如果說柏林空運的成功，加深了蘇聯對西方陰謀和英美間諜組織的恐懼，那麼狄托的出走，就是加深了蘇聯對內部異議的擔憂。倘若狄托能夠擺脫史達林的影響，那其他人為何不能？如果南斯拉夫能夠制定自己的經濟政策，波蘭和捷克又何以不能？「狄托主義」或「右傾主義」於是成了非常嚴重的政治犯罪：在東歐脈絡中，「狄托主義者」就是指希望該國共產黨在某種程度上能對蘇聯共產黨保持獨立的人。就像「托洛斯基主義」一樣，這個詞最終可以拿來指稱任何反對（或表現出反對，或被指控反對）主流政治路線的人。狄托主義者成了新的代罪羔羊。如果東歐不如西歐繁榮，那狄托主義者無疑該為此事負責。如果商店裡空空如也，那一定是狄托主義者的責任。如果中歐與東歐的工廠未能達到預定產量，那一定是狄托主義者在破壞工廠。

對東歐共產陣營而言，一九四八年是各國政治的重要轉折點。就在這一年，蘇聯在東歐內部的盟友放棄透過選舉來獲得政權合法性，也不再容忍任何形式的反對派。從此以後，警察國家全部的力量都被用來打擊政權眼中的敵人，包括教會、已被打敗的政敵，甚至是共產黨內部的敵人。

當局以暴力、逮捕和審訊來打擊共產政權的反對者，但手段並不只有這些。從一九四八年開始，共產黨還開始用另一種手段從內部腐蝕公民團體（而且未來很長一段時間都會持續使用），特別是宗教團體。目的不是要摧毀教會，而是要把教會變成「統一組織」，成為像共產青年團、共產婦女運動或共產工會那種向大眾播送政治宣傳的工具。[17]這是政治宣傳的新時代，共產黨如今覺得光是嚇唬敵人已不再足夠，還必須公開指責對手是叛徒或竊賊，在作秀式公審中遭受羞辱折磨，承受媒體鋪天蓋地的攻擊，最後被送進更嚴酷的監獄或專為這些人設計的新營區。

史達林主義全盛期最明顯也最戲劇化的元素，就是針對共產黨的敵人再次出擊。但對於東歐各共產黨而言，建立一個龐大教育和宣傳系統卻也同樣重要，才能防止未來出現更多敵人。理論上，共產黨不只想打造新的社會，也想打造全新的人類——一種無能想像除了共產黨正道外還有其他替代方案的人類。某次黨內激烈討論東德廣播收聽率下降一事，當時一位高階黨員就認為「有必要就每個細節，在每個節目及每個部門中談論黨路線並在日常工作中實踐」。[18]這確實是黨人在社會裡全面實踐之事：從一九四八年開始，到處都有人在解釋、闡述、討論馬列主義理論，無論是在幼稚園、學校或大學，在廣播和報紙上，或在精心策畫的大型活動、遊行和公共事件中。每次國定假日都成了教學機會，從德國消費合作社到波蘭的蕭邦協會，每個組織都成為宣傳共產主義的管道。共產國家的人民將會參與「和平運動」，為共產北韓籌募資金，參加遊行慶祝共產節日。[19]從鐵幕外面看來（對裡面的一些人來說可能也是如此），史達林主義全盛期看來就像一套試圖全面控制人民且確實有可能成功的政治體制。

——

自蘇占初期開始，基督教會就持續面臨騷擾甚或更嚴重的事件。作為公民社會中著名且有影響力的成員，宗教領袖成為紅軍第一波暴力行動的受害者。波蘭有許多天主教神父被送進蘇聯營區；德國的戰後營區裡既有天主教徒也有新教徒，但天主教青年領袖也是特別多，因為蘇占當局致力於查禁教會的青年團契和退修會。在匈牙利，針對青年團體的暴力行動始於逮捕基斯神父（於一九四六年時遭控殺害紅軍士兵），接著則是查禁全國天主教農村青年組織、抹黑喀爾文宗和路德宗神職人員，以及各種形式的法律及人身騷擾。早在一九四五年五月，就有一位路德宗主教圖洛奇（Zoltán Túróczy）在人民法庭上受審並被判入獄，此舉可能是為了殺雞儆猴。[20]

共黨領導對教會領袖是本能地又恨又怕，但這不僅是因為共產主義者抱持無神論的緣故。宗教領袖是另一種道德和精神權威，擁有獨立的財源，在西歐也有有力盟友。尤其是天主教神職人員，與梵蒂岡關係親近，在國際天主教慈善機構和天主教社群中被視為重要人士，這令共產黨倍感畏懼。在許多國家（尤其是波蘭和德國），戰時的教會領袖都和反法西斯或反希特勒的反對勢力有關，這讓他們在戰後獲得額外的地位和正當性。除了宗教意識形態的力量，教會的動員能力也非常可觀。教會的建築物能供不滿的群眾聚會，教會的機構也能雇用這些人。每個禮拜天，神父和教士必定都擁有一群聽眾，而教會發行的讀物必定擁有固定的讀者。這讓教會成為各種公民、慈善和教育機構不可或缺的一股支持力量。

最初，新上臺的共產政權及其蘇聯盟友對教會通常都相當謹慎。一九四五年，紅軍普遍不會像俄國革命和內戰期間的布爾什維克那樣強制關閉、洗劫或破壞教堂，也不會大規模槍決神父。[21]德國境內的紅軍大部分時候都很努力幫助宗教機構重新運作——教堂、學校甚至神學院。當局允許新的廣播電臺播出講道內容，也核准印刷聖經等宗教文獻。這確實是有意為之，因為當局想讓大眾看到新的占領者和之前的納粹有所不同，正如一位蘇聯在德官員所寫：「蘇占當局給予教會完全的活動自由，展現出他們對宗教的寬容，進而消滅反蘇宣傳的重要基礎。」[22]但紅軍對宗教的徹底無知，也讓他們的許多行為顯得荒謬可笑。例如在一九四九年，北豪森（Nordhausen）的蘇聯指揮官就對該地正為堅信禮做準備的路德宗青年產生懷疑，他要求知道為什麼「需要這種額外宣傳」。為什麼要特別舉辦堅信禮？「是為了鼓吹人們反對馬克思主義和俄國嗎？」軍官嚷嚷道。[23]

波蘭人尊重教會的程度自是有過之而無不及。起初，共黨領袖為了被民眾視為「波蘭人」而不是「蘇聯人」（或「猶太人」），他們會向各種波蘭國家象徵行禮致意，包括各層級的神職人員。資深黨員和高階神父並肩參加一年一度的聖體遊行，共黨領袖也多次參加彌撒。檯面下，波蘭共黨領導表示他們的政策是「繞過」教會：他們會先改革其他組織，吸引年輕人離開教會，而年長教友遲早會陸續離世。

正如東德，波蘭的新政府同樣希望能重新開放部份正規天主教機構，藉此證明國家已回歸「正常」，證明紅軍的存在並不代表出現新的占領政權。該國最著名的天主教機構盧布林天主教大學，在一九四四年八月重新開放，此舉讓位於倫敦的波蘭流亡政府相當憤怒，因為這意味著默許共黨統治的現狀。不久之後，克拉科夫總教區就在官方許可下發行《每週見聞》（*Tygodnik Powszechny*），這本天主教的知識性週刊很快成為波蘭最重要的刊物之一。作家暨共產黨知識分子波雷薩也主導了共產黨和天主教知識分子在克拉科夫的會面，希望調停教會與黨之間的衝突。[24]

匈牙利共產黨也試圖讓自己看起來包容隨和，但在此必須強調「看起來」一詞。一九四五年十一月，拉科西在一場專門討論教會事務的中央委員會會議上表示：「我們必須謹慎行事，必須觀察要用什麼方法或以哪種形式進攻。」[25]「謹慎行事」的意思是匈牙利共產黨人不公開攻擊教會（至少在戰後初期如此），還曾有共產小隊協助修復被炸彈損毀的教堂，並因此受到公開表揚。[26]但官媒還是把教會領袖描繪成腐敗的「反動派」，正伺機協助霍爾蒂政權復辟。

匈牙利當局還把針對教會的攻擊，偽裝成其他計畫。在土地改革期間，匈牙利政府刻意將天主教會超過四分之三的土地和新教教會將近一半的土地收歸國有。[27]當局公開表示，教會土地充公是經濟改革之下的合理結果，並非政府有意與宗教組織為敵。教會沒收到任何賠償，神父和其他教會職員一夕之間成了國家雇員，地位毫無保障。這是宗教組織頭一次完全仰賴國家補助。

但到了一九四七年末，東歐大部分地區的共產黨都意識到自己仍然不受歡迎，於是準備放棄兼容並蓄的表象。他們明明等了好久，年輕人卻還是沒能成為積極忠貞的共產黨員，教徒凋零的速度也比預期中慢。九月，當年負責意識形態的雷瓦伊已開始提到「終結教士反動」之事。[28]十月，波蘭地方祕密警察頭子聚集在華沙聆聽V部門（負責教士的祕密警察部門）主管布里斯提格宣告：「與反動教士的敵方活動作戰，無疑是我們眼前最困難的任務之一。」布里斯提格是少見的女性祕密警察，也為此深受人們憎恨。她提出了幾種新的作戰方式——「系統性」調查並滲透鄉下教會，收買教士為線民，利用「年輕社運人士」監控教育工作者的宗教狂熱。[29]不用多久，這些策略都會成為東歐共產國家的標準做法。

東德的祕密警察和普通警察（即人民警察）也是一刻都不願浪費，立即把注意力重新集中在青年宗教團體裡的「敵人」身上。一九四九年十二月，人民警察的總監察長已經鎖定福音派青年會剩下的成員為敵人，認為該組織的核心目標是摧毀官方的「自由德國青年」。在與自由德國青年領導層的談話中，總監察長表示：「如果罪犯在宗教崇拜的掩護下集會，我們當然會使用所有合法手段予以果斷打擊。」[30]他們很快就會開始使用比這更不留情的語言。烏布利希說福音派青年會是「間諜集散地」，與「傳說中的西柏林青年團體」有來往。東柏林的官員則收到一道特殊命令，要他們「阻撓和摧毀教會及福音派青年會中的反動群體，以及他們替外國帝國主義者進行的工作：這些人損害社會主義建設，破壞人們追求和平的努力，阻止德國統一」。[31]

一九四九年之前，當局騷擾的對象僅限於一小撮具影響力的基督教青年領袖。如今，反教會政治宣傳變得更加明目張膽。共產政府查禁了「地球與十字」（福音派青年會的標誌），成群的自由德國青年成員開始出現在教會聚會，嘲弄正在聚會的人。（有份自由德國青年的報告以滿意的口吻描述他們如何在一個基督教小組聚會旁邊舉辦「摩托障礙賽」。）[32] 自由德國青年還在高中裡發起集會以「抗議西德法西斯恐怖行動」，並在校內「使敵對分子曝光並加以清除」（敵對分子指的是天主教和新教學生）。還有學校「法庭」會審問疑似有宗教傾向的孩子。這些都是大型公開場合，過程通常極為戲劇化。有個例子就發生在威登堡的戲劇學院：拒絕加入自由德國青年或堅持上教堂的學生在全校面前被逐一點名、斥責和開除學籍，許多人哭著走下講臺。[33]

一九五四年，東德甚至推出了「世俗成年禮」，這個非宗教儀式能替代新教的堅信禮，希望教育年輕世代「關於科學世界觀和社會主義道德觀的基本問題及有用知識……在他們心中培育社會主義愛國心和無產階級國際主義精神，幫助他們做好準備，以積極參與建設先進的社會主義社會，並創造出逐步過渡到共產世界的基本條件」。教士們對此表示抗議。起初只有大約六分之一的年輕人參與世俗成年禮，但到了一九六〇年代已有超過九成年輕人會參加這項儀式。[34]

許多孩子因為不願公開放棄信仰而被學校開除學籍，估計人數從三百到三千人不等，被大學退學的學生則更多。有些學生會前往西德或西柏林，西德內政部則為這些被迫離開學校的人安排住宿並支付學費，這項政策自然讓東德人變得更加多疑。[35]有些來自虔誠家庭的孩子根本直接放棄念大學。在威登堡開店的費斯特明白他和他的朋友永遠沒資格受高等教育，因為他們在學校裡拒絕加入自由德國青年：「我們人雖然很少，但都已下定決心，『不要，我們不想加入』。」[36]

匈牙利的模式也很類似：先是有人陰險地提起間諜之事，然後是騷擾、禁令和逮捕。拉科西在一九四八年展開行動，第一步便是對雷瓦伊所說的話表示同意，「我們必須在今年底前終結教士反動。」[37]幾個月內，他們將數百所教會學校收歸國有，有時也遇上激烈的反對。在波奇派特里（Pócspetri）發生了一起惡名昭彰的事件，當地人聚集起來抗議自己的學校被政府收回，警方則以棍棒毆打他們。接著槍聲響起，一名警察死了。事後當地一位書記員和一位神職人員被逮捕，書記員隨後被判處死刑並行刑。人們懷疑整起事件是由政治警察煽動並策畫的（今日也有一些文獻支持此說），這份懷疑不曾散去。這起事件在當時被拿來作為政治宣傳的素材，用以反對教會學校。一九四八年六月，超過六千五百所教會學校被迫放棄其宗教背景，轉型為國立學校。[38]

緊接著是關閉修道院。在焦爾市（Győr），當局只給修女們六個小時打包走人。在匈牙利南部，有八百名修士和約七百名修女在半夜被趕出修道院，他們被告知只能攜帶二十五公斤的書籍和衣物，然後便被趕上運輸卡車強行驅逐。全國各地約有八百名修女得知自己不能再在醫院工作，這道命令迫使許多醫院縮減業務。有些修女隨後被送回家中或去工廠工作，也有些人最後被遣送到蘇聯。[39]前任天主教政治家克雷許特茲（Sándor Keresztes）自己也被警察持續監控，他有八個孩子，這件事本身就被當局視為可疑之事。克雷許特茲悄悄雇用了一群修女，並分派修補尼龍襪子的工作給她們，如此一來她們便能繼續一起生活，也不至挨餓。[40]

一九四八年，天主教大主教賀龍德（August Hlond）過世，波蘭共產黨於是開始改變策略。神職人員原本普遍認為共產政權很快就會失敗，而西方勢力會把蘇聯趕出東歐，但這樣的信念在賀龍德過世後開始衰退。[41]隨著神職人員被捕，被禁止在任何學校教授教義問答，修道院也被迫關門，這些事進一步打擊了教會士氣。天主教醫院和養老院關門大吉，剩下的慈善機構也一一消失。一九五〇年初，政府再度無所顧忌地對天主教最重要的慈善機構明愛會出手。明愛會經營著四千五百家孤兒院，照顧十六萬六千七百名孤兒，還設立了兩百四十一間施膳處，協助分發外援資金——大部分資金來自美國，用於重建教堂、學校和修道院。戰後的頭幾個月裡，明愛會是波蘭少數提供醫療援助的機構。但也正是因為明愛會的影響力、名望和自主性，共產黨對他們下手更不留情。一九五〇年一月，波蘭國家通訊社宣布明愛會已落入「貴族」和納粹支持者的控制，多數高層正接受侵吞款項的調查。明愛會立即收歸國家管理，其領導層遭到撤換，這個慈善機構等於是成為國有機構了。波蘭主教團驚愕不已，他們聯合否認了對明愛會的所有指控，並譴責政府對他們的攻擊：

> 重點根本無關人民福利，而是摧毀天主教機構明愛會，同時大量影射和汙衊天主教，以瓦解波蘭教會。這樣的感覺是來自於報紙和廣播放送的大規模宣傳、舉辦會議和集會……在某些案例中，當局有計畫的追捕神職人員。神父會在清晨時被手持步槍的武裝警察從床上拉起來，有時甚至不許舉行彌撒，或是強迫中斷聚會……有的牧師被帶走時身上還穿著聖袍。[42]

發聲抗議政府收編明愛會一事的神父都面臨重大懲罰。一位神父向會眾大聲宣讀一份抗議書，隨即被罰款七萬五千茲羅提，在當時是一大筆錢。[43]卡托維治有群家長寫信抗議當地天主教學校停辦，此後該地的神父便一再被帶到當地的祕密警察辦公室。有份教會內部報告表示：「在卡托維治教區很難找到一位不曾被國家安全單位傳喚的神父，且傳喚不止一次，而是兩次、三次、四次甚至更多，他們面臨長達五六個小時的盤問，然後被迫簽署各種協議和聲明。」[44]

此後教會領袖便試著阻止人們表達類似的抗議之聲。到了一九五四年，全國僅剩下八所天主教小學，其中六所正準備廢校。剩下的兩所之所以能繼續辦學，是因為當地沒有其他替代選項。天主教醫院和護士學校都已經關門，僅存的一些獨立宗教團體也不復存在，包括兄弟互助會，這是波蘭歷史最悠久的學生慈善組織。有些修道院和女修道院仍然開放，但也面臨壓力。修女不能再就讀曾經屬於自身修會的護士學校，修士也受到嚴密監視。與其他東歐地區不同的一點是，盧布林天主教大學仍然繼續運作——但由於該校校長拒絕批准波蘭青年聯盟在校內成立自己的組織而鋃鐺入獄，校內教職員工也承受著巨大壓力。[45]

東歐共產政權的各個政府幾乎是毫無理由地一再逮捕神職人員。到了一九五三年，波蘭已有約一千名神父被關押，其他神父則受到嚴密監控。克羅托申（Krotoszyn）一位本堂神父遭到調查，因為他「在當前現實中明顯與政府為敵」，「他在具雙重涵義的講道、個人談話和告解中洩露此事。」[46]布達佩斯一名線民在一場關於聖保羅英勇故事的布道中，聽到了「謹慎且算計縝密」的明顯反革命態度。[47]線民還發現某教堂的詩班獻唱了一首「充滿抱怨和絕望祈禱的罕見詩歌」，這令他感到十分可疑。東德也關押了幾位神父，包括哈勒（Halle）的哈默爾（Johannes Hamel）和萊比錫的多斯特（Herbert Dost）執事，兩人都受到大群年輕人愛戴，還有像舒曼（Erich Schumann）這樣被指控違反德國憲法的非神職領袖。[48] 就連共產黨內的最高層也在討論著如何詆毀教會。匈牙利政治局認為，各工廠負責人應該舉辦有關「教會作為資本主義主要支持者」的研討會，而祕密警察則應該在工作場所和住宅區發起「造謠行動」，將未能達到生產目標的責任歸咎於教會蓄意破壞。[49]

但最可怕的攻擊並非來自暗中的攻擊。一九四〇年代末，該地區最高層級的教會領袖也遭到公開攻擊。一九五二年末至一九五三年初的那個冬天，克拉科夫總教區的高階神職人員歷經了一場恐怖審判，審判中出現了假證據、隱形墨水和偽造文件。[50] 當局也對匈牙利天主教層級第二高的大主教古儒斯（József Grősz）展開調查，再以「武裝謀反」和恐怖行動陰謀為由逮捕了神職人員和教會信徒。[51] 當局更早之前就誣陷匈牙利喀爾文教派的主教拉瓦斯（László Ravasz），以及路德派主教奧達許（Lajos Ordass），後者於一九四七年八月被逮捕，因非法貿易外幣被判處兩年徒刑。[52] 但在這些「犯罪案件」中，有兩件特別引人注目。當局在此展現出格外驚人的執念和專斷獨行，對東歐最重要的兩大天主教領袖發動攻擊：一九四五年由梵蒂岡任命為匈牙利總主教的敏真諦，以及一九四八年十月受命成為波蘭總主教的維辛斯基。

無論如何，當時這些神職人員必須在一個視他們為重大敵人的政治體制內做事。有人認為應該要與共產黨合作甚或共謀，才是生存及保護信徒的唯一方法。也有人強烈反對這種做法。沒有人能夠預知結局，當年所謂「正當」或「符合道德」的選擇並不總是明確。只要我們深入理解敏真諦和維辛斯基的故事，就能清楚看見這份兩難。這兩個非凡人物在那個年代裡，做出了非常不同的選擇。

由社會層面來看，這兩人有許多共同之處。他們都是收入微薄的虔誠鄉下農夫子弟，兩人的教育和職業生涯都在教會度過。在回憶錄中，敏真諦滿懷感恩地提到他父母決定讓他繼續念中學，此事在他那一輩人並不普遍。[53]維辛斯基最早的童年記憶，則是凝視自己臥室裡的兩幅聖像：琴斯托霍瓦（Częstochowa）的黑面聖母，這是他父親鍾愛的聖像，以及黎明之門聖母像，這是他母親最崇敬的聖像。[54]

兩人都熱愛自己的國家，都有反抗暴政的記錄。敏真諦在一九一九年曾遭短命的匈牙利共產黨政府短暫拘留，也在一九四四年被匈牙利法西斯政黨箭十字黨政府逮捕過，因為他拒絕宣誓效忠該黨領袖費倫茲（Ferenc Szálasi）。[55]維辛斯基則在納粹占領華沙及大學關閉期間成為「地下」教師，他在整個二戰期間都與救國軍保持密切聯繫。華沙起義期間，他曾擔任佐利波茲區（Żoliborz）和華沙北方的拉斯基（Laski）醫院的專職司鐸。

對於自身立場所帶來的危險，他們兩位在政治上都相當敏銳警覺。一九四八年被任命為總主教後，維辛斯基曾揶揄道，經常有人提供他殉道書及殉道聖像，周遭每個人都預期警察隨時有可能出現：「所有人都確信我即將被捕，就連我的司機都開始找新工作。」[56]同年，擔心自己被捕的敏真諦預先發表聲明，表示他會原諒所有被迫簽署對他不利的信件或請願書的天主教徒：「我不希望任何天主教徒因我而失去生計。如果天主教徒簽署了針對我的文件，他們心裡可以知道這不是出於他們自己的自由意志。讓我們為心愛的教會和我們珍貴的匈牙利祈禱。」[57]

他們兩位也都曾在上任初期深深考量過教會在共產政權下的角色，與同僚討論可能的選擇並祈求指引。他們都跟隨良心，以他們認為對宗教組織和對信眾最好的方式行事。正如他們各自的回憶錄所闡明，兩人心目中的最佳選項相當不同。對於信仰極深的人來說，這樣的選擇既不容易，也確實沒有明確答案。

敏真諦是兩人之中更具政治色彩，更直率敢言，也更公開反對共產黨的那一個。他與匈牙利政府的衝突從很早就開始。一九四五年他以總主教身分首次訪問梵蒂岡，當時美國天主教會向他承諾會提供匈牙利慈善援助，這激怒了共產黨，他們試圖阻止援助抵達匈牙利。敏真諦公開對此表示譴責：「美國的捐贈是全球教會全面團結的象徵，顯然全球布爾什維克主義並不喜歡這點。」他對共產黨無視法律的批評同樣直言不諱。他在一九四五年十月大選的前夕發表了一封信，沒提及任何政黨名稱，但對警察暴力和逕行逮捕表示譴責：「新的極權獨裁似乎正準備取代先前的獨裁政權」。敏真諦發表此信後，拉科西召開了緊急會議，某些地區的警察則試圖阻止神父們在教堂中高聲朗讀其內容。[58]

隨著天主教和新教青年團體面臨愈來愈大的壓力，敏真諦開始大力公開為他們發聲。一九四六年五月，他與天主教家長協會一起參加了抗議關閉教會學校的示威遊行。一九四七年三月，他公開譴責廢除各級學校信仰教育的措施，警告眾人：「建立去宗教化機構的同時承諾宗教自由，這是虛偽的極致。」

當匈牙利主教宣布一九四七年為聖年（瑪利亞年）之後，敏真諦全力投入慶祝活動。雖然出現人為製造的阻礙（如「故障」火車和「封閉」道路），仍有數以萬計的朝聖者湧入各地的彌撒儀式，與敏真諦碰面。他以強而有力且引人深思的講詞鼓舞眾人：「在如此艱難的時刻，天主教教區必須保持警醒……我們從不傷害任何人，未來也不會這樣做。但公義與愛是使我們得以繼續前行的基礎，如果有人試圖破壞這份基礎，我們就有合法自衛的權利。」[59]

敏真諦直言不諱，不妥協也不談判。每一次只要有人針對教會發動攻擊，他都會加以反擊。除非政府同意歸還教會被充公的建築和資金，重啟遭解散的組織並與梵蒂岡建立外交關係，否則他不會簽下任何與政府的協議。共產黨顯然不可能接受這些條件。一九四八年秋天，官媒打出了新口號：「我們將會消滅敏真諦主義！」

聖誕節後，敏真諦被捕了，當局立刻沒收他的財產和聖袍，花上幾個星期反覆審問與折磨。他在著作中寫到自己的腳掌被打傷、被踹倒在牢房地板上。最後，他被迫接受一場刻意羞辱的作秀公審，公開「承認」一系列荒謬罪行，包括策畫竊取匈牙利皇冠，還有密謀幫助哈布斯堡的奧托大公復辟。此後他一直被關在監獄，直到一九五六年十月為止。[60]

維辛斯基的命運則不同，既因為波蘭狀況不同，也因為這位波蘭總主教採取不同的戰略。維辛斯基天生傾向尋求妥協，他在任期之初也受到公然騷擾（他是在賀龍德於一九四八年去世後上任，當時針對教會的政治宣傳正逐漸加劇），但他仍試圖避免公開衝突。維辛斯基不做激烈講道，也不公開批評政權，更偏好在幕後抗議。在回憶錄中，他對於人們多半未意識到這類隱藏的策略表示遺憾：「大眾對許多捍衛教會權利的信件、備忘錄和抗議行動一無所知。」他甚至試圖尋找與共產主義意識形態之間的可能共通點，指出教會傳統亦主張的「公義社會」，並表示自己支持經濟重建和土地改革，因為這是早就該做的事。他承認共產黨「狹隘的無神論」導致雙方難以合作，但他還是試圖尋找共通點。[61]

維辛斯基上任後，便開始與國家來回交涉，希望達成一份當局和教會之間的協議。當時有三位資深主教獲派與共黨官員定期開會，哪怕教會活動受到的限制愈來愈多，而且共產黨開始有意為難拖延，他們仍持續出席會議。眾所皆知（或惡名昭彰）的是，維辛斯基在一九五〇年四月簽署了這份協議，後來人稱《互諒協議》。這份協議最重要的一點，就是迫使波蘭教會領袖得「告訴神職人員應按教會教義，教導信徒尊重國家法律和權力」。[62]實際上，教會形同承諾不支持任何地下反抗運動，以及任何反共的反抗運動。這份協議頗具爭議，而且爭議持續多年。對許多人而言，簽下這份協議似乎太過頭，是種可恥的妥協，協助政權擴大其正當性、削弱教會的力量。有位在一九五〇年被警方帶走審訊的牧師在獄中得知該協議的事，他後來寫道，他以為警方一定是在說謊，是為了讓他失去反抗意志。波蘭的總主教竟會簽下如此明擺著是與共產黨合作的協議，真是難以想像且近乎不可能之事。

維辛斯基本人對簽下協議的決定感到痛苦，有時甚至顯得後悔。他在一九五三年的一場主教會議上表示，他們試圖與政權合作的所有努力與調適都被視為「弱點」：「政府從未停止以政治眼光看待教會，把教會看作梵蒂岡，主教則是代理人和間諜。」當他終於在一九五三年九月被捕時，他似乎鬆了一口氣，至少現在自己的立場更加明確。他告訴一位神父：「工人、農民、知識分子，來自全國各地的各種人都在獄中，我想主教和神父也進監獄是好事，因為我們的使命就是與全國人民同在。」[63]

維辛斯基明白為何會有那麼多人不喜歡這份教會與政府之間的協議，他也知道敏真諦拒絕簽署類似協議的原因。他選擇談判，不代表他對共產政權本質抱有幻想，他也理解簽署協議對他沒有任何好處，除了爭取些許時間之外。但時間正是他所需要的。他後來寫道，波蘭教會在二戰期間承受了巨大苦難：成千上萬的波蘭神父被捕，許多人在德國和蘇聯集中營喪生，神職人員需要時間來復原。波蘭教會必須盡一切努力，避免自己像俄國革命後的俄國東正教會那樣被徹底摧毀：「我們必須獲得時間和力量來捍衛上帝之道。」[64]他認為簽署該協議是必要的妥協，這能為教會爭取一些喘息空間，至少使政權難以主張教會冥頑不靈或頑強抵抗。

這兩個不同的立場，導致了不同的結果。敏真諦公開對抗政權的優點是立場清晰。在當年，他便因堅持真理而受眾人盛讚，如今仍以此受人尊敬。當教會學校和教會機構被摧毀，無辜人民被逮捕、被殺害，敏真諦有勇氣公開談論這些事。他的公開使他日後成了匈牙利和全世界反共人士的重要象徵。當匈牙利反抗軍終於在一九五六年幫助他重獲自由時，欣喜若狂的群眾已在監獄外等著他。[65]不過，他的勇氣沒能讓匈牙利教會免於嚴重打壓。在他被逮捕、折磨並經歷極盡羞辱的作秀公審後，匈牙利主教仍被迫簽署了一份協議，類似維辛斯基不情願簽署的那份，且條件更為惡劣。[66]匈牙利的協議不僅承認匈牙利人民共和國的憲法，還呼籲信徒必須協助實現五年計畫。協議中明確警告神職人員不能反對農業集體化。在該協議簽署一週後，國家宣布解散匈牙利修道會。[67]

維辛斯基的策略更為圓滑，優點在於靈活度。他試圖避免直接對抗當局，讓神職人員得以不用坐牢，也盡可能讓許多教會機構繼續運作。他的做法並不像敏真諦那樣具備道德清晰度，也沒能激勵人心，他溫和的講道內容則讓一般人難以明白教會對共產黨的真實態度。但他不具威脅性的風格可能有助於解釋為什麼他被捕的時間相對較晚（他在一九五三年而非一九四九年被捕），為什麼他從未受審，以及為什麼波蘭教會在史達林主義時期能夠相對保持完整——至少與匈牙利、捷克斯洛伐克和東德教會相比是如此。維辛斯基本人認為是他和緩的語氣讓共產黨更難攻擊波蘭天主教會。他同意共產黨的許多要求，如此他們便幾乎無法指控他是反動頑劣分子。至少在一九八〇年代之前，維辛斯基的態度為其他波蘭神職人員設定基調，大多數人公開接受了黨的合法權威。在整個共產年代裡，絕大多數波蘭神父都試圖避免公開政治衝突，同時繼續履行他們的傳統職責。相較之下，匈牙利的天主教和新教則在一九七〇年代和一九八〇年代裡被祕密警察深入滲透。結果就是匈牙利天主教和新教在一九八〇年代發展起來的反共政治反對派中，無法像波蘭天主教會和德國基督教會一樣扮演重要角色。

兩人的方法各有優缺點。事實上，東歐這兩位傑出天主教領袖所做出的不同選擇，在普通神職人員和信徒中也各自有其迴響。有些人選擇挑戰和坐牢，其他人則選擇了較不令人滿意的談判、妥協和檯面下抗議，認為這對信眾更有好處。東德的路德派牧師奇切（Hans-Jochen Tschiche）告訴自己：「教會不只是強者的教會，而是大多數人的教會。教會是為軟弱和害怕之人建立的，如果我和政府發生重大衝突，這對他們來說也許太過可怕。」[68]

但在共產新政權的統治下，教徒的選擇其實並不僅限於這兩種，其他種類的機會很快就開始浮現。

蘇占初期，新成立的祕密警察祕密吸收各行各業的成員，也試著祕密吸收教徒和神職人員。但就神職人員而言，光是祕密合作並不夠，當局還希望他們公開服務政府，成為黨的武器。這是非常蘇聯式的概念。[69]據一九五三年叛逃的波蘭高階祕密警官史維特沃（Józef Światło）所說，塞洛夫將軍本人曾提議「不要消滅教會，而是令其逐漸變成蘇聯的政治工具」，具體做法則是「由內部滲透，令其分裂成爭吵不休的派系，愈多愈好，就像一九二九年之前的俄國，接著再削弱其外部權威」。[70]這正是俄羅斯東正教會的命運，該教會在一九三〇年代已實質成為國家機構。

一九四九年十月，史達林出席捷克斯洛伐克的卡爾斯巴德（Karlsbad）舉辦共產國際會議。他在會議上清楚闡明了這項政策，命令東歐各國的共產黨使用更嚴厲策略，就從捷克斯洛伐克開始：

> 我們必須孤立天主教高層，並在教廷和信徒間製造對立。有鑑於我們在捷克斯洛伐克取得的成功，我們將逐步加強對於波蘭、匈牙利等國天主教會的行動。我們還必須充分利用低階神職人員的財務問題，這將使低階神職人員與高層分裂。政府應該命令神職人員作公民宣誓，共產黨應強迫神職人員在信仰課程、講道內容或與信徒直接接觸時傳播馬克思、恩格斯和列寧的思想。我們必須對高層發起有系統的攻擊。我們應該要能在一九四九年十二月之前，全面控制教會。[71]

匈牙利當局準確遵循了這套策略，並配合著自一九四八年時發起的全國性大規模「和平運動」。如前所述，這場和平運動並非部分西歐國家後來出現的那種自發基層運動，而是由政府帶頭組織，並在共產黨社運工作者的協助下進行——這些倡議者策畫和平遊行、和平競賽及和平集會，還為和平債券籌募資金。新聞工作者則受委託撰寫有關和平運動的文章，設計師也被要求設計出宣傳和平的海報和小冊子。

匈牙利也有倡議者發起一場大型的和平請願運動。學校、辦公室和工廠都有人發下請願書，共產黨人競相比較誰蒐集到最多的簽名。一九五〇年春天，這場運動的火熱程度幾近瘋狂。五月初，已有兩萬四千五百八十三名「和平倡議者」蒐集到六百八十萬零六千一百三十個簽名，這在當時全國九百萬人口中占了極高比例。[72]

神職人員也被要求簽署請願書，有些人簽了，也有人躲開或完全迴避了這場運動，辯稱他們不知道自己的神職誓言是否允許簽署政治請願書。最終是由接替敏真諦成為匈牙利總主教的古儒斯，出面解決了這個問題。他公開表示天主教會持續推動和平，但只有梵蒂岡才有權決定天主教神職人員能否加入國際組織或簽署任何條約，因此他不會簽署這份和平請願書，也不會簽署任何其他請願書，因而其他匈牙利神職人員也不應該簽。[73]

古儒斯的聲明，讓共產黨及其支持者獲得了對教會發動攻擊的口實。黨媒立即指責教會煽動對立，有時會與共黨合作的匈牙利哲學家盧卡奇（György Lukács）則批評總主教的決定相當「虛偽」。共黨高層很高興，書記處決定現在應該「利用和平運動讓基層教士與上級對立」。[74]當局對基層神職人員加強施壓，對於那些反對古儒斯總主教並同意加入「和平運動」者則提供獎賞。

當局很快就找出可能的合作夥伴，而雷瓦伊也很快策畫了一場「和平集會」，這場集會成了「和平教士」組織的創建會議。會議內容都是事先規劃好，包括結尾宣言——最後將會有兩百七十九名教士和修士簽署這份宣言，占了該國神職人員的百分之二左右。就連與會者的心情也是事先決定好的。在一次中央委員會會議上，一九五六年後會成為匈牙利獨裁統治者的卡達爾（János Kádár）宣布，「會議的氛圍不應太熱烈，也不應太拘謹。」

> 得營造出一種敵對的氣氛。他們必須強調明敏真諦的路線錯誤，批評主教團對當局的政策……神職人員必須回報，說自己因為懷抱民主信念、因為計畫參與此次會議而受到上級威脅……演講中應包含針對主教團的批評，講者應要求主教團改變對民主和平的態度，講者不應太過激進，以免有損會議的團結感。[75]

波蘭當局也以類似的規劃來集結「進步教士」，波蘭共產黨如此稱呼他們（諷刺的是，這群神職人員還有另一個廣為人知的非正式稱呼：「愛國教士」）。這群波蘭神職人員加入的並不是和平組織，而是「官方」的退伍軍人組織。這是共產黨成立的空頭組織，因為真正的退伍軍人組織和波蘭救國軍之間有著私下聯繫和緊密情感，這對共產政權來說太過危險且無法容忍。

加入組織的神職人員可立即得享特權，例如就醫和使用療養院，也能拿到建造教堂所需的建材。明愛會於一九五〇年一月解散後，與政府合作可能帶來的好處變得更多了。乖乖合作的神職人員可以接管明愛會的資產、辦公室和專案。波蘭祕密警察也開始鼓勵這些神職人員創立「官方」的天主教刊物和組織。當時便出現了一份「官方」天主教報紙《今明縱覽》（*Dziś i Jutro*），以及一個「官方」天主教偽政黨

「和平黨」（後文會再提及此黨）。出現前述變化後，進步教士更發起了會員招募活動，並策畫舉辦一場全國大會：一九五二年時確實有約三百五十位神職人員出席該會。[76]

教會也展開反擊。匈牙利的主教協會解除了這些和平教士的職位，波蘭克拉科夫的樞機主教薩皮耶（Cardinal Sapieha）則要求與當地進步教士會面，並命令他們退出這場運動。在波蘭與匈牙利，親共牧師有時也面臨民眾侵擾。好比在一座匈牙利村莊裡，虔誠的信徒「不再向進步教士告解或領受聖餐」，而是以叫喊來打斷他的講道。[77]

面臨此般對立，這兩國的和平運動從未發展成那種發送親共文宣、支持共產政權的大規模組織。和平運動確實有所發展，但遠不如共產政權希望的那樣迅速：在巔峰時期，成員約有一千名波蘭進步教士再加上一千名支持者。匈牙利的組織不曾公布成員人數，高層一度聲稱其成員超過三千人，不過位於慕尼黑、由美國資助的廣播機構自由歐洲電臺後來估計真正活躍的成員只有約一百五十人。兩國的運動都定期舉行集會並自辦報紙，波蘭是《牧師之聲》（*The Chaplain's Voice*），匈牙利則是《十字架》（*Cross*）。

不願參與運動的動機很好理解，畢竟教會高層和自身價值觀都反對這場運動。比較難理解的是參與運動者動機。歷史學家奧班（József Gyula Orbán）認為，其中一小部分人（大約十分之一）是真心希望與新政權合作。有些教士是馬克思主義者或左派社會主義者，對共產黨的經濟計畫還算有信心。其他人則希望與共產黨合作來改善教區居民的生活。波蘭教會的歷史學家札列斯基（Tadeusz Isakowicz-Zaleski）神父推測，有些進步教士經歷心理創傷，尤其是德國集中營的倖存者，因此很容易被共產黨操縱。[78]

其他人則明顯是在勒索或逼迫下屈服。匈牙利和平運動最後的領頭人是貝雷斯托奇主教（Miklós

Beresztóczy），他曾於一九四八年被當局逮捕並經歷殘酷折磨。另一位教士則是在他被控縱火後（他教區的一堆乾草被燒了）加入，可能是希望逃過牢獄之災。後來叛逃的前祕密警察史維特沃表示，波蘭祕密警察對這場運動的成果感到失望：「愛國教士是祕密警察的產物，這些人有許多曾待過蘇聯或納粹集中營，身心和道德觀都已被摧毀殆盡。」[79]出席官方集會的教士，有一些根本是穿著教士服的祕密警察。在匈牙利和平教士的第一次聚會上，有人留意到幾位神祕的「方濟會修士」，他們此前不曾出現過，此後也沒人再看過他們。

還有些人加入的原因是希望升官並獲得特權。祕密警察也積極尋找不滿受挫或與上級有衝突的神父，波蘭神父韋涅斯基（Henryk Weryński）就是其中之一。他原本是戰前政府的堅定支持者，戰前曾為天主教媒體工作，有著強烈政治和文學抱負。他甚至試著參選國會議員，但沒有成功。戰後他改變了立場，他的事業也以驚人速度發展。

韋涅斯基很早就同意為祕密警察工作。當局每月給他五千茲羅提，並確保他所寫的挺政府文章在天主教報紙上刊出（這些報紙向來拒絕刊登他的文章）。作為回報，他幫助祕密警察確定哪些人有可能成為「進步教士」。他向警方打他所有克拉科夫同事的小報告（神職人員與非神職人員皆然），定期向當局回報，並公開對政府表示感謝。一九五一年在克里尼查（Krynica）進步教士委員會的會議上，他宣稱戰前政府「雖然受到許多神職人員喜愛，但並沒有像共產黨那樣妥善照顧他們」。[80]據史維特沃表示，韋涅斯基神父甚至把他在信徒告解中聽到的資訊提供給祕密警察。史維特沃還說，他曾親自給過韋涅斯基一張購買聖袍的配給券。[81]

恐懼，史達林主義下使人窒息的政治環境，對於未來的疑慮，這些肯定都影響了許多神職人員的選擇。敏真諦主教被捕，寫下一份雜亂不成章的「自白書」，這也讓整個蘇聯集團內部的天主教神父都恐懼萬分。波蘭明愛會和其他宗教慈善機構被收歸國有，匈牙利修道院被清算，教會學校不復存在——對許多人來說，這宛如傳統教會已經要走到盡頭。波蘭樞機主教薩皮耶在這段時期感到的絕望是如此深，他甚至發表聲明宣布如果自己被捕，請大家不要相信他在那之後所做的發言或「自白」。[82]在這樣的氛圍下與共產政權合作，其道德可議的程度也許不像後來所想的那麼大。

這一套複雜動機，不僅能用來解釋神職人員為何公開與政府合作，也能解釋神職人員為何祕密與政府合作。匈牙利路德宗教會的歷史學家暨牧師之子拉丹尼（Sándor Ladanyi）指出，雖然許多告密的教士確實曾飽受折磨，也有許多人像韋涅斯基一樣追求職涯成就（事業受挫或想出國留學的神職人員和神學院師生），但其實有更多是出於隱晦模糊的原因。神職人員時刻面臨著被祕密警察約談的壓力（承受比一般人更大的壓力），於是有些人口頭表示願意合作，希望藉此轉移當局注意力，實際上則盡量不提供他們協助。有些人表示願意成為告密者，卻什麼也沒說。匈牙利有許多告密者的檔案末頁都有同一段話，表示應該刪除某個教士的名字，「因為他提供的資訊沒有用。」也有些人遭到直接或間接的勒索，尤其是新教牧師，他們被認為是容易勒索的對象，因為他們有家室——孩子的教育或妻子的醫療費可能會受影響（天主教神父沒有家庭，因此被認為是更難「策反」的對象，通常也受到更嚴酷的對待）。[83]

從結果來看，和平教士和愛國教士對於共產政權並沒有發揮太大的實際價值。匈牙利政權私下批評和平教士「在對抗教士反動一事上進展不足」。在波蘭，和平運動從未真正得到黨的積極經營或民眾的積極參與，「愛國教士」一詞最後甚至淪為貶義詞。他們與主流教會漸行漸遠，成了受人忽略的存在。對共產政權而言，這些人身為政治宣傳管道的角色也愈來愈無用。然而，和平運動的存在似乎讓其他神職人員感到沮喪甚或耗弱，也占用了教會領袖大量時間和精力。維辛斯基主教經常會見進步教士，他於一九五三年被捕前的幾個月也曾多次會見他們。有那麼短短的一段時間，天主教神父大批「皈依」而成為共產主義者的景象似乎完全有可能成真。

最重要的是，這批積極發聲的親共神職人員在當年造成道德原則的混亂。教會是支持還是反對共產主義？波蘭的新明愛會是真的明愛會還是贗品？和平教士真的支持和平嗎？如果是真的，那麼每個人都該支持他們吧？神職人員與當局合作一事，也鼓勵了其他人與當局合作——畢竟若連這些「聖潔之人」都接受政府的禮物和好處並與之合作，其他人為何不能呢？

第十二章　內部敵人

「黨只有一個承諾：取得勝利之後，當這些祕密檔案再也無法造成傷害時，他們會公開內容。屆時全世界便能知道這場潘趣木偶戲的背後到底有什麼……」

——《正午的黑暗》，亞瑟·柯斯勒，一九四一年[1]

「屈打成招的人會給出審訊者想要的自白，他會承認自己是英美間諜或任何我們想聽到的角色。但我們永遠無法透過這種方法得知真相。」

——一九九一年後公開的檔案裡，貝利亞在史達林逝世後的一九五三年政治局祕密會議上的發言[2]

「反動教士」在史達林主義全盛期的多疑氛圍下是最明顯的目標，但還有其他潛在的敵人。在一連串罷工事件和經濟災難後，波蘭祕密警察認為有必要「對於工作現場和所有層級行政單位的勞工進行全面研究……了解過去和現在勞工的實際政治影響力」。他們翻遍祕密警察檔案，找出了二十五種類別的「敵人」。包括曾經在救國軍服役的人，曾在戰前社會民主運動或任何政黨中積極活躍的人，以及曾於境外服役的波蘭軍人。就連許多在一九四七年被從監獄釋放或在戰後接受特赦的人，也再度成為可疑對象。這份清單上的類別最後增加到四十三個。史家安傑伊・帕茲科夫斯基表示，一九五四年的「罪犯和可疑分子清單」上有六百萬個名字，占波蘭成年人口的三分之一。一九四八年，政治犯已有兩萬六千四百名，一九五〇年代中期增加到三萬五千兩百人。到了一九五四年，波蘭各地共有八萬四千兩百名政治犯遭到關押。[3]

東歐共產政權都經歷了類似的事。匈牙利的祕密警察持續注意「潛在」敵人，東德的史塔西試圖找出真的西方間諜和想像中的西方間諜，捷克斯洛伐克的祕密警察則鎖定所有反對一九四八年共產政變或有可能反對的人。羅馬尼亞則在一九五〇年五月發起了一次特別行動，針對於一九一九年至一九四五年間擔任政府部長的倖存者，包括一些非常年長的老人，還有希臘天主教和羅馬天主教神父。[4]

在第二波調查和逮捕行動中，農民和鄉下地主也常成為受害者。一九五二年秋天，祕密警察逮捕上萬名波蘭農民，因為他們未能配合強制繳納穀物的要求。[5]一九四八年至一九五三年間，約有四十萬名匈牙利農民因為交不出生產配額而被捕，另有高達八十五萬人被罰款。[6]一九四九年，將近三千名羅馬尼亞鄉下地主被趕出家園，他們只有幾分鐘的時間離開，地產隨即收歸國有。[7]

但大規模的蘇聯式逮捕行動也帶來了一個蘇聯式的問題：不可信賴的敵人該關在何處？波蘭當局乾脆就任由監獄過載、讓監獄條件惡化。貝納（Wacław Beynar）是一位前救國軍游擊隊員，一九四八年被捕後，他發現自己被關在華沙的拉科維茲卡（Rakowiecka）監獄裡一間密不通風的牢房。這間牢房非常潮濕，裡面的囚犯（其中有很多是華沙起義的老兵）會脫掉他們的襯衫在空中揮舞，以製造出有風的假象。牢房裡沒有洗手間，囚犯每天只被帶出去上廁所兩次，對於那些因監獄食物拉肚子的人而言，這很快就成了一種折磨。審訊期間，他們以「粗野原始」的方式毆打貝納的臉，踢他側身，還判他死刑，他聽到這個消息時相當平靜：「我只是不敢相信我成了罪犯。」

貝納最後獲得減刑，被判了很長的徒刑，送到波茲南附近的弗隆基（Wronki）監獄，該處關押著約四千名囚犯，大多是政治「罪犯」。他記得抵達該處時「每個人都哭得像個孩子」，但最痛苦的是一名曾待過納粹達豪集中營的囚犯——對他來說這就像是惡夢重演。[8]曾在此坐牢的還有蕭斯塔克（Stanisław Szostak），他在一九四四年與威爾克將軍（General Wilk）在維爾紐斯近郊被捕，一九四八年在斯塞新再度被捕——這位反納粹的軍人立即被扔進大牢和納粹支持者關在一起。他回憶道，弗隆基監獄「到處都是蝨子，空氣稀薄，夏熱冬冷。」貝納和蕭斯塔克一直到一九五六年才獲釋。[9]盧布林城堡是一座令人生畏的中世紀建築，一九四四年和一九四五年裡曾充當關押救國軍的臨時監獄和刑場。當局認為此處的陰暗、骯髒與死寂會讓囚犯心生恐懼。[10]

不是每個人都留在國內監獄。數萬名波蘭人和德國人直接進了蘇聯古拉格。有些德國人被祕密警察抓走（有時就在西柏林街頭），然後在蘇聯受審。此後一連出現幾百起記錄在冊的德國人死刑案，他們皆於戰後在德國被捕，在莫斯科被判處死刑並行刑。[11]匈牙利則使用另一種蘇聯式的刑罰，開始把前貴族、戰前軍官、前地主和住在匈牙利、奧地利或南斯拉夫邊境的「政治上不可信任者」流放到匈牙利東邊的小村莊，而非關進監獄。這種重新安置政策具有兩項額外優點：第一，許多主要城市的大公寓因此空了下來，成了為數眾多的新共黨高官的適合住所。第二，鄉下地區則得到了一批技巧生澀且不一定有生產力的新工人。[12]羅馬尼亞也採用了類似政策，讓超過四萬四千人離開羅馬尼亞與南斯拉夫邊境附近地區。該處居民以家庭為單位被趕上火車，載到人煙稀少的巴拉干草原上自生自滅。[13]

還有一些人進了集中營。雖然祕密警察早在一九四九年前就拆除了德國境內的古拉格集中營（詳見第五章），因為這些營地吸引太多西方關注，成了蘇占政權的不良宣傳；但大約也是在同一時期，其餘東歐國家開始出現了全新的集中營制度——不是蘇聯古拉格，但與之十分相似。就跟蘇聯一樣，營區囚犯必須工作來換取食物，而且得對經濟「有所貢獻」。

一九四九年至一九五三年間，捷克斯洛伐克政府就在波希米亞地區西北部的亞希莫夫（Jáchymov）打造了十八座這樣的營區。囚犯負責開採鈾礦，替蘇聯新的核武計畫提供原物料。政府沒給囚犯抗輻射衣物或防護裝備，導致囚犯的高死亡率。羅馬尼亞政府也建立了一系列營區，最為知名者位於多瑙河與黑海運河沿岸。該處由蘇聯支援建設的計畫，最終的經濟成果令人懷疑——當局「雇用」約四萬名囚犯來建造運河，占了十八萬名羅馬尼亞營區囚犯的四分之一。[15]保加利亞政府也建立了幾座特別殘忍的勞改營（這些營區持續運作到一九六〇和一九七〇年代，比大多數蘇聯營地解散的時間還要晚）。[16]雖然狄托走「反史達林主義」的政治路線，但南斯拉夫也有勞改營，包括一座位於亞得里亞海島上的營區。該處缺水，口渴就是主要的酷刑。[17]

在這一連串可怕的集中營區裡，匈牙利最惡名昭彰的賴奇克（Recsk）勞改營仍是醒目的存在。拘留，而且是未經審判的監禁，一直都是匈牙利體制的特色，布達佩斯和其他大城市的周邊都有拘留營。[18]但到了一九五〇至一九五一年間，匈牙利政府認為這些臨時營區對於特別兇險的政治犯來說既不夠嚴酷也不夠安全。匈牙利高層於是向加拉辛請益，希望有更好的解決方案。

戰時擔任游擊隊員而小有成就（詳見第四章）的加拉辛，後來回到了蘇聯。根據他的官方傳記，他在一間國營印刷公司擔任副總，卻他在一九五一年時突然回到匈牙利，前後在政府裡擔任一連串高階職位：首先是司法部，然後是內政部。[19]在一份黨內問卷中，他稍微詳細地說明自己曾是「西伯利亞軍事建設單位的指揮官」，一九四〇年代在「新西伯利亞附近的森林」裡工作，而這個時期出現在「新西伯利亞附近的森林」裡的「軍事建設」幾乎都是由蘇聯古拉格所負責。[20]在匈牙利政府的檔案裡，加拉辛的名字也出現在與黨魁拉科西的通信，他們多次討論「勞改營的情況」。舉例而言，加拉辛在一九五三年六月時交給拉科西一份報告，包含被拘留者的數據和資訊，以及營區管理部門的雇員人數。[21]

雖然沒人公開宣稱，但共黨領袖、政府官員和囚犯實際上都認為加拉辛是把蘇聯古拉格制度引進匈牙利的人。[22]加拉辛在一九五一年重返布達佩斯，新的公共工程局（匈牙利文縮寫為KÖMI）好巧不巧也在該年十二月成立。這個新部門「一方面有益於人民經濟，另一方面有益於執法部門」。[23]換句話說，就像蘇聯的古拉格一樣，公共工程局的目標是成為一間盈利的公司，採收囚犯在工廠、採石場和建設中的勞動成果。該部門最初受司法部管轄，加拉辛本人也在司法部工作。一九五二年，加拉辛和該部門都轉移到內政部底下。一九五三年一月，公共工程局「聘雇」了大約兩萬七千名囚犯。

賴奇克只是加拉辛的領地上其中一座營區，他幅員廣闊的領地還包括位於小陶爾喬（Kistarcsa）、卡辛巴斯凱（Kazincbarcika）和蒂薩勒克（Tiszalök）等地出名混亂的中繼營和拘留營。但賴奇克勞改營是用來關押最顯赫也最傑出的人，當局對於該營的存在極度保密。賴奇克營區不像其他營區，不會分配到一個官方編號，裡頭的囚犯也被禁止與外界接觸。關於該營區創立初期的資訊很少，這可能是因為決定建造該營地的人正是匈牙利後來的領導人卡達爾。[24]

賴奇克勞改營在匈牙利的國家記憶中成為一個符號，不只象徵祕密，也象徵著史達林主義全盛期裡人們生命軌跡的荒謬轉折。賴奇克營區的壽命很短：於一九五〇年開放，一九五三年十月關閉，但在那段時間裡，人們或出於政治原因、經濟原因或根本沒有原因而被關進該處。許多囚犯是小地主或社民黨人，特別是那些反對社民黨與共產黨合併的社民黨人。還有些是前貴族或與外國有聯繫的人——哪怕只是零星聯繫，一名曾與法國訪問學生短暫建立友誼的藝術史學生吉爾傑（Aladár Györgyey）也被囚禁於此地。[25]另一名男子因為他的車撞到拉科西的車而被送進賴奇克，當時他是因為參加婚禮快要遲到而急忙趕路。[26]流亡美國的匈牙利詩人法魯迪（György Faludy）回國後也被送往賴奇克。他是活躍的社民黨人，替社民黨黨報工作，因此認識了許多捲入當時作秀式公審的人，並被判為美國間諜。[27]

就和前幾波逮捕行動一樣，許多曾加入戰時反法西斯抵抗運動的人都被關進賴奇克營區。其中一名囚犯曾參加過一九四四年脫離匈牙利政權以對抗德國人的團體，結果他在審訊時遭到警衛毆打，這名警衛還大吼道：「在一九四四年就圖謀不軌的人，一九四五年後往往就是人民敵人。」[28]共產政權甚至在人們再次開始反抗之前，就想把他們攆走抹除。

相較於巨大的蘇聯集中營，賴奇克勞改營的規模很小。即便在最高峰時期，賴奇克也只關押了一千七百名囚犯，而他們在營區裡或營區附近使用的許多建築（例如員工宿舍）也都是二戰前留下的大型農舍。營區本身座落於經過清理的森林地上，步行不遠即可抵達採石場，而警衛就住在附近的小莊園。我於二〇〇九年拜訪當地時，營房建築已所剩無幾，其中一兩間被重建為營區內部的博物館，其餘則不復存在，僅有標示牌或地圖上的標記指出位置。當地的考古學家標出了其他重要地點，包括懲處牢的位置，其他營房的地基或營區入口。整體而言，此地給人的印象是充滿泥濘，法魯迪筆下那片厚到令人拔不出靴子的泥濘。

就像其所模仿的蘇聯營區一樣，賴奇克營也是由囚犯一手建造起來。他們砍伐木材，在採石場工作以「賺取」自己的食物，在豔陽或雨雪的戶外站著吃飯，正如法魯迪所回憶：

在營區廚房前的山坡上，我們喝著充當早餐的半品脫大麥咖啡，吃著作為午餐的湯和蔬菜，還有作為晚餐的蔬菜。那裡有由四根柱子支撐的波浪型鐵板，能夠保護大鍋和廚師免受雨淋。我們把熱湯倒進喉嚨，用勺子舀起蔬菜（不假思索地數起一週會出現三次的少量碎馬肉）……[29]

賴奇克也有像古拉格一樣的等級制度。好比前社民黨人往往比中間偏右黨派的人得到更好的待遇，有些人還被允許合作並成為營區領班。囚犯稱他們為「nachalniks」，即俄文的「老大」之意。此地也像古拉格一樣有複雜的控制和懲罰機制。無論天氣如何，警衛每隔一段時間就會叫囚犯起立並計算人數。這件事很花時間，因為警衛對人數的掌握不足。違反任何一條規定的人都可能被送到懲處房並且沒飯可吃，或被送到「濕牢」裡躺上一夜，該牢房會有水從兩邊滲進來，水深有時淹過膝蓋。蘇聯專家定期造訪賴奇克，黨魁拉科西亦然，他們觀察這套來自蘇聯的新手法，可能也提出改進建議。就像在蘇聯一樣，營區為了迎接他們到來打造了一座波坦金村：此地的囚犯會洗過澡，將工作區域整理乾淨，營地周圍甚至種了鮮花。

史達林逝世後，古拉格集中營開始接連關閉，賴奇克營區也停止了運作。加拉辛把蘇聯式集中營引進匈牙利的獎賞（或該說是懲罰），就是在接下來幾年擔任匈牙利駐蒙古大使。我們可以在他的黨員檔案中讀到，他曾向自己的匈牙利同志向請求協助，因為他的養老金不足，但他需要在莫斯科進行只能在那裡完成的喉嚨手術。加拉辛七十歲生日那天，有人寫了一封信建議匈牙利政治局授予他一枚勳章。不久後加拉辛就去世了。[30]

——

在貝魯特於一九四九年春寄給莫洛托夫的「敵人」名單中，有一個相當特殊的類別：「被開除黨籍的前共產黨員」。這個類別在一九五〇年初變得更加重要，整個共產集團裡的共產黨員（有時還包括軍事將領）都成了被懷疑、逮捕及審判的對象。向來忠誠的黨員和榮獲勳章的將軍被「揭發」為叛徒或間諜。多年來忠貞不二的共產黨人之中，被分進這個類別的人有匈牙利內政部長拉伊克和祕密警察始祖暨領袖加博、捷克共產黨總書記斯蘭斯基、波蘭共產黨總書記哥穆爾卡、東德政治局領袖人物默克（Paul Merker）及羅馬尼亞外交部長保克爾（Ana Pauler），阿爾巴尼亞和保加利亞也都有人受害。

革命本身吞噬革命兒女的景象並不是什麼奇觀，同樣的偏執妄念在一九三〇年代後期的「大清洗」也吞噬了蘇聯領導層。對於曾見證那個時代的外交官、觀察家和記者而言，那個時代的作秀公審就像是一場怪誕的表演，證明了史達林瘋狂追逐權力且毫無止盡——國際上備受推崇的革命家加米涅夫（Lev Kamenev）、季諾維也夫和布哈林都在當時做出深具羞辱意味的自白。布哈林受審時，人在現場的英國外交官菲茲羅伊（Fitzroy Maclean）表示這些公審是「怪異的公開自白，縱情的自我羞辱」，伴隨著「嗜血檢察官的狂躁胡言」。菲茲羅伊回憶道，一個接著一個的共黨高層站在法庭上，目光呆滯地坦承自己「長篇累牘的荒謬罪行」。[31]

一本又一本的書試圖解釋蘇聯在一九三六年、一九三七年和一九三八年裡舉行作秀公審的根本原因。蘇聯顯然希望製造出政治上的恐怖，但時機、方法和政治問題仍有爭議。關於此事的理論有很多。逃離東德多年後，萊昂哈德（當時已是萊昂哈德教授）在耶魯大學一場著名的年度講座中回答了這個問題，該講座是他在大學部開設蘇聯歷史課的一部分。在諸多試圖解釋大清洗的原因之中，萊昂哈德列舉了史達林的瘋狂、俄國對於外國侵略的陳年恐懼，以及一九三〇年代高度活躍的太陽黑子爆發等等。[32]不過，東歐在一九四九年和一九五〇年舉辦的作秀公審，為此前莫斯科在一九三〇年代的作秀公審提供了線索。特別是東歐的公審背後，都有蘇聯顧問共同縝密規劃，模仿莫斯科早期的作秀公審。這證明史達林認為作秀公審在政治上是成功的，是值得在新從屬國再次使用的策略。

這兩波作秀公審標誌著蘇聯和東歐各自歷史上的相似轉折。一九三〇年代末的俄國和一九四〇年代末的東歐，都出現了黨的經濟政策失敗及黨員感到幻滅。審判能夠轉移人們對於嚴重經濟失敗的指責，讓一九三〇年代的史達林和一九四〇年代的小史達林們得以脫身。作秀公審還能嚇唬黨內潛在的反對者，讓黨領導得以擺脫最危險的內部敵人。除了在團體內發揮功用，這些審判還有一個公共用處：就像幾乎所有史達林主義的制度，它們有著教育意義。如果共產主義歐洲沒能勝過資本主義歐洲，如果基礎建設計畫存在缺陷或延誤，如果糧食供應不足或生活品質低落，這些審判都能提供解釋——是外國間諜、惡毒破壞者和叛徒偽裝成忠誠的共產黨人，阻礙他們進步。

蘇聯祕密警察從一開始就參與東歐的公審，大量文件和軼事清楚指出是莫斯科官員下令進行逮捕、挑選受害者並掌控審訊過程。一九四九年五月，在捷克斯洛伐克的共產黨大會上，匈牙利祕密警察暨高階將領比爾金把匈牙利國防部長法卡斯拉到一旁，告訴他莫斯科已「得出結論」，「他們認為拉伊克是某個歐洲托洛斯基主義組織部署在匈牙利的情報頭子，該組織與美國有聯繫」。這段話充滿共黨暗語，訊息只有一個，就是「假審判的文件已經準備好了」。[33]

在波蘭，我們可以在一九四八年四月寫給蘇聯中央委員會祕書蘇斯洛夫（Mikhail Suslov）的一份備忘錄中，找到對哥穆爾卡日後命運的預言。這份備忘錄名為〈關於波蘭工人黨領導中的反馬克思主義意識形態傾向〉，由三位負責意識形態工作的蘇聯黨務員共同撰寫。備忘錄中抱怨某些波蘭共產黨人的「民族主義傾向」——這些人「對蘇聯經驗和蘇聯的成功沉默以對」，「無視列寧主義和史達林主義的教誨。」他們把哥穆爾卡歸類為這種傾向的領袖，對於他的「波蘭馬克思主義」觀點輕蔑以對，指責他堅決拒絕將波蘭農業集體化。實際上，他們懷疑哥穆爾卡「具有右傾思想」，這是指控某人「懷抱狄托主義」的另一種說法，也就是說此人可能不夠忠於蘇聯。他們擔心波蘭統一工人黨可能愈來愈接近「社會民主主義」，並且對波蘭軍隊的意識形態方向表示莫大的擔憂，即便羅科索夫斯基將軍現在牢牢控制該國軍權，但波蘭將領從來不如蘇聯希望的那樣親蘇。[34]

得知這些意見的哥穆爾卡於十二月造訪莫斯科，試圖替自己辯解。他後來寫了一封惡名昭彰的備忘錄（詳見第六章），抱怨波蘭共產黨遭猶太人控制，並宣稱自己向來認為蘇聯是「波蘭最好的朋友」，而史達林則是偉大的「導師」。[35]雖然他做出了這些努力，但與他親近的同僚仍很快就遭到逮捕，包括政治局委員史比哈爾斯基（Marian Spychalski）將軍及眾多波蘭軍官。貝魯特定期向史達林更新這些案件的進展。哥穆爾卡本人最終於一九五一年被捕。[36]

負責蘇聯意識形態的官員，也曾為捷克斯洛伐克共產黨寫下一份類似文件，並在一九四八年時送了一份給中央委員會祕書蘇斯洛夫。這份文件名為〈論捷克斯洛伐克共產黨的幾個錯誤〉，內容涉及的比波蘭那份文件更廣泛，引用了更多理論（也更冗長），指出方方面面的根本問題。文件也針對捷克共黨高層斯蘭斯基做出許多批評，指責他在招募共產黨員時犯了許多錯誤。[37]這份文件讓史達林有立場在一九五一年七月時透過使者向哥特瓦爾德送出訊息，命令這位捷克斯洛伐克共產黨頭子逮捕斯蘭斯基。[38]這讓哥特瓦爾德相當尷尬，畢竟捷克斯洛伐克共產黨才剛發起一場全國性活動來慶祝斯蘭斯基的五十歲生日。不久前才有座煤礦自豪地替自己更名為「游擊隊斯蘭斯基礦場」，其他工廠也競相追隨。[39]

莫斯科不相信他們的東歐同事能把事情辦妥，於是派出蘇聯祕密警察比爾金前往布達佩斯，再命令貝斯恰諾夫（Alexander Beschasnov）前往布拉格指揮調查——過去布拉格本地的警察一直拒絕接受蘇聯在此事的「建議」。[40]蘇聯祕密警察帶了準備規劃和指揮公審的顧問團隊隨行。在布拉格，貝斯恰諾夫及其團隊一起住在郊區的別墅裡，聘請四名全職翻譯員定期向史達林發送報告。[41]在布達佩斯，匈牙利的調查人員全程都有蘇聯顧問作陪。當一位波蘭官員從華沙到匈牙利聽取簡報時，有位新近才從莫斯科過來的紅髮祕密警官讓他深感震驚，此人似乎比匈牙利人更清楚「整件事情的真正動機」，雖然他並沒有在這位波蘭官員停留期間直接和他說話。[42]

被捕者的身分及其涉嫌的行為，也符合史達林當時刻意針對的族群。雖然並非總是如此，但某些族群被捕的機率確實更高。像哥穆爾卡這樣潛在的「右傾機會主義者」和「狄托主義者」是可疑分子，但「左傾機會主義者」（也就是「國際主義者」或「錫安主義者」）同樣也是可疑分子。如前所述，「猶太人」這個類別的敵人在以色列於一九四八年建國後開始變成史達林猜疑的對象。史達林在以色列建國後，隨即發動一場針對蘇聯猶太人且範圍甚廣的運動。猶太裔醫生成了他晚年熱衷追捕的族群之一，他們被指控試圖殺死或毒害黨領導。他在東歐的動機可能更實際一點：史達林和其手下顯然認為，迫害猶太共產黨人將受到其他人歡迎。這樣的想法並不是全無道理。

史達林針對的另一群目標，就是在莫斯科以外經歷二戰的共產黨人，無論他們是留在家鄉還是人在西歐。任何與外國共產黨接觸的人，任何加入過西班牙內戰國際縱隊的人，以及任何與外國親戚有聯繫的人，都有可能被稱為左傾或右傾分子。拉伊克曾在西班牙參戰，二戰期間則在布達佩斯度過。默克是猶太人，二戰時避居墨西哥。哥穆爾卡也是在華沙度過二戰（當時貝魯特已在暗中謀劃反對他：早在一九四四年六月他就告訴共產國際高層，說哥穆爾卡沒有資格擔任共產黨書記，並要求莫斯科協助他取而代之）。[43]

東歐並不總是嚴格遵循蘇聯的指示。東歐領導人曾拖延時間，更改指令，或是根據自身政治需求來進行逮捕和審判。哥特瓦爾德一直拖延著不逮捕斯蘭斯基，直到自己也面臨威脅。哥穆爾卡從未接受審判——貝魯特雖然相當樂意逮捕這位受到民眾愛戴的黨魁，但他即便在壓力下也不曾對哥穆爾卡用刑，或替他安排作秀公審。他可能擔心作秀公審非但不會減損哥穆爾卡的人氣，反而會讓他更受歡迎。或者他懷疑自己無法強迫這位在許多方面更有贏面的競爭對手承認不存在的罪行。貝魯特顧慮到殺了哥穆爾卡可能會帶來的長期後果，就像哥特瓦爾德也擔心斯蘭斯基的死亡會帶來長期損失。雖然他們兩人在逮捕和拷打神職人員時毫不猶豫，但謀殺共產黨總書記（哥穆爾卡和斯蘭斯基當時都擔任總書記）對所有人來說可能都非常危險。正如一位匈牙利歷史學家指出，「當斧頭對準黨的最高官時，這件事會影響其他黨內高層……他們會啟動一種自我保護的防禦機制。」[44]

至於東德高層，他們有其他猶豫的理由——事實上，當其他國家的逮捕行動開始時，德國共黨高層並未受到太大影響。當時盟國管制委員會在德國仍是重要的存在，而發生在柏林的事件也一直都是國際新聞的焦點。稍後，隨著東德（即德意志民主共和國）正式建立，東德共產黨才開始這場慢半拍的清洗。有些德國共產黨人被逮捕，其中幾人會被處決，但由於蘇聯和東德高層都擔心西德的反應，因此審判並未公開舉行。除了可能帶來負面宣傳，這樣的審判要「成功」，其實有賴於他們編造對方的陰謀，而如今西德已有太多共產黨人，他們可以拆穿虛構造假的「陰謀」故事。

即使是從未進行公開審判的國家，也得在蘇聯指導下針對逮捕和審問進行準備。畢竟隨著案情進展，就可能會有跨國協調的需要。蘇聯祕密警察認為，成功的公開審判需要複雜的故事情節，故事陰謀需要牽涉到許多角色。因此，蘇聯顧問督促其東歐同僚把布拉格、布達佩斯、柏林和華沙的叛徒拉在一起，編織成同一個故事。為了做到這一點，故事就需要一位核心人物，一位認識故事裡眾多角色的人，一個能合理（或半合理）地指控為招募所有角色之人。結果祕密警察真的找到了符合前述條件的人：哈佛畢業且個性古怪的美國國務院官員菲爾德（Noel Field）。

菲爾德在世時的名聲相當負面，過世後則被形容為美國間諜特務、雙面諜及美國中情局在東歐共產黨製造混亂的煽動者。[45]然而，根據匈牙利歷史學家瑪麗亞．施密特近來的調查顯示，在菲爾德於一九五四年「恢復名譽」證詞中，菲爾德自稱為與蘇聯祕密警察合作的共產黨員。如今已有許多其他文件證實這點。菲爾德寫道，他自一九二七年來便暗中為蘇聯工作，過著「與我的官方身分完全切割的非法生活」，他也熟識包括希斯和錢伯斯的美國共產黨員。[46]

菲爾德雖然認識日後的美國中央情報局局長艾倫（Allen Dulles，戰時曾是美國派往瑞士的情報員），甚至可能與他有過來往，但並沒有證據指出菲爾德曾經成為匈牙利、捷克和波蘭檢察官所指控的美國特務。但從蘇聯的角度來看，菲爾德是完美的受害者。他在一九三六年離開美國國務院，二戰期間在日內瓦為單一神教派（Unitarian）服務委員會工作，該組織援助逃離納粹的難民。由於許多難民是共產黨人，因此他在整個東歐地區都有許多朋友和熟人。

相當諷刺的，菲爾德正是因為想利用這些朋友和熟人，最後才會落在蘇聯手上。一九四九年春天，菲爾德失業了，他害怕回到美國，已有人在共產黨員希斯的公開聽證會上提起他的名字。於是他經由東柏林前往布拉格和華沙，看起來是在找工作，因為當時單一神教派服務委員會關閉瑞士辦事處。[47]他在五月回到布拉格，然後就神祕消失。他的妻子赫達（Herta）前去找他，但八月時赫達也失蹤了。菲爾德的弟弟赫曼和繼女艾莉卡（Erica Wallach）接連消失，前者在華沙失蹤，後者在東柏林。

菲爾德的親共傾向，沒能阻止蘇聯和東歐檢察官以他和他家人為中心編織出一套複雜的理論，也沒能阻止當局替他杜撰一則近乎超現實的故事。若要完整探討東歐史達林主義底下這則詭異的故事，其實需要另一本根本書同樣篇幅的作品。但簡而言之，一九四九年之後，無論一個人職位有多高、關係有多好，只要認識菲爾德，甚至只是短暫見過他一面，都足以讓任何居住在共產歐洲的人成為罪犯。即使那些沒被逮捕的人，也落入了菲爾德的陰影之下。負責意識形態工作的波蘭共黨頭子伯曼（黨內地位僅次於貝魯特）多年來一直遭人懷疑，只因他的祕書安娜（Anna Duracz）曾短暫與菲爾德碰面。

菲爾德在布達佩斯被逮捕後，立即引發了連鎖反應。反納粹倡議者佐尼（Tibor Szőnyi）也在他之後被捕並接受審訊。佐尼在戰爭期間曾於瑞士生活並認識菲爾德和拉伊克，此事進一步牽連出匈牙利內政部長拉伊克等數十人。一九五〇年，十一名據說認識菲爾德的東德人在柏林被逮捕，其中包括東德政治局官員默克。兩年後，捷克共產黨領導斯蘭斯基和十三名同夥承認自己是反托洛斯基主義和錫安主義分子，並犯下叛國罪和密謀罪，據說這群人幕後也是「眾所皆知的特務」菲爾德。

雖然菲爾德是該案核心人物，但他從未參與審判。其他受審者則極其詳細地公開說明自己如何受到菲爾德的邪惡計謀引導。佐尼在自己的作秀公審中表示，菲爾德和艾倫說服他向流亡瑞士的匈牙利民眾灌輸「愛國沙文主義和親美精神」。[48]拉伊克承認他和菲爾德及狄托密謀暗殺匈牙利領袖。匈牙利記者薩斯（Béla Szász）對一套荒謬陰謀表示認罪，其中牽涉到他稍微認識的一位丹麥保姆和他在阿根廷流亡時僅見過一面的英國人。薩斯在戰爭期間曾短暫途經瑞士，所以罪行「被證實為真」，雖然他在瑞士並未見過或聽過菲爾德這號人物。[49]捷克人帕夫利克（Gejza Pavlík）在一九四九年被匈牙利政府逮捕，並承認他加入了由菲爾德和美國中央情報局策畫的龐大托洛斯基主義運動，該運動計畫深入滲透捷克斯洛伐克共產黨高層。[50]在布拉格，斯蘭斯基承認他在菲爾德的影響下「允許敵對分子滲透最高階的中央委員會」，並在共濟會、錫安主義者和狄托主義者的支持下創立了一個「反國家中心」。捷克共產黨的地方領導施林（Otto Šling）承認他自二戰以來都在為英國祕密情報部門工作。捷克共產黨國際部負責人貝傑明德（Bedřich Geminder）承認他與「以色列外交官」有聯絡。這些受審者其實都是外交人員而非間諜，但這幾乎改變不了什麼。在這個菲爾德是犯罪大師的世界裡，所有的外國領事，無論級別如何，都是危險的祕密特務。[51]

蘇聯顧問不僅負責替作秀公審寫劇本，也使用證明有效的技巧來幫助「說服」受害者托出相應的自白。屈打成招的技藝在蘇聯體制中已臻至完美，正如捷克的一份報告所述，「常見的方法」包括「以輪班方式無休止的審問受害者，以便將他或她的休息時間減到最少」。除此之外還有「毆打，饑渴折磨，囚禁於黑暗密室，喚起對其家人命運的恐懼，巧妙策畫的對峙，利用臥底、竊聽牢房等其他技巧」。[52]當局在大多數情況下都會以委婉的說法提到這些酷刑，好比貝魯特和助手貝爾曼就經常命令警察製造出「讓他們說真話的狀況」。[53]捷克的審訊人員則被告知：「這些人非常頑固，我們不能讓他們有時間準備好受審。」[54]

確切方法因人而異，因情況而異。薩斯「有七次被迫連續站著二十四小時」，他在監獄裡斷了五根肋骨。「無論是奉命或是出於無聊，他們拿我來打發時間。他們會要我站著不准動，然後對我吼叫或踹門，再以我動了為藉口打我或踢我……」[55]波蘭的審訊記錄則記載著獄警會燒傷囚犯的手腳，拔光他們的頭髮，讓他們雙手舉高跪著幾個小時，或者讓他們單腳站立幾個小時。[56]史比哈爾斯基將軍則被全身赤裸地被關在潮濕黑暗的發霉牢房裡。[57]捷克的警察殘酷毆打一名孕婦，使她流產。另一名捷克孕婦則整整十天都不能在睡覺穿衣服，也沒有床墊或毛毯。當她請求看醫生時，獄警告訴她：「最好不要有另一個像我一樣的禽獸出生。」[58]

審訊目標就是在心理上「擊潰」受害者。警方給囚犯看入獄配偶的照片，或告訴他們如果不認罪，他們的孩子就會受苦，或說服他們相信「友善」的審訊人員或看似充滿同理心的獄友。東歐共產黨的審訊人員發現，反覆談論過往尤其有效。發生在幾十年前的事情被一再反芻，嫌犯在地下活動的那些年及戰時經歷都被廣泛討論。正如匈牙利歷史學家雷夫（István Rév）觀察到，這種對於過往的偏執其實是有意為之。畢竟，曾待過共產地下組織的人永遠不可能百分之百確定在那個充滿密謀的年代裡發生了什麼。他永遠無法確定自己談話的對象究竟是誰，也無法確定有什麼祕密行動正在他不知道的情況下進行：

> 在政治審判調查的開頭階段質問被告是否受招募加入「法西斯」政治警察，此舉不僅在時序上有誤，也讓被告感到不確定和無助。被告從未清楚得知所有事實，這套違法行為的邏輯只提供片段的部分資訊，總有疑點……他永遠無法絕對肯定，無法清楚回答所有問題，所有他之前的行為都可以用新的描述來呈現。[59]

幾乎每個曾經在地下工作過的人都可能犯錯、搞混或遭到誤導。任何人都可能因為說錯話或在不知情中做錯事而感到罪惡。有些人在當年就公開表示內疚，有些則是事後才這麼做。在長時間審訊中，當局以無止盡且不斷重複的問題來訊問哥穆爾卡。日復一日、月復一月，他被要求反覆講述同樣的故事，從不同的角度，或由不同的人問，而幾乎所有問題都涉及久遠之前的「爭議事件」。當局問他如何認識某某人，又是什麼時候第一次聽到某某人的名字。他被要求想起發生在十年前的事，有時甚至得花上一整天時間談論一個人或一件事。[60]

有幾次，哥穆爾卡被問到關於史比哈爾斯基將軍的事——史比哈爾斯基在戰時曾是共產民兵領袖，他以此身分對抗救國軍，據稱也曾與蓋世太保合作。他被問到史比哈爾斯基最近曾表示需要清除波蘭軍隊中的蘇聯顧問一事。哥穆爾卡也被問及共產黨人諾沃科（Marceli Nowotko）的謀殺案，該案發生在納粹占領時期，兇手很可能是諾沃科的黨內同志之一。哥穆爾卡還被指控故意雇用「不可靠者」。他回應審訊人員，這樣做是因為他認為這些「不可靠者」是蘇聯特務，因此他有義務利用他們的才能。

這番審問折磨著哥穆爾卡。審訊者起初以「冷靜」來形容他，但後來開始變得「緊張不安」、「哭哭啼啼」。哥穆爾卡不時就寫悲哀的抱怨信給中央委員會：「時至今日我仍不知道被拘留的原因或案件狀況，而我被獨自關押已有十一個月了。」他開始抱怨腿痛、缺乏運動和差勁的醫療。他也寫哀傷的抱怨信給他兒子，想知道他是否被遺忘：「我遲早會崩潰。」關於這一切，莫斯科都收到了報告。史達林過世後，哥穆爾卡終於獲釋。赫魯雪夫會貼心詢問哥穆爾卡的健康狀況，甚至提議派蘇聯醫生協助他恢復健康。最終他會取代貝魯特成為波蘭共產黨領導。

「緊張不安」和「哭哭啼啼」的背後肯定存在著更大恐懼。哥穆爾卡很了解共產黨，知道接下來可能會出現拷打和死亡。但他及斯蘭斯基、史比哈爾斯基等人的審訊過程清楚指出，召喚過往回憶，召喚那些模糊混亂且充滿陰謀的過往，就算不使用暴力也能造成情感和心理創傷。蘇聯的審問者很清楚能用哪些事情來讓面前的同志感到不確定或不安，甚至對自己的人生懷抱罪惡感。就連沒被逮捕（或者說還沒被逮補）的人都是如此。在鋃鐺入獄前，捷克共產黨人蘭格（Oskar Langer）告訴妻子喬伊：「從常人的角度來看，這些人也許沒有罪。但現在個人命運和利益都是次要。我們的整個未來，也許是人類的整個未來，都岌岌可危。」[61]也許在普通人無法理解的更大框架中，這些逮捕行動有其必要。「在黑暗中，」歷史學家雷夫寫道：「你總是很難清晰描述某物外觀，因為沒有人遵循正常規則。」

即便審訊之外的人，也感受到了那股惶惶不安。事實上，無論是東歐和西歐的共產黨人、前共產黨人及親共人士，全都有種不祥的既視感。人在倫敦的德裔匈牙利作家亞瑟·柯斯勒坐在收音機旁哭泣，「因為老朋友卡茲（Otto Katz）在布拉格審判中公開認罪而『震撼』了兩天。」[62]他早在納粹時代就曾目睹過這類情境，雖然當時有許多人為了對抗法西斯而壓抑這些糟糕的回憶。如今，他們再次和蘇聯政權的欺詐虛偽面對面，黨的所有口號都顯得空洞而不祥。「我的人生已經結束，」捷克斯洛伐克的受害者傑明德表示：「我唯一能做的就是走上真理之路，以此拯救黨……我帶著沉重的心走上絞刑臺，心情相對平靜……空氣變得更加純潔，勝利之路上的障礙正被挪開。黨永遠是對的……」[63]

很難衡量一九四九至一九五三年間共產黨內的領袖人物被逮捕和定罪一事所造成的政治影響。與此同時，作秀公審已是東歐常見的景象。波蘭的救國軍成員被迫接受這種公審，教士和牧師也被迫公開承認自己正在策畫發動第三次世界大戰。看到國家的英雄領袖在公開場合承認荒謬罪行，這讓一般人民既害怕又困惑。[64]如果指控不屬實，那就意味著黨的妄想症已達到新高；但如果指控為真，那麼國家就真的遭到敵人和間諜滲透。即使是祕密警察在此時也產生了一種奇怪的複雜情感，混合著恐懼和不信任。薩斯的審訊人員嘲弄地將用來毆打囚犯的警棍稱為「人民教育工作者」，但與此同時他的嘲弄「也混入了某種偏執和多愁善感的盲目信仰」。[65]

長遠來看，作秀公審在人們心中種下了對共黨高層可信度甚至神智清醒程度的疑慮，儘管他們在當時未必會如實表達。有位歷史學家講述了一對匈牙利姐妹的故事，兩人都是忠實的共產黨員，在作秀公審的年代都對政權感到失望。她們住在一起，但都相信對方仍對黨懷抱信仰，所以她們在跟對方說話時仍重複使用史達林主義式的語言，就像她們對外人說話時那樣。[66]不只是被告，大眾也被期待表現出他們相信被告訴說的內容為真，即使他們內心存有懷疑。

短期之內，共產領袖被捕確實造成了大眾恐慌，這樣的情況在一九四九年達到新的高峰，一直持續到一九五三年三月史達林去世為止。這對大眾、領導層和特務機構都產生了實際影響。因為受害者被認為是外國間諜，所以伴隨著逮捕行動出現的是一波格外惡毒的反美和反西方政治宣傳。一九五二年，波蘭共產黨中央委員會宣傳部向負責煽動輿論的黨員發放了一本小冊子，其中包含了演說範本。有一則範本使用當時典型的語言宣稱「美帝主義正在重建新納粹德國軍隊，準備入侵波蘭」，而蘇聯則在「協助波蘭發展科技、文化和藝術」。[67]與此同時，東德的活躍黨員也拿到了小冊子，教導他們如何向東德人解釋西德政治：

這些「德國」政客到底是誰？他們是資產遭到德意志民主共和國沒收的壟斷資本家，還有這些人在西德的黨羽。他們是失去土地所以搬到西德的容克貴族，相信自己可以透過新的戰爭來奪回地產。他們是戰爭罪犯和軍國主義者，夢想實現新的「英勇壯舉」。他們是英美的走狗，像是艾德諾、布呂歇、凱瑟、舒馬赫等人。[68]

波蘭和德國負責政治宣傳工作的人都收到指示，要發起「清除甲蟲」行動——這是為了清除那年夏天大量入侵中歐的科羅拉多馬鈴薯甲蟲而展開的全國運動。《人民論壇報》和《新德國報》都把這場災難歸咎於美國人，聲稱是美國飛行員從飛機上往東德投下成千上萬隻蟲子，進而波及東歐。波蘭學童被鼓勵成立小隊尋找並捕殺這些甲蟲，工廠工人則利用週末時間在田野間搜尋蟲子的蹤跡。[69]東德人把這些蟲子命名為「Amikäfer」，意思是美國甲蟲。他們邀請來自中國、波蘭、捷克斯洛伐克、法國和義大利等地同情共產政權的外國記者，來見證美國甲蟲造成的破壞。這些記者和德國記者共同簽署了一份聯合抗議書：「科羅拉多甲蟲雖然比原子彈小，但也是美帝主義對付愛好和平的工人階級的武器。我們記者為了和平而努力，在此譴責美國好戰人士這種新的犯罪方式。」[70]

雖然這類語言如今看來相當荒謬，但在當時確實導致了悲慘的後果。在匈牙利，憤怒的人們普遍將糧食短缺問題歸咎於富農，說這群人把自己的農產品藏起來以打擊政府。「敵人試圖阻止我們替整個國家做麵包」，來自一九五〇年的新聞片段如此宣布。同年，當局對一名在田野間升起小火替自己煮午餐的農民展開了一場精心策畫的行動。這名農民打翻了鍋子，火勢一發不可收拾。雖然沒有人受傷，收成也並未受損，但這位農民的土地被燒毀。當地檢察官進行了調查，起初傾向將該案件視為意外。

祕密警察在當天深夜拜訪，告知檢察官此案涉及富農、縱火罪和針對國家的犯罪，於是檢察官改變了想法。隔天上午，司法部官員也打電話告訴檢察官，他需要在三天內結束審判，因為最高官員正密切關注該案。在全國皆知此案的狀況下，那名農民迅速被判有罪，立即執行死刑。正如他女兒所說的：「當我們踏進法庭時，已看到他們正為下午的絞刑搭架子。」[71] 當局顯然就是在尋找這樣的案件，如拉科西在當年的個人信件所寫。拉科西從一九四八年開始便持續抱怨那些因食品囤積或非法屠宰動物而被定罪的農民所受的刑罰過於寬容。他在給格羅的便條中表示：「我們在做出這些判決時必須考量階級出身。」[72]

在這個時期，東歐祕密警察早期的培訓終於開始見效：他們被教導所有獨立組織都很可疑，所有與外國的聯繫都可能涉及間諜活動，如今來自最高層的證據證明了這些警告是正確的。每次只要有共黨領導被捕，受害者的親戚、同事、雇主和員工都會受到懷疑，許多人也會跟著被捕。社民黨人朱斯特（Pal Justus）因為自己名字出現在拉伊克審判中而被捕，祕密警察隨後一個接一個找上他的妻子、祕書、朋友及朋友的朋友，其中也包括詩人法魯迪。法魯迪的司機面無表情的告訴他：「法魯迪同志，他們也會來抓你的。」幾天後法魯迪就被逮捕了。[73] 幾乎每個人都覺得自己可能會被指控，幾乎每個人都採取某些措施來證明自己的清白。在法魯迪工作的報社辦公室裡，所有工作人員都聚集在一起聽收音機宣讀拉伊克的判決：

這種焚燒異端活動被認為是歡樂的節慶活動，某種程度上也的確如此：在幾星期的不安等待達到頂點後舉辦審判，大規模逮捕行動暫時告終，每個人都感到安全了點，直到新一波的逮捕浪潮開始為止。不過，若大部分人都認為火刑臺上的異端分子是忠貞黨員，那麼觀眾（亦即全國）就會感到自己也可能遭受懷疑。所以你最好要參加這類集體收聽廣播的活動和此後的聚會，除非你想被指控涉及其中。[74]

即便是那些沒被逮捕的人也成了社會中的孤兒。當喬伊得知丈夫蘭格被捕時，她正在布拉格以外的地方度假。她的朋友立即反應，「有人震驚，有人好奇，有人深表同情，有人想幫助她，還有人含淚擁抱她，沒人多說什麼。整體來說，他們不予置評。那通電話打來時，旅館房間裡有六個人，全都是朋友。但在這樣的時刻與這樣的年代，誰敢相信其他五個人？或是說，誰敢相信旅館的隔音夠好？」在接下來的幾個月裡與幾年裡，喬伊丟了工作、公寓，也失去大部分朋友。她和她年幼的女兒勉強維持生計。只有少數勇敢的人願意和國家敵人的妻子說話。[75]

——

換句話說，東歐祕密警察在一九五〇年代初已經準備好完成他們在一九四五年開始執行的任務：消滅所有仍然存在的公民社會或公民團體，以及任何可能仍同情這些團體的人。在最後階段被摧毀的團體之一，是匈牙利的共濟會。

共濟會在東歐有著深厚的根源，長期以來被認為是現代化的推手，過去也曾被認為是啟蒙主義的推手。第一間匈牙利共濟會所於一七四九年成立，共濟會同時被從波蘭和法國引進該國，成為一八四八年匈牙利革命的重要力量。共濟會在戰間期受到懷疑並被納粹查禁，直到一九四五年才有一群成員創立了戰後第一間會所。會所的七十六名新成員是「普通的中產階級」，也就是醫生、律師、大學教授和公務員。在臨時市長（也是共濟會成員）的祝福下，他們重新取回了位於布達佩斯市中心的華麗建築。[76]根據定義，他們是國際組織，也收到了一些來自國外的援助。他們開始籌辦音樂會、講座和慈善活動。

到了一九五〇年底，這個組織已不復存在。組織被查禁、祕密警察搜查他們的大樓並沒收了他們的書籍和畫作。[77]當局針對活躍的共濟會成員展開重大調查，其中最重要也最全面的是對布達佩斯主要會所的總會長蘇普卡（Géza Supka）進行調查。一九五〇年時已六十歲的蘇普卡，當時已擁有漫長而令人敬佩的職業生涯。他是一位受過訓練的考古學家，曾任國家博物館主任與國會議員，也曾創辦一份傑出的文學期刊及一間短命的戰後中間派報社。他不曾與法西斯合作，在戰爭期間從未妥協。他把一生獻給慈善和愛國志業。

可是在安全部門眼中，蘇普卡對匈牙利的國家安全造成嚴重的威脅。在他那份厚重而詳細的警察檔案中，有段寫於一九五〇年的生平總結描述他「代表英美在匈牙利的利益」，是企圖推翻政權的叛徒：

「根據特務報告，蘇普卡在一九四九年八月收到了美國的泰勒奇伯爵（Géza Teleki）寄來的一份便條，建議他與在政權更迭後仍能照顧他倆的政治人物保持聯繫。蘇普卡為此建立了廣泛聯繫……」[78]

匈牙利祕密警察在過去一年內早已拘捕並審問許多蘇普卡的朋友和熟人。根據警方檔案，許多人都同意合作。有位曾在他報社工作的記者在被威脅（或用刑）後聲稱蘇普卡是「美方的人」，自一九四四年以來都在招募「可能加入其運動的人」。蘇普卡經常閱讀國外的報紙，戰後還常拜訪美國大使館「和他的上級談話」。該記者說自己曾在蘇普卡陪同下參觀了美國大使館，他觀察到蘇普卡與那裡的每個人都過從甚密。更糟糕的是，「我知道他和英美人士一起參加雞尾酒派對」。大約在同一時間，祕密警察開始拆蘇普卡的信，他們會複印信件後再把信放回信封裡。在這些複印的「證據」中，有一封是巴黎發來通知他續訂雜誌的信件。

不過，檔案中最令人不寒而慄的，其實是由一位非常接近蘇普卡的人所提交的一系列報告，幾乎每天更新。這位線民的名字沒有出現在警方檔案，但此人肯定是蘇普卡的親密友人或私人祕書，因為他對蘇普卡的行蹤、交談和私底下的想法都非常了解。蘇普卡曾多次與這位線民深談，此人隨後便向當局提交了全面報告。最終，這份報告在無意間提供了我們一瞥蘇普卡生活的機會——蘇普卡知道自己處於危險之中，知道自己被監視，但他仍對身邊親近的人，包括這位線民在內，抱持天真的信任。

隨著布達佩斯的政治局勢惡化，蘇普卡一度考慮移民。他在一九四九年十二月二十日告訴這名線民，「短期之內不會出現政治上的改變」，他在想自己是否應該出國，他的一些朋友（包括國家銀行的副總裁）都離開，但他沒能下定決心，也害怕申請護照會引起當局注意。線民將這些資訊回報給負責蘇普卡案的主管，後者命令他「回去查明他與這位銀行副總裁的談話內容，同時觀察蘇普卡，一旦看到任何準備移民的跡象就立即回報」。

線民遵命照辦，他也繼續回報蘇普卡對各種事情的觀點。一九五〇年一月，蘇普卡告訴他自己對美國的外交手段感到失望，認為美國對當時的共產中國太過優柔寡斷：他原本期望美國能更堅決反共。他對布雷德利（Omar Bradley）受命接替艾森豪出任美國陸軍參謀長一事感到振奮，因為他認為布萊利就跟杜魯門和麥克阿瑟一樣，也是共濟會員。（負責蘇普卡案件的官員在此做了筆記：「我們認為蘇普卡與帝國主義勢力的代理人保持密切聯繫，而這些報告全都支持我們的看法。」）

蘇普卡還告訴這位線民，教會和共濟會是匈牙利與西方世界的兩道堅固聯繫。他對後者很有信心，認為他們可以逃過祕密警察的監視。幾天後的檔案記載寫道，「當我們的特務在半夜十二點離開時，有位不知名的年輕人從英國大使館來到蘇普卡的公寓，帶來了一份公報和報紙……」案件負責人立即抓住這個細節來證明他的論點：「蘇普卡是匈牙利帝國主義勢力中最重要的代表人物。根據他的談話，我們斷定他們行動的重點放在共濟會運動……從英國大使館來的人證明蘇普卡與西方各國經常直接聯繫。」

自一九五〇年春天開始，這名線民幾乎每天都會報告蘇普卡的想法和行動。蘇普卡告訴線民，他有隨時被拘捕的準備，而且他已經聯絡了有影響力的朋友，希望他們在他被捕時能提供幫助。他告訴線民，他知道大家已經不再邀請他參與各式活動，人們開始對他保持謹慎，知道他正被監視。但他現在決定不移民了，因為他年紀大且身體欠佳，他請求線民幫助他避過無可避免的追捕。他正試圖在遙遠的鄉下地區找到學術職位，也許這名線民可以幫助他找到合適的地方。

七月份，蘇普卡和線民討論了朝鮮半島的局勢及多名共濟會成員被逮捕的事。九月份，他們討論了教會與政府間的協議及美國在歐洲發動戰爭的可能性。一九五一年六月，蘇普卡告訴線民，說警方曾到他家拜訪，並承認他又開始擔心自己會被遣送出境。他們還討論了前廣播局局長蕭福林投奔英國、拉伊克審判（蘇普卡對此有諸多懷疑），以及他健康狀況不佳的事。蘇普卡仍有許多訪客。他家的女清潔工把這些訪客的名字都透露給這名線民，而線民又把這些名字告訴案件負責人。

蘇普卡開始深陷憂鬱，擔心自己會被捕。他從醫生那裡拿到一些醫療證明，希望這能讓他避免被拘捕或遣送出境。他試圖聯繫認識的一些共黨高層。他與一些看起來與政府和平相處的共濟會員聯繫（其中一人穿著全新西裝且開著新車），討論了像他這樣的人被送往蘇聯的集體農場工作的謠言。一九五二年八月，他告訴該名線民，他現在很少踏出公寓。線民在向祕密警察提交的報告中表示，蘇普卡不想看到現在的世界，因為現在的世界已經完全不同於他想像。

蘇普卡補充道，如今他已明白事情會以這種方式結束，他常常問自己對抗那麼多事是否值得。他快七十歲了，無法適應現今的環境，他所堅信的一切都變得無關緊要。他仍相信自由，雖然他不熟悉美國，但他知道公民自由在英國仍然存在。他認為自己無法活著看到他認為無可避免的第三次世界大戰，但他相信有一天，建立在自由之上的世界（不是十月革命那種假的自由）將會來到。最令他悲傷的事情是共濟會被迫關閉，他認為這是對公民自由的嚴重打擊……他一生反對宗教、反對教會權威，但即便如此，他仍無法苟同對於教堂和神職人員的迫害……他同情受到迫害的人。

雖然不可能舉辦大型慶祝會，但蘇普卡七十歲生日當天，朋友們還是一小群一小群的來拜訪這位前任總會長。根據線民報告，此後他就經常生病，但仍喜歡談論政治。蘇普卡最終在一九五六年五月去世，那是匈牙利革命發生前五個月。有大約四百人參加了他的葬禮。正如線民所述，「有幾個花圈，幾個人還把相思樹葉放在上面，那是共濟會的象徵……」

第十三章　蘇維埃人

「我們看著隊伍前進，人群舉著紅旗，女孩穿著白裙。盟國管制委員會的蘇聯顧問格里格列夫（Grigorev）和我們在一起……當整個廣場擠滿了人群，他轉頭問我：『聚集在此的這二十萬個無產階級工人，他們在六個月前也是如此熱烈的為箭十字法西斯分子歡呼，不是嗎？』」

——蕭福林的回憶錄[1]

史達林主義全盛期的作秀公審、逮捕行動、打擊教士等都引起了國內外關注。不過，來自上層的壓力只是共產政權用來說服人們相信其具有統治權的工具之一，當局也試圖引發基層熱潮並鼓勵合作。如果說戰後初期充斥著針對公民社會體制的暴力攻擊，那麼在一九四八年之後，共產政權其實也開始打造由國家控制的學校和群眾團體，希望公民從出生開始身邊便圍繞著這些體制。當局認為，共產國家的人民一旦進入這個極權體制，就永遠不會想要離開或永遠無法離開。套一句某位老蘇聯異議分子的諷刺之語，共產國家的人民得要成為「蘇維埃人」的一員。蘇維埃人永遠不會反抗共產主義，不僅如此，他們根本想像不到可以反對共產主義。[2]

在史達林主義全盛期，沒有人能夠逃過這種意識形態教育，即使是最年輕的公民也不例外。雖然十幾歲的青少年始終是共產黨優先重視的對象，但如今重點族群還囊括了幼稚園兒童。正如新任東德總理葛羅特渥在一九四九年所宣布的，德國幼童是「我們最純潔和最優秀的材料」。他們是「我們未來的寶庫」，不能成為「反動勢力的獵物」，也不應該「野生野長而不受照料與關注」。[3]

將孩童視為政權可任意形塑的白紙或黏土，這樣的概念並非首次在德國出現：納粹政權也使用過極其相似的隱喻（耶穌會教士等團體也曾用過）。差別在於德國共產黨人灌輸不同的思想給這些所謂「大腦一片空白」的嬰兒。早在一九四五年六月，柏林一份報紙就曾提到多年納粹教育對孩子造成的傷害：

> 讓我們思考以下事實：孩子最強烈的感官和記憶在五歲至七歲之間成形。再考量到納粹統治的長度，我們就會得出可怕的結論，也就是我們所有年輕人……都在學校和希特勒青年團灌輸的謊言影響中長大。[4]

蘇聯占領軍立刻查禁了私立幼稚園，禁止前納粹分子和納粹同路人（一個定義模糊的類別）在任何幼稚園教學。這道法令導致師資短缺，所以蘇占政權（們當然有其他更急迫的任務）規劃了為期六個月的培訓課程，培養新的幼稚園教師。[5]

這不過是開端而已。事實上，蘇聯對教育本質的與想像試圖施加的影響，會讓許多東歐（尤其是德國）的教育家深感震驚，他們之中有許多人曾經熱切期待左派政權會支持一九二〇年代推崇的進步教學法：強調自發性、創造性，還有今日可能會稱之為「兒童中心取向」的教育。早在一戰之前，布達佩斯和柏林已有蒙特梭利幼稚園。波蘭進步教育家暨童書作家柯札克（Janusz Korczak）在他的華沙孤兒院裡也試過「自治」，鼓勵孩子自己寫下規則並成立自己的議會。[6]

與東歐教育工作者的期待正好相反，他們被教導「正確」的教學方法並不在蒙特梭利的教材裡，而是在蘇聯教育理論家的著作中，特別是史達林最鍾愛的蘇聯教育家馬卡連柯（Anton Makarenko）。馬卡連柯曾是一九三〇年代高爾基聚落一所少年犯矯治學校的主任，他的教育方法主要是利用同儕壓力、反覆演練和洗腦，並強調集體生活和勞動。他的著作《生命之路》（*Road to Life*）最為生動流利的段落便是關於集體勞動的榮耀：「這是種喜悅，也許是世界所能給予的最深喜悅，這種相互依賴、堅實且具有彈性的人際關係，平靜而廣闊的集體力量，在充滿自身力量的氛圍中振動。」[7]

就像那位竄改實驗結果、相信後天習得特質可以透過血緣傳承的史達林主義生物學家李森科，馬卡連柯也相信人的本質可以被改變。無論是背景如何絕望、父母如何反動的孩子，都可以變成蘇聯的好公民。只要把他放進團體，告訴他每個人都為了團體而努力，在他面前有耐心地不斷重複口號，他就能學得會。馬卡連柯本人的想法肯定比他的信徒更複雜一點，但粗糙的「馬卡連柯主義」（就像粗糙的「李森科主義」）看起來根本無異於意識形態洗腦。

進步教育家很快就被迫放棄原本的方法。一位德國教育理論家在其充滿歉意的回憶錄中宣告：「我過分強調孩子的獨立活動，低估政治領導力之必要，並且誤以為人們的素養來自於經驗學習。」她還後悔沒有聽從何內克的建議——後者雖非兒童教育專家，但「以明確的政治意識形態階級觀點處理所有問題」，並因此得出「正確的結論」。[8]大約在同一時間，波蘭當局開始公開拒斥已不幸與他孤兒們一同葬身特雷布林卡集中營的教育家柯札克，譴責他「無意識地順從現有秩序來進行教育」。[9]

德國的幼稚園教師生力軍只經過短短六個月培訓，根本難以理解這些理論之爭，更別提在教室裡施行。但他們與全東歐共產政權的教師很快就會明白，基本原則其實不難掌握。政治成了每個孩子從幼稚園就開始學習的課程核心。可接受的主題包括工人階級史、俄國革命史及蘇聯的豐功偉業史。孩子們需要參與黨各種關於「和平」、「支援朝鮮」和「五年計畫」的政治宣傳。不教這些主題或不推動這些宣傳活動的老師可能會失業。

為了年紀較小的孩子，某些教材自然必須做出調整。在波蘭，當局要孩子閱讀史達林的童年故事，藉此打造對於這位蘇聯獨裁者的信仰崇拜——但教材中的故事純屬虛構，史達林的童年實際上相當淒涼。他們教導波蘭孩子用史達林的童年綽號「蘇蘇」來稱呼他（孩子們還學會用綽號「法涅」來稱呼令人畏懼的蘇聯祕密警察元老捷爾任斯基），還要閱讀史達林的各種豐功偉業和年少得志的故事。流行的兒童雜誌上有史達林的造神故事，好比有個孩子問媽媽「大元帥」（Generalissimo）一詞的意思，媽媽回答是因為「全體蘇聯民眾深深愛戴領袖」，所以蘇聯特別頒給他這個特殊頭銜以示感激。孩子被如此深厚的信仰所感動，於是決定學習如何拼寫這個困難的單字並且牢記於心。

與此同時，當局還出版了歌頌偉大中央計畫的《六歲的布羅內克》（*Six-Year-Old Bronek*）和《六年計畫》（*The Six-Year Plan*），[10]以及描述美國人震驚於列寧格勒飯店接待黑人的《騙子先生》（*Mister Twister*），希望藉由這類故事和描述美國計畫發動戰爭的詩句來抨擊著資本主義之惡：

在瘋狂的美國
他們夢想著戰爭
以鮮血將前線
描在地圖上[11]

小說家也努力產出新材料以供新時代的孩子們閱讀。一九四〇年代末和一九五〇年代裡，共產黨人韋汀（Alex Wedding）在東德出版了一系列兒童書籍。第一本書是《吹笛人漢斯萊之旗》（*Die Fahne des Pfeiferhansleins*），講述十五世紀農民起義的故事。主角是一位會吹笛子的叛軍領袖，他夢想著「一個沒有統治者和被統治者的自由家園」。起義以失敗收場，但叛軍並沒有放棄希望：「總有一天，自由的陽光會穿透雲層。總有一天，我們的流亡也會結束，我們將再次見到祖國，沒有公爵和領主獨裁統治的祖國……然後吹笛人的旗幟將在所有高塔上方飄揚……」[12]

已經存在的兒童故事有時會被重新改寫，以符合新的意識形態。有部深受波蘭兒童喜愛的漫畫《山羊馬托里克的冒險》（*The Adventures of Matolek the Goat*），就在幾處微妙更動後重新問世。戰前，馬托里克俯瞰華沙，看到皇家城堡和教堂的尖塔。戰後，他只看到了高聳入雲且代表著史達林的文化宮；戰前，穿著風衣的警察會因為馬托里克違反交通規定而揮舞警棍。戰後，正如一位讀者所憶起的：「友善的社會主義警察會彬彬有禮地指引他方向。」原本的馬托里克發現了寶藏，並把寶藏給了「窮困的波蘭小孩」。但在共產政權治理下沒有窮困的小孩，所以戰後的馬托里克把寶藏給了「親愛的波蘭小孩」。[13]

教科書也必須重寫以反映出新的時代氛圍。一九四五年十一月，波蘭教育部的官員仍在向聯合國救援機構索取鞋子和毛衣來分發給亟需物資的教師，同時教育部已下令重寫新的教育史，強調波蘭「為了民主教育而戰」，並設立委員會來編寫新的歷史教科書。[14]由於重編教科書的進度緩慢，所以當局採取更激烈的應急措施：一九五〇年至一九五一年裡有段短暫的時間，波蘭學校只能使用蘇聯歷史教科書。[15]東德重寫教科書的進度相較之下比較順利，十三歲學生的歷史課本如此描述戰後時期：

> 在蘇占當局的幫助下，民主力量……成功削弱了東德的壟斷資本家和地主，建立了反法西斯的民主體制。這個反法西斯的民主體制得到偉大社會主義蘇聯的支持和幫助，蘇聯尊重德國人民的權利，並為共利益發聲。[16]

東德當局的當務之急是重新培訓或替換教師，而且不僅是幼稚園老師。蘇軍政權在一九四五年八月首次宣布推動「德國學校的民主復興」，並徵求「具有民主精神、負責任和有能力的新教師」。不久之後，蘇占區的教育政策被移交給最年長也最值得信賴的「莫斯科」共產主義者，包括戰時自由德國國家委員會的領導艾克曼（Anton Ackermann）、出身蘇共而非德共的萬德爾，以及烏布利希集團的成員溫澤爾（Otto Winzer）。[17]蘇聯當局隨後將教育改革作為一種去納粹化的手段，同時也成了親共產政權中具有野心的年輕人迅速晉升的方式之一。[18]一整代通常只經過極少量培訓的「新教師」迅速取代了資深教師的位置，而政府期待他們遵循當局的每條規定來表達他們的感激之情。

相較之下，大部分波蘭教師在戰後初期的混亂中並沒有遭到撤換，儘管戰時地下組織和教育界之間有密切聯繫。在波蘭的許多地區，孩子們在德軍占領期間無法上學，因為德國人曾打算讓波蘭成為文盲農奴的國家，而許多孩子也真的不識字。波蘭將恢復正常學校教育視為國家優先事項。一九四五年九月，國安部長拉德奇維茲甚至簽署了一道內部法令，宣布有鑑於「學校遭受破壞」，祕密警察應「只在絕對必要時逮捕教師」。如果必須拘留教師，則應盡快進行調查和審理案件。[19]

慢慢的，那些不遵循黨意識形態的人將會受到恐嚇與威脅，最終則被解雇。當地的祕密警察、外部派駐的校長、同事之間或甚至學生們都會觀察老師的行為舉止。一九四六年，教育部得知在奇武胡夫（Czuchów）這個小鎮，一名祕密警察的十幾歲兒子威脅老師和同學，吹噓自己「隨時都可以不用通行證進出安全局」，恐嚇一名同學要把對方「關起來」，並威脅另一個以鋼琴彈奏「宗教」聖誕歌曲《平安夜》的學生。當他聽到一位老師在地理課上提到「俄羅斯在歷史上曾向君士坦丁堡推進」時，高興的告訴同學「老傢伙這是自毀前程」。雖然這名男孩成績不佳（「他連簡單的數學題都不會……法文更是糟透了」），但他吹噓自己因為父親的影響力，不用努力也能及格。校長最後終於請父母到校並抱怨該學生的行為，結果校長卻在兩小時後收到當地祕密警察部門的傳票。[20]

這起案件的最終結果並未損及校方，畢竟祕密警察也不喜歡孩子以被捕來要脅同學。但其他故事的結局就沒那麼圓滿。由於教師必須對學生的政治傾向負責，所以便可能因為對表現出「反動」或反共觀點的孩子造成「不良影響」而失去工作。[21]一九四七年一月，約三十名武裝祕密警察闖進位於波蘭索別申（Sobieszyn）附近的一所中學，要教室內所有人舉起雙手走出去。有些學生被挑出來接受盤問和拷打，校長的抗議被置之不理。一名官員粗暴地解釋道，這些學生來自「盜匪」家庭，學校已有數名教師被逮捕。也就是說，這次行動的目標是在懲罰整間學校，因為他們沒有維持意識形態上的正確氛圍。[22]

到了一九四八年，氣氛有了更明確的轉變。波蘭教育部開始「考察」所有學校校長、教師和教育工作者的「價值觀、意識形態和專業知識」，「加強教師和學生的意識形態灌輸」，並「提高未來教師的意識」。[23]差不多在這段期間，一位德國教育官員宣布，蘇聯的教育在經過三十年實驗後已臻至巔峰：蘇聯經驗證明了成功的教育需要以「社會主義式的人文主義」為基礎，因此所有希望成為「合格進步教育工作者」的德國教師都必須「瞭解、學習和逐漸掌握由馬克思和恩格斯提出，再由狄慈根（Joseph Dietzgen）、貝貝爾（August Bebel）和李卜克內西（Karl Liebknecht）推廣，最終由列寧和史達林進一步發展的馬克思主義教育科學」。[24]東歐各共產政權都有針對教師的類似行動。

一九四八年起，東歐各國的師範學校裡都增加了馬克思、列寧和馬卡連柯的課程。當局開始格外關注新教育工作者的出身，努力確保這些人有著「正確」的階級背景。據波蘭教育部稱，一九四八年裡接受培訓的新進教師中，百分之五十二來自工人階級，百分之三十二來自農民階級，百分之七是「工匠」子女。如果這些統計數據正確無誤，那麼當年只有百分之九的教師來自「知識分子」家庭。[25]

將教授階層無產階級化則是更加棘手的任務。在東德，有些大學校長試圖在一九四五年五月重組大學，以重建「德國大學傳統」，但他們幾乎是立即就遭蘇聯官員解職——蘇聯官員對他們的「反動哲學世界觀」以及往日與納粹的聯繫感到震驚。隨之而來的是一波去納粹化行動，包括強制和自願去納粹化，許多東德教授逃往西方。當一九四六年一月的冬季學期開始時，柏林、萊比錫、哈勒、格賴夫斯瓦爾德（Greifswald）和羅斯托克等城市的大學裡，四分之三的教授都已經離職，蘇聯官員只得積極招募新教授。[26]當局無法自己經營大學，因此成立了中央教育管理局這個德國機構，並且經常向該機構提出難以達成的要求。一九四七年三月，蘇占當局發布命令，必須「培育下一代學者」，還要中央教育管理局在十天內找到「兩百名積極的反法西斯主義者」。正如中央教育管理局的一位德國官員所說，「我們無法在德國找到兩百名既具備學術資格又積極反法西斯的人。」德國人最終找到了七十五位「思想開放」的教授，但蘇聯當局拒絕雇用其中的三十二人。剩下的人年齡多半都超過五十歲，因此並不是很合適的培訓對象。[27]

自一九四八年起，東德、匈牙利和捷克斯洛伐克當局對歷史、哲學、法律和社會學教師展開了更全面的攻擊，這些學科最後都成了傳播意識形態的工具，就像在蘇聯一樣。歷史變成了馬克思主義歷史，哲學變成了馬克思主義哲學，法律變成了馬克思主義法律，而社會學通常消失無蹤。剩下來的人文學者大部分都在這個時期離開，而蘇聯當局只有試圖留住科學學者。正如一位德國文化官員所說：「當反動的哲學家或歷史學家離開（前往西德），我們可以微笑以對。但如果是我們需要且無可取代的醫生、數學家或技術人員，情況就不同了。」[28]但科學學者也是教育體系的一部分，必然也遭受改革波及。當一名化學學者決定前往西方時，他曾向兩位共黨官員說明原因。這兩位官員在報告中寫道：「他在我們的高中裡無法教育自己的孩子。」[29]到頭來，東德大學幾乎改頭換面。在相對短的時間裡，一批相對年輕的新教授（無論他們是更懂意識形態、更損人利己還是更容易受到威脅）補滿了所有的教學崗位，並控制著未來所有的學術職缺任命權。

波蘭的情況則不同，這有一部分是因為波蘭的知識分子階層受到戰爭、華沙起義和卡廷大屠殺更徹底的摧毀。一九三九年，納粹德國把波蘭最古老的亞捷隆大學全體教職員送到薩克森豪森集中營（與來自布拉格和布爾諾的一千多名學生關在一起）。[30]因此蘇聯當局很難在波蘭解雇一名教授，因為可能找不到任何有資格替補的人選，所以波蘭大學教授中熱衷共黨意識形態的年輕教授比東德少得多。在一九五三年之前，克拉科夫的法學生仍能向戰前的教授學習大多數科目，包括波蘭法律史、法律理論和邏輯學。新教授只開了一兩門關於馬克思列寧主義的必修課程。正如史家約翰・康納利在他關於史達林主義全盛期東歐大學的權威研究中指出，波蘭的學術生活文化也不太一樣。許多倖存下來的學者在戰爭期間曾於流動大學任教或祕密開課，有著濃厚的愛國主義傾向。波蘭的學者經常僅口頭上支持政權，但在教授、講課、聘用和解雇方面並不理會政治問題。即使在一九四〇年代末和一九五〇年代初，老教授們仍常常保護年輕學生和同事免於警方調查。[31]在檯面下，親情、忠誠和學術影響力往往更有力量，至少比對於黨或祕密警察的恐懼更為強大。

對共產黨當局來說，最重要的任務莫過於學生的無產階級化。畢竟小資產階級的教授們終究會過世，此時工人階級的積極分子就能接替他們的位置。在波蘭，他們稱這波教育平權行動為「awans społeczny」，這是有點粗鄙的官僚用語，大致可翻譯為「社會晉升」。這個詞的重要性逐漸提升，既指涉當局政策（迅速提升農民和工人子女的高等教育程度），也指稱那些陸續完成「社會晉升」的階級。東歐各國都將類似的社會晉升列為重點目標。在一九四九年的德國共產黨代表大會上，葛羅特渥提議從少年先鋒隊中提拔「工人和農民」。他說這些人「從幼年時就擁有與眾不同的學習經歷」，因此可以變成一個「真正民主的、社會主義的新知識分子階層……我們需要他們來主導經濟，推動社會主義政策」。[32]

他們試圖創造出「民主的、社會主義的新知識分子」來取代可疑的、資產階級的舊知識分子，做法從令人欽佩的到荒唐無稽的都有。由於波蘭所有學校都在納粹占領期間遭到強制關閉，所以戰後波蘭的識字率是相當驚人的百分之十八。共產黨在一九五一年發動了一場大規模的「消滅文盲鬥爭」，此前也推動強調技職教育的教育改革。[33]這項計畫相當成功，讓很多知識分子都相信黨的意圖良善。有位非共產黨人的前波蘭教師，其教師生涯前半段都在教授烏克蘭成人難民識字，他對識字課程的影響驚嘆不已：「他們變成了不同的人。」參與這場計畫讓他相信，共產黨雖然犯了許多錯，但他們的意圖是好的。[34]

不過，光是教導人民閱讀和寫作並沒有辦法創造出一個新的菁英階層。東歐各共產政權還實施了其他更積極的措施，包括讓農工子女在錄取大學、參與培訓、就業和晉升方面享有特權。在東德，教育產業積極招募工人和農民參加特殊課程，這些課程是專為幫助他們快速晉升而設計。如果學生父母擁有正確的社會背景，也拿得出「民主組織提供的政治品格擔保」(工會或青年團體擔保皆可)，就能修讀這些大學預備課程。[35]在波蘭，波蘭青年聯盟的倡議者透過「技術祕書」制度實質掌控了大學錄取過程，技術祕書是被安插在院長辦公室裡的職員，他們「透過自我犧牲的工作來改善行動」。因為這些努力，一九四五年至一九五二年間來自農工背景的東德大學生人數從總人數的百分之十上升到百分之四十五。一九四九年，波蘭大學來自工人和農民背景的學生比例也達到了百分之五十四點五。[36]

為了進一步加快社會晉升的速度，波蘭共產黨也建立了他們自己的高等教育機構。沒有高中學歷的學生有機會在中央黨校花六個月時間取得波蘭的學位證書。這種稱為「matura」的證書類似於高中畢業證書。有了這份證書，他們便能進入大學就讀。中央黨校並非唯一的入學管道，例如許多年輕人就完成了為期兩年的預科課程，使他們能夠在沒有完成高中學業的情況下進入大學，但中央黨校有著特定的評斷標準：「政治意識」被認為比讀寫能力更重要。

結果不難預見。一九四八年時，中央委員會的祕書處抱怨中央黨校的課程上有兩成學生無法完成課程（絕大多數是沒受過中等教育的工人階級年輕男性），因為他們連寫筆記的能力都不具備。[37]據說東柏林的洪堡大學在一九五〇年代裡曾有五十多名學生精神崩潰。[38]教授（尤其是波蘭的教授）有時會在課程開始時悄悄告訴年輕工人說他們唸不來，應該回工廠工作。也有報告指出波蘭人會假裝自己來自某個社會階層。一份憤怒的報告指出，「商人、富農和戰前上校的兒女會穿著骯髒的工作服來參加考試」，並假裝成工人階級。在匈牙利，一些來自資產階級家庭的學生被明確指示要花一小段時間從事勞工工作，再重新申請大學學位。[39]在特定小地方展現忠誠度，例如成為青年團體的領袖，也有助獲得大學錄取。[40]然而，農工大學生與戰前知識分子的子女之間，仍舊存在明顯的物質差距——前者經常住在破舊的大學宿舍，而後者則住在家裡。這兩個群體之間通常也保持距離。[41]

在德國，許多重新培訓工人從事文化工作的計畫皆以失敗告終。作家洛斯特曾受命教導一群工人成為人民記者。黨的邏輯很簡單：如果無產階級能夠接受新聞培訓，報紙就會擁有正確的意識形態，那麼就不需要資產階級的新聞工作者了。理論上是如此，但在實務上，洛斯特這培訓工人成為劇評家的任務卻不太成功：

他們有十五個人，十二位女性與三位男性，都是工人出身。有人在公司裡問：「我們需要人來參加這個小組，有誰喜歡看戲嗎？」他們舉手並被選中：「好的，希德加，你現在是這個小組成員了。」我們一起去看了戲，第二天再度碰頭。我試著向他們解釋戲劇評論是什麼，然後我們一起寫了一篇評論。當時我二十五歲，很喜歡去看戲……但結果太糟，我們都不滿意。我不高興，他們更不高興……他們應該寫出一篇劇評，但他們寫不出來，也不想跟我學。半年後，整個計畫崩壞，我們只堅持了一個冬天。[42]

但如果從狹義的角度來看，這些政策還是有成功的地方：都市知識分子的組成最終改變了。一名波蘭人回憶道，他在一九五〇年代裡於華沙的菁英學校唸書時，幾乎所有人都來自農村。當老師問學生暑假去哪裡度假時，幾乎所有學生都會齊聲回答：「要回鄉下祖父母家。」他因此花了很多年才意識到，在歐洲大多數的首都，絕大多數人的祖父母都不住在小農場裡，家裡也沒有種馬鈴薯。[43]社會晉升政策還培養出一批共黨領袖，他們不一定有才華但絕對忠誠。正如一位歷史學家所說，有些人從一開始就知道他們只要遵守規則，體制就能提供一條通往上層的明確道路，無論他們的背景和能力如何。

這些人在黨內極為活躍，在會議上和協商時總有話要說——而且內容總是「和諧」、「正確」，這是當年用語。他們站在高層和黨組織的立場說話，參與下班後的「文化」活動並做出其他社會貢獻。無論他們的工作品質如何、是否受過良好訓練，他們都能快速晉升，只是不一定是在職場上。更常見的是被提拔到管理階層，或參加其他課程……有時最後會進入黨中央。[44]

只要看一眼一九八〇年代東歐共黨高層的社會背景，就會發現許多出身寒微的活躍分子最終都躋身最高層。拉科夫斯基（Mieczysław Rakowski）出身農家，十幾歲時成為操作車床的工人，一九五六年取得華沙社會科學院的博士學位，並於一九八八年成為波蘭總理。雅克（Miloš Jakeš）出身農家，曾在鞋廠工作，一九五八年取得莫斯科高級黨校的學位，並於一九八七年被任命為捷克斯洛伐克共產黨的總書記。克倫茲（Egon Krenz）是東普魯士難民之子，於一九七〇年代成為少年先鋒隊領袖人物，並於一九八九年十月被任命為東德總理，直到一九八九年十二月才卸任。這些人都是「社會晉升」受益者中的傑出人物，只是他們登上權力頂峰的時間都太晚，來不及好好享受。

——

學校平日的共產主義教育能保護兒童、學生、青年和年輕工人免受反動勢力威脅，但在週末或暑假等課餘時間，他們仍可能接觸到有害思想。馬卡連柯認為蘇聯的孩子和青少年應該要一直忙於集體勞動、運動或學習。到了一九四〇年代末，東歐各地的官員們都開始朝同樣的理想努力。一九五一年的波蘭教師大會花了很多時間討論課外教育。與會者一致認為，課外教育應用於「加深和擴展學校課內教育……創造出集體生活的條件，並在社會主義道德精神中培育有價值的、於社會有益的特質」。

正如一位發言者宣稱，課外活動能保護孩子免於不良影響：「如果不規劃孩子在校外度過的時間，等於是製造條件來鼓勵反動神職人員和其他反動勢力、帝國主義特務進行敵對活動。」根據會議上提出的例子，這種負面活動包括「在華沙大教堂的地下室提供幼兒托育服務」及「神職人員參與各種兒童體育等組織」（當時其實沒有那麼多神職人員有這樣的能力）。[45]

為了讓兒童和年輕工人遠離這些反動分子，東歐各國的教育體系都成立了眾多的課後和夜間社團、小組或組織，全都在國家控制之下，雖然不一定與政治有關。有些官方的課後社團甚至刻意避開政治色彩，例如音樂、民俗舞蹈、繪畫和刺繡等，象棋社團尤其受歡迎。當局希望孩子加入團體後能被潛移默化地影響，希望孩子們在掛有史達林肖像的教室內唱歌、縫紉或切磋棋藝，由意識形態上可靠的教育工作者監督。所有活動都免費，對於必須工作的父母極具吸引力。[46]

當然也有政治意味顯明的活動可供參加。在波蘭，兒童之友協會不僅提供課外活動，也舉辦布置公共新年樹（而非聖誕樹）等「大型活動」。在匈牙利，少年先鋒隊創立了米丘林俱樂部，嘗試按照李森科的黨內同僚植物學家米丘林（Ivan Michurin）的做法種植棉花等植物，米丘林也反對基因說。[47]德國少年先鋒隊也參與了小小技師和小小科學家社團，目的是引導孩子們在專業上走向對黨有用的方向。[48]

但對於忠實的共產教育工作者而言，真正的豐碩成果來自暑假，因為這漫長的兩個月為那些想要影響年輕孩子的工作者提供誘人的可能性，那就是夏令營。參加夏令營的孩子不僅遠離家人和其他反動勢力，而且黨和青年組織理論上可以完全掌控夏令營的每個環節。東歐社會對夏令營並不陌生，但東歐如今只有國家可以舉辦青少年夏令營，而國家對此亦相當重視。在德國，夏令營重要到足以引起政治局和中央委員會爭論。波蘭教育部則在一九四八年成立特別委員會負責處理兒童和青少年夏令營事宜。[49]

起初，夏令營體驗只開放給那些意識形態最正確的孩子。戰後的頭幾年，只有大約十分之一的德國兒童能參加夏令營。但德國的中央政治局很快意識到，意識形態不正確的孩子才是最需要參加夏令營的人，因為夏令營能教導他們「和所有愛好和平的人民建立堅定友誼，尤其是和偉大的蘇聯人民，以及所有兒童的最佳朋友和導師：偉大的史達林」。所以德國共產黨人在一九四九年發起了名為「孩子們的快樂假期」的新運動，並強迫國營企業出資贊助。一九五一年夏季，德國蘇占區大約有四分之三的兒童參加各類型的過夜夏令營。

當夏令營開始運作後，當局對營隊的管控便得要面面俱到。在德國，夏令營負責人遵循的指導方針是由自由德國青年中央委員會和共產黨中央委員會共同制定的。指導方針從三週營期的游泳時間（十八小時）到唱歌時間（兩個半小時）等都有一一規定。夏令營學員必須學習五年計畫的優點，還有蘇聯共產主義青年團（「世界民主青年的先鋒」）的歷史。他們也得集體閱讀蘇聯作家奧斯特洛夫斯基（Nikolai Ostrovskii）的小說《千錘百煉鐵成鋼》（*How the Steel Was Tempered*）。營隊的每一天都始於體操和早點名，某些日子會有特別儀式，好比七月十八日是「國際縱隊紀念日」，八月六日是廣島原子彈爆炸紀念日，八月十八日是台爾曼在布亨瓦德遇害的日子。[50]

當局也將鬼抓人、捉迷藏、奪旗等傳統遊戲改編成新時代的版本。舉例而言，一九五〇年有位旁觀者描述了德國夏令營裡的一個遊戲：

> 男孩和女孩們在山坡上躲藏，在灌木和樹下身披迷彩匍匐前進……我們剛好遇見戴著紅臂章的少年先鋒隊隊長，於是問她孩子在玩什麼。她向我們解釋，孩子們分為人民軍和資本軍兩隊。她指著放在山上的自由德國青年旗幟，那是資本軍要征服的目標……在另一座山上，「人民軍」正在呼籲資本軍「不

要為資本家而戰，投靠人民軍吧」或其他類似的口號。他們必須在戰鬥中剝下對手的臂章，沒有臂章的隊員視為陣亡。

之後有位營隊隊長解釋道，這些戰爭遊戲是在協助孩子們準備為「爭取和平而奮鬥」，因為「孩子必須知道要為何而戰！」[51]

規訓不只發生在遊戲。當年匈牙利青年團體的中央理事會也向匈牙利各夏令營的負責人發布了指令，建議在處理叛逆隊員時應採取正確方法。隊長應該要打破小團體，但「不能勉強」。為了獲得隊員尊重，隊長應該以身作則：每天早上都應該比其他人早起並穿好衣服。

如果其他方法都失敗了，就必須加以懲罰，但只能是馬卡連柯式那種對整個團體具正面影響的懲罰方式。當局高度推薦使用「集體驅逐式」的懲罰：如果某名隊員拒絕參加團體活動，其他營員應該拒絕稱呼他為「同志」且拒絕和他說話。這種同儕壓力不僅會讓固執隊員改變心意重新融入團體，其他人也會意識到被稱呼為「同志」是莫大的榮譽，並努力成為配得上該稱謂的隊員。[52]

然而，隨著夏令營的規模擴大，標準也逐漸下降。宣布所有小孩都得參加夏令營是一回事，在短時間內妥善設立營區、培訓老師則是另一回事。一九五〇年針對匈牙利鄉間日間夏令營的督察指出，雖然孩子們理論上從早上八點到下午六點都很忙，但實際上他們很早就放學回家，有些甚至在午餐前就已經離開。當營隊隊長準備進行重要的日落降旗儀式時，「現場已經沒有人了」。督察員批評營隊領導缺乏組織、不夠主動：「在這些營隊中，我們沒看到有組織的團體活動，也沒有專門的教育時間。」更糟的是，一些營隊領導「並未理解打及反動教士的重要性……居然有一名小隊長在教堂裡彈奏風琴」。官方建議的解決方案是「更多的意識形態教育」。[53]

因為有這些問題存在，滿腔熱血的青年社運人士就擁有幾乎無止無盡的工作機會，雖然工作內容並不容易。波米安（Krzysztof Pomian）是一九五〇年代初波蘭華沙莫科托夫區共產青年的領袖。

> 成為青年領袖意味著無止盡的集會，甚至連中小學生的集會都持續到深夜。集會、集體唱歌、遊行示威，檢查每個人是否都參加五一慶祝活動、七月二十二日的慶祝活動……那些懷抱責任感參加集會的人態度非常嚴肅，其他人則對此不以為然……綠襯衫、紅領帶，在課堂開始前唱《青春之歌》——這些對我來說都不難，因為我來自共產家庭，被強制參加共產黨的聚會對我來說並不那麼令人困擾。[54]

那些堅持下去的人，可以在多年內持續擔任「青年領袖」。何內克最終在一九五五年時以四十三歲的高齡辭去自由德國青年組織的領導職，接著立刻無縫接軌東德共產黨的領導層。泰希瑪（Józef Tejchma）在一九四八年到一九五六年間活躍於波蘭青年聯盟，一九四八年時他二十九歲，後來在一九七四年成為文化部長。赫格居斯曾參與一九四五年匈牙利共產青年的創建大會，十年後意外發現自己被任命為匈牙利總理（卻在匈牙利革命爆發後不久後被迫逃離匈牙利）。對於圈內人而言，獎賞可能很豐厚，但代價可能也很高。[55]

黨內政治宣傳者提出的前景深深吸引著孩子們和年輕人，而這群人也確實是黨的未來。黨內倡議者認為他們負有特殊使命，必須贏得藍領工人的心，因為革命是以工人階級的男男女女（主要是男性）之名發動。為了喚起工人階級的意識，他們把工廠和工作場所變成意識形態教育中心，用上各種校園裡運用過的技巧——演講、掛報、海報、集會。到了一九四〇年代晚期，工作本身已經被重新定義為政治活動。在工廠（尤其是重工業工廠）工作，就是一種服務國家、經濟及黨的方式。

事實上，意識形態填補了當年經濟生產的一大鴻溝。在國營工廠裡，更好的工作表現並不會帶來更多的薪水，因為工資是由中央政府官員決定，工人沒有動機提升生產品質。人們很容易怠工、工作速度緩慢或表現不佳。新的工廠管理者知道得找到方法來激勵工人，如今他們能直接將個人表現與國家五年或六年計畫連結在一起來達成目標：產業有每日「常規」或配額，工廠也有每日配額，工人也有每日配額，而工資可以按照完成配額的程度來支付。工人也會在「社會主義競賽」中互相競爭，不僅要完成自己的配額，還要超額交付，從而超前實現國家計畫。

這樣的概念也不算新鮮。蘇聯早在戰前就用過社會主義競賽來激勵同樣缺乏工作動機的工人，改善低落的生產力及亟需快速成長的經濟。就像一九四〇年代末的東歐領導人，一九三〇年代初的蘇聯領導人也急於證明共產經濟模式的優點，希望很快就能超越奉行資本主義的西方世界。為了激勵目前仍遲鈍的工人階級，蘇聯的政治宣傳家大肆宣傳一群工作表現傑出（或「號稱」傑出）的菁英工人。這些人就是「突擊工人」，勞動界的英雄。他們開採出更多煤，生產出更多鐵條，打造的公路公里數比任何人都多。這些人的榜樣是斯達漢諾夫（Alexei Stakhanov），他是頓巴斯地區的礦工，在一九三五年八月三十一日挖出了一百零二噸煤，比他所分配到的生產配額還要高出十四倍。斯達漢諾夫的成就引起了史達林注意，隨後轉變成小型的個人崇拜。有關斯達漢諾夫的文章、書籍和海報，以及以他命名的街道和廣場紛紛出現，一座烏克蘭小鎮也改名為斯達漢諾夫鎮。「勞動英雄」一詞也因為他而被改為「斯達漢諾夫英雄」，而蘇聯各地舉行都舉辦了斯達漢諾夫挑戰賽。

東歐的共產黨人肯定非常了解斯達漢諾夫崇拜，因為有些人非常精準的仿效這種模式。東德版的斯達漢諾夫是煤礦工人亨內克（Adolf Hennecke），他在一九四八年時完成生產配額的百分之兩百八十七，令他的同志們大吃一驚。以總量來看，亨內克的產量數字遠遠低於斯達漢諾夫的記錄（畢竟你不可能期望德國人超越俄羅斯人），但亨內克的名字很快就出現在海報和手冊上。有好幾年的時間，亨內克達成空前壯舉之日（十月十三日）都成了國定假日。

波蘭也有一名煤礦突擊工人，名叫普斯卓夫斯基（Wincenty Pstrowski）。他在一九四七年達到了標準配額的百分之兩百七十三，還向眾人發起挑戰：「誰能超越我？」因此深受當局喜愛。普斯卓夫斯基不像亨內克那樣成功。雖然他的意識形態背景清白，在戰爭期間從波蘭移民到比利時並加入共產黨，但他不是全然可靠的宣傳者。他經常在公開會議上愁眉苦臉的追憶他的流亡歲月，而不是向熱情群眾宣揚勞動之樂。更糟的是，他在一九四八年意外去世，原因可能是因為失敗的牙科手術。（他想讓自己拍照更好看，但在某次手術中顯然拔掉太多顆牙而引發敗血症。）[56]他去世後，波蘭人為他寫了一首小詩：

Chcesz się udać na sąd bosk
Pracuj tak jak górnik Pstrowski

粗略的翻譯是「如果你想走捷徑到天堂，請像礦工普斯卓夫斯基一樣努力工作」，兩句在波蘭文中有押韻。匈牙利人也為最著名的匈牙利突擊工人寫下類似的押韻詩句：「女孩我不再在意，皮歐克（Ignác Pióker）的榜樣更有意義。」皮歐克是一名匈牙利工廠工人，在一九四九年裡完成了標準配額的百分之一千四百七十，還在一九五一年提早四年完成了他個人的五年計畫配額。[57] 但也不是每個人都開心。有一段時間裡，許多東歐工人確實競相嘗試效法亨內克、普斯卓夫斯基和皮歐克的壯舉，場域也不僅限工廠。在德國，有位歷史學家如此記錄：

> 一名十七歲女孩在一天內包裝好兩萬支香煙，超過了先前最高紀錄的一萬四千支。一名十六歲男孩每小時安裝二十支真空管。萊比錫有位列車駕駛帶頭推動「五百運動」，要求每輛火車頭每天行駛五百公里。另一位卡車監工更勝一籌，因為他發起了「十萬運動」，要他的卡車司機在不維修的情況下行駛十萬公里。還有一場「四千公升牛奶運動」，要求勞動英雄乳牛們每年貢獻四千公升的牛奶。[58]

由於計畫和配額無所不在，最後各領域和各職業都出現了（或人為製造出）突擊工人。東德舉辦了孩童版的亨內克比賽和大學生版的亨內克學術競賽，學生們互相競爭以最快時間完成學業。[59]此外還出現了「英雄團」，例如匈牙利史達林城鋼鐵廠的「青年團」，該城鋼鐵廠工作的速度快到磚塊不夠用。共黨青年發現他們需要一萬四千塊磚，於是召集青年團前來救援：「他們看到了問題所在，動員了來自其他工地的年輕人……從早上十點半到凌晨兩點半，團隊在深至膝蓋的泥濘和大雨中把磚塊運送到所需地點。這讓團隊得以實現他們的諾言，提前一個月完成配額。」[60]

有段短暫的時間裡，有所成就的勞動英雄真的得以享有特權，並在共產敘事中扮演重要角色。傑出勞工受到本地民眾甚至全國民眾盛讚的原因不僅是因為創造紀錄，更因為他們替整個社會的利益（愈來愈多是黨的利益）取得巨大成就。他們獲得的獎賞不僅是物質上的，他們的姓名會出現在招牌和廣告，報紙和廣播都稱讚他們，公共活動、新聞片段和遊行都為他們慶祝。有時他們還會收到意料之外的好處，就像一位波蘭紡織女工回憶：

在一九五〇或一九五二年……我不確定……我被選為全工廠最佳的斯達漢諾夫英雄。我繳交了生產配額的百分之兩百五……有天我照常穿著日常服裝去上班，畢竟你不會穿禮服去上班。他們給了我一張門票，要我去參加斯達漢諾夫英雄舞會。我說我不去，因為我沒打扮，但他們命令我去。所以我和其他人一塊去了。那天的經歷相當驚人：我一個普通的製衣部門工人，竟然受到貝魯特總統接見。貝魯特歡迎我們，並感謝我們辛勤工作。我得到了一封表揚信。我們隔天早上才回到家。我媽媽開始對我大喊大叫，問我去了哪裡。我給她看了信，她根本不相信。我邊哭邊試著告訴她我在華沙見到貝魯特！過了一段時間她才開始相信。她感到驕傲，非常驕傲。[61]

但如果純粹由經濟層面來看，突擊工人運動其實是一場失敗。首先是違背常理的激勵機制：工人爭先恐後完成任務，卻忽略了品質。到頭來「社會主義競賽」從未使蘇聯或其他地方的經濟更具生產力。經濟史學家保羅・戈格里（Paul Gregory）估計，在蘇聯，斯達漢諾夫運動對勞動生產率毫無影響：頒給斯達漢諾夫英雄們的昂貴獎賞和較高薪資抵消了個別傑出工人所創造出的額外價值。[62]

從政治層面來看，這場運動的影響褒貶不一。在某些地方，每日配額成了爭議事項，特別是當配額開始上升得比工資和生活品質還要快的時候，黨必須想出新招來制止抱怨的聲音。一九五二年，布達佩斯一家大型工廠請來了共黨倡議者向員工講解「霍爾蒂政權下的工人生活」，告訴他們「當今年輕工人的真實情況」及「未來將會發生的事」，還有「國際形勢和爭取和平的成果」。工人們被告知過去的生活有多糟，現在的生活有多好，還有資本主義一旦垮臺他們將會變得多麼富裕。[63]

德國共產黨則透過工廠電臺來駁斥有關配額過高的抱怨。共黨倡議者替工人編寫、規劃了廣播節目，然後透過音響系統在整個大型工廠營區播放。一九四九年一場討論全國工廠電臺行動的會議上，負責廣播事宜的德國官員一致認為這樣的廣播意義重大。「我們必須找到勤奮工作之人的語言」，其中一位官員表示。也許那些「對廣播失去信任」的人聽到來自自家工廠的報告時就會有不同的感受。他們規劃了午餐廣播，還有給那些下班後等車回家的工人聽的下班廣播。當局的目的很單純，「應該表揚員工的成就並且每天重複」（但也有些人認為工廠電臺「不該過於政治化」，所以後來又加入了音樂和輕鬆娛樂節目）。[64]

不過，這場運動確實取得一些政治上的成功。在蘇聯，史達林曾使用突擊工人來取代蘇聯的技術和管理階層。一九三五年，他在斯達漢諾夫英雄大會上發表演說，呼籲團結的突擊工人「打破某些工程師和技術人員的保守主義」，並且「讓出自由空間給工人階級的新力量」。[65]許多此處提到的「工程師和技術人員」後來都被關進了古拉格，因為共產體制未能出現快速的經濟增長。在東歐，這場運動發揮著類似革命的作用，雖然跟真正的革命略有不同。這場運動在實務上往往讓缺乏經驗但更具「意識形態」的年輕工人，與年長而技術更為純熟的工頭彼此對立。老一輩工人記得戰前的工廠條件，儘管當年不一定更好，但也未必更壞。有些人曾經參與真正的工會運動，因而知道被政府和工廠老闆控制的國營企業工會根本不是真的工會。

在許多工廠裡，年長的工人很快就對配額競賽充滿敵意，他們懷疑這些競賽的出現是為了讓每個人在工資不變的情況下更加努力工作，而他們的懷疑確實是對的。我們在紀思林格（József Kiszlinger）的官方傳記裡可以看見這種敵意，這位斯達漢諾夫英雄與年長工人發生了直接衝突：「有時他會用不同的刀來工作，試著超額完成配額。年長工人罵他：『你瘋了嗎？你在害我們！』甚至有一位工會幹部來警告他：『小子，要小心，這不是一個好主意，不要追求太高的數字。』」[66]

另一位在德國艾森許滕斯塔特（Eisenhuttenstadt）聯合企業工作的年輕女性，同樣熱烈地響應工作競賽。「我們總是非常盡力，這樣才能贏」，她告訴採訪者。但她也遇上來自年長男同事的敵意。其中一位同事告訴她，如果工廠管理層想要種樹，「你會是第一個被吊在樹上絞死的人。」[67]滿腔熱誠的年輕人自願在泥濘中搬運磚塊直到凌晨兩點半的做法很快就變得相當惱人，原因不難理解：英雄的努力成了其他人必須遵循的典範。

當局故意製造出這種世代衝突，透過政治宣傳有意延續下去。工業化正在迅速進行，黨必須將成千上萬沒有經驗且大多來自農村的勞工納入勞動力。布達佩斯的《自由人民報》宣稱「在斯達漢諾夫運動中出現了一種新工人：新共產主義工人階級的第一個跡象出現了……從日常生活實踐中，辛勤大眾學到了理論告訴我們的真相，即社會主義建設……與工人福祉的提升息息相關。」[68]

到了一九五〇年，拒絕參加競賽的人開始逐漸消失。在匈牙利，該年九月有一份針對營造業內部「破壞活動」的調查指出，數百名資深人員應對水壩坍塌事件負責，而整個行業內部需要清除「敵對因素」。[69]到一九五一年時，華沙也有大約兩百五十名「戰前工頭」被刻意撤職，取而代之的是更服從意識形態的年輕同事。共產黨預期這些人會更加可靠。

如果說針對年輕人的政治宣傳並未在下課後停止，那麼針對成年人的政治宣傳也從未在下班後停止。大型工廠內部出現了許多下班後的社團、文化屋和年輕工人的劇院活動。許多工廠還規劃了政治主題的討論講座。除了相對平淡的活動和集會之外，黨還推出了無數慶典節日、週年紀念和假期。這些活動的目標是教育大眾，確保大眾在短暫的空閒時間裡忙碌無比。

一九四〇年代末，所有共產國家都有自己的官方日曆和節日清單，希望能取代傳統的聖人紀念日和宗教節日。五一勞動節（五月一日）、十月革命紀念日（十一月七日）和史達林的生日（十二月二十一日）是共通的節日。各國也有各自的獨特節日，例如七月二十二日是波蘭國家解放委員會發布宣言的日期，四月十六日在德國是台爾曼的生日，而三月十九日和四月四日在匈牙利分別紀念著一九一九年匈牙利革命和一九四五年蘇聯征服匈牙利。各國也會慶祝自家領袖的生日。這些節日都有遊行活動，通常包括花車、音樂和體操表演，以及旗幟、橫幅標語和演講，報紙會推出特刊，廣播也有特別節目，這些都需要相當多時間和精力去籌備。

部分節日是刻意設計來逐步淘汰舊節日。好比在波蘭，五月一日取代了五月三日（後者紀念的是波蘭在一七九一年簽署了第一部民主憲法）；在匈牙利，紀念一九一九年共產革命的三月十九日取代了紀念一八四八年革命的三月十五日。在這兩個國家，非法慶祝「錯誤節日」成了公共生活的一部分，也成為多年來靜靜表達抗議的方式。

參加「正確節日」的活動有其獎勵，例如五一勞動節的慶祝活動通常會為參加遊行的人提供免費香腸。但在這些活動中，參加者的行為也受到縝密觀察。根據一位在一九五〇年裡參加過幾場紀念拉科西生日活動的督察員，參加者的行為有好有壞。在少年先鋒隊的一場集會上，一名匈牙利孩子被政治宣傳的強烈氣氛所感染，哭著表示「他沒有父親，但即便有父親，他也會更愛拉科西同志」。但在另一場集會上，有人聽到一個孩子告訴另一個孩子：「我希望拉科西永遠不要出獄。」有人向校長報告這孩子的言論，校長則與孩子的父母以及父母的雇主談了話。這兩個孩子被少年先鋒隊開除，放學後只得參加其他的課後活動。[70]

當局也為特別週年紀念日制定了特別計畫。一九五二年，拉科西的六十歲大壽慶祝活動就包括特別委任撰寫的傳記（該傳記很快就被翻譯成多種語言），還有許多慶祝儀式和特別展覽，展品包括領袖年輕時的照片、生活事件的畫作及領袖收到的禮物（圖案複雜的鄉村刺繡、陶瓷、雕刻品和娃娃）。[71]一九五二年，貝魯特的六十歲生日也有傳記及特別詩集出版。工廠工人誓言超額產出以茲紀念，賀歲信件由全國各地寄來。人們也舉行了精心規劃的慶祝儀式，其中包括兩家工廠決定以領導的名字來命名，山間小鎮貝魯特維采（Bierutowice）也為此改名。華沙的重大慶祝儀式上，貝魯特的肖像左右分別是列寧和史達林的半身像。[72]

一九五三年，東德同樣精心策畫慶祝烏布利希的六十歲生日。他的三卷演講稿即將出版，兩座半身像即將完成雕刻，印有他畫像的印刷品即將在商店販售，特別版的《新德國報》上即將刊出祝賀文章和消息，萊比錫市將會頒發榮譽市民給他，也會舉行盛大晚宴。[73]可惜的是，史達林就在節日慶典開始前過世，東德的蘇聯顧問抱怨場面過於鋪張，所以大部分活動都取消了。（其中一位顧問輕蔑地表示，列寧在他五十歲生日時也不過是「邀請了幾個朋友來吃飯」。）[74]

共產政權還安排了一些更普遍的慶祝活動，例如用遊行、花車、壯觀的表演和演講來致敬年長或文化界人物，目的是贏得更廣泛公眾支持並訴諸民族自豪感。德國共產黨意識到一九四九年八月二十八日是歌德誕辰二百週年（德國人最崇敬的作家之一），而且歌德剛好出生在東德的威瑪市，所以黨委會、文化部及國家安全部都展開幾近瘋狂的努力，要把這位啟蒙時代的貴族塑造成某種共產主義者原型。官方精心策畫了節日慶典，希望讓西方看到共產主義者對高雅文化的關注超過了資本主義，並向自家人民表明德國共產黨人才是真正的愛國者，在盡可能多的活動中納入不同種族和群體。

當局的最終目的不僅是收編高雅文人，更是激起大眾的熱誠。一位文化官員在一九四九年二月對中央委員會的談話中解釋道，歌德慶祝活動將「有助於我們人民的民主教育」，並在西邊產生「宣傳效果」。「在東邊，我們不只想成為經濟和政治上的榜樣，還想成為未來德國統一後的文化典範。」他承認，黨無法「對這位最偉大德國人的生活和工作中的矛盾之處保持沉默」（因為很不幸的，歌德對法國大革命以及革命普遍抱持懷疑態度），但「如果你仔細看歌德的作品，就會發現他總是不自覺地往馬克思主義的辯證唯物主義方向靠攏」。[75]蘇聯軍事管理局批准了這個節日，實際上他們對這種工作已有一定經驗。[76]蘇聯過去也創造出對於普希金（Alexander Pushkin）的神祕崇拜，即便這位十九世紀的俄國詩人必定會認為布爾什維克十分恐怖。

在德國，文化節慶並不罕見，但歌德節顯得格外豪華，特別是考慮到當時大多數東德人有多貧困。中央政治局於三月八日頒布了法令，慶祝活動隨即展開。全國劇院舉行了有關歌德詩作的講座，演出了歌德的劇作，舉行了有關歌德作品的會議，發表了讚頌歌德偉大成就的紀念演說，同時在威瑪市舉辦了慶祝週的活動。[77]當局也為年輕人舉辦了特別活動，由自由德國青年團規劃並執行，演講嘉賓包括何內克和葛羅特沃——葛羅特沃的演講稿長達八十頁，號召德國青年「完成歌德偉大志業」。他們還頒了歌德獎給作家托馬斯曼（Thomas Mann），這位作家在威瑪露面一事頗具爭議，也被東德視為重大的政治宣傳素材（雖然托馬斯曼在西德法蘭克福的歌德節上刻意發表了一模一樣的演說）。東德電臺把握這一機會誇耀托馬斯曼的大駕光臨，在廣播中播出年輕少年先鋒隊員和工人對於這位作家的生日祝福，也播出了包括威瑪市市長在內的多位政要謝詞。（雖然托馬斯曼後來寫信給該市市長，說明他很高興自己既是該市名譽市民，也是真正的美國公民。）[78]

歌德節在美學上的最大亮點，就是自由德國青年團的火把遊行。那是一幅令人印象深刻的景象：數百名年輕人手持火把穿過黑暗擁擠的威瑪街頭，最後聚集在歌德與席勒紀念碑前，再把火把放在石頭上。這起事件在東德和西德引起了一些關注，因為希特勒青年團也喜歡火把遊行。[79]整體而言，這場活動被評價為政治宣傳和教育的重大成功，後續也出現了許多類似的節日計畫：一九五〇年是巴赫年（這位偉大作曲家曾在東德萊比錫市生活多年），一九五二年是貝多芬年（這就比較棘手，因為他出生在西德波昂市），一九五三年是馬克思年，一九五五年則是席勒年。

波蘭的音樂愛好者也在戰後開始規劃自己的音樂節慶「蕭邦年」。起初是由戰前的蕭邦研究所負責規劃活動，但實際舉辦時（也是一九四九年蕭邦逝世百年紀念），該節慶已完全被一個「名譽委員會」所控制，委員會主席正是貝魯特。蕭邦年的慶祝活動幾乎和歌德年一樣盛大，其中包括推出新版的蕭邦音樂、新學術傳記、大眾傳記、蕭邦論文集與照片集，以及修復蕭邦的出生地熱拉佐瓦沃拉（Żelazowa Wola）。還有為大眾舉辦的「農工」音樂會（專為工廠文化中心設計的音樂會）和廣播音樂會，[80]各地也都組成自己的「蕭邦委員會」。最重要的是全國蕭邦比賽和傳統的國際比賽，這是戰後波蘭舉辦的第一次鋼琴比賽。來自世界各地的傑出鋼琴家齊聚華沙，大批民眾前往觀賞。

一如喜愛歌德的德國人，蕭邦的樂迷所經歷的情緒相當複雜。一方面，蕭邦是真正的波蘭民族英雄，他的音樂曾被納粹禁止，並在數百場戰時地下音樂會中演奏。多達數百萬人是真的很高興聽到蕭邦再次受到盛讚。另一方面，共產政權盡可能利用這些活動來爭取更多群眾支持，而許多人都對比賽結果表示懷疑。評審選出了兩位獲勝者：剛好是一位俄羅斯人和一位波蘭人。[81]慶祝波蘭民族詩人亞當・密茲凱維奇（Adam Mickiewicz）一百五十週年誕辰的情緒更加複雜，這位詩人曾寫過多篇反俄作品。群眾朗讀了他的部分詩歌，演出了一些他創作的戲劇，但也有一些作品被當局禁止。共產政權很快就發現密茲凱維奇的慶祝活動很難像蕭邦那樣得到熱情的群眾支持。[82]

民族文化象徵並非大規模活動的唯一焦點，體育活動也在共產黨議程上占有極高地位，同樣也遭到國家徹底壟斷。一九四八年之前，德國共產黨人已系統性消滅非共產黨的運動團體，宣稱它們是「非法的兒童活動」。[83]在東德，只有國立運動社團才是合法社團，這些社團幾乎都有一種軍隊般的嚴肅氣氛。一九五一年，自由德國青年團在一道命令中宣布，體育可以幫助孩子們成為「健康強壯、有決心的人，是愛自己國家、願意工作及保衛和平之人」，換句話說就是軍人。[84]一九五二年，德國少年先鋒隊也被告知要「為了社會主義建設和保衛祖國而強身健體」。[85]與此同時，匈牙利青年團體則發起了「為工作和戰爭做好準備」運動，承諾替學校採購運動器材，還在布達佩斯中央的瑪格麗特島上替年輕人和兒童建了新體育館。[86]

共產黨很早就認識到國際體育比賽的政治宣傳價值。隨後的數十年裡，東德尤其以殘酷的體育訓練學院與藥物使用聞名，在奧運賽事中更是為達勝利不擇手段。早在日後惡名昭彰的東德女泳將事件之前，共產黨就開始使用體育賽事作為政治宣傳的手段。一九四六年，就有兩名黨內體育記者（一名捷克人和一名波蘭人）提出「和平車賽」的想法——這是一場從布拉格到華沙的國際自行車比賽。第一次比賽即將於一九四八年舉行，必須獲得熱烈關注才行：因此早在比賽之前，捷克和波蘭的共黨領導人就指示比賽路線沿線的各地黨領導動員群眾觀賽。領導解釋道，和平車賽旨在「吸引那些對『其他宣傳手段』毫不動心者的注意和興趣」，能夠展示「廣大群眾生活品質的提升和國民經濟的發展」，並成為「良善國家間和平合作的象徵，特別是波蘭和捷克的友誼象徵」。

在這項賽事早期尚未發展成年度賽事，自行車手會以五月一日的勞動節遊行來揭開賽事序幕，而和平車賽本身則於五月二日開始舉辦。體育評論員強調自行車賽的「集體」性質，強調賽事中的選手有時會為了團隊榮耀而犧牲自己。為了讓這項活動更具「國際」競爭力，來自蘇聯和其他人民民主國的自行車手也受邀參加，路線也在一九五二年有所延伸，以便東德參賽。策畫賽事者打算讓和平車賽與環法自行車賽競爭聲譽，當時捷克、波蘭和德國共產黨人同聲譴責後者的庸俗與商業化，只是這項目標從未真正成功，主要是因為和平車賽無法提供同樣吸引人的獎品。[87]

從這項賽事的歷史中，我們也可以看到出體育賽事的政治化可能會帶來反效果。和平車賽的一名參賽者曾感嘆，當選手進入捷克領土時，捷克媒體卻忽視了比賽的「國際本質」，在報導中「帶有捷克沙文主義的元素」，來自其他共產國家的自行車手會遭到噓聲。這不是單一事件。一九五〇年代初，拉科西曾經不得不向駐布達佩斯的蘇聯大使安卓波夫（Yuri Andropov）解釋，解釋為何蘇聯運動員在該市一場國際田徑比賽中勝利後仍遭觀眾噓聲伺候。拉科西小心翼翼地宣稱這只是「球迷狂熱」：匈牙利觀眾自然把蘇聯視為最大對手，最在意有蘇聯運動員出賽的賽事。安卓波夫相當不滿，他擔心噓聲可能會

「成為資本主義國家記者假造匈牙利人民對蘇聯觀感的藉口」。拉科西唯一能回應的是更多意識形態教育，他不帶說服力地承諾，中央委員會將「採取一切必要措施加強匈牙利運動員的教育」。[88]

從文化到體育，唱歌到跳舞，再到大型集會，全都在史達林主義全盛期的日曆上占有一席之地。然而，有一個事件足以結合前述所有元素，那就是世界青年與學生聯歡節。這是兩年舉辦一次的活動，第一次於一九四七年在布拉格登場，第二次則於一九四九年在布達佩斯舉行。雖然按照當時的標準，這兩屆的慶祝活動都已極其奢華，但一九五一年於東柏林舉辦的第三屆慶祝活動（當時改名為世界和平青年與學生節）卻遠遠超過了前兩屆。東柏林青年聯歡節甚至可以說是史達林主義全盛期的頂峰：在全球冷戰最緊張的時刻之一，它為蘇聯和東歐的政治宣傳提供了焦點，並讓東德第一次躍上國際舞臺。

從一開始，東柏林青年聯歡節就以宏偉規模來策畫。一位關心此事的西方分析家指出，該節目希望塞滿十六座總座位超過兩萬的柏林劇院、共可容納四萬人的一百零三間電影院、全新可容納六萬人的烏布利希體育場，以及可容納八千人的全新游泳館。戶外活動將在四十座廣場和公園舉辦。[89]為了應付預期的人潮，柏林當局清理了市中心一大堆碎石瓦礫，還翻新了一些綠蔭大道上的紀念碑。柏林博物館也做好準備，準備迎接從中華人民共和國來的重大展覽。酒店、青年旅社和私人住所共配備十二萬張床墊容納來自國外的訪客。與此同時，至少有八萬名東德人住在帳篷中。[90]

祕密警察史塔西也做好了充分的事前準備。五月，警察開始嚴密監控節慶籌備的「氣氛」。為了探明輿論，他們蒐集線民報告並查看大學師生的郵件，包括萊比錫大學的八百名學生和一百名教師、羅斯托克大學的五百名學生和四十名教師，以及耶拿大學的八百名學生和一百名教師。[91]六月，東德國家安全部啟動了「日出行動」，這是一個監控和控制所有西德參與者的警察行動。日出小組由國家安全部部長米爾克帶隊，他們會在邊境接走所有西德代表，登記後直接帶到集合營區。營區裡假扮成司機、餐飲人員和活動規劃者的史塔西立即開始招募潛在的祕密特務，並隨時提防間諜。[92]其他線民也被指派尋找「哪些中產階級政黨的成員彼此碰頭」，並觀察「神職人員是否試圖阻止人們參加節慶或反對此節日」。[93]節慶開始前，線民會記下統計數據，每週還會寫下部分加密的報告。西德的每一個邦都被賦予代號（好比什列斯威－霍爾斯坦邦是「水星」，下薩克森邦是「木星」，北萊茵－西伐利亞邦是「火星」等）。[94]中央還派遣額外的武裝警察，這些警察接到了奇異的指令，要攜帶自己的牙刷、刮鬍刀和樂器。[95]

在某種意義上，這些精心準備都得到了回報。第三屆青年聯歡節在大規模群眾編排和人群規劃方面有著了不起的成績。有開幕式和閉幕式、年輕女孩團結日（「因為她們是和平的積極捍衛者」），以及「德國青年反對德國重整軍備的遊行」。[96]智利知名共產黨作家聶魯達（Pablo Neruda）來了，他的朋友暨劇作家布萊希特也來了。為了宣傳節慶而拍攝的新聞影片裡，出現參與者釋放鴿子的場景。節目也特別向朝鮮代表團致意，新聞影片中的播報員解釋道：「世界青年想向貴國勇敢的人民表明，我們站在你們這一邊。」在另一場典禮上，人們在柏林的蘇聯士兵墓地上放置花束（「世界各地的青年向蘇聯表示感謝」）。開幕式上則出現了各式旗幟、遊行者和自戰爭以來德國未曾見過的大規模編排展演。[97]

對於那些熱烈支持共產政權的人而言，柏林青年聯歡節是一個光輝燦爛的狂喜體驗。有位自由德國青年幾十年後仍熱情地憶起開幕大會：「那是很棒的體驗，人們走在菩提樹下大街和腓特烈大街口，他們來自城市的各個角落，那是很棒的經驗。」[98]波蘭年輕作家特納德爾（Jacek Trznadel）與其他「年輕文學世代」的成員都獲得製作新西裝的配給券。他看見的柏林「貧困而灰色，仍然瓦礫遍布，但為了慶祝活動布滿了紅色的旗幟」。此後的事他記得不多，除了「天空中的史達林肖像，以及一個我交換地址的年輕德國女孩……當時的情緒如此高漲」。[99] 莫德羅憶起他在閉幕式上因為來自世界各地的數百人而感動落淚。莫德羅當時是一名熱情的自由德國青年，他們決定讓這個節慶更國際化：手勾著手前往邊境，與西柏林警方發生了衝突。多年後，莫德羅認為這項重要經歷強化了他的正義感，也更加相信新政權。[100]

然而，對東德或共產黨持懷疑態度的人來說，這場節慶自有其黯淡不祥的一面。在戰爭結束後這麼快又看到德國年輕人身穿制服，完美整齊地做體操及齊聲發喊，令許多人深感不自在。波蘭青年社運人士泰希瑪記得，當年的開幕式讓他既崇拜又略帶恐懼：「它在我身上留下了極深印象，就像一台巨大機器、一種能量爆發……所有的秩序，那種德國特有的氛圍……我感覺這些年輕人具有龐大力量，為了特定的情境而行動。」雖然泰希瑪對於「人類能建構起這樣的節慶印象深刻」，但他也深感不安。[101] 後來成為東德著名雕塑家的史特策（Werner Stötzer）有著更為複雜的感受。他和莫德羅都是自由德國青年成員，同樣想要手勾著手前往邊境。他回憶起的這則事件與莫德羅的描述有所不同。按照他的回憶錄，一開始眾人都懷抱著好心情，但氣氛開始發生變化：

> 突然間，比較資深的成員開始命令我們。一切發生得太過突然，使人感到困惑，我們接著組成某種隊伍，進入一條寬闊的街道。旗手揚起他們的旗幟，彷彿他們在過去五年裡都在祕密練習似的，人群開始從散漫走動轉變為踏步行進。我太晚才意識到人們正在使用「向左看」的方式前進！我後面的人打直

的腿踢到我的背，我不安地踉蹌一下，結果在我左右的熟人突然向我發出噓聲：「蠢貨」、「笨蛋」、「混蛋」。就在我們快要抵達看臺前的時候，我被趕出了這場集會。我的心情悲慘至極，於是我跑到腓特烈大街的城市快鐵車站……連票都沒買就去了西柏林。102

正如波蘭共產黨人在第一次公投中的經驗，更多政治宣傳並不一定更具說服力。更多年輕人高唱口號，更多旗幟、更多遊行，以及更多整齊畫一的體操表演，也不一定能讓德國人變得更有自信。

第十四章　寫實主義

「文學必須成為黨的文學……反對無黨派文學！」

——列寧，一九〇五年一月[1]

「一則經典的華沙笑話描述了紀念普希金的雕塑比賽……得獎作品是一尊端坐著的巨大史達林雕像，雕像手上拿著一本小書，書上印有一排小字：普希金的詩。」

——音樂家帕努夫尼克，一九四九年二月[2]

一邊是穿著西裝且手提公事包的官員，向前邁出大步；另一邊則是父親、母親和嬰兒組成的年輕家庭，他們微笑著揮舞旗幟，準備參加遊行。往中間挪一些，是工程師們聚集在設計文件前方。工人正鋪設軌道，農民從拖拉機上向手裡抱著麥穗的金髮農家女招手致意。身穿自由德國青年和德國少年先鋒隊藍色制服及領帶的年輕人，一邊前進一邊高舉雙手拍著節奏，伴隨著手風琴和吉他的樂音。

在這些人們的身後，逐漸浮現的是工廠、公寓社區和一座體育場。畫面中央，一名年輕工人手握滿頭白髮的黨領導。旁邊則有一位頭戴鴨舌帽、腳穿高筒皮靴（令人熟悉的警察制服）的男子對兩人熱切微笑，彷彿在祝福。這一幕色彩明麗、表面光亮。所有人物的面容都極為對稱，質感彷彿毫無重量，像極了兒童卡通。

但這不是卡通，而是一幅長達十八公尺的壁畫，有著《共和國的建設》(*Aufbau der Republik*)*這一響亮名稱。這幅壁畫是由東德共產畫家林納（Max Lingner）設計，並由麥森瓷磚製成，因此才會表面光亮。這幅壁畫位於柏林，布置在曾屬於戈林元帥帝國航空部的建築物一側——這是少數幾座倖存下來的納粹建築。蘇聯軍隊曾經短暫徵用該建築。但從一九四九年到一九九一年，這棟建築被稱為德意志民主共和國的部會大樓，內有東德最重要的政府部會辦公室。[3]

當然，《共和國的建設》是以「社會寫實主義」(Socrealismus)†精神來創作的藝術品，誕生於寫實主義最輝煌的年代。如果說盛大遊行、節慶、比賽和夏令營是專為蘇維埃人的日常生活和休閒時間而設計，那麼寫實主義的視覺作品則是為了蘇維埃人的想像和理想而設計。在東歐，繪畫、雕塑、音樂、文學、設計、建築、戲劇和電影最終都受到了寫實主義理論的捏塑。這也就形塑了畫家、雕塑家、作家、演員、導演、音樂家、建築師和設計師的生活經歷，普通老百姓同樣也在寫實主義建築裡過活，閱讀寫實主義小說，觀看寫實主義電影。

《共和國的建設》是史達林主義全盛期社會寫實主義的典型作品，卻不是林納的典型作品。林納出生在德國，於一九三三年希特勒上臺後移民法國。住在巴黎期間，他受到了法國後印象派畫家鮮艷色彩和抽象設計的影響，開始嘗試以此風格創作。他還以陰暗而諷刺的犀利插畫在法國共產黨黨報上取得了一定聲譽。雖然他原本的插畫風格就具有濃厚政治色彩，但並不做作或平淡，也不像兒童漫畫。因此對他來說，《共和國的建設》是全新的嘗試。正因為如此，林納這幅壁畫的故事，從如何被繪製到為何具有這樣的視覺風格，其實也是寫實主義在東歐各地短暫主宰美術界的故事。

林納不是唯一一位戰前就已展現出不協調、折衷主義、諷刺或抽象藝術風格的東德畫家。在一九三三年之前，如諾爾德（Emil Nolde）、貝克曼（Max Beckmann）、馬爾克（Franz Marc）和格羅茲（George Grosz）等德國畫家就已經是歐洲最具活力也最創新的幾位創作者。表現主義與包浩斯等德國的藝術學校和運動影響了全世界的藝術家和建築師，從挪威的孟克（Edvard Munch）和俄羅斯的康丁斯基（Vassilii Kandinskii）到匈牙利的布勞耶（Marcel Breuer）和美國的強森（Philip Johnson）。這些藝術家和藝術運動中的許多人都與政治左派有所聯繫，這說明了為什麼戰後德國文化界許多最著名的大師都刻意返回東柏林，希望打造一個社會主義的德國。例如迪克斯（Otto Dix）和一九四八年的布萊希特。

迎接他們的是一群特別傑出的蘇聯文化界官員，讓這些大多驚恐於殘暴紅軍的德國人非常訝異：原來新統治者中有一小撮人會說流利的德語，閱讀德國文學，欣賞德國文化。其中有一兩個人甚至比大多數德國人都還要更熟稔德國藝術。最重要的兩個人分別是蘇軍政府文化部門的首腦迪姆希茲（Alexander Dymschitz），以及紅軍在柏林的報紙《每日環球報》的首任總編維斯帕皮耶（Grigorii Weispapier），兩人也是列寧格勒藝術史學院的同學。其他官員則受過哲學訓練，還有幾位是猶太人。他們受派來此，奉命

* 編註：可參考本書圖片頁的圖三十四，有展示這張壁畫的局部。

† 譯註：社會寫實主義（Socialism Realism），或簡稱為「寫實主義」。下文為行文簡便僅以寫實主義稱之。

讓東柏林的文化活動比西方更活躍，同時監督文化上的「資產階級革命」，並且為共產主義文化革命鋪路。與大多數漠視或粗暴對待本地人的紅軍不同，他們與德國藝術家和文人友善往來，時常參與演出或參觀展覽。

戰後初期，東德文化界就和周遭的一切同樣混亂。戰爭剛結束時，好幾位來路不明的人物接二連三地「占據」了帝國文化部，該處存放著德國所有藝術家、表演者和作家的檔案。第一個抵達的是前納粹分子伊莉莎白（Elizabeth Dilthey）。她偽造俄國文件，宣布自己負責新成立的文化部，進而搬進這棟建築，隨後召集了文化界人士，如理髮師和劇場化妝師格利克（Martin Gericke）。美軍於七月抵達後，當時自稱「哲學家」的格利克成了美方線民。接下來，證明文件只比伊莉莎白好上一點的赫茲貝格（Klemens Herzberg）趕走了伊莉莎白，宣布自己是柏林市文化事務指揮官的全權代表。他僅保有這項頭銜十天的時間，期間舉辦了一些很棒的聚會。最後，蘇聯政府用政治中立的老演員魏格納（Paul Wegener）取代了他。[4]

有那麼一段短短的時間裡，文化部對於柏林藝術家和知識分子而言是重要的存在，他們拿這棟建築當作俱樂部、餐廳和會議廳。更重要的是，此處也是發放糧票的中心，因此能獲得每一位柏林人的特別關注。即便是在戰爭結束後的頭幾週，紅軍也把大家都想要的「頭等」糧票分配給在藝術方面特別有成就的人——更多的麵包、肉類和蔬菜。當被問及原因時，迪姆希茲表示：「你們之中可能有一位高爾基，難道要讓他挨餓而無法完成不朽之作嗎？」[5]文化影響的力量是如此強大，以至於蘇聯當局決定以更大的力量發揮。畢竟，德國原有的文化部是自發成立的單位，因此在未來幾個月內，蘇聯當局就決定接管了該部最重要的功能：特權的分配，然後再將該部收編進他們自己創立的新機構「文化聯盟」之下。

在某種程度上，文化聯盟是戰後東歐的典型機構，主導人物不再是某位偶然的騙子，而是一位「莫斯科」共產黨人貝希爾（Johannes Becher），此人曾流亡蘇聯十二年。文化聯盟的創立和規劃並非自發，而是由官方提前計畫。早在一九四四年九月，貝希爾就參加了討論德國未來的蘇聯會議，提到了拉攏教育工作者、牧師、演員、導演、作家及畫家的必要性。就像自由德國青年一樣，文化聯盟的目標是成為大眾組織，因此立即在全國各地建立分部。

與當時許多機構一樣，聯盟遵循著兩套彼此獨立的政策。在內部，其領導層效忠蘇占軍隊和德國共產黨。貝希爾與迪姆希茲等蘇聯文化官員保持聯繫，從播放蘇聯電影到郵票設計等大小事項都詢問他們的意見。[6]在內部會議中，領導層也使用明顯的共產語言。一九四六年一月，該聯盟的核心決策圈一致同意，是時候發起「對反動勢力和反動傾向的鬥爭」，並譴責那些變得「太自治」的地方領導。在場每個人都明白「太自治」意味著「不夠親蘇」。[7]

但若從外部來看，文化聯盟卻有著無黨無派、不涉政治且非共產的形象。貝希爾希望吸引「資產階級知識分子」，因此將文化聯盟總部設在該群體居住的柏林西部雅緻郊區達勒姆。在開幕儀式上，他呼籲打造一個「德國所有知識分子的全國聯盟」，早期也曾宣布該組織「既不向東也不向西傾斜」。[8]

有段時間裡，文化聯盟成功維持著這種雙重身分。由於蘇聯贊助，他們不僅能夠獲得糧票和煤炭（貝希爾和他的同事在一九四五年冬季得到定期供應的煤炭），還有委託案、劇院和展覽空間。文化聯盟很快就開始發配公寓、別墅、海濱假期和政府工資。與文化聯盟關係良好的文人可以讓自己之前被禁的書籍重新出版，或在大眾觀眾面前演出他們的劇作。[9]聯盟還協助規劃了戰後第一場大型德國藝術展覽，這也是被希特勒斥為「墮落」的許多畫作自一九三三年以來首次在德國畫廊展出。

文化聯盟協助打造有活力的文化生活，至少在一段時間內如此。一九四五年十二月，一個與文化聯盟密切相關的團體開始出版諷刺雜誌《搗蛋鬼》(*Ulenspiegel*)，內容尖銳直率，而且確實有趣。當年最傑出的藝術家、漫畫家和作家都為其做出貢獻。雜誌編輯桑柏格（Herbert Sandberg）是布亨瓦德集中營的倖存者，同時也是深具才華與幽默感的諷刺作家暨漫畫家。該雜誌的封面大膽嘲弄德國奇怪而分裂的現況，作者似乎準備好應付任何事情。他們「活潑而充滿活力，相信黃金時代已經開始」，桑柏格在日後如此表示。[10]

流亡海外者看到文化似乎真的開始重新發展，於是開始寫信回國。艾斯勒（Hanns Eisler）是布萊希特的音樂合作夥伴之一，他於一九四六年向蘇聯政府提出禮貌的請求：「即使柏林已經被摧毀，如果我能幫上忙，我會非常高興。柏林仍是柏林。姑且不論其他，我希望能得到一個音樂部門主席的職位。」[11]布萊希特本人則宣布自己即將回國，並希望有車能到德國邊境接他——只要車子大一點就好。如果找不到合適的車，他寧願乘火車前往柏林，他如此告訴文化聯盟。[12]十二月，文化聯盟購買了一輛大車，並在一九四九年十月時大張旗鼓地把布萊希特和他太太薇格（Helene Weigel）接回來。一行人首先抵達德雷斯頓，攝影師、廣播記者和當地顯要人士都在該處迎接，接著他們驅車前往柏林，布萊希特被安置在阿德龍飯店原址。貝希爾、迪姆希茲等數十人於次日為他舉行了招待會。[13]

即使是曾與納粹有關的藝術家和作家，只要夠有名，依然會被寬恕並獲得新工作。這讓許多德國共產黨人非常惱火。在一次文化聯盟委員會會議上，一名成員抱怨聯盟不斷接到要求為曾是納粹黨員的文化界人物「求取一間農場或海邊別墅」。政治傾向可疑的藝術家獲得特權，工人卻被犧牲：「當我看到文化聯盟列出哪些知識分子應該從蘇軍當局收到聖誕禮物的名單時，我有時會寒毛直豎……工人同志得到極為有限，我對此感到良心不安。」[14]

在威瑪共和國時代就已是政治左派的藝術家，成為了最受文化聯盟吹捧的對象。匈牙利詩人法魯迪描述這些招攬手法的尷尬：有位共產黨官員曾試圖透過「噁心拙劣且對我來說幾乎造成生理痛苦的方式，誇讚我的作品有多偉大。官員還說，黨會為我修繕一座毀損的別墅……通膨開始不久後（在那之後只持續了幾個禮拜），他們會發給我（自然是私下）數額極高的月薪」。[15]

林納喜歡這種做法。在蘇聯支持下，新成立且由德國官員管理的人民教育部於一九四六年向他發出邀請：「我們亟需您立刻返回柏林。」他與烏布利希來回通信，寄送了一份有關藝術教育的手稿給他。當時的林納身體不適，因為他曾經歷法軍占領，並且在六十歲時罹患心臟和肝臟疾病，但他仍然認為馬克思主義者有義務回去協助建設共產主義世界。

林納終於在一九四九年三月回到了德國，就像布萊希特一樣獲得英雄式的迎接，讓他非常高興。《新德國報》稱他是「舉世聞名但尚未被德國人熟悉的偉大畫家」。[16]他收到多個大型展覽的邀請，並受託妝點柏林正中央的大道「菩提樹下大道」以迎接五月大遊行。他還被任命為第二屆全國美術展覽的評審委員。一九五〇年，他協助創辦了新的德國藝術學院。[17]

不過，一九四九年的情勢已不同於一九四五年。熱烈歡迎林納的東柏林正在經歷劇變，而冷戰的潛在影響是其中一部分原因。一九四七年，西方盟國因文化聯盟是共產黨前線組織而將其趕出了西柏林，並迫使聯盟將辦公室向東遷移到蘇占區。一九四八年五月，《搗蛋鬼》雜誌跟隨文化聯盟的腳步從西柏林遷移至東柏林。雖然桑柏格留了下來，但有許多編輯和員工都辭職了。

蘇聯愈來愈擔憂其東歐盟友是否可靠，這也是局勢出現轉變的原因之一。一九四九年三月，蘇聯外交部的歐洲司列出一份建議清單，提議「加強蘇聯對波蘭、捷克斯洛伐克和東歐等國的文化影響力」。蘇聯當局知道問題所在：「波蘭和捷克斯洛伐克有部分知識分子仍然被最反動的資產階級領袖所控制，這些領袖與西方反動帝國主義圈子有著千絲萬縷的聯繫。」[18]當局對匈牙利、保加利亞、羅馬尼亞和阿爾巴尼亞也做出類似的分析，並再次得出同樣的結論：他們需要更多的意識形態教育，透過翻譯和傳播蘇聯電影和書籍，建設蘇聯文化中心和蘇聯風格的學校，以及進行更多的文化交流。[19]

蘇聯文化官員不僅希望引進蘇聯藝術，而且還要讓東歐文化進行徹底的轉變。藉由一九四八年十一月《新德國報》的文章〈論德國藝術的形式主義取向〉，迪姆希茲宣布了這一政策：「形式若沒有內容，就等於沒有意義。」接著他就對所有類型的抽象和現代藝術發動了持續攻勢。他嘲笑「形式主義藝術家」，「他們喜歡假裝自己是革命家……表現得像是革新代理人」，並特別攻擊了畢卡索。畢卡索在當時不僅是共產主義者，也是德國許多畫家心目中的英雄。迪姆希茲不像希特勒那樣使用「墮落」（entartet）一詞，但他確實稱形式主義美學為「頹敗」（dekadent），兩者意思非常接近。德國知識界和藝術界在隨後幾天就做出回應：有些人贊同，有些人生氣，好比桑柏格就為畢卡索激烈辯護。然而，大多數人就只是感到驚訝，因為左翼藝術家沒有預料到「進步」的蘇聯會支持「保守」的藝術。

有些人知道類似的辯論曾經出現在一九二〇及一九三〇年代的蘇聯，當時實驗詩人和建構主義建築師都被查禁，只留下更符合政權喜好的藝術家。大家都知道類似的「形式主義辯論」在一九二〇及一九三〇年代的威瑪共和國也出現過，當時劇場界也為此分裂為傳統派和像布萊希特這樣支持前衛藝術的激進派。[20]當時的畫家大致也分為那些認為藝術仍具有社會或政治角色的人，以及那些相信「藝術只為藝術存在」的人。

這場「新形式主義辯論」很快就出現無數冗長論文，無止境的委員會討論及艱澀難解的書籍。然而，這一波新形式主義辯論其實具有早期辯論所缺乏的一個面向：由於「形式主義」一詞兼具政治意義與美學意義，因此定義非常模糊。事實上，沒有人能確定政治正確的社會寫實主義藝術應該是什麼樣子。形式主義可能指涉那些將美學置於政治之上的藝術家，或是投入純抽象、無調音樂和實驗詩歌等領域工作的藝術家；形式主義也很有可能具有指定主題和內容，好比一九五〇年在波蘭舉辦的藝術比賽就建議畫家，創作主題應包括「屠宰牛隻的技術和組織」、「工業化養豬場的合理化和機械化」和「利馬諾瓦、新塔爾格和梅胡夫的公牛與豬的品種」。[21]

其他有關形式主義的判斷則更加困難，即使對於最具熱誠的寫實主義藝評家也是如此。好比說，一幅描繪工人的肖像畫是否必須非常逼真？還是可以擁有藝術家自己的筆觸？如果一首歌詞是「進步的」，那麼這首歌很難唱有關係嗎？一首不押韻的詩是否仍能展現出積極的社會主義態度？或者共產主義詩句是否需要遵循某種形式？在實務上，這些問題並非由藝評家或藝術家決定，而是由文化官員決定，後者的判斷通常是出於政治因素或個人原因。一位波蘭藝術史學家就曾主張，重要的是藝術家的態度：如果他同意放棄展現一切個性，如果他努力在畫布上創造出正確的氛圍（無論正確在當時如何定義），那麼他就是一位成功的寫實主義藝術家。[22]所以一位符合政權喜好的藝術家就算偶爾會使用不自然的顏色，畫出綠色的臉或紫色的天空，他仍能繼續創作；一位與政權合作的詩人就算使用某些困難的修辭也能繼續創作。但那些受到懷疑的人，卻可能會因為同樣原因而導致作品被查禁。[23]

就實務層面而言，文化官員不斷修改「好」的寫實主義定義，以便控制藝術家和知識分子。例如一九五一年，由德紹（Paul Dessau）作曲、布萊希特編劇的歌劇《盧庫魯斯》（*Lucullus*），就在一群特定人士面前試演後被退回修改。有評論家發現這部作品包含了「一切形式主義的元素，以具破壞性與腐蝕性的不和諧音和機械式的敲擊噪音為主要特色」。黨在意可能是歌劇中的反戰訊息（當時韓戰剛剛爆發），以及非常不傳統的音樂演奏方式（九種打擊樂器，沒有小提琴）。布萊希特寫信給威廉．皮克，承諾要增加三首「內容正面」的詠嘆調。最終《盧庫魯斯》在十月份重新上演，但只演出了一晚。修改幅度非常小，因此延遲上演的主要目的可能是要確保布萊希特和德紹理解，擁有最終話語權的是黨而非藝術家。[24]

於是，藝術家就成為社會主義每季更新定義的受害者。一九四八年，畫家史坦佩（Horst Strempel）在新的腓德烈大街地鐵站裡繪製了一幅名為《清除瓦礫！重建！》的壁畫。這幅深具隱喻意義的抽象壁畫起初獲得高度讚賞，被稱為「重建行動的彩色交響曲」。但在迪姆希茲發表前述文章後，史坦佩公開反抗蘇聯對「形式主義」的攻擊。黨的藝評家進行報復，譴責這幅壁畫「不清晰的程度有若奴隸一般」。最終，《新德國報》稱其為「無意義的產物」。一九五一年二月，就在林納開始創作《共和國的建設》

時，史坦佩的壁畫被塗銷，再也無人得見其面貌。[25]

藝術組織也成為一種控制手段，只因黨有能力這麼做。例如德國美術協會早在一九四〇年代就已不再具有自主性，正如東歐其他地方的協會一樣。到了一九五〇年，該會已成為一個中央管理的官僚單位，擁有單一的會員註冊管道。為了購買顏料和畫筆，藝術家必須擁有該協會發放的稅號和確認稅號的會員卡。換句話說，任何想要畫畫的人都必須夠聽話，才能繼續擁有協會的成員身分。[26]不加入協會可能意味著根本無法做藝術家這份工作。

類似的情況也出現在波蘭。戰前的波蘭藝術家工會於一九四四年在盧布林重新成立，此後持續與共產黨保持密切聯繫。該工會的任務包括「控制和評估藝術產出」，組織展覽和課程，早期甚至為藝術家安排住宿。該會也通過藝術學校和學院來控制藝術家。例如在一九五〇年和一九五一年期間，藝術學院繪畫系的主任常討論到學生貧困的生活條件和他們缺乏創作材料之事。他們也會固定宣布自己正在尋找「志願」的學生以完成政治任務，諸如舉辦向史達林致意的展覽、為黨的慶祝活動提供創作以妝點會議廳等，報酬都很可觀。顯然，某些「志願」工作可能只是在幫助身無分文的藝術系學生。[27]

正如德國的藝術協會，波蘭的藝術家工會也和政府、政黨及（偶爾會有的）工廠一樣，成為最主要的藝術品買家。私人畫廊幾乎完全消失，連同其他私營部門一起。一九四五年一份波蘭文化部的文件明確指出：「由於經濟結構的變化，國家及地方政府必須成為購買藝術品的客戶。」如果藝術家想要賣出他們的作品，就必須得到工會支持。到了一九四七年，該工會在全國各地已擁有近兩千名成員，還有分部，例如琴斯托霍瓦的分部就自豪報告說，當地成員為當地政府創作了「海報和肖像」，並為活動、講座和五一節慶祝活動提供作品。[28]不是所有的分部都那麼合作：傳統主義者，「色彩派」，寫實主義者和年輕的前衛藝術家都在這個時期爭相角逐自身對克拉科夫的影響力。[29]

共產政府恩威並施。像納格爾（Otto Nagel）這樣原本在德國一直格格不入的藝術家（他甚至在薩克森豪森集中營待過）如今第一次發現自己受到國家熱烈歡迎，也發現國家可以滿足自己的各種需求。一九五〇年，德國藝術學院院長發放物資配額卡給納格爾，可以兌換一雙鞋子、一套好的西裝和外套襯布。納格爾入院後還收到了總統威廉・皮克親自來信：「作為柏林工人的孩子，您與工人是老交情了。」當他為柏林青年聯歡節設計圖案時，他也收到了何內克的熱情感謝。[30]

林納想必很清楚史坦佩失勢的每一個細節，以及納格爾等人可以獲得的獎勵。他也知道雖然自己是協會成員，他仍必須證明自己。因為他在國外度過了二十多年，來往的是法共而非蘇共，他也曾經被直接指控為「形式主義者」。在一封一九五〇年寫給德國工會領導的信中，他為自己的五一勞動節遊行作品所導致的「困難」道歉（色彩因天候不佳而褪色）。他也感到有必要在政治上向當局表明心跡。他說過去二十年來自己「用鉛筆和畫筆服務法國進步工人階級」，而他如今也會為德國做同樣的事情：「你們可以放心，你們和柏林工人階級（甚至不僅是柏林的工人階級）總是可以依靠我。」[31]他的道歉被接受了，他因此受託創作《共和國的建設》，惟在創作上必須與當年的東德首相葛羅特渥密切合作。

官方藝文界熱烈贊同此一安排。當時有位藝評家在一本手冊中解釋道，隨著葛羅特渥和林納之間建立合作夥伴關係，黨和藝術家之間的關係已經「被提升到歷史新高，反映出當今藝術與人民之間的新關係」。[32]藝評家宣布從今開始，藝術家將不再為自己、為朋友或為富有贊助者創作，而是在黨的指導下為黨創作。

就實務層面而言，這代表葛羅特渥批評了林納提出的各版本壁畫草圖，迫使他增刪人物、改變顏色、強調不同細節。林納交出第一版草圖後，葛羅特渥宣稱「畫家並未理解工業對社會主義發展的重要性」，因為「重工業沒有被刻劃為未來榮景的先決條件」。他也批評原本畫面中心的主要人物是知識分子而非工人：「工人階級才是革命的真正發起人。」[33]對於第二版草圖，葛羅特渥的評論更直接涉及美學：他認為顏色不平衡，有些人物太過靜態。他宣稱此圖沒能反映出社會的偉大進步，因此觀看這幅畫的人只會被特定細節吸引，而不是聚焦於畫作的整體意義。[34]

林納對於這些評論洗耳恭聽，並再交出了幾份草圖，其中有幾份也被拿給「科學家，女性和青年領袖」，以及議員等政治人物過目，而所有人都被允許發表自己的看法。在這個過程中，林納的心態開始出現轉變，他必須學習謙卑面對他在政治上的批評者，而且很快就得在其他層面上也開始這麼做。他甚至在創作期間寫了一篇自我批判的文章。他坦承自己受到斥責是因為「失去與東德生活的聯繫，所以只畫出了梗概和外觀」，但如今他已改變策略：

我研究了自己回到德國後所創作的作品，逐漸意識到這些譴責是正當的。智性上的懶惰、無法適應一個我離開二十四年後變得陌生的環境，以及某種坐享其成的傾向在在困擾著我……我已經堅定地解決了這些問題，希望很快就能提出一幅數月來與政府領導合作而成的壁畫草稿。[35]

這份「自白」並不是直接暴力或逮捕的結果，因為是林納自己想要迎合政權。幾十年來，他自己的國家第一次委託他創作並對他讚譽有加。他不再是流亡者，他在家鄉獲得認同。他似乎也在某種程度上相信黨一定是對的：如果他自己無法理解葛羅特渥某些評論的原因，或者若葛羅特渥覺得畫作很醜陋，那一定是因為他自己悟性不夠。[36]

一九五三年一月三日，也就是東德總統威廉．皮克生日當天，《共和國的建設》終於揭幕。雖然一開始廣受好評，但這幅作品過於明顯的政治宣傳意味和過分政治化的特點導致其聲望迅速下降，最終成為尷尬的存在。在德意志民主共和國最後幾年發行的林納作品目錄中，東德藝術界明顯對於該壁畫不予置評：「究竟是因為交付時間過短，還是因為草圖的放大和將圖案轉移到瓷磚上只能通過第三方來完成？或是因為這幅『畫』寬度超過二十五公尺，所以不該出現在這個位置？」無論是什麼原因，藝評家總結道：「東西德雙方對於這幅創作都不滿意。」[37]林納於一九五九年離世，但他的壁畫仍然長存。據說在他生命中的最後幾年裡，他總是避開部會大樓，以免看到這幅作品。

「群眾被剝奪了日常生活中美好事物的體驗，也失去了最大的喜悅：發掘自身藝術才華的樂趣。」波蘭工業設計研究所所長特拉科夫絲卡（Wanda Telakowska）在她一九五四年的著作《當代設計中的民間創意》前言中寫道，她這番對於戰前波蘭的描述相當灰暗。她認為一九二〇和一九三〇年代「具有資

本主義時代的特色」，有錢人「藉由擁有最能炫耀的商品來確認自己的價值」，缺乏財力者被迫尋找廉價而俗氣的仿製品。工廠大多為外國資本家所有，「追隨外國設計，當然是三流設計，因為更好的設計留給他們自己了，這導致生產出來的產品對大眾來說相當醜陋，最重要的是與我們的文化並不相容。」[38]

特拉科夫絲卡的職業生涯，起初並不是靠著使用這類正統馬克思主義語言來開展的。她曾是美術老師、設計師、評論家和策展人，最為人知的是她曾與名為「瓦特」（Ład）的波蘭藝術團體有關。設計史學者會知道瓦特與英國的美術工藝運動的關聯，其成員試圖研究在波蘭南部和東部地區仍存在的民間和農村工匠，並將其作品視為真正「波蘭」在地藝術設計的新基礎。瓦特的藝術家相信，「現代」不一定意味著「現代主義」或未來主義。在機械時代，不是所有東西都必須表面光滑或形狀簡約，舉凡民間家具、紡織品、玻璃和陶瓷設計都可以更新至符合時代，甚至可以作為工業的靈感來源。

無論從先天本質或後天塑造來看，特拉科夫絲卡都不是共產主義者。儘管當時有許多左翼藝術家（包括德國包浩斯設計師）主張以革命之名來掃除過往，但特拉科夫絲卡保有一種明顯非共產主義的信念，即從歷史中尋找靈感。她想在戰後繼續為克拉科夫的歷史博物館工作，為此她加入了新成立的共產政府。她很快就發現，她的創作方向更青睞於農民和民間藝術，而非城市知識分子的流行現代主義，這點與共產黨的某些目標重疊。[39]正如一位文化官員指出，民間藝術更有可能吸引波蘭勞工：「我們的工人階級與鄉村緊密聯繫，感覺更親近民間藝術文化，而不是知識菁英的文化沙龍。」在一九四〇年代末，特拉科夫絲卡對農民藝術的推廣也符合當時波蘭和德國都在推動的反形式主義運動。在此引用一位馬克思藝評家拗口的讚美之詞來形容：「不同於貴族和宮廷所創作出來逐漸脫離國家根本的藝術，鄉村的純淨文化能夠抵制世界化的傾向，成功保護自己免受僵化形式主義的侵蝕。」[40]

用波蘭的語言來形容，特拉科夫絲卡是一位「實證主義者」，英語人士或稱之為「實用主義者」。她接受共產政權之必然，決心與其合作，甚至加入他們，以追求她認為符合民族利益的目標。一九四五年春，她加入了新的文化部，即便這會讓她成為共產黨主導下臨時政府的一員。一九四六年，她創立名號響亮的美學生產監督局。在該局支持下，她對全國各地的民間藝術家和民間藝術團體進行了調查，並說服來自瓦特和華沙美術學院的波蘭藝術家參與她最大膽的計畫：創造出新的設計以便波蘭工廠量產。這一直都是她的目標，但她更進一步向上層提出了經濟依據。更好的設計能夠提高波蘭產品的吸引力：「美麗和優雅的家具、織物、印刷品、窗簾、衣服等物品更具有價值……法國、維也納和德國的產品皆是憑藉其藝術形式而非材料的品質來控制全世界的市場。」[41]

一開始，藝文界有點懷疑，他們擔心這項新計畫可能代表當局要開始打壓繪畫和雕塑。藝術家工會發表了一份聲明，主張「純粹」藝術，而非「有用」藝術。更重要的是，許多人不想與在一九四六年積極打壓救國軍的波蘭共產黨合作。但特拉科夫絲卡至少贏得了其中一些人的支持，部分是透過她的人脈，部分是因為她提供了物質協助，部分是因為她真心投入自己相信的志業。波蘭畫家烏爾巴諾維奇（Bohdan Urbanowicz）記得，他在一九四五年八月由德國戰俘營回到波蘭後曾與特拉科夫絲卡見面：

我滿懷恐懼和不確定地回到波蘭，沒有任何身分證明文件。穿過切申（Cieszyn）的邊境後，我前往華沙。蘇聯的卡車經過我身旁，上頭有著封條和標語。牛群被趕往東方……最後，華沙到了。我迷失在之前街道的殘骸中。維斯瓦河上方有座臨時橋樑。在普拉加（Praga）一幢以前是國家鐵路總部的龐大建築裡，座落著新文化部。一道黑暗的樓梯通往藝術部門，那是間擁擠的房間，充滿了人群、嘈雜聲和煙霧……突然之間，有人擁抱我。我發現自己在特拉科夫絲卡的懷抱。[42]

特拉科夫絲卡從抽屜裡拿出兩千茲羅提給烏爾巴諾維奇，「沒有留下任何會計記錄。」她還為他找到住處並安排他加入藝術家工會。多年來，他和許多人都在她的影響和保護下過日子。他也覺得自己對「重建我們被破壞的文化」有責任，所以也去了文化部工作。[43]特拉科夫絲卡沒有東柏林的貝希爾那樣豐富的資源（畢竟戰後的波蘭整體上能提供歸國流亡者的資源更少），但她也不像貝希爾一樣必須和西德競爭：波蘭人在共產黨之外的另一個選項便是流亡。特拉科夫絲卡訴諸人們的愛國精神，說服他們重建波蘭是重要任務，無論波蘭的政治領導者是誰。

許多人都和她合作。在「美在每一天，美在每一個人身上」的口號之下，特拉科夫絲卡的辦公室委託創作和購買了數十項引人注目的原創設計，包括織品、家具、餐具、瓷器、珠寶和服裝。[44]她派了一組藝術家前往什克拉爾斯卡－波倫巴（Szklarska Poręba）的玻璃工廠，另一組藝術家則前往西里西亞的玻璃工廠。這兩個小組都與工人和管理單位合作，設計出深具吸引力且受歡迎的設計，可進行大規模量產。其中一組創作出一系列玻璃杯，以戰前風格的書法刻上了字。另一組則以更古老的古董玻璃為靈感。特拉科夫絲卡還說服一位流亡巴黎的著名波蘭雕塑家克納爾（Antoni Kenar）從巴黎回到波蘭，成立木雕工作室。她也派設計師前往喀爾巴阡山裡與女性織工一起工作，幫助他們設計出新作品。某次她的辦公室還舉辦了一場比賽，鼓勵鄉村雕刻家設計新的「民間」木玩具，這讓一位藝評家讚不絕口地表示：「一種玩具製造的新方式就此誕生，這種方式徹底擺脫了一九二〇年代的孩子們脫離不了的『戰爭主題』。[45]

熱切而積極的特拉科夫絲卡並不孤單。在戰後最初幾年裡，重建祖國的強烈心願將波蘭人民團結在一起，尤其是在華沙，這座城市被摧毀得如此徹底，以至於許多人都認為華沙應該作為戰爭紀念地而永保廢墟樣貌。作家布蘭迪斯（Kazimierz Brandys）記得他當時認為：「我們不能碰這座城市，應該讓它保持原樣……深愛這座城市的我們，連它散落一地的瓦礫都想要去愛。」[46]其他人則認為重建根本不切實際或不可能。當年仍是年輕軍官（後來成為傑出的波蘭民間藝術史學家）的雅科夫斯基（Alexander Jackowski）直截了當的說：「我不相信華沙能在我有生之年重建。」[47]

戰爭結束的幾天之內，市區居民就已開始清理街道，並自願擔任建築工程師。人們是如此深愛著華沙，他們開始蹲踞在廢墟之中，就著毀損房屋的剩餘部分湊合生活。共黨領導層搭上了便車，將這股能量和情感洪流收歸己用：他們看到自己可以藉由重建華沙來贏得人心，或者至少贏得零落的讚美。別的不提，他們可以與像特拉科夫絲卡和烏爾巴諾維奇這樣的人合作，這些人熱切希望修復該國的藝術和建築遺產，即使他們並不完全支持共產黨的目標。一九四五年二月，臨時政府成立了首都重建局，任命在蘇聯度過二戰的建築師希格林（Józef Sigalin）為局長。

希格林立刻收到大量的建議。有些人想要摧毀廢墟，建造一座閃爍現代的鋼與玻璃之城，符合當時流行的國際風格。在由利物浦大學的流亡波蘭人於戰時創建的波蘭建築學院裡，一群年輕的波蘭建築師創作出一系列的建築設計稿，內容與當時英國建築師的設計相仿。皮亞克維（Jerzy Piatkiewicz）重新設計了華沙中世紀街區「老城區」，保留原本的街道規劃，但以現代化的玻璃建築取代巴洛克風格的外牆。其他人則提議興建混凝土公寓和大型建築物，那是英國稱為「粗獷主義」的風格。[48]

大多數民眾從一開始就不支持這樣的建議。大多數人希望能喚回舊日華沙，很多建築師也這樣認為。其中一位建築師表示：「我們對未來世代負有責任，我們有義務重建被摧毀的事物。」[49]具體而言，重建派認為華沙城最古老的部分，也就是中世紀、巴洛克、文藝復興和十八世紀的建築，都應該完全按原樣重建，以便保留該國的建築遺產，使其不致永遠消失。

但到了一九四九年，另一種想法也在逐漸成形。無論是玻璃建築，還是嚴謹的重建，兩者都不符合蘇聯正在推動的社會寫實主義，也無法完全滿足波蘭共產黨人對於再教育的狂熱和對於環境決定論的信仰：如果人們深受周圍環境的幽微影響，那麼華沙的建築師就有責任協助打造新的現實，創造出蘇維埃人的生活和工作空間。一九四九年貝魯特在一場重建華沙的重要演講中宣布：「新華沙不能複製舊華沙，不能只是複製一整套略做修改的資本階級私人利益大雜燴，那是戰前城市的本質……新華沙必須成為社會主義國家的首都。」[50]然而，當時全世界只有一座城市有資格自稱為真正的「社會主義國家首都」。所以，一九四九年重建華沙的官方計畫有大半都是直接且近乎盲從地參考了莫斯科的建築風格。

在史達林主義全盛期，蘇聯建築被特意設計成使人印象深刻並略感畏懼的風格。莫斯科的辦公室、公共紀念碑和公寓大樓都是龐大沉重而華麗。街道之寬闊令人印象深刻，但很難跨越。公共廣場寬闊平坦，鋪滿混凝土，非常適合大規模示威活動，但也令人感到單調乏味。建築之間的距離很遠，行人必須仰賴輕軌電車或公車。這些宏偉建築的設計應該要讓住在其中的工人「容易理解」，所以建築師在設計上大量使用了耳熟能詳的古典元素，例如柱子、陽臺和拱門。[51]

蘇聯的都市設計並不適合華沙，因為華沙是在汽車時代之前為馬匹和行人設計的城市，其規劃圍繞著教堂和商業街區。廣場和公園是為休閒而建，而不是為群眾遊行而設計，公園裡布滿草地，而非混凝土。一九四九年重建華沙的設計，最終成了史達林主義全盛期寫實主義的典型案例：農業部的兩層柱廊柱，為五一勞動節遊行設計的寬闊林蔭大道，裝飾用的混凝土路燈和陽臺。[52]這些設計與既有的波蘭傳統無關，但一位藝術史學家寫道：「並不存在任何一道命令強迫波蘭人得適應『蘇聯典範』，但他們面臨的沉重壓力令人難以抗拒，其後果則令人難以承擔。」[53]當重建開始進行時，城市土地已全都收歸國有，都市建築師全由城市局雇用，國家建築期刊則如同捷克斯洛伐克、匈牙利和東德那樣已是國有刊物，定期刊登有關蘇聯建築的文章和特刊。一九四六年至一九四七年，國立印刷廠還出版了一本名為《蘇聯建築》（*Soviet Architectur*）的精選集，讚揚蘇聯的建築成就，並抨擊俄國文化「異議」分子，包括著名詩人安娜．阿赫瑪托娃（Anna Akhmatova）。到了一九四九年，事態已非常清楚，黨對華沙所有重要建設有著最終的發言權，儘管無需強迫人們參與建設。

就這一點來說，波蘭建築師和德國畫家有著類似的命運，他們並不是在槍口下被迫畫出幼稚的宣傳作品。就像德國的林納，波蘭建築師也盡力說服自己接受蘇聯建築的優點。一九四八年，希格林前往莫斯科會見一位在納粹占領期間避居蘇聯的波蘭建築師戈傑姆特（Edmund Goldzamt），並在莫斯科完成了建築學習，當時他一度想要留在蘇聯（他也確實在一九七〇年代返回蘇聯）。戈傑姆特在一次難忘的通宵對談中，向希格林闡述了史達林主義建築的寫實主義理論。據稱希格林的回應是：「我們必須實現它」，並說服戈傑姆特返回華沙擔任顧問。[54]

戈傑姆特從來不認為自己是蘇聯傀儡。就像波蘭的特拉科夫絲卡，他也是英國藝術與工藝運動的擁護者，強調傳統圖案和設計。在暮年時，他寫了一本英國設計師莫里斯（William Morris）的著作，其中一章標題為「莫里斯在階級鬥爭中的地位」。[55]但在戈傑姆特及其門生的作品中，這些理論的實踐方式與特拉科夫絲卡的美學生產監督局所生產的作品或莫里斯工坊的產出截然不同。理論上，戈傑姆特認為建築物應該是「內在是社會主義，外在是民族主義」。實務上，他認為建築師應該將「民族」的主題（即由歷史建築和民間藝術所衍生出來的庸俗裝飾）應用於大型蘇聯風格的建築上。

波蘭最有名的史達林主義建築，就是華沙的文化科學宮，這也是最能反映出戈傑姆特這套理論的建築。文化科學宮至今仍在華沙屹立不搖，於市中心占據不成比例的空間，摧毀了華沙市中心的美學一致性。這座建築物是史達林送給波蘭人民的禮物，一份似乎無法拒絕的禮物。根據負責文化和祕密警察的伯曼所述，波蘭經濟部長明克曾建議打造居住區，但史達林想要「一座在城市任何一個角落都能看到的建築物」。[56]許多共產主義者不喜歡這個設計（伯曼後來鬆口表示「他們蓋得不太好」），但貝魯特很欣賞這座建築，至少他自己這麼說。文化科學宮這份禮物可不便宜：雖然蘇聯支付了建築材料的費用，但波蘭人必須支付蘇聯工人工資，為他們打造全新的郊區住處，還有電影院和游泳池。波蘭政府也負責清理城市中心的空地，許多可居住的房屋和傳統街道規劃都因此遭到摧毀。

文化宮由俄羅斯建築師設計，有部分也是由來自的俄羅斯工人帶來的俄羅斯工具與材料建造而成。可是，文化宮應該要符合「內在是社會主義，外在是民族主義」的理論，所以由魯迪涅夫（Lev Rudinev）領軍的俄羅斯建築師們鄭重巡迴全波蘭，參觀了克拉科夫、札莫希奇（Zamość）和卡齊米日（Kazimierz）等古城，一邊記下當地的巴洛克和文藝復興風格，一邊請益希格林和其他波蘭建築師。[57]

他們的成品在當時和今日看來都堪稱奇特。從遠處看來，文化宮彷彿是散布在莫斯科近郊、有著「結婚蛋糕」風格的摩天大樓複製品，頂部有著尖頂，底部則有劇院、健身房、展覽空間和游泳池等四座建築。若靠近觀察，可以更明顯看到「波蘭」元素。牆面頂部排列著從文藝復興式建築複製過來的裝飾元素，這些元素是俄國人在遊覽波蘭時學到的。牆面底部則簇擁著大型塑像，主要展示各種姿態雄偉的「工人」，但其隱喻意義則模糊不清。數十年來，文化宮一直是華沙唯一的摩天大樓（它在一九五五年到一九五七年間是歐洲最高的建築）。即便放在今天，文化宮也顯得相當突兀，儘管周圍已有許多日後興建且更為高聳的現代摩天大樓。這座建築唯一的優點是它表裡如一：這是一座蘇聯強加於波蘭首都的建築，大小和比例都不對，也無視該城的歷史或文化。

蘇聯建築還有其他幾個落成案例。在文化宮不遠處，華沙的建築師成功打造了一處寫實主義住宅區——馬薩科斯卡（Marszałkowska）街區。該街區有巨大的入口、柱子、大型樓梯和同樣意義不明的「工人」雕像凝視著天空。蘇聯元素也出現在其他幾個地方，包括穆拉諾區（Muranów），這個昔日的猶太區被改建成住宅區。

一九四九年這類蘇聯式建築計畫並不受歡迎，或至少不受所有人歡迎，這一點共產黨人非常清楚。因此，就在文化宮興建的當下，市政府便同步開始以極其仔細且費盡心思的方式重建華沙的中世紀老城區和其歷史悠久的主要大街——新世界街。黨內對此感到有些尷尬：貝魯特試圖解釋，他們是在過時的外表下，打造健康、衛生與現代化的公寓，完工後即刻讓值得信賴的工人階級入住。[58]雖然增加了室內衛生管線，但老城區最後看起來實在和以前太過相像，像到不自然的地步。一位曾住在中世紀市中心的居民多年後描述了這種感覺：「我出生的房子被徹底摧毀了，但我可以走進我在童年時代住的臥室，從完全相同的窗戶看著對面庭院裡完全相同的房子。就連那個形狀奇怪的燈座也還掛在同一個地方。」[59]

老城區的重建終於獲得眾人好評，成了共產政權的有力宣傳。每個新區域的啟用都得享巨大的歡呼聲、剪彩與舉杯祝賀，儀式經常安排在七月二十二日波蘭統一工人黨成立週年紀念日或其他共產節日。一九五〇年代拍攝的重建老城區照片裡，人們漫步欣賞著「重建奇蹟」。這裡曾是城市中一個幽暗古雅且逐漸沒落的區域，如今變得明亮開放，擠滿遊客。

就城市規劃而言，重建後的老城區和文化宮的組合從來不算成功，尤其是隨後幾十年兩者周邊出現了廉價的預製公寓建築。但到頭來，華沙重建計畫的失敗之處並不在於美學，而在於史達林主義經濟學。令人驚訝的是，當局制訂原始計畫時根本沒有考慮成本。由於具有份量的複雜建築成本高昂，預算早在外觀蓋好之前就用完，而噴泉和公共雕塑則根本沒能蓋好。文化宮的大房間浪費了暖氣、電力和空間，沒有人考慮到能源效率，高昂的維護成本也意味著室內很快就開始顯得陳舊。老城區的重建也不具經濟效益，因為他們沒有考慮到華沙迫切的住房短缺問題。一九五〇年代初，許多年輕人仍然住在原始的木製宿舍，他們不想苦候精心設計的建築落成。短短幾年內，對史達林主義計畫和歷史重建的所有熱情都消退了。城市建築師私下彼此承認，市府未能創造出任何一致性。一九五三年，希格林告訴一群建築師，「形式仍然落後於內容。」他最終沒能實現智識上的突破。

大約在同一時間，特拉科夫絲卡的美學生產監督局也被社會主義經濟擊垮。雖然特拉科夫絲卡和她的同事們費盡心思，有些作品也具有相當高的品質和原創性，但這數百種樣品和前衛設計作品從未真的成為高級消費品。事實上，波蘭工廠缺乏生產高級消費品的動機，因為所有東西都短缺，任何工廠生產的任何東西都能找到買家。由於價格受到管制，企業也無法拿一款由著名藝術團隊設計的漂亮花瓶然後收取比一款便宜普通花瓶更高的價格，也無法向生產這種商品的人支付更多的報酬。由於工廠經理身兼公務員，所以他們沒有特別努力的必要。[60]

「針對工人的設計」對地方官僚和國營工廠經理都不具任何吸引力。有位藝評家委婉解釋：「工業部的領導完全理解讓藝術變得普及的需要，但此事在個別工作場所中仍不流行。」還有一種馬克思主義式的解釋：「在人民民主制度中，生產領域的無秩序已由社會主義計畫所取代。然而，在日常生活物品的美學生產領域中，源於資本主義經濟時代的無政府主義仍然存在。」[61]

相對於西歐，波蘭的消費品（還有東德、匈牙利、捷克和羅馬尼亞的消費品）生產品質一直很差。歷史上一度作為重要收入來源的玻璃和陶瓷出口保持低迷（今日又重新成為重要收入來源）。負責選擇出口產品的官員並不具有良好的設計品味或直覺。[62]大眾消費品的產量變得比以往任何時候都更加淒慘，主要是因為絕大多數消費品都是盡可能以廉價而快速的方式透過生產線製造而成。

美學生產監督局也未能成功保護傳統民間文化。民間藝術市場迅速被另一家國有公司瑟菲利雅（Cepelia）接管，最終以生產重複的木製紀念品而聞名。瑟菲利雅有其支持者，包括波蘭頂尖民間藝術學者雅科夫斯基，他認為瑟菲利雅幫助農民在非常艱難的經濟時期謀生。他認為，「暴力的都市化」無論如何都會摧毀民間文化，而且追求庸俗的本來就是都市，本來就來自於熱衷購買俗物的工人。[63]

特拉科夫絲卡隨後創立了工業設計研究所，在一九六八年辭職之前持續擔任所長。然而，她的影響力未能延續。波蘭新一代的藝術家視她為史達林主義者，然後就這樣將她遺忘。她證明了即便不是共產主義者，與共產政權合作仍有可能，但她並沒有證明這樣的合作能夠成功。

當普多夫金（Vsevolod Pudovkin）於一九五〇年和一九五一年兩度訪問布達佩斯時，他作為一名革命性蘇聯電影製片人的日子早已結束。普多夫金和艾森斯坦（Sergei Eisenstein）同為蘇聯實驗電影的開創者。他最出名的主張是：電影是一種新的藝術形式，應該被當作藝術來對待；電影既不應反映日常生活，也不應該複製傳統小說的線性敘事方式。他反對嚴格的寫實主義，最初也反對使用聲音，理由是這會讓電影變得太像戲劇。他最著名的電影作品《母親》（*Mother*，根據高爾基的小說改編），是一部於一九二六年上映的無聲電影，大量使用當時新興的蒙太奇技術。普多夫金是最早將不同場景和不同觀點

並列以加強觀眾情緒反應的導演之一。[64]

對於普多夫金和艾森斯坦及蘇聯其他前衛派電影人來說相當不幸的是，史達林就是個狂熱的電影迷，而他剛好非常欣賞線性敘事。隨著史達林權力攀上顛峰，普多夫金受歡迎的程度就隨之下降。他的電影首先未能取悅領導，然後也未能取悅蘇聯評論家，再來則是沒能取悅文化官員，於是他們阻止普多夫金再拍任何電影。最終，他放棄了舊日理論，丟掉實驗性的蒙太奇作品，開始製作「寫實主義」電影，電影中的共產主義無論如何都會戰勝敵人。[65]這是普多夫金不再輝煌的職業生涯晚期，而他在此時被派往匈牙利布達佩斯。

理論上，普多夫金原本沒有太多東西可以教導匈牙利電影人。因為在戰前，匈牙利電影業就已擁有全球最先進的電影產業，在歐洲排名第三。從技術層面和導演經驗來看，匈牙利都遙遙領先蘇聯。匈牙利的電影發行制度也非常成熟。戰前匈牙利約有五百家運作中的電影院，其中至少有一半倖免於戰火，一九四五年時仍能繼續營運，這點比波蘭或德國的電影院好得多。雖然反猶主義法案在一九三〇年代導致電影產業分裂（一群非常有才華的匈牙利裔猶太人因此流亡好萊塢），但仍有大量設備保留下來。相較之下，波蘭戰後的電影業則是得要靠從德國「獲取」攝影機當戰利品才得以捲土重來。

戰後的匈牙利電影產業也不以傳播共產主義為目標。在布達佩斯，解放後的那年夏天，匈牙利最重要的電影製作公司赫尼雅（Hunnia）得到蘇軍的許可，以國營事業的身分開始運作。赫尼雅細心維持平衡的董事會成員，包括三名共產黨人、兩名社民黨人、來自三個不同政府部門的官員，以及一些非共產黨人。與此同時，私人電影製作公司也懷抱著希望開始運作。當時四個主要的政黨都成立了電影製作公司，理論上電影院也會分配給這四個政黨。在這一點上，共產黨依舊比其他政黨「更平等」，因為共產黨和社民黨人控制了大多數電影院，以及大部分資金。

儘管有一個相對樂觀的開始，但電影產業隨後卻收到通貨膨脹的極大阻礙：一九四五年只拍了三部電影，一九四六年則連一部都沒有。到了一九四七年初，政治力開始介入電影界。該年夏天，才華橫溢的年輕導演索茲（István Szőts，他曾於一九四二年的威尼斯電影節獲得最高獎項）與一家私人製作公司合作開拍一部電影，名為《玉米田之歌》（*Ének a búzamezőkről*）。電影改編自一本講述匈牙利農村家庭在一次大戰下經歷悲劇性打擊的古老小說，劇中主要是一位匈牙利女孩和俄羅斯戰俘之間的愛情故事。索茲的改編獲得一致好評。雖然他認為匈牙利與俄羅斯之間的愛情故事足夠政治正確，但還是遇上審查人員找他麻煩。審查人員不喜歡宗教場景，覺得過於強烈。他們也不喜歡反戰主張，因為這不再是政治正確。他們更不喜歡電影中的匈牙利農民如此深情熱愛土地：對於計畫進一步推動土地改革以最終完成農業集體化的政權來說，熱愛土地是個不祥之兆。索茲大吃一驚，但他還是做出一些讓步與調整，再宣布電影拍攝完畢，發行之初也獲得觀眾的歡呼和讚譽。

讚譽沒能持續下去，正如索茲後來所說：

> 影片的首映日期和地點早已確定，但影評家開始抨擊這部影片，稱其反動、宗教色彩濃厚，甚至說我支持敏真諦……開演前十天，這部影片被禁止上映，沒有任何理由……最後，電影在黨部放映，但沒有播放到結局處，因為拉科西看到劇中角色為遠離家鄉的兒子祈禱和唱歌的第一幕時就已起身，示威般

地離開現場……此案已結，電影被禁。[66]

《玉米田之歌》從未在電影院上映，此後也不再有其他私人製作的電影。一九四八年，電影業完全國有化，赫尼雅精心平衡的董事會被解散，藝術自由的假象也被放棄。現任文化部長雷瓦伊效法史達林的榜樣，開始監督從策畫到拍攝的所有電影製作步驟。為了不留絲毫漏洞，他也立刻向蘇聯同志尋求美學建議。他邀請蘇聯電影部副部長造訪布達佩斯，後者表示「我能為匈牙利電影藝術家提供的第一個建議是，他們必須徹底學習蘇聯電影……只有當你們把學到的蘇聯內容加入你們特有的匈牙利布爾什維克美學時，偉大的藝術才會誕生」。[67]副部長隨後便向普多夫金發出了造訪布達佩斯的邀請。電影院就像學校、工作場所和公共空間一樣，也成為意識形態教育的場合，而蘇聯導演可以把他們的方法教給匈牙利。

後人經常以「落魄失意」來描述一九五〇年抵達布達佩斯的普多夫金。以他的情況而言，這個陳腔濫調的描述似乎還算準確。他對實驗主義的直覺早已被扼殺。他剛憑著電影《舒科夫斯基》（*Zhukovskii*）拿下史達林獎，這是一部關於蘇聯航空工業創始人的沉悶電影，內容滿是阿諛奉承。他當然可以教導匈牙利人如何屈從，除此之外也沒有太多東西可教。普多夫金對他在匈牙利的經歷沒有什麼令人眼睛一亮的描述。就算他對布達佩斯的建築或物質文化印象深刻（布達佩斯即便在戰後仍遠比莫斯科富裕），他也未置一詞。如果他對戰前匈牙利電影有任何欣賞，他仍是什麼都沒說。

就一位電影導演而言相當不尋常的是，沒有任何關於普多夫金試圖勾搭匈牙利女孩或在下班後去酒吧的傳聞。他倒是在一九五二年出版的一本匈牙利小書中闡述了理論的重要性：「要理解生活，就必須理解馬列主義……沒有政治教育，就無法拍電影。」他還寫到好萊塢電影會稱之為「圓滿結局」的必要性：「戲劇必須展現出人們走向社會主義道路的鬥爭和勝利……」他也強調正面角色的重要性：「創造積極的角色是社會主義藝術家最困難但也最美妙的任務之一。」他批評了西方電影的「悲觀主義」，讚揚蘇聯電影「有機的樂觀主義」。[68]這位導演還接受多家媒體的採訪，其中一篇採訪讓如今成為意識形態叛徒的索茲在讀後十分震驚。普多夫金在該文中認為，歷史電影必須在意識形態上準確，而不是事實準確：

他說，最重要的是，一部電影應該按照意識形態的論證來描繪歷史事件。所有不符合意識形態的內容都會被認為是虛假的「自然主義」，而自然主義與歷史電影需要的意識形態和歷史現實不同。無論我以前多麼尊重普多夫金……在我讀到報紙上的這篇評論之後，我很慶幸自己從來沒有見過他。[69]

然而，普多夫金所帶來的影響遠不止乏味的言論。以前的匈牙利電影產業就像以前的波蘭電影產業一樣，是由導演主導構思、設計和規劃新電影的製作。而在蘇聯，電影則是由編劇主導，他們會在開始動筆之前便與審查人員討論電影的各個層面，包括主題和對話。相當諷刺（或許也相當悲劇）的是，早期曾是視覺與無聲影像大師的導演普多夫金將這套編劇制度引進匈牙利，從而創造出一套由乖順編劇和文化官僚主導的匈牙利電影公司體制。普多夫金的建議或影響無所不在：自一九四八年以來，任何希望擔任導演的人都必須是匈牙利戲劇電影藝術學院的畢業生。在一九五九年之前，他們只能向赫尼雅這一間電影公司提供服務——赫尼雅後來改名為瑪影（Mafilm）。在那段時間裡，每部劇本都必須經過多個部門的審查批准，每部完成的電影也是如此。

普多夫金在布達佩斯期間參與了許多文化部的劇本討論。他的貢獻大多集中於電影的政治和社會主題，而不是視覺或技術問題。他批評一部描繪農民加入合作運動的電影編劇，因為該劇關注的是合作的道德性而非實際物質上的好處：「這是個嚴重的缺陷。」他提議加入新的角色和情節轉折，以戲劇化的方式展示合作的好處。好比說，他建議加入一個孩子，這個孩子因為他父親拒絕加入合作社而大受打擊，並擔心他的未來可能會受到影響。[70]在另一次討論中，普多夫金批評了另一部電影，因為電影的最後一場戲中有一位工人死亡，他認為這個結局不夠樂觀。上列兩項批評都被無條件接受。還有一場討論會議的書面記錄以一句話總結：「我們接受普多夫金同志的建議，將根據建議修正電影。」[71]

普多夫金也直接參與了好幾部匈牙利電影的製作。其中一部是《卡塔琳的婚姻》（*Kis Katalin Házassága*），講述兩位工廠工人卡塔琳和約斯卡的婚姻，卡塔琳對工作和學習失去興趣後閒散在家，兩人的關係出現裂痕。約斯卡沒有幫助她，反而專注於自己的工作。卡塔琳搬回母親家，但最終被工廠黨委書記巴爾納所「拯救」，他教導她如何成為突擊工人及優秀的學生，甚至成為黨員。電影最後，約斯卡終於意識到自己需要向卡塔琳學習。正如編劇當年解釋的，「電影展示了人們如何被黨重新賦予生命，也展示了夫妻雙方有可能一人在工廠工作，一人在辦公室工作。」[72]這部電影遵循了「好」的寫實主義電影應包含多個教訓這道原則，也加入了關於破壞者的情節。觀看《卡塔琳的婚姻》的觀眾必須了解黨的領導作用，工作競賽的重要性，與反動勢力鬥爭之必要，不同工作的價值，以及婚姻的重要性。他們也可以看到一些在戶外拍攝的鏡頭，如普多夫金所言，「電影必須展示生活的真相。」[73]

任何想要擔任導演或編劇的匈牙利電影製作人，都必須在這些限制內工作。剩下來的唯一選項是離開這個行業，或是挨餓。在《玉米田之歌》被查禁後，索茲曾受邀成為國家導演：

我沒有接受這個機會，因為我知道我永遠無法拍攝一部充滿謊言、大肆政治宣傳和政治意圖的電影……所以我試著生存……這並不是件容易的事，因為我沒有收入。我賣掉了公寓……我也開始出售所有的東西，相機、鏡頭，然後意識到你可以靠這樣的方式生活，但這在當局眼中並不受歡迎，我這些活動沒有任何合格文件，於是他們認為這是黑市交易。過了一段時間後，我連坐在咖啡館裡都會擔心，擔心如果被要求出示文件，我就得承認自己沒有工作，最終被關進集中營。[74]

一九五一年，電影《奇怪的婚姻》（*Különös házasság*）上映，故事是一個被迫娶妻的男子，他迎娶的女孩懷了神父的孩子。這部匈牙利經典電影非常剛好的在黨打擊「反動教士」的同時問世。同年，瑪影發行了《地下殖民地》（*Gyarmat a föld alatt*），講述美國對匈牙利煉油廠的破壞。主角是一位揭發破壞陰謀的祕密警察，影片以匈牙利石油工業國有化為結尾，結局相當圓滿。差不多與此同時，東德也推出了反資本主義和反美主題的作品，特別是在《眾神之議》（*Der Rat der Götter*）中，情節圍繞著美國化學公司和納粹化學公司法本公司之間的勾結展開，法本公司生產了用於大規模屠殺的齊克隆B毒氣，藉此揭示出美國官員和納粹官員之間的連結。

然而，無論是布達佩斯的普多夫金、柏林的蘇聯當局或華沙的共產黨人，他們所推行的這套嚴格電影控制制度並不長壽。導演和編劇起初同意製作寫實主義電影，那是因為當時沒有其他選擇。然而，一旦出現其他可能，他們就開始尋找規則的漏洞。後來的東歐電影和戲劇導演開始將非口語的「笑話」（觀眾可理解但劇本審查人員找不到的、無語言而純影像的政治評論）提升到近乎藝術的層次。波蘭戰後電影的開拓者華依達這麼描述當時的情況：

> 我們從一開始就知道對話裡藏不了什麼……審查人員一直盯著我們的語言，這很容易理解，因為意識形態是透過語言表達……我們知道自己沒有用言語表達的機會，但影像完全不同。影像可以是多義的。觀眾可能理解影像中的訊息，但審查人員卻沒有任何採取行動的依據。[75]

華伊達的電影《灰燼和鑽石》（*Popiół i diament*）中就有這麼一個場景：兩名角色坐在酒吧，替伏特加酒杯點起火來，每點一次火就唸出一個名字。片中並未說明這些是為在華沙起義中死去的朋友所點的追思蠟燭（提起這個事件在當時是大忌），但觀眾立刻就明白畫面中的故事。匈牙利電影最後也會發展出類似的複雜隱喻手法，最著名的或許是導演薩寶（István Szabó）的現代版浮士德作品《魔鬼》（*Mephisto*）。該片故事設定在納粹德國，講述了一名演員同意與國家社會主義合作以追求事業發展。觀眾知道這個故事也是對於最近共產主義歷史的評論：在史達林治下的匈牙利，演員也曾與政權合作以追求自己的事業發展。

在現代劇和經典劇中也能找到這類提示和暗示，而導演充分利用它們。在共產波蘭，就連莎士比亞也可以成為當代政治評論的形式。例如《哈姆雷特》的名言「丹麥是一座監獄」，這句話可以被理解為對蘇聯占領波蘭的暗示。「丹麥這個國家有些腐敗」這句話也一樣。甚至，《李爾王》裡頭王國的分裂也可以是在隱喻戰後波蘭的分裂和東部領土的喪失。[76]

聽來雖然奇怪，但真正的「寫實主義」，亦即自然真實的對話和觀眾熟悉的日常生活場景，其實也是一種可以藉由縝密運用來對抗蘇聯的工具。這種技巧在一部名為《國營百貨》（*Állami Áruház*）的匈牙利電影中獲得充分發揮。雖然情節或場景（一間國營百貨）沒有什麼激進之處，但電影中卻出現了一些美麗的達努河畔場景，人們在水邊玩耍、互相潑水，整體上混亂無序，就像現實生活一樣，而非精心策畫的五一遊行。在另一個場景中，顧客聽說有一批貨物到達，準備爭搶商品（這樣的場景對當時的觀眾來說非常熟悉）。幸運的是貨車及時趕到，滿足了眾人需求。每個觀眾都能看出這一橋段的荒謬之處：現實中不可能會有貨車送貨來，這因此成了一種專屬於共產東歐的笑話。

華依達的第一部電影《一代人》（*Pokolenie*）於一九五五年上映，片中也運用了這種「寫實主義」。雖然其中有許多場景可能是為了取悅共黨官員而設計，但也有許多看似自然而然、恰如其分的場景。幾位年輕演員曾經在孩提時代參與過抵抗運動，對於德占時期非常熟悉——包括十幾歲的羅曼・波蘭斯基（Roman Polanski）。當他們在樓梯間和小巷中東奔西跑、躲避蓋世太保時，他們不過是如實呈現當下的自己，只是假裝扮演成回憶中二戰時期的模樣。觀眾也看懂了這一點。[77]

隨著時間過去，明顯具有史達林主義色彩的電影開始成為眾多導演的尷尬之作，其中一些人在一九五三年史達林去世後試圖公開批評或否認這些作品。最粗俗的史達林主義畫作、雕塑、詩歌、小說和建築也遭受同樣的命運。波蘭著名的諾貝爾獎得主辛波絲卡（Wisława Szymborska）鮮少談及她的史達林主義詩作，也沒有將其收錄在後來的詩集。這些詩作的標題令人尷尬：〈列寧〉、〈歡迎建設社會主義之城〉、〈建造諾瓦胡塔的青年〉、〈我們的工人談論帝國主義〉。她為史達林寫的悼詞〈那一天〉，裡頭有些不朽的詩句：「這就是黨，人類之願景／這就是黨，人民和良知之力量／他的一生不會被遺忘／他的黨將驅散陰暗。」她後來還會以其他主題撰寫許多美麗而神祕的詩作，並在往後那些年裡對這個困難時期避而不談。[78]

即便過去多年，史達林主義全盛期的印記依然深深烙印在東歐地區的文化裡頭。東德畫家長期爭論「寫實主義」的定義。匈牙利最傑出的哲學家艾格妮絲・赫勒（Ágnes Heller）一生致力於解決極權主義的問題。流亡海外的捷克作家米蘭・昆德拉（Milan Kundera）寫了許多關於審查、祕密和合作的故事。東德作家克里斯塔・沃夫（Christa Wolf）最著名的小說《追憶克里斯塔T》（*The Quest for Christa T*），則是講述一位女性抵抗壓力且拒絕順從的故事。[79]華伊達一生中持續關注極權主義和反抗的主題，無論是法國大革命還是第二次世界大戰。由於諸多歷史、政治、心理等方面的原因，東歐藝術家在一九四九年至一九五三年間一度同意成為「社會寫實主義者」。然而，他們那一代人及其後繼者因此經常得用一輩子的時間，試圖理解此事究竟是如何與為何成為可能。

第十五章　理想之城

「啊，我的煉鋼廠！無數蒼生之母／一同為你的榮耀而努力的蒼生／你使我的心堅強／我在你的土地上成長……」

——《給我的煉鋼廠》（*To My Steel Mill*），弗朗基維奇（Urszula Ciszek-Frankiewicz）[1]

「我尋找著該城。途經村莊，最終掉進了一個大水坑裡……工人充滿同情地注視著一個提著公事包的男人（當時有很多這樣的人前來發號施令），看著他的小車陷入泥濘。情況極其混亂，人們蜂擁而至，互不認識。」

——邦多爾（József Bondor），一位憶起他初抵史達林城情況的共黨幹部[2]

就像當年許多照片一樣，這張精心擺設的照片旨在教育觀眾。[*]照片左邊站著一位年輕女子，以農婦頭巾把頭髮往後紮，雙手放在背後，專注傾聽著。她穿著小方格襯衫和工作褲。右邊的另一位女子腳

* 編註：請參考本書圖片頁的圖二十八。

踏在臺階上站得穩穩的，手指著遠處。她穿著比較正式的裙子和襯衫，手裡拿著紙筆，正在下達指示。這兩位女子是全由女性組成的建設大隊成員，正在匈牙利新城市史達林城的新煉鋼廠裡努力工作。右邊手拿筆的女子是工程師暨建築師蘇菲亞・特凡（Zsófia Tevan），左邊穿小方格襯衫的女子是砌磚工人茱莉亞・柯拉爾（Júlia Kollár）。

柯拉爾於一九五一年抵達史達林城。她出身農家，二戰後在學校讀書讀到十三歲後開始工作，「那時候我們會接受任何工作」，最終她前往匈牙利南部靠近南斯拉夫邊界莫哈奇鎮（Mohács）的建設工地，當地已開始興建一座重要的煉鋼廠。一九四九年夏天，當局在莫哈奇規劃了特別課程，針對像柯拉爾這樣沒有專業技術的工人。她學會了如何混合砂漿和如何砌磚，還加入共產黨青年組織——當時被稱為勞動青年聯盟。但只過了幾個月，莫哈奇的工作就突然停工。當局宣布，工地將搬遷到匈牙利中部的多瑙平特萊（Dunapentele），所有莫哈奇的工人和監工也受邀移師該處。

柯拉爾同意了，並在一九五一年春季在布達佩斯建設部接受了另外五個月的培訓，然後抵達了新建設工地。起初她對這裡的環境感到震驚，因為她原本在莫哈奇和母親及兄弟姐妹住在同一間房子裡，但在多瑙平特萊，年輕的工人得睡在帳篷和臨時宿舍。「一個房間裡有五六個人，睡在上下鋪。」她幾乎就要打道回府，但她的主管特凡說服她留下。

特別的是，特凡有自己的獨立住所：「有一個供工程師們住的旅館，但由於大家都是男生，所以我在一個半裝修好的建築物裡有一間自己的住處。牆壁沒上油漆，房間非常潮濕，我必須穿著衣服入睡，因為早上起來時所有衣服都是濕的。」住處有室內衛浴和一間小廚房，特凡獨自生活。她當時沒有告訴柯拉爾，她的未婚夫當時正在監獄，因為他被捲入拉伊克審判的餘波而與其他幾十人一同被捕。她邀請柯拉爾和她同住，這兩位女性一起生活了一年，直到柯拉爾結婚為止。

對柯拉爾來說，接下來的時期回想起來似乎非常快樂。當我在二〇〇九年認識她時，她懷念著自己在煉鋼廠建設工地的最初幾年。她早年曾在史達林城加入第一個全由女性組成的建設小組，這在當年是巨大的榮譽。該隊於三月八日隆重開工，也就是蘇聯日曆上的國際婦女節。然而，這個建設小組的成果卻參差不齊。雖然替牆和地板鋪瓷磚對於女性來說並不困難，但特凡仍記得「灌混凝土卻相當不容易，特別是因為我們沒有適當設備……即使女性工人充滿熱誠，這在物理上仍相當艱困」。由於這個建設小組的進展受到媒體嚴密監看，她們不能失敗：當她們無法如期完成任務時，男性小組會暗中幫助女磚匠迅速完成工作。

雖然她所屬的小組工作從早到晚，但柯拉爾也十分活躍於勞動青年聯盟。用她自己的話形容，她「做義工，進行社會活動，購買和平債券」。柯拉爾在工地擔任新進女工的導師，參加舞會，協助舉辦戲劇表演和音樂會：「這是一個社群，人們需要社群。我們是社會性動物，我們需要彼此。」當她聽說勞動青年聯盟將派團參加柏林的國際青年聯歡節時，她去見了工廠的青年幹部暨選拔委員會負責人霍爾瓦（Elek Horváth）。他們在樓梯上遇見對方，她認為他非常英俊，然後她要求被選為代表。

但霍爾瓦沒有選中她。後來他才告訴柯拉爾，他不想讓她去柏林，因為「她可能會在那裡認識別人」。他當時已經愛上她，幾個月後他們成婚。婚禮在嶄新的註冊處舉行，儀式很簡單，「只穿普通的衣服」。特凡擔任見證人。結果新娘差點遲到，因為她早上忙著打掃城裡分配給他們的一房公寓。沒有攝影師，所以他們也沒有拍照。婚禮結束後他們去餐廳用餐，並且在下週一回到工作崗位上。[3]

——

當年，塑造柯拉爾、特凡和霍爾瓦早年人生和職涯的大型煉鋼廠，是匈牙利最大也最雄心勃勃的工業投資計畫。該計畫的一切都高度政治化，從一開始就受到蘇聯建議和蘇聯關注的影響。一九四九年，匈牙利官員和蘇聯官員在莫斯科開會，決定了煉鋼廠的設計方向。雙方也共同決定了原先要興建的地點，也就是莫哈奇——因為其交通便利、土質合適。但在蘇聯與南斯拉夫失和後，該地被認為距離邊界太近。拉科西在一九四九年十二月告訴匈牙利政治局，位於多瑙河畔的新地點在某些方面來說不大理想，因為沙質土壤最終會成為建設的障礙，但至少該地更接近布達佩斯，遠離狄托。

選定場地後，計畫便以蘇聯式的速度快速向前推進。建設開始時甚至連規劃都還未完成。在最初幾個月裡，當局沒有時間建造住所，所以像柯拉爾這樣的工人得住在帳篷和原始營房，也沒有時間為新公寓的牆壁抹上灰泥。附近的農場工人以「週末幫手」的身分參與，讓建設工作在週末時也能持續。天黑以後，夜班在強力照明下繼續工作。夏天，來自全國各地的青年團體都來幫忙。[4]

匈牙利只有這一座史達林城，但在整個蘇聯共產陣營內卻並非唯一，而是有多座「社會主義城市」。這些城市全都設立在龐大的新煉鋼廠周圍，共同代表著東歐共產主義的最全面嘗試，希望啟動創建真正的極權文明。這些鋼鐵廠的目標是加快工業化進程，從而促進武器生產。建設計畫之龐大，也是希望能吸引農民進入工廠，從而擴大工人階級。全新的工廠複合體是從零開始打造，當局希望證明在不受現有經濟限制的情況下，中央計畫經濟比資本主義經濟更能創造出經濟成長。

這些新城市的建築設計，都是希望能推動一種新型社會的發展，這種社會有助於「蘇維埃人」向外擴散。在這些全新社區裡，傳統組織將不再有影響力，舊習慣也不會阻礙進步，而共產組織將對年輕人產生巨大影響，因為他們沒有其他選擇。正如一位德國歷史學家所說，當局希望社會主義城市成為「沒有歷史包袱的地方，新人類在此誕生，城市和工廠將成為未來社會、文化和生活方式的實驗場」。[5]

新工廠和隨之而來的新城市從一開始就受到共產主義因素的影響。史達林城出於安全考量被挪到了與南斯拉夫邊境有段距離的地方，但波蘭的新鋼鐵城諾瓦胡塔（Nowa Huta）卻是出於意識形態原因而故意建在波蘭南部的大城克拉科夫旁邊：克拉科夫擁有悠久的貴族、歷史和知識分子傳統。「他們想改變克拉科夫的性格，」諾瓦胡塔一位早期建築師尤克諾維（Stanisław Juchnowicz）解釋道。「他們想創造出一批改變這座古城的工人階級。」[6]

即使在當年，此事也造成爭議：許多克拉科夫的機構團體抗議當局不該在一座古老城市和一所中世紀大學旁邊建造巨大煉鋼廠，但這些抗議無濟於事。據當時記載，參與選址的蘇聯工程師「感到非常驚訝，因為在克拉科夫旁邊蓋一座煉鋼廠竟會引起當地人猜疑反對而不是熱情歡迎」。他們認為克拉科夫當地可能只是「害怕這項計畫所需的艱苦工作」，所以在推卸責任。當局忽略抗議聲浪，決定繼續進行。[7]到了一九七〇年代，嚴重的空氣汙染確實染黑了克拉科夫城裡每棟中世紀建築。日後創辦城市生態協會的尤克諾維解釋道：「當時我們確實沒有意識到這個問題。」[8]

東德首座大型鋼鐵城艾森胡騰城（Eisenhüttenstadt，在一九五三年時亦被命名為史達林城）的選址也具有相似的政治意義。當時的東德迫切需要建設新的鋼鐵聯合工廠，因為戰前的德國煤鋼工業幾乎全部位於該國西部。當時他們考慮了幾個地點，其中之一是波羅的海，因為從瑞典進口鐵礦比較方便。然而該選址遭到烏布利希否決，他可能是在和史達林談話後做出決定的，後者不希望「他的德國」變得太依賴西方。烏布利希最後是在與負責規劃該地點的工業專家會面時，用一種浮誇手法解決了新工廠的位置問題。他把一個指南針放在桌前的德國地圖上，「看這裡」他說，然後以巴伐利亞的美軍基地為中心畫了半個圓弧。接著他打開指南針，指向一個建議地點說：「這大約是七分鐘的空襲警報。」接著他把指南針推到東德最東邊的福爾斯坦堡（Fürstenberg），接著說：「那大約是十五分鐘的空襲警報。」當時一名與會者指出，這種推算過程是否不能公開，烏布利希則回答：「當然不能。」新的鋼廠將會建在東部，以利用從烏克蘭中部進口的鐵礦石和從波蘭進口的煤炭。烏布利希最後表示，「所以這會是一項跨國友誼合作的計畫，這就是我們要提出的論點。」[9]

福爾斯坦堡還有其他優勢，例如大量的難民可以在該地工作。附近沒有大城鎮，這也是一件好事。[10]像他的波蘭和匈牙利同仁一樣，烏布利希也致力於打造一個「不受舊工作場所價值觀汙染」的新城市。[11]福爾斯坦堡沒有任何值得一提的產業，因此也沒有任何工作場所的價值觀。

就像匈牙利史達林城的聯合工廠，波蘭諾瓦胡塔和東德史達林城的工廠也都是由蘇聯設計，蘇聯工程師從一開始就參與了建設工程。匈牙利和波蘭的所有規劃和教材，都是由蘇聯國有企業吉普洛梅（Giprometz）提供，只是都必須先從俄語翻譯成當地語言，這因此導致了多起誤解。（即使是官方對於諾瓦胡塔建設的描述，都暗示了建設導致的「語言困難」）。[12]俄國人也提供設備，但有許多都需要「修改」甚至從頭改造以適應波蘭。[13]與此同時，在德國使用蘇聯技術之事在多方面都具有諷刺意味。東德史達林城的建造計畫與一九三〇年代美國顧問為馬格尼托格斯克（Magnitogorsk）的鋼鐵聯合工廠所制定的計畫相同，這使它不僅同樣擁有「資本主義」的源頭，還比後來在西德執行的計畫更不成熟。[14]

新城市的建築亦有其政治色彩。寫實主義建築師把這些設計當作一項重要實驗，而外國貴賓被邀請來見證他們的進展。東德史達林城的工人和工程師進行了儀式性的拜訪，參觀波蘭的諾瓦胡塔和匈牙利的史達林城，反之亦然。不久，藝術家和作家也會被邀請來記錄人們在新城市所過的新生活。史達林主義全盛期的許多文化元素都匯聚在這三座城市的規劃中——對重工業的崇拜，對突擊工人的景仰，青年運動，以及寫實主義美學。

這些城市乘載了共產主義陣營的高度期待，因為到了一九五〇年代初，東歐共產主義者迫切需要證明他們失敗的政治經濟理論其實有辦法行得通。許多人深信，為了能挽回共產黨人所需要的統治正當性，就得要藉由最後一次超人般的努力來提高工人的生活品質及創造「新人類」。

不過，「社會主義」城市的面貌是什麼樣子呢？又一次的，沒人知道答案。一九五〇年，一小群東德建築師前往莫斯科、基輔、列寧格勒和史達林格勒尋找答案。他們乘坐莫斯科地鐵，在紅場上參加

五一勞動節慶祝活動，甚至短暫瞥見了史達林本人。後來他們報告說：「我們站在列寧革命紀念堂的一側，有一些臺階通往臺上，史達林從我們身邊走過……熱烈的風暴愈來愈劇烈，我們非常遺憾沒有參加遊行，只能當觀察者……如此多彩的場面難以形容。旗幟、海報和圖畫，還有顏色的多樣性……」[15]

他們驚嘆不已，並在隨後的會議中凝神傾聽。他們得知蘇聯已建造了四百多座新城市，而且在每座城市中，「規劃局解決了所有有關建築位置和規劃的問題」。他們向蘇聯同志展示他們對柏林中心的重建計畫，而蘇聯同志卻表示該計畫不符合歷史：「他們唯一直接批評我們的地方，就是批評我們沒有珍惜德國都市計畫的偉大傳統。」他們被告知新城市必須遵循地方傳統，從柏林古典主義到北德哥德式建築，因為這會使它們顯得更加「民主」。（有鑑於蘇聯對德國歷史的輕蔑，此事顯得相當諷刺。）

東德建築師還發現他們的蘇聯同志偏愛城市更勝鄉村（「城市展示了國家的政治意志和民族自覺」），偏好重工業而非農業或服務業（「城市主要是由工業建設並為工業發展而生」），偏愛多層公寓大樓而非翠綠郊區（「將城市變成花園是不可能的」）。實際上，蘇聯建築師對任何郊區都不感興趣，他們宣稱「城市的特性在於人們過著城市生活，只有在城市邊緣或城市之外的人們才過鄉村生活」。

這個團隊帶著傳福音的熱情返回柏林。他們舉辦了會議和集會，還舉辦了研討會和培訓課程以傳授他們所學。這批建築師之一的皮斯托內（Walter Pistonek）在一九五〇年五月至十一月間講授了十七場公開講座，發表了十多篇文章。該團隊最終發表了社會主義計畫的「十六項原則」，這成為東德法律的一部分，直至一九八九年為止。烏布利希對於新計畫極其熱衷，甚至批准了在德雷斯頓建造一座史達林主義的「婚禮蛋糕風格」摩天大樓，類似於華沙的文化宮。幸運的是，此大樓從未建成。

雖然眾人對於社會寫實主義建築充滿熱誠，但對德國都市計畫官員來說，這項概念的實際意義卻不比波蘭都市計畫更清楚。在史達林城，許多建築師開始蓋起自己熟悉的建築類型：包浩斯風格的流線型簡單建築（包浩斯本身就是致力於打造「工人之家」的左派運動）。但當烏布利希在一九五二年一月參訪完工的第一批公寓時，他卻宣稱它們太小也太平凡，就像「沒有裝飾的盒子」。於是建築師又制定出好幾項新計畫，然後又接連放棄。[16]

最後，東德高層任命了一位新的首席建築師勒赫特（Karl Leucht）。他將城市規劃辦公室的員工人數從四十人增加到六百五十人，加快了計畫進度，並宣稱未來城市裡的建築物必須要體現「社會主義社會不斷增長的財富」，並反映出工人階級的高地位。「紀念碑般雄偉」的全新建築時期開始了。公寓大樓以高拱門互相連接在一起，門廊有柱子環繞，牆面上出現了類似德國藝術古典傳統風格的裝飾（那被認為是德國文化「最進步」的時期），但裝飾物的安排有時幾乎是毫無條理。新城市是圍繞著工廠設計的：儘管被綠地分隔開來，但從主要街道上即可看到工廠大門，就像柏林人可以從菩提樹下大道的遠處看到布蘭登堡門一樣。在一九八一年之前，該市沒有教堂，取而代之的是勒赫特設計了一座有尖塔的市政廳。

波蘭諾瓦胡塔的建築遵循了類似路線。在初期，都市建築師們希望以他們在戰前喜歡的風格繼續設計建築。波蘭建築師喜歡的並不是嚴謹的包浩斯建築，而是一九二〇年代和一九三〇年代裡英國式的花園郊區建築：低矮的一兩層建物，被綠色草坪和樹木所包圍。雖然這與寫實主義的理念南轅北轍，但他們確實也完成了幾項這樣的建設。不過，諾瓦胡塔的路線很快就改變了：黨宣布這些新建築不夠具有意識形態，不足以反映波蘭的民族特色。

在華沙，都市新計畫以極快速度在高度緊張的氣氛下制定完成。在計畫公開之前，沒有人被允許事先過目，而且計畫文件是在武裝護衛下運往克拉科夫。[17]正如在文化宮上妝點文藝復興元素的俄羅斯建築師，諾瓦胡塔的建築師也決定，波蘭最像波蘭的時刻是十六世紀。結果就是，克拉科夫真正的十六世紀建築物因空氣汙染而陷入危機，而諾瓦胡塔則得到了一間新文藝復興風格的工廠總部，其外牆精密複雜，上有城垛。城裡的市政廳按照波蘭東南部文藝復興城市札莫希奇的風格來設計，但從未竣工。和史達林城一樣，諾瓦胡塔也是許多世紀來第一座沒有教堂的波蘭城市。

匈牙利史達林城的都市計畫同樣壯觀。根據計畫，這座城市將設有餐廳，人們將在那裡集體用餐，而非在自家煮飯。幼兒園和學前班步行即可到達，劇院和運動場館也近在咫尺。當局還考量人們還需要場所來表達他們對政權的支持和愛，因此城市建築師安排了一條從工廠伸展至中央廣場的寬廣林蔭大道，名為史達林街，這是五一勞動節遊行的理想場所。廣場本身將有一側面向多瑙河，並在中央擺放超巨大的史達林雕像。[18]

外表不是建築師唯一關注的重點。套句勒赫特的話，社會主義城市應該是「德意志民主共和國經濟和文化躍升的展現」。新城市將向工人們明示或暗示，他們的生活品質將獲得提升。雖然他們可能得暫時住在令柯拉爾感到震驚的原始宿舍，但他們都相信這只是暫時。「你打從最開始就知道，就相信最終會有公寓可住。即使當局最初並未這樣承諾。」一名德國女性回憶說。[19]另一名女性告訴城市報紙，她對「社會主義」城市的定義是「到處都有光線、綠意、空氣和空間」。[20]在匈牙利的史達林城，當局設定了野心勃勃的目標，每月落成一千間新公寓，同時留下充足的空間建造公園。[21]

人們對新城市有很高的期待，當局更是進一步推升了這份期待。工人公寓不僅要多，還要寬敞舒適，並配備最新設計。烏布利希在一九五二年訪問東德史達林城後，建築當局制定了一項協議，規定公寓內房間的高度必須從二點四二公尺提高到二點七公尺，窗框和窗臺的品質也要比正常標準還高，所有建築物的高度都要保持一致。[22]勒赫特表示公寓必須有中央暖氣，新居民必須對建設「有發言權」。建築師不應該單獨決定人們能擁有多少空間。[23]

一九五二年，時任東德總理葛羅特渥前來參觀，他視察了新建公寓後「得出結論」：「工人們在如何擺設和裝飾新家方面並沒有得到充分的建議。」[24]當局於是舉辦了「樣品屋」展覽，教導獲得公寓的人們如何布置。樣品屋中陳設的家具是「工廠製造」，因此比新工人還是農民時所使用的原始家具「更先進」。當然，只有那些值得居住在這些社會主義住宅中的人才能得到這些：由於新居住空間大約有八成歸廠區所有，因此它們很快就成為「工人競賽」獎勵的一部分，被用來鼓勵表現傑出的工人更快達標。[25]

商店也必須品質優良。在諾瓦胡塔，建築師費盡心思來設計中央廣場上的商店。其中一家如今已成瑟菲利雅分店的商店仍採用一九五〇年代的裝潢風格，包括一盞巨大吊燈，看起來像文藝復興時期的吊燈，卻是由沒有見過文藝復興吊燈的人所設計。商店內應該要擺滿商品，有些情況下也確實如此。在匈牙利的史達林城，許多來自農家的人（包括柯拉爾）會把食物帶回家分給家人。[26]諾瓦胡塔還因商品種類豐富而聞名，比附近的克拉科夫更好。

相較之下，東德的史達林城在初期反而沒能滿足居民的物質需求，其物資短缺的程度成了全國關切的焦點。一九五二年八月，東德貿易部長致信該市當局，表達了憤怒之情：

當我在八月十六日週六訪造訪煉鋼廠園區時，許多工人和園區內的黨員告訴我，對於工人家庭來說，蔬菜、水果等商品的供應非常糟糕。有人要我和各家太太聊聊以便了解情況……我被告知「最好打起精神」，因為她們可有得抱怨。新城區的購物街原定於今年五月一日完工，但據稱人們對於內部裝潢意見分歧導致至今仍未完成。[27]

收到這封信之後，市政當局同意在城中舉辦特別的「購物博覽會」，提供包括七百四十輛自行車、五千個桶子、兩千四百雙鞋和一萬公尺的床單等物品。

最後但同樣重要的一點，一座「社會主義」的城市應該要讓工人不僅能吃飯睡覺，也能享受以前只有資產階級才配享有的休閒活動。一九五二年訪問史達林城時，匈牙利共產黨人法思（在一九四四年拜訪匈牙利游擊隊時弄掉眼鏡的那位仁兄）安排了一次和年輕工程師的會面，問他們下班後都做些什麼。在聽到對方回答「沒事可做，通常下班後就回家睡覺」後，他命令設計師建造一家餐廳，設計師聽命照辦。[28]（在同一趟旅行中，法思還問中央計畫局局長哪裡可以叫計程車。「我們甚至連道路都沒有」，對方如此回答。）[29]建築師尤克諾維也曾接到一通突如其來的電話，命令他「蓋一座劇院」。[30]諾瓦胡塔市民劇院在一九五五年建成。東德史達林城的劇院則在同一年落成，並以東德著名情報頭子沃夫之父弗德里希命名。這座劇院設計得像是希臘神殿，卻沒連上城市的暖氣系統，長久以來都必須依靠一臺老式火車頭引擎保持溫暖。增建計畫接二連三地出現。在匈牙利史達林城，提高城民文化水準的壓力導致該市於一九五四年建成一家新旅館「金星」。一家報紙將該建築描述為「城中最美麗的建築」，其餐廳被認為是「城裡最好的餐廳」。服務生和廚師都來自布達佩斯，市長更是隆重宣布，這家餐廳會優先服務一般大眾而非重要人士。[31]

除了為工人提供娛樂，社會主義城市也必須為所有人提供文化啟迪。在一九五〇年代初，藝術家、作家和電影製片人都前來參觀以「向工人學習」。俄國作曲家蕭士塔高維契（Dmitri Shostakovich）於一九五二年造訪東德史達林城。東德導演蓋斯（Karl Gass）於一九五三年在該城製作了一部歌功頌德的政治宣傳片。雖然他的設備過於原始而無法進行採訪，但蓋斯仔細拍下了煉鋼爐的建造過程。[32]東德的小說家門斯托克（Karl Mundstock）也發表了一本著作《白夜》（*Helle Nächte*），書寫他在城裡的經歷。該書以抒情的方式描繪建設現場：

> 堆疊的木材、鷹架，蓋好的營房、爐灶、桌子、椅子、床、砂石堆，只要有空間的地方都堆滿了這些東西……但不久，人們開始看到了一排排房屋、工廠和儲物倉庫，證明了合理的系統存在於表面的混亂之下。不久，推土機清理了十年來曾一度淤滿泥漿的運河。鋸子也譜出樂曲，通往煉鋼廠中央的友誼之路已然建成。[33]

一九四九年和一九五〇年，波蘭小說家康維斯基也在諾瓦胡塔工作，利用當地蒐集的素材寫了《在建築地點》（*Przy Budowie*）——可能是他生涯中最糟糕的小說。故事情節涉及一個施工小隊，他們必須趕在建造期限內完工，卻被階級敵人和思想不足的同事們所挫敗。當然，他們最終克服了所有困難，完成了計畫。[34]

作家和藝術家在新城市建設現場尋找的不僅是工地體驗，也是重新塑造自己的機會，就像工人正在重塑這個社會一樣。一九五二年，畫家內林格（Oskar Nerlinger）來到史達林城，希望消除自己仍保有的資產階級形式主義色彩。內林格在戰前是前衛藝術派的活躍成員，戰後被任命為西柏林藝術學院校長。他與東方的共產黨同志密切合作，強烈反對「資本主義」，支持東德的「和平運動」，很快便因此樹敵。在參加東邊的一些展覽後，他便被視為西邊的「爛教授」之一，像其他幾個人一樣失去了工作。[35]在一九五〇年代初期，包容度低的顯然不只有共產黨人。

內林格在一九五一年大張旗鼓地越過邊境，成了少數由西德遷移到東德的人，並加入了東德藝術界。然而，他仍然像自己所說的那樣「對自己的藝術態度感到不安」。他妻子艾莉絲的畫作在東德難以展出，儘管她在一封致當局的信中曾語帶抱怨地表示「作為一個藝術家，我這輩子都致力於和平」。[36]內林格本人「慶幸」能在東德生活，但對一位以高度抽象畫聞名的人來說，東德的美學很難理解。他希望能在新社會主義城市生活一段時間，以改變自己的「悲觀主義」，並像工人一樣擁抱「樂觀主義」。[37]

內林格獲得工廠高層的委託繪製壁畫，因此成為煉鋼廠的員工，具有「工廠工人的權利和義務」。他決心體驗新同事生活的各個面向，拜訪他們的公寓、餐廳和運動場。白天他包著毯子坐在「冬日泥濘中」，「站在煉鋼爐旁邊，體驗大型爐房的建設，聆聽機器的各種噪音」，希望從「這些無畏建設的創造者身上學習，以脫離先前的蒙昧」。晚上他則研讀技術工程文獻。他試圖在工人工作時繪畫，但這並不容易：「工廠很吵，很危險，相機也不管用，因為金屬的光芒太熱太亮。」[38]

他的第一批作品沒能取悅他畫中的工人，工人們認為畫中場景過於陰暗而令人不快，簡直像間糟糕的西德工廠。他們開始建議內林格該如何做出改變。內林格聽從他們的建議，開始將工廠描繪成一個更明亮愉快的地方。他畫出工人們更加快樂也更加樂觀的樣子，他認為展示工人對自己所做的事情感到「自豪」是很重要的。他的工人評論家們非常滿意，所以內林格就為他們製作了這幅畫的印刷品，好讓他們掛在自己的公寓裡。[39]

他的風格確實改變了，就如同他在一九五二年十一月的一次素描研究和作品展（東德史達林城所舉辦的首場藝術展）所誇耀的那樣。為了展現出他的進步，內林格帶來了四幅戰前的畫作，並表示他的作品「不能繼續這樣」。一位藝評家在回顧展覽時表示，這些舊作包括「一幅非常嚴肅冰冷的工廠畫作」（一九三〇年）和「一幅憂鬱而黑暗的風景畫」（一九四五年），體現出「因為政治開放而走入歧途的藝術家的悲慘境遇」。幸運的是，「他的進步精神擊退了麻木的悲觀主義」。「在艾森胡騰城煉鋼廠區的節奏脈動中，他擺脫了在畫室中孤身老去的憂鬱恐懼，拾起了真實而嶄新的烏托邦之夢。」[40]

工廠工人對這場首展感到滿意。「親愛的內林格同事，」當晚有人在訪客簿上寫道，「我逛展時感到很高興，我看到你用熱誠和不斷創新的精神努力解決新問題……我希望完成的作品能夠大獲成功。」另一個人則表示：「我們的信念是，人類是我們所有努力的核心，這不能僅是一句話，而必須以藝術來表達。」來自社會主義友邦的代表以波蘭文、匈牙利文和捷克文寫下讚美之詞。

數週後，工廠內部舉行了一次討論。內林格首先要求「工人的建設性批評」。一些回應出奇地精準。

有條由三名工會成員簽名的評論：「我們很喜歡黑白畫，但水彩畫必須更明亮也更自然。」另一位工人則抱怨說，他從其中一幅畫無法辨認出個別面孔，因為這些人物畫得太抽象。來自自由德國青年的代表更為熱情：「這可能是我國人民史上第一次，有藝術家把作品交給賦予他動力和力量的工人，讓他們進行批評和討論。」[41]

內林格的成功得到了很高的評價，而他的心態也再度轉變。與林納一樣，他真心希望自己符合身處時代的精神，並有意識地接受「再教育」以更融入新環境。在這方面，內林格其實跟他筆下畫作中出現的工人，以及史達林城和諾瓦胡塔城的工人享有很多共同點。他們正在被周圍環境重新塑造和重新定型，最終將會符合新城市的精神。

社會主義城市計畫者的夢想遠不止於磚瓦。從一開始，當局的目標就不只是藝術和城市規劃的轉型，而是人類行為的全面翻轉。在早期的紀錄裡，史達林城必須成為一個「沒有乞丐也沒有邊緣人」的城市——也就是說郊區不能有貧民窟。[42]在社會主義城市中，工人應該遵循比過去「更有文化」的生活方式，這與戰前資產階級的生活方式非常相似。在匈牙利的史達林城，這個令人神往的未來終於在一九五二年夏天來臨。當時五一大街上的公寓相對有序，街道鋪上了柏油，建築垃圾和瓦礫都被清除。這個區域已經成為穿著體面的人會去逛逛的地方，很快就被稱為「史達林城的瑞士區」。正如歷史學家桑多·霍爾瓦（Sándor Horváth）所說，事物本應如此。新的城市空間將孕育出新類型的工人，也就是「都市人」：

「都市人」過著清醒的生活，去看電影和戲劇，或聽收音機，不去酒吧，穿著現代舒適的成衣。他喜歡外出散步，喜愛以合理方式利用休閒時間，去海灘度假。與農村居民不同，他的公寓裝潢採用都市家具，他偏好工廠生產而非木匠製作的家具，他躺在實用的沙發上。在都市人的公寓中有一間浴室，他也經常泡澡。他不會用浴缸替寵物洗澡或存放食物。白天他在工廠吃飯，只用廚房煮一些輕便的餐點。其餘時間裡他和家人都待在客廳。都市人在他明亮通風的現代公寓陽臺上曬太陽，孩子們也在那裡呼吸新鮮空氣。他不會在陽臺上晾衣服，而是在建築內使用公共洗衣間。[43]

不過，匈牙利史達林城的「瑞士區」規模相當迷你，到了一九五二年仍只有一條街道。在該區之外的建築區域，或是在東德史達林城及波蘭諾瓦胡塔城的建築區域，日常生活的面貌則大不相同。

——

在第一個十年裡，社會主義城市以驚人的幅度實現了一項目標：這些城市的人口全都急遽增長。一九四九年成立的諾瓦胡塔，到了一九五〇年底已有一萬八千八百名居民，到一九六〇年更是達到十萬零一千九百名居民。[44]匈牙利的史達林城在一九五〇年底有五千八百六十名居民，一年後就增長到一萬四千七百零八名居民。[45]東德的史達林城在一九五二年有兩千四百名居民，到了一九五五年已經達到一萬一五千一百五十人。對於任何一個發展中國家而言，這樣的迅速增長都會帶來混亂失序、出錯或其他更嚴重的問題，而事實也的確如此。如同波蘭青年泰希瑪所說，「一切都原始的令人難以置信。」

一九五一年，二十四歲的泰希瑪抵達諾瓦胡塔，那年他也出席了柏林青年聯歡節。泰希瑪出生在波蘭東南部偏遠村莊的農家，戰前他父母無法負擔學費，所以泰希瑪透過免費教育完成高中學業。他以學生身分加入波蘭人民黨的青年組織，當組織於一九四八年併入波蘭青年聯盟，他也跟著成為新組織的成員。他才華橫溢且熱情洋溢，很快就獲邀到華沙的波蘭青年聯盟總部工作。他曾希望進入大學學習，但眼下有其他更迫切的任務。華沙總部的幹部出乎意料地把他叫到辦公室，表示現在他們迫切需要在諾瓦胡塔設立波蘭青年聯盟辦事處，泰希瑪是否願意成為該單位的第一位領導？他同意了。正如他記得的，他因此成了「數萬名年輕人的領袖」。「我負責他們的教育，文化與運動，一切都是我的責任。」[46]

泰希瑪在諾瓦胡塔待了三年，期間他遇到了各種「因為年輕人從鄉村遷徙到大工廠而生的問題」。許多來到諾瓦胡塔的人是文盲或半文盲，從未離開過自己的小村莊，也從未離開過自己的家庭，對外面的世界一無所知。泰希瑪並沒有立刻認定這是一個無法克服的問題：他自己就來自貧困的村莊，而他在諾瓦胡塔工人旅館裡所居住的「斗室」比他成長過程中見識到的任何房間都更奢華，至少「有水有電」。他還擁有一位祕書和一份由波蘭青年聯盟支付的薪水，這使得他獨立於工廠之外。

泰希瑪起初覺得自己的日子有趣極了。雖然華沙總部下達策畫講座和遊行的指示，但他也擁有相當多的自由。他在工地周圍走動，「關注年輕人的工作方式，或出手干預，或提出建議，觀察餐廳和教育體系」。他把他的結論與建築工地的領班分享，並且推動改變。為了防止工人下班後「躺在長椅上懶散」，他組織了一隊建築工地的卡車，帶領工人去克拉科夫看表演，其中有許多人以前從未進過劇院。

泰希瑪也舉辦聚會，介紹工人認識來到諾瓦胡塔尋找創意靈感的重要作家、藝術家和詩人。同時，他還會留意誰符合建設規範，誰又打破了規範。他忠於當年的精神，鼓勵參與「社會主義競賽」並獎勵勝利者。有些人聽從了他的建議：「他們參與活動，試圖表現出色，他們互相競賽。但現實生活中的情況當然不像新聞片段中呈現的那樣。」

很快的，泰希瑪的工作變得令人失望。他負責經營的新群體中確實有人欣賞他的工作，想擴展自己的視野，學習工人運動的歷史，或是認識戲劇和文學。但其他人不僅對他的努力不抱興趣，甚至積極與他敵對。許多人「根本沒有文化標準，沒有教育，也不需要更好的東西。他們經常酗酒，也以打架取樂。他們沒有團體感。他們不想得到我們所能給予的任何東西」。

他不是唯一得出此般結論的人。一九五五年史達林去世後，當時的新聞環境變得更自由，年輕記者卡普欽斯基（Ryszard Kapuściński）曾經代表《青年旗幟報》（*Sztandar Młodych*）來到諾瓦胡塔。在新落成的公寓大樓裡，卡普欽斯基遇到許多對自身成就感到滿意的人。「我在這裡已經待了兩年，說什麼也不想離開。」一名男性告訴他。但在城市邊緣的營區裡，卡普欽斯基卻看到了接近但丁式的悲慘生活條件，還有貧窮而墮落的工廠工人階級興起：

> 不久前，一位十四歲女孩把性病傳染給一群男孩。當我們遇到她時，她是用如此下流的語言描述自己的成就，令我們不禁作嘔。她不是唯一一個。不是所有人都這麼年輕，但這樣的人很多。可以去莫吉爾斯基森林，去「臺灣」（Tajwan）、「瀨戶」（Kozedo）等工寮看看……諾瓦胡塔還有這樣的公寓：母親

在其中一間房裡向男人收錢，女兒則在另一間房裡滿足他們。這樣的公寓也不只一間……

現在來看看工廠裡一名年輕工人的生活。他早起，去上班，三點鐘回家，然後一整天就這樣過去。我經過這些男人住的宿舍，看了看裡面：他們就坐在那裡，實際上，這就是他們唯一的活動。他們不說話，因為也沒有什麼話好說。他們可以讀書，卻不習慣讀書。他們可以唱歌，但會打擾到其他人。他們可以打架，卻沒有理由這麼做。他們就只是坐著，有些比較活潑的會在街上閒逛。天哪，也許有什麼地方可去，可以打發半天時間？這裡有許多酒吧，但有些人不想去酒吧，也有些人是沒錢。除此之外，這裡啥都沒有……[47]

泰希瑪得出了同樣結論。他試圖與最冷淡的工人進行小組討論，但儘管他們很願意抱怨工作條件，他卻無法引導工人談論其他事情。當著名作家前來此地訪問時，工人大多也默默無言，彷彿在等待這些來自不同世界的訪客對他們下達指令。泰希瑪開始事先提醒這些藝文人士，甚至建議他們不要過度讚美諾瓦胡塔。他告訴當年的史達林主義重要作家布蘭迪斯不要過度描繪建築工：現實並不像布蘭迪斯的作品中看起來那麼樂觀快樂。實際上的日常生活與報紙、新聞和小說中所描述的相差甚遠。

同樣巨大的落差，也出現在社會主義城市裡的各個區域之間。在五一大街與瑞士區不遠處，就是匈牙利史達林城裡名為「雷達」和「南方」的營區。這些區域實際上是貧民窟，沒有自來水、室內廁所和柏油路面，也沒有人定期收垃圾。人們在營房旁邊的棚屋養豬養雞，有時甚至只能在附近還沒完工的公寓大樓裡飼養。下雨時，路面泥濘難行，家長只能背著孩子去幼稚園。本來只能住一個家庭的空間，有時卻居住了兩三個或更多家庭。[48]需要娛樂的營房居民也不去劇院和飯店，而是去酒吧。據報，最惡名昭彰的酒吧是「擲刀手」(Késdobáló，匈牙利俚語中亦指「酒吧」或「夥伴」)，該處常有酒醉、喧鬧、打架、砍人等事件。另一家酒吧「花豹」(Lepra)則被戲稱為進門前要對空鳴槍，如果沒有其他人回擊才能進去。警察定期試圖關閉這些場所，但那些聚集在此的前農民卻堅決抵抗「都市」的警察和媒體。[49]

東德的史達林城一分為二。在城裡的某些區域，少數幸運兒得以搬進新公寓，對於自己的新處境相當滿意。但在某些區域情況更為艱難。最初來到這裡的大部分工人都是來自德國各地的年輕人，約有三分之一來自波蘭、蘇台德或舊德意志帝國其他地區的難民，離開家人孤身前來。他們住在營房裡，每間住十個人，主要娛樂活動就是喝酒。一位工人記得自己曾去過「福爾斯坦堡的頂樓」，那裡就像匈牙利的史達林城，有極具寫實主義色彩的酒吧，例如野豬酒吧和地窖酒吧。[50]另一位則記得有間酒吧人多到擠不進去——除非你足夠幸運，能在酒吧發生鬥毆之後抵達現場，因為此時先前的客人都已被趕出去。[51]

建設趕工、夜班制度、漫長工時、經驗不足的工人及管理層，這些都意味著人們的理想工地經常會出現技術問題。史達林城的鬆散沙質土壤帶來巨大的問題，阻礙了完工進度。特凡記得，她會一大早醒來，偷偷走到建設工地，確定「牆壁和建築物還沒坍塌」。[52]她的工廠倖存，但當地一所學校的邊樓卻發生倒塌，不得不重新建造。一九五八年，整座下水道系統都必須重新翻修。事實上，意識形態本身就是技術問題的來源：有一次，特凡要求撤換一隊備受稱讚的突擊工人隊伍，因為他們急於快速完成工作與蒐集獎勵，因此簡化流程，導致施工品質低落。這種問題在當時其他建築工地和工廠中也都出現過，卻在強力政治宣傳下使社會主義城市的問題變得更加嚴重。

煉鋼廠內也出現了技術問題。在東德的史達林城，一座設計來生產三百六十噸生鐵的熔爐，最初只能生產一點五噸左右。經過約兩個月的整修和調整後，終於可以生產約兩百零五噸，也就是至少能「完成計畫的百分之五十八」。最終產量有所改善，但糟糕的規劃和工程失敗意味著史達林城煉鋼廠的部分產品必須在蘇聯各地流浪多年。該廠於幾十年後「完工」，但未完成的材料仍需穿越邊境來回運輸加工。整座工廠包括鋼鐵生產循環的所有階段，得要到東德已不復存在後的一九九〇年代才會真正完成。[53]

快速發展往往會導致貧困國家出現這類失誤和失敗。但在新社會主義城市裡，時常慘不忍睹的現實生活，與烏托邦式的政治宣傳之間的如此差距之大，以至於共產黨得不斷努力解釋。社會主義城市裡的大規模政治宣傳活動，因此也比全國其他地方的更盛大也更為緊張。好比當局為了動員城市的勞動力，或許還為了鼓勵蘇聯加碼投入，於是展開了把多瑙平特萊改名為史達林城的運動。正如格羅在一九五一年寫給拉科西的信中所說：

> 有了新的名字，我們就更能夠在工地舉辦工作競賽。以這樣的方式改名……就能讓大多數工人對計畫產生認同，再要求政府回應工人對於改名的需求……我也認為以史達林同志的名字來替杜納煉鋼廠命名，將在道德上迫使蘇聯的經濟單位提供計畫和供應方面的幫助……[54]

一場「自發性」的運動於是如火如荼地展開。整座城市的工人都寫信給拉科西，承諾只要匈牙利領導同意更改城市之名，就能提高他們的工作品質，提前完工的日期。其中一封信寫道：「我承諾用盡我所有的努力與知識，幫助這株在多瑙平特萊小村落裡種下的小樹，在史達林城這座奇觀之城中枝繁葉茂地成長。」另一位工人則表示：「我懇求拉科西同志將這封信送到我們的父親史達林手中。」還有些人為此寫了詩：

> 伏爾加河畔，有史達林格勒；多瑙河邊，有史達林城。
> 史達林同志是和平的最大守護者，他的名字將保護我們的城市……

最後，一個工人代表團拜訪了拉科西，並將所有信件裝訂成一本皮質厚書呈獻給他，這本書至今仍保存在城市博物館。拉科西與眾人握手，表示他已經同意城市可以改名。預計舉行為期三天的「更名」慶祝活動，屆時會有民間舞蹈表演、戲劇和歌劇、體育比賽及一個展出所有史達林著作的書展。一幅巨大的史達林肖像畫被掛在黨部大樓上，並仔細安排照明。用當地記者的話說，「好像匈牙利人民的感激之光照耀在他臉上」。[55]

在東德，共黨高層對其社會主義城市的錯誤採取更加嚴肅的態度。黨高層特別關注工程失敗的問題，於一九五二年舉行了一次史達林城的黨領導大會。在緊閉的門後，所有問題都被提出討論：缺乏物資、工人缺乏防護裝、糟糕的交通、骯髒的營房和故障的煉鋼爐。會議成果是一份口誅筆伐的報告，將大部分責任歸咎於金屬工業部部長塞布曼（Fritz Selbmann），指控他「傲慢」並對其罰款。他被告知還能保住烏紗帽，條件是他得帶領委員會監督工廠運作，並在下一季內進行迅速改革。

東德祕密警察進行了自己的調查，調查新爐子表現不佳的原因。史塔西的主管蔡塞爾親自下令提交一份題為《關於艾森胡騰城計畫和建設中可能的破壞問題》的報告。在蘇聯顧問的建議下，蔡塞爾再次將技術故障的大部分責任歸咎於「塞布曼部長完全不負責任的行為」，有些人開始暗中議論會再有一場作秀公審（也許會像是一九三〇年代蘇聯的沙赫特審判，當時有幾位不幸的工程師被指責造成了一系列工業故障）。塞布曼和他的同事之所以沒有被逮捕和公開羞辱，全是因為一批蘇聯工程師及時來訪。他們審查了計畫，對爐子的建造表示讚賞，但批評了德國工程師的「經驗不足」：低產量的原因不是破壞問題，而是他們不當混合焦炭和鐵礦。[56]政治壓力使得史達林城工程師極度緊張，廠內的技術總監克尼希（Hans König）公開抱怨他遭到的攻擊和指責。一九五五年，他越過邊境逃到西方。[57]

普通工人也應該承擔部分過錯。史達林城的新聞媒體公開譴責故障和延遲是「罪犯、妓女和失格者」的錯，是他們透過卑劣手段闖入城市，據稱導致犯罪率上升並破壞其他人的努力。這些指責部分為真。匈牙利的史達林城是該國最大的建築工地，各種人都聚集到該處尋求財富。可怕的生活條件（過度擁擠、缺乏娛樂、住處短缺）也可能使工人的行為變得更糟，儘管不總是如此。特凡的女性工班中有幾位曾是妓女：「有些人繼續在史達林城裡從事此業，但也有些人真的想開始新生活。我給了其中一名工人很多幫助，後來她成為了當地的商店經理。每次我去購物，她都給我最好的產品，她非常感激。」[58]

然而，大多數來到社會主義城市的工人並不是罪犯或妓女，正如大多數去簡陋酒吧的人也並非持槍暴徒。最終，「匈牙利史達林城作為一座毫無法治的淘金之城」變成一則有用的神話，只不過與現實並不相符。就像當局提出可能有人暗中破壞，這類神話的存在，讓當地人更容易接受為何生活品質沒有提高，為何公寓仍未建成，為何即使是從頭開始建造設計的蘇聯煉鋼廠，也無法實現共產黨的宏偉計畫。

——

將責任歸咎給逃工、罪犯和其他破壞分子的政治宣傳行動，可能取得了一定成功。但宣傳和現實之間的差距最終仍是大到無法掩飾。某種程度上，許多熱情的社會主義居民因此感到幻滅。在擔任青年社運人士幾年後，埃萊克・霍爾瓦被徵召入伍，成為了一名軍官。茱莉亞・柯拉爾（現在是茱莉亞・霍爾瓦）則被邀請加入布達佩斯一所共產黨培訓學校，結果她卻因位在當地表達對「和平債券」的反對而陷入麻煩。作為勞動青年聯盟的領袖之一，她被迫向她的同事銷售這些「債券」（實際上就是稅收，因為是上繳給國家的錢），而你賣出越多債券，在青年聯盟中的地位就越高。她開始覺得說服人們掏錢購買和平債券是錯的，即使這會讓霍爾瓦夫婦不再被視為「優秀幹部」，她也不想這樣做。她大聲說出了自己的觀點。不久之後，便有人問她是否因丈夫擔任官員而過度驕傲，她說不，她其實不喜歡丈夫的工作，因為丈夫大部分時間都不在家。這次談話和她對和平債券的評論都被報告給學校主任。學校主任請她解釋自己的行為，她回答這並非「敵意行為」，只是在表達意見。事件就此結束，她作為一名黨的倡議者回到了史達林城，但她再也沒有回到工地工作，她對於此後在這座城市度過的日子也從不懷念。

如果熱情無法持久，社會主義城市的烏托邦之夢也無法持久。史達林於一九五三年去世後，並不是所有事情都立即改頭換面，好比德國與匈牙利這兩座史達林城直到一九六一年才靜悄悄更名為艾森胡騰城和多瑙新城（Dunaújváros）。建築規則倒是在史達林死後立刻就更新了。一九五四年十二月，史達林去世不到一年，赫魯雪夫便發起了一場「建築工業化」運動。在一次演講中，他熱情盛讚預製建築、鋼筋混凝土和標準公寓。他對那些過度關注外觀的建築師表示輕蔑：「他們追求漂亮的輪廓，但人們需要的是能住的公寓。」他還譴責了史達林主義及寫實主義的奢侈浪費：

某些建築師熱衷於在建築物頂部加上尖塔，替這些建築物帶來一種宗教性外貌。你喜歡教堂的輪廓嗎？我不想爭論個人品味，但對於住宅來說，這種外觀並非必要……這並沒有為居民帶來額外的方便，反而使建築物的開發成本更加昂貴。[59]

根據這一系列新政策，蘇聯中央委員會通過了一項關於「消除非必要奢侈建築」的法令。東歐地區也很快跟進。一九五五年一月，赫魯雪夫的演講被翻譯成德文。二月份，柏林的黨中央委員會就宣布，所有新建築都要在新口號「更好、更便宜、更快」的原則下進行。[60]不久之後，他們開始在史達林城等東德城市興建一些惡名昭彰的預製塔式住宅區。

東德原本計畫在史達林城興建的尖頂市政廳最後從未落成。在波蘭諾瓦胡塔的中央廣場上也沒有出現文化中心，這塊空地現已更名為雷根廣場，以安德斯將軍（Władysław Anders）、教宗若望保祿二世和團結工聯命名的三條街道如今交匯於此。匈牙利史達林城的主廣場只建成了一半，這讓「廣場」略為傾斜，即便到今日仍在城市裡引起建築爭議。一九五四年，東德史達林城煉鋼廠的投資金額從一點一億馬克降至三千四百萬馬克，有些生產週期的工程被無限期推遲。[61]一九五四年，匈牙利史達林城煉鋼廠的投資被徹底凍結。儘管波蘭諾瓦胡塔煉鋼廠繼續發展，但其地點也隨著時間過去變得愈來愈有爭議。

由於這三個社會主義城市起初皆挾帶相當巨大的人氣和政治宣傳，它們持續在三國後續歷史中發揮象徵作用。一九五五年夏天，諾瓦胡塔及其工人成為波蘭首波在史達林死後公開發表的反共詩句的主題。詩人瓦濟克（Adam Ważyk）的《成年人之詩》狠狠嘲弄了農民轉行的工人、諾瓦胡塔高層的虛偽和光輝燦爛的共產黨政治宣傳：

他們乘著木製馬車離開村莊和小鎮
建造工廠，築起夢想之城
打造新的黃金國度
一支先鋒軍，一大群人潮
他們擠在馬房、營房和旅社
在泥濘的街道上重重踩著，大聲吹著口哨
一次偉大的遷徙，帶著迷惘的雄心
琴斯托霍瓦的十字架掛上頸間的繩子
一堆詛咒，一個羽絨枕，一加侖伏特加，對女孩的渴望……
一大群人突然前仆後繼

從中世紀的黑暗中走出：非人的波蘭
在十二月的夜晚，嚎叫著無聊……[62]

後來，這群帶著十字架和伏特加的「先鋒隊」出現在華依達的電影《大理石人》（*Człowiek z marmuru*）。這則故事說著史達林主義的突擊工人，如何在無意義感和失望之中消逝。該片於一九七七年獲准發行，多虧了當時擔任波蘭文化部長的前諾瓦胡塔青年領袖泰希瑪支持。

往後幾十年裡，波蘭諾瓦胡塔這座沒有教堂的城市也成為政治與宗教鬥爭的焦點。一九五七年，克拉科夫總教區申請在諾瓦胡塔建造教堂。一九五九年，克拉科夫總主教沃提瓦（Karol Wojtyła）在教堂預定地所在的開放空間舉行露天彌撒。整個一九六〇年代和一九七〇年代，教會和市政當局就資金和許可證問題持續爭執，直到一九七七年，教堂才得以興建。沃提瓦主教為其祝聖，此舉提升了他的國內和國際地位。六年後，沃提瓦成為教宗，他就是若望保祿二世。他與心中充滿勝利之情的群眾在該處舉行彌撒。諾瓦胡塔如今已成為波蘭獨裁政權失敗的象徵：失敗的規劃，失敗的建築，失敗的烏托邦理想。

第十六章 勉強合作

「她給了我們一切／日和風，永遠慷慨／她所在之處便是生命／她使我們成為自己／她從未放棄我們／即使在冰冷的世界裡，我們也感到溫暖……／黨，黨，黨總是對的！／同志們，此事永遠不變／為正道而戰者，總是對的……／捍衛人類的，總是對的……／由列寧的精神喚醒、由史達林之手鑄造而來到世間／黨，黨，黨」

——《黨歌》（*Das Lied der Partei*），一九四九年

「這件事很難向人解釋：『黨，黨總是對的』那首歌，我們當時真心相信，也照著這樣去做。」

——赫塔（Herta Kuhrig），柏林，二〇〇六年一月[1]

對於現代的聽眾而言（或者更準確說是後現代聽眾），上面這首《黨歌》的歌詞並不具有任何感染力，反而聽起來相當荒謬。在東德倒臺後的這些年，這首歌被嘲弄與模仿，甚至在 YouTube 上由米老鼠來演唱。[2]一旦沒有完整的意識形態支持，聽到像「黨，黨，黨總是對的」這種合唱歌詞，就顯得過時而可笑。很難想像有誰能一本正經地唱出這些詞。

但在史達林主義的東德唱這首歌的人們並沒有笑，這些歌詞肯定是認真的創作。歌曲創作者是捷克暨德國共產黨人富恩堡（Louis Fürnberg），他在戰爭期間逃到巴勒斯坦，在一九四六年返回布拉格。作為猶太人和前流亡者，他在一九四九年成為捷克斯洛伐克懷疑的對象，因此在那一年的黨代表大會上被排除在外。為了表達悲痛（又或者希望扭轉自身地位），他才寫下了這首「黨總是對的」歌曲。但他運氣不錯，沒有像斯蘭斯基一樣被關進監獄，而是被派到東德當外交官。一九五〇年，柏林黨代表大會上首次有人演唱這首歌，廣受各方讚賞。這首歌最後被德國共產黨採納為黨歌，此後便經常在官方和黨內場合演唱，直到一九八〇年代為止。演唱者通常帶著明顯的熱情。[3]

為什麼？有些人唱歌是因為害怕不唱的後果，但更多人根本沒有聽過歌詞或對歌詞不感興趣。事實上，許多在領導演講後鼓掌，在聚會上高呼口號，或在五一勞動節遊行中行進的人，都有著某種奇怪的矛盾心態。這數百萬人不一定相信報紙上的所有口號，但他們也不覺得有必要譴責寫出這些口號的人。他們不一定相信史達林是永遠正確的領袖，但他們也不會撕下他的肖像。他們不一定相信「黨，黨，黨總是對的」，但他們也不會停止唱這首歌。

他們之中有些人今天會反對共產政權，但他們當年為什麼沒有更公開的抵抗？對此，我們並沒有一個直截了當的解釋。蘇聯的共產體制構思於一九二〇年代，完善於一九三〇年代，並於一九四五年在東歐傳播，而這套體制的非凡成就之，就在於能使許多國家裡許多不具政治目的人們順應臣服而少有抗議。戰爭的破壞，受害者的疲憊，精心設計的恐怖統治和族群清洗，也就是本書前述所有蘇聯化的元素，都有助於解釋為什麼。人們對新近暴力事件的記憶及未來暴力威脅的恐懼持續存在。如果在二十個彼此熟識的人之中有一個人被捕，可能便足以讓其他十九個人感到害怕。祕密警察的線民網路始終存在，即便不存在，人們仍認為它可能存在。在學校、媒體、街頭及各種「非政治」的集會活動中無法避免的重複宣傳，也讓口號看似難以避免，體制看似無所不在。反對又有什麼意義呢？

與此同時，當局還會使用一些非常具有吸引力的語言。雖然換一套政治體制可能會重建的更快或更有效率，但重建顯然已經正在進行。雖然共產黨總是不自量力，但他們確實曾呼籲打擊無知與文盲，確實與科學及科技進步的力量結盟，確實吸引了那些希望社會在可怕大戰後能夠煥然一新的人們。一九五〇年代中央政治局成員傑爾吉（Jerzy Morawski）懷念地憶起：「起初，人們的熱情令我大大動容。我認為我們會創造一個新的波蘭，不同於戰前的波蘭……我們將照顧那些過去受到錯待的人。」[4] 當時一位波蘭軍官回憶道：「工作正等著人們，而非人們等待工作。華沙正在重建，產業正在重建，每個人都有機會學習。新學校與新高中落成，而且一切都是免費的。」[5]

正如前幾章所述，共產體制對其他權威機構和公民社會的系統性破壞，讓那些質疑他們價值觀的人感到孤立和孤單。諷刺作家費多羅維奇（Jacek Fedorowicz）就成長於對共產黨懷抱深深疑慮的家庭，但他不知道同儕對共產主義的看法，也從來沒有過問：「恐怖是如此之深，以至於人們不敢談論。」[6]

共產黨人在西方也有一群具有影響力的支持者，包括智識界巨擘如沙特和畢卡索。這些人為共產主義意識形態帶來正當性，讓許多東歐人感覺自己不僅是蘇聯臣民，更是歐陸前衛思潮的一分子。畢竟，西歐大部分地區都正在左傾，為什麼東歐不能也左傾呢？畢卡索本人於一九四八年到訪波蘭，參加世界知識分子維護和平大會，雖然他在蘇聯來的客人開始侮辱存在主義和T．S．艾略特時摘下耳機拒聽翻譯，他卻似乎對其他事項表示贊同。[7]畢卡索在波蘭逗留了兩個星期，向國家博物館捐贈了一批手繪陶瓷，並在華沙市中心一棟新社會寫實主義「工人公寓」牆上畫了一隻美人魚，也就是華沙的象徵。不幸的是，工人們對來看畫的人數之多深感不悅，於是用油漆蓋掉了這幅素描。[8]

黨的賄賂行為明白可見，形式也五花八門：從提供知名作家或藝術家高薪工作和獨棟別墅，到替留在東德的德國技術人員或科學家加薪等等。對基層而言，國營事業員工通常有非常便宜或免費的餐飲、更好的住房和糧票。至於高層，他們可能享有非常繁複的特權，特別是按當時的標準來看。一九四六年，匈牙利恰克拜雷尼村（Csákberény）的黨委書記在他從當地貴族手中沒收的別墅裡舉行盛大晚宴。一位客人仍然記得當晚的情景：

> 別墅燈火通明，裝飾著火把。門口右側的狩獵俱樂部前站著制服警衛，左側是穿著藍衫紅領帶的青年領袖……外面停了幾輛美國豪華轎車，旁邊停放著兩輛蘇聯軍用吉普車、幾輛摩托車和幾輛馬車。有一輛警車也停在那裡……屋裡的長桌上有烤豬、魚子醬和火雞，還有野豬、野雞和鑲鵝。來自被沒收的葡萄園的梅拉諾烈口葡萄酒從水晶瓶倒入水晶杯中……[9]

在布達佩斯和柏林，共黨高層可以自由選擇上層資產階級留下來的別墅。在華沙，黨內菁英通常在城外的康斯坦欽郊區度過大部分時間，他們在那裡有自己的餐廳和電影院，並由受蘇聯指揮的武裝警衛保護。據一九五三年叛逃的祕密警察史維特沃所說，當貝魯特和他的情婦在家時，貝魯特別墅的花園裡

「滿是身穿黑色西裝、手提公文包或者手插口袋」的人：「他們在那裡只是為了預防『群眾』想來向他致意，老天保佑。」這描述可能過於誇張，但作家艾吉（Joel Agee）的回憶錄也呼應了此事，他記載了自己在繼父（一名東德作家）位於柏林郊區那警衛重重而與世無爭的家中度過的童年時光。威廉・皮克的別墅就在附近，如艾吉所說：「很多黑色轎車停在那裡，還有裝甲車和吉普車。四圍環繞鐵絲網，還有警衛巡邏。你能感覺到這地方最好不要靠近。」[10]

祕密警察還能提供其他服務。根據史維特沃的說法，貝魯特所有的廚師、服務生和清潔女工都是安全部門的員工，薪水來自該部門的預算。其他高階官員也擁有類似規模的人力和住所。祕密警察頭子拉德奇維茲在華沙有間公寓，在康斯坦欽有座別墅，還有四輛車和四名司機接送。但即使層級更低，像史維特沃這樣的副部長和高階安全警察，也「有免費公寓、服務生和車輛可供使用」，還有免費的衣服、鞋子、毛毯、床單，甚至是襪子、手套和公事包。[11]

願意祕密為政權工作的人也能得到更直接的金錢獎勵，特別是如果他們原本出身敵方。史塔西早期最成功的間諜行動「利箭行動」之所以得以展開，就是因為他們輕鬆收買了一位西德聯邦情報局的低階情報員。這位信差蓋爾（Hans-Joachim Geyer）曾是納粹黨員，在加入西德聯邦情報局僅幾週後就被抓住。在接受審訊時，他立即承認有罪，但表示他認為「自己可以提供幫助」。

史塔西立即將蓋爾納入薪資名冊：他的第一筆薪水於一九五二年十二月十二日發放。蓋爾繼續前往西柏林與他的聯繫人碰頭。每次他向史塔西報告時都會提交發票，部分發票至今仍珍藏在史塔西檔案。發票內容包括眼鏡店帳單、六張馬戲團門票，以及書籍、體育用品和皮革商品的收據。蓋爾的聖誕節購物清單（據推測是給家人的禮物）包括巧克力餅乾、椰子、一雙兒童長襪、杏仁糖、杏子、一套新西裝和手帕。

很明顯他值回票價。一位官員寫道，由於蓋爾的幫助，國安局得以在東德「逮捕了一百零八名西德聯邦情報局間諜」，獲得了數百份原始文件。儘管蓋爾的身分在一九五三年秋天遭到揭露，最終返回家鄉，但他仍然獲得了東德多枚國家勳章，甚至在他去世後，東德仍繼續支付他的遺孀大筆養老金。[12]國安局甚至支付他兒子的所有教育費用，包括醫學院學費。他的兩個兒子最後都成為了醫生。

無論是有意或無意，蓋爾的史塔西背景文件透露了許多資訊，讓我們理解什麼類型的人容易遭到收買。他的案件負責人寫道，蓋爾「想取悅每個人」，他忠於妻子和孩子及他所居住的家。他不喝太多酒，沒有任何不道德的行為。他「政治冷感」，但「容易受到影響」，當局建議指導員帶他做「邏輯思維和辯證法」訓練。他可能確實遵循了這個建議。

對於少數人而言，共產體制提供了顯著的晉升管道（參考第十三章的「社會晉升」），同時也為服從體制的人帶來絕佳機會。新的教育體系和新的工作場域意識形態必定導致一些人的失敗（懷有戰前思維的教師和知識分子、具有專業技能的年長工人、不願或不能遵從規定的年輕人），但它也導致了許多人的成功，例如取代年長教師和工人的新進教師和工人、取代年長作家的年輕作家，以及取代年長政治家的新政治家等。當時的波蘭青年聯盟活躍分子、後來成為著名政治異議者的庫羅（Jacek Kuroń），就在他的華沙社區見證一九五〇年代「社會晉升」政策的成果。

在當地波蘭青年聯盟的決策委員會中，成果肉眼可見。誰來了？許多年輕人，他們來自瑪瑞蒙最貧窮的家庭、戰前貧民窟、從戰後廢墟的磚塊拼湊而成的棚屋，來自原本充作無業者宿舍或現在也成了貧民窟的佐利波茲退將別墅。實際上，來到這裡的都曾是社會最底層的人。他們每個人都認識位居權力中心的人，無論是他們的叔叔、姐夫、曾經一起閑晃而如今進了安全部門、軍隊、民兵、當地或區域黨委員會的朋友……重要的是，這些年輕人感到自己掌握權力。在某個時期，特別是在社區裡，他們確實掌握權力。[13]

共產主義政權提供這種嶄新的控制和權力，而且他們實際上並不需要太多回報，只要受益者偶爾閉上眼睛忽略政治宣傳和現實之間的矛盾即可。對於某些人來說，這不過是換取快速社會流動的微小代價。

——

然而，共產政權下的大多數人並未屈服於明顯的賄賂、憤怒的威脅或精心的獎勵。大多數人既不想成為黨內領袖，也不想成為憤怒的異議分子，他們只想過自己的生活，重建自己的國家，教育孩子，養活家人，並且遠離權力中心。但東歐在史達林主義全盛期的政治文化，卻讓在沉默中保持中立成為不可能之事。沒有人能夠置身政治之外：體制要求所有公民不斷歌功頌德，無論聽起來有多勉強。因此，大多數東歐人民並沒有與魔鬼交易或出賣靈魂成為告密者，而是屈從於不間斷的、全方位且日常的心理壓力和經濟壓力。史達林主義體制擅長創造出大量厭惡體制且知道政治宣傳有多虛偽、但仍然因為環境所逼而不得不順從的人們。我們很難找到更好的詞彙來形容這些人，姑且就將其稱為「不情願的合作者」或「勉強合作者」。

例如，萊曼從西伯利亞勞改營回國後，一度想在東德的建築業找份工作。由於過往記錄，他在任何地方都無法謀得職位。他在一位首席工程師的建議下加入德蘇友誼協會。為了加強說服力，他還請俄國朋友寫了一封推薦信，證明他在古拉格期間仍是蘇聯的忠實友人。最終他得到了那份工作。[14]鮑爾（Michał Bauer）是一位救國軍士兵，他也在古拉格中度過了一段時間，他在幾年後進入一間國營公司工作。全體員工每天都必須集合聆聽早報朗讀，有時他也不得不負責朗讀，儘管他對共產主義從無好感：「他們會說，『鮑爾，明天你有讀報任務，找個主題』……如果你不這麼做，你可能會丟掉工作。」[15]

音樂家帕努夫尼克也不喜歡這個「在藝術和道德上都不誠實的制度……當我想到『人民奮勇向社會主義前進的鬥爭』時，我的音樂想像力就化為烏有。」戰後，帕努夫尼克只想重建國家和創作音樂。但為了能夠這樣做，他必須加入波蘭作曲家工會。而當工會成員都被命令參加新的「團結黨之歌」創作比賽時，他也被迫照做——他被告知如果拒絕就會失去職位，而整個工會也會失去國家的財務支持。於是他「只用幾分鐘的時間就寫成一首歌，把荒謬的歌詞放進我腦中浮現的第一坨音符」。「這首歌是垃圾，我在心裡竊笑著，然後把它交給評審。」令他永遠感到尷尬的是，他居然贏得了首獎。[16]

這些例子絕非不尋常。到了一九五〇年代，東歐大多數人都在國營部門工作，居住在國宅，孩子則唸國立學校。他們依賴政府提供醫療保健，並在國營商店購買食品。除非情況極其嚴重，否則他們不會輕易對抗政府。而在和平時期，大多數人的生活都不會發生什麼嚴重情況。

例如一九四七年，蘇聯在東德的軍事行政當局頒布第九十號法令，控制出版社和印刷廠的活動。這項規定要求所有印刷廠都必須要有許可證，而擁有許可證的印刷廠只能印刷經過官方審查和蓋章的書籍和冊子。不遵守這些簡單的指導原則不會招來逮捕或處決，但可能會導致印刷商被罰款或被迫關閉印刷廠。[17]這道命令為德雷斯頓或萊比錫的印刷廠業主提供了非常明確的選擇：他們可以遵守法律，印刷允許的內容，或者選擇違反法律、丟掉許可證然後失去生計。對大多數人來說這根本沒得選擇。對於那些妻子生病，兒子被關押在蘇聯營區或父母住在養老院的人來說，他們都有遵守法律的強烈動機。

一旦德雷斯頓的印刷商妥協，其他印刷商就會跟進。印刷商可能不喜歡共產主義意識形態，但他會同意印製史達林的選集。他可能不喜歡共產主義經濟學，但他很可能會印製馬克思主義教科書。為什麼不呢？這並不會帶來什麼後果：沒有人會受傷或被監禁。但如果他說不，那麼他和他的家人可能就會碰上真正的麻煩，反正其他人很快也會印出同樣的東西來。

結果，全東德境內所有印刷廠的擁有者都做出同樣的決定。經過一段時間後，沒有任何人被槍斃，也沒有任何人被關進監獄，甚至沒有任何人良心煎熬，當局審查過的書籍成了人們唯一能閱讀的書籍。過了更長一段時間後，就連私人印刷廠也不復存在。這些印刷業者不一定自認曾與政權合作，更不認為自己是共產黨人。然而他們每一個人，都以某種方式促成了極權主義誕生——每個能夠忍受大學裡馬列主義課程的人，每個成為醫生或工程師的人，每個加入藝術家工會以便繼續作畫的人，每個在辦公室掛起貝魯特肖像以保住工作的人，當然還有每個與人群一起高唱「黨、黨、黨總是對的」的人。

這個社會要求人人都時時表現熱情，強迫很多人去說或去做出一些不符合自己信念的事情，生活在這樣一個社會裡，這些經驗最終對心理產生了深遠影響。儘管國家付出種種努力提供教育和政治宣傳，但很多人仍然保留內心的不協調或不適感。波蘭作家特納德爾回憶道：「我在佛羅茲瓦夫的大學聚會裡，站上講臺大聲疾呼，同時也感到驚慌不安……我告訴自己我是要透過疾呼來說服聽眾，但實際上卻是在試圖說服我自己。」[18]作曲家帕努夫尼克對如何作曲及該寫什麼感到苦惱，因為他既無法忍受政權喜歡的「十九世紀音樂語言」，也不想被指責為「信奉腐敗的西方藝術」，特別是在他女兒出生後。他於是投身於復興十六和十七世紀的波蘭古樂，以尋求庇護：「這樣我就可以協助重建我們失落的一部分遺產，更像是學者而不是作曲家的工作。」[19]如果蘇聯極權的厲害之處是使人們屈從，那麼這也是它的致命缺陷：人們迫切需要適應虛假的政治現實，這令他們長久感到自己過著雙面生活。

吉梅斯（Lily Hajdú-Gimes）是一名受過佛洛伊德精神分析訓練的專業人士，她或許也是第一位在患者和自己身上診斷出這個問題的人。「我接受了這個政權提出的遊戲規則，」她告訴朋友，「但一旦你接受了這個規則，你就陷入了困境。」吉梅斯是匈牙利精神分析師協會的成員。這個曾經具有影響力且主要由猶太人組成的社群，在二戰中受到巨大的打擊。該組織在戰後重建且重新融入社會，並從一九四五年三月開始定期舉行雙週會議。包括吉梅斯在內的部分成員加入了共產黨，並試圖結合佛洛伊德思想與馬克思主義，例如研究經濟狀況不穩定在精神官能症發展上的作用，新成立的衛生部允許他們開設兩間諮商室。有些成員則加入了大學醫學院，希望自己的專業最終能得到該學界的認可。吉梅斯最後進入國家最重要的精神病院工作。

這場短暫的復興很快就宣告結束。在蘇聯，佛洛伊德的精神分析長期以來都是禁忌，因為它過分關注個體，接受非理性和潛意識行為，而且對政治不感興趣。因此在匈牙利也必須被禁止。一九四八年，一篇名為《佛洛依德主義作為帝國主義內部心理學》的惡毒學術文章發表後，對於精神分析師協會的攻擊便開始了。一旦出現這樣的文章，其他人就開始使用「資產階級封建主義者」、「反社會」和「非理性主義者」等詞彙來描述這個職業。[20]匈牙利哲學家盧卡奇更說精神分析師是渴望英美階級獨裁的「反動分子」。[21]

有些精神分析師就此放棄這個職業，而其他人則尋求折衷方法。為了與新體制和解，吉梅斯和他的同事赫爾曼（Imre Hermann）更進一步妥協。他們給盧卡奇寫了一封信，同意某些批評，表示「自己國家的帝國主義者確實試圖利用精神分析以達成目的」，但他們反對部分攻擊中隱含的反猶主義。[22]結果他們受到盧卡奇嚴厲的指責：「我懇求你們不要讓重要的意識形態辯論離題成常見的煽動言論。」一九四九年，這個協會在恐懼中自願解散。吉梅斯和赫爾曼簽署了一份聲明，表示「精神分析是崩潰的資本主義和反國家意識形態的產物」。佛洛伊德、阿德勒和榮格的書被查禁。赫爾曼丟了大學教職，還有幾個精神分析師被逮捕。[23]

此後，匈牙利的精神科醫師大都遵循蘇聯的做法，使用較原始的電擊和胰島素療法（這兩種方法當時在西方也相當流行），主要目的是說服人們遵守規範。一位當時正接受培訓的精神分析師記得，「疲憊」是戰後的主要診斷之一，而安眠藥則是主要的治療方式。「即使是因為集中營或猶太大屠殺而蒙受精神創傷的人，也沒有被診斷為創傷後壓力症候群，因為精神分析師自己也在否認這段過往。」這位分析師認為他的老師吉梅斯也曾經否認自己的往日悲劇。吉梅斯的丈夫在猶太大屠殺中失去性命，但她從未提起。[24]

她或許也否認了其他事情。吉梅斯、赫爾曼等專業佛洛伊德分析師繼續祕密從事他們的本業。吉梅斯在家為病人看診，甚至在私人公寓進行佛洛伊德主義的培訓課程。在公共場合，她對人類心理天生傾向順從的官方觀點表示同意。在私底下，她聆聽病人訴說各自獨特的惡夢，她的病人包括猶太大屠殺倖存者和被監禁或處決的共產黨人的孩子。有位病人後來憶起自己於一九四八年在布達佩斯經歷的精神分析治療，覺得非常奇怪，因為那個時期的誠實訴說可能會帶來危險：「我講出全部的真相……我也感受到被精神分析的威脅。我自問：他知道那件事嗎？我能信任他嗎？他會出賣我嗎？」精神分析師的處境同樣危險。赫爾曼的一位病人在拉伊克審判期間被判處死刑，他自己隨即身陷危險：如果他的病人曾提到他的名字，他就可能會被逮捕。[25]對於吉梅斯來說，承受這種生活的壓力最終大到無法承受，尤其是在一九五六年革命之後，共產政權處決了她的兒子。一九六〇年，吉梅斯自殺身亡。[26]

吉梅斯的雙面生活讀來使人格外難受，但她並非個案。拉基耶維奇（Antoni Rajkiewicz）曾在二戰期間加入波蘭救國軍的「農民大隊」，之後加波蘭入共產黨，但在一九四六年心生厭惡而退出，並在兩年後短暫被捕。他聰明而具有抱負，希望能夠在中央計畫和統計學院這間著名大學裡攻讀博士學位，並希望能夠對國家發展做出正面貢獻。他自認可以接受黨的某些思想，例如強調教育和科學進步，即使他拒絕接受其他部分。但他根本沒有其他選擇。他提出申請並獲得錄取。他跟幾位來自俄國的教授學習，這些教授被聘來向波蘭人講解中央計畫，使用的是經過翻譯的俄語教科書。他重新入黨，也開始了他的雙面生活。用他自己的話來說：「在官方會議和黨會議中，你必須表現出不同的行為和說話方式，跟在朋友之間不同。」[27]

拉基耶維奇和許多年輕的黨員一樣，和救國軍的朋友保持聯繫，與他們自由討論政治。與此同時，他在大學裡說話相當小心。雖然沒有人指示他該怎麼做，但「可以從《人民論壇報》等報紙中感覺到什麼是被允許的，什麼是不被允許的」。拉基耶維奇從來沒有忽視體制的缺陷，也沒有漠視其不公。但他認為在共產波蘭學習、工作和生活的人沒有其他選擇。他也跟特拉科夫絲卡一樣是一位務實的實證主義者，相信務實的解決方案，也相信人應該適應環境。史達林去世時，他的「雙面生活」仍然持續，直到可以誠實交談的人愈來愈多。

如果對拉基耶維奇來說，生活的分裂出現他的朋友和工作，那麼對後來成為演員和歌舞藝術家的費多羅維奇而言，生活的分裂則出現在家庭和學校。費多羅維奇從小就憑直覺明白，在家裡可以說的話在學校裡卻不能提。正如他一位同代人所述：「似乎很奇怪，我們學習這種規則的速度之快，即使是在幾乎不了解政治的小學時期也是如此……我們清楚知道在學校，對親近的朋友或對不那麼親近的朋友，在家裡和度假時，在不同場合可以說什麼。」[28]就像拉基耶維奇，費多羅維奇也來自救國軍家庭。當局不讓他父親在格但斯克工作，全家被迫搬遷。他父母加強了他童年時期對於不同規則的印象，甚至還有不同的詞彙定義，各自適用於家裡和學校。有一次，當他被告知要宣誓效忠「民主」時，他回家問母親，如果「民主」是被俄國人帶到波蘭的，那麼效忠「民主」是對的嗎？母親向他解釋，原來有兩種民主：「真正」的民主和「蘇聯」的民主。他應該欣賞前者，但與後者保持距離。

費多羅維奇也從兒童圖書和雜誌中找到蛛絲馬跡，這些線索是作者在不知情中放進去的。他特別熱愛一本名為《冒險世界》（*Świat Przygód*）的兒童雜誌，因為上面有著連環漫畫。但該雜誌後來雜誌改名為《青年世界》（*Świat Młodych*），內容不再有趣也沒有漫畫了。（連環漫畫大概被認為是資本主義的發明，具有錯誤的意識形態。）隨著官方世界變得更加無聊，他對學校的心理距離日益增加，也更不願意在學校裡坦誠說話。

費多羅維奇有一些與政權也保持距離的老師。他回憶起其中一位老師總會仔細地解釋：「馬克思主義者這樣想」，而「我們這樣想」。多年後，他認為幾乎每個人都高估了共產主義政治宣傳的效果，也因此高估了支持體制的人數。但就像吉梅斯，他也認為在共產國家生活不可能不受體制的影響或扭曲：無論是唱一首歌或簽署和平請願書，微小的妥協難以避免。[29]

說起來，莫澤列斯基（Karol Modzelewski）的童年經歷更加矛盾混亂。莫澤列斯基出生在俄羅斯，父親是俄國軍官，母親是波蘭共黨人。出生後三週，父親便遭到逮捕，他則被送到一間俄羅斯孤兒院，在那裡生活了幾年。隨著母親再婚，他被從孤兒院接回家中。莫澤列斯基的繼父是茲格蒙，一位共產黨人，他曾經在一九四五年至一九四七年間擔任波蘭駐蘇聯大使，後來則出任波蘭外交部長。莫澤列斯基直到十七歲才偶然從同學口中得知他生父被捕的事，然後他才跟母親討論了父親的真實故事。

多年後回看，他認為當時的談話只有在史達林逝世後才有可能發生：「以前沒人會向孩子講這樣的事情，因為透露祕密總是有危險，對孩子和父母來說都很危險。」史達林去世那年，莫澤列斯基的妻子當年才不過三歲，卻遭到幼稚園退學，只因為她告訴老師，「我祖父說史達林已經下地獄了。」老師把她送回家不是要懲罰她，而是因為這對祖父和學校都太過危險。

莫澤列斯基的父母非常小心，不讓他感受到他們對波蘭政治體制日益增長的疑慮。但即便如此，莫澤列斯基年幼時仍會對他們偶爾批評當局感到恐懼。一九五二年，科馬將軍（Wacław Komar）因為當時的作秀公審而遭到逮捕，莫澤列斯基於是按照學校老師的教導向繼父解釋科馬是一名間諜：「繼父對我大吼大叫……他從未那樣咒罵我。我說柯馬被捕了，繼父回答『被捕並不等於有罪』。這是稀鬆平常的真理，但那時的我卻深受震撼。如果繼父是對的，那就意味著當局正在逮捕無辜的公民。誰會說出這種話？只有黨的敵人……」

有次他曾詢問繼父關於糧食配給制度變更一事，並得到類似的結論。他繼父斥責道：「這樣人們就會吃得少，工作卻變得更多。」莫澤列斯基感到震驚：「只有黨的敵人才會說出這樣的話……我現在還記得當時我非常苦惱，我必須以某種方式否認這件事，以減少內心的不協調……我當時沒有將他視為敵人，但他說的話卻像是敵人。這種感覺我至今仍然記得。」[30]

並不是只有莫澤列斯基家族以沉默來處理棘手資訊。另一位來自共產家族的波米安也回憶說，「討論逮捕事件是不正常的，人們只能默默接受此事。而既然這不是討論的話題，也就不會成為反思的主題。」一九五二年，波米安和一位猶太朋友一起閱讀有關斯蘭斯基在布拉格受審判的報導。朋友問的看法，波米安回答他對此沒有任何想法：「這只是又一場審判。」朋友生氣了：「你沒看到這是一個反猶主義的故事嗎？」那是他第一次和別人討論審判，也是他第一次開始思考。[31]

效忠對象的分裂，同樣困擾著一些更接近權力核心的人。傑爾吉當時是波蘭青年聯盟的領袖人物，在史達林主義盛行的一九五〇年代，他從不懷疑自己對共產大業的年輕熱誠。但即便如此，他當時就已經知道黨的會議無聊至極：「都是一些死板的東西，還有非常多的不寬容，彷彿每個人都應該同意某事，都應該以相同的方式思考和行動……這種死板摧毀了熱誠。」

傑爾吉後來成為一名重要的政治宣傳官員——更確切地說，他成為了決定公共場合該使用哪些史達林主義口號的人。但即使位高權重，他對這項工作也懷有複雜的感覺：「我內心深處總是說這不對，這在美學上不太吸引人……但另一方面，這就是我們贏得人們支持的方法。」[32]這可能不是完全誠實的回憶，畢竟在回顧過往時說出自己的不適總是比較容易。但像他這樣的複雜情感確實是早在當年就已經開始出現。「人們在納粹政權統治下十二年後變得很精明，」萊比錫的一位教授告訴黨內熟人：「如果他們懷疑某個人與國家權力有關，他們就會閉上嘴巴，黨員亦然。」[33]

——

將自己的個性劃分為家庭與學校、朋友與工作、私人與公眾，這是人們應付共產黨的其中一種方式，還有些人則試圖通過維塔尼所謂的「自我洗腦」來應對。這不完全像內林格努力將自己從抽象畫家轉變為寫實主義者那樣，更像是自我噤聲。戰後，維塔尼曾熱切投入布達佩斯的一所人民學院，熱心學習民間音樂和民俗舞蹈。但他在一九四八年反對撤換全國人民學院協會的領導層之後，就被學院開除並接受內部黨審（他後來保住了黨籍）。隨著拉伊克事件開始延燒，一種威脅感悄悄蔓延到媒體。儘管維塔尼也是政權的一員，但用他自己的話來說：「我不想思考，也不想與國家交涉。我什麼都不知道，也不想知道。我只想做好我的工作。」

他曾是一個健談好辯的年輕人，後來卻變得沉默寡言。他在多年後承認，他不確定這種「自我洗腦」是不是一種好策略，但至少「我活了下來」。他在公眾場合表現出應有的樣子，真正的想法卻深埋心底。他不曾遭到逮捕，在當時可以算是一項重大的職業成功。[34]

有些人選擇保持沉默，有些人則刻意遺忘自己的部分歷史，或刻意忽略令人不安的事實——後兩者都是布如寧採用的策略。布如寧是一名東德新聞工作者暨小說家，戰前曾是共產黨員，甚至在童年時期就與烏布利希見過面，也曾遭到納粹關押。戰爭結束時，她在丈夫父母鄉下的家中安靜生活，熱切期待俄國人到來，並在他們抵達時熱烈歡呼。[35]

戰後，布如寧積極投入共產東柏林的文化工作。她加入文化聯盟並為其週刊《星期日報》（*Sonntag*）工作，希望成為一名記者。在她的第一篇文章中，她描述自己坐在一輛開往柏林且裝滿洋蔥和胡蘿蔔的卡車上。抵達柏林後，卡車被乞丐和抱著孩子的婦女團團圍住：「我的孩子需要胡蘿蔔，一條胡蘿蔔！」她把這篇文章交給編輯，卻被拒絕刊登。「交給《每日鏡報》好了。」編輯告訴她。布如寧地茫然回望：真的要把文章給西德的《每日鏡報》嗎？編輯輕蔑地解釋，東歐「要散播樂觀主義」，但她的文章太悲觀了。文章必須描繪當下應有的樣子，而不是真實的樣子。

布如寧從未考慮將她的文章交給《每日鏡報》，也不曾考慮為西方報社工作。布如寧的所有朋友都留在東邊，她自己在文化和思想上也認同共產主義運動。所以她說服自己「樂觀主義」很重要，而且無論如何，重要的是共產主義的終極目標，而不是在途中所犯的錯誤。她不喜歡新體制的許多事：「史達林的個人崇拜……到處都是荒謬的旗幟……『每一頭人工受精的豬都是對帝國主義戰爭販子的打擊』之類的口號。」[36]她反對把人口分成幾個等級來分發放糧票，也不喜歡工作場所的雙重餐廳制度，「一間替工人供應燉飯，一間替技術人員和部門負責人供應更好的食物」。但她堅持下去：「我們深懷協助建設的希望，希望說服那些不久前還相信希特勒的人，我們現在想做的事是正確的。」[37]

在布如寧的自傳中，她清楚表明自己在某些程度上仍然相信自己做了正確的事。她經常將東方的成就與西方對比：「我們不是將工人的孩子送上了大學嗎？我們不是將婦女從不成熟中解放出來，讓她們可以從事所有職業，並保證她們擁有與男性同樣的權利（包括同工同酬）嗎？西方國家可是直到今日都未能實現同工同酬呢。我們認為自己的國家更好……我們為我們聲稱的獨立感到自豪，認為自己走在正確的道路上。」[38]

布如寧學會了理性抉擇，學會將事物放入更大的脈絡中思考和長遠考慮。但她從未說服自己指黑為白，或者認為她所選擇的制度沒有任何問題。一九六八年蘇聯入侵捷克斯洛伐克後，她曾經短暫考慮過移民，但最終並未行動。隨著時間過去，她與萊昂哈德的母親蘇珊娜建立了友誼。蘇珊娜曾在蘇聯古拉格待過幾年，但最終重返東柏林。受到蘇珊娜的生命故事啟發，布如寧開始採訪其他曾待過古拉格的人。一九八九年之後，她發表了採訪合輯，名為《惱人的證言》（*Lästige Zeugen*）。她序言中的話可能也適用於她自己：「太長的一段時間裡，他們被迫保持沉默與隱瞞……現在是時候讓這些男女發聲，他們是史達林時代的受害者，必須獲得合理對待……」

二〇〇六年的一次採訪中，我和布如寧就她的人生聊了幾個小時。我們談論了她的職業生涯，文化聯盟的早期歲月，以及她在戰後東柏林的生活。除此之外，她告訴我當時她對於紅軍一九四五年所犯下的大規模強暴、搶劫與其後的大肆搜捕一無所知。我當時並未深入追問。但幾天後，她打電話給我，承認自己其實知曉其中一些，並且很願意和我談論。我們第二次見面了。

布如寧解釋，她曾經慶祝過解放，但快樂的感覺很快就消失了。一九四五年春季，蘇聯士兵占據了她親戚家，開始偷書和其他東西在黑市出售。她丈夫走到帶隊軍官面前，要求他們停止。為了報復，士兵在他的行李箱裡放了一把手槍。結果警察「發現」了這把槍，逮捕了布如寧的丈夫，再指控其為破壞分子。她以資深共產黨員的身分請求黨釋放她丈夫。但由於這件事，她丈夫對共產黨（和她）極為不滿，最後移民到了西方。她從未再婚。

布如寧在我們第一次談話中說鄉間沒有大規模強暴事件，這是真的。但戰爭結束後，她到柏林找她父母。她不僅聽說城市裡許多強暴案的消息，也遇到很多受害者。她還躲藏了幾天，好避開在她父母家附近尋找獵物的蘇聯士兵。

之後幾個月，布如寧在海濱小鎮阿倫斯霍普度過了一段時間，當時文化聯盟想建立一個作家聚居地。但若要建立作家聚居地，文化聯盟必須替作家準備幾間住處。為了解決這個問題，他們對一些迷人的濱海別墅屋主提出指控。那些沒被逮捕的人逃往西方，文化官員們則住進了他們的房子。

「我們確實聽說過蘇聯做的這些事情，」布如寧告訴我，「但你必須了解，我曾歡迎紅軍的到來，我們想推動社會主義……即使到了今天，我有時還會為此責備自己，我們是不是應該要對蘇聯的所作所為知道的更多……」她的聲音漸漸減弱，直到說不下去。她只是想讓我知道，那些事情她也知道。

——

並不是所有想在共產政權下過成功生活的人，都得將自己的個性劃分為家庭與學校、朋友與工作、私人與公眾。有一小部分不尋常的人群並不隱藏自己的混亂感受，而是公開表現出來。他們試圖扮演雙重角色，既留在體制內，同時又帶有一點獨立性。好比說在官方的「反對黨」內部扮演這種模稜兩可的角色——這些反對黨是在原本的黨領袖逃離或被捕之後被創建來代替真正政黨的虛假存在，在真正重要的事項上都忠於政權。留在殘留的基督教民主黨內的東德人被允許公開承認信仰，但同時也被要求遵守馬克思列寧主義原則。留在殘餘的波蘭人民黨內的波蘭人被允許代表農民進行倡議，但他們的倡議不能與官方政策衝突。

沒有人比皮亞塞斯基（Bolesław Piasecki）更擅長玩這種遊戲。皮亞塞斯基是一位政治家，他的非凡職業生涯在十年內橫跨極右到極左，生涯評價褒貶差異極大。早在一九五六年，迪爾曼就曾譴責此人毫無道德可言，「所有政治道德對他來說都是無用迷思」。[39]最近有一位傳記作者稱他為「悲劇人物」。[40]其他對皮亞塞斯基的評價多半落在兩者之間。對某些人來說，他的人生是典型勾結政權的故事。對其他人來說，他的人生是求生存的故事。

皮亞塞斯基的職業生涯始於動盪的一九三〇年代，當時仍非常年輕的他以極右翼波蘭民族基進黨的社運人士而聞名。該黨因其黨刊《長槍》（*Falanga*，此名明顯指涉西班牙法西斯）而又被人稱為「長槍黨」。該黨人士認為，他們正處於道德和經濟的危機時代，而且與同時代的共產黨一樣，他們也認為波蘭社會深層的腐敗、民主制度的弱點，以極「荒謬」的民主自由主義是罪魁禍首。儘管他們反猶並且崇拜獨裁政權（特別是義大利法西斯政權），但波蘭長槍黨人同樣是民族主義者，因此他們除了少數例外，並未與希特勒合作。[41]

皮亞塞斯基於一九三九年被蓋世太保監禁，獲釋後加入地下抵抗運動，最終加入了救國軍。一九四四年夏天，華沙起義爆發，他的游擊隊被紅軍在城東森林中逮到。十一月，他被囚禁在蘇聯占領軍的總部，可能就在盧布林城堡惡名昭彰的地下牢房。在這之後發生的事情仍有爭議。

大多數的消息來源都認為皮亞塞斯基全盤托出。他向負責審訊他的蘇聯官員透露了他在抵抗運動的資訊，也透露許多救國軍同袍的名字和可能的出沒地點，雖然當時蘇軍早已掌握很多資訊。他強烈暗示自己的重要性，並告訴他的審訊官自己曾負責救國軍的「祕密行動」，並已被任命為新的地下祕密小組領導人。他有所誇大，但他的策略相當成功。

皮亞塞斯基的守衛停止了審訊。他們把他從普通的軍事關押處帶出來，直接帶他去見塞洛夫，這位蘇聯將軍在一九三九年主導了對波蘭東部的「淨化」和鎮壓，並於一九四四年應邀在波蘭其他地區執行同樣的任務。塞洛夫策畫了威爾克將軍和奧庫利斯基將軍的逮捕行動，並試圖盡可能了解救國軍的情況。令皮亞塞斯基非常驚訝的是，塞洛夫對皮亞塞斯基的法西斯主義歷史並不是很感興趣——因為就像大多數蘇聯官員一樣，他認為任何不是共產主義者的人都是「極右派」，社會民主黨人和激進右翼分子對他來說並無分別。將軍更感興趣的是皮亞塞斯基在戰時的地下活動、他所謂的「祕密」聯絡網、他如今的政治觀點及他對倫敦流亡政府的蔑視。[42]

根據皮亞塞斯基的說法，他很高興發現自己和這位蘇聯將領有很多共同之處。他欣賞握有權力的人，很高興能談論哲學，並對新政權有一些正面評價。他告訴塞洛夫，他支持由共產黨主導的臨時政府，也支持土地改革，更熱情支持驅逐德國人和收回西部領土的行動。他讚揚「不流血的社會革命及將權力轉移給工人和農民的想法」。但他也告訴塞洛夫，新的共產政府將面臨無法吸引波蘭人效忠的問題，因為人們對俄國懷抱根深蒂固的偏見，對占領一事則飽含疑慮。這確實是實情。

皮亞塞斯基表示能提供協助。「我深信，」他在一則備忘錄中告訴塞洛夫：「透過我的影響力，我能夠動員社會中不情願的階層積極合作。」換句話說，他保證要說服地下愛國主義、民族主義成員支持新政權。皮亞塞斯基的備忘錄最終轉交給負責反情報的祕密警察羅姆科夫斯基（Roman Romkowski）上校，以及當時的波共領導哥穆爾卡。[43]

在接下來的幾十年中，這段無比神祕的對話（發生在出名殘忍的內務人民委員部將軍和以魅力著稱的波蘭民族主義者之間）在華沙幾乎成了傳奇。當時沒有人確切知道發生了什麼，但每個人都有自己的理論。一九五二年，米沃什在移民西方後發表的小說《掌權之人》（*The Seizure of Power*）中寫下了這次交手的小說版本。米沃什的描述當然是虛構的，但一位皮亞塞斯基的傳記作家卻指出，由於一九四五年米沃什人就在華沙，他有可能曾聽到關於這場著名談話的報告，而且他本人也曾面對與新政權合作的誘惑。因此，他的描述頗具真實性，特別是凱米恩斯基（即小說版本的皮亞塞斯基）警告蘇聯將軍「這裡的人們恨你」，告訴他要準備面對抵抗的段落：

「啊，」將軍說，他的下巴托在手上。「你指望內部的反對力量……但在我們的體制中，陰謀反抗是不可能的。你知道的，鼓勵更多的殺戮只會增加受害者的數量。我們正在建造火車和工廠，我們已經收回了西部領土，這塊土地當然是斯拉夫人的，幾乎逼近柏林城下——如果我沒記錯，那本來就是你們戰前的計畫。只有在我們的幫助下，這些領土才能保持不動。所以呢？」

小說裡的將軍最後表示：凱米恩斯基（皮亞塞斯基）將被釋放，甚至允許他發行報紙，條件是他「承認現狀，幫助我們減少受害者人數」。凱米恩斯基（皮亞塞斯基）深思熟慮後同意了。將軍對此感到滿意，靠在椅背上表示他並不驚訝：

你已經了解，想要改變世界的人不能老是把虛假的議會民主掛在嘴邊，光說不練。你也知道，商人的民主自由遊戲只是人類歷史中短暫的奢侈享受而已。[44]

檔案資料顯示，不論塞洛夫是否確實使用了那些詞彙，這位將軍確實對皮亞塞斯基的表現印象深刻，甚至有可能希望任命他為華沙市長以推動他的政治生涯。（據說多年後有人向塞洛夫提起皮亞塞斯基時，他曾問道：「所以他成為華沙市長了嗎？」）[45]但塞洛夫很快就與紅軍大部分軍事領袖一起前往柏林，而且從未返回波蘭。

這讓皮亞塞斯基的處境變得有點奇怪。他顯然從蘇聯獲得了某種認可，但瞭解他長槍黨過去意義的波蘭共產黨卻懷疑他和他的動機，於是最初並沒有協助推動他的政治生涯，也沒有讓他成為華沙市長。然而，一九四五年十一月，他們確實允許他發行了共產波蘭第一份「官方」天主教報紙《今明縱覽》的第一版。

打從一開始，這份報紙就對當時合法的波蘭人民黨及其領袖米科瓦伊奇克提出嚴厲批評，並敦促波蘭人支持共產黨，在公投中投下三個同意。當公投未能為新政權帶來好處時，皮亞塞斯基寫了信給哥穆爾卡，認為現行制度應該「加入天主教的政治代表以增加豐富程度」。[46]他還刊登了一篇與貝魯特的訪談，訪談中這位共產領袖高高在上地宣布：「波蘭天主教徒的權利與其他公民一樣」，甚至暗示他們有可能成立自己的黨派。最後這點成真了，一九五二年，皮亞塞斯基成立了和平黨，這是忠實親共的合法天主教「反對黨」，也是在共產主義波蘭或其他共產歐洲唯一被允許存在的天主教政黨。

無論是和平黨或皮亞塞斯基，兩者都存在於一個尚未定義而充滿模糊的奇怪政治空間。一方面，皮亞塞斯基經常熱情表達對政權的忠誠，「我們的主要目標是在馬克思主義和資本主義持續衝突時重建天主教教義。」但在另一方面，皮亞塞斯基卻也是少數從未與戰時地下組織傳統切割的公眾人物，他從未被迫譴責他的救國軍同袍。他的圈子裡許多人都曾有過漫長的救國軍生涯，卻不曾被迫放棄過去，也不曾被逮捕。

在當時的公共生活中，這一切都極為不尋常。根據他的前同事扎布渥斯基（Janusz Zabłocki）的說法，這為皮亞塞斯基創造出一塊「自由的飛地」，以及一種神祕氛圍。沒有人知道為什麼和平黨的領袖可以豁免於這些規則之外（某一次他甚至成功將一名警方線民逐出他的小圈子），但所有人都知道他確實不用遵守規則。大多數人認為「在政界最高層肯定訂有協議」允許皮亞塞斯基有這樣的自由，也許是與蘇聯官員達成協議，因此許多人希望他的地位能變得更高。扎布渥斯基在這種信念的影響下成了《今明縱覽》的工作人員。天主教知識分子馬佐維茲基（Tadeusz Mazowiecki）也進入了這塊「自由的飛地」，他後來成為波蘭第一位非共產黨總理。這兩人都認為，和平黨遲早會在治理國家方面發揮重要作用。[47]皮亞塞斯基本人也希望如此。

皮亞塞斯基曖昧的地位使每個人都感到不安。也許是因為他與蘇聯官員的關係不同，波蘭共產黨人從未信任他。儘管他繼續遵守共產黨的遊戲規則（他曾經提議向朝鮮派出和平黨的觀察員以促進「和平」），政府卻沒有讓他參與「愛國」教士聯盟的創建，也沒有在商討教會與國家間的協議時請他協助談判。與此同時，他公開信仰天主教一事並沒有像他希望的那樣贏得教會青睞。維辛斯基主教對皮亞塞斯基非常厭惡，甚至曾經禁止教士訂閱他的刊物，包括《普世之言》（*Słowo Powszechny*）和《今明縱覽》。皮亞塞斯基管理天主教慈善機構明愛會的方式尤其激怒了維辛斯基，因為和平黨在真正的創建者被撤職之後接管了這個機構，而不受信任的和平黨神父被抓到在黑市上出售人們捐贈的盤尼西林。[48]共產黨可能刻意鼓動兩人之間維持敵意，畢竟共產黨並不想看到和平黨和教會組成統一陣線。共產黨後來允許反對派的「官方」教會集團擴大，正是為了在兩者之間創造競爭。[49]

最後，皮亞塞斯基沒有達成他所追求的目標。他無法說服「反動勢力」加入新體制，也無法說服共產黨讓和平黨成為對等夥伴。他曾猜測黨在某個時候會把權力交給他們所選擇的反對派，此事在一九八九年確實也發生了。但皮亞塞斯基入局太早，無法從這樣的情況中獲益，反而為此付出了極高代價。一九五七年，他十幾歲的兒子波赫丹遭到綁架並被謀殺，可能是波蘭祕密警察內的一個派系所為，真相至今仍不清楚。

至少在當時，皮亞塞斯基仍舊為不少人打開一扇自由之窗，並確保天主教論述仍是波蘭公眾生活的一部分：和平黨出版的書籍和報紙為一代讀者提供了天主教教育。更重要的是，從皮亞塞斯基的角度來看，他存活了下來。當其他前救國軍官都已經死去或入獄時，他和他的同僚卻保有自己的政黨，自己的報紙，在體制內的穩定地位，而且在各地都有影響力。一九五五年，馬佐維茲基、扎布渥斯基等幾個人站出來反對他的領導，但在離開《今明縱覽》與和平黨後，兩人都很難在其他地方找到工作：所有可能的雇主都被祕密警察警告不要雇用他們，也沒有人想要接近他們。所有人都學到了教訓：與皮亞塞斯基鬥爭的危險性並不亞於與共產政權鬥爭。[50]

—

雖然聽起來有點奇怪，但報章雜誌也為勉強合作者提供了一條出路。當然，寫政治文章的人在那個時代選擇不多，往往必須接聽來自共黨高層的電話，並按照指示寫作。但寫其他類型文章的人則有更多的自由空間，例如一九五〇年代初期曾任《華沙生活報》（Życie Warszawy）記者的溫格（Leopold

Unger）還記得，即使在當時也有可能自由批判各類瑣事，從街上的坑洞到公車不足等等。「但還是不可能批評體制。」[51]

報紙上並非只有政治，就算是，當時也還有其他種類的出版品。雅科夫斯基在一九四〇年代末嘗試加入波蘭外交部未果，於是在一九五二年「偶然」開始編輯一份民間藝術期刊。他擔任該職長達四十六年，並藉此成為這個領域的知名專家，對民間藝術有著真正的理解和熱愛。他沒有在那份工作中挑戰體制，但也不需要花時間為其辯護。[52]

在某種程度上，共產政權也明白有必要為閱讀公眾和新聞記者提供非政治性的出口，這就是東德政權於一九五三年秋季開始發行《週刊郵報》（*Wochenpost*）的真正原因。儘管第一期刊物在史達林去世後才發行，但該報紙早在一年前就已計畫推行。這個想法起初來自蘇聯：駐柏林的一名高階紅軍將領認為東德媒體沒有成功觸及大部分人口，尤其是婦女。該將領接觸了當時失寵於共產政權的記者韋策（Rudi Wetzel），請他提供一些想法。韋策提出了建議，但一度看起來沒有什麼結果。

幕後其實引發了一場辯論。官方報告譴責了「國內生活的乏味和一致」，以及「園藝、醫學、家務等方面文章」的缺乏。[53]東德領導層開始注意到自己的政治宣傳可能有多無趣，於是最後找上韋策，建議他開辦一份雜誌。他們的建議與韋策本人向蘇聯將軍提出的建議完全相同。因此，《週刊郵報》就此誕生。

從一開始，這份報紙就試圖讓自己與眾不同。韋策竭盡所能尋找對政權持中立態度的記者，甚至曾將第一個編輯委員會描述為「新聞界裡充滿前科犯的罪犯聚落」。與《新德國報》中的政治文章相比，他們的文章顯得特別鮮活有趣。第一期報紙於聖誕節前夕出刊，內容包括園藝祕訣、燈具綜覽和「女性專欄」。封面上是一個吹熄蠟燭的孩子和「給所有心懷善意者」的字眼。隨後的集數將包括旅遊寫作、長篇報導，甚至是兒童文章。但《週刊郵報》從未試圖成為反對派報紙，在任何意義上都不是，這可能是它吸引人的部分原因。正如記者波爾肯（Klaus Polkehn）所說，《週刊郵報》「就和其讀者一樣留意政治風向」。[54]這份報紙沒有跨越底限，他們也沒有試圖這樣做。

波爾肯對他的同事和讀者都非常熟悉，因為他從創刊時就在週刊工作到幾乎是最後。多年後，他仍然懷念他在那裡的職業生涯。這並不難理解，因為二戰結束時波爾肯才十四歲，他離開學校成為報社排字工人時才十七歲。他父親是一位共產主義者和記者，認為他的兒子應該「在現實生活中獲得經驗」。戰後，老波爾肯成為東德工會報紙《論壇報》（*Tribune*）的編輯，結果卻在一九五三年三月突然被捕：《論壇報》上的史達林訃告出現排字錯誤。排字工人不慎將「史達林是和平的偉大朋友」排成了「史達林是戰爭的偉大朋友」。老波爾肯和排字工人都被判入獄五年，服刑三年。在審判期間，小波爾肯丟了工作，並被告知他「永遠不能再當記者」，但他隨即受到《週刊郵報》聘用。

在接下來的四十年中，波爾肯一直忠於給予他第二次機會的報紙。他堅信該報在限制極多的體制中給予他極大的自由。由於他父親和他對政權的許多方面都抱持懷疑態度，因此他與國內政治也保持距離。他選擇成為該報的旅遊作家，最終前往世界各地撰寫報導。波爾肯被允許前往任何地方，只要他待在指定範圍內就好。例如在前往埃及之前，他被告知不能批評當時向東德出口大量棉花的埃及總統薩達特（Anwar Sadat）。但他因此能夠在開羅的「金字塔那裡待了一整天……那是我的特權」。在很少有東德人能夠旅行的時代，這是巨大的特權。

這種自由需要付出代價。就像其他《週刊郵報》的記者，波爾肯必須學會推敲言外之音，遵守政治信號，最重要的是不要引起「麻煩」。當我問他「麻煩」是什麼意思時，他解釋道，麻煩可能始於共產黨中央委員會的一通電話，打來責備你越過隱形界線。然後還可能會出現訓斥或被召見，甚至會被開除而放棄這家相對開放的報社提供的優秀工作。波爾肯竭力避免這一切發生。只有一次，他違反了不成文規定寫了篇越界的文章，然後接到了電話，要求他「提出一份書面說明，解釋為什麼發表了這篇文章」。而這已足夠讓他確保自己再也不會犯類似的錯誤。

即使在當時，波爾肯也知道自己很幸運，而其他人卻對他心生怨恨。他有時會收到讀者來信：「只要我們不能旅行，我們就不想讀你的文章。」他的許多同胞對新聞記者心存戒備（因為他們被視為共產主義體制的一部分），進而拒絕接受採訪。他對自己可能更進一步參與政治反對活動一事不抱期待：「我認為那毫無意義。」他也不喜歡後來進入東德政治界的異議者，覺得他們是「自大而不道德的人」。他懷疑他們中有些人採取反對立場只是為了獲得前往西德的出境簽證。

波爾肯患有潰瘍，但在一九九〇年代週刊郵報和東德都消失後，他的潰瘍也神祕消失了。也許這並不令人驚訝：他的生活要求他維持政治平衡，避免接觸所有敏感的話題，同時創作他認為有誠信的文章，這必然有不小壓力。但他對自己的工作感到自豪，多年後仍是如此。他喜歡寫作，喜歡旅行，此外這份工作還能帶來一些物質和智識上的樂趣。以東德的標準來看，他在《週刊郵報》的薪水待遇相對不錯。報社有兩間度假屋，一間靠近柏林，一間就在波羅的海旁，記者們每三四年可以使用一次。編輯部還有一間裁縫店、一間鞋匠和一間牙醫，「這樣可以節省時間，這個牙醫很好。」他們也有一間非常便宜的自助餐廳，這點就跟東德幾乎每個工作場所一樣。

波爾肯沒能改變他生活其中的體制，但他也不覺得自己需要對這個體制更殘忍的面向負責。他遠離祕密警察，遠離有權之人，也遠離爭議。和皮亞塞斯基一樣，他過得很滋潤，十分懷念自己作為旅行作家的歲月。他對我說：「那是我夢寐以求的工作。」[55]

第十七章 消極抵抗

「我們已經來到這樣一個時局：當蘇聯下令時，我們必須用最虔誠的表情聆聽，只能在長褲下的皺紋處露出微笑，就像拜占庭皇帝的僕人一樣。英勇姿態是無益的，我們必須花言巧語，耐心而精明，就像在希特勒統治之下。最重要的是活下去。」

——詩人法魯迪重述馬薩里克之言，一九四六年[1]

「當一件事打破既有秩序時，就成了有趣之事。每則個笑話都是一場微小的革命。」

——喬治・歐威爾

到了一九五〇或一九五一年，東歐已經不存在任何能稱之為政治反對派的勢力了。有些波蘭人把手槍藏在穀倉裡靜待時機，還有一兩個人仍躲在森林裡。有一些官方允許存在的政權反對者，比如皮亞塞斯基，他的真實立場既模糊又曖昧。一些人能在公開場合批評政權較次要的小決定，甚至被鼓勵這麼做，只要語氣正確即可。正如貝魯特所說：「批評有不同種類，有建設性的批評和具有敵意的批評。前者對我們的發展有幫助，後者則會變成障礙。批評不應破壞領袖的權威。」[2]

與此同時，波蘭地下抵抗勢力的領袖大多已遭到關押或在蘇聯古拉格裡受盡折磨。匈牙利政權的最主要反對派人士被囚禁在賴奇克勞改營，東德的批評家不是已經離開就是保持沉默，公共領域已被徹底肅清。那些在一九五〇年代初前往華沙、布達佩斯、東柏部、布拉格、索非亞或布加勒斯特的遊客，無論何時都看不到任何形式的政治反對派。新聞媒體充斥著當局的政治宣傳，節日慶典也被共產遊行所取代。當局外人在場時，交談也毫無偏離官方路線的空間。

遊客甚至可能會誤以為所有人都支持共黨當局，許多著名訪客也確實有這樣的印象。一位英國社會主義者在一九五〇年從華沙返國後，在特拉法加廣場告訴人群，她在波蘭看不到任何「獨裁」的跡象。她甚至宣稱如今唯一存在的「鐵幕」其實是英國身上的那道（當時英國政府剛拒絕了東歐代表參加雪菲爾世界和平會議的申請簽證）。[3]同樣對東歐之旅印象深刻的另一位英國人則說，身在華沙就像是「轉換不同的世界，像是從雨中走進了太陽」。[4]儘管這些觀點很極端，但它們反映出更廣泛的偏見。西方總認為東方共產陣營內部是一個沒有國家差異的群體，有著相同的政權和難以區分的民眾。「過了查理檢查哨之後就是西伯利亞了」——這樣的觀念正是從這個時代開始的。

然而，抵抗力量仍然存在。不是積極抵抗，當然也不是武裝抵抗，而是一種消極抵抗，一種尋找出口的抵抗。這種抵抗藉由笑話、塗鴉和匿名信表達，往往低調且模稜兩可，卻存在於所有社會階層及各個年齡層。有時消極抵抗者和勉強合作者根本是同一個人。許多人因為要保住工作、保護家人或避免入獄而感到尷尬與羞愧，其他人則震驚於公共生活的虛偽，或對外人印象深刻的和平示威及遊行不感興趣。他們被無聊的集會和空洞的口號束縛，對領導的演講和無止盡的講座不抱期待。由於無法公開採取任何行動，他們只能在黨的背後偷偷報復。

年輕人是史達林主義全盛期裡「最積極」的消極抵抗者（如果消極之中還能再區分等級的話），此事並非偶然。因為他們是各種政治宣傳最密集針對且最嚴格執行的目標，時常能在學校或青年團體裡聽見這類宣傳。年輕人大量承受了政權的各種運動和狂熱，被派去蒐集黨費、支持者簽名並策畫集會。與此同時，他們對自己未必記得的恐怖戰爭不再那麼害怕，對未曾經歷的監獄生活也較不感到畏懼。

因此，年輕人普遍抱持低水準的反對態度。雖然有組織的抗議活動並不常見，但也不是完全沒有。年輕人有時會為參與抗議活動而付出慘痛代價。一九五〇年，二十歲的愛可（Edeltraude Eckert）因散發支持民主的傳單而被拘捕，被判處二十五年監禁。結果這項判決很快就變成了死刑——她在東德監獄工廠做工時發生事故，引發感染後過世。從牢房和醫院病床上，她寄出充滿希望和樂觀情緒的家書。「這個世界是如此美麗，你只需要相信。」她在去世前幾個月寫給母親的信中寫道。[5]

笑話、侮辱和惡作劇通常都是針對那些嚴肅而沒有幽默感的青年領袖，這在一九四〇年代後期和一九五〇年代初期非常常見，相關案例多達數十個。例如在波蘭一座礦業小鎮的一次青年團體小組選舉中，有人開玩笑地將當時的西德總理艾德諾提名為候選人。結果選票被當作「敵對傾向」的證據，提名者的身分遭到調查。在一個青年工班中，一名年輕人因為創作了打油詩而受到譴責。其中一首沒有粗言穢語的詩句是這樣的：

營地總是清潔

當你想洗澡時，不會有半滴水
但有人會為你流淚[6]

有時候，這些事情會被當局認真看待。僅在一九四八年到一九五一年間，就有約三百名東德高中生和大學生被逮捕並判處勞役，其中很多都是因為類似的惡作劇。在耶拿市，一群年輕男孩因為在慶祝威廉．皮克生日的官方場合中向學校官員投擲臭彈而被判處十年徒刑。到了一九五〇年，東德的營區和監獄中已關押了八百名十七歲以下的男孩和女孩。有些人不過是因為在講授史達林的課程期間扮鬼臉，或夜裡在城市的牆上亂塗「F」（代表自由）而被拘捕。[7]

不過，年輕人的抗議形式並不侷限於言詞。正如西方青少年開始發現長髮和牛仔褲可以成為一種極其有效的表達不滿手段，在史達林主義政權下生活的東歐青少年也發現緊身褲、墊肩、紅襪和爵士樂可以成為抗議的新方法。在不同國家，這些早期的「叛逆年輕人」次文化有著不同的名字。在波蘭，這群人被稱為「比基尼小子」，由來可能是因為美國在比基尼環礁試爆第一枚原子彈，更可能是因為幾位真正時髦的比基尼小子成功從聯合國和其他救援組織發送的物資中取得夏威夷／太平洋／比基尼主題的領帶。（其他幸運者也擁有「麥克阿瑟眼鏡」，指的是這位將軍所配戴的飛行員式太陽眼鏡。）在匈牙利，這群人被稱為「揚佩族」（jampecek），這個詞大致可翻譯成「懶散一族」。在德國（東德和西德都是），這類人被稱為「哈布斯塔克小子」（Halbstarke）。這類人在捷克則被稱為「鴨人」，大概是因為他們的鴨尾髮型而得名。甚至還有羅馬尼亞版本，名為「馬拉甘巴小子」，以羅馬尼亞鼓手馬拉甘巴（Sergiu

Malagamba）命名。[8]

各國年輕叛逆者的時尚風格略有不同，這取決於跳蚤市場或來自西方的援助物資有哪些，以及他們有能力自製出什麼來。一般而言，男孩喜歡貼身的窄管緊身褲（華沙有個裁縫專門把普通褲子改成窄管褲）。女孩一開始穿緊身的鉛筆裙，後來則轉而擁抱迪奧（Christian Dior）當年推出且隨即在各地爆紅的「新風格」：窄腰寬裙，最好有著鮮豔顏色和圖案。年輕男女都喜歡厚底鞋，這是一種遙遙呼應美國流行的運動鞋，匈牙利人稱其為「揚佩鞋」。色彩鮮豔的襯衫也很受歡迎，因為它們與共青團體的整齊協調服裝形成鮮明的對比。寬領帶也很受歡迎，通常上有手繪圖案。概念大致是襯衫和領帶應該搭配出不協調感，其中又以綠色領帶配黃色襯衫特別受歡迎，波蘭人戲稱其為「細蔥炒蛋」。在華沙，爵士樂評論家迪爾曼帶起了條紋襪的風潮。他曾表示自己這樣穿是為了行使「決定自身品味的權利」。[9]儘管迪爾曼與大多屬於年輕世代的比基尼小子保持一定距離，偶爾抱持嘲諷態度，但大體來說還是贊同他們。

> 這絕對是波蘭鄉下版本的吉特巴（jitterbug）風潮，雖然沒有原版乾淨華麗……即便是那些無意與他們對抗的人對他們也有些輕蔑，不過他們也因其堅韌，因其對抗了強大官僚機構，因其挑戰了周圍的灰暗和極端貧困而受人尊重。[10]

就像西方一樣，服裝與音樂風格總是有關。比基尼小子、揚佩族和其他人也跟西歐年輕人一樣熱愛爵士樂，儘管年輕共產黨員四處砸毀爵士樂唱片（也許正是因為他們這麼做）。爵士樂被禁止的同時，便成了政治化的存在，就連在收音機上聽爵士樂也成了政治活動：亂轉父親的收音機來收聽不同電臺，就成了當時異議活動的替代。盧森堡電臺奇怪的很受歡迎，後來的美國之音所播放的爵士樂節目也大受歡迎。收聽電臺一直都具有反抗意味，直到共產政權在四十年後倒臺為止。

在服裝和音樂方面，波蘭與東德的年輕異議分子就和美國搖滾樂迷、穿阻特服者（Zoot suiters）及英國的阿飛男孩（Teddy boys）有很多共同之處。但由於國家政權的性質差異，他們的時尚選擇還是比西方國家更具有深刻的政治意義。從當局的角度來看，這些年輕嬉皮肯定涉入黑市交易。他們怎麼可能獲得這麼不尋常的衣服？他們肯定也欣賞美式消費主義，就像西方青少年一樣，想要擁有各種商品，特別是共產體制無法提供的，而且會不惜一切代價去獲得這些物品。一位曾當過揚佩族的匈牙利人回憶起他為獲得厚底鞋所付出的努力：

> 南區有三個小販，我不知道他們的名字，有個叫弗里奇的會帶貨來。我想是從南斯拉夫或南部帶進來的……即便可以私下分期付款，但買這種東西仍是件大事，你必須有點人脈才能買到……人們會為自己的貨源而互相嫉妒……[11]

政權也懷疑嚮往西方時尚就意味著嚮往西方政治。媒體很快就開始指責叛逆的年輕人不僅不合群，還散播墮落的美國文化，密謀破壞共產價值，甚至接受西方的指令。這些叛逆的年輕人有時還會被指控為破壞者甚至間諜。但這種政治宣傳反而使得原本零散的人群變得比原本更強大、更重要。一份波蘭報紙將美國流行文化描述為「追求名利，接受並美化最原始欲望和感官刺激的奢華崇拜」，[12]其他官方媒體則說比基尼小子等同於「投機者，富農，流氓和反動派」。[13]政治異議者庫羅卻認為，這種語言反而讓年輕人更喜愛爵士樂，熱愛「西方」舞蹈和更奇特的服裝風格。他甚至懷疑比基尼小子是在媒體開始攻擊他們後才成為真正的反主流文化運動：「當年輕人被告知『你們是比基尼小子』，他們便以『我們就是比基尼小子沒錯』作為回應，而這讓他們獲得了一個過去都不存在的政治企圖。」[14]

匈牙利歷史學家桑多．霍爾瓦深入研究了揚佩族運動，他認為恰恰是報紙上的政治宣傳創造出匈牙利青年次文化。他也推測，打擊揚佩族的行動可能是受到當時蘇聯「反流氓騷亂」(hooliganism）的影響。他甚至質疑揚佩族最初是否真的存在，是否有可能是共產當局需要一些什麼來定義自我，所以才從「西部片、黑幫電影、小說和漫畫」中拼湊出對於揚佩族的描述。為了推廣「好」的共產主義者形象，他們需要「壞」的資本主義者想像，而揚佩族剛好符合條件。[15]

一旦這些時尚的團體被定義為匪類，就會開始吸引那些真正的尋釁之人。在波蘭，比基尼小子和波蘭青年聯盟與警察之間都經常發生嚴重爭執。一九五一年，一群華沙郊區的年輕人因涉嫌武裝搶劫而被捕受審。官方報紙《青年旗幟報》稱他們為「服務美帝的年輕強盜」，說他們特有的服裝是窄褲和厚底鞋。一位年輕的共產主義倡議者投書《青年旗幟報》，抱怨他曾被一群身穿比基尼小子裝扮的年輕「流氓」毆打，因此確信「崇拜美國生活方式者對波蘭有敵意」。他遇襲時正好打著波蘭青年團的紅色領帶。當時在華沙的波蘭青年團領導人物波米安也曾在公園遭到攻擊和毆打，但他沒能襲擊者的長相。一名同學因此被逮捕，但後來獲釋。[16]

反過來說，年輕共產主義者有時也會與警察合作，在街上追捕比基尼小子。他們會抓住與毆打對方，剪掉對方的頭髮與領帶。比基尼小子曾不只一次在「官方」青年舞會上跳出「那種風格的舞」（也就是吉特巴舞），從而毀掉舞會，事後他們會被「深受冒犯的」共黨青年毆打。[17]庫羅本人還記得有位地方黨委書記曾告訴他，由於「比基尼小子和流氓分子」沒能被報紙、收音機、海報和書籍上那些描繪他們醜態的漫畫所說服，因此該是時候動員一群年輕健康的工人去追捕他們了。「從那一刻開始，每當比基尼小子跳上舞池，共黨青年就會試圖抓住及毆打他們。」[18]類似的情況也發生在匈牙利。

在東德，青少年叛逆的問題確實因為美國廣播的影響而更加嚴重。這類影響不僅來自遙遠的盧森堡電臺，還直接來自位於西柏林美占區的美國之音廣播電臺。西德的流行樂譜也可以拿來給伴舞樂團演奏，讓共產當局驚慌失措的是，這些樂譜非常受歡迎。在一九五一年一次德國作曲家會議上，有位東德音樂學家譴責這種「美國娛樂垃圾」是「使工人思想麻痺的美國毒藥入侵管道」。爵士樂、搖擺樂和大樂隊的威脅「就和武裝毒氣攻擊一樣危險」，因為它反映了「美國壟斷資本主意的墮落意識形態，缺乏文明……只是空虛的喧嘩，最重要的是它熱衷戰爭和破壞……在這裡，我們應該明確指出這是美國主義的第五縱隊，絕對不能輕視美國流行音樂在戰備時期的危險作用」。[19]

在此次會議之後，東德政府採取積極措施來對抗這種新禍害。全國各地的地方政府都開始強制要求伴舞樂團和音樂家必須獲得許可證，有些地方甚至直接取締爵士樂。儘管執法沒有明確規律，但還是出現了一些逮捕事件。作家洛斯特記得有一名爵士音樂家在被告知他必須改彈其他曲子時，表示自己正在演奏受壓迫的黑人少數族群的音樂，但他還是被逮捕，並被判入獄兩年。[20]

政權也試圖尋找替代方案，但都是臨時方案。畢竟，沒有人確切知道進步舞曲聽起來應該如何，或者應該在哪裡演奏。德國藝術學院成立了一個由博學音樂學家組成的委員會，討論「舞曲在我們社會中的作用」。與會者一致認為「舞曲必須是有目的的音樂」，這意味著它應該只用於跳舞。但是否應該在廣播中播放舞曲？與會者沒有共識——「僅僅聆聽舞曲是不可能的，聽眾會忘記其目的」，也有人擔心年輕人會要求播放「布吉特舞曲」而不是「真正的舞曲」。[21]

一九五二年五月，東德文化部試圖透過一場競賽來解決這個問題，並獎勵創作出「新德國舞曲」的作曲家。結果這場競賽成了一場失敗，因為評審委員會認為沒有任何參賽作品足夠吸引人。該委員會大概在尋找現代版本的史特勞斯維也納華爾滋。正如中央委員會裡的新「舞蹈委員會」抱怨，許多參賽作品都奠基於不進取且無教育意義的主題，例如感傷的愛情、懷舊或純粹的逃避主義。評審委員會宣布其中一首關於夏威夷的歌曲，其實根本可以把背景換成呂北克（Lübeck）。

東德年輕人對這類事的反應通常是縱聲大笑。有些樂團公然嘲笑他們收到的官方來信，並把信件內容公開朗讀給觀眾聽，有些樂團則是乾脆無視這些信件。一位驚駭不已的官員曾書寫報告描述他在一場音樂會上聽到的「高分貝的狂野音浪」和「狂亂的身體移動」。可以想像也會有人選擇逃離，好比某個樂團就被官方視為「美國野蠻文化的政治宣傳」，結果該樂團一度造成轟動：因為他們逃往西方且立即透過美國之音向東柏林播放他們的音樂。

事實上，西方音樂和西方青年時尚的問題從未消失。若要說有什麼變化，那就是一九五六年第一張轟動東歐的搖滾樂專輯《晝夜搖滾》（Rock Around the Clock）問世後，這兩者反而都變得更吸引人了。

此時共產政權已停止打壓流行音樂——史達林去世之後，爵士樂至少在某些地區變得合法，對休閒服飾的規定也有所放寬，東歐最終也擁有了自己的搖滾樂隊。正如一位歷史學家所說，在柏林圍牆建立之前，對抗西方流行音樂的戰爭已經在東德「敗下陣來」。但就算是在東德以外的其他地方，這場戰爭也一樣失敗。[22]

—

對於在史達林主義全盛期必須工作養家的成年人而言，奇裝異服從不曾是實際的抗議方式。從事某些職業的人或許可以這麼做，例如演員瑪塔（Marta Stebnicka），她的職業生涯大半都在克拉科夫度過，並在一九五〇年代為自己設計了許多有趣的帽子。[23]波蘭的爵士樂評論家迪爾曼也是一位成年時尚偶像，身穿緊身領帶和彩色襪子。

但那些不想或不會裝扮的成年人，還可以選擇惡作劇或講笑話。在共產政權下流傳著各式各樣的笑話，目前已經有多部學術專書探究此類笑話的運用。在高壓政治制度下以笑話作為被動抵抗並不是什麼新鮮事，例如柏拉圖就描述過「幽默的惡意」，霍布斯觀察到笑話常讓講笑話者感到自己比他取笑的對象更高貴。喬治．歐威爾也說過（如本章開頭引用），「當一件事打破既有秩序時，就成了有趣之事。每則個笑話都是一場微小的革命。」在東歐共產政權下，人們幾乎沒有機會表達對權威的惡意或高人一等，但他們仍有強烈欲望去顛覆既有秩序，笑話因此在此繁榮發展。[24]

笑話也有多種用途。蘇聯異議分子布科夫斯基（Vladimir Bukovskii）曾經準確表達出笑話的主要功能，他指出「簡化過的笑話能透露出政治宣傳伎倆的荒謬……在笑話中，你可以找到無法在印刷品中看到的東西：人們對事件的真實看法」。[25]確實，講笑話的人可以大聲說出本來不能說出口的事實真相，例如蘇聯以遠低於國際市場的價格購買波蘭煤礦和其他波蘭產品的事實：

毛澤東和史達林正在進行談判。中國領導請求蘇聯領導協助：「我們需要十億美元，五千萬噸的煤和大量的米。」史達林轉向他的顧問：「美元，可。煤，可。但貝魯特要上哪才能弄到這麼多米？」[26]

波蘭軍隊在一九五〇年代時由一位有著波蘭姓氏的蘇聯將軍領導，這也是事實：

為何羅科索夫斯基能成為波蘭軍隊的元帥？因為替一個俄國人準備波蘭軍服比替整個波蘭軍隊準備蘇軍制服便宜得多。

還有在共產政權下甚至連藝術家都必須被迫屈從的事實：

自然主義、印象派和寫實主義的畫家有何不同？自然主義者憑所見而畫，印象派憑所感而畫，寫實主義者則是根據所接到的指示而畫。

以及這個深受厭惡的政權及其支持者出於尷尬而不願承認的事實：

一對朋友正在街上散步。其中一人問道：「你認為拉科西怎麼樣？」另一人回答：「我不能在這裡告訴你，跟我來。」

他們走進巷弄深處。

「現在告訴我你對拉科西的看法。」朋友說。

「不，這裡還不行。」另一人回答，並領他走進公寓的走廊。

「好吧，這裡總行了。」

「不行，這裡不安全。」他們走下樓梯，進入大樓廢棄的地下室。

「好了，現在你可以告訴我你對我們的領導有什麼看法了。」

「嗯，」朋友緊張兮兮地四處張望，「事實上我相當喜歡他。」

在某種程度上，共產黨對於權力的壟斷意味著任何事情都能拿來當政治笑話，從經濟，足球國家隊到天氣，生活上的各種層面也是如此。這就是笑話具有顛覆力量的原因，當局對此事心知肚明，這也是為什麼他們試圖壓制。布達佩斯青年聯盟寫給匈牙利夏令營輔導員一封信，信裡嚴肅警告他們要做好準備：隊員們可能會沉迷於「粗俗」的開玩笑大會。如果發生這種事，輔導員應該愉快地加入他們，以便將人群焦點轉移到更有品味、政治上更可接受的幽默形式。[27]

並非所有青年領袖都如此開明。一份寫給教育部有關波蘭學生整體氣氛的報告中提到，「起哄、笑話、押韻和塗鴉」被認為是「反抗情緒」的標誌，甚至可能是「與地下組織有所聯繫的證據」。[28]人們只因在錯誤時間地點講出錯誤的笑話就有可能遭到逮捕，且是從一九五〇年代以後至蘇聯瓦解前都是如此。讓捷克作家米蘭・昆德拉首次獲得國際知名度的著作，就是他在一九六七年出版的小說《玩笑》：小說主角寫了明信片給一個女孩，上面說了則笑話，結果他被趕出派對，然後被送去礦場工作。[29]一九六一年，一名東德歌舞劇團的成員在一場名為《狗葬之地》的演出後真的被逮捕了，那場演出包括以下橋段：

兩位演員開始逐一拆下一堵牆的磚塊，第三位演員問道：「你們在幹嘛？」兩人答道：「我們正在拆除磚塊工廠的牆壁！」第三位演員疑惑地問：「為什麼要這樣做？現在磚塊已經短缺了啊！」兩位勞工繼續手邊的工作繼續說：「這就是為什麼我們正在拆牆啊！」

那場表演還有個橋段是一名公務員對於所有問題都用烏布利希的名言來回答：「只是為了安全起見。」演出效果頗為愚蠢，但當局卻不感到好笑。在事後報告中，一名當地黨領導憤怒地說：「這場表演包含了對新聞、工人、黨幹部和青年領袖的挑釁誹謗。」演員被關押九個月，部分人被關在單人牢房。還有其中一人直到很晚才發現他講過的數百則笑話都被報告給了祕密警察。[30]

這起事件突顯了共產政權毫無幽默感，也說明了諷刺劇演員、歌舞劇演員及其他想要合法表演的人必須努力取得微妙平衡。一方面，如果他們想要吸引觀眾，演出就必須要有趣，或至少要有一定的刺激和反諷。但在另一方面，他們必須避免講出周遭人們實際上正在講的笑話，甚至避免提及其他人覺得有趣的話題。官方媒體也面臨相同困境。一九五〇年，匈牙利國家廣播公司嘗試解決這個問題，推出了一個政治性的夜總會節目，主打「每一次大笑都是對敵人的打擊，新節目將傳達我們社會的樂觀喜悅和力量」。結果該節目只維持兩個月就被放棄了。[31]

在史達林主義時期，整個東歐共產陣營內沒有人比桑柏格更認真解決這個問題。桑柏格是布痕瓦爾德集中營的倖存者，也曾是《搗蛋鬼》這本一度是東德最好笑的諷刺雜誌編輯。雖然雜誌最初設立在西柏林，拿的是美國籍許可證，但桑柏格引入一群傑出的藝術和文學人才，全都是左派知識分子，打從一開始就與文化聯盟和共產黨有密切關聯。然而，桑柏格本人並沒有意識形態，他認為笑聲具有「療癒」作用，相信他和同事們如果拿尖銳的漫畫筆觸來探討德國的納粹歷史和當今的分裂現況，就能有助於重建社會。

起初，《搗蛋鬼》的風格很大程度上反映出桑柏格的願景。雜誌在一九四七年一月一日刊登了諷刺政治家艾德諾的文章，一篇對於一場意外精彩的兒童書展的評論（在過於嚴肅的柏林沒人討論這場展覽，因為「有關樂趣、愛情和魔法」），以及一篇對二戰期間留在德國並對納粹暴行保持沉默的指揮家福特萬格勒（Wilhelm Furtwängler）的批評文章。刊物中還有一篇批評死板的去納粹化行動的漫畫（「真的沒有納粹黨員了嗎？」）也討論了關於第三帝國的議題。幾個月後，桑柏格對於東西德和東西柏林分裂日益嚴重的矛盾感受，顯現在五月二日的刊物封面上：上頭是一個盲人站在柏林四個占領國的旗幟中間，標題為「未知的未來」。他並沒有明確將分裂一事怪在美國或蘇聯頭上。

這份中立立場沒能維持太久，最終桑柏格不得不選邊站。隨著東西方關係緊張，共產勢力對這份雜誌的影響也逐漸增強。雜誌的諷刺漫畫逐漸轉向以更尖銳方式批判資本主義和美國，也批判德國在面對「挑起戰爭」的西方時的無力。到了一九四七年十二月，《搗蛋鬼》的聖誕刊物封面上出現了一名德國孩子單刀直入地發問：「媽咪，和平是什麼？」一九四八年春，該雜誌失去了美國的發行許可證。五月份，換上蘇聯許可證發行的第一期刊物封面上有幾座橋：標有「貨幣統一」和「經濟統一」的橋還完好無損，而標著「政治統一」的橋已被摧毀。[32]

儘管桑柏格抗拒成為另一個政治宣傳工具，但該雜誌的封面還是繼續嘲諷杜魯門、戴高樂，也嘲諷西方縮減軍備的承諾。他在形式主義辯論中站在「錯誤」的一邊，堅持對畢加索等「形式主義」藝術家表達欽佩。黨的寬容沒有持續太久。到了一九五〇年，中央委員會的文化部不再容忍除了完全一致之外的其他聲音。正如其中一名成員所說，「我們需要國內諷刺雜誌支持我們」。另一位宣稱，儘管這份雜誌正在努力遵守規則，「我們相信，《搗蛋鬼》一直在努力改善」，但當局仍有疑慮。[33]這一切都已經無所謂了，因為這本雜誌的讀者數量已經大幅下降：沒有人想買一份不好笑的諷刺雜誌。最終，當局在八月份將其停刊。儘管隨後再次以類似的名稱《調皮鬼》（*Eulenspiegel*）重生，但從未能獲得同樣的影響力。

然而，每當私下關起門來，或是與自己人獨處時，即使是當局高官也會講政治笑話。東德記者、後來成為最後一屆東德政府官員的夏波夫斯基（Günter Schabowski）就曾告訴他的英國同行：「在《新德國報》，我們會在自助餐廳互講笑話。我們並未對體制的缺陷視而不見，但我們說服自己，這只是因為仍在早期階段，而階級敵人正在各處實行破壞。我們想，總有一天所有問題都會解決，就不會有更多笑話，因為沒有什麼可講了。」[34]甚至有個關於笑話的笑話，例如下面這則很可能來自蘇聯的笑話，指涉蘇聯兩項最著名的古拉格建築工程：

「誰建造了白海運河？」
「說政治笑話的人。」
「那麼誰建造了伏爾加頓河運河呢？」
「聽笑話的人。」

你無法完全控制幽默，也無法完全控制服裝。事實證明，我們也無法完全控制宗教情感。共產歐洲國家的人小心翼翼地計算可能需要付出的個人代價，並在教會的保護傘下進行活動。普切洛夫斯基（Józef Puciłowski）是波蘭青年聯盟的成員，他所屬小組的領導決定定期帶小組去向一名牧師私下學習教理問答。冒這個險是值得的：小組之中，沒有一個人告訴當局。[35]奇切牧師也是在年輕時就決定加入路德會。儘管他有機會於一九四〇年代末時在西柏林攻讀神學，但他更有意回到東柏林工作，繼續在那裡發揮自己的職業。對奇切來說，成為牧師的吸引力部分在於其開放性：他可以讀更廣的文學，討論大多數東柏林人沒有接觸過的材料，與西方牧師和教會取得聯繫，同時避免與政權發生衝突，並幫助政權的受害者。[36]

但也有些人沒有計算，沒有考量，也沒有計畫。有時候，被壓抑的宗教情感會突然爆發。最大一場自發性宗教事件發生在一九四九年的波蘭盧布林市。事件始於夏季的七月三日，當地一名修女注意到教堂內一幅聖母瑪利亞肖像畫的臉上出現變化。這幅聖母像（也就是波蘭最受崇敬的聖像黑色慈悲聖母像的複製品）看起來正在流淚。修女請神父來看，神父也見證了奇蹟，並開始祈禱。其他人也跟著祈禱。此事發生在電話普及之前，但聖母哭泣及神蹟出現的消息仍以驚人的速度在城市中傳播。到了晚上，人群的數量多到教堂的門無法關閉。

消息逐漸擴散，波蘭各地的朝聖者開始前往這座教堂。雖然當局沒有公開宣布，但仍舊竭盡所能的打擊信徒：封鎖進入城市的公共交通工具，並沿著道路設置警察來防止人們抵達現場。但這些作為全都失敗了，正如一位目擊者所記得的：

一九四九年七月，往盧布林的火車票已經停售，我們五個人步行前往。我們抵達教堂並待了整夜，到了早上已經有數千人聚集。七點左右，人們開始排隊等待教堂開門。過了一段時間，警察來把神父帶走，但人們仍然等待著。然後他們又出現了，拿走了教堂鑰匙，但人們仍然等待著。

接著，有位主教來到現場並要求人們回家，因為教堂沒有開門。群眾很震驚，接著開始唱歌和祈禱，就這樣持續到下午。我走到教堂側門，一開始我並不明白發生了什麼事，然後……我看到人們正破門而入，我也加入幫忙，人們唱歌祈禱並高喊「不要關閉我們的教堂」。

最終他進入教堂，看到聖母瑪利亞的臉龐閃耀著光芒。血一般的淚珠就滴落在她一邊的臉頰上。他寫道：「我相信這是一個真正的神蹟。」[37]

共黨官員束手無策。起初，他們希望這則故事會自然消失，所以故意沒有在報紙上報導此事。但隨著愈來愈多的人到來，教堂廣場上擠滿朝聖者，當局也改變了策略。七月十日，他們發起一次「反神蹟行動」：從華沙和羅茲額外調動五百名警察增援，報紙接獲指令開始進行負面宣傳。朝聖者並未被稱為「農民」（共產主義字典中的褒義詞），而是被稱為「人群」、「鄉間暴民」、無知文盲，甚至被批評為「投機者」或「商人」，只因有人看到他們在夜裡拿著伏特加。當局肅穆地檢查了這幅神蹟畫作，聲稱這幅畫因戰亂已經而毀損，臉上的痕跡一定是空氣濕度造成的。包括維辛斯基主教在內的教會領袖們被迫聲明這個神蹟是假的。神職人員害怕朝聖者可能面臨可怕的後果，只能敦促信徒回家。

但忠實信徒仍不斷前來，在大教堂門前搭帳篷。接下來的那個星期日，七月十七日，無可避免的衝突爆發了。當地共黨領袖舉行了一場在市中心立陶宛廣場的示威活動。他們通過高音喇叭譴責「反動教士」，喇叭的聲音大到足以讓城裡的所有教堂聽到。在其中一間教堂卡普欽教堂（Church of the Capuchins）裡，信徒開始唱起讚美詩：「我們渴望主！」彌撒結束，人們湧入街頭，而逮捕行動也正式開始。信徒們試圖逃離市中心，但警察堵住了小巷並將他們趕上裝甲卡車——有位歷史學家評論道，這畫面和納粹德國在幾年前在盧布林發動的街頭逮捕行動沒有什麼不同。有些人被扣留了幾個小時，有些人則被扣留了長達三週。[38]

到了八月，當局找到了方法將這件事納入他們無所不包的敘事之中。這個「神蹟」的消息是如何傳到距離盧布林數百英里遠的地方？是誰將這個怪力亂神的謠言傳遍整個國家？波蘭廣播電臺有答案：盧布林的「神蹟」規劃者原來是反動的神職人員集團，與波蘭人民共和國的敵人及美國之音有所勾結。記者心懷不軌地總結，這並不令人驚訝：「美國之音很高興看到波蘭人放棄田野上的工作，命令他們在難以解釋的狀況下聚集在大教堂前……這不是信仰的表現，而是人為策畫的中世紀狂熱盲信……其目的與宗教無關。」[39]

最終，盧布林神蹟的喧鬧漸漸平息。然而，史達林時期的歐洲不只一次發生類似事件。早在兩年前，匈牙利的落窟村（Fallóskút）裡就有一位名叫克拉拉的年輕女子逃離家暴丈夫，整夜都躲在田野裡。她做了一個夢，夢中聖母瑪麗亞告訴她去尋找一座泉水。她找到了泉水，又做了第二個夢，夢中聖母瑪麗亞告訴她要蓋一座小教堂。根據聖母的話，「信仰就足夠」支付建造小教堂的經費，而事實也確實如此。克拉拉說服其他人幫忙，小教堂於一九四八年底在泉水旁竣工，一位教士主持了啟用典禮。

即便主教們因為害怕而拒絕承認這個神蹟，聖母仍然在一九四九年多次向克拉拉顯現，之後她被送到精神病院接受電擊治療，出院後又在一九五二年再次被送回醫院，被診斷為精神分裂症患者。與此同時，許多人開始支持小教堂，包括她痛改前非的丈夫。後來到了一九七〇年代，克拉拉兩度前往梵蒂岡，試圖獲得教皇對這項神蹟的承認。直到她在一九八五年去世後，這項神蹟最終才獲得梵蒂岡承認。[40]

落窟村從未像盧布林大教堂那樣吸引人群前往。但這座小教堂最終在匈牙利吉普賽文化中扮演了特殊角色。被視為最被動且反對一切政權的吉普賽人，安安靜靜的前往克拉拉的泉水教堂，默默觀察聖水所發揮的神蹟，以此表達他們的信仰。有些眼疾患者被聖水治癒，據說還有個啞巴男孩開口說話。每一個前往這間教堂祈禱的人都無需提及政治、共產主義、民主或反對勢力，但每一個來到落窟村的人都知道他們為什麼在這裡，也知道其他人為什麼不在這裡。

———

奇蹟、朝聖和祈禱並不是教會能提供的唯一一種消極抵抗。雖然受到限制、迫害和壓迫，宗教機構在史達林主義全盛期仍繼續存在。並非所有神父都「愛國」，也並非每個天主教知識分子都希望擁有公共職涯。但那些願意悄悄運作的教會，甚至能夠為那些根本不想與共產黨有任何關係的人提供不尋常的生活和工作安排。正是這種不尋常的安排，幫助博諾夫絲卡（Halina Bortnowska）在史達林主義全盛期保持良心的完整。

博諾夫絲卡的母親是學校老師，曾教導她「要珍惜生命」。戰爭結束時博諾夫絲卡十三歲，和母親在華沙起義期間逃離並抵達托倫。她在一九四五年春回到學校。學校自發性的恢復上課，沒有來自上層的指令：老師們只是重新開始教課，孩子們只是想要學習。老師和以前一樣，使用同樣的教科書，以同樣的方式教學。當然並非一切都正常。博諾夫絲卡記得，五月或六月時有謠言指出俄國士兵將驅逐波蘭兒童，所以老師要所有學生都回家。但那是個假消息，學校繼續運作，至少繼續運作了一段時間。

博諾夫絲卡的童軍小隊也自發性的重新開始運作。由幾位曾經是灰色陣線童軍的年輕女性帶領，該小隊出發進行有意義的活動。他們援助從東方抵達的難民、協助孤兒和被迫流離失所的兒童。儘管周圍隱隱存在威脅，她們仍按照己意行動，並不聽從任何上級命令。

一九四八年，一切都改變了。校長被撤換，許多老師也離開。波蘭青年聯盟接管了華沙的童軍運動，從上頭施加壓力要求人們遵守規矩，年輕女領隊們決定解散小隊。她們告訴博諾夫絲卡和她的朋友們：「童軍不能加入不誠實的組織。」在這個案例中，沒有人想過要建立一個祕密團隊。「我們明白這沒有意義。」博諾夫絲卡尋找其他出路。她成功加入天主教學生組織瑪利亞聖母會，沒想到隔天他們就被解散了。她也來不及加入明愛會。

雖然感到挫敗，但博諾夫絲卡仍堅持她的家族原則和她自己的天主教理念，尋找加入其他小型反抗運動的機會。當她和一個朋友被要求簽署《斯德哥爾摩倡議書》（那是許多和平請願書中的其中一份），這時契機出現了。她們當時簽署了請願書，想了想後跑去找學校主任，要求將她們的名字刪除。那些一開始沒有簽名的人不會引起注意，但當時正讀中學最後一年的博諾夫絲卡和她朋友「製造了麻煩，吸引了人們注意……整個城鎮都在談論此事」。由於紀錄上出現這種不利因素，兩人突然間失去了接受高等教育的可能性。

她本可以去工廠工作，也考慮過這樣做。但她有朋友在宗教機構，能提供她更好的選擇，於是她進入了位於佛羅茲瓦夫的天主教學院，開始學習成為一名小學的教理講授教師。儘管天主教學院的名字很氣派，但它實際上是一個非正式的臨時機構，除了教會之外沒人承認。在這所位於佛羅茲瓦夫的學院成立不久後，其建築被充公，學院於是遷往位於奧士廷（Olsztyn）附近的破舊鄉下學校。

在學院裡，學生們同時學習並教書。他們仰賴當地教區提供的資金、慷慨父母提供的免費膳食及信徒捐獻的食物生活。他們自己做飯與打掃。他們避開關注。博諾夫絲卡回憶說：「從當局的角度來看，我們並不存在。」尤其是在曾為德國領土地區，行政上已足夠混亂，讓他們得以暫時不被發現。

博諾夫絲卡在天主教學院待到一九五六年，當時情勢開始緩和，她能夠申請進入真正的大學並獲得真正的學位。但在那六年間，她在共產波蘭生存了下來，而且沒有和政權合作。在那段時間裡，她教導學童宗教的基本知識，並有足夠的食物和棲身之處。她對政權不成威脅，政權大概也對她沒興趣。她沒有在公共場域發揮影響力，也沒有抱持任何政治立場。她沒有孩子和家人，因此不用擔心家人的未來。她的母親有能力照顧自己。

我在半個世紀後問她，在那段時間裡會不會感到害怕，她聳了聳肩回答：「會害怕，但人不可能一直害怕。人會習慣，不再那麼留意。」於是她躲藏在鄉下，過著安靜的生活。[41]

———

對於那些不能或不願合作的人來說，對於那些無法在教堂尋找庇護或從幽默中獲得安慰的人來說，就只剩下一種相當戲劇化的選擇：逃離。

在這件事情上，東德人相對最為容易。離開波蘭或匈牙利的波蘭人或匈牙利人不僅拋下了家庭和親人，也拋下了語言和文化。對他們而言，離開自己的國家意味著永遠成為難民。一九四九年後，東歐的護照政策變得更加嚴格，邊境管制也更加嚴密，於是要做出流亡這種心碎選擇就變得更加冒險與更加困難，因為只要在邊境被捕便可能入獄。根據內政部統計，一九五一年只有九千三百六十名波蘭人出於某種原因越過波蘭邊境，其中只有一千九百八十人前往資本主義國家。[42]

對於德國人來說，這個選擇可能一樣困難，尤其是對那些在東德擁有財產或家人的人而言。但情況相對比較單純。畢竟西德仍然是德國，官方語言仍然是德語，要運送東西也比較簡單。波蘭人則不同，他們必須找到穿越東德、捷克斯洛伐克或波羅的海前往西方的方法，反觀一九五〇年代想離開東德的德國人理論上只需要跨過邊境就能進入西方。

隨著時間過去，這項看似簡單的任務變得愈來愈複雜。最初的障礙來自西方。由於難民的流動是由東向西，因此位於巴伐利亞的美軍和德國北部的英軍一開始都試圖減緩人流。為了避免大量難民湧入，美軍實際上開始在美占區的邊境設立關卡，篩選進入的對象。雖然這些措施並不是特別成功，因為難民還是能藉由穿越森林或與貪汙的蘇軍士兵合作繞過邊境檢查站，但這些努力確實立下先例。最終所有德盟軍都設置了邊境檢查站和路障，監控出入各自區域的道路，要求穿越德國「內部」邊境的人攜帶護照和簽證。[43]

可以想見，邊境開始「出事」——蘇聯士兵朝著美占區開火，或是美軍士兵朝著蘇占區開火，同時還有關於東西德邊界究竟該在哪裡的爭議。人們可以趁著夜晚悄悄移動十九世紀留下來的石標，蘇占區的一些城鎮也申請轉移到美國占領區，動輒成為糾紛的焦點。[44]紅軍開始建立後來成為無人區的地帶，不準人民居住在邊境地區。這些邊境地區的村莊後來將被徹底疏散。盟軍方面也舉行了一連串談判，以討論出入境問題，並設立各種委員會試圖找到答案。他們訂出規定，以控制通行證和許可證的發放。

德國人持續從東向西移動。一九四五年十月至一九四六年六月間，大約有一百六十萬人從蘇占區穿越到美占區和英占區。到了一九四六年六月，開始變成紅軍要求禁止跨區移動，而美軍則在幫助德國人偷渡（例如讓德國女性穿上美國制服，但這個伎倆很容易被看穿）。[45]

從一九四九年開始，西德當局不再將由東方前來的人視為非法移民。相反的，他們被視為政治難民和受共黨壓迫的受害者。他們能夠住在難民營裡，也在尋找住房和工作方面得到政府幫助。因應這些變化，蘇聯當局也開始實施更嚴格的控制，派遣紅軍部隊巡邏邊界，修建壕溝、柵欄和屏障。

柏林仍是例外。儘管這座城市位於蘇占區內，但在城市內設立可行的「邊界」並不容易（儘管一九六一年柏林圍牆的落成最終證明了此事是可能的）。更重要的是，蘇聯當局一開始並不希望柏林正式分裂，而是希望柏林保持統一（當然是統一後牢牢控制在東德手上）。這個異常狀況很快就創造出另一種更奇怪的現象：東德人開始蜂擁到東柏林，以跨越邊境進入西柏林，再搭火車或飛機前往西德。柏林的神祕和陰謀氛圍對間諜小說家和電影製片人的迷人魅力，也正是始於這個時期。當時的柏林是通往自由的大門。

一九四八至一九四九年爆發的「柏林危機」（詳見第十一章），蘇聯的本意是制止人群流動，同時說服西方盟國放棄西柏林。雖然封鎖行動未能達成第二項任務，但在城市內加強邊境管制確實讓柏林人跨越邊界變得更為困難。邊境警察負責監控各種交通工具，檢查護照和簽證，有時也藉口尋找黑市販子而拘捕準備逃離的難民。

真正的鎖國政策始於一九五二年，當時東德政府成立了一個特別委員會來處理那些「逃離共和國者」的問題。可以想見，他們的解決方案包括政治宣傳（譴責那些以虛假的財富承諾為餌誘使東德人跨越邊境的西方間諜），以及承諾提供回國者更好的就業機會和住處。祕密警察開始蒐集有關逃離者的資訊，以便更理解他們的動機。最後，包括柏林在內的所有東西德邊境通道都被關閉。東德警察和紅軍也是從此時開始監控與阻斷從東德進入東柏林的道路。

儘管要冒著邊境管制、衛兵與戰車，以及被捕的風險，仍有近二十萬人（精確數字為十九萬七千七百八十八）在一九五〇年離開東德前往西方。在邊境加強設防後的一九五二年，數字僅稍稍下降至十八萬兩千三百九十三人。然後湧向西方的人數又開始上升，每年約有二十萬人左右，直到柏林圍牆的興建阻滯了人流為止。據估計，在一九四五年至一九六一年之間，總共有三百五十萬人（占一千八百萬人口的百分之十九）離開東德。[46]

在這三百五十萬名難民之中，有些人如果留在當地，可能就會成為反抗政權者。例如年輕基督教民主派的活躍分子班達，他在接到一通奇怪電話後潛逃越境。後來他成為法律學者，在很早期便支持西柏林的自由大學，最終當上西德最高法院院長。十五歲就因為成立少年民主團體而進了薩克森豪森集中營的格妮斯，也在獲釋後越過邊境，她會在數十年後協助建立了薩克森豪森營區的蘇聯戰俘紀念碑。少年時期因為參與反共運動而被捕的格哈德芬（Gerhard Finn），同樣也越過邊境逃到西柏林，積極投入反共運動。此外還有許多藝術家、作家和音樂家等，如果他們沒有離開，也可能會成為文化異議分子。

並非所有難民都是政治難民。柏林克佩尼克（Köpenick）的一家工廠在被要求解釋員工離開的原因時向當局表示，人們離開是因為他們的親戚住在西德，因為工廠沒有給他們休假學習的機會，因為他們欠債，還有因為他們認為可以在西方賺到更多錢。這很可能精準反映出許多人逃離的動機——當然，所謂的動機無疑是綜合因素。經濟誘因肯定有其影響力。一九五〇年代初，西德經濟已經遠遠超越東德經濟，這是人盡皆知的事實。

然而，並不是所有留下來的人都活得不開心。我們千萬不能認為，留在東德的都是悶悶不樂或不關心政治的人，或者如德國學者巴林（Arnulf Baring）曾寫過的那樣，「任何積極主動，擁有活力和決心的人，要麼及時離開，要麼後來被驅逐了。」至少在一九六一年柏林圍牆建成之前，留下來的人都有額外的籌碼：如果當局沒有提供住處、更好的薪水或高階職位，他們總是可以威脅要離開。在某幾個關鍵的行業（例如醫生），人們獲得了當局希望說服他們留下而給予的特權，其中一些人認為他們因此過得更好。史達林去世後，赫塔的丈夫告訴她，共產黨政策的變化可能會導致許多逃到西德的人重回東德。當時二十三歲的赫塔想著：「天啊，如果他們回來，我們可能得放棄我們的公寓。」[47]

東德政府知道它的人民有選擇權，因此積極避免減薪，可能也放鬆了原本打算更嚴厲執行的警察監控。對於人民大規模出逃的恐懼，甚至有助於解釋東德為何沒有舉行任何作秀公審。[48]並非所有留下來的人都是共產制度的崇拜者，但他們評估了情勢，計算了他們需要妥協多少，又可以採取多少消極反抗。他們為自己和家人做出他們認為最好的選擇，然後等待下一步的發展。

第十八章 革命再起

「六月十七日起義後／作家工會的祕書／在史達林大街上散發傳單／聲稱人民／已經失去了政府的信任／只有加倍努力才能重新贏得信任／在這種情況下／政府解散人民並另選他人／不是更容易嗎？」

——布萊希特，〈解決方案〉[1]

一九五三年三月六日，東歐共產陣營的人民跟全球所有人一樣，驚訝地得知一個令人震驚的消息：史達林已溘然長逝。[2]

東歐各地的收音機都在播放葬禮音樂，商店關門歇業。市民被敦促在家掛上旗幟，數百萬人自願穿著黑衣、繫上黑絲帶。報紙邊緣出現了黑色邊框，辦公室裡的史達林照片上繫著黑色飾帶，學生們輪流站在他的肖像前擔任榮譽衛兵。工廠和部會的代表團來到東德蘇聯指揮官的辦公室，以肅穆之姿簽署悼念簿。在海利根斯塔特（Heiligenstadt）小鎮，天主教堂敲響了喪鐘，神父以史達林之名誦唸了一遍「我們的天父」。[3]數以萬計的哀悼者擠滿布拉格的維茲拉夫廣場，成千上萬的人圍繞在布達佩斯的史達林雕像前。東柏林的亞歷山大廣場上，眾人默哀一分鐘。[4]

在莫斯科，史達林的追隨者和分身們集體出席葬禮。貝魯特、羅科索夫斯基、拉科西和哥特瓦爾德、烏布利希和葛羅特渥，全都出席，還有羅馬尼亞的格奧爾基、阿爾巴尼亞的霍查和保加利亞的契爾文科夫（Vulko Chervenkov）。中國的毛澤東和周恩來、義大利的陶里亞蒂、法國的多列士也都遠道而來。[5]馬林科夫（Georgy Malenkov）、貝利亞和莫洛托夫發表了葬禮演說，但有觀察家指出他們「沒有表現出任何悲傷的痕跡」。[6]但情緒肯定高漲。哥特瓦爾德在葬禮後心臟病發，不久後去世。

變革來臨得很快。史達林去世時，他的同事們得出嚴重的結論：蘇聯帝國的前景不容樂觀。過去數個月來，他們一直定期收到來自東歐的精準報告，內容極其令人擔憂。例如一九五二年十二月，蘇聯駐布拉格大使曾寫信報告捷克的產業「幾近完全混亂」，物價飛漲，生活品質急劇下降。在史達林和哥特瓦爾德雙雙去世之後，捷克斯洛伐克的罷工再度惡化。五月份，數千名捷克斯洛伐克工人從斯柯達（Škoda）汽車廠步行三公里到皮爾森市政廳，占領該建築，焚燒蘇聯國旗，再把列寧、史達林和哥特瓦爾德的半身像從窗戶扔出去——這是為了抗議當局於一九四八年謀殺反共的前外交部長馬薩里克，還將他從布拉格城堡的窗戶扔下去。[7]即便是迄今為止東歐共產陣營中最忠誠的國家保加利亞，該國國內的煙草工人罷工也開始蔓延。蘇聯中央政治局對此格外感到不安：如果連一向忠誠的保加利亞工人都不安分，那麼其他東歐國家肯定更加不穩定。[8]

來自東德的消息也是壞消息。儘管邊境安全措施不斷加強，動員警察管制、鐵絲網環繞，但兩德之間的邊境交通卻在快速增加。一九五二年已有超過十六萬人從東德移居往西德，而一九五三年的前四個月又有十二萬人離開。[9]有份報告警告，「在東德領導層的強硬政策下，東德人民的不安情緒愈來愈強烈。」[10]貝利亞本人則撰寫了非常準確、完全清醒的分析：

> 前往西方的航班愈來愈多有其原因……某些農民群體不願參加正在推行的農產品生產合作社，中小型企業家擔心私有財產權會被取消或財產被充公，部分年輕人逃避在德意志民主共和國武裝部隊服役，以及德意志民主共和國在糧食供應及消費品方面所面臨的嚴重困境。[11]

即使證據明擺在眼前，蘇聯領導人也沒有公開質疑自己的意識形態。馬克思主義的思想仍然正確，所以他們的結論是負責執行馬克思主義思想的人失敗了，這些人太嚴厲、武斷、倉促、無能。東德共黨高層尤其失敗。六月二日，蘇聯政治局召集了烏布利希、葛羅特渥和意識形態部長厄斯納（Fred Oelssner）前往莫斯科。中央政治局花了整整三天時間訓斥這些德國同志，要東德放棄慶祝烏布利希的生日，讓經濟自由化，並無限期推遲公布東德即將轉型為「完全社會主義國家」的計畫。這個「錯誤的政治路線」要由「新路線」來取代。東德人自然悉聽尊便。六月十一日，《新德國報》在頭版發表了黨領導人的聲明，為以前幾年的「嚴重錯誤」道歉，呼籲結束集體化，甚至要替政治審判的受害者翻案。

蘇聯和匈牙利的談判在一週之後進行。這回，中央政治局抨擊了拉科西、格羅、雷瓦伊和法卡斯。帶頭抨擊的人是貝利亞，這位在蘇聯親自負責進行殘酷審訊的國安頭子。貝利亞指責拉科西，說他對人民發動了不受歡迎的「鎮壓浪潮」，甚至還下達個人命令指示誰應該被逮捕或誰應該被毆打。貝利亞的同僚還指責這位匈牙利領袖懷抱著「經濟冒險主義」，說蘇聯很清楚「匈牙利人民的不滿情緒」、物資短缺和經濟困難。政治局下令拉科西辭去總理職務，但允許他繼續擔任匈牙利共產黨總書記。[12]

蘇聯政治局取代拉科西的人選，是低調的農業部長伊姆雷。伊姆雷也是一位「莫斯科共產主義者」，戰前曾在蘇聯生活過。歷史學家查爾斯・加提（Charles Gati）認為他可能曾擔任過祕密警察線民，並與一些蘇聯領導人保持著非正式來往。伊姆雷長年以來都認為，應該要以更和緩的方式逐漸過渡到共產主義，更重要的是，他不是猶太人，而蘇聯政治局似乎認為這是一項龐大優勢。[13] 伊姆雷於是開始打造一條新的匈牙利政策路線，並在幾週內準備好公布。七月份，他在國會發表了首次演講，令他的黨派和國家震驚不已。伊姆雷呼籲停止快速工業化，停止集體化，並對文化和媒體採取更放鬆管制的態度。「在未來，」中央委員會很快就會宣布，「我們經濟政策的主要目標將是持續提升人民的生活品質。」伊姆雷仍然是馬克思主義者，並使用馬克思主義的語言描述他所有政策——他在冗長乏味且幾乎無法閱讀的〈新路線宣言〉中頻繁引用史達林和列寧。但在當時的時代背景之下，他似乎顯得很新鮮，很不一樣。[14]

蘇聯政治局從未打算讓東德和匈牙利自行推動這些改革，因為他們希望是整個共產陣營共同實施自由化，以阻止抗議和不滿浪潮。某些政治局委員甚至有可能想像類似的變革最後會在蘇聯發生——在那蘇聯稱為「融冰」時期的短短幾年裡，真正的激進變革看起來並非不可能。當然，蘇聯領導人在一九五三年與東歐夥伴的所有對話中都清楚表示，他們的批評「並非僅針對單一國家，而是針對所有人民民主國家」。[15] 在與烏布利希和拉科西談判後，蘇聯政治局也與阿爾巴尼亞領導人霍查進行交談。政治局還打算在七月下旬進行更多對話並深入規劃政策新路線，打算邀請波蘭人、捷克人和保加利亞人到莫斯科，在那裡他們會得知自己必須改變方向讓政權受歡迎，否則就會面臨災難。

但災難還是來了，不過是以一種沒有人預料到的形式出現。

一九五三年六月十七日，柏林的天氣晴朗。即便如此，許多柏林人踏入陽光之下時都感到畏懼，不知道新的一天會是如何。前一天，東柏林見證了戰後首次大規模罷工。柏林工人受到〈新路線宣言〉激勵，受到史達林去世鼓舞，也對於新政策似乎未提及降低工作配額一事感到失望，因而走上街頭表達抗議。東德記者雷可（Lutz Rackow）在六月十六日走上史達林大街，與數千名建築工人並肩而行。他們手持標語，上面寫著「柏林人，加入我們吧！我們不想成為工作的奴隸！」那天很少有人敢加入，但當雷可於六月十七日再度來到史達林大街時，他立即意識到情況有所不同。「這一次人們加入了，不僅如此，工人們甚至遠從黑尼格斯多夫（Henningsdorf）前來市中心參加罷工，公共交通已經停止運轉，從該處步行前來要花上三個小時。」[16]

曾試圖教導工人寫劇評的小說家洛斯特，那天早上從萊比錫進入市區時也看到了罷工人潮。但他還看到了蘇聯戰車和軍用卡車從附近的舍尼費爾德（Schonefeld）和阿爾斯多夫（Ahlsdorf）基地向北移動：蘇軍正以與他乘坐的火車相同速度趕往柏林市中心。作家布如寧也在從萊比錫開往柏林的火車上（甚或是與洛斯特同一列火車）看到了戰車。她和一位同事一起乘車，後者讀出報紙標題：「邦恩騷亂」，她這位朋友笑著開了一個大膽玩笑：「政府怎麼只聽說了邦恩騷亂，卻沒有聽說柏林起義呢！」[17]

在西柏林，美國占領區廣播電臺的政治主編巴爾（Egon Bahr）正焦急等待消息。幾天前，一隊來自東柏林的代表團來到他辦公室，請求他公開宣傳他們計畫的罷工行動。他同意播出罷工者的要求（他們想要降低工作配額、降低食品價格和自由選舉等)，也確實播出了，直到電臺的美國籍主管尤恩（Gordon Ewing）闖進他的辦公室喊停：「你想引發第三次世界大戰嗎？」尤恩告訴他，美國的責任和安全保障止於邊境，而他最好在廣播中明確指出這一點。正如巴爾所記得的，「這是我在美占區廣播電臺收到唯一一道來自美國政府的命令。」[18]

在東柏林，大多數政治局成員早早便離開家，前往卡爾霍斯特躲避抗議群眾。事實上，他們在那裡花上一整天時間站在蘇聯大使塞梅諾夫（Vladimir Semyonov）的辦公室裡。他們當然不是自願的。烏布利希一度問能否返家，結果塞梅諾夫咆哮道：「如果你公寓出事怎麼辦？你沒關係，但想想我的上司會怎麼對我？」[19]誰掌握大權再明顯不過。到了午餐時間，政治局得知俄羅斯當局單方面對東德實施戒嚴，蘇聯的「緊急狀態」將持續到月底。

六月十七日那天不知所措的並不只政治局的人。在觀看史達林大街的遊行後，雷可回到自己的辦公室。但那一天他幾乎沒完成什麼工作。記者茫然的走來走去，而主編則與黨支部書記一起關在小房間，不確定該做什麼，不確定他們的路線應該是什麼。布如寧和洛斯特都參加了早已安排好的作家協會會議，結果會議上談論的唯一話題就是罷工。協會總書記打電話給中央委員會，然後宣布：作家們應該去和工人討論形勢，並且「保持冷靜！」[20]

洛斯特和一名同事出去了，他們把黨的徽章放進口袋裡以防萬一。布如寧也走進了人群，新聞記者波爾肯也這樣做了，他坐地鐵進入市中心，想確定發生了什麼事情。當時有數萬人在菩提樹下大道前行，朝著東德政府的總部部會大樓走去，該建築的外牆上是林納的壁畫《共和國的建設》。

走在工人身邊，洛斯特立刻看出情況正逐漸失控。數十名「逞凶好鬥」的年輕男子占據現場。「我站在一邊，」他記得自己驚訝的想：「人們真的在罷工，工人正在對抗為工人和農民而生的黨，對抗我。」眾人放火燒了書報攤，而人民警察刻意視而不見：烏布利希不信任這些警察，他們後來才抵達現場。但現場還有大批俄國士兵，他們「面無表情」，「帽子扣合在下巴上，步槍夾在大腿之間。軍官們在他們旁邊就定位。」洛斯特回憶道。[21]

這些士兵只是前鋒部隊，蘇聯真正的軍力展示出現在上午稍晚。當洛斯特站在菩提樹下大道和腓特烈大街的轉角時，他看到戰車開進來了。數百碼之外，同為記者的阿諾德（Karl-Heinz Arnold）透過萊比錫大街和威廉大街轉角處的窗戶看到同樣的戰車。他從樓上就可以看到聚集在部長大樓外的人群：「那些人絕對是西柏林的『八便士小子』，你給他們八便士，就能叫他們去惹事。他們和史達林大街上的示威者完全不同，街上是我們的建築工人。」[22]

班茲可（Hans-Walter Bendzko）是一名邊境檢查員，他站在路障的另一邊，看著同樣的一群人。那天早上，他被告知要執行特別任務，被派往部會大樓擔任保全。他不知道眼前這群人是東德的建築工人還是西柏林的尋釁者，只知道這不是一場「正常」的遊行，沒有橫幅和口號，而是「一坨來回移動的暗色人群」。「我認為他們想要攻擊部會大樓，擔心會發生打鬥，但我不知道究竟發生了什麼事。」當班茲可聽到戰車的聲音時，驚慌失措地想著：「這肯定是美國人出手了。」但當他看到接近中的戰車時鬆了一大口氣——那是漆著紅星的蘇聯T－34戰車。從樓上往下望的阿諾德也鬆了一口氣：「這是一種解脫，緩解了壓力。」其中兩輛戰車緩慢駛進了建築物周圍的人群中，人們躲到一旁讓戰車通過，其中一輛就停在部會大樓前。班茲可正看著戰車時，蘇軍駐柏林的指揮官出現了。

他走出來，穿過我們的封鎖線，走進部會大樓。然後他又走回來，爬上戰車說了些話，當然沒人聽得到。也許他在宣布戒嚴？然後戰車又掉頭開往波茲坦廣場。人們紛紛逃跑，有些人被捕，遭到拘留……尋釁者開始攻擊戰車，其中一人從瓦礫中搬出一根大樑，放在戰車輪下，讓履帶無法動彈。[23]

幾台戰車在抵達波茲坦廣場後開始開火，另外幾台則已經在菩提樹下大道開始射擊。有些人民警察遲緩地拔出手槍。大多數人都逃跑了，幾乎沒有人反抗。能拿什麼來反抗呢？有些人扔了石頭，除此之外也沒有其他東西可用。根據推測，當天約有五十人死亡，雖然這個數字從未得到證實。[24] 數百人遭到逮捕，其中十三人最終被判叛國而遭到處決。受害者不全是示威者：在拉特諾鎮（Rathenow），憤怒的暴民將一名史塔西拖入運河並阻止他爬上岸，他因而喪命。[25]

波爾肯在混戰中被捕，即便他揮舞著記者證，還是徒勞無功地被拖上一輛卡車，並被帶到卡爾霍斯特蘇聯總部。他在那裡待了兩天，獲釋時又髒又餓，卻鬆了一口氣。大部分被捕者似乎都是偶然參加示威：他們出於好奇或者天真的信念加入遊行。這些人並非都來自柏林，事實上當天全國各主要城市和工業重鎮都有示威遊行，特別是具有強烈共產主義或社會民主主義傳統的城市：羅斯托克、科特布斯、馬格德堡、德雷斯頓、萊比錫、艾福特和哈勒。總共約有六百家企業與五十萬人進行罷工，大約有一百萬至一百五十萬人參加各種形式的示威遊行。[26]

沒有人比廣播電臺的巴爾更驚訝於罷工者的地理分布。他原以為抗議行動只局限於柏林，但當他聽說首都外的部分示威者口中的訴求，就與他前一天在電臺播出的詞句一模一樣時，便產生了一種奇妙的責任感。[27]事實證明，一九四五年的俄國人判斷正確：無線電臺真的是當時最重要的大眾傳媒，也是唯一一個能夠觸及大眾的媒體。但美占區廣播電臺的聽眾卻比東德電臺的聽眾還要分布廣泛。「六月十七日證明了有多少人在收聽美占區廣播電臺，」一位憤怒的東德共產人在幾個星期後一次會議上說：「我們已經進行了這麼多教育和培訓，卻一點也沒有被吸收。」[28]

在柏林，蘇聯戰車出現後，示威遊行就結束了。但到了下午兩點，塞梅諾夫大使發送了他第一封電報給莫斯科時，柏林和全國各地都已經承受了大量損害。政府辦公室的窗戶被打破，位於柏林市中心售賣俄國書籍的書店被洗劫一空。在位於波蘭邊境的戈爾利茲小鎮（Görlitz），一群三萬人的暴民摧毀共產黨總部、祕密警察辦公室，還有監獄。在馬格德堡，共黨總部和監獄竟遭人縱火，而在哈勒附近的工廠工人則擊垮了警察。[29]反抗行動也有一些更幽微的形式，好比一家工廠工人們發起了「哨聲音樂會」，以蓋過喇叭中傳出的政治宣傳。[30]

東德人對這些事有許多不同的反應。當年的友共人士如洛斯特，對工人能夠抗議工人政黨感到震驚。日後會在一九八九年記者會上發表突兀言論、進而導致柏林圍牆被拆毀的夏波夫斯基回憶說，六月十七日「向我們展示共產黨看似無可動搖的堅定是如何岌岌可危」。[31]像阿諾德這樣需要一個解釋的政府人員，試圖將暴力歸咎於來自西柏林的暴亂分子，而那些傾向為政權找藉口的人也同意這個看法。雖然布萊希特後來變得更加矛盾（在本章前言引用的詩中，他想知道政府是否應「解散人民」並重新選舉），但他的第一反應是將「有組織的法西斯主義元素」歸咎於西方。在騷亂發生幾天後發表的一篇《新德國報》文章裡，當時居住在柏林的布萊希特對蘇聯的介入表示讚賞：「只有靠著蘇聯軍隊快速精確的介入，才能打擊這些企圖。」[32]

那些更仔細觀察的人，包括波爾肯本人在內，知道罷工涉及許多不滿的工人和無辜旁觀者。但就算是幾十年後的波爾肯，也認為西方尋釁者一定涉入其中，否則情況就太令人難以相信又令人沮喪了。[33]雷可則堅持不同看法：「簡直胡言亂語，沒人會相信這是西方陰謀，就連說出這種話的人也不信。」[34]

比起他們的東德同志，蘇聯當局憑著優秀的線民網路和雙面間諜，對罷工本身並不感到驚訝。他們知道六月十七日會有示威遊行，事先就知道必須支援東德警察。他們毫不遲疑就把戰車開到街上，但他們沒有預料到示威活動的規模會這麼大，具有如此明顯的廣泛支持和此等明確的反蘇意圖。一份寄給赫魯雪夫的備忘錄提到了群眾對蘇聯士兵和官員的「虐待」、「粗俗侮辱」和「暴力威脅」，更不用提那些扔向他們的石頭。「大多數民眾對蘇聯官員保持仇恨，如今又被再次點燃。」備忘錄總結說：「這種仇恨在示威活動中清楚可見。」[35]

蘇聯當局最初並未責怪西方。大使塞梅諾夫最初在報告中僅提到罷工者、工人和示威者，但後來他的措辭變了，開始談論挑釁者、罪魁禍首和暴徒。蘇聯後來的報告把整起活動形容成「盛大的國際挑釁，由三個西方大國及其西德的壟斷資本同謀者預謀多時」。但就連當時的蘇聯也承認，這項論點仍「缺乏事實材料」來證明。[36]

對於在德國的蘇聯外交官和官員來說，「挑釁說」只是在挽救面子，一種掩飾自己未能預測或阻止騷亂的說詞。當然，這對他們而言可能是唯一合理的解釋，因為根據他們的意識形態、教育和偏見，這種事情本不應該發生：工人不僅不可能反對工人國家，而且德國人也不應反抗任何權威。史達林本人就曾嘲笑過東德的政治抗議：「起義？他們甚至不會穿越馬路，除非綠燈亮了。」[37]但史達林已經死了。

——

東柏林的暴動立即產生了意想不到的影響，並造成一名直接犧牲者。九天後的六月二十六日，赫魯雪夫發動了一場震撼人心的政變，針對貝利亞進行了精心策畫的行動。這位蘇聯祕密警察頭子措手不及，旋即遭到逮捕關押，最終處以極刑。赫魯雪夫的動機主要是出於個人原因，他擔心貝利亞對祕密警察的影響力，也可能懷疑貝利亞持有所有蘇聯領導人的敏感資訊（此事毫無疑問）。但他沒有公開這樣說明，反而很方便的把六月十七日的暴動歸咎於貝利亞。儘管蘇聯政治局委員會沒有反對新路線，並且也都要求烏布利希實施，但他們也自以為是的認為這場暴動證明了貝利亞危險的「偏離主義」，他的叛徒本色、專橫和傲慢。

就像所有中央政治局的政治動盪一樣，貝利亞被逮捕一事在東歐激起漣漪。德國的「強硬派」開始攻擊「改革派」（主要是《新德意志報》社長赫恩斯塔和國安部長蔡塞爾），指控他們與貝利亞有關係。在布達佩斯，拉科西也開始暗示伊姆雷在莫斯科缺乏支持，而他自己即將重掌權力。[38]

德國共產黨人確實在六月十七日騷亂後的激烈內部辯論中，提到了貝利亞的名字，但這位祕密警察頭子所謂的「影響力」並不是問題根本。實際上，德國共產黨自一九五三年夏天起展開的辯論，重點其實擺在東歐共產主義的本質為何。政權應該要自由化，允許多元化，開放辯論並恢復經濟自由嗎？還是當局應該繼續實施以懲罰和控制手段為主的嚴厲政策？自由主義會導致混亂嗎？鎮壓會引起革命嗎？

一九五三年七月，這兩種觀點都在柏林出現。就在七月份一次激烈憤怒的中央委員會全體大會上，原先反對烏布利希的艾克曼宣稱，黨的敵人愈來愈強大，因此媒體應該受到更嚴格的控制，並且「只有經過事實核實後的信件才能夠被發布在新聞編輯欄中」。[39]另一位與會的官員也同意這個觀點，呼籲黨要「強化反對形式主義，支持社會現實主義，說服群眾發展對蘇聯藝術的愛好」。[40]

然而，自由化派尚未完全失勢。在同一場會議上，國安部長蔡塞爾提醒同志們，「改變路線」是為了防止人們逃離國境，而「六月十七日更是大規模不滿的警訊」。原文化協會主席貝希爾也發言支持在媒體和文化方面放鬆管制，指出就算在蘇聯，也「很難想像」歌德博物館中展示「自由德國青年」的政治宣傳海報，但此事卻出現在東德。[41]

一九五三年德國暴動後，東歐各國的新史達林主義者和自由派之間的爭論也變得更加激烈。在華沙，貝魯特和哥穆爾卡之間的鬥爭早已演變成新史達林主義和「更波蘭」且蘇聯色彩較淡薄的共產主義之間的鬥爭。一九五三年十二月，哥穆爾卡的路線突然士氣大振，因為當年負責黨員監視的X部門主管暨的資深特務史維特沃，出人意外地叛逃至西歐。幾個月後，史維特沃在自由歐洲電臺的波蘭節目中開始播報一系列驚人報告，描述黨內菁英的特權生活、蘇聯顧問的角色及哥穆爾卡遭逮捕監禁的詳細情況。許多人公然收聽這個節目，即便在政府部會裡也是如此。安全部門在針對廣播的報告中警告，原本可靠的線民如今拒絕合作，並且要求知道史維特沃是否會洩露他們的名字。[42]十二月時，哥穆爾卡已由軟禁中獲釋。[43]

布達佩斯的共產黨走向了截然不同的方向。仍然擔任總書記的拉科西以柏林暴動為藉口，呼籲重新「恢復警戒」並準備重返權力中心。他利用莫斯科的混亂設法扭轉匈牙利的新政策。一九五五年，他說服蘇聯解除伊姆雷的總理職務，並提拔了一位更加順服的得力助手來取而代之，也就是前青年領袖赫格居斯。伊姆雷的報復則是更激烈攻擊拉科西的嚴苛政策。[44]與此同時，當這些論戰在社會最高層進行時，社會底層也有其他事情正在發生。

如果說柏林的不滿之情始於建築工人的罷工示威，那麼史達林主義在波蘭的終結則始於一場大型派對。更確切的說，始於一九五五年夏季的第五屆世界青年與學生聯歡節。

正如先前的柏林青年聯歡節一樣，華沙青年聯歡節也是為了更廣泛的政治宣傳，是東歐共產主義者與來自西歐、亞洲、非洲和南美洲同志聚會的場合。也正如先前的柏林青年聯歡節一樣，華沙青年聯歡節需要事先進行詳細策畫和組織。提前宣傳和熱情報導讓數十萬波蘭觀眾前來參加為期五天的節慶，從全國各地來觀看戲劇舞蹈等演出（第一天演出的包括一個來自匈牙利的馬戲團、一場木偶秀和一場歌劇），以及體育比賽和經濟辯論。[45]

然而，從節慶的第一天開始，華沙群眾最大的興致就不是放在政治、文化或是體育節目。節慶最吸引力之處其實在於外國人。身穿長袍的阿拉伯人，本土服飾的非洲人，毛主席夾克的中國人，條紋襯衫的義大利人及花紋短裙的法國女孩，都是自二戰結束以來首次漫步在波蘭首都的街道上。當時還是孩子的羅薩拉克（Maciej Rosalak）記得他當年有多震驚：

灰暗、悲傷、衣著寒酸、生活在廢墟和街道瓦礫中的人們，突然被看似不同物種的人們所取代。這些新來者微笑著，不像我們父母一樣聆聽訊號不清的歐洲自由電臺，他們高聲唱歌，而非低聲細語。華沙的孩子們在他們之中奔跑，拿著特別筆記本蒐集簽名。一位義大利人為我們畫了一個以靴子形狀的國家，裡頭還包括西西里島和薩丁島。一位中國人則畫下了神祕的符號，還有一位美麗的非洲人寫下她奇異的名字，撥弄了我們的頭髮……[46]

波蘭人和西歐外國人之間的對比尤其明顯，兩者文化相似，但後者更加富裕開放。波蘭人大感震驚。黨報《人民論壇報》引用一位工廠工人的話，說法國女孩的裙子「活潑有趣又有品味……難道波蘭的衣服不能更漂亮嗎？」[47]同一份報紙還觀察到波蘭年輕領袖面無笑容（「我們悲傷陰鬱、僵硬緊繃」），外國青年則是神色愉快。時任年輕領袖之一的庫羅寫道，「結果，人們發現自己可以一方面保持『進步』，另一方面享受生活，穿著色彩繽紛的衣服，聽爵士樂，盡情玩樂與談戀愛。」[48]許多人都指出，波蘭人特別震驚於在公共場合看到外國年輕人接吻的情景。

早在當年，這場非政治性經歷的政治意義就已經十分明顯。聯歡節期間，費多羅維奇記得自己所屬的歌舞劇團乒乓（Bim-Bom）曾在其中一個劇場演出：「突然間一切都變得豐富多彩，令人難以置信，同時也非常不社會主義。」[49]他認為黨在「政治宣傳犯下大錯」：「沒有任何預警的情況下讓一群五顏六色的外來者進入灰濛濛的華沙。」十年來的反西方言論頓時站不住腳：「來自資本主義世界的年輕人很健康，穿著得體，即使我們被告知那個世界裡一切都不好……」[50]

突然之間，原本最受共產政權壓抑的自發性開始變得生機盎然。節慶籌備者驚恐地發現，波蘭人、德國人、匈牙利人、捷克人等來自共產陣營的人開始積極交流，也與外國訪客互動，不僅在街頭，更在城市各處的私人公寓內。浪漫故事、友誼和醉酒的夜晚以無法控制也無法監視的方式展開。華沙大學圖書館的學生會議在發現並非所有法國代表都是共產主義者後，開啟了一場辯論。對於像波米安這樣的年輕共產主義者來說，這是他們這輩子第一次公開辯論。[51]

許多官方活動似乎也出了差錯。好比在舊城區的兵工廠，年輕波蘭藝術家舉辦了一場想當然耳是獻給「和平」的展覽，結果遊客關注的焦點並非主題，而是展覽畫作顯露出的多樣性。許多畫作都是用厚重顏料和刺目色彩精心繪製。筆觸非常明顯，寓意倒有點模糊。這些畫作與過往不同，出乎意料地相當抽象前衛。這象徵著一個時代的結束：在兵工廠展覽之後，寫實主義將永遠從波蘭的視覺藝術中消失。

藝術的自發性帶來了行動的自發性。人群偶爾會變得粗暴。例如當某場活動的音響系統故障時，群眾開始展露暴力與憤怒，以至於音響技術人員不得不逃回車上並迅速開走。[52]人們大聲抱怨食物短缺，抱怨某些沉悶活動的品質很差，也抱怨無所不在的廣播。一位共黨作家在聯歡節致詞中莊重地宣布：

「華沙人總是為了支持某事或反對某事而跳舞。」他的發言幾乎讓在場所有人都感到厭煩。[53]面對乏味的表演，從僵硬的民間舞蹈到面無表情的華爾滋舞，人群一次又一次地轉身離去。

在另一些時候，人群也會自發性地歡欣鼓舞。某次乒乓歌舞劇團正準備和瑞士代表團進行正式會談，但該場合並非由波蘭青年聯盟官員主持（且需要翻譯協助）的死板交流，因為現場有人演奏爵士樂。年輕人開始跳舞。這一次，歌舞劇藝術家和他們的瑞士新朋友一起跳舞，既不是為了支持什麼，也不是為了要反對什麼，只是為了開心而跳舞。[54]就在這一刻，就在他們隨著爵士樂音跳起吉特巴舞，忘情地放聲高歌並忽略周遭的緊張官員時，極權主義的美夢忽然顯得遙不可及。

一九五五年夏天，波蘭青年聯盟成員逃離單調的集會，與墨西哥共產黨人和法國旅人一起跳舞。到了秋天，匈牙利青年也開始為沉悶的勞動青年聯盟會議注入生氣。這些行動從極小規模開始：匈牙利國家博物館的一群年輕職員決定成立一個文學和政治討論小組，並且邀請一位詩人拉卡托（István Lakatos）來帶領。拉卡托以匈牙利啟蒙運動為題開始了討論。他朗讀匈牙利最著名的啟蒙詩人貝森涅（György Bessenyei）的作品，最後更呼籲小組成員應當宣傳啟蒙運動的價值，儘管晚了兩百年。眾人當時決定要成立一個名為「貝森涅圈子」的團體。

這是一個僅限圈內菁英的小小努力。但對勞動青年聯盟來說，任何自發出現的團體都是一種威脅。

若在幾年之前，他們會查禁所有致力於啟蒙價值的團體。但史達林已經死了，關於伊姆雷的「新路線」的激烈爭論仍在繼續。勞動青年聯盟決定更換貝森涅圈子的領袖，將該組織導向更符合政治正確也更當代的話題。要命的是，他們決定以一八四八年革命的參與者暨年輕詩人斐多菲（Sándor Petőfi）之名重新命名該團體，因為斐多菲比「資產階級」的貝森涅更適合進步社會。「斐多菲圈子」就此誕生。這是一個辯論性社團，表面上的學術討論迅速演變成關於審查、寫實主義和中央計畫等主題的公開辯論。最初的討論主題包括一五一四年的農民起義（藉此引發關於農業政策的辯論）和匈牙利歷史學的分析（藉此帶起關於共產教科書中虛假歷史的辯論）。[55]這個名字的選擇很快就證明是一把「雙面刃」，正如一位匈牙利作家所說：斐多菲是一位為匈牙利獨立而戰的革命家，而以他為名的團體很快就感到自己也擁有革命的力量。[56]

與此同時，政權底下的其他體制也正在發生變化。共產黨一向倚重的《自由人民報》，其記者開始陷入躁動不安。一九五四年十月，一群記者奉命前往採訪匈牙利的工廠生活。採訪結束後，記者們想要報導工廠產量造假、工人生活品質下降及被強迫購買「和平債券」的情事。記者在一篇發表的文章中表示，「儘管工人生活在過去十年已有很大的改善，但許多人仍面對嚴重的問題：住在擁擠破舊的公寓裡，時常糾結於能否替孩子買雙新鞋或偶爾看場電影！」第二天，這些記者接到了負責《自由人民報》的政治局成員打來的可怕電話：「這篇文章是什麼意思？你們以為我們會容忍這種煽動報導嗎？」編輯並未示弱，反而召開了為期三天的員工大會。在會上，一位又一位記者站起來要求誠實報導，支持伊姆雷的改革，批評共黨高官及報內編輯。好幾位誠實過頭的記者丟了工作，包括祕密開業的佛洛伊德精神分析師吉梅斯的兒子米克洛（Miklós Gimes）。但此事樹立起一個先例。[57]

差不多就在同一時刻，匈牙利作家協會這個負責確保匈牙利散文和詩歌政治正確的團體，也開始重新檢視先前的觀點，討論禁忌話題，並歡迎被禁止加入者回歸。到了一九五五年秋天，這個曾經黨性堅強的團體甚至勇敢到發表聲明，對於支持伊姆雷的編輯被解雇一事表示譴責，要求協會「自治」，並反對「殘害我們文化生活的反民主方法」。[58]

然而，這些新成立或重新組織的團體、俱樂部和辯論社，大部分很快就充斥著失望的年輕共產主義者或前共產主義者。這些人年紀大多在二三十歲之間，是個照理說根本不該成為革命者（或反革命者）的年紀。因為他們這一代人年紀剛好大到經歷過二戰創傷，又年輕到曾在共產體制中求學，很多人還曾受到共產體制下「社會晉升」的庇蔭，確實享受到少年得志的生活。例如在作家協會辯論活動中大出風頭的艾契（Tamás Aczél），他就在二十九歲時被任命為黨出版社主編，三十一歲便因工作表現而獲得史達林獎和著名的科蘇特獎。[59]另一名活躍於作家協會的梅瑞（Tibor Meráy）也在二十九歲時獲得科蘇特獎。同樣是斐多菲圈子活躍成員的俄西（István Eörsi），也是年紀輕輕便成為出版多部詩集的詩人。

除此之外，這一代人正好都經歷過公民社會遭到破壞、恐怖統治和才剛結束沒幾年的清洗行動。他們都知道被迫成為「消極合作者」意味著什麼。新作家協會的領袖人物之一德里（Tibor Déry）就曾看著自己傑出的小說作品，因為意識形態不夠正確而遭到抨擊及禁止出版。[60]主導斐多菲圈子的坦佐（Gábor Tánczos）是一名充滿理想的約爾非學院畢業生，有過該學院在一九四九年突然遭到無情關閉的經歷。另一位人民學院校友維塔尼（也就是在一九四八年被開除黨籍而「自我洗腦」的音樂評論家），也在斐多菲圈子的早期公開聚會上講述民間藝術和音樂。[61]有人曾描述，斐多菲圈子早期的聚會，感覺就像是人民學院運動和後來被迫與勞動青年聯盟合併的短命匈牙利高等院校聯盟運動的「社運同學會」一樣。在早期的幾場聚會上，眾人甚至會像以前一樣一起唱歌。[62]

最重要的是，這些年輕（或者說還算年輕）的知識分子都深感不安，因為他們如今知道自己的同儕曾遭受過不公正的逮捕、監禁和折磨。一九五四年，伊姆雷開始替政治犯恢復名譽，他們慢慢從監獄、賴奇克勞改營及海外流亡生涯回到布達佩斯。小農黨領袖柯瓦克思於一九五五年與幾位同僚從蘇聯歸來。[63]敏真謫主教被從監獄裡釋放，軟禁在布達佩斯城外的一座城堡裡。甚至連菲爾德也在那一年恢覆了名譽。艾契和梅瑞描述了許多匈牙利作家在遇到舊友時經歷的複雜感受：昔日好友曾身陷囹圄，而自己卻寫下了寫實主義小說並贏得大獎。「他們為自己曾經寫下的和沒有寫下的作品感到慚愧。現在，他們厭惡自己寫過的作品，這些曾經為他們贏得科蘇特獎的著作。他們只希望這些書不曾存在。」[64]

許多人也嘗試替自己辯護，試著彌補所造成的損害，甚至重新推動左翼改革計畫。但那可是一九五六年，不是一九八九年，當時並非所有人都相信共產主義注定失敗。正如俄西所說，「他們是想要負罪前行，重新替馬克思主義找回可信度和良好的科學聲譽。」[65]在波蘭和匈牙利，許多人重新栽進馬克思主義的原始文本尋找靈感和指引。當時的激進派學生莫澤列斯基是華沙大學波蘭青年聯盟的活躍分子之一，他清楚解釋背後這股現象背後的推動力：「我們學到，如果一個政治體制是有缺陷的，那麼該怎麼辦呢？發起革命。這麼多年來，我們被教導如何發起革命……工人應該要革命，知識分子應該要幫助他們，將革命意識帶到工人階級中。」[66]

莫澤列斯基及其同伴很快便在波蘭各工廠裡開始倡議，鼓吹創造出馬克思所說的，更公正的經濟制度。「這就像是神話成真。」[67]匈牙利知識分子也出於同樣的原因，產生了相同的想法。俄西後來寫道：「這是所有偽革命制度都有的陷阱：人民開始認真看待官方宣揚的意識形態背後的真正訊息，還有那群被國家體制收編的英雄人物。」[68]

弔詭的是，工人和知識分子之間的連結之所以得到強化，完全是因他們同樣被共產體制錯待。過去十年裡，這兩個社會階層是共產政治宣傳最集中火力也最致力於操縱的對象，因此他們也有最深刻的分裂感和不滿。在匈牙利，工人甚至比學生和知識分子更加憤怒。作家和記者感到內疚，而工人則感到被背叛。他們曾被承諾在「工人國家」裡得享最高地位，實際上他們的工作條件卻相當惡劣，工資更是搬不上檯面。戰後初期，他們曾將憤怒發洩到國營企業的負責人身上，但現在他們傾向將責任歸咎於國家本身。一九五〇年代的礦工開始「譴責這整套制度，抱怨工作艱苦且工資過低」，一般的工人則認為他們被「吸血政府」剝削。[69]雖然一年前的《自由人民報》出於擔憂而沒能深入報導工廠的真實生活，但先前一向萎靡不振的作家協會刊物《文學報》（*Irodalmi Újság*）現在卻經常提到這個主題，並刊登工人採訪和信件，比如說這封鐵匠的信：

> 我有多少次被迫接受別人的意見，可能是我並不同意的意見。於是當別人的意見改變時，我的意見也被要求跟著改變。這讓我作嘔，比被毆打還要痛苦。我也是人，我也有能用於思考的頭腦。我不是孩子，我是成年人，為了打造社會主義而貢獻出我的靈魂、我的心、我的青春和精力……我願意這麼

做，但我希望被看作是能夠思考和生活的成年人。我希望能夠毫無顧慮地說出自己的想法，並且被聽見……[70]

再度恢復活力的年輕知識分子和憤怒的工人同胞一起，共同把斐多菲圈子的聚會視為交流的絕佳平臺。一九五五年冬天，布達佩斯的大工廠開始定期派遣代表團參加聚會，門票很快供不應求，導致圈子得找更大的場所聚會。聚會開放而隨意，有時甚至充滿喧嘩。會上討論了許多眾人關心的工業和經濟改革問題。但若不是後來有更大的事件推了一把，這些聚會原本很可能只會停留在批評和抱怨的層次。

出人意料，是蘇聯共產黨總書記赫魯雪夫推動了學生、工人和斐多菲圈子，使他們前進得更多更快，走到自己不曾想過的遠方。一九五六年二月二十四日，赫魯雪夫毫無預警地在第二十屆黨代表大會上譴責過去對於已故史達林的「個人崇拜」：

> 把一個人抬高到超越神的境界，強調他擁有超自然特質，這是不被允許的，也與馬列主義精神背道而馳。這個人被認為懂得一切，看盡萬物的一切，會為所有人著想一切，無所不能且永不犯錯。這種對於個人的信仰，尤其是對史達林的信仰，在我們之中已經孕育了許多年。[71]

這就是赫魯雪夫著名的「祕密談話」。但因為蘇聯的東歐友人，這一內容沒能保密多久。波蘭官員向以色列情報機構洩露了談話內容，再由以色列透露給美國中情局，隨後由《紐約時報》在六月份發表。[72]但即便在這之前，東歐共產黨人便已仔細推敲這次談話，希望理解赫魯雪夫的真實想法。這位蘇聯領袖讚揚列寧、批判史達林，譴責一九三〇年代裡逮捕和殺害蘇聯黨員與軍事指揮官的大清洗。但赫魯雪夫的自我檢討並不完整，他並未提到其他逮捕和罪行，例如他應負部分責任的烏克蘭大饑荒，也沒有提出改革經濟和制度的想法，當然也沒有為蘇聯在東歐所做的任何事情道歉，更沒有提供如何改變的具體建議。

反應最激烈的就是東歐。這場談話「嚇死」了貝魯特——這位波蘭領袖去莫斯科參加第二十屆黨代表大會，卻像史達林葬禮上的哥特瓦爾德一樣，因為震驚引發的中風或心臟病而與世長辭。那些層級較低的忠貞黨員也深感震驚。「人們很難相信，」當時一名波蘭低階軍官回憶道：「這就是領導著半個地球史達林大元帥的真相……簡直不可思議。」[73]

其他人則被演講所激勵，甚至變得更加激進。五月底，也就是第二十屆黨代表大會後幾個月，斐多菲圈子舉辦了一場名為「匈牙利政治經濟問題與第二十屆蘇聯共產黨代表大會」的公開討論。很快的，這次討論就演變成對拉科西的譴責大會，譴責他的自大狂妄、毫無意義的工業建設政策、強制工業化政策、新五年計畫和缺乏現實感的農業政策。[74]六月初，匈牙利最著名的馬克思主義哲學家盧卡奇發聲稱許「獨立思考」，呼籲神學家和馬克思主義者之間「展開對話」。

對當局最具毀滅性地譴責，出自兩週後一位人物的公開發言——這位人物原本已在前幾年被大部分人們所遺忘。那是六月二十七日晚上，時年四十四歲且出獄已滿六個月的茱莉婭（Júlia Rajk），也就是拉伊克的妻子，就站在布達佩斯市中心一間新古典主義大型會議廳的講臺上。她告訴上百名斐多菲圈子的成員：「經歷了五年監禁和屈辱的我，如今無比激動地站在你們面前。」

讓我告訴你們，就監獄而言，霍爾蒂時代的監獄還比拉科西的牢房好得多，即便對共產黨人來說也是如此。不僅我的丈夫被殺害，我的小嬰兒也被從我懷抱裡奪走……這些罪犯不僅殺害了拉伊克，還踐踏了這個國家所有人民的感情和真心。殺人犯不應只受到批評，他們應該受到懲罰。[75]

觀眾鼓掌，吹口哨，不斷跺腳。幾天後的一個晚上，另一場規模擴大到六千人（許多人只能站在街上）的斐多菲聚會討論了新聞自由。眾人在聚會結束後高呼：「伊姆雷、伊姆雷、伊姆雷、伊姆雷。」他們呼籲罷免拉科西，並恢復伊姆雷的職位。

他們的心願只實現了一半。七月中旬，赫魯雪夫的親密盟友之一米科楊（Anastas Mikoya）緊急造訪布達佩斯。中央政治局再度收到了時任蘇聯駐匈牙利大使（三十年後則成為共產黨總書記）的安卓波夫的報告，他報告了匈牙利的敵對活動、人們自發進行討論和革命青年的情況。米科楊被派去解決問題。他在接機的車上告訴拉科西，「在這種情況下，」拉科西必須以健康為由辭職。拉科西遵照指示辭職並前往莫斯科「求醫」，此後不曾再返國：他在蘇聯度過生命最後的十五年，其中大部分時間待在遙遠的吉爾吉斯。[76]但米科楊沒有選擇伊姆雷來取代拉科西：中央政治局選擇了拉科西忠實的左右手出任此一職位，也就是保守而缺乏想像力、最終被評價為無能的格羅。[77]

自一九五六年十月至今，已過了超越半世紀的時間。那一個月內所發生的事，多年來已有許多偉大作家重複講述，本書在此沒有足夠的篇幅進行更詳細的介紹。[78]簡單一點來說，在七月至十月之間，格羅仍然拼命安撫匈牙利國民：他讓五十名曾被監禁的社民黨領袖恢復名譽，還與狄托達成和解，甚至削減匈牙利軍隊的規模。

經過再三考慮，他咬牙允許茱莉婭舉行丈夫拉伊克的葬禮。十月六日（紀念由十三名領導匈牙利一八四八年革命的將領被處決的紀念日），茱莉婭和兒子小拉斯洛穿著黑色禮服，肅穆地站在拉伊克的棺材旁，等待將拉伊克安葬在匈牙利民族英雄埋骨的凱里佩西墓園。據說有成千上萬的哀悼者出席這個奇怪的場合。「那是一個而有風有雨的寒冷秋日，」其中一人回憶道。「大銀燭臺的火焰忽明忽暗，彷彿正跳著死亡之舞。成堆的花圈放在靈柩的跟前。」葬禮致詞者盛讚拉伊克（別忘記他本來也是一位殘忍的祕密警察頭子，負責成千上萬的處決和逮捕行動，更摧毀了天主教農村青年等青年組織和公民社會），並以最嚴厲措辭譴責殺害拉伊克的殺手：「這位兇手從『個人崇拜』的惡臭泥沼中爬進陽光底下，殘忍地殺害了他。」[79]曾對共產黨面對大選的樂觀態度表示質疑的地方黨員詹諾說，這場葬禮相當「可怕」：

天空開始下起了雨，不是傾盆大雨，但仍足以讓我們全身濕透。在此之前，面容嚴肅的人們不斷湧入。大家都來了，向熟人相互對視問候，但沒有像平常一樣聚集成小團體閒聊……每個人都在這裡等著看誰會成為未來的領袖。[80]

那天晚上爆發了幾場零星的示威。約五百名學生聚集在匈牙利第一位憲政總理的雕像四周，這位總理於一八四九年被奧地利人處死。雖然這些活動和平解散，但匈牙利政府仍有所警戒：「莊嚴的葬禮讓人們記住而非遺忘，記住眼前根本什麼都沒有改變。」[81]

匈牙利政府一開始並沒有立即理解拉伊克葬禮的重要性，蘇聯當然更是無從理解。其實在十月的頭幾週裡，克里姆林宮關注的焦點並不是匈牙利，而是同樣陷入政治動亂的波蘭。六月，波茲南有十萬名工人罷工：就像之前的東德人，工人一開始只是要求增加工資及減少工作限制，但很快就演變成呼籲「結束獨裁」和「俄國人撤離」。工人最終被波蘭軍隊殘酷地驅散：大約四百輛戰車和一萬名士兵向罷工者開火，造成包括一名十三歲男孩在內的數十人死亡與數百人負傷。但波蘭人並沒有因為暴力而責怪自己的同胞。畢竟，負責處理罷工的是羅科索夫斯基元帥這位波蘭裔的蘇聯公民，而他發出開火命令的副手也是蘇聯公民。當年波蘭的總參謀長是蘇聯公民，其他七十六名「波蘭」高階軍官也都是蘇聯公民。[82]波共內部如今有一群人開始發聲，呼籲蘇聯軍官永久退出波蘭。十月，波蘭統一工人黨做出單方面決定，不僅全面恢復前述發聲黨員所效忠的哥穆爾卡名譽，還任命他為第一書記。

赫魯雪夫有所警覺，他在十月十九日抵達華沙。這是未經計畫的來訪，目的是阻止哥穆爾卡掌權。為了強調他的立場，赫魯雪夫還下令駐紮在波蘭各地的蘇聯部隊立即向華沙推進。根據某些人的說法，哥穆爾卡也以威脅回應：他變得「粗暴」，開始指責波蘭軍隊中的蘇聯軍官引發眾怒，並且宣稱他如果掌權，就可以輕鬆掌控國家，並不需要蘇聯介入。更重要的是，他還下令內務人民委員部的軍隊和其他忠於他的武裝單位進駐華沙周圍的戰備位置，準備保衛新政府。忠於哥穆爾卡的波蘭軍隊與忠於蘇聯指揮官並擁有紅軍支援的波蘭軍隊之間，眼看即將爆發一場激烈衝突。[83]

赫魯雪夫退讓了，他在十月二十四日告訴同僚，「現在要找一個和波蘭爆發武裝衝突的理由很容易，但日後要找到結束這場衝突的方法就很難了。」[84]他決定最好的政策就是和解，同意召回他的副手羅科索夫斯基等幾位蘇聯軍官。作為回報，哥穆爾卡承諾波蘭會在外交政策上對莫斯科保持忠誠，並且發誓不會退出華沙公約組織。

赫魯雪夫本可以要求更多，但他再次因布達佩斯事件而分心。哥穆爾卡重掌權力的報導讓匈牙利人期望伊姆雷也能夠重返領導之位。拉伊克那場奇怪的葬禮消除了人們心中最後的恐懼，彷彿史達林的象徵意義也隨著其肉身同遭埋葬。整個十月份，斐多菲圈子的聚會在全國遍地開花。大專院校和各個中學也成立自己的民主機構和辯論社團。媒體熱烈報導這一切。一個廣播電臺還採訪了一些中學的「議會議員」，他們表示「想要旅行並學習當代西方文學」，也認為大學錄取應該由考試成績而非黨內人脈來決定。波蘭的事件也受到熱烈報導。當數十萬人在華沙慶祝哥穆爾卡回歸的時候，一名匈牙利記者表示：「民主化趨勢得到大多數人民及最重要的工人階級全力支持。」[85]

受到這則新聞啟發，五千名學生於十月二十二日湧入布達佩斯科技大學的大廳，決定自行脫離勞動青年聯盟並創建自己的組織。他們從下午三點一路討論到午夜，最終草擬出一份宣言。這份激進宣言最終被稱為《十六點建議》，文中要求蘇軍撤離匈牙利，進行自由選舉，承諾結社自由，推動經濟改革，並將一八四八年三月十五日立為國定假日。[86]學生們還約定隔天在著名將領貝姆將軍（József Bem）的雕像下集合（這位波蘭將領曾在一八四八年時與匈牙利人並肩作戰），屆時將會高呼訴求並支持波蘭工人。

二十四小時後，至少有兩萬五千人出現在貝姆廣場，還有數千人聚集在該區域的街道上。他們從城市各處步行到波蘭將軍的雕像前，有些人在路上朗誦著一首斐多菲的詩，這首詩被認為鼓舞了一八四八年革命：

起來吧，匈牙利人，你們的國家在呼喚你們
無論發生什麼事，請珍惜今時
我們應該成為自由人還是奴隸？
跟隨你靈魂的指引

就像去年六月在波茲南那樣，許多人高喊著「俄國人回家去！」也和三年前在柏林一樣，人群闖入一家俄國書店並燒毀書籍。一群人脫隊前往電臺，他們圍住電臺大樓並且宣稱：「廣播必須屬於人民！」當電臺繼續播放無聊的音樂時，他們開著廣播卡車衝撞大樓。傍晚時分，人群移動到英雄廣場，四年前該處樹立起一尊巨大的史達林銅像。人群幾次試圖用繩子拉倒銅像都徒勞無功，直到一批工人帶來了重型機械設備（吊車是從市府公共運輸部門借來的）和燃燒金屬用的設備。眾人開始對銅像又砍又砸，銅像在人群歡呼下開始晃動，最後在晚上九點三十七分，史達林倒下了。[87]

蘇聯領導人對布達佩斯事件的反應相當驚慌，充滿混亂與困惑，匈牙利政府亦然。格羅惶恐不安，他打電話給安卓波夫大使懇求蘇聯派遣戰車。赫魯雪夫派出戰車，然後又召回它們。伊姆雷一開始試圖平息眾怒，要群眾回家等待黨內大老出面處理。但當赫魯雪夫改變主意召回大批紅軍後，伊姆雷改變了立場。他宣布匈牙利退出華沙公約組織，並呼籲聯合國捍衛匈牙利的中立地位。

西方大國同樣手足無措。以慕尼黑為基地、由憤怒流亡者組成的自由歐洲廣播電臺的匈牙利部門開始拼命慫恿革命群眾。鷹派的美國國務卿杜勒斯雖然曾經呼籲過要「擊退」共產主義和「解放」東歐，但他在當時卻也只向蘇聯領導人送去一條口信：「美國並未將這些國家（匈牙利和波蘭）視為潛在的軍事盟友。」[88]當年美國中情局只有一名特務在匈牙利，而且此人在第二次蘇聯入侵後就失聯了。[89]

在短短十二天的狂喜與混亂中，幾乎所有共產政權的象徵都遭到攻擊。雕像被拆除，建築物上的紅星被摘下。自家城市被迫改名為史達林市的市民們決定把城市改回原來的名字。敏真諦從中世紀城堡的單獨禁閉處走出來，連同約八千名政治犯一起。年輕的匈牙利人接管了國家廣播電臺，並將其改名為「自由科蘇特廣播電臺」，此名直指匈牙利共產黨人在二戰期間用來播送蘇聯政治宣傳的「科蘇特廣播電臺」。「多年來，我們的廣播電臺一直是謊言的工具……不分晝夜都在說謊，在所有波長上說謊。」他們宣布，「現在站在麥克風前的我們，是新造的人。」[90]

全國各地的激進工人參考南斯拉夫的經驗，成立了「工人委員會」，開始接管工廠並趕走管理層。[91]

匈牙利軍人並未與革命者兵戎相見，反而是紛紛叛變並開始把武器分送給自己的同胞。其中一位最早叛變的高階軍官馬列塔（Pál Maléter）上校很快就被伊姆雷任命為新國防部長。布達佩斯市的警察局長科沛西（Sándor Kopácsi）也轉而加入革命行列。全國各地的人群把祕密警察吊死在街頭，或是闖入祕密警察檔案館。好奇的人群也闖入了拉科西的別墅，在看到他的豪華家具和地毯後狂怒不已。

革命後果一如往常地混亂不堪、無比血腥。曾經「平定華沙和柏林，後來晉升為ＫＧＢ領袖」的塞洛夫將軍，親自負責馬列塔和伊姆雷的逮捕行動。伊姆雷向南斯拉夫大使館尋求庇護，大使館承諾讓他安全通行到貝爾格勒，隨後便出賣了他。馬列塔和伊姆雷最後都遭到處決，不是赫魯雪夫下的命令，而是後來將統治該國長達三十年的匈牙利獨裁者卡達爾下令執行。大批工廠工人在整個十一月裡持續反抗，吉梅斯的兒子米克洛也繼續反抗，直到他遭到逮捕並被處決為止。自一九五六年十二月至一九六一年夏季，有三百四十一人遭到吊死，兩萬六千人受審，兩萬兩千人被判處五年以上的徒刑，更有數以萬計的人失去了工作或住所。[92]儘管如此，在十二月和一月期間，匈牙利各地的罷工和抗議活動仍然持續，尤其是在工廠裡。敏真諦向美國大使館尋求庇護，他在那裡待了十五年。約有二十萬名匈牙利人越過邊境成為難民，曾被囚於賴奇克勞改營的詩人法魯迪也是其中之一：「我有妻子和一個年幼的兒子，我害怕如果留下來就會崩潰，我會加入共產黨以求生存及保護我的家人。」[93]

在東歐地區及世界各地，匈牙利革命徹底改變了世人對蘇聯的觀感，尤其是在西方共產黨人之間。一九五六年之後，法國共產黨瓦解，義大利共產黨脫離莫斯科控制，英國共產黨則流失了三分之二的黨員。就連哲學家沙特也在一九五六年十一月出言抨擊蘇聯，儘管他此後仍保持對馬克思主義的興趣。[94]

這些變革得以發生，有賴於匈牙利記者於一九五六年做出的精彩報導：當時有許多優秀記者和有史以來最好的一批戰地攝影師都在布達佩斯見證革命。但這些令人痛心的影像之所以如此震撼人心，是因為它們是如此出人意料之外。直到革命真正爆發之前，很少有觀察家（即使是極度反蘇的觀察家）認為蘇聯陣營內部有可能發生革命。除了極少數例外，共產主義者和反共人士都認為蘇聯的教化手段所向披靡，因為大多數人盲目相信政治宣傳。他們相信極權主義的教育體系能真正消滅異議，被破壞的公民社會不可能重建，被改寫的歷史也將被永遠遺忘。一九五六年一月，美國一份國家情報評估報告預測，東歐的反對派將會逐漸被「受過共產教育的年輕人」取代。[95]漢娜．鄂蘭在《極權主義的起源》的後記中寫道，匈牙利革命「完全出乎意料，把每個人都嚇了一跳。」就像美國中情局、ＫＧＢ、赫魯雪夫和杜勒斯一樣，鄂蘭也曾相信，一旦極權主義政權深入一個國家的靈魂，就幾乎沒有翻身的餘地。

他們都錯了。人們其實沒有這麼容易染上「極權主義人格」，即使他們看似被領袖或政黨崇拜所迷惑，但事物不能只看表面。就算人們好像完全同意最荒謬的政治宣傳，就算他們在遊行中高呼口號或高唱「黨永遠是對的」，人們也可以在轉瞬之間，以出人意料的方式，破除這道魔咒。

尾聲

「因此，有必要教導人民不要思考、不要做出判斷，要強迫他們看到不存在的事物，並駁斥明眼人都認為明顯的事實……」

——帕斯捷爾納克（Boris Pasternak），《齊瓦哥醫生》（*Doctor Zhivago*）

在柏林圍牆於一九八九年倒塌前，有超過三十年的時間，東歐的共黨領導都在納悶自史達林死後便持續存在的問題：為什麼共產制度會導致如此糟糕的經濟成果？為什麼政治宣傳無法令人信服？持續存在的不滿情緒由何而來？最好的鎮壓方式又是什麼？逮捕、打壓和恐嚇是否足以讓共產黨持續掌權？還是更自由化的政策（一定程度的經濟自由或一點點言論自由）才能有效防止未來的反彈？蘇聯會接受哪些變革？蘇聯高層又會在哪條底線上喊停？

不同的時期有不同的答案。史達林去世後，東歐各國都不再像一九四五至一九五三年間那麼殘酷，但即便是後史達林時期的東歐政權，仍可能十分專斷無情、強力壓制人民。哥穆爾卡的波蘭起初也有自由的願景，對大眾懷抱熱情，但很快就變得僵硬保守，最後開始反猶。卡達爾在匈牙利掌權後進行了一連串血腥報復，後來才開放一些自由企業、旅遊和貿易，試圖獲得統治正當性和民眾支持。一九六八年的布拉格之春之前，捷克斯洛伐克出現了真正的文化復興，作家、導演和劇作家紛紛贏得國際讚譽——但在蘇聯侵略之後，捷克斯洛伐克政府就成了共產東歐最暴力的政權。一九六一年，東德修建柏林圍牆來阻止公民出逃，但到了一九八〇年代，該政權已悄悄開放異議者出境，以換取西德政府的強勢貨幣。羅馬尼亞和南斯拉夫在不同時期都嘗試在外交政策上走出自己的路線，並與蘇聯集團保持距離，儘管他們的嘗試並非總是有用。

東歐各國從未脫離蘇聯制定的框架，但仍嘗試了一些不同的做法，例如增加合作社的份量、限制教會、增加祕密警察人數，或允許藝術更自由發展。自由化改革有時也能留下成果：例如波共在一九五六年之後放棄了寫實主義，或是匈牙利在一九八〇年代合法化了聯合投資。但自由化改革有時也以暴力告終。好比在布拉格之春期間，捷克斯洛伐克的共產黨在杜布切克（Alexander Dubček）的領導下呼籲推動革命變革，實施去中心化經濟和民主政體。結果蘇聯戰車開進了布拉格，幾個月就碾碎了改革運動，杜布切克則被撤職。或是一九八〇年八月，波蘭共產黨合法化了團結工聯，該草根組織最終擴展到擁有一千萬工人、學生和知識分子支持。一年半後，這場政治實驗仍以失敗告終，波共宣布戒嚴、查禁團結工聯，街頭也出現了戰車。

隨著時間過去，東歐各國的共同之處變得更少。到了一九八〇年代，東德成為最大的警察國家，波蘭的教會出席率最高，羅馬尼亞經歷過最嚴重的糧食短缺，匈牙利擁有最高的生活品質，而南斯拉夫與西方關係最為緩和。但就狹義角度來看，東歐各國仍然非常相似：它們似乎全都沒有意識到其本質注定是不穩定的。東歐各政權不斷陷入危機，不是因為無法調整政策，而是因為社會主義計畫本身就有缺陷。政權設法控制社會的各個面向，因而將社會的各個面向都轉變為潛在的抗議因子。國家為工人訂出過高的日產量，而東德工人對抗日產量的罷工就迅速演變成對政府的抗議。國家限制藝術家或作家能夠創作的內容，因此任何一位畫出或寫出其他內容的藝術家或作家便成了政治異議分子。國家規定沒有人可以創建獨立組織，因此任何創建獨立組織的人，即使是完全無害的人，也成了反對政權者。當大量的人加入某個獨立組織（比如約一千萬波蘭人加入團結工聯），政權的存續立即就面臨威脅。

在另一種意義上，共產主義意識形態和馬克思列寧主義經濟理論也種下了自身衰亡的種子。東歐政府的統治正當性奠基於他們對繁榮未來和高品質生活的承諾，這是由「科學」的馬克思主義所保證的承諾。所有的布條和海報，所有的嚴肅演說及報紙社論，以及最終出現的電視節目，都在談論不斷加速的經濟成長。儘管經濟確實有成長，但它從未如宣傳所述的那樣多。生活品質沒有像西歐那樣戲劇性的快速上升，這也是無法長久隱藏的事實。一九五〇年，波蘭擁有與西班牙相近的國內生產毛額。到了一九八八年，波蘭的國內生產毛額成長大約兩倍半，西班牙則成長了十三倍。[1]自由歐洲電臺、旅遊和觀光業都彰顯出這種隨著西歐技術加速革新而日益擴大的差距。憤世嫉俗和幻滅感也因此逐漸增加，即使那些最初信仰共產體制的人也是如此。一九五〇年代面帶微笑的共青團幹部，開始被一九七〇年代惱怒無言的工人、一九八〇年代憤世嫉俗的學生和知識分子，以及一波波移民和不滿情緒所取代。當然，共產體制始終有其支持者，特別是在一些東歐政府開始從西方銀行借入大量資金以維持較高的消費水準之後。其受益者繼續替共產主義說好話，而受惠於社會晉升政策的人也繼續透過官僚體制進一步晉升。雖然日後有些東歐人會對共產思想及共產理想主義心懷感念，但值得注意的是，從一九八九年以來，沒有一個政黨試圖恢復共產主義的經濟制度。

最終，現實與意識形態的鴻溝之深，意味著共產黨遲早也會知道自己口中吐出的口號根本毫無意義。就像哲學家史庫頓（Roger Scruton）所主張的，馬克思主義被牢牢困在歐威爾所說的「新語」之中，以至於無人能予以反駁：「事實和理論脫節，而理論已上升到無意義的雲層之上，這就有點像神學體系：重點不是相信理論，而是要儀式性地重複，以使信仰和懷疑變得毫無意義……這樣一來，真理的概念便從知識領域消失，由權力取而代之。」[2]然而，統治者一旦無法區分真相與意識形態假象，也就無法解決甚或描述其治下社會中日漸惡化的社會和經濟問題。

於是，某些共產政權的反對者逐漸發現蘇聯式極權主義的內在弱點。在一九七八年的精彩論文《無權勢者的力量》中，捷克異議人士哈維爾呼籲同胞利用統治者對全面控制的執迷。他寫道，如果國家要壟斷所有層面的人類活動，那麼每位有思想的公民都應該努力創造出更多的活動。他呼籲同胞維護「社會的獨立生命」，也就是「從自我教育和思考世界，到自由的創造性活動及與他人交流，再到最廣泛的自由及公民態度，包括獨立且自發性的社會組織」。[3]他還敦促人們放棄虛假和無意義的術語，要「活得磊落真誠」——換句話說，就是要像政權根本不存在似的說話和行動。

這些各種不同版本的「社會的獨立生命」，也就是「公民社會」，會在時機到來時以各種不尋常的方式蓬勃發展。捷克人組成了爵士樂團，匈牙利人加入了學術討論社團，東德人展開了一場「非官方」的和平運動。波蘭人組織地下童軍團，最終建立了獨立工會。每個地方都有人在放搖滾樂，舉辦讀詩會，做地下生意，舉辦地下哲學研討會，販賣黑市肉品，上教堂。這些活動在其他社會本來都是非政治性的，在東歐其實也不一定是反對派，甚至算不上消極反對派，但它們卻對致力於「無所不包」（借用墨索里尼之言）的政權發起一場根本上難以回應的挑戰。

——

「要煎蛋總得打破幾顆蛋」，[4]這句有時被誤以為出自史達林之口的陰森格言，總結了打造共產體制的男男女女的世界觀，他們自認有著高尚目標就能合理化他人的犧牲。但當煎蛋最終開始崩解，或者更精確點說，當人們發現煎蛋打從一開始就不存在，要怎麼才能把破雞蛋拼湊回去呢？如何重新私有化數百家國營企業？如何重新成立解散已久的宗教和社會團體？如何讓一個被獨裁統治多年而變得消極的社會再次積極起來？如何讓人們停止使用政治術語，好好講話？我們經常使用「民主化」這個模糊的概念，但這個詞實際上並不能充分描述一九八九年後共產政權瓦解下的歐洲和前蘇聯地區發生的變化。為何變化如此不均且不穩定，在某些地方更快，在另一些地方卻更慢？

「民主化」也無法真正定義世上其他歷經革命後的社會，其轉型路上所需的改變。二十世紀最糟糕的獨裁者之中，許多人都是使用本書描述的方法來維持政權。伊拉克的海珊及利比亞的格達費都直接借用了蘇聯體制的元素，包括蘇聯風格的祕密警察及來自蘇聯或東德的直接協助。中國、埃及、敘利亞、安哥拉、古巴和北韓等政權也都在不同時機下接受過蘇聯的意見和培訓。[5]但就算沒有來自蘇聯的明確建議，許多國家也能效仿蘇聯控制經濟、社會、文化、法律、教育機構及政治反對派的手段。乍看之下，蘇聯對東歐在一九八九年之前的控制，似乎是後代獨裁者的良好模範。然而，極權主義在東歐並沒有如預期般成功，在世上其他地方也行不通。史達林政權從未成功洗腦所有人或是永遠消滅異議之聲，史達林的門徒或是布里茲涅夫在亞洲、非洲或拉丁美洲的盟友也不曾做到過。

儘管如此，極權政權仍舊可以產生巨大傷害，歷史上也確實造成了極大傷害。在布爾什維克、其東歐追隨者及更遠處的效法者追求權力的過程中，他們不僅攻擊政敵，也攻擊農民、神職人員、教師、商人、新聞記者、作家、小商人、學生和藝術家，以及這些人所建立並維護的組織。他們毀壞及消滅了教堂、報社、文學圈和教育圈、企業和零售商、證券市場、銀行、運動社團和大學等等。極權政權的成功，揭示出人讓人不快的人性真相：如果有足夠多的人願意付出努力，而且擁有足夠多的資源和力量支持，就可以摧毀人們以為會永久長存的古老法律、政治、教育和宗教制度，有時甚至是永遠摧毀。如果就連東歐這些彼此相異且文化豐富的古老國家裡的公民社會，都能遭受到如此深刻的破壞，那麼任何地方的公民社會都可能遭受類似的破壞。戰後歐洲史達林化的歷史，恰恰證明了文明可以有多脆弱。

由於文明遭受破壞，後共產國家要再次成為運作良好的自由社會，需要的就遠遠不止是投票、選戰和政黨政治等「民主」基本制度而已，還需要創造或重建獨立媒體、支持私營企業的法律制度、不帶政治宣傳的教育體系，以及由個人才智而非意識形態正確性來決定晉升與否的公務體系。最成功的後共產主義國家，都是在共產時期能保留下部分公民社會元素的國家。此事並非偶然。

我們不妨再次回顧波蘭婦女聯盟的歷史。一九八九年，波蘭婦女聯盟已是國內一個死氣沉沉的組織，一九九〇年代初更是接近完全崩潰——畢竟共產黨已不復存在，不再需要為黨宣傳的婦女團體。但到了一九九〇年代末，一群住在羅茲的當地婦女再次集結，希望延續聯盟的初衷。聯盟開始以獨立組織之姿重新聚集，重新整合，重新成立——這已經是歷史上第三次。就像一九四五年，聯盟的新領導者找出一連串似乎無人能解的難題，然後著手進行改善。聯盟最初提供免費的法律諮詢，為無力負擔律師費的婦女提供幫助。聯盟後來也開始為失業婦女提供援助，為單親媽媽提供就業培訓、諮詢和服務，為酗酒者和藥物成癮者提供協助。聯盟還會在聖誕節為羅茲的無家者舉辦派對。聯盟網站現在有一句簡單的口號：「只要有問題就來找我們，我們會幫助您或指引您尋求幫助。」[6]聯盟的規模雖然不大，卻守住了創立宗旨：一個慈善組織。

這個新版婦女聯盟之所以成功，有部分是因為她們像其他波蘭人一樣非常渴望效仿西歐。儘管自己從未在慈善或非營利組織工作過，但聯盟領導者肯定知道這些機構如何運作。一九八九年後的波蘭法律容許這些機構存在，波蘭政府也對其表示歡迎（它們也歡迎獨立學校、私營企業和政黨）。這讓波蘭不同於俄羅斯，後者對於獨立組織的敵意仍然強烈，即使在蘇聯解體後的那一代，法律環境仍不利於創建獨立組織或為其籌資。俄羅斯政治菁英仍舊猜疑獨立慈善團體、倡議團體和各種非政府組織，並使用法律手段乃至於非法手段加以抑制。[7]

相較之下，波蘭法律不僅容許獨立組織存活，還允許它們籌措資金。婦女聯盟最初曾向政府申請贊助，因為這是它們過去的生存方式。但在經濟改革時期，能從政府拿到的款項並不多。好在羅茲是一座紡織之城，紡織工廠的員工又多半為女性。婦女聯盟於是向新任工廠業主接洽，說服其中一些人提供幫助。捐款開始湧入，組織得以存續。二〇〇六年，也就是共產主義倒臺的十七年後，羅茲婦女聯盟正式成為一個登記在案的私人慈善機構。事實證明，現代波蘭婦女聯盟不僅需要充滿活力和愛國心的志工，更需要完整的法律制度、有效的經濟制度及民主的政治制度，才能夠成長茁壯。

這項慈善計畫之所以能夠順利推動，其實也跟婦女聯盟成員對共產時期及共產時期之前的歷史認識有關。新領導人之一的米佐維（Janina Miziołek），就曾在她很小的時候住過婦女聯盟於車站設置的庇護所。其他曾在共產時期活躍於聯盟的人，也想從該組織殘骸中找出有用之物：其中一些人告訴我，如果能夠排除政治因素，她們或許真的能做些對社會有用的事。她們還記得出了什麼問題，並渴望解決問題。

羅茲的女性明顯受到歷史激勵，但不是常常被政客濫用或掛在嘴邊的那種歷史。鼓舞她們的不是國家紀念歷史悲劇的活動，也不是國家舉辦的愛國再教育計畫，而是她們所記得的故事，那些由親歷者口耳相傳的故事。鼓舞羅茲女性的，其實是特定組織、特定地區和特定時期的歷史。

羅茲的故事，也適用於後共產與後極權的世界。在國家能夠重建之前，公民需要先了解國家是如何毀滅：制度如何被破壞，語言如何遭受扭曲，人民如何受到操縱。公民需要知道具體細節，而不是模糊的理論，需要聽到個人的生命故事，而不是對群體的簡單化約。公民需要清楚理解前人的動機，將前人看作真實的人，而非黑白二分的卡通人物、受害者或反派。唯有如此，重建才可能開始，緩慢的前行。

致謝

這本書的研究和撰寫花費超過六年的時間，我得要到歐洲各地的檔案館工作，仰賴不同語言書寫的資源。如果沒有特別慷慨的人們和機構的支持、建議和協助，本書不可能完成。首先，我要感謝柏林美國學院的 Gary Smith ，以及布達佩斯恐怖統治博物館及二十世紀研究所的 Mária Schmidt。他們是我在德國和匈牙利的東道主，也是我在當地人脈、資源和文化方面的主要顧問。我還要感謝國家人文基金會、史凱夫基金會與史密斯理查森基金會，感謝前美國企業學院成員 Chris DeMuth，他現在於哈德遜學院工作，感謝胡佛研究機構俄國暑期工作坊的 Paul Gregory，還有胡佛檔案館的 Richard Sousa 和 Maciej Siekierski。他們都曾在不同時間點以各自的方式慷慨提供我工作上的實質支持。

如導論所述，我在翻譯、取材和研究上得到兩位非凡人士的幫助，他們是布達佩斯的 Attila Mong 和柏林 Regine Wosnitza。她們兩人大大加深了我對這兩個國家各自的歷史、交通、天氣和美食方面的理解。至於在華沙，我也分別獲得 Piotr Paszkowski、Lukasz Krzyzanowski 和 Kasia Kazimierczuk 的幫助。我非常感謝所有接受採訪的人，他們在德國被稱為「時光見證者」，我把他們的名字記載在本書最末的名單裡。

有許多歷史學家、學者和朋友提供我意見與建議，我特別要感謝波蘭的 Andrzej Bielawski、

Władysław Bułhak、Anna Dzienkiewicz、Anna Frackiewicz、Piotr Gontarczyk、Stanisław Juchnowicz、Krzysztof Kornacki、Wanda Kościa、Andrzej Krawczyk、Marcin Kula、Józef Mrożek、Andrzej Paczkowski、Ładysław Piasecki、Leszek Sibila、Teresa Starzec、Dariusz Stola、Andrzej Wajda、Andrzej Żakc和Marcin Zaremba.

在匈牙利，我特別感謝Margit Balogh、Barbara Bank、Magdolna Baráth、Ferenc Erős、Tibor Fabinyi、Pál Germuska、György Gyarmati、Gábor Hanák、Sándor Horváth、Sándor M. Kiss、Szilvia Köbel、Erzsébet Kozma、Sándor Ladányi、Bea Lukács、Judit Mészáros、Adrienne Molnár、Zorán Muhar、Zoltán Ólmosi、Mária Palasik、István Papp、János Pelle、Iván Pető、Attila Pók、János Rainer、István Rév、Csaba Szabó、Éva Szabó Kovács、Ferenc Tomka、Krisztián Ungváry、Balázs Varga，以及在Dunaújváros的Márta Matussné Lendvai。特別感謝恐怖統治博物館的Tamás Stark和Csilla Paréj。

在德國，我特別感謝Jochen Arntz、Jörg Baberowski、Marianne Birthler、Zszusza Breier、Jochen Cerny、Thomas Dahnert、Reiner Eckert、Christoph Eichorn、Roger Engelmann、Eckhart Gillen、Gisela Gneist、Manfred Götemaker、Frank Herold、Günter Höhne、Gunter Holzweißig、Dirk Jungnickel、Anna Kaminsky、Romy Kleiber、Michael Krejsa、Vera Lemke、Andreas Ludwig、Ulrich Mählert、Marko Martin、Peter Pachnicke、Christel Panzig、Ingrid Pietrzynski、Ulrike Poppe、Martin Sabrow、Helke Sander、Johanna Sänger、Dagmar Semmelmann、André Steiner和Petra Uhlmann。

最後，我十分感謝László Borhi、Stefano Bottoni、Sir Martin Gilbert、Hope Harrison、Karel Kaplan、

Mark Kramer、Anita Lackenberger、Norman Naimark、Lady Camilla Panufnik、Nikita Petrov、Tomek Prokop、Timothy Snyder、Yaroslava Romanova，以及已故但我深切想念的 Alexander Kokurin 所提供的建議與幫助。感謝 Antony Beevor、Artemis Cooper 和 Andrew Solomon 提供的建議及盛情款待。當然，如果沒有我的優秀編輯 Stuart Proffitt 和 Kris Puopolo，以及富有耐心的代理商 Georges Borchardt，這本書也不可能問世。

24. The Free German Youth makes good use of its summer vacation (PAP/DPA).
25. The Union of Polish Youth rebuilds Warsaw (PAP).
26. The Union of Polish Youth puts on a gymnastic display (PAP).
27. Polish shock workers in Gdańsk register their daily output (PAP).
28. Zsófia Teván and Júlia Kollár, posing for the camera on a building site in Sztálinváros.
29. Adolf Hennecke, a German coal miner (PAP/DPA).
30. Ignác Pióker, a Hungarian factory worker (MTI).
31. The Palace of Culture in Warsaw (Photographer: Lisa Larsen/Time & Life Pictures/Getty).
32. A 1952 Warsaw May Day parade (PAP).
33. A 1949 Budapest May Day parade (MTI).
34. A detail from Max Lingner's mural *Aufbau der Republik*, 1952 (PAP/DPA).
35. András Kocsis at work on his sculpture *Agricultural Brigade*, 1954 (MTI).
36. The Women's Construction Brigade, Sztálinváros (MTI).
37. Young workers on a break, Stalinstadt (PAP/DPA).
38. Delegates march into the Walter Ulbricht Stadium (PAP/DPA).
39. A Free German Youth fanfare corps performs (PAP/DPA).
40. Spontaneous dancers, Warsaw Youth Festival, 1955 (PAP).
41. Carefully planned displays, Warsaw Youth Festival, 1955 (PAP).
42. Demonstrators throwing stones at Soviet tanks, Berlin, June 17, 1953 (PAP/DPA).
43. Carrying away the wounded, Berlin, June 17, 1953 (PAP/DPA).
44. Hungarian rebels on a tank, Budapest, October 1956 (Terror Háza).
45. Shots fired at Bierut's portrait, Poznań, October 1956 (PAP).
46. Soviet tanks return, Budapest, November 4, 1956 (Bentley Archive/Popperfoto/Getty).

照片出處

1. The Red Army in Western Poland, March 1945 (PAP/DPA).
2. The Reichstag, April 1945 (PAP/DPA).
3. Soviet soldiers distributing food to German civilians, May 1945 (PAP/DPA).
4. Széchenyi Chain Bridge, Budapest, summer 1945 (Terror Háza).
5. Family meal in the ruins of Warsaw (PAP).
6. A woman selling bread on a street corner in Warsaw, summer 1945 (PAP).
7. Germans expelled from the Sudetenland, awaiting deportation (CTK).
8. German peasants on their way out of Hungary (Magyar Nemzeti Múzeum).
9. Polish partisans from the underground National Armed Forces, south-central Poland, spring 1944 (PAP/DPA).
10. A Polish partisan accepts amnesty and turns in his weapons (PAP).
11. Mátyás Rákosi addresses Budapest crowds, 1946 (MTI).
12. Demonstration by the communist party in Łódź, Poland, 1946 (PAP).
13. Election graffiti in Budapest, 1945 (Magyar Nemzeti Múzeum).
14. Voting in the Polish countryside, 1947 (PAP).
15. The communist party triumphant, 1949 (MTI).
16. István Dobi, Mátyas Rákosi, Ernő Gerő, Mihály Farkas, József Révai (MTI).
17. Wilhelm Pieck, Walter Ulbricht, Otto Grotewohl (PAP/DPA).
18. Bierut receiving congratulations on his sixtieth birthday (PAP).
19. A Corpus Christi procession, Poland, 1947 (PAP).
20. Cardinal Jószef Mindszenty with an army escort in Budapest, 1947 (MTI).
21. Soviet soldiers distributing newspapers in the eastern zone of Germany, 1945 (PAP/DPA).
22. Hungarian peasants gathered around their village radio, 1951 (MTI).
23. The Free German Youth helps to form young minds (PAP/DPA).

編輯說明

為方便讀者檢索與搜尋，《鐵幕降臨》書末所附的參考書目、註釋與受訪者名單等資料皆已數位化，請掃描以下QR Code進行閱讀或下載：

或洽「衛城出版」的Facebook、Instagram、Thread等社群平臺小編，亦可直接來信至電子郵件信箱acropolisbeyond@gmail.com索取，謝謝。

若造成您的不便，敬請見諒。

衛城出版編輯部

Beyond

世界的啟迪

鐵幕降臨

赤色浪潮下的東歐

Iron Curtain: The Crushing of Eastern Europe, 1944-1956

作者	安愛波邦（Anne Applebaum）
譯者	張葳
副總編輯	洪仕翰
行銷總監	陳雅雯
行銷企劃	張偉豪
封面設計	莊謹銘
排版	宸遠彩藝
出版	衛城出版 / 遠足文化事業股份有限公司
發行	遠足文化事業股份有限公司（讀書共和國出版集團）
地址	231 新北市新店區民權路 108-3 號 8 樓
電話	02-22181417
傳真	02-22180727
法律顧問	華洋法律事務所 蘇文生律師
印刷	呈靖彩藝有限公司
初版	2024 年 4 月
定價	750 元
ISBN	9786267376324（紙本） 9786267376362（EPUB） 9786267376379（PDF）

有著作權，翻印必究　如有缺頁或破損，請寄回更換

歡迎團體訂購，另有優惠，請洽 02-22181417，分機 1124

特別聲明：有關本書中的言論內容，不代表本公司 / 出版集團之立場與意見，文責由作者自行承擔。

IRON CURTAIN: The Crushing of Eastern Europe 1944-1956 by Anne Applebaum
Copyright © 2012 by Anne Applebaum
Published by arrangement with Georges Borchardt, Inc. through Bardon-Chinese Media Agency
Complex Chinese translation copyright © 2024 by Acropolis, an imprint of Walkers Cultural Enterprise Ltd.
ALL RIGHTS RESERVED.
No part of this book may be reproduced or transmitted in any form or by any means, electronic or mechanical, including photocopying, recording or by any information storage and retrieval system, without permission in writing from the Publisher.

國家圖書館出版品預行編目(CIP)資料

鐵幕降臨：赤色浪潮下的東歐/安愛波邦(Anne Applebaum)作；張葳譯. -- 初版. -- 新北市：衛城出版，遠足文化事業股份有限公司，2024.04
　面；　公分. -- (Beyond ; 63)
譯自：Iron curtain : the crushing of Eastern Europe, 1944-1956
ISBN 978-626-7376-32-4(平裝)

1. 共產主義　2. 史達林時期　3. 東歐史

740.73　　113002387

ACRO POLIS
衛城出版

Email acropolismde@gmail.com
Facebook www.facebook.com/acrolispublish